Biblioteca Italiana Zanichelli

Il mini dizionario dei Proverbi

di Paola Guazzotti
e Maria Federica Oddera

ZANICHELLI

Questa opera è tratta dal *Grande dizionario dei proverbi italiani* di Paola Guazzotti e Maria Federica Oddera (2006)

Le illustrazioni interne sono tratte da: Giuseppe Maria Mitelli – Proverbj figurati consecratj al Serenissimo Principe Francesco Maria di Toscana da Giuseppe Maria Mitelli pittore bolognese, e da lui Inuentati, Disegnati e Intagliati, Bologna, 1678.

Redazione: Carlotta Biancani

Realizzazione editoriale: Exegi s.n.c., Bologna.

Copertina: Miguel Sal (*progetto grafico e ideazione*); Exegi s.n.c. (*realizzazione*)

Supporto al rinnovamento delle soluzioni grafiche: Progetti Nuovi - Milano: Annamaria Testa, Paolo Rossetti, Bianca Maria Biscione

Coordinamento di montaggi, stampa e confezione: Stefano Bulzoni, Massimo Rangoni

Chiusura redazionale: gennaio 2008

Ristampe:

6 5 4 3 2 1 2008 2009 2010 2011 2012 2013

Per segnalazioni o suggerimenti relativi a quest'opera, l'indirizzo a cui scrivere è:

Zanichelli editore s.p.a. – Redazioni Lessicografiche
Via Irnerio 34 - 40126 Bologna
fax 051 249782 (From abroad: +39 051 249782)
e-mail: lineacinque@zanichelli.it
sito web: www.zanichelli.it/dizionari

Stampa: Tipografia Babina
San Lazzaro di Savena (Bologna)

Premessa

Che cos'è un proverbio?

A differenza delle locuzioni idiomatiche, che sono modi di dire peculiari di una determinata lingua ma necessitano di un soggetto o comunque di essere inserite all'interno di una frase strutturata, il proverbio è portatore di **un significato complesso in sé compiuto**, utilizzabile dal parlante sia per il suo valore letterale, sia per quello metaforico.

Nel corso dell'evoluzione storica della lingua italiana il proverbio non ha però avuto uno statuto davvero autonomo rispetto alle locuzioni idiomatiche, sia nelle raccolte letterarie sia negli studi, e solo in tempi relativamente recenti ha assunto una sua fisionomia più distinta, e tendenzialmente una propria specificità linguistica.

L'evoluzione storica del patrimonio paremiologico italiano

Il proverbio come sapienza dei popoli, segno dell'arguzia delle persone comuni di fronte alla prepotenza dei potenti o alla violenza e casualità dei fenomeni naturali, è probabilmente un modo troppo riduttivo per inquadrare un fenomeno socio-linguistico più complesso. In realtà, il proverbio ha accompagnato la nascita del volgare ed è fortemente presente nei documenti più antichi; ha svolto ancora una funzione importante nei testi del Cinquecento per poi perdere progressivamente terreno in campo letterario sino al recupero che ne hanno operato i veristi o, ancora più tardi, i prosatori mossi da intenti realistici. Sono stati questi ultimi ad averlo utilizzato soprattutto come strumento di espressione delle classi rurali, come segno linguistico che contraddistingue contadini e pescatori e, in un secondo tempo, gli emarginati della società moderna: è così attestata la cristallizzazione del proverbio da forma creativa a espressione tipica delle classi meno acculturate o addirittura marginali.

Con l'affermazione della società industriale il proverbio è un fenomeno sempre più periferico, le cui vicende tendono a distinguersi dalla progressiva diffusione in tutta la penisola della lingua italiana, in modo particolare dopo l'unità nazionale.

Se oggi esaminiamo con sguardo storico-antropologico, il patrimonio dei proverbi italiani riusciamo a recuperarne le specificità e ad apprezzarne il valore proprio inserendolo nel contesto culturale in cui si è formato, consolidato e trasmesso: tale prospettiva permette di superare il pregiudizio che oggi accompagna l'espressione proverbiale e di comprendere quel pesante bagaglio ideologico, misogino e fortemente conservatore che contraddistingue il proverbio nella forma attuale.

È probabile che altre forme di espressione idiomatica (rinnovate grazie all'apporto del lessico giovanile, influenzate dai mass media e dal modello dello slogan pubblicitario) stiano oggi sostituendo, anzi abbiano ormai fortemente oscurato, il proverbio.

È ancora presto per dire se e quanto il proverbio potrà svolgere una propria funzione linguistica in futuro: si deve però registrare che, dopo una lunga fase di censura in quanto espressione di una cultura e di un'ideologia ritenute arcaiche, nell'italiano contemporaneo sono sopravvissuti (in particolare nell'uso orale e nelle forme meno controllate di espressione scritta) solo i proverbi più generici e meno connotati nel loro significato.

Il mini dizionario dei Proverbi

Il dizionario propone una cernita dei proverbi più noti del ***Grande dizionario dei proverbi italiani***, in un formato ridotto, adatto a soddisfare la curiosità e le ricerche più rapide, senza addentrarsi nel campo delle singole culture locali. Sono stati inseriti solamente i proverbi veri e propri, cioè le frasi di per sé complete e dotate di senso compiuto, cercando di escludere i modi di dire proverbiali.

I proverbi sono organizzati secondo parole chiave, in modo da fornire per ogni lemma cercato tutti i casi che contengono tale parola.

le Autrici

a, A

abate Sant'Antonio **abate** viene col carro carico • tale **abate** tali monaci

abbaiare can che **abbaia**, non fa caccia • can che **abbaia** non morde • can che morde, non **abbaia** invano • il cane **abbaia** dove si pasce • can vecchio non **abbaia** invano • chi dà del pane a' cani d'altri, spesso viene **abbaiato** da' suoi • chi troppo **abbaia**, s'empie il corpo di vento • la luna non cura l'**abbaiar** dei cani • ogni tristo cane abbaia da casa sua

abbaruffato meglio il suo **abbaruffato** che quel d'altri rassettato

abbassare abbassati, e acconciati • necessità **abbassa** nobiltà

abbattere abbattuto l'albero, scompare l'ombra

abboccare i polledri non **abboccan** la briglia

abbondante se giugno è tonante, il raccolto è **abbondante**

abbondanza abbondanza di fieno, carestia di pane • l'**abbondanza**, foriera è d'arroganza • l'**abbondanza** genera fastidio • dalla prudenza viene la pace, e dalla pace viene l'**abbondanza** • dove è **abbondanza** di legno, ivi è carestia di biade • Iddio fa l'**abbondanza** e l'uomo la carestia • non sempre lo spreco è segno d'**abbondanza** • non si può dire **abbondanza** se non n'avanza • pioggia di gennaio, **abbondanza** nel granaio • se per San Marco gocciola lo spino, **abbondanza** di pane e vino

abbondare dove più ricchezza **abbonda**, più di lei voglia s'affonda • quando il grano **abbonda**, il pesce affonda; e quando il grano affonda, il pe-

Cedi à l'assalitor l'Oro, e assicura,
Per tuo danno minor la propria uita,
E'l tuo uoler cò'l suo poter misura.

sce abbonda • il riso **abbonda** sulla bocca degli stolti

abborracciare lavora o **abborraccia,** ma semina finché non diaccia

abbottonare quando si è in traspirazione, scansa il vento e **abbottona** il pelliccione

abbracciare i poveri s'ammazzano e i signori s'**abbracciano** • il prim'anno s'abbraccia, il secondo s'infascia, il terzo s'ha il mal anno e la mala pasqua

abbraccio è meglio una mano dal giudice, che un **abbraccio** dall'avvocato

abbruciare donna che ti stringe e le braccia al collo ti cinge, poco t'ama, e molto finge, e nel fine ti **abbrucia** e tinge

abitante casa senza **abitanti** nido di topi

abitare casa per suo **abitare,** vigna per suo lavorare, terren quanto si può guardare • innanzi il maritare, abbi l'**abitare**

abito l'**abito** fa l'uomo • l'**abito** non fa il monaco • è meglio andare in paradiso stracciato, che all'inferno in **abito** ricamato • non lava **abito** santo anima lorda • spesso sotto **abito** vile s'asconde uom gentile

abitudine l'**abitudine** è una seconda natura

abusare se il morire non si scusa, chi mal vive, ben s'**abusa**

abuso l'uso serve di tetto ai molti **abusi**

accadere all'avaro **accade** come allo smeriglio • tra la bocca e il boccone mille cose **accadono**

accanto non bisogna metter mai l'esca **accanto** al fuoco

accarezzare chi accarezza la mula, buscherà de' calci • chi t'accarezza più di quel che suole, o t'ha ingannato o ingannar ti vuole • figlio troppo **accarezzato** non fu mai bene allevato • suole la madre **accarezzar** chi vuol la figlia

accasare **accasa** il figlio quando vuoi e la figlia quando puoi • chi vuol ire alla guerra o **accasarsi,** non ha da consigliarsi • mamma, cosa vuol dire **accasare?** filare, figliare e sentir berciare

accattare chi cerca briga, l'**accatta** • chi gratta, rogna **accatta** • chi non ha casa, l'**accatta** •

chi presta, tempesta; e chi accatta fa la festa • chi va alla piazza, se ben non v'ha a far, e' ve n'accatta • schiena di mulo, corso di barca, buon per chi n'accatta • tre cose fanno l'uomo ricco, guadagnare e non ispendere, promettere e non attendere, accattare e non rendere

accendere ad altare ruinato non s'accende candela • a San Martino s'accende il lumino

accennare l'amico accenna e non balestra

accertare accerta il corso, e poi spiega la vela

accetta a legno duro, accetta tagliente

accettare se la vita fosse intesa, nessuno l'accetterebbe

acchiappare (**chiappare**) ci vanno sette mancini per acchiappare un dritto e sette dritti per acchiappare il cuculo • quando Domine acchiappa Giovanni, guai a quell'anno

acciaio l'acciaio si rompe, e il ferro si piega • la neve che vien prima di Natale dura più dell'acciaio

accidente a pagar non esser corrente, che può nascer l'accidente che tu non paghi niente

accoccare tal ti ride in bocca, che dietro te l'accocca • l'uomo è fuoco, e la donna è stoppa, vien poi il diavolo, e gliel'accocca

accomodare chi peggio fa, meglio l'accomoda • la matassa quanto più è arruffata e meglio s'accomoda • gli scarpelli, la pietra la gli sciupa, e la pietra la gli accomoda • tutto s'accomoda • tutto s'accomoda fuorché l'osso del collo

accompagnare accompagnati con chi è meglio di te, e fagli le spese • in chiesa né in mercato non andar mai accompagnato • meglio soli che male accompagnati

acconciare abbassati, e acconciati • le buone parole acconciano i mali fatti • la morte, altri acconcia, altri disconcia • pazienza, tempo e denari acconciano ogni cosa • per le vie s'acconcian le some • le saette di dicembre: si acconci chi sta male • il sale acconcia le vivande, e anco le guasta

acconcio muovi lite, acconcio non ti falla

acconsentire chi tace acconsente
accoppare il migliore dei rossi ha accoppato suo padre
accoppiare il giorno di San Benedetto s'accoppiano gli uccelli • Iddio li fa e poi li accoppia • per San Giuseppe s'accoppia la rondine
accoppiatore gli accoppiatori e le borse a mano, hanno difeso le palle e il piano
accorciare aprile per allungare e settembre per accorciare • bel discorso accorcia giornata • per Santa Lucia s'accorcia la notte e s'allunga il dì
accordare chi ha accordato l'oste, può andare a dormire • guai a quella casa dove la famiglia s'accorda • sette s'accordano in una scuffia, e due non s'accordano in un lenzuolo • se tu hai torto fa' causa, se tu hai ragione, accordati • gli Spagnoli s'accordano a bravare, i Francesi a gridare, gli Inglesi a mangiare, i Tedeschi a sbevazzare e gli Italiani a pisciare
accordo la compagnia del Ponte a Rifredi, pochi e mal d'accordo • meglio un magro accordo che una grassa sentenza
accorgere chi si pettina con le proprie mani non s'accorge di strapparsi i capelli • il minchione di quest'anno se n'accorge quest'altr'anno
accorto il contadino accorto si vede dall'orto • tre cose fan l'uomo accorto; lite, donna e porto
accostare a pentola che bolle, gatta non s'accosta • ricchezza mal disposta a povertà s'accosta
accumulare chi accumula e altro ben non fa, sparagna il pane e all'inferno va
accusa scusa non richiesta, accusa manifesta
accusare chi si scusa s'accusa
accusatore la coscienza vale per mille accusatori e per mille testimoni
acerbo dolce vivanda vuol salsa acerba
aceto dal mal pagatore o aceto o cercone • guardati da aceto di vin dolce • insalata ben salata, poco aceto e bene oliata • scaglie di maggio e aceto a settembre • si prendono più mosche con una goccia di

miele che con un barile d'**aceto**

acqua a chi non piace il vino, Dio gli tolga l'**acqua** • l'**acqua** che corre non porta veleno • l'**acqua** cheta rovina i ponti • **acqua** chiara non fa colmata • **acqua** chiara non fa ranocchi • l'**acqua** corre al mare • **acqua** cotta e panattella cava il monaco di cella • **acqua** d'aprile, acqua gentile • l'**acqua** d'aprile, il bue ingrassa, il porco uccide, e la pecora se ne ride • l'**acqua** del proprio gorgo è bella e chiara • **acqua** di cisterna ogni mal governa • **acqua**, dieta e serviziale, guarisce d'ogni male • **acqua** di gelsomini è buona a' bambini • **acqua** di giugno rovina il mugnaio • **acqua** di luglio, vigna in subbuglio • **acqua** di maggio, acqua di fango • **acqua** di maggio arricchisce il massaro • l'**acqua** di maggio e d'aprile, all'aia te la vedi • **acqua** di maggio: pan per tutto l'anno • **acqua** di maggio, parola di saggio • l'**acqua** di maggio rovina il mugnaio • **acqua** di mortella fa la donna bella • **acqua** di ramerino, al corpo del bambino • l'**acqua** e il fuoco son buoni servitori, ma cattivi padroni • l'**acqua** e il popolo non si può tenere • l'**acqua** è pur corsa all'ingiù, come ella doveva • **acqua** e sol, la campagna va di vol • l'**acqua** fa l'orto • l'**acqua** fa marcire i pali • l'**acqua**, il fumo e la mala femmina cacciano la gente di casa • **acqua** lontana non spegne il fuoco • **acqua** minuta bagna e non è creduta • l'**acqua** non ha rami • **acqua** passata non macina più • l'**acqua** piove chiara e va via torba • l'**acqua** rovina i ponti • l'**acqua** rovina i ponti e il vino la testa • **acqua** settembrina rovina il vino • **acqua** sopra acqua, non vale aver né saio né cappa • **acqua** torba non lava • **acqua** torbida non fa specchio • **acqua** versata, non tutta radunata • a fame pane, a sete **acqua**, a sonno panca • aggiungi **acqua** e farina, farem frittelle sino a domattina • alla prim'**acqua** d'agosto, il caldo s'è riposto • alla prim'**acqua** d'agosto, pover'uomo ti conosco • a novembre bevi il vino e lascia l'**acqua** per il mulino •

aria a scalelli, **acqua** a pozzatelli • aria bassa senz'**acqua** non passa • a San Mattia è gelata l'**acqua** in sacrestia • la bertuccia se ne porta via l'**acqua** • bevi il vino, e lascia andar l'**acqua** al mulino • cane scottato dall'**acqua** calda ha paura della fredda • cerchio vicino, **acqua** lontana, cerchio lontano acqua vicina • chi ha bevuto l'**acqua** di Fontana Nova sempre a Corneto si ritrova • chi ha passato il guado, sa quant'**acqua** tiene • chi non vede il fondo, non passi l'**acqua** • chi pon mele in vaso nuovo, provi se tiene **acqua** • chi semina coll'**acqua** raccoglie col paniere • chi teme **acqua** e vento, non si metta in mare • chi va all'**acqua** d'agosto, non beve il mosto • chi vuol dell'**acqua** chiara vada alla fonte • dall'**acqua** cheta mi guardi Dio, che dalla corrente mi guarderò io • dalla neve o cotta o pesta, non caverai altro che **acqua** • dall'otto al nove l'**acqua** non si muove • da Natale a Pasqua il risparmio ha passato l'**acqua** • la donna girellona è **acqua** in un vaglio • dove non si crede, l'**acqua** rompe • dove non va **acqua** ci vuol la zappa • è meglio vin torbo che **acqua** chiara • fava e mela, coll'**acqua** allega • fino a San Martino su **acqua** e giù vino; quando San Martino è passato su acqua e giù mischiato • il fiume non ingrossa d'**acqua** chiara • il fumo va all'aria, e l'**acqua** alla valle • giugno, luglio e agosto, né **acqua** né donna né mosto • il gran freddo di gennaio, il mal tempo di febbraio, il vento di marzo, le dolci **acque** d'aprile, le guazze di maggio, il buon mieter di giugno, il buon batter di luglio, le tre acque d'agosto con la buona stagione, vaglion più che il tron di Salomone • guai a quel pescatore che teme dell'**acqua** fredda • in cent'anni e cento mesi torna l'**acqua** a' suoi paesi • lagrime piante per donna son come l'**acqua** del mare, non è buona da bere, ma è buona da annegare • la meglio **acqua** è quella di maggio • mese settembrino: **acqua**, sole e buon vino • Milan può far, Milan può dir, ma non può far dell'**acqua** vin • il mulino non macina senz'**acqua** • nelle grandi **acque** si pigliano i pesci • né moglie, né **acqua**, né sale, a chi non te ne chiede non gliene dare • n'è passata dell'**acqua** sotto i ponti! • non fu mai vento senz'**acqua**; non fu pioggia senza vento • non ogni **acqua** l'ammolla • non si deve dire: per tal via non passerò, né di tal **acqua** non berrò • non si fa mantello per un'**acqua** sola • non tutte le macchie si nettano con l'**acqua** calda • ogni **acqua** ammolla • ogni **acqua** lo ammolla • ogni **acqua** va alla china • ogni mulino vuole la sua **acqua** • ogni nave fa **acqua**; quale a mezzo, quale a proda, e quale in sentina • ognuno porta l'**acqua** al suo mulino • il padrone non va per l'**acqua** • pane caldo e **acqua** fredda non furon mai buon pasto • la parola riempie il cuore ma l'**acqua** riempie il pozzo • per San Martino togli l'**acqua** e bevi il vino • piccola **acqua** fa cessar gran vento • la prima **acqua** d'agosto toglie un sacco di pulci e l'altro di mosche • la prima **acqua** d'aprile, la lumaca esce dal suo covile • la prima **acqua** d'aprile, vale un carro d'oro con tutto l'assile • la prima **acqua** è quella che bagna • la prim'**acqua** d'agosto è l'inizio dell'inverno • la prim'**acqua** d'agosto riprendi i panni dove li hai riposti • quando brucia il vicinato, porta l'**acqua** a casa tua • quando il gallo canta nel pollaio, aspetta l'**acqua** sotto il grondaio • quando il sole si volta in drè, **acqua** fino ai piè • quando uno ha disgrazia, gli va sul cotto l'**acqua** bollita • quattro cose sono a buon mercato, terra, parole, **acqua** e profferte • quel che acquista e non serba, dice il libro, va alla fonte, e trae **acqua** col cribro • quel che con l'**acqua** mischia e guasta il vino, merta di bere il mare a capo chino • San Gregorio papa, la rondine passa l'**acqua** • il sangue non è **acqua** • San Marco: si semina anche nell'**acqua** • Santa Giuliana: corre l'**acqua** per la piana • Santa Maria Maddalena l'**acqua** mena • se d'aprile a potar vai, contadino, molt'**acqua** beverai e poco vino • se piove per

Sant'Anna l'**acqua** diventa manna • se rannuvola sulla brina, aspetta l'**acqua** domattina • la sete fa apparire saporita l'**acqua** • s'intende **acqua**, ma non tempesta • sole a finestrelle, **acqua** a catinelle • sotto la neve pane e sotto l'**acqua** fame • tra maldocchio e l'**acqua** cotta, al padron non gliene tocca • tre **acque** prelibate: San Giuseppe, la domenica delle Palme, l'Annunziata • una buona parola smorza più che una caldaia d'**acqua** • uno fallisce a cavare la terra, un secondo a levar l'**acqua**, un terzo a render buono il terreno • val più un'**acqua** fra aprile e maggio, che i buoi con il carro • vento senese, **acqua** per un mese • zucchero e **acqua** rosa non guastò mai alcuna cosa

acquaio ogni casa ha solaio, cesso, fogna e **acquaio**

acquatico montanini e gente **acquatica**, amicizia e poca pratica

acquerello **acquerello** e parole se ne fa quant'un vuole

acquistare carta vista mal non **acquista** • chi **acquista** reputazione, acquista roba • chi **acquista** sapere, acquista dolere • chi dà dove bisogna, **acquista** lode • chi non s'arrischia, non **acquista** • chi non tien conto del poco, non **acquista** l'assai • colla pazienza s'**acquista** scienza • è meglio non **acquistar** che perdere • in gioventù bisogna **acquistare**, quel che in vecchiezza ti può giovare • molto tardare, chi vuole assai **acquistare** • non s'apprezza ben redato, quanto ben da sé **acquistato** • quel che **acquista** e non serba, dice il libro, va alla fonte, e trae acqua col cribro • la ricchezza non s'**acquista** senza fatica, non si possiede senza timore, non si gode senza peccato, non si lascia senza dolore • la roba ha tre età: la prima l'**acquista**, la seconda la conserva, la terza la distrugge • la vecchiezza è da ognuno desiderata; quando s'**acquista** viene odiata

acquisto è meglio un soldo di buon **acquisto**, che mille d'imbrogli

adagio **adagio** ai mali passi • chi falla in fretta piange **adagio** • chi si marita in fretta, stenta **adagio** • s'imbarca **adagio** chi vuol far buon viaggio

Adamo anco **Adamo** mangiò del pomo vietato • il se e il ma sono il porto degl'imbecilli da **Adamo** in qua • tutti siamo figli di **Adamo** ed Eva

adattare a questo mondo bisogna o **adattarsi**, o arrabbiarsi, o disperarsi • chi sa perdere congiuntura, non s'**adatti** a mercatura • un basto solo non ben s'**adatta** a ogni dosso

addietro chi ha sbagliato la strada, torni **addietro** • per andare avanti bisogna voltarsi **addietro** • per Tutti i Santi mezz'**addietro** e mezz'avanti

addio **addio** si dice ai morti

addolcire dicendo miele miele, la bocca non si **addolcisce**

addormentare a sangue rimescolato il bambin non va **addormentato** • chi è in pace col mondo, non è ancora **addormentato** che già russa • pancia piena, piede **addormentato**

addosso a cane che invecchia la volpe gli piscia **addosso** • chi canto si fa, tutti i cani gli pisciano **addosso** • chi si sputa **addosso**, non vale un grosso • la saetta gira gira, torna **addosso** a chi la tira

adesso faremo di Roma, **adesso** adesso di Firenze, a la magnana di Spagna, by and by d'Inghilterra, I warrant you di Scozia, gleich d'Alemagna, tantôt di Francia, son tutte ciancie

adirare chi s'**adira**, ha il torto • chi s'**adira**, non è consigliato • chi s'**adira** non si ricatta • chi tosto s'**adira**, tosto si placa • chi vince non dileggi, e chi perde non s'**adiri** • non t'**adirare** a tuo danno

adoperare (**adoprare**) amici e muli falliscono nell'**adoprarli** • chi più vuole, meno **adopera** • chi porta spada e non l'**adopra**, ha bisogno di chi lo cuopra • né al capretto né all'agnello, non s'**adopera** coltello • non è sì trista spazzatura che non s'**adopri** una volta l'anno, né sì cattivo paniere che non s'adopri alla vendemmia • l'orgoglio va **adopperato** come il pepe

adorare lavora come avessi a campare ognora; **adora** come avessi a morire allora • santo non **adorare** innanzi che sia morto • tutti **adorano** il sole che nasce

adornare di maggio il sol l'a**dorna**, e chi è di bella forma ritorna • il tacer **adorna** l'uomo

adorno camera **adorna**, donna savia • donna **adorna**, tardi esce e tardi torna

adulatore l'**adulatore** ha il miele in bocca e il fiele in cuore • **adulatori** e parassiti son come i pidocchi • gola degli **adulatori**, sepolcro aperto

adulazione il gran signor non ode, se non **adulazion**, menzogna e frode

affaccendato ogni servo gallonato è un ozioso **affaccendato**

affamato a chi è **affamato** ogni cibo è grato • città **affamata**, città espugnata • secca annata, non è **affamata** • villano **affamato** è mezzo arrabbiato

affannare chi compra a minuto, pasce i figliuoli d'altri e **affanna** i suoi • la formica si **affanna** nell'estate per non patire nell'inverno

affanno chi muore, esce d'**affanni** • poco cibo e nullo **affanno**, sanità nel corpo fanno • preso il partito, cessato l'**affanno**

affare ogni anno vien col suo **affare**

affatto quando la mora è nera, un fuso per sera; quando l'è nera **affatto**, filane tre o quattro

afferrare la fortuna va **afferrata** per i capelli

affetto chi si divide il letto, divide l'**affetto** • dagli effetti si conoscono gli **affetti** • la legge effetto, e la grazia **affetto** vuole

affibbiare senza l'occhiello non s'**affibbia** il manto

affidare (**fidare**) a can che lecchi cenere non **affidar** farina • a chierico che si fa frate non gli **fidar** la tua comare • a gatto che lecca stidione, non gli **fidare** arrosto • chi di verde si veste, di sua beltà si **fida** • chi si dà in man del ladro, bisogna che se ne **fidi** a suo dispetto • chi si **fida** di greco, non ha il cervel seco • chi si **fida**, è l'ingannato • chi troppo si **fida**, spesso grida • di chi mal fai, di lui non ti **fidar** mai • di chi non si **fida**, non ti **fidare** • di pochi **fidati**, ma da tutti guàrdati • **fidarsi** alla buona stagione d'aprile è come fare i conti innanzi l'oste • **fidarsi** è bene, ma non fidarsi è meglio • **fidati** di chi puoi, ma guarda sempre al poi • non ti **fidare** del can che dorme • non ti **fidare** se puoi farne a meno • quel che alla donna ogni segreto **fida**, ne vien col tempo a far pubbliche grida • uom che ghigna, can che rigna, non te ne **fidare**

affilare all'invidioso gli si **affila** il viso e gli cresce l'occhio

affinare l'oro s'**affina** al fuoco e l'amico nelle sventure • per dimenar la pasta il pan s'**affina**

affittare chi **affitta** il suo podere al vicino, aspetti danno o lite o mal mattino • chi **affitta** sfitta

afflitto chi nasce **afflitto** muore sconsolato • quando fischia l'orecchio manritto, il cuore è **afflitto**; quando fischia l'orecchio manco, il cuore è franco

affogare boccone rimbrottato non **affogò** mai nessuno • chi **affoga**, grida ancor che non sia udito • chi **affoga**, s'appiccherebbe alle funi del cielo • chi ne ha cento l'alloga, chi ne ha una l'**affoga** • fame **affoga** fama

affondare dove più ricchezza abbonda, più di lei voglia s'**affonda** • quando il grano abbonda, il pesce **affonda**; e quando il grano affonda, il pesce abbonda

affrenare temperanza t'**affreni**, e prudenza ti meni

affrontato uomo **affrontato** è mezzo morto

affumicare nuova caminata è presto **affumicata**

agevolmente ogni mal fresco **agevolmente** si risana

agghiacciare carne grassa sempre **agghiaccia** • chi altri **agghiaccia**, se stesso infredda • dicembre, davanti t'**agghiaccia** e di dietro t'offende

aggiungere **aggiungi** acqua e farina, farem frittelle sino a domattina • al caro **aggiungi** danaro o lascialo

aggiunta (**giunta**) l'**aggiunta** è maggiore della derrata • sopporta e appunta un mal chi non vuol **giunta**

aggiustare quando la carne diventa frusta, anco l'anima s'**aggiusta** • se è brutto ai Santi i Morti l'**aggiustano**, se è bello ai Santi i Morti lo disfanno

aggomitolare chi ha spago, aggomitoli

aggrumare di bruma la neve s'**aggruma**, di gennaio la neve fa solaio, di marzo fa il ponte e in aprile si rompe • la Madonna di bruma, la neve si **aggruma**

agguagliare ogni disuguaglianza amore **agguaglia**

agio **agio** e disagio fanno girare il capo alle donne • chi va a San Biagio, perde l'**agio**; chi va a Santa Maria Nuova, lo ritrova • ogni **agio** porta seco il suo disagio

agliaio gennaio **agliaio**

aglio casa mia, donna mia, pane e **aglio** vita mia • il mortaio sa sempre d'**aglio** • tanto se ne sa a mangiare uno spicchio, quanto un capo d'**aglio**

agnello l'**agnello** è buono anche dopo Pasqua • l'**agnello** umile succhia le mammelle della propria madre e quelle degli altri • gennaio fa gli **agnelli** e febbraio fa le pelli • marzo marzello, mi hai tolto la pecora e poi anche l'**agnello** • né al capretto né all'**agnello**, non s'adopera coltello • la pecora guarda sempre se ha dietro l'**agnello** • pecora mal guardata, da ogni **agnello** è poppata • per Sant'Urbano tristo quel contadino che ha l'**agnello** in mano • quando suona il campanone, tutto l'**agnello** è bozzone • se marzo entra come un leone esce come un **agnello**

agnolotto per mangiare gli **agnolotti** a carnevale, si va nella vigna a potare

ago l'**ago** e la pezzuola mantengon la famigliola • al sarto povero gli si torce l'**ago** • l'amore si nasconde dietro una cruna d'**ago** • il ladro dell'**ago** va all'ovo, dall'ovo al bue, dal bue alla forca • la mala vicina dà l'**ago** senza il filo • Pasqua Befana, non si tesse e non si fila, non si mette il filo nell'**ago**, non si mette il pettine in capo • piccolo **ago** scioglie stretto nodo • lo spillo volendo fare a cucir con l'**ago**, s'avvide ch'egli aveva il capo grosso

agostano per fare un buon **agostano**, prima di Santa Maria la falce in mano

agosto ad **agosto** alla lana non andare, che a settembre puoi morire • ad **agosto** giù il sole e il giorno resta fosco • ad **agosto** nessun vento tira giusto • ad **agosto** olio, miele e mosto • ad **agosto** vedrò ciò che ho posto • **agosto** bagna il costo • **agosto**, ci matura il grano e il mosto • **agosto**: fa' che il grano sia riposto • **agosto** mandò lettere, settembre le leggeva: vestitevi buona gente che l'inverno è per la via • **agosto** matura e settembre vendemmia • **agosto**, moglie mia non ti conosco • **agosto**: povero non ti conosco • alla prim'acqua d'**agosto**, il caldo s'è riposto • alla prim'acqua d'**agosto**, pover'uomo ti conosco • chi dorme d'**agosto** dorme a suo costo • chi mangia l'uva d'**agosto**, non arriva a bere il mosto • chi non ha pane lavorato, **agosto** diventa maggio • chi pota di maggio e zappa d'**agosto** non raccoglie né pane né mosto • chi va all'acqua d'**agosto**, non beve il mosto • chi vuole aver del mosto, zappi le vigne d'**agosto** • dieci giornate di maggio e dieci d'**agosto** tiran fuori la castagna dal bosco • di settembre e d'**agosto**, bevi il vino e lascia stare il mosto • d'ulive, castagne e ghianda, d'**agosto** ne dimanda • fango di maggio, spighe d'**agosto** • gennaio e febbraio, tienti al pollaio; marzo e aprile, capretto gentile; maggio e giugno, erbette col grugno; luglio e **agosto**, piccioni arrosto, settembre e ottobre, buone lepri col savore; novembre e dicembre, buon vitel sempre • gennaio zappatore, febbraio potatore, marzo amoroso, aprile carciofaio, maggio ciliegiaio, giugno fruttaio, luglio agrestaio, **agosto** pescaio, settembre ficaio, ottobre mostaio, novembre vinaio, dicembre favaio • giugno, luglio e **agosto**, né acqua né donna né mosto • giugno quanto un pugno, luglio quanto un ruglio, **agosto** quanto un pozzo • il gran freddo di gennaio, il mal tempo di febbraio, il vento di marzo, le dolci acque d'aprile, le guazze di maggio, il buon mieter di giugno, il buon batter di luglio, le tre acque d'**agosto** con la buona stagione, vaglion più che il tron di Salomone • in luna calante ai Santi e in **agosto** si taglia la legna nel bosco • luglio e **agosto** piccioni arrosto • la Madonna di mezz'**agosto** tutti gli anni rinfresca il bosco • maggio caldo e **agosto** secco: castagne fin nello zoccolo • nel febbraio la beccaccia fa il nido, nel marzo tre o quattro, nell'aprile pieno il covile, nel maggio tra le frasche, nel giugno come un pugno, nell'**agosto** non ucciderla al corso • ogni uccel d'**agosto** è beccafico • la prima acqua d'**agosto** toglie un sacco di pulci e l'altro di mosche • la prim'acqua d'**agosto** è l'inizio dell'inverno • la prim'acqua d'**agosto** riprendi i panni dove li hai riposti • quando piove in **agosto** l'oliva si guasta • quando viene **agosto**, prepara i caratelli per il mosto • se **agosto** è stato a mollo, a settembre i funghi sono colti • se il sole va a dormire pulito l'ultimo dì d'**agosto** fa un bell'autunno; se il sole va a dormire col cappello l'autunno non fa bello • se non arde luglio e **agosto**, nella tina poco mosto • se piove in **agosto** fa bene per tutto • se vuoi avere un buon mosto, devi bagnare in **agosto** • se vuoi castagne e mosto, che piova ad **agosto** • il sole d'**agosto** inganna la massara nell'orto • sole d'**agosto**: miele e mosto • tempesta di maggio, secco d'**agosto**

agrestaio gennaio zappatore, febbraio potatore, marzo amoroso, aprile carciofaio, maggio ciliegiaio, giugno fruttaio, luglio **agrestaio**, agosto pescaio, settembre ficaio, ottobre mostaio, novembre vinaio, dicembre favaio

agresto chi vendemmia troppo presto, o svina debol vino o tutto **agresto** • chi vuol vin dolce non imbotti **agresto**

agricoltore **agricoltore** povero, agricoltura miserabile • avaro **agricoltor** non fu mai ricco

agricoltura agricoltore povero, **agricoltura** miserabile

aguzzare la necessità **aguzza** l'ingegno • ognuno **aguzza** i suoi ferri

aia l'acqua di maggio e d'aprile, all'**aia** te la vedi • l'**aia** non è luogo per cani da caccia • giugno ventoso porta il grano sull'**aia** • la semente rada non fa vergogna all'**aia**

aiutare (**aitare**) a buona seconda, ogni santo **aiuta** • a chi Dio **aiutar** vuole, niente nuocer gli puole • **aiuta** i tuoi, e gli altri se tu puoi • **aiutati** che Dio t'aiuta • alla china tutti i santi si **aiutano** • gli amici e gli avvisi **aiutano** fare le faccende • anima nata, il ciel l'**aiuta** • il buon fuoco **aiuta** il cuoco • chi davvero **aiutar** vuole, abbia più fatti che parole • chi è in tenuta, Iddio l'**aiuta** • chi non s'**aiuta**, s'annega • chi s'**aiuta**, Dio l'aiuta • cuor contento il ciel l'**aiuta** • la fortuna **aiuta** gli audaci • la fortuna **aiuta** i matti e i fanciulli • la fortuna i forti **aiuta** e i timidi rifiuta • gente allegra Dio l'**aiuta** • quando Dio **aiuta**, ogni cosa riesce • quando il lupo ci vuol mangiare, **aitiamci** co' cani • una **aiuta** a maritare l'altra • val più tacche tacche che Iddio vi **aiuti**

aiuto l'**aiuto** mangia tutto • anche il diritto ha bisogno d'**aiuto** • consiglio di vecchio, e **aiuto** di giovane • ogni **aiuto** è buono • quando fortuna dona all'uom rispetto, gli dà favore e **aiuto** a suo dispetto

ala benché la volpe corra, i polli hanno l'**ale** • chi scherza col fuoco finisce per bruciarsi le **ali** • chi tosto crede, ha l'**ale** di farfalla • il gallo prima di cantare, batte l'**ali** tre volte • non si può volare senz'**ale** • quando l'Angiolo si bagna l'**ale**, piove fino a Natale

alba se l'**alba** è brutta a San Michele, ottobre sarà più brutto che bello

albero abbattuto l'**albero**, scompare l'ombra • **albero** che non fa frutto, taglia taglia • l'**albero** non si giudica dalla scorza • **albero** spesso trapiantato, mai di frutti è caricato • l'**albero** va piegato quando è giovine • al primo colpo non cade l'**albero** • i capelli grigi sono i fiori dell'**albero** della morte • dal frutto si conosce l'**albero** • i migliori **alberi** sono i più battuti • non sia superbo chi il suo **albero** vede fiorire • quando l'**albero** fiorisce il frutto patisce • sopra l'**albero** caduto ognuno corre a far legna

alchimista Dio mi guardi da alchimista povero, da romito grasso, e da medico infermo
alcuno a chi non basta ciò che basta, non basterà mai **alcuna** cosa • a gusto guasto non è buono **alcun** pasto • chi vuol ben principiare **alcuna** cosa, vada al Fiorentino • frenesia, gelosia, eresia, mai son sanate per **alcuna** via • la peggior soma è il non averne **alcuna** • quando scema la luna non seminar cosa **alcuna** • Salamanca, **alcuni** sana e altri manca • zucchero e acqua rosa non guastò mai **alcuna** cosa
Alemagna i don di Spagna, i conti d'**Alemagna**, i monsieurs di Francia, i vescovi d'Italia, i cavalier di Napoli, i lordi di Scozia, i fidalghi di Portogallo, i minori fratelli d'Inghilterra e i nobili d'Ungheria, fanno una povera compagnia • faremo di Roma, adesso adesso di Firenze, a la magnana di Spagna, by and by d'Inghilterra, I warrant you di Scozia, gleich d'**Alemagna**, tantôt di Francia, son tutte ciancie
alfine ogni bello **alfin** svanisce, ma la fama mai perisce • se fortuna travaglia un nobil core, raro è che **alfine** non gli dia favore
alido quel che leva l'**alido**, l'umido lo rende; quel che leva l'umido, l'alido non lo rende
alieno il bue non domo, in terra **aliena** si fa mansueto e domo
allacciare bella faccia il cuore **allaccia**
allattare fila buona tela chi **allatta** il suo figliuolo
allegare è meglio **allegare** che fiorire • fava e mela, coll'acqua **allega** • tal pera mangia il padre, ch'al figliuolo **allega** i denti
alleggerire l'**allegria** delle donne è il lino • l'**allegria** è d'ogni male il rimedio universale • l'**allegria** fa bello il viso • **allegria** segreta, candela spenta • c'è più guai, che **allegrezze** • chi dà per cortesia dà con **allegria**
allegro a maggio sono **allegri** anche gli asini • gente **allegra** Dio l'aiuta
Alleluia **Alleluia**, ogni mal fuia

allettare il cane s'alletta più colle carezze che colla catena
allevare alleva i tuoi figli poveretti, se tu li vuoi ricchi e benedetti • figlio troppo accarezzato non fu mai bene **allevato** • nelle stracce e negli straccioni s'**allevano** di gran baroni • per **allevare** un garzone ci vuole un buon padrone
allocco la notte è fatta per gli allocchi
allodola a gennaio deve apparir l'**allodola** in mezzo al grano
allogare chi ne ha cento l'**alloga**, chi ne ha una l'affoga
alloggiare chi prima arriva, prima **alloggia** • chi tardi arriva, male **alloggia**
alloggio la bottega non vuole **alloggio** • se compri un podere oggi, fa' che domani in città più non **alloggi**
allontanare asini, donne e buoi, non t'**allontanar** da' tuoi
alloro chi non vuol la festa lievi l'**alloro** • la festa non è sempre dov'è l'**alloro**
allumare la candela **alluma**, e se stessa consuma
alluminato pane **alluminato** e cacio cieco
allungare aprile per **allungare** e settembre per accorciare • messa né biada non **allunga** strada • per Santa Lucia s'accorcia la notte e s'**allunga** il dì
alma occhio maligno, **alma** sventurata • occhio presto **alma** mesta, occhio ridente alma mordente
almanacco il vecchio ha l'**almanacco** in corpo
aloe chi mangia **aloè**, campa gli anni di Noè
alpestro pane **alpestro** e vin sorbitico, cibo de' banditi
altare ad **altare** ruinato non s'accende candela • chi serve all'**altare**, vive d'altare • nella felicità gli **altari** non fumano • per un miracolo non si va all'**altare** • sbaglia anche il prete sull'**altare** • scoprire un **altare** per ricoprirne un altro
alto **alte** o basse nell'aprile son le Pasque • l'**altissimo** di sopra ne manda la tempesta, l'altissimo di sotto ne mangia quel che resta, e in mezzo a due altissimi restiamo poverissimi • benché l'aquila voli **alto**, il falco l'uccide • i camini

più **alti** sono quelli che fanno meno fumo • chi è in **alto** non pensa mai al cadere • chi è più **alto**, è il bersaglio di tutti • chi fa la casa in piazza, o l'è tropp'**alta** o troppo bassa • chi troppo in **alto** sal, cade sovente precipitevolissimevolmente • grano che semini in marzo non lo mieti **alto** • non è superbia alla superbia uguale d'uom basso e vil che in **alto** stato sale • oggi in **alto**, domani in basso • Pasqua, **alta** o bassa che sia, è sempre fiorita • Pasqua **alta**, Pasqua bassa, l'inverno va fino a Pasqua • Pasqua **alta**: rami e erba • Pasqua **alta**: se non è questa è un'altra • Pasqua bassa, primavera precoce; Pasqua **alta**, primavera tardiva • quando è **alta** la passione è bassa la ragione • quando la neve è **alta** un mattone, il grano torna a un testone • quanto più **alto** il monte, tanto più profonda la valle • sole d'**alta** levata non è mai di durata

Altopascio tu ti morresti di fame nell'**Altopascio**

altro **altro** è correre, altro è arrivare • **altro** è dire altro è fare • **altro** è la pratica, altro è la grammatica • **altro** è parlar di morte, altro è morire • **altro** è promettere, altro è mantenere • **altro** è tendere, altro è pigliare • buona amistà è un **altro** parentà • chi accumula e **altro** ben non fa, sparagna il pane e all'inferno va • con poco suo pro cangia disdetta chi, per campar d'un laccio, in **altro** cade • la consolazione di un disperato è di vederne un **altro** • dalla neve o cotta o pesta, non caverai **altro** che acqua • dalla vipera non nacque mai **altro** che vipera • di marzo, chi non ha scarpe vada scalzo, e chi le ha, le porti un **altro** po' più in là • Dio ti guardi da chi non ha **altro** che una faccenda sola • dopo un papa se ne fa un **altro** • dove stringe la scarpa, non lo sa **altro** che chi l'ha in piede • io ho levato la lepre e un **altro** l'ha pigliata • morto un papa, se ne fa un **altro** • non è mai mal per uno, che non sia bene per un **altro** • la roba uno la fa, un **altro** la mantiene, il terzo la sciupa • scoprire un altare per ricoprirne un **altro** • se non piove di marzo, non viene né erba né **altro**; se non piove d'aprile, quello ch'è nato sta per morire • se non si maritassero **altro** che le belle, che cosa farebbero le brutte? • i servitori non sono **altro** che ventre • uno fa i miracoli, e un **altro** ne raccoglie i moccoli • uno semina, e un **altro** raccoglie

altrui chi cerca i fatti **altrui**, poco si cura de' sui • chi dei panni **altrui** si veste, presto si spoglia • chi è in **altrui** balia, bisogna che ci stia • chi non apre ben gli occhi a' fatti sui, stentando va per arricchire **altrui** • chi per **altrui** mano s'imbocca, tardi si satolla • chi per **altrui** promette, entra per le larghe e esce per le strette • chi si fa Argo dell'onore **altrui**, riesce talpa del suo • chi vuol esser discreto conosca bene **altrui** • è meglio essere il primo in casa sua che il secondo in casa **altrui** • pazzo è colui che strazia sé per dar sollazzo **altrui** • quando odi **altrui** mancamenti, chiudi la lingua fra i denti • savio è colui che impara a spese **altrui** • tale dà un consiglio **altrui** per uno scudo, che nol torrebbe per un quattrino • tristo a colui che dà l'esempio **altrui**

altura settembre dall'**altura** porta al piano la frescura e l'estate in sepoltura

alzare marzo, per la coda t'**alzo**: ma se viene di nuovo, il bove incapanna • San Tommè, cresce il dì quanto il gallo **alza** un piè

amante agli **amanti** fiorai non gli creder mai • **amante** non sia chi coraggio non ha • le belle senza dote trovano più **amanti** che mariti • chi non piglia l'**amante** al laccio, resta in casa a guardare il catenaccio • pulito **amante**, cattivo litigante • sdegno d'**amante** poco dura • uomo zelante uomo **amante**

amare a chi s'**ama** si crede • **ama** chi t'ama, e chi non t'ama lascia • **ama** chi t'ama, e rispondi a chi ti chiama • **ama** l'amico tuo col vezzo e col vizio suo • **amami** poco, ma continua • il beccaio non **ama** il pescatore • ben **ama**, chi non oblia • chi **ama** bene, gastiga bene • chi **ama** me, ama il mio cane • chi **ama**, teme • chi nasce in settembre **ama** le donne e il vino • chi non **ama**, non ha cuore • chi vuol essere **amato** convien che ami • di buone armi è armato, chi da buona donna è **amato** • donna che ti stringe e le braccia al collo ti cinge, poco t'**ama**, e molto finge, e nel fine ti abbrucia e tinge • i frati si uniscono senza conoscersi, stanno uniti senza **amarsi** e muoiono senza piangersi • ogni formica **ama** il suo buco • ogni simile **ama** il suo simile • ognuno **ama** la giustizia a casa d'altri • quanto più s'**ama**, meno si conosce • se tu vuoi che ti **ami**, fa' che ti brami • si può **amar** la salsa verde, senza mangiar le biade in erba • il tignoso non **ama** il pettine

amaro allo svogliato il mele pare **amaro** • l'amore del marito è come il mese di febbraio: mezzo dolce e mezzo **amaro** • amore non è senza **amaro** • chi ha dentro **amaro**, non può sputare dolce • colombo pasciuto, ciliegia **amara** • dopo il dolce ne vien l'**amaro** • febbraro mezzo dolce mezzo **amaro** • le parole **amare** sono medicine • poco dolce, molto **amaro** appaga • poco fiele fa **amaro** molto miele • le radici della virtù sono **amare**, ma i frutti dolci

amato **amato** non sarai, se a te solo penserai • chi da Dio è **amato**, da lui è visitato

ambasciatore ambasciator non porta pena

ambedue a Padova, i giudici danno la ragione ad **ambe** le parti

ambiatura cavallo vecchio, tardi muta **ambiatura** • perdere il trotto per l'**ambiadura**

ambo che tu possa vincere un **ambo** al lotto!

ambra a molti puzza l'**ambra**

amicizia (**amistà**) amicizia che cessa non fu mai vera • **amicizia** di genero, sole d'inverno • **amicizia** di grand'uomo e vin di fiasco, la mattina è buono e la sera è guasto • **amicizia** e nimistà non sta ferma in verde età • **amicizia** riconciliata è una piaga mal saldata • l'**amicizia** si dee sdrucire, non istracciare • le **amicizie** devono essere immortali, e le inimicizie mortali • l'**amicizie** si fanno in prigione • buona **amistà** è un altro parentà • conti chiari, **amicizia** lunga •

IL BVON AMICO NEL MAL SI CONOSCE.

S'altri è ricco di fede, o pur mendico
L'occorrenza te l dica, ah solo appare
Frà gl'incerti perigli il certo amico.

grande **amicizia** genera grand'odio • montanini e gente acquatica, **amicizia** e poca pratica • la musica ne' dissimili, e l'**amicizia** ne' simili • patti chiari, **amicizia** lunga • per **amistà** conservare, muri bisogna piantare • quattrini e **amicizia** rompon le braccia alla giustizia • se vuoi che l'**amicizia** si mantenga, una sporta vada e l'altra venga

amico al bisogno si conosce l'**amico** • ama l'**amico** tuo col vezzo e col vizio suo • **amici** a scelta, e parenti come sono • **amici** cari e borsa del pari • **amici** di buon giorno, son da mettere in forno • **amici** di profferta assai si trova • *gli* **amici** e gli avvisi aiutano fare le faccende • **amici** e muli falliscono nell'adoprarli • *gli* **amici** hanno la borsa legata con un filo di ragnatela • l'**amico** accenna e non balestra • **amico** beneficato, nemico dichiarato • l'**amico** dev'essere come il denaro • **amico** di buon tempo mutasi col vento • **amico** di montagna chi lo perde vi guadagna • **amico** di tutti e di nessuno, è tutt'uno • **amico** di tutti e schiavo di nessuno • l'**amico** non è conosciuto, finché non è perduto • batti il villano, e saratti **amico** • buono è l'**amico** e buono il parente, ma trista la casa dove non si trova niente • cattivo **amico**, pessimo marito • chi dà a credenza spaccia assai, perde l'**amico** e denar non ha mai • chi del vino è **amico**, di se stesso è nemico • chi è diverso nell'oprare, non può molto **amico** stare • chi è gran nemico, è anche grande **amico** • chi è misero o mendico, provi tutti e poi l'**amico** • chi ha cento **amici** fa per cento • chi manca a un sol **amico**, molti ne perde • chi non ha **amico** o germano, non ha forza in braccio né in mano • chi non sa fingersi **amico**, non sa essere nemico • chi trova un **amico**, trova un tesoro • chi vuol fare onore all'**amico**, ciccia di troia e legna di fico • cogli **amici** non bisogna andar co' se in capo • con ognun fa' patto, coll'**amico** fanne quattro • dagli **amici** mi guardi Iddio, ché dai nemici mi guardo io • di' all'**amico** il tuo segreto, e' ti terrà il piè sul collo • donna che ha molti **amici**, ha molte lingue mordaci • dove due **amici** s'incontrano, Dio gli fa da terzo • dove vi son figliuoli non vi son parenti né **amici** • è bene aver degli **amici** per tutto • è male **amico** chi a sé è nemico • esempi e benefici fanno gli **amici** • il Francese per **amico**, ma non per vicino, se tu puoi • in casa dell'**amico** ricco, sempre ammonito; in quella dell'amico povero, sempre lodato • meglio perdere l'**amico** che un bel detto • mercanzia non vuole **amici** • non c'è migliore specchio dell'**amico** vecchio • non c'è schiavo più legato, che all'**amico** l'obbligato • ognuno è **amico** di chi ha buon fico • l'oro s'affina al fuoco e l'**amico** nelle sventure • parla all'**amico** come se avesse a diventar nemico • peggio è l'invidia dell'**amico** che l'insidia del nemico • per far un **amico** basta un bicchier di vino, per conservarlo è poca una botte • per un bel detto si perde un **amico** • prima di scegliere l'**amico**, bisogna averci mangiato il sale sett'anni • si sta più **amici** a stare un po' lontano • sol di parole **amico**, non vale un fico • una berretta manco o più, e un quattrin di carta l'anno, poco ti costano, e **amici** ti fanno • un nemico è troppo, e cento **amici** non bastano • val più avere **amici** in piazza, che danari nella cassa • val più un **amico** che cento parenti • *i* veri **amici** son come le mosche bianche

ammalare donna si lagna, donna si duole, donna s'**ammala**, quando la vuole

ammalato l'**ammalato** disubbidiente fa il medico crudele • chi bazzica co' preti e intorno ha il medico, vive sempre **ammalato** e muore eretico

ammaliziato un uccello **ammaliziato** non dà retta alla civetta

ammazzare ad **ammazzare** una mosca in aprile è come ammazzarne mille • bel colpo non **ammazzò** mai uccello • cent'oche **ammazzano** un lupo • chi **ammazza** il marzuolo, ammazza il padre e il figliuolo • chi **ammazza** una pulce in gennaio ne ammazza uno staio • colui è provvisto di poco sapere, che s'**ammazza** per quel che non può avere • è meglio **ammazzare** uno che mettere una cattiva usanza • la febbre continua **ammazza** l'uomo • il fine del soldato è l'essere **ammazzato** • freddo primaticcio e foglie serotine, **ammazzano** il vecchio • ne **ammazza** più la penna del medico che la spada del cavaliere • novembre ammucchia aria e le foglie in terra, dicembre **ammazza** l'anno e lo sotterra • per San Martino s'**ammazza** il porco e si beve il vino • i poveri s'**ammazzano** e i signori s'abbracciano • se tu vedi del formento per Natale, **ammazza** il cane; se non lo vedi dagli del pane • tanto razzola la gallina, che scuopre il coltello che l'**ammazza** • la troppa coda **ammazza** la volpe • la troppa speranza **ammazza** l'uomo • il venerdì **ammazza** il sabato

ammirare un asino trova sempre un altr'asino che lo **ammira**

ammogliare chi si **ammoglia** non sa che ben si voglia • uomo **ammogliato**, uccello in gabbia

ammollare non ogni acqua l'**ammolla** • ogni acqua **ammolla** • ogni acqua lo **ammolla**

ammonire in casa dell'amico ricco, sempre **ammonito**; in quella dell'amico povero, sempre lodato

ammucchiare novembre **ammucchia** aria e le foglie in terra, dicembre ammazza l'anno e lo sotterra

ammutire da fiume **ammutito** fuggi

amo la beltà senza la grazia è un **amo** senza l'esca • invan si pesca, se l'**amo** non ha l'esca • non è l'**amo** né la canna, ma gli è il cibo che t'inganna • pesce che va all'**amo**, cerca d'esser gramo

amore **amor** che nasce in malattia, quando si guarisce se ne passa via • l'**amor** comincia con suoni e con canti, e poi finisce con dolori e pianti • **amor** con **amor** si paga • **amor** dà per mercede, gelosia e rotta fede • **amor** di signore, amore di donnola • **amor**, dispetto, rabbia e gelosia, sul core d'ogni donna han signoria • l'**amore** a nessuno fa onore e a tutti fa dolore • l'**amore** del marito è come il mese di febbraio: mezzo dolce e mezzo amaro • l'**amore** di carnevale muore in quaresima • **amore** è cieco, e vede da lontano • **amore** e gelosia nacquero insieme • l'**amore** e la fede dall'opere si vede • l'**amore** è principio del bene e del male • **amore** e tosse non si possono celare • **amore** fa amore e crudeltà fa tirannia • **amore** fa portar le calze vuote • l'**amore**, l'inganno e il bisogno insegnano la rettorica • **amore** non conosce misura • **amore** non è senza amaro • **amore** non mira lignaggio né fede né vassallaggio • **amore** non si trova al mercato • **amore** nuovo va e viene, ed il vecchio si mantiene • **amore** onorato né vergogna né peccato • l'**amore** si nasconde dietro una cruna d'ago • **amore** vuol fede, e fede vuol fermezza • **amor** fa molto, il denaro fa tutto • gli **amori** nuovi fanno dimenticare i vecchi • **amor** male impiegato vien mal rimunerato • **amor** non ha sapienza, e l'ira non ha consiglio • chi ha l'**amor** nel petto, ha lo spron ne' fianchi • chi non ha figliuoli, non sa che sia **amore** • chi per **amor** si piglia, per rabbia si lascia • chi si marita per **amore**, di notte ha piacere, e di giorno ha dolore • chi sta a' marmi di Santa Maria del Fiore, o è pazzo o sente d'**amore** • chi vuol l'**amore** celato lo tenga bestemmiato • cosa che punge, **amor** disgiunge • crudeltà consuma **amore** • delle pene d'**amore**, si tribola e non si more • detto d'**amore** disarma rigore • donna che per **amor** si piglia, si tenga in briglia • fortunato in **amor** non giochi a carte • il fuoco e l'**amore** non dicon mai vanne al lavoro • la gelosia scuopre l'**amore** • gusto pazzo, **amor** guasto • in commercio ed in **amore** sempre soli • in guerra, nella caccia e negli **amori**, in un piacer mille dolori • meglio il marito senza **amore** che con gelosia • né **amor** né signoria non voglion compagnia • nella guerra d'**amor** vince chi fugge • non c'è sabato senza sole, non c'è donna senza **amore**, né domenica senza sapore, né vecchio senza dolore • l'odio è cieco come l'**amore** • ogni **amore** ha la sua spesa • ogni disuguaglianza **amore** agguaglia • per **amor** del non conviene, nasce molto male e poco bene • più vale un pan con **amore** che un cappone con dolore • il primo **amore** non si scorda mai • quando la fame vien dentro la porta, l'**amore** se ne va dalla finestra • quando piove e c'è il sole, il diavolo fa all'**amore** • razza di cani, roba di villani e **amor** di cortigiani • scalda più **amore** che mille fuochi • sdegno cresce **amore** • se ne vanno gli **amori** e restano i dolori • senza Cerere e Bacco è **amor** debole e fiacco • seren di notte, nuvolo di estate, **amor** di donna, discrezion di frate • sfortunato al gioco, fortunato in **amore** • sole d'inverno e **amor** di pagliarda, tardi viene e poco tarda • tanto è l'**amore** quanto è l'utile • tanto è morir di male, quanto d'**amore** • uccello in gabbia non canta per **amor**, canta per rabbia • gli uomini sono aprile quando fanno all'**amore**, dicembre quando hanno sposato • vecchio in **amore**, inverno in fiore

amoroso gennaio zappatore, febbraio potatore, marzo **amoroso**, aprile carciofaio, maggio ciliegiaio, giugno fruttaio, luglio agrestaio, agosto pescaio, settembre ficaio, ottobre mostaio, novembre vinaio, dicembre favaio • in **amoroso** stato non dura l'occupato • tenere due **amorosi** è come tenere un sacco di pulci

anca donna che muove l'**anca**, se non lo è poco ci manca

ancella la pecunia, se la sai usare, è **ancella**; se no, è donna

andare chi va di notte, ha delle botte • chi **va** e torna, fa buon viaggio • chi **va** forte va alla morte • chi **va** piano va sano e va lontano • è meglio imbattersi che **andare** apposta • è un cattivo **andare** contro la corrente • per **andare** avanti bisogna voltarsi addietro

angelico se la donna di gran beltade non ha **angelica** onestade, non gli far veder le strade

angelo (**angiolo**) le donne son sante in chiesa, **angele** in istrada, diavole in casa, civette alla finestra e gazze alla porta • uom solitario, o bestia o **angiolo**

anguilla chi piglia l'**anguilla** per la coda e la donna per la parola, può dire di non tener nulla

anima **anima** nata, il ciel l'aiuta • chi non digiuna la vigilia di Natale, corpo di lupo e **anima** di cane • chi promette e non attiene, l'**anima** sua non va mai bene • corpo satollo, **anima** consolata • la morte paga i debiti, e l'**anima** li purga • non lava abito santo **anima** lorda • gli occhi sono la finestra dell'**anima** • Pasqua di Befana, la rapa perde l'**anima** • quando la carne diventa frusta, anco l'**anima** s'aggiusta • la roba ruba l'**anima**

animale tre **animali** feroci: l'Angelo, San Marco e la Croce

animo **animo** appassionato non serba pazienza • **animo** risoluto non ha orecchi • non mostrar mai né il fondo della tua borsa né del tuo **animo** • vista torta, mal **animo** mostra; vista all'ingiù, tristo e non più; vista all'insù, o pazzo o tanto savio che non si possa dir più • la vivanda vera è l'**animo** e la cera

annata buona **annata** avremo se San Giuseppe fa sereno • guai a quell'**annata** che genera saggina e rapa • Pasqua di marzo, **annata** di pane • Pasqua piovosa, **annata** prosperosa • secca **annata**, non è affamata • se di novembre tuona, l'**annata** sarà buona • se piove a San Giorgio, brutta **annata** • se piove prima del cucco, buona **annata** di tutto • settembre col vento, **annata** da polenta

annegare chi non s'aiuta, s'**annega** • la fine del corsale è **annegare** • lagrime piante per donna son come l'acqua del mare, non è buona da bere, ma è buona da **annegare** • viene da Dio che i frati s'**annegano**

annestare l'**annestare** sta nel legare • chi presta, male **annesta**

annitrire i soldati fanno come i cavalli che **annitriscono** a chi li governa, e tiran calci al padrone

anno acqua di maggio: pan per tutto l'**anno** • a Natale un piede di gallo, al primo dell'**anno** un piede di cane, all'Epifania un piede di stria • gli **anni** della fame cominciano nella greppia del bestiame • **anno** bisesto, anno senza sesto • **anno** fungato, anno tribolato • **anno** nevoso, anno fruttuoso • **anno** nuovo vita nuova • **anno** pecoraio, anno pecchiaio • **anno** susinaio, poche fastella • aprile e maggio sono la chiave di tutto l'**anno** • aprile piovoso, maggio ventoso, **anno** fruttuoso • un asino di vent'**anni** è più vecchio d'un uomo di settanta • bambin d'un **anno** rigetta il latte dal calcagno • il ben d'un **anno** va via in una bestemmia • cattivo è quel palo che non può stare un **anno** in terra • chi all'onor suo manca un momento, non vi ripara poi in **anni** cento • chi ara la terra bagnata per tre **anni** l'ha dissipata • chi arricchisce in un **anno**, è impiccato in un mese • chi campa tutto l'**anno** vede tutte le feste • chi fa il buon mese, fa il buon **anno** • chi ha da mangiare per San Michele, avrà quattrini in tasca tutto l'**anno** • chi ha un giorno di bene, non può dire d'essere stato male tutto l'**anno** • chi lavora il dì dell'Ascensione, tutto l'**anno** va in perdizione • chi mangia aloè, campa gli **anni** di Noè • chi mangia l'oca alla corte, in capo all'**anno** caca le penne • chi per Natale non ha il filato e per Pasqua non ha il panno va nudo tutto l'**anno** • chi pianta in autunno guadagna un **anno** • chi pon cavolo d'aprile, tutto l'**anno** se ne ride • chi ruba a un buon ladron ha cent'**anni** di perdon • chi si marita per un **anno** gode • chi tiene il cavallo e non ha strame, in capo all'**anno** si gratta il forame • chi vuole il malanno, abbia il mal'**anno** e la mala pasqua • con arte e con inganno, si vive mezzo l'**anno**; con inganno e con arte, si vive l'altra parte • dice il porco, dammi dammi, né mi contar mesi né **anni** • dicembre piglia l'**anno** e lo sotterra, gennaio lo fa rinascere, aprile e maggio lo vestono •

di mezz'**anno** il cul fa da scanno • fammi fattore un **anno**, se sarò povero, mio danno • il gallo e il servitore in un **anno** perdon vigore • guai a quell'**anno** che l'uccello non fa danno • in **anno** pieno il grano è fieno, in anno malo la paglia vale quanto il grano • in capo all'**anno** mangia più il morto che il sano • in capo a un **anno** e a un mese, ogni fiume torna al suo paese • in cent'**anni** e cento mesi torna l'acqua a' suoi paesi • la Madonna di mezz'agosto tutti gli **anni** rinfresca il bosco • maggio fresco e ventoso rende l'**anno** ubertoso • maggio piovoso **anno** ubertoso • maledetto il giovane di cento **anni**, e benedetto il vecchio di venti • la malizia viene avanti gli **anni** • meglio vivere un giorno da leone che cent'**anni** da pecora • il minchione di quest'**anno** se n'accorge quest'altr'anno • morte desiderata, cent'**anni** per la casa • Natale viene una volta l'**anno** • non è buon **anno** quando il pollo becca il gallo • non è sì trista spazzatura che non s'adopri una volta l'**anno**, né sì cattivo paniere che non s'adopri alla vendemmia • i nostri vecchi istavan cent'**anni** col culo a la piova prima di fare un proverbio • novembre ammucchia aria e le foglie in terra, dicembre ammazza l'**anno** e lo sotterra • ogni **anno** vien col suo affare • ogni cosa è d'ogni **anno** • ogni dieci **anni** un uomo ha bisogno dell'altro • pan d'un giorno, vin d'un **anno** • per l'**anno** nuovo bisogna incontrare un uomo • il peso degli **anni** è il maggior peso che l'uomo possa portare • pota tardi e semina presto, se un **anno** fallirai, quattro ne assicurerai • povero quell'uomo che di trent'**anni** non guarisce i suoi malanni • prima di scegliere l'amico, bisogna averci mangiato il sale sett'**anni** • il prim'**anno** s'abbraccia, il secondo s'infascia, il terzo s'ha il mal anno e la mala pasqua • i prìncipi sono come i contadini, ogni **anno** ingrassano un porco e poi se lo mangiano • quando Domine acchiappa Giovanni, guai a quell'**anno** • quando l'**anno** vien bisesto, non por bachi, e non far nesto • quando la terra vede la vena per sett'**anni** la terra trema • quando tuona il dì di San Giuseppe, due inverni in quell'**anno** • quel che fai il primo dell'**anno** lo fai tutto l'anno • quest'**anno** fignolosa, e quest'altro anno sposa • i ragazzi e i pazzi credono che vent'**anni** e venti lire non debban mai finire • la roba del villano dura trent'**anni** e un mese e poi la torna al suo paese • San Silvestro: son terminate le feste; **anno** nuovo, cominciano di nuovo • se a novembre non è arato, tutto l'**anno** è malandato • se il matrimonio durasse un **anno**, tutti si mariterebbero • se non ci fosse aprile nell'**anno** non ci sarebbe nessun guadagno • i travagli tiran giù l'**anno** • una berretta manco o più, e un quattrin di carta l'**anno**, poco ti costano, e amici ti fanno • un'ora di contento sconta cent'**anni** di tormento • gli uomini hanno gli **anni** che sentono, le donne quelli che dimostrano • uomo indebitato ogni **anno** lapidato • val più un buon giorno con un uovo, che un mal'**anno** con un bue • il vecchio che si cura cent'**anni** dura • vendetta di cent'**anni** ha ancora i lattaiuoli

annoiare scherzo, riso e gioia, quando è troppo **annoia** • t'**annoia** il tuo vicino? Prestagli uno zecchino

annuale il buon lavoratore rompe il cattivo **annuale**

Annunziata (25 marzo) l'**Annunziata** dà un calcio all'invernata • l'**Annunziata** rompe la veglia • per l'**Annunziata** il grano fiorisce e gli uccelli fan la loro nidiata • quando piove all'**Annunziatella**, si riempie la fiaschella • tre acque prelibate: San Giuseppe, la domenica delle Palme, l'**Annunziata**

annunzio prima l'**annunzio**, e poi il malanno

anticamera la fortuna non vuol fare **anticamera**

anticipato se in luglio la formica porta più dell'usato, l'inverno sarà duro e **anticipato**

antico come gli **antichi**, che mangiavan le cocce e buttavano i fichi • Milano la grande, Vinegia la ricca, Genova la superba, Bologna la grassa, Firenze la bella, Padova la dotta, Ravenna l'**antica**, Roma la santa • ognuno a suo modo, e gli asini all'**antica** • onora il senno **antico**

ape l'**ape** fa il miele e l'apone se lo inghiotte • morta l'**ape**, non si succia più mele • la pecora e l'**ape** nell'aprile danno la pelle • val più un'**ape** che cento mosche

aperto all'arca **aperta**, il savio pecca • alle volte con gli occhi **aperti** si fan dei sogni • bocca chiusa e occhio **aperto**, non fe' mai nessun deserto • cani e villani lascian sempre l'uscio **aperto** • chi sta col becco **aperto**, ha l'imbeccata di vento • gola degli adulatori, sepolcro **aperto** • l'inferno e i tribunali son sempre **aperti** • la lite vuol tre cose, piè leggiero, poche parole e borsa **aperta** • porta **aperta** per chi porta; e chi non porta, parta • uomo a cavallo, sepoltura **aperta** • uscio **aperto** guarda casa • i vecchi son lepri, dormono con gli occhi **aperti**

apostolo anco gli **apostoli** ebbero un Giuda

appagare poco dolce, molto amaro **appaga**

apparecchiare chi dà il suo avanti di morire, **apparecchiasi** a ben soffrire

apparenza l'**apparenza** inganna

apparire a gennaio deve **apparir** l'allodola in mezzo al grano • all'**apparir** degli uccelli non gettare seme in terra • da Natale a carnevale non c'è vigilia da osservare, se San Mattia non **appare** • quel che si fa all'oscuro **apparisce** al sole • la sete fa **apparire** saporita l'acqua • un quattrin di carta, una penna, e un danaro d'inchiostro, fanno **apparire** d'un uomo un mostro

appassionato animo **appassionato** non serba pazienza

appellarsi chi ha la sentenza contro, e se n'**appella**, a casa porta due triste novelle • guelfo non son, né ghibellin m'**appello**, a chi mi dà rivolterò il mantello

appendere a Santa Teresa la testa del porco **appesa**

appetito l'**appetito** con pane e toma è il meglio che ci sia a Roma • l'**appetito** vien mangiando • la donna è come l'**appetito**, va contentata a tempo • il Fiorentino mangia sì poco e sì pulito, che sempre si conserva l'**appetito** • il miglior condimento è l'**appetito** • Natale senza danari, carnevale senz'**appetito**, Pasqua senza devozione • per proverbio dir si suole, che tre cose il re non ha: di mangiare il pan condito, come noi dall'**appetito**: di veder levare il sole: di sentir e di udir la verità • Santa Lucia mantengati la vista, che d'**appetito** n'hai buona provvista

appiccare chi affoga, s'**appiccherebbe** alle funi del cielo • nessuno vuole **appiccare** il sonaglio alla gatta • se non vuoi viver vecchio **appiccati** giovane

appigliarsi a ben s'**appiglia**, chi ben si consiglia

appoggiarsi a muro basso ognuno si **appoggia**

apposta è meglio imbattersi che andare **apposta**

appresso uomo e donna in stretto loco, secca paglia **appresso** al foco

apprezzare le cose vanno a chi non sa **apprezzarle** • non s'**apprezza** ben redato, quanto ben da sé acquistato

appuntare sopporta e **appunta** un mal chi non vuol giunta

aprilante terzo **aprilante**, quaranta dì durante

aprile acqua d'**aprile**, acqua gentile • l'acqua d'**aprile**, il bue ingrassa, il porco uccide, e la pecora se ne ride • l'acqua di maggio e d'**aprile**, all'aia te la vedi • ad ammazzare una mosca in **aprile** è come ammazzarne mille • ad **aprile** il grano fa la spiga • ad **aprile** son vuote le bisacce • al primo di **aprile** una bugia si può dire • alte o basse nell'**aprile** son le Pasque • a marzo si buttan via gli stracci, ad **aprile** si vanno a raccogliere • **aprile** apre e settembre chiude • **aprile** bagnato fa figurare a chi ha seminato • **aprile**, butta le scarpe sul fienile • **aprile**, canta il cuculo: piove per sette e asciuga in una • **aprile** carciofaio, maggio ciliegiaio • **aprile** cava la vecchia dal covile • **aprile**, d'ogni goccia un barile • **aprile** dolce dormire • **aprile** e maggio sono la chiave di tutto l'anno •

aprile è passato, maggio non viene più: sta sempre lì a cantare il povero cuccù • **aprile** è un mese del Lella: un po' col sole, un po' coll'ombrella • **aprile** fa ardere le doghe del barile • **aprile** fa nascere i fiori e maggio si piglia l'onore • **aprile** freddo, molto pane e poco vino • **aprile** freddo sottile • **aprile** il primo giorno lo vuole per sé • **aprile**: le coppie preparano il nido • **aprile**: le donne per il cortile • **aprile**, le pecore nell'ovile • **aprile**: mai uscire senza ombrello • **aprile** n'ha trenta, se piove trentuno, non fa male a nessuno • **aprile**, ogni giorno un barile • **aprile** per allungare e settembre per accorciare • **aprile** piovi piovi, a maggio una è buona • **aprile** piovoso, maggio ventoso, anno fruttuoso • **aprile** quando piange e quando ride • **aprile** scassa barile, maggio scassa gli arnesi • **aprile** suol esser cattivo da principio o al fine • **aprile** temperato non è mai ingrato • **aprile** ti fa mettere nel covile • **aprile** una gocciola il die, e spesso tutto il die • le brine d'**aprile** ti fanno morire • chi fila grosso, si vuol maritar tosto; chi fila sottile, si vuol maritar d'**aprile** • chi pon cavolo d'**aprile**, tutto l'anno se ne ride • chi sente cantare il cucculo due volte nel mese di **aprile** non deve dispiacersi di morire • chi si scalda in **aprile**, non vede fava fiorire • da marzo a **aprile** c'è poco da dire • d'**aprile** non ti scoprire • d'**aprile** piove per gli uomini e di maggio per le bestie • di bruma la neve s'aggruma, di gennaio la neve fa solaio, di marzo fa il ponte e in **aprile** si rompe • dicembre piglia l'anno e lo sotterra, gennaio lo fa rinascere, **aprile** e maggio lo vestono • Dio ci guardi dal fungo di gennaio e dalla polvere d'**aprile** • fidarsi alla buona stagione d'**aprile** è come fare i conti innanzi l'oste • gennaio e febbraio, tienti al pollaio; marzo e **aprile**, capretto gentile; maggio e giugno, erbette col grugno; luglio e agosto, piccioni arrosto, settembre e ottobre, buone lepri col savore; novembre e dicembre, buon vitel sempre • gennaio zappatore, febbraio potatore, marzo amoroso, **aprile** carciofaio, maggio ciliegiaio, giugno fruttaio, luglio agrestaio, agosto pescaio, settembre ficaio, ottobre mostaio, novembre vinaio, dicembre favaio • il gran freddo di gennaio, il mal tempo di febbraio, il vento di marzo, le dolci acque d'**aprile**, le guazze di maggio, il buon mieter di giugno, il buon batter di luglio, le tre acque d'agosto con la buona stagione, vaglion più che il tron di Salomone • in marzo si nasconde un gatto, in **aprile** lasciami dormire; in maggio vieni a veder che faccio e in giugno mettimi nel pugno • marzo asciutto e **april** bagnato, beato il villan che ha seminato • marzo di vento, **aprile** di serpenti • marzo e **aprile**: mandorle e olive • marzo e **aprile** son fratelli: ora brutti ora belli • marzo me ne vengo, **aprile** mi faccio sentire, maggio m'arrabbio e giugno me ne vado • marzo per le galline, **aprile** per le pecore, maggio per i buoi, giugno per noi • marzo tinge, **april** dipinge • marzo ventoso **aprile** piovoso • la nebbia di marzo non fa male, ma quella d'**aprile** toglie il pane e il vino • nel febbraio la beccaccia fa il nido, nel marzo tre o quattro, nell'**aprile** pieno il covile, nel maggio tra le frasche, nel giugno come un pugno, nell'agosto non ucciderla al corso • la neve di gennaio diventa sale, e quella d'**aprile** farina • la pecora e l'ape nell'**aprile** danno la pelle • la pioggia d'**aprile** riempie i fienili • pioggia d'**aprile**, vino gentile • la prima acqua d'**aprile**, la lumaca esce dal suo covile • la prima acqua d'**aprile**, vale un carro d'oro con tutto l'assile • quando a marzo gli manca un dente, **aprile** raduna la gente • quando imbrocca d'**aprile**, vacci col barile; quando imbrocca di maggio, vacci per assaggio; quando imbrocca di giugno, vacci col pugno • quando marzo marzeggia, **april** campeggia • quando tuona a **aprile**, grano nel sacco e vino nel barile • quello che **aprile** dà, il maggio toglie • se d'**aprile** a potar vai, contadino, molt'acqua beverai e poco vino • se marzo butta erba,

aprile butta merda • se non ci fosse **aprile** nell'anno non ci sarebbe nessun guadagno • se non piove di marzo, non viene né erba né altro; se non piove d'**aprile**, quello ch'è nato sta per morire • se piove d'**aprile**, ogni gocciola mille lire • se piove tutto il mese di **aprile** il grano mette una bella spiga • se s'ingrugna **aprile**, ti fa guardare il focarile • se vuoi del buon filo, pianta la canapa ad **aprile** • trenta dì ha novembre, **april**, giugno e settembre; di ventotto ce n'è uno tutti gli altri n'han trentuno • tuono d'**aprile**, verderame nel barile • tutto **aprile** e tutto maggio al verno mi ritraggo • gli uomini sono **aprile** quando fanno all'amore, dicembre quando hanno sposato • val più un'acqua fra **aprile** e maggio, che i buoi con il carro

aprire a chi batte forte si a**pron** le porte • **apri** bocca, e fa ch'io ti conosca • aprile **apre** e settembre chiude • chi ben serra, ben **apre** • chi non **apre** ben gli occhi a' fatti sui, stentando va per arricchire altrui • Dio serra un uscio e **apre** una finestra • il dono dee chiuder la bocca a chi lo fa, ed **aprirla** a chi lo riceve • è facil cosa **aprir** la bocca e forarsi i denti • in piazza non **aprir** mai sacco • i morti **aprono** gli occhi ai vivi • non si serra mai una porta che non se n'**apra** un'altra • quando viene, serragli le finestre in contro; quando parte, **aprigli**-**le** • se alla gallina tu **apri** il pugno, essa ti aprirà il culo

Aquila (1) chi vuol provar le pene dell'Inferno, la state in Puglia e all'**Aquila** di verno

aquila (2) l'**aquile** non fanno guerra a' ranocchi • benché l'**aquila** voli alto, il falco l'uccide • d'**aquila** non nasce colomba

arare **ara** coi buoi e semina colle vacche • **ara** poco ma minuto e fondo, se tu vuoi empire il granaio da cima a fondo • chi **ara** da sera a mane, d'ogni solco perde un pane • chi **ara** la terra bagnata per tre anni l'ha dissipata • chi **ara** l'uliveto, dimanda il frutto; chi lo letama l'ottiene; chi lo pota lo sforza • da San Gallo **ara** il monte e semina la valle • imparano dai buoi vecchi ad **ara**-

re i giovani • neanche il contadino **ara** bene se non s'inchina • non s'ara come s'erpica • quando il bue non vuole **arare**, tu puoi cantare, tu puoi cantare • se a novembre non è **arato**, tutto l'anno è malandato • se **ari** male, peggio mieterai • tal bue crede andare a pascere, che poi **ara**

aratura meglio una buona e secca scalfitura che una buona e molle **aratura**

arca all'arca aperta, il savio pecca • lettere in carta, denari in **arca**

archibugio (**archibuso**) a cavallo, dinnanzi; ad **archibuso**, di dietro; a tavola, di mezzo; a quistione, lontano

arco l'arco sempre teso si spezza

arcobaleno l'**arcobaleno** conduce il sereno • l'**arcobaleno** la mattina bagna il becco alla gallina • l'**arcobaleno** la sera buon tempo mena

ardere aprile fa **ardere** le doghe del barile • chi **arde** e non lo sente, arder possa infino al dente • chi non **arde**, non incende • chi più **arde** più splende • se non **arde** luglio e agosto, nella tina poco mosto • sotto la bianca cenere, sta la brace **ardente**

ardire sdegno e vergogna son pien d'**ardire**

ardito a barba di pazzo rasoio **ardito** • guancia pulita, fronte **ardita** • pane di fratello, pane di coltello; pane di marito, pane **ardito** • uomo piccolo uomo **ardito**

argento il canapo è unto con l'**argento** • la prima oliva è oro, la seconda **argento**, la terza non val niente • le ragazze son d'oro, le sposate d'**argento**, le vedove di rame e le vecchie di latta • tutto è fumo e vento, fuorché l'oro e l'**argento**

Argo chi si fa **Argo** dell'onore altrui, riesce talpa del suo

argomentare dal fumo, fuoco s'**argomenta**

aria a far dei castelli in **aria** tutti siam buoni • **aria** a scalelli, acqua a pozzatelli • **aria** bassa senz'acqua non passa • **aria** di finestra, colpo di balestra • **aria** pecorina, se non piove la sera piove alla mattina • **aria** rossa, o piscia o soffia • e' non si voglion pigliar tutte le mosche che volan per **aria** • il fumo va all'**aria**, e l'acqua alla valle • Genova, **aria** senza uccelli, mare senza pesce, monti senza legna, uomini senza rispetti • non si campa d'**aria** • novembre ammucchia **aria** e le foglie in terra, dicembre ammazza l'anno e lo sotterra • quando il ciel bello varia, convien dargli dell'**aria** • quando l'**aria** è turbata e il cielo è tinto, è meglio camminar ch'essere spinto • sole di vetro e **aria** di fessura, mandano in sepoltura • solo i cenci vanno all'**aria**

aridità brina ai Santi lascia l'impronta: tanta **aridità** dopo nei campi

arma **arme** certa alla bandiera • **arme** lunga fa buon fante • l'**armi** dei poltroni non tagliano né forano • l'**armi** portan pace • di buone **armi** è armato, chi da buona donna è amato • le minacce son **arme** del minacciato • si presta l'**armi**, ma non il braccio • tutte l'**armi** di Brescia non armerebbero la paura d'un poltrone

armare di buone armi è **armato**, chi da buona donna è amato • tutte l'armi di Brescia non **armerebbero** la paura d'un poltrone

armatura contro la morte non vale **armatura**

armellino quando gli **armellini** sono in fiore, il dì e la notte son d'un tenore

arnese aprile scassa barile, maggio scassa gli **arnesi**

Arno Arno vuoto granaio pieno • non sono in **Arno** tanti pesciolini, quanti in Venezia gondole e camini

arrabbiare a questo mondo bisogna o adattarsi, o **arrabbiarsi**, o disperarsi • la carne si guasta e i cani **arrabbiano** • marzo me ne vengo, aprile mi faccio sentire, maggio m'**arrabbio** e giugno me ne vado • val più un'**arrabbiata** che una bastonata • villano affamato è mezzo **arrabbiato**

arrecare sai tu com'ella è? come l'uomo se l'**arreca**

arrendersi chi è più gentile, più s'**arrende** • chi ha più bisogno, e più s'**arrenda**

arrestato solo il bue vecchio muove le carra **arrestate**

arri a chi pecca per erro s'ha compassione; ma chi pecca per **arri**, non merita scuse • val più una frustata che cento **arri** là

arricchire acqua di maggio **arricchisce** il massaro • andare scalzo e seminar fondo non **arricchì** giammai persona al mondo • chi **arricchisce** in un anno, è impiccato in un mese • chi non apre ben gli occhi a' fatti sui, stentando va per **arricchire** altrui • chi vuol **arricchire**, basta avvitire • Dio ti guardi da un ricco impoverito e da un povero **arricchito** • ha più il ricco quando impoverisce, che il povero quando **arricchisce** • per **arricchire** bisogna invitire • per **arricchire** ci voglion tre r, o redare, o rubare, o ridire • salario non **arricchì** mai giovane • viver parcamente **arricchisce** la gente

arrischiarsi chi non s'**arrischia**, non acquista

arrivare a casa stretta, come **arrivi** tu ti assetta • altro è correre, altro è **arrivare** • a passo a passo si **arriva** a Roma • **arriva** prima il freddo dei panni • **arrivato** Sant'Andrea, arrivato il freddo • chi mangia l'uva d'agosto, non **arriva** a bere il mosto • chi prima **arriva**, prima alloggia • chi prima **arriva**, prima macina • chi tardi **arriva**, male alloggia • con la verità si **arriva** dappertutto • le donne **arrivano** i pazzi e i savi • l'erba cattiva soffoca dove **arriva** • la fortuna non **arriva** mai due volte • la luna ai 29 non fa, e ai 30 non **arriva** • la pena è zoppa, ma pure **arriva** • per il giorno di Tutti i Santi la neve **arriva** al camposanto, per il giorno dei Morti la neve arriva negli orti • quando canta il cuculo, **arriva** la primavera • quando la gatta non può **arrivare** al lardo, dice che sa di rancido • il signor Donato gli è sempre bene **arrivato**

arroganza l'abbondanza, foriera è d'**arroganza**

arrossire sette cose fa la zuppa, cava fame e sete attuta, empie il ventre e netta il dente, fa dormire, fa smaltire, e la guancia fa **arrossire**

arrosto a gatto che lecca stidione, non gli fidare **arrosto** • gennaio e febbraio, tienti al pollaio; marzo e aprile, capretto gentile; maggio e giugno, erbette col grugno; luglio e agosto, piccioni **arrosto**, settembre e ottobre, buone lepri col savore; novembre e dicembre, buon vitel sempre • non c'è fumo senza **arrosto** • più pro fa il pane asciutto a casa sua, che l'**arrosto** a casa d'altri • viene Natale santo e giusto: chi si mangia la carne e chi sente l'odore di **arrosto**

arruffare chi ha **arruffato** la matassa la strighi • la matassa quanto più è **arruffata** e meglio s'accomoda

arte chi dice mal dell'**arte**, non sarà de' consoli • chi è dell'**arte**, è sospetto • chi è stato de' consoli sa che cosa è l'**arte** • chi ha **arte**, ha parte • con **arte** e con inganno, si vive mezzo l'anno; con inganno e con arte, si vive l'altra parte • di luna al primo marte si fanno tutte l'**arte** • dove manca natura **arte** procura • impara l'**arte** e mettila da parte • la natura può più dell'**arte** • niuno s'ha da vergognare della sua **arte** • ogni terreno nutrisce l'**arte** • ogni uomo ha buona moglie e cattiva **arte** • la perfezione dell'**arte** consiste nel nasconder l'arte • prega Dio di tre cose: di nascere in buona parte, di non cominciar trist'**arte**, di non prender ria moglie • se l'orgoglio fosse un'**arte**, vi sarebbero molti maestri

artefice l'astio è tra gli **artefici** • cattivo è il mestiero che non nutrisce l'**artefice** • ognuno è **artefice** della propria fortuna

artigiano **artigiano** che non mente, non ha mestier fra la gente

artiglio donna che piglia è nell'altrui **artiglia**

ascendere non si può fare il fuoco che il fumo non **ascenda**

Ascensione al dì dell'**Ascensa**, portan maio a chi non se lo pensa • all'**Ascensione** l'orzo spiga, il grano comincia • all'**Ascensione** si separa la madre dalla figlia • chi lavora il dì dell'**Ascensione**, tutto l'anno va in perdizione • pensa e ripensa, di giovedì viene l'**Ascensa** • per l'**Ascensione** neppure l'uccello va al nido • quando gira il calabrone, è il tempo dell'**Ascensione** • se piove per l'**Ascensa**, metti un pane di meno in sulla mensa • se piove per l'**Ascensione**, si guasta la colazione • se piove per l'**Ascensione**, va ogni cosa in perdizione

asciugare alle Rogazioni, se i fossi sono asciutti finiscono d'**asciugarsi**, se sono bagnati si riempiono • aprile, canta il cuculo: piove per sette e **asciuga** in una • marzo marzuga, cento bagna e uno **asciuga** • niente s'**asciuga** così presto come le lacrime • se febbraio riempie i fossi, marzo li **asciuga**

asciutto alle Rogazioni, se i fossi sono **asciutti** finiscono d'asciugarsi, se sono bagnati si riempiono • l'**asciutto** viene sempre fra le Madonne • febbraio **asciutto**, erba per tutto • luglio **asciutto**, vino e prosciutto • maggio **asciutto**, gran per tutto; maggio molle, lin per le donne • marzo **asciutto** e april bagnato, beato il villan che ha seminato • marzo **asciutto** ma non tutto • olivo bagnato, uovo **asciutto** • per San Luca, o molle o **asciutto**, semina tutto • pignatta vuota e boccale **asciutto**, guasta il tutto • più pro fa il pane **asciutto** a casa sua, che l'arrosto a casa d'altri • quando a giugno è più **asciutto** che bagnato cava il bigoncio e tienlo preparato • quando canta il cucco, un giorno molle e l'altro **asciutto** • quaresima colla bocca **asciutta** e Pasqua col prosciutto • se l'Orso è **asciutto** l'inverno dura ancora quaranta dì

ascoltare **ascolta** tutti, parla franco, credi a pochi, a te poi manco • chi non **ascolta** il padre in giovinezza, udirà il boia in vecchiezza • parla poco e **ascolta** assai, e giammai non fallirai

ascoltatore a pazzo relatore, savio **ascoltatore**

ascoso sotto la scuffia spesso è tigna **ascosa**

asinaio sette cose pensa l'asino e otto l'**asinaio**

asino alla prova si scortica l'**asino** • a maggio pare se è pregna l'**asina** • a maggio sono allegri anche gli **asini** • anche un pagliaio è grande, e se lo mangia un **asino** • a Pasqua non prender moglie e a maggio non prender **asina** • **asini**, donne e buoi, non t'allontanar da' tuoi • gli **asini** si conoscono al basto • l'**asino**, benché tristo sia stimulato, alle volte tira qualche calcio • **asino** che raglia mangia poco fieno • **asino** di molti, i lupi lo mangiano • un **asino** di vent'anni è più vecchio d'un uomo di settanta • l'**asino**, dov'è cascato una volta, non ci casca più • **asino** duro, baston duro • l'**asino** non conosce la coda, se non quando non l'ha più • l'**asino** porta il basto e non lo sente; se non lo sente, egli è assai valente • **asino** punto, convien che trotti • l'**asino**, quando ha mangiato la biada, tira calci al corbello • attacca l'**asino** dove vuole il padrone e, se si rompe il collo, suo danno • ben va al mulino chi c'invia l'**asino** • il buono a qualcosa è l'**asino** del pubblico • chi **asino** è e cervo esser si crede, al saltar della fossa se n'avvede • chi **asino** nasce, asino muore • chi lava il capo all'**asino**, perde il ranno e il sapone • chi non sa leggere la sua scrittura è un **asino** per natura • com'**asino** sape, così minuzza rape • donne, **asini** e noci, voglion le mani atroci • e' va più d'un **asino** al mercato • fatti **asino** e tutti ti mettono la soma • la gioventù è il pregio dell'**asino** • in mancanza di cavalli gli **asini** trottano • meglio un **asino** vivo che un dottore morto • non far ber l'**asino** quando non ha sete • ognuno a suo modo, e gli **asini** all'antica • i padovani impiccano l'**asino** • la pazienza è la virtù degli **asini** • piuttosto un **asino** che porti, che un cavallo che butti in terra • la prima è **asinella**, la seconda tortorella • quale **asino** dà in parete tal riceve • quando il sol tramonta, l'**asino** si ponta • quando la bricca vuole, l'**asino** non puole; quando l'asino puole, la bricca non vuole • quando tutti ti diranno che sei **asino**, e tu raglia • raglio d'**asino** non giunse mai in cielo • se le cose si facessero due volte, l'**asino** sarebbe nostro • sette cose pensa l'**asino** e otto l'asinaio • tra **asino** e asino non corron se non calci • tra tanti muli ci può stare un **asino** • trotto d'**asino** poco dura • un **asino** trova sempre un altr'asino che lo ammira • val più un grano di pepe che uno stronzolo d'asino • viene asin di monte, caccia caval di corte

aspettare aspetta il porco alla quercia • aspettare e non venire è una cosa da morire • l'aspettare rincresce • il bene bisogna cercarlo, e il male aspettarlo • chi affitta il suo podere al vicino, aspetti danno o lite o mal mattino • chi buon guadagno aspetta, non si stanca • chi cento ne fa una ne aspetti • chi di venti non n'ha, di trenta non n'aspetti • chi ha tempo non aspetti tempo • chi la fa l'aspetti • chi parla per udita, aspetti la mentita • chi servo si fa, servi aspetta • chi tempo ha e tempo aspetta, tempo perde • guaio fatto rimedio aspetta • lavoro fatto, denari aspetta • la morte viene quando meno s'aspetta • né alla messa né al mulino non aspettare il tuo vicino • né da frati né da monache non t'aspettar mai niente • né il re né il desinare non si fa mai aspettare • non aspettare a pigliare il gatto il dì di San Michele • ogni fallo aspetta il suo laccio • quando il gallo canta nel pollaio, aspetta l'acqua sotto il grondaio • quel che tu stesso puoi e dire e fare, che altri il faccia mai non aspettare • ragazza vecchia fortuna aspetta • se rannuvola sulla brina, aspetta l'acqua domattina • soffri il male e aspetta il bene • tarda è la vendetta, guai a chi l'aspetta • il tempo viene per chi sa aspettare

aspro il viaggio alla morte è più aspro che la morte

assaggio di maggio fungo per assaggio • di maggio si dorme per assaggio • quando imbrocca d'aprile, vacci col barile; quando imbrocca di maggio, vacci per assaggio; quando imbrocca di giugno, vacci col pugno

assalire quando la fame assale, la musica non vale

assalto guerra spagnola, grande assalto e buona ritirata

assassino chi disse ragion di Stato, disse un tristo; e chi disse ragion di confino, disse un assassino • dove son due Monfin, due ladri e un assassin • gente di confini o ladri o assassini • nel bosco tagliato non ci stanno assassini • promesse di barcaiolo e incontro d'assassini, sempre costano quattrini • un signor che il tuo ti toglie, mal francese con le doglie, assassin che ti dispoglie, è men mal che l'aver moglie

assennato Francese furioso, Spagnolo **assennato**, Tedesco sospettoso

assente all'**assente** e al morto non si deve far torto • l'oro presente cagiona timore, e **assente** dà dolore

assenza chi ti loda in presenza, ti biasima in **assenza** • tal piglia leoni in **assenza**, che teme un topo in presenza

assestato giovane **assestato**, roba porta

assetato a San Marco nato, a San Giovanni **assetato**

assettare a casa stretta, come arrivi tu ti **assetta** • per San Michele s'**assetta** il candeliere

assicurare chi teme il cane, si **assicura** dal morso • pota tardi e semina presto, se un anno fallirai, quattro ne **assicurerai**

assicurato dicembre imbacuccato, raccolto **assicurato**

assile la prima acqua d'aprile, vale un carro d'oro con tutto l'**assile**

assistito il buono a nulla è **assistito** dalla legge di tutti

asso a primiera i due **assi**, menano a spasso

assolvere meglio **assolvere** un reo che condannare un innocente

assomigliare chi s'**assomiglia** si piglia • il figlio al padre s'**assomiglia**, alla madre la figlia

Assunzione (**Santa Maria**) per San Donato, l'inverno è nato; per San Lorenzo, gli è grosso come un giovenco; per **Santa Maria**, quanto una badia • per **Sant'Assunta** l'oliva è unta

astenere nel dubbio **astieniti**

astio **astio** e invidia non morì mai • l'**astio** è tra gli artefici

asturiano uomo **asturiano**, vino puro, e lancia nella mano

astuzia è lieve **astuzia** ingannar gelosia, che tutto crede quand'è in frenesia • senno vince **astuzia**

Atene a chi natura non lo volle dire, nol dirian mille **Atene** e mille Rome

atroce donne, asini e noci, voglion le mani **atroci**

attaccare attacca l'asino dove vuole il padrone e, se si rompe il collo, suo danno • le donne s'**attaccano** sempre al peggio • vanga piatta poco **attacca**; vanga ritta, terra ricca; vanga sotto, ricca al doppio

attacco la miglior difesa è l'**attacco**

attendere calende, tutto il mese **attende** • chi **attende** al suo, non perde mai nulla • chi serve al vizio **attende** al supplizio • da giudice che pende, giustizia invan s'**attende** • la massaia che **attende** a ca', guadagna cinque soldi, e non lo sa • panno fatto, sole **attende** • il promettere è la vigilia del non **attendere** • quando nevica di settembre, nove lune **attende** • secondo Calendi, a quello **attendi** • se piove per calende, ogni dì ne **attende** • tre cose fanno l'uomo ricco, guadagnare e non ispendere, promettere e non **attendere**, accattare e non rendere

attenere chi promette e non **attiene**, l'anima sua non va mai bene • loda lo scarpello, **attienti** al pennello; costa manco, e par più bello

atterrare la guerra molti **atterra**

attossicare poco tossico, non **attossica**

attrezzo per San Simone gli **attrezzi** a casa

attutire (**attutare**) sette cose fa la zuppa, cava fame e sete **attuta**, empie il ventre e netta il dente, fa dormire, fa smaltire, e la guancia fa arrossire

audace la fortuna aiuta gli **audaci**

augurare gennaio forte, tutti i vecchi si **auguran** la morte

augurio uccello che non canta non dà **augurio**

aumentare quanto lascivia più dissidio mesce, tanto la voglia più **aumenta** e cresce

autunnale la febbre **autunnale** o ch'è lunga o ch'è mortale

autunno chi pianta in **autunno** guadagna un anno • se il sole va a dormire pulito l'ultimo dì d'agosto fa un bell'**autunno**; se il sole va a dormire col cappello l'autunno non fa bello • se le calende di gennaio vengono di domenica, l'inverno è caldo, la primavera umida, l'**autunno** ventoso

avanzare all'uom dabbene **avanza** la metà del cervello, al tristo non sta tutto • assai **avanza** chi fortuna passa • chi fa bene per usanza, se non perde, poco **avanza** • chi inciampa e non cade, **avanza** cammino • chi lavora il campo innanzi la vernata **avanza** di ricolti la brigata • molti hanno la coscienza sì larga, che **avanza** una nave di chiesa • non si può dire abbondanza se non n'**avanza** • piuttosto crepa panza che roba **avanza** • il pover'uomo non fa mai ben: se muor la vacca, gli **avanza** il fien; se la vacca scampa, il fien gli manca • scienza, casa, virtù e mare, molto fan l'uomo **avanzare**

avarizia l'avarizia de' re, peste dei regni • dei vizi è regina l'**avarizia** • tutto cala in vecchiezza, fuorché **avarizia**, prudenza e saviezza

avaro all'**avaro** accade come allo smeriglio • a padre **avaro** figliuol prodigo • **avaro** agricoltor non fu mai ricco • l'**avaro** buono è l'avaro del tempo • l'**avaro** non dorme • l'**avaro** non fa mai bene, se non quando tira le calze • l'**avaro** più che possiede più è mendico • è meglio servire un ricco **avaro**, che un povero liberale • faccia rara, mente **avara** • l'importuno vince l'**avaro** • i quattrini dell'**avaro** due volte vanno al mercato • la roba dell'**avaro** se la mangia il buontempone

avere chi **avesse** quel che non ha, farebbe quel che non fa • chi ha ad **aver** bene, dormendo gli viene • chi ha **avuto** ha avuto e chi ha dato ha dato • chi ha da **avere** può tirare uno zero • da dare a **avere** ci corre • non c'è **avere** che vaglia sapere

avolteroso chi fa la figliuola vezzosa, la sente **avolterosa**

avvedere (**avvedersi**) chi asino è e cervo esser si crede, al saltar della fossa se n'**avvede** • chi è vecchio e d'esser non lo crede al saltar della fossa e' se n'**avvede** • se se n'**avvede** me l'abbo, se non se n'avvede me la gabbo • lo spillo volendo fare a cucir con l'ago, s'**avvide** ch'egli aveva il capo grosso • tardi s'**avvede** il ratto, quando si trova in bocca al gatto

avvenire l'avvenire è nelle mani di Dio • dimentica il passato e pensa all'**avvenire** • presto e bene raro **avviene** • tre cose ci vogliono per vivere felici: dimenticare il passato, provvedere al presente e pensare all'**avvenire**

avventore gli **avventori** non mancano a casa Dabbene

avventurato suocera cieca, nuora **avventurata**

avventuroso uomo peloso, o forca o lussurioso, o matto o **avventuroso**

avversità le **avversità** riducono a segno

avverso contro sorte **avversa** ogni buon carrettier versa

avvezzare chi è **avvezzo** a fare, non si può stare • la rana **avvezza** nel pantano, se ell'è al monte torna al piano

avvicinare (**avvicinarsi**) chi a piati s'**avvicina**, a miseria s'incammina • come marzo s'**avvicina**, tutti gli umori si risentono • rosso di mattina, mal tempo si **avvicina** • rosso di sera, buon tempo si spera; rosso di mattina mal tempo s'**avvicina**

avvilire la terra non **avvilisce** l'oro

avvisare il popolo, quando falla, dev'essere gastigato; ma il principe, se erra, dev'esser **avvisato** • uomo **avvisato**, mezzo salvato

avviso gli amici e gli **avvisi** aiutano fare le faccende

avvitire chi vuol arricchire, basta **avvitire**

avvocato alla porta dell'**avvocato** non ci vuol martello • l'**avvocato** d'ogni stagione miete e d'ogni tempo vendemmia • di tre cose il diavolo si fa insalata, di lingua d'**avvocati**, di dita di notai, e la terza è riservata • è meglio una mano dal giudice, che un abbraccio dall'**avvocato** • né il medico né l'**avvocato**, sanno regolare il fatto proprio • né per ogni male al medico, né per ogni lite all'**avvocato**, né per ogni sete al boccale • non c'è cattiva causa che non trovi il suo **avvocato** • prete, medico e **avvocato** trovasi in ogni lato • tre cose simili; prete, **avvocato** e morte. Il prete toglie dal vivo e dal morto; l'avvocato vuol del diritto e del torto; e la morte vuole il debole e il forte

azione ognuno è figlio delle proprie **azioni**

b, B

babbione la sera leoni, la mattina **babbioni**

babbo **babbo** e mamma non campano sempre • figlio di fava e **babbo** di lino

baccello chi fa le fave senza concio, le raccoglie senza **baccelli** • chi ha mangiato i **baccelli**, spazzi i gusci

bacchetta a mal villano non gli dar **bacchetta** in mano

bacchettone **bacchettoni** e collitorti, che il diavol se li porti

bacchiare se marzo non marzeggia il massaro non **bacchia**

Bacco **Bacco**, tabacco e Venere riducon l'uomo in cenere • quando **Bacco** trionfa, il pensier fugge • senza Cerere e **Bacco** è amor debole e fiacco

baciare bocca **baciata** non perde ventura • la compagnia di Campi, passi e non **baci**

baco (**bacato**) chi vuole il buon **bacato**, per San Marco o posto o nato • quando l'anno vien bisesto, non por **bachi**, e non far nesto

badare chi **bada** all'orto non va mai a letto col muso torto • chi caccia il cervo non **bada** alle lepri • servi, e non **badare** a chi • ventre digiuno non **bada** a nessuno

badia casa mia, casa mia, per piccina che tu sia, tu mi sembri una **badia** • per San Donato, l'inverno è nato; per San Lorenzo, gli è grosso come un giovenco; per Santa Maria, quanto una **badia**

badile fa più il padrone co' suoi occhi, che l'opre col **badile** • mette foglie in aprile anche il manico del **badile**

baffa quel che vien di ruffa in raffa, se ne va di buffa in **baffa**

baffo lascia portare i **baffi** al gatto

bagna cauda a ottobre **bagna cauda** e vino buono la fanno da padroni

bagnare (**bagnarsi**) acqua minuta **bagna** e non è creduta • agosto **bagna** il costo • alle Rogazioni, se i fossi sono asciutti finiscono d'asciugarsi, se sono **bagnati** si riempiono • l'arcobaleno la mattina **bagna** il becco alla gallina • **bagna** l'orto la sera quando fa freddo e la mattina quando fa caldo • chi casca in mare e non si **bagna**, paga la pena • chi piscia contro vento, si **bagna** la camicia • chi sta a casa, non si **bagna** • marzo marzuga, cento **bagna** e uno asciuga • la pioggia di maggio **bagna** il foraggio • la prima acqua è quella che **bagna** • quando l'Angiolo si **bagna** l'ale, piove fino a Natale • quando si **bagnano** le Palme si bagnano anche l'ova • se marzo ti **bagna** è poca cuccagna • se vuoi avere un buon mosto, devi **bagnare** in agosto

bagnato aprile **bagnato** fa figurare a chi ha seminato • a vendemmia **bagnata** la botte è tosto consolata • chi ara la terra **bagnata** per tre anni l'ha dissipata • marzo asciutto e april **bagnato**, beato il villan che ha seminato • oliva **bagnata** e covone coricato • olivo **bagnato**, uovo asciutto • Pasqua **bagnata**, spighe molli; Pasqua fredda, spighe piene • piove sempre sul **bagnato** • quando a giugno è più asciutto che **bagnato** cava il bigoncio e tienlo preparato • se non è zuppa è pan **bagnato**

baia sotto nome di **baia** cade un buon pensiero

baldezza **baldezza** di signore, cappello di matto • gran dote, gran **baldezza**

baldo maggio fresco e casa calda, la massaia sta lieta e **balda**

balena i granchi voglion morder le **balene**

balestra l'amico accenna e non **balestra** • aria di finestra, colpo di **balestra**

balia chi è in altrui **balia**, bisogna che ci stia

balla ai segni si conoscon le **balle**

ballare assai ben **balla** a chi fortuna suona • chi ha da morir di forca, può **ballar** sul fiume • chi non **balla** a carnevale e non si ubriaca a San Martino fa cattiva fine • come mi suoni, commare, ti **ballo** • gennaio: chi ha fuoco si scalda, chi no trema e **balla** • mal si **balla** bene se dal cor non viene • per San Paolo si sveglian le tarantole e **ballan** le ragazze tutte quante • quando non c'è il gatto i topi **ballano** • si **balla** bene sulle sale degli altri

ballo quando si è in **ballo** bisogna ballare

balordo al **balordo** mutagli gioco

balzo quel che vien di salto, va via di **balzo**

bambara il gioco di **bambara**, chi più vede manco impara

bambino acqua di gelsomini è buona a' **bambini** • acqua di ramerino, al corpo del **bambino** • al **bambin** che non ha denti, freddo fa di tutti i tempi • a sangue rimescolato il **bambin** non va addormentato • a San Valentino si scopre il **bambino** • **bambin** d'un anno rigetta il latte dal calcagno • novembre il morticino e dicembre il Gesù **Bambino** • le ricchezze in mano d'un giovane, sono come rasoio in mano di un **bambino**

banca metti il matto in **banca**, o e' mena i piedi o ei canta

banchetto mente sicura, **banchetto** continuo • non fu mai sì gran **banchetto**, che qualcuno non desinasse male

Banchi novelle di **Banchi**, promesse di fuorusciti, favole di commedianti

banco non sempre sta il giudice al **banco**

bandiera arme certa alla **bandiera** • **bandiera** vecchia onor di capitano • quando il cieco porta la **bandiera**, guai a chi vien dietro!

bandita guardati dalla donna di festa e dalla **bandita** di grazia

bandito pane alpestro e vin sorbitico, cibo de' **banditi** • sogni di **banditi** e fantasie di storpiati, disegni di falliti

bando **bandi** da Siena, per chi sì e per chi no • **bando** bolognese, dura trenta giorni meno un mese • **bando** di Ciompi, durava tre dì

bara tra la culla e la **bara** ogni cosa è incerta

barattare chi **baratta**, ha rozze

barba a **barba** di pazzo rasoio ardito • a **barba** folle rasoio molle • a fare il fabbro con la **barba**, e alle lettere con la bava • **barba** canuta non è creduta, s'egli è rapà e' dice la verità • chi **barba** non ha e barba tocca, si merita uno schiaffo nella bocca • chi l'altrui famiglia non guarda, la sua non mette **barba** • è meglio star sotto **barba**, che sotto bava • metti i pani spessi dove sono le **barbe** rade • non dir le cose tue né ad uom senza **barba**, né a donna senza petto • per Sant'Antonio dalla **barba** bianca, se c'è la neve il pane non manca • poca **barba** e men colore, sotto il ciel non è il peggiore • quando la **barba** fa bianchino, lascia la donna e tienti al vino • San Giuseppe dalla **barba** bianca: o la neve o il fango • Sant'Antonio dalla **barba** bianca, se non piove, la neve non manca • Sant'Antonio suole avere la **barba** bianca • testa digiuna, **barba** pasciuta

barbato il **barbato**, il frecciato, e il pettinato, il freddo è andato

Barberia chi non vuol essere in libertà, possa essere schiavo in **Barberia**

barbiere il **barbiere** non si contenta del pelo • chi vuol udir novelle, al **barbier** si dicon belle • tristo a quel **barbiere** che ha un sol pettine

barbuto donna **barbuta**, donna forzuta • uomo rosso e donna **barbuta**, co' sassi la saluta

barca **barca**, perdita cavalca • **barca** rotta, marinaio scapolo • mal va la **barca** senza remo • la miseria viene in **barca** • schiena di mulo, corso di **barca**, buon per chi n'accatta

barcaiolo (**barcaruolo**) chi è oste o fornaio, e fa il **barcaruolo**, dato gli sia d'un mazzuolo • promesse di **barcaiolo** e incontro d'assassini, sempre costano quattrini

barile aprile, d'ogni goccia un **barile** • aprile fa ardere le doghe del **barile** • aprile, ogni giorno un **barile** • aprile scassa **barile**, maggio scassa gli arnesi • quando imbrocca d'aprile,

AMOR NON VA SENZA GELOSIA.

Non ama un cor, se ne l'amar non teme,
Nulla ual senza gel d'Amore il foco,
Ch'Amore, e Gelosia nacquero insieme.

vacci col **barile**; quando imbrocca di maggio, vacci per assaggio; quando imbrocca di giugno, vacci col pugno • quando tuona a aprile, grano nel sacco e vino nel **barile** • si prendono più mosche con una goccia di miele che con un **barile** d'aceto • tuono d'aprile, verderame nel **barile**

barone nelle stracce e negli straccioni s'allevano di gran **baroni**

Bartolommeo da Bergamo non è più il tempo di **Bartolommeo da Bergamo**

basetta dalle donne con le **basette**, Dio ci guardi, le son saette

bassetta i veneziani alla mattina una messetta, dopo desinare una **bassetta**, e la sera una donnetta

basso alte o **basse** nell'aprile son le Pasque • a muro **basso** ognuno si appoggia • aria **bassa** senz'acqua non passa • chi fa la casa in piazza, o l'è tropp'alta o troppo **bassa** • nebbia **bassa** buon tempo lascia • non è superbia alla superbia uguale d'uom **basso** e vil che in alto stato sale • occhi **bassi** e cuor contrito, la bizzoca vuol marito • oggi in alto, domani in **basso** • Pasqua, alta o **bassa** che sia, è sempre fiorita • Pasqua alta, Pasqua **bassa**, l'inverno va fino a Pasqua • Pasqua **bassa**, primavera precoce; Pasqua alta, primavera tardiva • quando è alta la passione è **bassa** la ragione • spada in **bassa** mano, non è senza taglio

bastardo **bastardo** buono, ventura; bastardo cattivo, sua natura

bastare a chi compra non **bastano** cent'occhi; a chi vende ne basta uno solo • a chi non **basta** ciò che basta, non basterà mai alcuna cosa • a chi parla poco, **basta** la metà del cervello • all'uomo meschino gli **basta** un ronzino • a piccol forno poca legna **basta** • l'assai **basta** e il troppo guasta • chi ha ventura, poco senno gli **basta** • chi vuol arricchire, **basta** avvitire • i danari non **bastano**; bisogna saperli spendere • dove bisognano i fatti le parole non **bastano** • per far un amico **basta** un bicchier di vino, per conservarlo è poca una botte •

quando una cosa sta ben che **basta**, lasciala star perché si guasta • se i desideri **bastassero**, i poveri andrebbero in carrozza • tutto **basta** per vivere • un nemico è troppo, e cento amici non **bastano**

basto gli asini si conoscono al **basto** • l'asino porta il **basto** e non lo sente; se non lo sente, egli è assai valente • non portar **basto** • un **basto** solo non ben s'adatta a ogni dosso

bastonare la prima si perdona, la seconda si **bastona**

bastonata dove non servon le parole, le **bastonate** non giovano • val più un'arrabbiata che una **bastonata**

bastone asino duro, **baston** duro • buon cavallo e mal cavallo vuole sprone, e buona femmina e mala femmina vuol **bastone** • chi non teme il sermone, non teme il **bastone** • chi scorda il **bastone** non è del tutto zoppo • l'esperienza è il **bastone** con cui si può camminare • per le donne in convulsione, è un gran recipe il **bastone** • tosto si trova il **bastone** per dare al cane

Batignano Grosseto ingrossa, **Batignano** fa la fossa, Paganico sotterra l'ossa

battaglia orzo e paglia fanno caval da **battaglia** • presto a tavola, tardi in **battaglia** • sole in vista, **battaglia** perduta

battello la nave non va senza il **battello**

battere a chi **batte** forte si apron le porte • al **batter** del martello si scuopre la magagna • **batti** il villano, e saratti amico • bisogna **battere** il ferro finché è caldo • chi **batte** la moglie, batte tutta la casa • chi non ha moglie ben la **batte**, chi non ha figliuoli, ben gli pasce • di febbraio il sole **batte** in ogni ombraio • il gallo prima di cantare, **batte** l'ali tre volte • il gran freddo di gennaio, il mal tempo di febbraio, il vento di marzo, le dolci acque d'aprile, le guazze di maggio, il buon mieter di giugno, il buon **batter** di luglio, le tre acque d'agosto con la buona stagione, vaglion più che il tron di Salomone • la lingua **batte** dove il dente duole • luglio dal gran caldo, bevi ben e **batti** saldo • il marito che **batte** la moglie batte e disonora se stesso • oggi è San Vito: ogni moglie **batte** il marito; domani è Santa Lena: ogni marito batte la mogliera • si **batte** la sella per non battere il cavallo

battezzare chi si **battezza** savio, s'intitola matto • vin **battezzato** non vale un fiato

battilano **battilano**, o unto, o si muor di fame

battitoio maggior porta, maggior **battitoio**

battitore beata quella casa che un **battitor** sol ha

battitura i servitori sono come il tamburo, che suona ad altri, ed esso ha le **battiture**

battuta è meglio la musica che la **battuta**

battuto i migliori alberi sono i più **battuti**

bava a fare il fabbro con la barba, e alle lettere con la **bava** • è meglio star sotto barba, che sotto **bava**

bazzicare chi **bazzica** co' preti e intorno ha il medico, vive sempre ammalato e muore eretico • non **bazzichi** prete e soldato, chi è maritato

beato beata chi di vecchio pazzo s'innamora • **beata** quella casa che di vecchio sa • **beata** quella casa che un battitor sol ha • **beata** quella casa che v'è cherica rasa • **beata** quella città che ha principe che sa • **beata** quella sposa che fa prima la tosa • **beati** gli ultimi, se i primi sono discreti • **beato** chi porta il giogo a buon'ora • **beato** quel campetto che ha siepe col fossetto • **beato** quel corpo che in sabato è morto • **beato** si prova chi in pace si trova • due item fan l'uomo **beato** • in terra di ciechi **beato** chi ha un occhio • mal **beata** quella scodella, dove sette man rastella • marzo asciutto e april bagnato, **beato** il villan che ha seminato • palle e gruccia, **beato** chi le succia • poca brigata, vita **beata** • senza moglie a lato l'uom non è **beato** • vuoi tu farti creder donna **beata**, parla di tua cognata

beccaccia nel febbraio la **beccaccia** fa il nido, nel marzo tre o quattro, nell'aprile pieno il covile, nel maggio tra le frasche, nel giugno come un pugno, nell'agosto non ucciderla al corso

beccafico è meglio un **beccafico** che una cornacchia • ogni uccel d'agosto è **beccafico**
beccaio il **beccaio** non ama il pescatore • gallo di mugnaio, gatto di **beccaio**, garzone d'oste, ortolano di frati e fattor di monache non han pari • per la pecora è lo stesso che la mangi il lupo o che la scanni il **beccaio** • trenta mugnai, trenta **beccai**, trenta sartori, fan cento e venti ladri
beccare del fitto non **beccan** le passere • gallina che non **becca** ha già **beccato** • gallina secca spesso **becca** • non è buon anno quando il pollo **becca** il gallo • quei che secca gli è quei che **becca**
beccheria a buona ora in pescheria, tardi in **beccheria** • non resta carne in **beccheria** per trista che la sia
becco (1) l'arcobaleno la mattina bagna il **becco** alla gallina • chi sta col **becco** aperto, ha l'imbeccata di vento • le galline fanno le uova dal **becco** • ogni **becco** torto vive di preda
becco (2) chi è geloso, è **becco** • è meglio esser geloso che **becco** • Fiorentin mangia fagioli, e' volevan li Spagnoli; li Spagnoli son venuti, Fiorentin **becchi** cornuti
Befana (1) (**Pasqua di Befana**) Pasqua **Befana**, non si tesse e non si fila, non si mette il filo nell'ago, non si mette il pettine in capo • Pasqua di **Befana**, la rapa perde l'anima
befana (2) San Geminiano dalle belle torri e dalle belle campane, gli uomini brutti, e le donne **befane**
beffa chi lavora da **beffe**, stenta daddovero
bellezza (**beltà, beltade**) a donna bianca **bellezza** non le manca • a lume spento è pari ogni **bellezza** • **bellezza** di corpo non è eredità • **bellezza** è come un fiore che nasce e presto muore • **bellezza** e nobiltà danno ricchezze • la **bellezza** non si mangia • le **bellezze** duran fino alla porta, le bontà fino alla morte • **beltà** e follia vanno spesso in compagnia • la **beltà** senza la grazia è un amo senza l'esca • chi di verde si veste, di sua **beltà** si fida • la gioventù è una **bellezza** da sé • onestà e gentilezza sopravanza ogni **bellezza** • poca

macchia guasta una **bellezza** • salute e vecchiezza creano **bellezza** • sapienza di pover uomo, **bellezza** di p... e forza di facchino non valgono un quattrino • se la donna di gran **beltade** non ha angelica onestade, non gli far veder le strade • un neo cresce **bellezza**

bello (**bel**) a credere al compagno vai **bel** bello • alla Candelora, o gran freddo o gran **bello** • l'allegria fa **bello** il viso • all'orsa paion **belli** i suoi orsacchini • a Natale un **bel** ceppone, a carnevale un **bello** spiedo, a Pasqua un **bel** vestito • a novembre **bello** o brutto in campagna muore tutto • a ogni civetta le pare **bello** il civetto suo • a ogni pecora pare **bello** il suo agnello • a ogni uccello il suo nido è **bello** • il ballo è **bello** quando è corto • un **bel** gioco dura poco • le **belle** cose piacciono a tutti fino a' minchioni • il **bello** è star nel piano, e confortare i cani all'erta • **bello** in fascia, brutto in piazza • il **bello** piace a tutti • **bello**, sano, in corte, ed eccoti la morte • brutto in fascia, **bello** in piazza • chi è **bello**, è bello anche in camicia • chi è **bello** è bello e grazioso, chi è brutto è brutto e dispettoso • chi nasce è **bello**, chi si sposa è buono e chi muore è santo • cortesia di bocca, mano al cappello, poco costa ed è buono e **bello** • dopo il brutto viene il **bello** • è **bello** avere un amico perfino a casa del diavolo • è meglio un libro corretto che **bello** • il fumo va dietro ai **belli** • la guaina non fa il coltello né buono, né **bello**, né reo • loda lo scarpello, attienti al pennello; costa manco, e par più **bello** • mantello cuopre il brutto e il **bello** • Milano la grande, Vinegia, la ricca, Genova la superba, Bologna la grassa, Firenze la **bella**, Padova la dotta, Ravenna l'antica, Roma la santa • il mondo è **bello** perché è vario • né **bello** né buono fu mai troppo • non è **bello** quel che è bello ma è bello quel che piace • occhio **bello**, animo fello; occhio presto, alma mesta; occhio ridente, alma mordente • ogni **bello** alfin svanisce, ma la fama mai perisce • ogni figlio pare **bello** alla mamma • ogni scarafone è

bello a mamma sua • la pappa fa l'uccello ma la piuma lo fa **bello** • per ogni mamma il suo figlio è **bello** • quando il ciel **bello** varia, convien dargli dell'aria • quando si è **belli** si è sempre quelli • lo scherzo è **bello** quando dura poco • se è **bello** a San Mattia il freddo scappa via • se è **bel** tempo il giorno di San Gallo, sarà **bel** tempo per monte e per valle sino a Natale • se è brutto ai Santi i Morti l'aggiustano, se è **bello** ai Santi i Morti lo disfanno • se il cavallo è buono e **bello**, non guardar razza o mantello • se il sole va a dormire pulito l'ultimo dì d'agosto fa un **bell**'autunno; se il sole va a dormire col cappello l'autunno non fa bello • se l'alba è brutta a San Michele, ottobre sarà più brutto che **bello** • senza virtù e viso **bello**, bella testa non ha cervello • se per San Lorenzo il tempo è **bello**, farà brutto; se è brutto, farà bello • se piove il dì di Sant'Orsola, poi fa **bello** per quaranta dì • se va tutto il dì di San Gal, lo fa **bello** fino a Natal • sul più **bello** dell'uccellare muore la civetta • tosare **bel** bello, ma senza togliere la pelle • tutti i bimbi son **belli** per la mamma • un pezzo non fa fuoco, due ne fanno poco, tre un fochereIlo, e quattro lo fanno **bello** • la vita è **bella** perché è varia

Bencistà tal pare de' Carnesecchi, che poi è de' **Bencistà**

bene a ben s'appiglia, chi ben si consiglia • a chi **ben** crede, Dio provvede • a chi Dio vuol **bene** la casa gli piace • a chi non duole giudica **bene** i colpi • a chi non pesa, **ben** porta • a chi vuol **bene**, Dio manda pene • a far **bene** non v'è inganno, a dar via non c'è guadagno • a far del **bene** ci facciamo dei nemici • al **ben** far non far dimora, perché presto passa l'ora • al leone sta **bene** la quartana • l'amore è principio del **bene** e del male • assai **ben** balla a chi fortuna suona • assai domanda, chi **ben** serve e tace • l'avaro non fa mai **bene**, se non quando tira le calze • a Vinegia, chi vi nasce mal si pasce; chi vi viene per **ben** viene • **ben** ama, chi non oblia • **ben** conta la madre, ma meglio quello che ha nascere • **ben** dire val molto, ben fare passa tutto • il **ben** d'un anno va via in una bestemmia • il **bene** bisogna cercarlo, e il male aspettarlo • il **bene** de' poveri dura poco • il **bene** è bene per tutti • **bene** fatto per paura non val niente e poco dura • il **bene** non è mai troppo • il **bene** non fu mai tardi • il **bene** va preso quando si può avere • il **ben** fare è guerra al tristo • il **ben** far non porta merito • **beni** di fortuna passan come la luna • **ben** per male è carità, mal per bene è crudeltà • **ben** tardi venuto, per niente è tenuto • **ben** va al mulino chi c'invia l'asino • bocca con dolore non dice **bene** • la carità è sempre **ben** fatta • casare, casare, suona **bene** e porta male • la cattiva volontà non disse mai **bene** • cento peccati, per un **ben** mendati • chi accumula e altro **ben** non fa, sparagna il pane e all'inferno va • chi ama **bene**, gastiga bene • chi **ben** comincia è a metà dell'opera • chi **ben** congettura, bene indovina • chi **ben** conta, mal paga • chi **ben** dona, caro vende, se villan non è chi prende • chi **ben** dorme non sente le pulci • chi **bene** e mal non può soffrire, a grande onor non può venire • chi **bene** istrumenta, dorme sicuro • chi **ben** giudica, bene elegge • chi **ben** guerreggia, ben patteggia • chi **ben** non usa cortesia, la guasta • chi **ben** semina, ben raccoglie • chi **ben** serra, ben apre • chi **ben** serve, bene è provvisto • chi **ben** serve non sarà mai ricco • chi **ben** siede, mal pensa • chi **ben** si guarda, scudo si rende • chi **ben** vive, ben muore • chi **ben** vive ben predica • chi **ben** vive non muore mai • chi dà il suo avanti di morire, apparecchiasi a **ben** soffrire • chi è al coperto quando piove è **ben** matto se si muove • chi fa **bene** per usanza, se non perde, poco avanza • chi fa del **bene** agli ingrati, Dio l'ha per male • chi fa quel che può, non fa mai **bene** • chi ha ad aver **bene**, dormendo gli viene • chi ha carro e buoi fa **bene** i fatti suoi • chi ha creanza, se la passa **bene**, chi non ne ha, se la passa meglio • chi ha male non può misurar **bene** • chi ha provato il male, gusta meglio il **bene** •

chi ha un giorno di **bene**, non può dire d'essere stato male tutto l'anno • chi mal tira, **ben** paga • chi non apre **ben** gli occhi a' fatti sui, stentando va per arricchire altrui • chi non ha moglie **ben** la batte, chi non ha figliuoli, ben gli pasce • chi non pesa non porta **bene** • chi non sa di male, non sa di **bene** • chi non vuol **bene** alle bestie non vuol bene neanche ai cristiani • chi promette e non attiene, l'anima sua non va mai **bene** • chi sa **ben** trovar meloni, trova buona moglie • chi semina in ottobre miete **bene** in giugno • chi si ammoglia non sa che **ben** si voglia • chi si vuol **bene**, poco luogo tiene • chi si vuol **bene** si incontra • chi sta **bene** con sé, sta bene con tutti • chi va alla piazza, se **ben** non v'ha a far, e' ve n'accatta • chi va alle nozze e non è invitato, **ben** gli sta se n'è cacciato • chi veste il domenicale, o **bene** bene, o male male • chi vuol **ben** dal popolo, lo tenga scusso • chi vuol **bene** al padrone vuol bene al cane • chi vuol **ben** principiare alcuna cosa, vada al Fiorentino • chi vuol esser **ben** servito, muti spesso • chi vuol esser discreto conosca **bene** altrui • chi vuol far **bene** i suoi fatti, stia zitto e non gracchi • chi vuol male ai suoi non può voler **bene** agli altri • chi vuol presto e **bene**, faccia da sé • chi vuol star **bene**, non bisogna partirsi da casa sua • chi vuol vivere e star **bene**, prenda il mondo come viene • col ma e col se non si fa niente di **ben** • colui è mio zio che vuole il **ben** mio • come padre Zappata, che predicava **bene** e razzolava male • da uom dabbene, non hai che **bene** • del **bene** e del mal torre, secondo quel che corre • di quel che non ti cale, non dir né **ben** né male • Domeneddio fece **bene** a non fare i denti a' ranocchi • le donne piglian **ben** le pulci • è **bene** aver degli amici per tutto • e' si può fare il male a forza ma non il **bene** • è un di più tender **bene**, se la rete non tiene • fa' **bene** a' putti se lo dimenticano, fa' bene a' vecchi muoiono • fa' il **bene** e scordati, fa il male e pensaci • fate del **bene** al lupo, che il tempo l'ha ingannato • fidarsi è **bene**, ma non fidarsi è meglio • figlio troppo accarezzato non fu mai **bene** allevato • formento, fava e fieno, non si volsero mai **bene** • i giorni spesi **bene** sono i meglio impiegati • i giudei non istanno **bene** co' samaritani • l'ingrato colle bestie si conviene, che non sa se non render mal per **bene** • insalata **ben** salata, poco aceto e bene oliata • legala **bene**, e poi lasciala andare • luglio dal gran caldo, bevi **ben** e batti saldo • i maestri son quelli che fanno le cose **bene** • il male che non ha riparo, è **bene** tenerlo nascosto • il male ha chi lo comporta, ma il **bene** non v'è chi lo sopporta • il male va dietro al **bene**, e il bene al male • mal senza libertà si gusta il **bene** • mal si balla **bene** se dal cor non viene • mangia **bene** e caca forte, e non aver paura della morte • mangiar molto e bever **bene**, e urlar quando la viene • il meglio è nemico del **bene** • molti ladri siedon **bene** • il mondo è **ben** compartito • muro vecchio e muro nuovo non si voller mai **bene** • neanche il contadino ara **bene** se non s'inchina • non c'è il male senza il **bene** • non da chi tiene, ma da chi vuol **bene** • non è mai mal per uno, che non sia **bene** per un altro • non fare il male ch'è peccato, non fare il **bene** ch'è sprecato • non far mai **bene**, non avrai mai male • non istanno **bene** due galli in un pollaio • non mancò giammai da fare a chi **ben** vuol trafficare • non pesa **bene**, chi non contrappesa • non sa che cosa sia il male, chi non ha provato il **bene** • non s'apprezza **ben** redato, quanto ben da sé acquistato • non si comincia **bene** se non dal cielo • non si conosce il **bene**, se non quando s'è perso • non si conosce il **bene** se prima non si prova il male • non si porta seco all'altro mondo se non il **bene** che s'è fatto • non si sta mai tanto **bene** che non si possa star meglio, né tanto male che non si possa star peggio • non tutti i piedi stanno **bene** in una scarpa • nulla fa **bene** agli occhi • ogni vero non è **ben** detto • ognuno parla **ben** del suo mestiere • onestà sta **bene** anche in chiasso • la patria è dove s'ha del **bene** • pensa **ben** per non peccare, pensa mal per non sbagliare • per amor del non conviene, nasce molto male e poco **bene** • per **ben** parlare e assai sapere, non sei stimato senza l'avere • per fare una cosa **bene**, bisogna esser tagliati a buona luna • per istar **bene** si fa delle miglia • per tutto **bene**, ma in famiglia meglio • il pover'uomo non fa mai **ben**: se muor la vacca, gli avanza il fien; se la vacca scampa, il fien gli manca • presto e **bene**, non stanno insieme • presto e **bene** raro avviene • proteste e serviziali non fan né **bene** né male • quando del **ben** servir mal si raduna, non si deve incolpar se non fortuna • quando il villano tratta **ben**, la pioggia secca il fien • quando la va troppo **ben**, la superbia salta in piè • quando le noci vengono a mucchiarelli, la va **bene** pei ricchi e i poverelli • quando puoi aver del **bene**, pigliane • quando una cosa sta **ben** che basta, lasciala star perché si guasta • quei consigli son sprezzati che son chiesti e **ben** pagati • quel che mangia e non riposa, non fa **ben** nessuna cosa • quel che si fa per il **bene** non dispiace a Dio • il ricordarsi del male raddoppia il **bene** • ride **bene** chi ride ultimo • il sano consiglia **bene** il malato • San Tommaso non è guardato né da pan né da bucato, né da tessitora di sul Prato; ma sarà **ben** digiunato • scarpa **ben** fatta, bella ciabatta • scopa nuova spazza **bene** • scopa nuova spazza **bene** tre giorni • se **ben** tu fai, sappi a chi lo fai • secondo i **beni** sia la dispensa; il savio lo crede, il pazzo non ci pensa • se il morire non si scusa, chi mal vive, **ben** s'abusa • se maggio va fresco va **ben** la fava e anco il formento • se piove in agosto fa **bene** per tutto • se tu hai caro il **ben** che godi, guarda con chi lo lodi • se tu vuoi giudicar **ben**, mettiti sempre ne' suoi piè • si balla **bene** sulle sale degli altri • si crede più il male del **bene** • il signor Donato gli è sempre **bene** arrivato • si vive **bene** all'ombra del campanile • soffri il male e aspetta il **bene** • soli non si starebbe **bene** nemmeno in Paradiso • sottil filo cuce **bene** • stoppa e fuoco non stan **bene** in un loco • tanto, a servir chi non conosce, vale chi serve **ben** quanto chi serve male • tanto è il mal che non mi nuoce, quanto il **ben** che non mi giova • troppo sta chi non fa **bene** • tutte le cose che fanno i Principi, son **ben** fatte • tutto è **bene** quel che finisce bene • una ghirlanda costa un quattrino, e non istà **bene** in capo a ognuno • un basto solo non **ben** s'adatta a ogni dosso • usa col buono e sta **bene** coi cattivi • vai al mare, se **ben** vuoi pescare • la vecchiezza è un male desiderato da tutti: la gioventù un **bene** non conosciuto da nessuno • la vita dell'uomo dipende da tre **ben**: intender ben, voler ben, e far ben • vuoi tu un cuore smascherare? sappilo **ben** lodare

benedetto alleva i tuoi figli poveretti, se tu li vuoi ricchi e **benedetti** • **benedetto** chi si gastiga da se stesso • maledetto il giovane di cento anni, e **benedetto** il vecchio di venti • la palma **benedetta** vuole trovare la casa netta • la pecora sul culo è **benedetta** e nella bocca maledetta • quando si maritan le vedove, il **benedetto** va tutto il giorno per casa • l'ulivo **benedetto** porta pace sotto il tetto • l'ulivo **benedetto**, vuol trovare pulito e netto

benedire chi non può **benedire**, non può maledire

beneficato amico **beneficato**, nemico dichiarato

beneficio (**benefizio**) al gramo vivere la morte è **beneficio** • i **benefizi** dei morti van presto in fumo • esempi e **benefici** fanno gli amici

benfare (**benfaremo**) non ti lasciar condurre al passo estremo, ché molti n'ha ingannati il «**benfaremo**»

berciare mamma, cosa vuol dire accasare? filare, figliare e sentir **berciare**

bere a chi piace il **bere**, parla sempre di vino • a novembre **bevi** il vino e lascia l'acqua per il mulino • **bevi** il vino, e lascia andar l'acqua al mulino • bisogna far come i tegoli, che si danno a **bere** l'un con l'altro • chi ha **bevuto** berrà • chi ha **bevuto** l'acqua di Fontana Nova sempre a Corneto si ritrova • chi lo **beve** non lo mangia • chi mangia l'uva d'agosto, non arriva a **bere** il mosto • chi non **beve** in compagnia o è un ladro o è una spia • chi sempre **beve** non ha mai troppa sete • chi va all'acqua d'agosto, non **beve** il mosto • il credere e il **bevere** inganna le donne e i cani • date da **bere** al prete ché il chierico ha sete • di settembre e d'agosto, **bevi** il vino e lascia stare il mosto • vi lagrime piante per donna son come l'acqua del mare, non è buona da **bere**, ma è buona da annegare • luglio dal gran caldo, **bevi** ben e batti saldo • mangia da sano e **bevi** da malato • il mangiare insegna a **bere** • mangiare senza **bere**, murare a secco • mangiar molto e **bever** bene, e urlar quando la viene • le nazioni smaltiscono diversamente il dolore: il Tedesco lo **beve**, il Francese lo mangia, lo spagnolo lo piange, e l'Italiano lo dorme • non far **ber** l'asino quando non ha sete • non si deve dire: per tal via non passerò, né di tal acqua non **berrò** • non si satolla nessuno con l'uova **bevute** • i paperi menano a **bere** le oche • per San Martino s'ammazza il porco e si **beve** il vino • per San Martino togli l'acqua e **bevi** il vino • quando il vecchio non vuol **bere**, nell'altro mondo vallo a vedere • quel che con l'acqua mischia e guasta il vino, merta di **bere** il mare a capo chino • se d'aprile a potar vai, contadino, molt'acqua **beverai** e poco vino • su' pesci, mesci; sul macco, non restare; su' maccheroni non **bere**, se non vuoi crepare • tanto **beve** l'oca quanto il papero • va' in piazza, vedi e odi: torna a casa, **bevi** e godi

bergamasco Bergamaschi, Fiorentini e passere, n'è pieno tutto il mondo • il **Bergamasco** ha il parlare grosso e l'ingegno sottile

Bergamo non è più il tempo di Bartolommeo da **Bergamo** • Sicilia dà i Covelli, Francolino i Graziani, **Bergamo** gli Zanni, Venezia i Pantaloni, e Mantova i buffoni

berretto all'uomo ricco **berretto** torto • **berretta** non paga cuffietta • né guanto né **ber-**

retta, né calzetta, non fu mai **stretta** • se tutti i pazzi portassero una **berretta** bianca, si parrebbe un branco d'oche • una **berretta** manco o più, e un quattrin di carta l'anno, poco ti costano, e amici ti fanno • val più una **berretta** che cento cuffie • vivano le **berrette**, e muoiano le foggette

bersaglio chi è più alto, è il bersaglio di tutti

Berta non è più il tempo che Berta filava

bertuccia la **bertuccia** se ne porta via l'acqua

bestemmia il ben d'un anno va via in una **bestemmia** • chi dà a' cattivi pagatori, **bestemmia** il suo • in Sardegna non vi son serpenti, né in Piemonte **bestemmie**

bestemmiato chi vuol l'amore celato lo tenga **bestemmiato**

bestia le **bestie** sono il nervo del podere e il pane del contadino • le **bestie** vecchie muoiono nella stalla de' contadini minchioni • la buona greppia fa la buona **bestia** • chi dice tutto e niente serba, può andar con l'altre **bestie** e pascer l'erba • chi non vuol bene alle **bestie** non vuol bene neanche ai cristiani • d'aprile piove per gli uomini e di maggio per le **bestie** • l'ingrato colle **bestie** si conviene, che non sa se non render mal per bene • non ogni **bestia** che va in fiera si vende • per **bestie**, lattai e matrimonio il protettore è Sant'Antonio • perdonare è da uomini, scordarsene è da **bestie** • piedi, stomaco e testa, tieni il resto come una **bestia** • la soma, la **bestia** doma • uom solitario, o **bestia** o angiolo

bestiame gli anni della fame cominciano nella greppia del **bestiame** • il **bestiame** è mezzo pane

bevitore prodigo e **bevitor** di vino, non fa né forno né mulino

biacco vicino alla serpe c'è il biacco

biada a cavallo che non porta sella, **biada** non si crivella • al cavallo **biada** e strada • l'asino, quando ha mangiato la **biada**, tira calci al corbello • **biada** di mugnaio, vin di prete e pan di fornaio, non fare a miccino • dove è abbondanza di legno, ivi è carestia di **biade** • messa né **biada** non allunga strada • quando l'estate passa piovosa, la **biada** smoggia • si può amar la salsa verde, senza mangiar le **biade** in erba • un noce in una vigna, una talpa in un prato, un legista in una terra, un porco in un campo di **biade**, e un cattivo governatore in una città, sono assai per guastare il tutto

bianchino quando la barba fa **bianchino**, lascia la donna e tienti al vino

bianco a donna **bianca** bellezza non le manca • anche le mucche nere danno il latte **bianco** • a Santa Reparata l'uva **bianca** è maturata • a testa **bianca** spesso cervello manca • il **bianco** e il nero han fatta ricca Vinegia • il **bianco** e il rosso va e vien, ma il giallo si mantien; anzi il giallo è un color forte che dura anche dopo morte • chi pon suo naso a consiglio, l'un dice **bianco** e l'altro vermiglio • d'un uovo **bianco** pulcin nero • grande e grossa mi faccia Dio, **bianca** e rossa mi farò io • guardati dal villano, quando ha la camicia **bianca** • mano **bianca** è assai lavata • passata la festa, il pazzo in **bianco** resta • perché il porro abbia il capo **bianco**, che la coda sia verde • per Sant'Antonio dalla barba **bianca**, se c'è la neve il pane non manca • i quattrini **bianchi** van serbati pe' giorni neri • San Biagio grigio, San Biagio santo, a sera nero e al mattino **bianco** • San Giuseppe dalla barba **bianca**: o la neve o il fango • Sant'Antonio dalla barba **bianca**, se non piove, la neve non manca • Sant'Antonio suole avere la barba **bianca** • se piove per San Barnabà, l'uva **bianca** se ne va; se piove mattina e sera, se ne va la **bianca** e la nera • se tutti i pazzi portassero una berretta **bianca**, si parrebbe un branco d'oche • sotto la **bianca** cenere, sta la brace ardente • terra **bianca**, presto stanca • terra nera dà buon frutto, terra **bianca** guasta tutto • Tutti i Santi: l'oliva si coglie, o nera o **bianca** • i veri amici son come le mosche **bianche**

biasimare chi loda San Pietro, non **biasima** San Paolo •

chi ti loda in presenza, ti **biasima** in assenza • in casa loda, e in mercato **biasima** • pazzo è quel prete che **biasima** le sue reliquie • se lodi il buono diverrà migliore; **biasima** il tristo, e' diverrà peggiore

bica fino a Santa Margherita il gran cresce nella **bica**

bicchiere capo lavato, **bicchier** risciacquato • per far un amico basta un **bicchier** di vino, per conservarlo è poca una botte • scarpa larga e **bicchier** pien, togli il mondo come vien • tavola e **bicchiere**, tradisce in più maniere • l'uomo si conosce in tre congiunture, alla collera, alla borsa ed al **bicchiere**

bifolco tristo a quel **bifolco** che si volta indietro a guardare il solco

bigatto allo sfrascar si vede quel che hanno fatto i **bigatti**

bigio di notte tutti i gatti sono **bigi** • taglia quello, è **bigio**, taglia quest'altro, è bigio

bigoncio quando a giugno è più asciutto che bagnato cava il **bigoncio** e tienlo preparato

birra nel colonizzare un'isola, la prima fabbrica eretta da uno Spagnolo sarebbe una chiesa, da un Francese un forte, da un Olandese un magazzino, e da un Inglese una bottega di **birra**

birresco rogna **birresca**, quando tu credi che la sia guarita, rinfresca

birro i **birri** pigliano, e il popolo impicca • chi ha buon catenaccio all'uscio non ha paura de' **birri** • notai, **birri** e messi, non t'impacciar con essi • paura de' **birri**, desio di regnare, fanno impazzare

bisaccia (**bisacca**) ad aprile son vuote le **bisacce** • se il dì di San Martino il sole va in **bisacca**, vendi il pane e tienti la vacca

biscotto a **biscottini** non si campa • la fortuna dà **biscotti** a chi non ha denti

bisesto anno **bisesto**, anno senza sesto • quando l'anno vien **bisesto**, non por bachi, e non far nesto

bisognare a chi fa bottega gli **bisogna** dar parole a ognuno • a Firenze per avere ufizii, **bisogna** avere bel palazzo e stare a bottega • al peso che si compra **bisogna** vendere • al prudente non **bisogna** consiglio • anche il diritto ha **bisogno** d'aiuto • a popol sicuro non **bisogna** muro • a questo mondo **bisogna** o adattarsi, o arrabbiarsi, o disperarsi • a Verona **bisogna** andare a letto quando le galline • a voler star pari col contadino **bisogna** giocar di zero • il bene **bisogna** cercarlo, e il male aspettarlo • **bisogna** battere il ferro finché è caldo • **bisogna** che 'l bugiardo abbia buona memoria • **bisogna** compartire il refe secondo le pezze • **bisogna** comprare fino il sole • **bisogna** distendersi quanto il lenzuolo è lungo • **bisogna** far buon viso a cattivo gioco • **bisogna** far come i tegoli, che si danno a bere l'un con l'altro • **bisogna** fare di necessità virtù • **bisogna** fare il muso secondo la luna • **bisogna** fare il passo secondo la gamba • **bisogna** far la spesa secondo l'entrata • **bisogna** far lo sciocco per non pagar il sale • **bisogna** guardare a quello che si fa, non a quello che si dice • **bisogna** guardare non a quello che entra, ma a quello che esce • **bisogna** gustare il male con le punte delle dita • **bisogna** navigare secondo il vento • **bisogna** pelar la quaglia senza farla stridere • **bisogna** pensarci avanti per non pentirsi poi • **bisogna** rispettare il cane del padrone • **bisognerebbe** essere prima vecchi e poi giovani • il buon vino non ha **bisogno** di frasca • chi dà dove **bisogna**, acquista lode • chi è in altrui balia, **bisogna** che ci stia • chi ha più **bisogno**, e più s'arrenda • chi ha quattro e spende sette, non ha **bisogno** di borsette • chi non ha **bisogno** è in debito • chi porta spada e non l'adopra, ha **bisogno** di chi lo cuopra • chi si dà in man del ladro, **bisogna** che se ne fidi a suo dispetto • chi vuol star bene, non **bisogna** partirsi da casa sua • cogli amici non **bisogna** andar co' se in capo • coi gran signori **bisogna** usar poche parole • colle lesine **bisogna** esser punteruolo • i danari non bastano; **bisogna** saperli spendere • dove **bisognano** i fatti le parole non bastano • e' **bisogna** qualche volta lasciar andare due pani per coppia • gambe mie, non è vergogna camminar quando **bisogna** • in gioventù **bisogna** acquistare, quel che in vecchiezza ti può giovare • il leone ebbe **bisogno** del topo • non **bisogna** buttarsi fra i morti • non **bisogna** dormire tutti i suoi sonni • non **bisogna** entrare in sacrestia • non **bisogna** fare il passo più lungo della gamba • non **bisogna** fasciarsi la testa prima d'essersela rotta • non **bisogna** giocare con chi propone i giochi • non **bisogna** metter calcina senza quadrello • non **bisogna** mettere il carro davanti ai buoi • non **bisogna** metter mai l'esca accanto al fuoco • non **bisogna** metter tanta carne al fuoco • non **bisogna** mostrare i cenci al popolo • non **bisogna** ristare per le passere di seminar panico • non **bisogna** sviare i colombi dalla colombaia • non **bisogna** tentar Dio • non vale levarsi a buon'ora, **bisogna** aver ventura • o con verità o con bugia **bisogna** mantener la masseria • ogni dieci anni un uomo ha **bisogno** dell'altro • o sassi o pani, **bisogna** aver qualcosa in man pei cani • per amistà conservare, muri **bisogna** piantare • per andare avanti **bisogna** voltarsi addietro • per arricchire **bisogna** invitire • perché vada il carro, **bisogna** unger le ruote • per fare una cosa bene, **bisogna** esser tagliati a buona luna • per i Santi **bisogna** aver pagato tutti quanti • per l'anno nuovo **bisogna** incontrare un uomo • per parlare di giuoco, **bisogna** aver tenute le carte in mano • prima di conoscere uno, **bisogna** consumare un moggio di sale • prima di scegliere l'amico, **bisogna** averci mangiato il sale sett'anni • quando ha tonato e tonato, **bisogna** che piova • quando le volpi si consigliano, **bisogna** chiudere il pollaio • quando l'uomo è incudine, gli **bisogna** soffrire; quand'è martello, percuotere • quando l'uomo n'ha cinquanta **bisogna** che salvi la midolla per la pianta • quando piove per San Filippo, il povero non ha **bisogno** del ricco • quando si è in ballo **bisogna** ballare • quando si va per dare, **bisogna** portar due sacchi • quando viene la comare, di riffe o di raffe **bisogna** andare • se nell'orto vuoi avere bella verdura, un'ora al giorno **bisogna** che gli dia cura • se piove per Sant'Antonio, **bisogna** risparmiare il fieno • se tira il vento il dì di San Gregorio, per quaranta dì **bisogna** correre • trista a quella casa che ha **bisogno** di puntelli

bisogno al **bisogno** si conosce l'amico • l'amore, l'inganno e il **bisogno** insegnano la rettorica • **bisogno** fa buon fante • il **bisogno** fa trottar la vecchia • il **bisogno** ti fa uscire dalla tana • chi gioca per **bisogno**, perde per necessità • il pigro è sempre in **bisogno** • la roba è fatta per i **bisogni** • sega l'erba a luna nuova e la vacca al **bisogno** trova • se ti trovi dal **bisogno** stretto, prima che dagli altri vai dal poveretto

bisognoso giovane ozioso, vecchio **bisognoso**

bizzoca occhi bassi e cuor contrito, la **bizzoca** vuol marito

bocca a caval donato non si guarda in **bocca** • l'adulatore ha il miele in **bocca** e il fiele in cuore • apri **bocca**, e fa ch'io ti conosca • una bella **bocca** fa da sé sola un bel viso • **bocca** baciata non perde ventura • **bocca** chiusa e occhio aperto, non fe' mai nessun deserto • **bocca** con dolore non dice bene • la **bocca** gli puzza ancora di latte • **bocca** unta non disse mai male • **bocca** unta non può dir di no • chi barba non ha e barba tocca, si merita uno schiaffo nella **bocca** • chi ha **bocca** vuol mangiare • chi non può di borsa, paghi di **bocca** • chi si taglia il naso s'insanguina la **bocca** • cortesia di **bocca**, mano al cappello, poco costa ed è buono e bello • cuor sulla **bocca**, la bocca nel cuore • dicendo miele miele, la **bocca** non si addolcisce • Dio non manda mai **bocca**, che non mandi cibo • il dono dee chiuder la **bocca** a chi lo fa, ed aprirla a chi lo riceve • è facil cosa aprir la **bocca** e forarsi i denti • finché l'uomo ha dente in **bocca** non sa mai quel che gli tocca • in **bocca** chiusa non entran mosche • lingua senese e **bocca** pistoiese • lingua toscana in **bocca** romana • mano dritta e **bocca** monda, può andar per tutto il mondo • il mattino ha l'oro in **bocca** • napoletano largo di **bocca** e stretto di mano • non metter **bocca** dove non ti tocca • non si può sapere il vero, dal naso alla **bocca** • non ti mettere in cammino, se la **bocca** non sa di vino • onestà di **bocca** assai vale e poco costa • palla in **bocca** e fiasca in mano • parole di **bocca** e pietra gettata, chi le ricoglie perde la giornata • la pecora sul culo è benedetta e nella **bocca** maledetta • per la **bocca** si scalda il forno • povera quella **bocca** che mangia con la rocca • quando cadono i maccheroni in **bocca**, tutti li sanno mangiare • quando la lepre perde il passo, convien che cada in **bocca** a' cani • quaresima colla **bocca** asciutta e Pasqua col prosciutto • il riso abbonda sulla **bocca** degli stolti • i saggi hanno la **bocca** nel cuore, e i matti il cuore in bocca • scappi dalla **bocca** dei cani e vai in bocca ai lupi • tal ti ride in **bocca**, che dietro te l'accocca • tardi s'avvede il ratto, quando si trova in **bocca** al gatto • tavola senza sale, **bocca** senza saliva • tra la **bocca** e il boccone mille cose accadono • tutte le **bocche** son sorelle

Bocca di Celina lago di Garda e **Bocca di Celina** porta spesso la rovina

boccale né per ogni male al medico, né per ogni lite all'avvocato, né per ogni sete al **boccale** • pignatta vuota e **boccale** asciutto, guasta il tutto

boccia a **bocce** ferme si saprà chi guadagna

boccone a **boccon** restio stimolo di vino • **boccone** rimbrottato non affogò mai nessuno • chi ha figliuoli, tutti i **bocconi** non son suoi • i meglio **bocconi** son quelli che strozzano • la pecora per far bé, perde il **boccone** • per i buoni **bocconi** si fanno le questioni • quattro sono i buoni **bocconi**, pesco, fico, fungo e poponi • tra la bocca e il **boccone** mille cose accadono • un buon **boccone** e cento guai • uno da cento **bocconi**, o cento da un boccone

boia chi non ascolta il padre in giovinezza, udirà il **boia** in

L'ASINO BENCHE TRISTO SIA STIMVLATO ALLE VOLTE TIRA QVALCHE CALCIO.

E l'abietto, e l'humil chi uilipende,
Già suppor non si dee d'irsene illeso,
Ch'à le formiche ancor l'ira s'accende.

vecchiezza • se devi morire, cerca un **boia** pratico

bolgia il magnano tanto salta con le **bolge** quanto senza

bollire a pentola che **bolle**, gatta non s'accosta • il caldo dei lenzuoli non fa **bollir** la pentola • pan **bollito**, in un salto è già smaltito • quando uno ha disgrazia, gli va sul cotto l'acqua **bollita** • San Martino nella botte **bolle** il vino

Bologna **Bologna** la grassa, ma Padova la passa • Milano la grande, Vinegia la ricca, Genova la superba, **Bologna** la grassa, Firenze la bella, Padova la dotta, Ravenna l'antica, Roma la santa

bolognese bando **bolognese**, dura trenta giorni meno un mese

bonaccia la **bonaccia**, burrasca minaccia

bontà le bellezze duran fino alla porta, le **bontà** fino alla morte • la **bontà** è campo che fruttifica da se medesimo • non c'è vizio peggiore di quello che per **bontà**

borbottare cappuccio e cotta sempre **borbotta**

borioso prima ricco e poi **borioso**

borsa gli accoppiatori e le **borse** a mano, hanno difeso le palle e il piano • a chi fa casa la **borsa** resta rasa • amici cari e **borsa** del pari • gli amici hanno la **borsa** legata con un filo di ragnatela • le buone derrate vuotano la **borsa** • buon pagatore, dell'altrui **borsa** è signore • chi edifica, la **borsa** purifica • chi fa di testa paga di **borsa** • chi gioca di piè, paga di **borsa** • chi non può di **borsa**, paghi di bocca • chi toglie moglie per la roba, la **borsa** va a marito • chi va al mercato e mente, la **borsa** sua lo sente • la limosina si fa colla **borsa**, e non col bossolo • la lite vuol tre cose, piè leggiero, poche parole e **borsa** aperta • non mostrar mai né il fondo della tua **borsa** né del tuo animo • le piccole spese son quelle che vuotano la **borsa** • piuttosto cappello in mano, che mano alla **borsa** • tal ti guarda la cappa, che non ti vede la **borsa** • l'uomo si conosce in tre congiunture, alla collera, alla **borsa** ed al bicchiere

borsello i giardini belli vuotano i **borselli**

borsetta chi ha quattro e spende sette, non ha bisogno di **borsette**

bosco chi disfà **bosco** e prà, si fa danno e non lo sa • chi promette nel **bosco**, dee mantenere in villa • danari, **boschi** e prati, entrate per preti e frati • dieci giornate di maggio e dieci d'agosto tiran fuori la castagna dal **bosco** • la fame caccia il lupo dal **bosco** • in luna calante ai Santi e in agosto si taglia la legna nel **bosco** • la Madonna di mezz'agosto tutti gli anni rinfresca il **bosco** • meglio uccel di **bosco** che uccel di gabbia • monte, porto, città, **bosco** o torrente, abbi se puoi per vicino o parente • nel **bosco** tagliato non ci stanno assassini • il piano ha occhi, e il **bosco** orecchi

bossolo la limosina si fa colla borsa, e non col **bossolo**

botta **botta** che non chiese non ebbe coda • chi va di notte, ha delle **botte** • come disse la **botta** all'erpice • vista di creditore, **botta** al cuore

botte a vendemmia bagnata la **botte** è tosto consolata • **botte** buona fa buon vino • la **botte** dà del vino che ha • i Fiorentini son cattive doghe da **botte**, ed i Veneziani buone • nelle **botti** piccine sta il vino buono • non si può avere la **botte** piena e la moglie ubriaca • ogni fiore piace fuorché quello della **botte** • per far un amico basta un bicchier di vino, per conservarlo è poca una **botte** • per San Martino si fora la **botte** del vino • San Martino nella **botte** bolle il vino • se piove per San Donato, **botte** e tino preparate; se piove per San Rocco, preparate tino e botte • se vuoi empir la cantina zappa e pota in gennaio; se vuoi empir la **botticella** zappa e pota in marzo • sono le **botti** vuote quelle che cantano • stelle a settembre, **botti** piene a novembre • tanto cocchiume vuole una **botte** piccola, quanto una grande • un colpo al cerchio e uno alla **botte** • l'uva maggina non riempie né la **botte** né la tina

bottega a chi fa **bottega** gli bisogna dar parole a ognuno •

a Firenze per avere ufizii, bisogna avere bel palazzo e stare a **bottega** • la **bottega** non vuole alloggio • il cantante ha la sua **bottega** nella gola • chi provvede a tempo la casa, fa una **bottega** • guai quando i giovani comanderanno e che le **botteghe** si toccheranno • nel colonizzare un'isola, la prima fabbrica eretta da uno Spagnolo sarebbe una chiesa, da un Francese un forte, da un Olandese un magazzino, e da un Inglese una **bottega** di birra • ogni **bottega** la sua malizia • pioggia in istrada tempesta in **bottega** • i vescovi in Roma sono come i crocefissi in **bottega** del legnaiuolo

bottiglia San Giacomo riempie la **bottiglia**, Sant'Anna la stappa • San Pietro versa la **bottiglia**

botto chi gioca al lotto, in rovina va di **botto** • quando canta il **botto**, rasciuga un dì quanto non piove in otto

bozzone quando suona il campanone, tutto l'agnello è **bozzone**

braca all'escita, **brache** e camicia; e all'entrata, la rocca è inconocchiata • a' sottili cascan le **brache** • le **brache** d'altri ti rompono il culo • **brache**, tela e meloni, di settembre non son più buoni • chi ha paura, si guardi le **brache** • chi non è uso a portar le **brache**, le costure gli danno noia

braccio braccio al collo e gambe a letto • chi non ha amico o germano, non ha forza in **braccio** né in mano • donna che ti stringe e le **braccia** al collo ti cinge, poco t'ama, e molto finge, e nel fine ti abbrucia e tinge • i figli prima pesano in grembo, poi sulle **braccia** e infine sul cuore • i poveri hanno le **braccia** corte • quattrini e amicizia rompon le **braccia** alla giustizia • si presta l'armi, ma non il **braccio**

bracco chi non può esser levriero, s'ingegni d'esser **bracco**

brace sotto la bianca cenere, sta la **brace** ardente

brachetta il buono ufficiale vuol aver due cose, mano larga e **brachetta** stretta

bramare chi sempre tace, **brama** la pace • chi signoreggia, **brameggia** • giammai col

bramare, il sacco puoi colmare • mamma, mamma, chi l'ha la chiama e chi non l'ha la **brama** • più da noi è **bramato** quel che più ci vien negato • se tu vuoi che ti ami, fa' che ti **brami**

branco se tutti i pazzi portassero una berretta bianca, si parrebbe un **branco** d'oche • trista a quella pecora che ritorna al **branco**

bravare gli Spagnoli s'accordano a **bravare**, i Francesi a gridare, gli Inglesi a mangiare, i Tedeschi a sbevazzare e gli Italiani a pisciare

braveggiare chi maneggia non **braveggia**

bravo la **brava** ragazza la vedono da sette mura • piccion grossi e cavalli a vettura, è **bravo** chi la dura • tutti son **bravi** quando il nemico fugge • val più aver due soldi di minchione che di molti: **bravo**

brea a Sant'Andrea l'oca sulla brea

brentana tre calighi fa una piova, tre piove una **brentana**, e tre festini una puttana

Brescia Brescia, può e non vuole; Verona vuole e non può; Vicenza può e vuole; Padova né può né vuole • tutte l'armi di **Brescia** non armerebbero la paura d'un poltrone

bricca quando la **bricca** vuole, l'asino non puole; quando l'asino puole, la bricca non vuole

briga chi cerca **briga**, l'accatta • chi ha da perdere, fugge le **brighe**

brigante a **brigante** brigante e mezzo

brigata chi lavora il campo innanzi la vernata avanza di ricolti la **brigata** • poca **brigata**, vita beata • povero dispettoso, vecchio lussurioso, e donna lisciata, dispiace alla **brigata**

briglia la **briglia** regge il cavallo, e la prudenza l'uomo • donna che per amor si piglia, si tenga in **briglia** • i polledri non abboccan la **briglia** • tra la **briglia** e lo sprone consiste la ragione

brina brina ai Santi lascia l'impronta: tanta aridità dopo nei campi • le **brine** d'aprile ti fanno morire • gennaio con neve, vento e **brina**: sta' tranquillo nella cascina • per Santa

Caterina: o neve o **brina** o tira fuori la fascina • se rannuvola sulla **brina**, aspetta l'acqua domattina

brodo gallina vecchia fa buon **brodo** • tutto fa **brodo**

brontolone chi semina in rompone raccoglie in **brontolone**

Brozzi Brozzi, Peretola e Campi son la peggio genia che Cristo stampi

bruciare chi scherza col fuoco finisce per **bruciarsi** le ali • quando **brucia** il vicinato, porta l'acqua a casa tua • quando canta il cucco, prendi il tuo fieno e **brucialo** tutto • quando la casa **brucia**, tutti si scaldano

bruciaticcio dove è stato il fuoco, ci sa sempre di **bruciaticcio**

bruma **bruma** oscura tre dì dura; se vien di trotto, dura più d'otto • la **bruma** tutte le pezze raguna • di **bruma** la neve s'aggruma, di gennaio la neve fa solaio, di marzo fa il ponte e in aprile si rompe • la Madonna di **bruma**, la neve si aggruma • il mese di **bruma** dinanzi mi scalda, e di dietro mi consuma

brunetto donna **brunetta**, di natura netta

bruno donna e luna, oggi serena, domani **bruna** • né pianto né **bruno** non suffraga nessuno • per ogni civetta che si senta cantare sul tetto, non sogna metter **bruno**

brusca mira la **brusca** d'altri e non vedi la tua trave

bruscolo ogni **bruscolo** gli pare una trave

brutto allo specchio né **brutta** né vecchia • a novembre bello o **brutto** in campagna muore tutto • una bella porta rifà una **brutta** facciata • bello in fascia, **brutto** in piazza • le **brutte** si maritano e le belle • **brutto** in fascia, bello in piazza • chi è bello è bello e grazioso, chi è **brutto** è brutto e dispettoso • chi è **brutta**, e bella vuol parere, pena patisce, per bella parere • chi è nato di carnevale, non ha paura dei **brutti** musi • il diavolo non è così **brutto** come lo si dipinge • le donne per parer belle si fanno **brutte** • mantello cuopre il **brutto** e il bello • marzo e aprile son fratelli: ora **brutti** ora belli • il matrimonio non è per tutti, chi fa belli e chi fa **brutti** • non v'è giovane che non sia bella, né vecchia che non sia **brutta** • per un **brutto** viso, si perde una buona compagnia • quando la vacca tien su il muso, **brutto** tempo salta suso • San Geminiano dalle belle torri e dalle belle campane, gli uomini **brutti**, e le donne befane • se è **brutto** ai Santi i Morti l'aggiustano, se è bello ai Santi i Morti lo disfanno • s'è grande, è oziosa; s'è piccola, è viziosa; s'è bella è vanitosa; s'è **brutta**, è fastidiosa • se l'alba è **brutta** a San Michele, ottobre sarà più brutto che bello • se per San Lorenzo il tempo è bello, farà **brutto**; se è brutto, farà bello • se piove a San Giorgio, **brutta** annata • se vuoi veder un uom quanto gli è **brutto**, un uom senza danar guardalo tutto

buca San Luca, la merenda nella **buca**

bucato da Santa Lucia a Natale: quanto fai il **bucato** e fai il pane • non si fece mai **bucato** che non piovesse • pane e **bucata** fan donna scorrucciata • San Tommaso non è guardato né da pan né da **bucato**, né da tessitora di sul Prato; ma sarà ben digiunato • tutti i cenci vanno in **bucato** • tutti i cenci vogliono entrare in **bucato** • un'ora di buon sole rasciuga molti **bucati**

buccia la **buccia** ha da somigliare al legno • chi lavora si rimpannuccia, chi non lavora si gratta la **buccia** • i cortigiani hanno solate le scarpe di **bucce** di cocomero

buco chi non rassetta il **buchino**, rassetta il bucone • d'estate ogni **buco** fa latte, d'inverno nemmen le buone vacche • in tempo di tempesta ogni **buco** è porto • non tutte le ciambelle riescono con il **buco** • ogni formica ama il suo **buco** • l'onore è come il vento, va fuori per tutti i **buchi** • quando nevica a minuto, la si vuol fare insino al **buco** • tanto il **buco** e tanta la toppa • tristo a quel topo che ha un **buco** solo

budello chi mangia il ferro, deve avere le **budella** di piombo • la contentezza vien dalle

budella • male alla pelle, salute alle **budelle** • ognun vede il mantello, nessun vede il **budello** • pane e coltello non empie mai il **budello**

bue (**bove**) a bue vecchio, campanaccio nuovo • a chi ha fortuna, il **bue** gli fa un vitello • l'acqua d'aprile, il **bue** ingrassa, il porco uccide, e la pecora se ne ride • alle volte si dà un uovo per un **bue** • ara coi **buoi** e semina colle vacche • asini, donne e **buoi**, non t'allontanar da' tuoi • **bue** fiacco stampa più forte il piè in terra • il **bue** mangia il fieno perché si ricorda che è stato erba • il **bue** non domo, in terra aliena si fa mansueto e domo • **bue** sciolto lecca per tutto • chi ha carro e **buoi** fa bene i fatti suoi • chi semina sulla strada, stanca i **buoi** e perde la semenza • chi vince poi, perde il sacco e i **buoi** • è inutile chiudere la stalla quando i **buoi** sono scappati • il freddo di marzo penetra il corno del **bove**, il sole di marzo toglie la ruggine del catenaccio • imparano dai **buoi** vecchi ad arare i giovani • il ladro dell'ago va all'ovo, dall'ovo al **bue**, dal bue alla forca • male in vacche e peggio in **buoi** • marzo, per la coda t'alzo: ma se viene di nuovo, il **bove** incapanna • marzo per le galline, aprile per le pecore, maggio per i **buoi**, giugno per noi • moglie e **buoi** dei paesi tuoi • Natale in venerdì, vale due poderi: se viene in domenica, vendi i **bovi** e compra la melica • non bisogna mettere il carro davanti ai **buoi** • ogni **bue** non sa di lettere • quando il **bue** non vuole arare, tu puoi cantare, tu puoi cantare • quando piove alla buon'ora, prendi i **bovi**, va, e lavora • Sant'Andrea, si stallano le vacche e i **buoi** • se maggio è ortolano, vendi i **bovi** e comprati il grano • solo il **bue** vecchio muove le carra arrestate • tal **bue** crede andare a pascere, che poi ara • tanto caca un **bue** quanto un uccellino • l'uomo per la parola e il **bue** per le corna • val più un'acqua fra aprile e maggio, che i **buoi** con il carro • val più un buon giorno con un uovo, che un mal'anno con un **bue**

bufera la **bufera** di gennaio rovina il melo

buffa quel che vien di ruffa in raffa, se ne va di **buffa** in baffa

buffone pazzi e **buffoni** hanno pari libertà • Sicilia dà i Covelli, Francolino i Graziani, Bergamo gli Zanni, Venezia i Pantaloni, e Mantova i **buffoni**

bugia al primo di aprile una **bugia** si può dire • a tempo di guerra con le **bugie** si governa • le **bugie** hanno le gambe corte • le **bugie** sono lo scudo del dappoco • o con verità o con **bugia** bisogna mantener la masseria • un poco di vero fa credere tutta la **bugia** • verità e **bugie** non vanno in compagnia • il vero punge e la **bugia** unge

bugiardo bisogna che 'l **bugiardo** abbia buona memoria • il **bugiardo** conosciuto, da nessuno è mai creduto • chi è **bugiardo** è ladro • chi è **bugiardo** in una cosa, è bugiardo in tutte • ogni **bugiardo** si pone in caffo • si conosce prima un **bugiardo** che uno zoppo

buio **buio** via buio, fa buio • chi ha a rompere il collo, trova la strada al **buio** • giugno e luglio non piove al **buio** • se non avete altri moccoli, potete andare a letto al **buio**

buono a **bon** servente guiderdon non pere • a **buona** derrata, pensaci • a **buona** lavandaia non mancò mai pietra • a **buona** ora in pescheria, tardi in beccheria • a **buona** seconda, ogni santo aiuta • a **buona** volontà non manca facoltà • a **buon** cavalier non manca lancia • a **buon** cavallo non manca sella • a **buon** cavallo non occorre dirgli «Trotta» • a **buon** intenditor poche parole • a **buon** spenditore, Iddio è tesoriere • acqua di gelsomini è **buona** a' bambini • l'acqua e il fuoco son **buoni** servitori, ma cattivi padroni • a far dei castelli in aria tutti siam **buoni** • l'agnello è **buono** anche dopo Pasqua • agosto mandò lettere, settembre le leggeva: vestitevi **buona** gente che l'inverno è per la via • a gusto guasto non è **buono** alcun pasto • al contadino non far sapere quanto è **buono** il formaggio con le pere • alle volte, dei cattivi nocchi si fanno di **buone**

schegge • al padrone non far sapere, quanto è **buono** il cacio con le pere • al toccar de' tasti si conosce il **buon** organista • amici di **buon** giorno, son da mettere in forno • amicizia di grand'uomo e vin di fiasco, la mattina è **buono** e la sera è guasto • amico di **buon** tempo mutasi col vento • a ottobre bagna cauda e vino **buono** la fanno da padroni • aprile piovi piovi, a maggio una è **buona** • l'arcobaleno la sera **buon** tempo mena • arme lunga fa **buon** fante • a San Martino la castagna **buona** vale un quattrino • l'avaro **buono** è l'avaro del tempo • bastardo **buono**, ventura; bastardo cattivo, sua natura • beato chi porta il giogo a **buon**'ora • bisogna che 'l bugiardo abbia **buona** memoria • bisogna far **buon** viso a cattivo gioco • bisogno fa **buon** fante • botte **buona** fa buon vino • brache, tela e meloni, di settembre non son più **buoni** • **buona** amistà è un altro parentà • **buona** annata avremo se San Giuseppe fa sereno • la **buona** cantina fa buono il vino • la **buona** carne fa di molta schiuma • la **buona** casa fa buono il contadino • la **buona** compagnia è mezzo pane • **buona** compagnia, mezza la via • **buona** cosa è la messa udire, ma meglio la casa custodire • la **buona** cura caccia la mala ventura • la **buona** derrata cava l'occhio al villano • **buona** è la neve che a suo tempo viene • la **buona** fama è come il cipresso • **buona** frasca e cattivo vino • la **buona** greppia fa la buona bestia • **buona** incudine non teme martello • una **buona** insalata è principio d'una cattiva cena • la **buona** mercanzia trova presto recapito • la **buona** moglie fa il buon marito • la **buona** roba non fu mai cara • **buona** via non può tenere, quel che serve senza avere • la **buona** vita fa la faccia pulita • **buon** cane non trova buon orso • **buon** cavallo e mal cavallo vuole sprone, e buona femmina e mala femmina vuol bastone • il **buon** cibo dà buona salute • le **buone** derrate vuotano la borsa • le **buone** donne non hanno né occhi né orecchi • le **buone** parole acconciano i mali fatti • **buone** parole e cattivi fatti ingannano i savi e i matti • le **buone** parole non rompono i denti • le **buone** parole ungono, e le cattive pungono • **buone** ragioni male intese, sono perle a' porci stese • le **buone** usanze vanno rispettate • le **buone** usanze van tutte a perdersi • il **buon** fuoco aiuta il cuoco • il **buon** giorno si vede dal mattino • il **buon** giudice tosto intende, e tardi giudica • il **buon** lavoratore rompe il cattivo annuale • il **buon** marinaro si conosce al cattivo tempo • **buon** mercato inganna chi va al mercato • il **buon** nocchiero muta vela, ma non tramontana • il **buono** a nulla è assistito dalla legge di tutti • il **buono** a qualcosa è l'asino del pubblico • **buono** è l'amico e buono il parente, ma trista la casa dove non si trova niente • il **buono** ufficiale vuol aver due cose, mano larga e brachetta stretta • **buon** pagatore, dell'altrui borsa è signore • **buon** papero, cattiva oca • il **buon** pastore tosa, ma non iscortica • **buon** riscotitore è cattivo pagatore • **buon** sangue non mente • il **buon** soldato esce dal prato • **buon** tempo e mal tempo non dura tutto il tempo • il **buon** tempo fa scavezzare il collo • il **buon** vino fa buon sangue • il **buon** vino fa gromma e il cattivo muffa • il **buon** vino non ha bisogno di frasca • la carestia fa **buona** masseria • casa che ha il **buon** vicino, val più qualche fiorino • un cattivo cane rode una **buona** corda • un cattivo podere è meglio che una **buona** pigione • i cavoli riscaldati furono **buoni** ma non lodati • chi **buon** guadagno aspetta, non si stanca • chi cammina a **buona** fede, i pidocchi se lo mangiano • chi comincia a aver **buon** tempo, l'ha per tutta la vita • chi fa il **buon** mese, fa il buon anno • chi fila e fa filare, **buona** massaia si fa chiamare • chi ha **buona** cantina in casa non va pel vino all'osteria • chi ha **buona** cappa, facilmente scappa • chi ha **buona** la lancia, la provi al muro • chi ha **buon** catenaccio all'uscio non ha paura de' birri • chi ha **buon** cavallo e bella moglie, non istà mai senza doglie • chi ha **buon** cavallo in stalla può andare a piedi • chi ha **buon** marito, lo porta in viso • chi ha **buono** in mano, non rimescoli • chi ha **buon** orto, ha buon porco • chi ha **buon** pane e buon vino, ha troppo un micolino • chi ha **buon** vino in casa, ha sempre i fiaschi alla porta • chi ha un **buon** ciocco lo tenga per marzotto • chi incontra **buona** moglie ha gran fortuna • chi nasce è bello, chi si sposa è **buono** e chi muore è santo • chi non crede alla **buona** madre, crede poi alla mala matrigna • chi non fu **buon** soldato, non sarà buon capitano • chi non sa dir qualche volta di no, cosa **buona** oprar non può • chi ruba a un **buon** ladron ha cent'anni di perdon • chi sa ben trovar meloni, trova **buona** moglie • chi semina alla **buon**'ora, qualche volta falla, e chi semina tardi, falla quasi sempre • chi va e torna, fa **buon** viaggio • chi vuol conoscere un **buon** scrittore, gli dia la penna in mano • chi vuole il **buon** bacato, per San Marco o posto o nato • chi vuole un **buon** potato, più un occhio e meno un capo • consiglio di due non fu mai **buono** • contro sorte avversa ogni **buon** carrettier versa • cortesia di bocca, mano al cappello, poco costa ed è **buono** e bello • da' **buon** partìti pàrtiti • d'estate ogni buco fa latte, d'inverno nemmen le **buone** vacche • di **buona** terra to' la vigna, di buona madre to' la figlia • di **buone** armi è armato, chi da buona donna è amato • di **buone** intenzioni è lastricato l'inferno • donna **buona** vale una corona • donna che dona di rado è **buona** • donne e sardine son **buone** piccoline • dopo la neve, **buon** tempo ne viene • duro con duro non fa **buon** muro • è **buona** quando si può contare • è **buon** comprare quando altri vuol vendere • è meglio un soldo di **buon** acquisto, che mille d'imbrogli • l'esercizio è un **buon** maestro • fattor nuovo, tre dì **buono** • fidarsi alla **buona** stagione d'aprile è come fare i conti innanzi l'oste • fila **buona** tela chi allatta il suo figliuolo • fin che non canta il cucco, l'erbe sono **buone** tutte • i Fiorentini son cattive doghe da botte, ed i Veneziani **buone** • gallina vecchia fa **buon** brodo • gennaio e febbraio, tienti al pollaio; marzo e aprile, capretto gentile; maggio e giugno, erbette col grugno; luglio e agosto, piccioni arrosto, settembre e ottobre, **buone** lepri col savore; novembre e dicembre, buon vitel sempre • il giorno di Sant'Antonio o la neve o il tempo **buono** • il gran freddo di gennaio, il mal tempo di febbraio, il vento di marzo, le dolci acque d'aprile, le guazze di maggio, il **buon** mieter di giugno, il buon batter di luglio, le tre acque d'agosto con la buona stagione, vaglion più che il tron di Salomone • gran pesto fa **buon** cesto • grossa testa non fa **buon** cervello • i guai non son **buoni** col pane • guerra spagnola, grande assalto e **buona** ritirata • in ogni paese è **buona** stanza dove si leva il sole • lagrime piante per donna son come l'acqua del mare, non è **buona** da bere, ma è buona da annegare • lavoratore **buono** di un podere ne fa due; cattivo, ne fa mezzo • maggio soleggiato, frutta a **buon** mercato • mai sbandito fe' **buona** terra • meglio una **buona** e secca scalfitura che una buona e molle aratura • meglio un **buon** re che una buona legge • mese settembrino: acqua, sole e **buon** vino • moglie **buona**, fa la casa; cattiva, la disfà • molto vale e poco costa, a mal parlar **buona** risposta • la morte agli empi è pena, e porto ai **buoni** • nebbia bassa **buon** tempo lascia • nella **buona** compagnia non ci sta malinconia • nelle botti piccine sta il vino **buono** • né malattia né prigionia non fece mai **buon** uomo • nessuna nuova, **buona** nuova • nessun **buon** medico piglia mai medicine • non c'è cosa così cattiva che non sia **buona** a qualche cosa • non domandare all'oste se il vino è **buono** • non è **buon** anno quando il pollo becca il gallo • non è **buon** cristiano, chi non è stato buon ebreo • non è **buon** re, chi non regge sé • non può aver cosa **buona** chi non liscia la padrona • non tutte l'età son **buone** per un esercizio • non vale levarsi a **buon'ora**, bisogna aver ventura • ogni aiuto è **buono** • ogni **buon** cotto a mezzo torna • ogni **buon** detto è fatto retto • ogni cosa si sa comportare, eccetto il **buon** tempo • ogni cuffia è **buona** per la notte • ogni scusa è **buona**, purché vaglia • ogni uomo ha **buona** moglie e cattiva arte • ognuno è amico di chi ha **buon** fico • ognuno è **buono** a qualcosa • ognuno sa navigare col **buon** vento • il padrone **buono** fa buono anche il contadino • pane caldo e acqua fredda non furon mai **buon** pasto • le parole disoneste corrompono i **buoni** costumi • Pasqua marzaiola non fu mai **buona** • la pazienza è una **buon**'erba ma non cresce in tutti gli orti • pecore e donne a casa a **buon**'ora • pepe, noce moscata e sapa, fa **buona** la rapa • per allevare un garzone ci vuole un **buon** padrone • per fare una cosa bene, bisogna esser tagliati a **buona** luna • per fare un **buon** agostano, prima di Santa Maria la falce in mano • per fare un **buon** campo ci vuole quattro m: manzi, moneta, merda e mano • per i **buoni** bocconi si fanno le questioni • per la Madonna la pioggia è ancora **buona** • per la Vecchietta, un'oretta, per Sant'Antonio, due mezz'ore **buone** • per San Giuseppe in un **buon** campo d'erba medica deve nascondersi il cappello d'un prete • per San Martino **buone** le castagne e meglio il vino • per Sant'Omobono tutti gli stracci senton di **buono** • per un brutto viso, si perde una **buona** compagnia • piede alla culla e mano al fuso, mostrano la **buona** massaia • i più **buoni** son messi in croce • il più **buono**, il lupo lo mangia • i pochi fanno **buona** prova, ma i più vincono • poco e **buono** empie il tagliere • prega Dio di tre cose: di nascere in **buona** parte, di non cominciar trist'arte, di non prender ria moglie • putto in vino e donna in latino, non fece mai **buon** fine • quando canta il fringuello, **buono** o cattivo, tienti a quello • quando il verno è nella state, e la state nell'invernata, non avrai **buona** derrata • quando la febbre caca su' labbri è **buon** segno • quando la ti dice **buona** al paleo, non giuocare alla trottola • quando nascono son tutti belli, quando si maritano, tutti **buoni**, e quando muoiono son tutti santi • quando piove alla **buon**'ora, prendi i bovi, va, e lavora • quando tira vento, non si può dir **buon** tempo • quando Venezia comandava, si desinava e si cenava, coi Francesi, **buona** gente, si desinava solamente • quattro cose sono a **buon** mercato, terra, parole, acqua e profferte • quattro madri **buone** fanno figliuoli cattivi: la verità l'odio, la prosperità il fasto, la sicurtà il pericolo, la familiarità il dispregio • quattro sono i **buoni** bocconi, pesco, fico, fungo e poponi • ragazzi savi e vecchi matti, non furon mai **buoni** a nulla • il riso fa **buon** sangue • la roba **buona** si loda da se stessa • roba rubata non fa **buon** pro • rosso di sera, **buon** tempo si spera; rosso di mattina mal tempo s'avvicina • rovo, in **buona** terra covo • la salsa di san Bernardo fa **buona** ogni vivanda • San Martino dalle nespole, e il **buon** vino • Santa Lucia mantengati la vista, che d'appetito n'hai **buona** provvista • schiena di mulo, corso di barca, **buon** per chi n'accatta • se a San Biagio il sole è **buono**, dell'inverno siamo fuori • se di novembre tuona, l'annata sarà **buona** • se il **buon** prospera, ognun prospera • se il cavallo è **buono** e bello, non guardar razza o mantello • se il prestar fosse **buono**, si presterebbe anche la moglie • se la pillola avesse **buon** sapore, dorata non sarebbe per di fuore • se lodi il **buono** diverrà migliore; biasima il tristo, e' diverrà peggiore • semina di luglio se vuoi un **buon** rapuglio • sentire e non ridire è **buon** servire • se piove per San Lorenzo, la viene a tempo; se piove per la Madonna, l'è ancor **buona**; se per San Bartolommè soffiale di drè • se piove prima del cucco, **buona** annata di tutto • serva ripresa e cavolo riscaldato non furon mai **buoni** • se v'è in paese una **buona** moglie, ciascuno crede che sia la sua • se vuoi avere un **buon** mosto, devi bagnare in agosto • se vuoi comprar terra a **buon** mercato, comprala da uno spiantato, o da figliuol ch'abbia ereditato • se vuoi del **buon** filo, pianta la canapa ad aprile • s'imbarca adagio chi vuol far **buon** viaggio • siroppo di cantina, pillole di gallina e **buon** mantello • soldati del Papa, otto a cavare una rapa; senza il sargente non son **buoni** a niente • soldato che fugge, **buon** per un'altra volta • sotto il **buon** prezzo ci corre la frode • sotto nome di baia cade un **buon** pensiero • strada **buona** non fu mai lunga • terra magra fa **buon** frutto • terra nera **buon** grano mena • terra nera dà **buon** frutto, terra bianca guasta tutto • tra maggio e giugno fa il **buon** fungo • tra vespro e nona, non è fuor persona **buona** • tre cose vuole il campo: **buon** lavoratore, buon seme e buon tempo • troppo **buono**, troppo minchione • troppo lungo non fu mai **buono** • tutto il rosso non è **buono**, e tutto il giallo non è cattivo • una **buona** imbriacatura nove giorni dura • una **buona** parola smorza più che una caldaia d'acqua • un **buon** boccone e cento guai • un **buon** giorno vale un cattivo mese • un **buon** naturale val più di quante lettere sono al mondo • un **buon** paio d'orecchi stancano cento male lingue • un **buon** servitore val più d'un buon padrone • uno fallisce a cavare la terra, un secondo a levar l'acqua, un terzo a render **buono** il terreno • un'ora di **buon** sole rasciuga molti bucati • un pezzo di pane è un **buon** sigillo allo stomaco • gli uomini sfiduciati non furono mai **buoni** • usa col **buono** e sta bene coi cattivi • val più una **buona** faccia che un carro di complimenti • val più un **buon** giorno con un uovo, che un mal'anno con un bue • val più un pugno di **buona** vita, che un sacco di sapienza • vangami nella polvere, incalzami nel fango, io ti darò **buon** vino • il vento non è **buono** che a mandar navi e mulini • la vergogna in un giovane è **buon** segno • vino non è **buono**, che non rallegri l'uomo

buontempone la roba dell'avaro se la mangia il **buontempone**

burla la **burla** non è bella, se la non è fatta a tempo

burlare non v'è peggior **burla** che la vera

burlato chi va in mercato e non è **burlato**, è sicuro in ogni lato

burrasca la bonaccia, **burrasca** minaccia • pallidezza nel nocchiero, di **burrasca** segno vero • quando San Giorgio viene in Pasqua, per il mondo c'è gran **burrasca**

buscare chi accarezza la mula, **buscherà** de' calci

bussare è mal **bussare** ai formiconi di sorbo

buttare a marzo si **buttan** via gli stracci, ad aprile si vanno a raccogliere • aprile, **butta** le scarpe sul fienile • a San Giuseppe si **butta** via lo scaldaletto • chi **butta** via oro con le mani, lo cerca co' piedi • chi dà retta al cervello degli altri **butta** via il suo • chi ha quattrini da **buttar** via tenga l'opre e non ci stia • come gli antichi, che mangiavan le cocce e **buttavano** i fichi • non bisogna **buttarsi** fra i morti • piuttosto un asino che porti, che un cavallo che **butti** in terra • roba perfetta, mezzo **buttata** via • San Matteo: **butta** in terra e spera in Dio • se marzo **butta** erba, aprile butta merda

buzzicare tramontanin non **buzzica**, se il marin non lo stuzzica

by and by faremo di Roma, adesso adesso di Firenze, a la magnana di Spagna, **by and by** d'Inghilterra, I warrant you di Scozia, gleich d'Alemagna, tantôt di Francia, son tutte ciancie

c, C

cacare chi mangia il pesce, caca le lische • chi mangia l'oca alla corte, in capo all'anno caca le penne • chi tutto mangia tutto caca • il diavolo caca sempre sul monte grosso • mangia bene e caca forte, e non aver paura della morte • quando la febbre caca su' labbri è buon segno • tanto caca un bue quanto un uccellino

caccia l'aia non è luogo per cani da caccia • la buona cura caccia la mala ventura • can che abbaia, non fa caccia • chi va a caccia senza cani, torna a casa senza lepri • in guerra, nella caccia e negli amori, in un piacer mille dolori

cacciare a cacciare un morto ce ne vuol quattro; a cacciare un vivo ce ne voglion ventiquattro • l'acqua, il fumo e la mala femmina cacciano la gente di casa • a volte caccia chi non minaccia • chi caccia il cervo non bada alle lepri • chi va alle nozze e non è invitato, ben gli sta se n'è cacciato • la fame caccia il lupo dal bosco • i paperi cacciano l'oche fuori di casa • il podestà nuovo caccia il vecchio • Sant'Andrea caccia e mette il mese • se il tuo gatto è ladro, non lo cacciar di casa • se ti vuoi mantener sano, caccia via il rispetto umano • suon di campana non caccia cornacchia • un diavolo caccia l'altro • viene asin di monte, caccia caval di corte

cacciatore Sant'Eustachio in splendore protegge il cacciatore

cacio al padrone non far sapere, quanto è buono il cacio con le pere • castroni pugliesi, mannarini pistolesi, gran siciliano, zucchero di Candia, cera veneziana, magli romaneschi, sproni viterbesi, **cacio** di Creta, raviggioli fiorentini • chi mangia **cacio** e pesce, la vita gli rincresce • pane alluminato e **cacio** cieco • il villano venderà il podere, per mangiare **cacio**, pane e pere

cadere al primo colpo non **cade** l'albero • a porco pigro non **cadde** pera mezza • appunto ci è **caduta** la grandine in sul far della ricolta • **cader** non può chi ha la virtù per guida • chi è in alto non pensa mai al **cadere** • chi è ritto può **cadere** • chi inciampa e non **cade**, avanza cammino • chi non sale, non teme di **cadere** • chi si giustifica dalla legge, **cade** dalla grazia • chi troppo in alto sal, **cade** sovente precipitevolissimevolmente • chi troppo si stima **cade** sovente in fondo dalla cima • per più non potere, l'uomo si lascia **cadere** • quando **cadono** i maccheroni in bocca, tutti li sanno mangiare • quando è **caduta** la scala, ognuno sa consigliare • quando la lepre perde il passo, convien che **cada** in bocca a' cani • San Lorenzo: **cadono** le stelle • se **cade** la neve di maggio tutti i mesi cade • se febbraio s'ingrugna, ti fa **cadere** l'ugna; se febbraio s'incagna, ti fa cader le calcagna • sopra l'albero **caduto** ognuno corre a far legna • sotto nome di baia **cade** un buon pensiero • tutto quel che ciondola, non **cade**

caduta le ricadute son peggio delle **cadute** • tante tramute, tante **cadute**

caduto sopra l'albero **caduto** ognuno corre a far legna

caffo ogni bugiardo si pone in **caffo**

cafone per le Palme e per i Fiori si vestono i signori, per Pasqua e per Natale si vestono i **cafoni**

cagionare cattivo quel guadagno che **cagiona** maggior danno • chi non gastiga i delitti ne **cagiona** dei nuovi • l'oro presente **cagiona** timore, e assente dà dolore

cagione ogni male vuol **cagione**

cagna chi castiga la **cagna**, il cane sta discosto • gastiga la **cagna**, e il cane starà a casa

calabrone quando gira il **calabrone**, è il tempo dell'Ascensione • se ronza il **calabrone** di gennaio tieni di conto la paglia del pagliaio

calamaio Montaione e Montaio, né penna né **calamaio**

calare le femmine **calano** come la cassa de' mercanti • gobba a ponente luna crescente, gobba a levante luna **calante** • in luna **calante** ai Santi e in agosto si taglia la legna nel bosco • tutto **cala** in vecchiezza, fuorché avarizia, prudenza e saviezza

calcagno bambin d'un anno rigetta il latte dal **calcagno** • se febbraio s'ingrugna, ti fa cadere l'ugna; se febbraio s'incagna, ti fa cader le **calcagna** • tal che gli duole il capo, si medica il **calcagno** • uno sprone nella testa ne val due ne' **calcagni**

calcina è meglio tenere a terra che vendere a **calcina** • non bisogna metter **calcina** senza quadrello

calcio l'Annunziata dà un **calcio** all'invernata • l'asino, benché tristo sia stimulato, alle volte tira qualche **calcio** • l'asino, quando ha mangiato la biada, tira **calci** al corbello • **calcio** di stallone non fa male alla cavalla • chi accarezza la mula, buscherà de' **calci** • meno male i **calci** d'un frate, che le carezze d'un cortigiano • i soldati fanno come i cavalli che annitriscono a chi li governa, e tiran **calci** al padrone • tra asino e asino non corron se non **calci**

caldaia una buona parola smorza più che una **caldaia** d'acqua

caldana quando lampeggia da tramontana è segno di **caldana**

caldo alla prim'acqua d'agosto, il **caldo** s'è riposto • a sangue **caldo**, nessun giudizio è saldo • bagna l'orto la sera quando fa freddo e la mattina quando fa **caldo** • bisogna battere il ferro finché è **caldo** • il **caldo** dei lenzuoli non fa bollir la pentola • il **caldo** è la vita, il freddo è la morte • cane scottato dall'acqua **calda** ha paura della fredda • giugno dà **caldo** e sete al contadino che

IL SAVIO FÀ DI NECESSITÀ VIRTV̀.

Saggio è colui, ch'oue bisogno il chiede
Secondar de le Stelle il rio tenore,
E la fatal necessità si uede.

miete • in forno **caldo** non può nascer erba • luglio dal gran **caldo**, bevi ben e batti saldo • maggio **caldo** e agosto secco: castagne fin nello zoccolo • maggio fresco e casa **calda**, la massaia sta lieta e balda • né **caldo** né gelo non restò mai in cielo • non tutte le macchie si nettano con l'acqua **calda** • pane **caldo** e acqua fredda non furon mai buon pasto • più vuoto che pieno, più **caldo** che freddo, più ritto che a sedere • poche parole e **caldo** di panno, non fecero mai danno • quel che ripara lo freddo, ripara lo **caldo** • se fa **caldo** a febbraio, non riempi il granaio • se le calende di gennaio vengono di domenica, l'inverno è **caldo**, la primavera umida, l'autunno ventoso • vino spesso, pan **caldo** e legna verde, e non si lagni l'uomo se si perde

caldura Sant'Antonio gran freddura, San Lorenzo gran **caldura**, l'uno e l'altro poco dura

calende **calende** torbo, mese chiaro • **calende**, tutto il mese attende • chi fugge maggio, non fugge **calende** • delle **calende** non me ne curo, purché San Paolo non faccia scuro • se le **calende** di gennaio vengono di domenica, l'inverno è caldo, la primavera umida, l'autunno ventoso • se piove per **calende**, ogni dì ne attende

Calendi secondo **Calendi**, a quello attendi

calere di quel che non ti **cale**, non dir né ben né male

caligo tre **caligh**i fa una piova, tre piove una brentana, e tre festini una puttana

callo scarpa stretta fa bel piè, ma presto o tardi il **callo** c'è

calore a San Michele il **calore** va in cielo

caloria la miglior **caloria** è quella delle fave

calunnia la **calunnia** offende tre, chi la dice, a chi la si dice, e di chi la si dice

calvo testa **calva**, piazza di pidocchi

calza amore fa portar le **calze** vuote • l'avaro non fa mai bene, se non quando tira le **calze** • né guanto né berretta, né **calzetta**, non fu mai stretta

calzare chi se ne **calza**, non se ne veste

calzone non dare i **calzoni** alla moglie

cambiare **cambiano** i suonatori ma la musica è sempre quella • chi **cambia** terra, dee cambiare usanza • chi ha la moglie da **cambiare**, la lasci al sole del mese di febbraio • quando la rana canta, il tempo si **cambia** • quando si **cambia**, si cambia in peggio • si **cambia** più spesso di pensiero che di camicia

camera **camera** adorna, donna savia • il campanello di **camera** è il peggio suono che si possa avere negli orecchi • insalata a cena e **camera** terrena, corta vita mena • si sta meglio in cucina che in **camera**

camicia all'escita, brache e **camicia**; e all'entrata, la rocca è inconocchiata • la **camicia** che non vuole star teco e tu stracciala • chi è bello, è bello anche in **camicia** • chi fila ha una **camicia** e chi non fila ne ha due • chi piscia contro vento, si bagna la **camicia** • chi ruba il mantello al suo prossimo, per il solito muore senza **camicia** • guardati dal villano, quando ha la **camicia** bianca • ogni tua guisa non sappia la tua **camicia** • si cambia più spesso di pensiero che di **camicia** • stringe più la **camicia** che la gonnella

camino (**caminata**) a San Firmino pulisci stufa e **camino** • un bel **camino** fa una bella stanza • i **camini** più alti sono quelli che fanno meno fumo • chi sta sotto la cappa del **camino** non puzza che di fumo • non sono in Arno tanti pesciolini, quanti in Venezia gondole e **camini** • nuova **caminata** è presto affumicata • per San Bellino la neve sul **camino**

camminare chi **cammina** a buona fede, i pidocchi se lo mangiano • chi **cammina** un miglio pazzo, non torna a casa savio • chi ha pesce, **cammini** • l'esperienza è il bastone con cui si può **camminare** • gambe mie, non è vergogna **camminar** quando bisogna • le montagne stanno ferme, gli uomini **camminano** • quando l'aria è turbata e il cielo è tinto, è meglio **camminar** ch'essere spinto • tanto **cammina** lo zoppo quanto lo sciancato • uomo senza quattrini è un morto che **cammina**

cammino a San Valentino ogni uccello ripiglia il **cammino** • chi inciampa e non cade, avanza **cammino** • non ti mettere in **cammino**, se la bocca non sa di vino

campagna acqua e sol, la **campagna** va di vol • a novembre bello o brutto in **campagna** muore tutto • chi ha a morir di ghiandosa, non gli vale far casotti in **campagna** • la massaia che va in **campagna**, perde più che non guadagna • quando il lupo mangia il compagno, creder si dee sterile la **campagna**

campana a cattivo consiglio, **campana** di legno • a sentire una **campana** sola si giudica male • da nona alla **campana** esce fuora la... • la febbre terzana non fè mai suonar **campana** • meglio rumor di catene che di **campane** • non si sente le **campane** piccole quando suonano le grandi • quando la **campana** ha sonato, è inutile dir di no • roba di **campana** se fiorisce non grana • San Geminiano dalle belle torri e dalle belle **campane**, gli uomini brutti, e le donne befane • suon di **campana** non caccia cornacchia • una **campana** fa a un comune

campanaccio a bue vecchio, **campanaccio** nuovo

campanello al suono si conosce il **campanello** • il **campanello** di camera è il peggio suono che si possa avere negli orecchi

campanile il **campanile** non migliora la cornacchia • si vive bene all'ombra del **campanile**

campano dove passi il **campano** nasce il grano

campanone quando suona il **campanone**, tutto l'agnello è bozzone

campare a biscottini non si **campa** • babbo e mamma non **campano** sempre • **campa** cavallo che l'erba cresce • chi **campa** tutto l'anno vede tutte le feste • chi mangia aloè, **campa** gli anni di Noè • de' giovani ne muor qualcuno, de' vecchi non ne **campa** niuno • Dio dice: a **camparvi** non mi sgomento, a contentarvi sì • lavora come avessi a **campare** ognora; adora come avessi a

LA BOTTE DÀ DEL VINO, CH' ELL' HÀ .

Suol' conforme a la causa esser l'effetto,
Ne d' infetto liquor l'urna ripiena
Vale à sominiſtrar balſamo eletto.

morire allora • non è mai sì gran moria, che non **campi** chicchessia • non si **campa** d'aria • più che vecchi non si **campa** • un padre **campa** cento figli e cento figli non campano un padre

campeggiare quando marzo marzeggia, april **campeggia** • se febbraio non febbreggia, marzo **campeggia**

Campi Brozzi, Peretola e **Campi** son la peggio genia che Cristo stampi • la compagnia di **Campi**, passi e non baci

Campiglia **Campiglia**, ingrassa il porco, e poi lo piglia

campo a San Marco meloni al **campo** • a San Martino sta meglio il grano al **campo** che al mulino • beato quel **campetto** che ha siepe col fossetto • la bontà è **campo** che fruttifica da se medesimo • brina ai Santi lascia l'impronta: tanta aridità dopo nei **campi** • **campo** rotto, paga nuova • chi lavora il **campo** innanzi la vernata avanza di ricolti la brigata • dal **campo** deve uscir la fossa • fino ai Santi la sementa è pei **campi**, dai Santi in là, la si porti a cà • in **campo** stracco, di grano nasce loglio • né casa in un canto, né vigna in un **campo** • ogni **campo** è strada • ottobre piovoso, **campo** prosperoso • per fare un buon **campo** ci vuole quattro m: manzi, moneta, merda e mano • per San Giuseppe in un buon **campo** d'erba medica deve nascondersi il cappello d'un prete • quando il grano è ne' **campi**, è di Dio e de' Santi • quando non danno i **campi**, non l'hanno i Santi • tre cose vuole il **campo**: buon lavoratore, buon seme e buon tempo • un noce in una vigna, una talpa in un prato, un legista in una terra, un porco in un **campo** di biade, e un cattivo governatore in una città, sono assai per guastare il tutto • val più un vecchio in un canto, che un giovane in un **campo**

camposanto per il giorno di Tutti i Santi la neve arriva al **camposanto**, per il giorno dei Morti la neve arriva negli orti

camuffare tra furbo e furbo mai non si **camuffa**

canapa se vuoi del buon filo, pianta la **canapa** ad aprile

canapo il **canapo** è unto con l'argento

canavera quando la **canavera** fa il pennacchio, molta neve e molto ghiaccio

cancellare frego non cancella partita

candela ad altare ruinato non s'accende **candela** • allegria segreta, **candela** spenta • altri hanno mangiato la **candela**, e tu smaltisci lo stoppino • la **candela** alluma, e se stessa consuma • il gioco non vale la **candela** • né donna né tela a lume di **candela** • ogni santo vuole la sua **candela** • quanto pesce è in mare non farebbe una **candela** di sego

candeliere per San Michele s'assetta il **candeliere**

Candelora (2 febbraio) alla **Candelora**, o gran freddo o gran bello • la **Candelora** fa correre il ruscello • la **Candelora** quanto sole scopre, tanta neve copre • è meglio il lupo alle pecore che il sole il giorno della **Candelora** • per la **Candelora** ogni uccello fa la cova • per la Santa **Candelora** o che nevichi o che plora, dell'inverno siamo fuora; s'egli è sole o solicello, siamo ancora a mezzo il verno • se nevica per la **Candelora**, sette volte la neve svola

Candia castroni pugliesi, mannarini pistolesi, gran siciliano, zucchero di **Candia**, cera veneziana, magli romaneschi, sproni viterbesi, cacio di Creta, raviggioli fiorentini

cane a **can** che lecchi cenere non affidar farina • a **cane** che invecchia la volpe gli piscia addosso • a **cani** magri, mosche ingorde • a **can** mansueto, lupo nel saliceto • a carne di lupo zanne di **cane** • a cattivo **cane**, corto legame • l'aia non è luogo per **cani** da caccia • al cattivo **cane** tosto vien la coda • a Natale un piede di gallo, al primo dell'anno un piede di **cane**, all'Epifania un piede di stria • anco il **cane** col dimenar la coda si guadagna le spese • a San Giovanni il granturco copre il **cane**, a San Pietro il puledro, a Sant'Ermacora mette il pennacchio • il bello è star nel piano, e confortare i **cani** all'erta • bisogna rispettare il **cane** del padrone • buon **cane** non trova buon orso • **can** che abbaia, non fa caccia • **can** che abbaia non morde • **can** che morde, non abbaia invano • **can** dell'ortolano, non mangia la lattuga, e non la lascia mangiare agli altri • il **cane** abbaia dove si pasce • il **cane** in chiesa fu sempre il mal venuto • il **cane** morde lo straccione • il **cane** s'alletta più colle carezze che colla catena • **cane** scottato dall'acqua calda ha paura della fredda • le **cane** son vane, e le rappe sono certane • **cani** e villani lascian sempre l'uscio aperto • **can** ringhioso e non forzoso, guai alla sua pelle • **can** vecchio non abbaia invano • la carne si guasta e i **cani** arrabbiano • un cattivo **cane** rode una buona corda • cavalli, **cani**, uccelli e servitori, guastan, mangian, ruinano i signori • chi ama me, ama il mio **cane** • chi canto si fa, tutti i **cani** gli pisciano addosso • chi castiga la cagna, il **cane** sta discosto • chi dà del pane a' **cani** d'altri, spesso viene abbaiato da' suoi • chi ha del pane mai non gli manca **cane** • chi ha il lupo per compare, porti il **cane** sotto il mantello • chi non digiuna la vigilia di Natale, corpo di lupo e anima di **cane** • chi non sa che fare, pettini i **cani** • chi teme il **cane**, si assicura dal morso • chi va a caccia senza **cani**, torna a casa senza lepri • chi vuol bene al padrone vuol bene al **cane** • con la pelle del **cane** si sana la morditura • il credere e il bevere inganna le donne e i **cani** • di **cani** rabbiosi non si fece mai schiappo • Dio mi guardi da **can** incatenato e da huomo deliberato • Dio non vuol **cani** rabbiosi • è difficile condurre il **can** vecchio a mano • fra **cani** grossi non si mordono • gastiga il **cane**, gastiga il lupo, non gastigar l'uomo canuto • gastiga la cagna, e il **cane** starà a casa • la luna non cura l'abbaiar dei **cani** • maremmani, Dio ne scampi i **cani** • mentre il **cane** si gratta, la lepre va via • non dar del pane al **cane** ogni volta che dimena la coda • non destare il **can** che dorme • non mi mordé mai **cane**, ch'io non avessi del suo pelo • non si può raddrizzare l'anche a' **cani** • non ti fidare del **can** che dorme • ogni tristo **cane** abbaia da casa sua • o sassi o pani, bisogna aver qualcosa in man pei **cani** • primo porco, ultimo **cane** • quando il lupo ci vuol mangiare, aitiamci co' **cani** • quando la lepre perde il passo, convien che cada in bocca a' **cani** • la rabbia è tra' **cani** • razza di **cani**, roba di villani e amor di cortigiani • scappi dalla bocca dei **cani** e vai in bocca ai lupi • se tu vedi del formento per Natale, ammazza il **cane**; se non lo vedi dagli del pane • taglia la coda al **cane**; e' riman cane • tosto si trova il bastone per dare al **cane** • tre cose son difficili a fare: cuocere un uovo, fare il letto ad un **cane**, ed insegnare a un Fiorentino • tristo è quel villano che dà il mangiare a' **cani** • tristo quel **cane** che si lascia prender la coda in mano • una volta corre il **cane** e un'altra la lepre • uom che ghigna, **can** che rigna, non te ne fidare • uomo rosso e **cane** lanuto, più tosto morto che conosciuto

canestro per San Francesco la melagrana nel **canestro** • se gennaio è cattivo e tristo d'ogni frutto empi il **canestro**

canna non è l'amo né la **canna**, ma gli è il cibo che t'inganna • per Sant'Anna il riso va in **canna** • gli uomini non si misurano a **canne**

canniccio se piove per San Sisto, puntella il **canniccio**

canonico quando passano i **canonici**, la processione è finita

canovaccio tra 'l cuoco e il **canovaccio** non è mai nimicizia

cantante il **cantante** ha la sua bottega nella gola

cantare alla fine del salmo si **canta** il Gloria • aprile, **canta** il cuculo: piove per sette e asciuga in una • aprile è passato, maggio non viene più: sta sempre lì a **cantare** il povero cuccù • carta **canta** e villan dorme • chi **canta** a tavola e a letto, è matto perfetto • chi ha il cuor contento sempre **canta** • chi sente **cantare** il cucculo due volte nel mese di aprile non deve dispiacersi di morire • chi vive contando, vive **cantando** • l'entrata del prete vien **cantando** e va via zufolando • fin che non **canta** il cucco, l'erbe sono buone tutte • il gallo prima di **cantare**, batte l'ali tre volte • metti il matto in banca, o e' mena i piedi o ei **canta** • non convien **cantar** trionfo prima della vittoria • non si può **cantare** e portar la croce • ogni uccello non **canta** • per ogni civetta che si senta **cantare** sul tetto, non sogna metter bruno • quando **canta** il botto, rasciuga un dì quanto non piove in otto • quando **canta** il cucco, è fame dappertutto: quando canta la cicala, la fame se ne andava • quando **canta** il cucco, prendi il tuo fieno e brucialo tutto • quando **canta** il cucco, si semina dappertutto • quando **canta** il cucco, un giorno molle e l'altro asciutto • quando **canta** il cucco, v'è da far per tutto: o cantare o non cantare, per tutto c'è da fare • quando **canta** il cuculo, arriva la primavera • quando **canta** il fringuello, buono o cattivo, tienti a quello • quando **canta** il ghirlindò, chi ha cattivo padron mutar lo può • quando **canta** il pigozzo di gennaio, tieni a mano il pagliaio • quando il bue non vuole arare, tu puoi **cantare**, tu puoi cantare • quando il cucco **canta** sulla rama nuda, la stagione è ancora cruda • quando il gallo **canta** nel pollaio, aspetta l'acqua sotto il grondaio • quando la gallina **canta** ha fatto l'uovo • quando la rana **canta**, il tempo si cambia • il quattrino fa **cantare** il cieco • se **canta** la cicala di settembre, non comprar grano da vendere • senza denari non si **canta** messa • sono le botti vuote quelle che **cantano** • trist'a quelle case, dove gallina **canta** e gallo tace • troppi galli a **cantar** non fa mai giorno • uccello che non **canta** non dà augurio • uccello in gabbia non **canta** per amor, canta per rabbia • uomo digiuno non **canta** • venite piando, e tornerete **cantando** • vin che salti, pan che **canti**, formaggio che pianga

cantata tanto vale la messa piana, quanto la **cantata**

cantina la buona **cantina** fa buono il vino • chi ha buona **cantina** in casa non va pel vino all'osteria • d'ottobre in **cantina** sera e mattina • se piove il mese di gennaio, piove vino in **cantina** • se vuoi empir la **cantina** zappa e pota in gennaio; se vuoi empir la botticella zappa e pota in marzo • siroppo di **cantina**, pillole di gallina e buon mantello

canto al **canto** l'uccello, al parlare il cervello • l'amor comincia con suoni e con **canti**, e poi finisce con dolori e pianti • finito il carnevale, finiti i **canti**; finiti i miei quattrini, che ne avevo tanti • largo ai **canti** • ogni uccello non **canta** • val più un vecchio in un **canto**, che un giovane in un campo

cantone (**canto**) chi **canto** si fa, tutti i cani gli pisciano addosso • metti la roba in un **cantone**, ché viene tempo ch'ella ha stagione • né casa in un **canto**, né vigna in un campo • per il Perdon si pone la zappa in un **canton** • prosopopea di pedanti e sudiciume di fanti, ne son pieni tutti i **canti** • se mala man non prende, **canton** di casa rende

canuto barba **canuta** non è creduta, s'egli è rapà e' dice la verità • gastiga il cane, gastiga il lupo, non gastigar l'uomo **canuto** • i pensieri fanno mettere i peli **canuti**

canzonare a farsi **canzonare** non si perde nulla

canzone a chi non piace il giullare, non piace la **canzone**

capata chi fa alle **capate** col muro, i corni son suoi

capecchio quando marzo va secco il gran fa cesto e il lin **capecchio**

capello i **capelli** grigi sono i fiori dell'albero della morte • chi si pettina con le proprie mani non s'accorge di strapparsi i **capelli** • le donne hanno lunghi i **capelli** e corto il cervello • la fortuna va afferrata per i **capelli**

capestro chi pratica co' gran maestri, l'ultimo a tavola e il primo a' **capestri** • San Silvestro mette il **capestro**

capezzale uomo ozioso è il **capezzale** del diavolo

capitale alla prima moglie ci si mette del suo, alla seconda si sta in **capitale**, alla terza si guadagna • chi paga debito, fa **capitale** • da Ognissanti a Natale i fornai perdono il **capitale** • quando uno è fallito è in **capitale**

capitano bandiera vecchia onor di **capitano** • chi non fu buon soldato, non sarà buon **capitano**

capo a chi consiglia non gli duole il **capo** • agio e disagio fanno girare il **capo** alle donne • **capo** lavato, bicchier risciacquato • **capo** senza lingua, non vale una stringa • chi fa a suo modo, non gli duole il **capo** • chi ha da essere facchino, nasce col cercine in **capo** • chi ha il **capo** di cera non vada al sole • chi lava il **capo** all'asino, perde il ranno e il sapone • chi mangia l'oca alla corte, in **capo** all'anno caca le penne • chi tiene il cavallo e non ha strame, in **capo** all'anno si gratta il forame • chi vuole un buon potato, più un occhio e meno un **capo** • cogli amici non bisogna andar co' se in **capo** • cosa fatta, **capo** ha • dal **capo** vien la tigna • il diavolo dove non può mettere il **capo** vi mette la coda • Donato ha rotto il **capo** a Giusto • è meglio esser **capo** di lucertola, che coda di dragone • febbraio **capo** di primavera • gennaio è **capo** d'estate • in **capo** all'anno mangia più il morto che il sano • in **capo** a un anno e a un mese, ogni fiume torna al suo paese • marzo: «o vado o vengo, **capo** d'estate e coda d'inverno mi ritengo» • meglio esser **capo** che coda • monaca di San Pasquale due **capi** sopra un guanciale • non ti far **capo** della compagnia, perché è il capo che paga l'osteria • ottobre **capo** vendemmiatore • Pasqua Befana, non si tesse e non si fila, non si mette il filo nell'ago, non si mette il pettine in **capo** • perché il porro abbia il **capo** bianco, che la coda sia verde • protestare e dare il **capo** nel muro, lo può fare ognuno • quel che con l'acqua mischia e guasta il vino, merta di bere il mare a **capo** chino • se fossi cappellaio gli uomini nascerebbero senza **capo** • lo spillo volendo fare a cucir con l'ago, s'avvide ch'egli aveva il **capo** grosso • tal che gli duole il **capo**, si medica il calcagno • tanto se ne sa a mangiare uno spicchio, quanto un **capo** d'aglio • una ghirlanda costa un quattrino, e non istà bene in **capo** a ognuno • uomo senza moglie, è mosca senza **capo**

cappa acqua sopra acqua, non vale aver né saio né **cappa** • chi ha buona **cappa**, facilmente scappa • chi porta la **cappa** è degli ufiziali • chi sta sotto la **cappa** del camino non puzza che di fumo • guardati da chi ti leva la **cappa** in casa tua • per un punto Martin perse la **cappa** • tal ti guarda la **cappa**, che non ti vede la borsa

cappellaio se fossi **cappellaio** gli uomini nascerebbero senza capo

cappello baldezza di signore, **cappello** di matto • **cappello** di villano, ombra di mosche • cortesia di bocca, mano al **cappello**, poco costa ed è buono e bello • per San Giuseppe in un buon campo d'erba medica deve nascondersi il **cappello** d'un prete • piuttosto **cappello** in mano, che mano alla borsa • povera quella casa dove non rientra **cappello** • qual cervello tal **cappello** • quando Monte Morello ha il **cappello**, villan, prendi il mantello • riso di signore, sereno d'inverno, **cappello** di matto, e trotto di mula vecchia, fanno una primiera di pochi punti • se il sole va a dormire pulito l'ultimo dì d'agosto fa un bell'autunno; se il sole va a dormire col **cappello** l'autunno non fa bello • tanti **cappelli** tanti castelli

cappio in giugno non aver nessuna cura se non nei **cappi** e per la mietitura

cappone più vale un pan con amore che un **cappone** con dolore • se volasse il castrone, sarebbe miglior del **cappone** • son meglio le fave che durano, che i **capponi** che vengon meno

cappuccino idee da gran signori, e entrate da **cappuccini**

cappuccio **cappuccio** e cotta sempre borbotta

capra a chi è in disgrazia di Dio, le **capre** il cozzano • la **capra** non contrasta col leone • chi ha **capre** ha corna • chi si lascia mettere in spalla la **capra**, indi a poco è sforzato a portar la vacca • non fu mai vista **capra** morta di fame • quando la **capra** ha passato il poggiolo non si ricorda più del suo figliuolo • salvar la **capra** e i cavoli • se la **capra** si denegasse, le corna la manifesterebbero • tre cose son cattive magre, oche, femmine e **capre** • va la **capra** zoppa, se il lupo non la intoppa

capretto gennaio e febbraio, tienti al pollaio; marzo e aprile, **capretto** gentile; maggio e giugno, erbette col grugno; luglio e agosto, piccioni arrosto, settembre e ottobre, buone lepri col savore; novembre e dicembre, buon vitel sempre • né al **capretto** né all'agnello, non s'adopera coltello

capriccio vari sono degli uomini i **capricci**; a chi piace la torta, a chi i pasticci

caput mundi Roma **caput mundi**, Venezia secundi

caratello quando viene agosto, prepara i **caratelli** per il mosto

carbone il **carbone** o scotta o tinge • né legna, né **carbone** non comprar quando piove • la Pasqua: una al **carbone** e una al sole

carciofaio aprile **carciofaio**, maggio ciliegiaio • gennaio zappatore, febbraio potatore, marzo amoroso, aprile **carciofaio**, maggio ciliegiaio, giugno fruttaio, luglio agrestaio, agosto pescaio, settembre ficaio, ottobre mostaio, novembre vinaio, dicembre favaio

carestia abbondanza di fieno, **carestia** di pane • **carestia** di piazza è meglio che dovizia di casa • la **carestia** fa buona masseria • **carestia** fa dovizia • **carestia** prevista non venne mai • chi non ha del suo, patisce **carestia** di quel d'altri • dove è abbondanza di legno, ivi è **carestia** di biade • la grandine non fa **carestia** • guerra, peste e **carestia** vanno sempre in compagnia • Iddio fa l'abbondanza e l'uomo la **carestia** • in tempo di **carestia** pane di veccia • se è nebbia, o nebbiarella, **carestia** o coticella

carezza il cane s'alletta più colle **carezze** che colla catena • meno male i calci d'un frate, che le **carezze** d'un cortigiano

caricare albero spesso trapiantato, mai di frutti è **caricato** • d'opinioni e sassi ognun può **caricarsi** • polvere di gennaio, **carica** il solaio

carico (**carco**) carico di ferro, carico di paura • non riposa colui che ha **carco** d'altrui •

Sant'Antonio abate viene col carro **carico**

carità ben per male è **carità**, mal per bene è crudeltà • la **carità** è sempre ben fatta • **carità** unge, e peccato punge • dov'è cupidità non cercar **carità** • la prima **carità** comincia da se stessi

carlino chi trova una chiave, trova due quattrini, ma chi la perde, perde due **carlini**

carnale uomo **carnale** nulla vale

carnalmente chi vive **carnalmente** non può viver lungamente

carne a **carne** di lupo zanne di cane • a chi salva la pelle, la **carne** rimette • a vecchia che mangia pollastrelli, gli vien voglia di **carne** salata • la buona **carne** fa di molta schiuma • **carne** di porco e uomini di guerra durano poco • **carne** grassa sempre agghiaccia • la **carne** si guasta e i cani arrabbiano • chi ha goduto la **carne**, poi goda le ossa • Dio ci manda la **carne**, e il diavolo i cuochi • il drappo corregge il dorso, e la **carne** concia l'osso • i fanciulli mettono ogni giorno un'oncia di **carne** e una libbra di malizia • il lupo mangia ogni **carne**, e lecca la sua • le marmeggie stanno sempre nella **carne** secca • non bisogna metter tanta **carne** al fuoco • non c'è **carne** che non faccia qualche oncia di schiuma • non resta **carne** in beccheria per trista che la sia • la peggio **carne** a conoscere è quella dell'uomo • quando il marito fa terra, la moglie fa **carne** • quando la **carne** diventa frusta, anco l'anima s'aggiusta • se ogni mese mangia **carne**, ogni sterpo mena ghiande • tra **carne** e ugna, non sia uom che vi ponga • tutti siamo di **carne** • una **carne** fa l'altra, e il vino fa la forza • viene Natale santo e giusto: chi si mangia la **carne** e chi sente l'odore di arrosto

Carnesecchi tal pare de' **Carnesecchi**, che poi è de' Bencistà

carnevale a **carnevale**, ogni scherzo vale • a **carnevale** ogni scherzo vale, ma che sia uno scherzo che sa di sale • a **carnevale** si riconosce chi ha la gallina grassa • l'amore di car-

nevale muore in quaresima • a Natale un bel ceppone, a **carnevale** un bello spiedo, a Pasqua un bel vestito • a Pasqua e a Natale è un santissimo **carnevale** • **carnevale** al sole, Pasqua molle • **carnevale** andato, quaresima venuta: cenare, e andare a dormire • **carnevale** dice male della quaresima • **carnevale** fa gli imbrogli e quaresima li sbroglia • **carnevale** guarisce ogni male • **carnevale**: maschere, suoni e danze; il giorno dopo mezza pancia • **carnevale** o quaresima, per me è la medesima • chi **carnevale** si vuole fare, da Natale ha da cominciare • chi è nato di **carnevale**, non ha paura dei brutti musi • chi ha cinquanta **carnevali**, si può metter gli stivali • chi non balla a **carnevale** e non si ubriaca a San Martino fa cattiva fine • chi non le ha fatte di **carnevale**, le fa di quaresima • chi piglia moglie a **carnevale**, quaresima la passa di cuore, senza pene né dolore • da Natale a **carnevale** non c'è vigilia da osservare, se San Mattia non appare • di **carnevale** il povero a zappare • finito il **carnevale**, finiti i canti; finiti i miei quattrini, che ne avevo tanti • le maschere si vendono solo di **carnevale** • Natale senza danari, **carnevale** senz'appetito, Pasqua senza devozione • la neve di febbraio è come lo strutto a **carnevale** • neve per Natale, sole a **Carnevale** • non c'è **carnevale** che non sia nella luna di febbraio • novanta **carnevali**, preparati gli stivali • per mangiare gli agnolotti a **carnevale**, si va nella vigna a potare • quando il padre fa **carnevale**, ai figlioli tocca far quaresima • la quaresima è il **carnevale** dei preti • se è un bel pollo, è per **carnevale**; se è un bel piatto di verze, è per quaresima

caro al **caro** aggiungi danaro o lascialo • amici **cari** e borsa del pari • la buona roba non fu mai **cara** • **caro** costa la vigna della costa • carta para, tienla **cara** • chi ben dona, **caro** vende, se villan non è chi prende • chi ha **cara** la gloria, il corpo ha vile • cosa **cara** tenuta, è mezza venduta • le cose rare son le più **care** • la domenica di Pentecoste chi non la fa **cara** gli costa • la gatta **caro** vende, e il cavallo mezzo dona • ospite raro, ospite **caro** • pesa giusto, e vendi **caro** • quel che t'è **caro** non mostrarlo • se tu hai **caro** il ben che godi, guarda con chi lo lodi • una voglia non fu mai **cara**

carogna dove son **carogne** son corvi

carrettiere contro sorte avversa ogni buon **carrettier** versa

carriera a rubar poco si va in galera, a rubar tanto si fa **carriera**

carriola meglio essere padrone della **carriola** che servitore del carro

carro chi ha **carro** e buoi fa bene i fatti suoi • meglio essere padrone della carriola che servitore del **carro** • non bisogna mettere il **carro** davanti ai buoi • la peggior ruota del **carro** è quella che stride • perché vada il **carro**, bisogna unger le ruote • la prima acqua d'aprile, vale un **carro** d'oro con tutto l'assile • Sant'Antonio abate viene col **carro** carico • se piove a San Marco, cresce il **carro** dell'orzo al massaro • solo il bue vecchio muove le **carra** arrestate • una sol pietra un gran **carro** riversa • un **carro** di fastidi non paga un quattrin di debito • val più una buona faccia che un **carro** di complimenti • val più un'acqua fra aprile e maggio, che i buoi con il **carro**

carrozza in paradiso non ci si va in **carrozza** • i ladruncoli stanno in prigione, i grandi ladri viaggiano in **carrozza** • se i desideri bastassero, i poveri andrebbero in **carrozza**

carta **carta** canta e villan dorme • **carta** che venga, giocator si vanti • la **carta** non doventa rossa • **carta** para, tienla cara • **carta** vista mal non acquista • fortunato in amor non giochi a **carte** • il giocatore di **carte** non fa testamento • la lancia val più delle **carte** • lettere in **carta**, denari in arca • non ruinan le case fatte in **carta**, ma murate in terra sì • non si può sforzare le **carte** • per parlare di giuoco, bisogna aver tenute le **carte** in mano • una berretta manco o più, e un quattrin di **carta** l'anno, poco ti costano, e amici ti fanno • un quattrin di **carta**, una penna, e un danaro d'inchiostro, fanno apparire d'un uomo un mostro

casa (**cà, ca'**) a casa del ladro non si ruba • a **casa** Poltroni è sempre festa • a **casa** stretta, come arrivi tu ti assetta • a chi Dio vuol bene la **casa** gli piace • a chi fa **casa** la borsa resta rasa • a chi vuol male, né la **casa** né il focolare • l'acqua, il fumo e la mala femmina cacciano la gente di **casa** • a nessuno piace la giustizia a **casa** sua • gli avventori non mancano a **casa** Dabbene • beata quella **casa** che di vecchio sa • beata quella **casa** che un battitor sol ha • beata quella **casa** che v'è cherica rasa • la buona **casa** fa buono il contadino • buona cosa è la messa udire, ma meglio la **casa** custodire • buono è l'amico e buono il parente, ma trista la **casa** dove non si trova niente • carestia di piazza è meglio che dovizia di **casa** • **casa** che ha il buon vicino, val più qualche fiorino • **casa** compita, nell'altra vita • **casa** fatta e vigna posta, non si sa quel che la costa • **casa** fatta, possession disfatta • **casa** mia, casa mia, per piccina che tu sia, tu mi sembri una badia • **casa** mia, donna mia, pane e aglio vita mia • **casa** mia, letto mio, dentro a te faccio il comodo mio • **casa** nuova, chi non ve ne porta non ve ne trova • **casa** per suo abitare, vigna per suo lavorare, terren quanto si può guardare • **casa** propria non c'è oro che la paghi • **casa** senza abitanti nido di topi • chi batte la moglie, batte tutta la **casa** • chi cammina un miglio pazzo, non torna a **casa** savio • chi è minchione, resta a **casa** • chi fa la **casa** in piazza, o l'è tropp'alta o troppo bassa • chi fugge fatica, non fa la **casa** a tre solai • chi ha buona cantina in **casa** non va pel vino all'osteria • chi ha buon vino in **casa**, ha sempre i fiaschi alla porta • chi ha **casa** e podere, ha più del suo dovere • chi ha guidato la sposa a **casa**, sa quanto dura il pianto d'una femmina • chi ha la sentenza contro, e se n'appella, a **casa** porta due triste novelle • chi non ha **casa**, l'accatta • chi non ha **casa**, non ha contrada

• chi non piglia l'amante al laccio, resta in **casa** a guardare il catenaccio • chi provvede a tempo la **casa**, fa una bottega • chi resta in **casa** e manda fuor la moglie, semina roba e disonor ricoglie • chi sa far fuoco, sa far **casa** • chi si porta dietro la **casa**, può andare per tutto • chi sta a **ca'**, niente sa • chi sta a **casa**, non si bagna • chi sta troppo in sulle chiacchiere, torna a **casa** pieno di zacchere • chi va a caccia senza cani, torna a **casa** senza lepri • chi vuol far della roba, esca di **casa** • chi vuol la **casa** monda non tenga mai colomba • chi vuol star bene, non bisogna partirsi da **casa** sua • la cucina piccola fa la **casa** grande • dai ladri di **casa** non ci si guarda • la donna da **casa** non perda mai tempo • donne per **casa**, una in figura e una in pittura • le donne sono una certa mercanzia da non le tener troppo in **casa** • le donne son sante in chiesa, angele in istrada, diavole in **casa**, civette alla finestra e gazze alla porta • due dì gode il marito la sua metà, il dì che la porta a **casa**, e quello che la se ne va • è meglio essere il primo in **casa** sua che il secondo in casa altrui • la famiglia piccolina mette la **casa** in rovina; quando si è rilevata, la casa è rovinata • fino ai Santi la sementa è pei campi, dai Santi in là, la si porti a **cà** • gastiga la cagna, e il cane starà a **casa** • la gatta grassa fa onore alla **casa** • gaudio di piazza, tribolo di **casa** • grama quella **ca'**, dove soldato o prete va • guai a quella **casa** dove la famiglia s'accorda • guardati da chi ti leva la cappa in **casa** tua • in **casa** dell'amico ricco, sempre ammonito; in quella dell'amico povero, sempre lodato • in **casa** loda, e in mercato biasima • in **casa** stringi, in viaggio spendi e in malattia spandi • in **casa** sua ciascuno è re • maggio fresco e **casa** calda, la massaia sta lieta e balda • la massaia che attende a **ca'**, guadagna cinque soldi, e non lo sa • il miglio mantiene la fame in **casa** • moglie buona, fa la **casa**; cattiva, la disfà • la moglie è la chiave della **casa** • morte desiderata, cent'anni per la **casa** • né **casa** in un canto, né vigna in un campo • ne sa più un matto in **casa** propria che un savio in casa d'altri • non nominare la corda in **casa** dell'impiccato • non ruinan le **case** fatte in carta, ma murate in terra sì • ogni **casa** ha solaio, cesso, fogna e acquaio • ogni **casa** vede il sole • ogni tristo cane abbaia da **casa** sua • ognuno ama la giustizia a **casa** d'altri • ognuno ha da pensare a **casa** sua • la palma benedetta vuole trovare la **casa** netta • il pan di **casa** stufa • i paperi cacciano l'oche fuori di **casa** • i parenti escon fuori di **casa** • pecore e donne a **casa** a buon'ora • per San Simone gli attrezzi a **casa** • piglia **casa** con focolare, e donna che sappia filare • la più lunga strada è la più prossima a **casa** • più pro fa il pane asciutto a **casa** sua, che l'arrosto a casa d'altri • più vale il fuoco di **casa** mia che il fuoco dell'altrui • la porta di dietro è quella che ruba la **casa** • povera quella **casa** dove non rientra cappello • quando brucia il vicinato, porta l'acqua a **casa** tua • quando il padre marita la figlia, egli ha **casa** e vigna; quando l'ha maritata, non ha né vigna né casa • quando la **casa** brucia, tutti si scaldano • quando si maritan le vedove, il benedetto va tutto il giorno per **casa** • ragazzi e polli imbrattan la **casa** • Sant'Agata, conduce la festa a **casa** • Sant'Andrea, Sant'Andrea, ognuno a **casa** sua • scienza, **casa**, virtù e mare, molto fan l'uomo avanzare • se il tuo gatto è ladro, non lo cacciar di **casa** • se la **casa** è piena, presto si fa da cena • se la pazzia fosse dolore, in ogni **casa** si sentirebbe stridere • se mala man non prende, canton di **casa** rende • se ognuno spazzasse da **casa** sua, tutta la città sarebbe netta • se vuoi guardar la **casa**, fai un uscio solo • se vuoi saper la verità chiedila al più piccino della **casa** • trista a quella **casa** che ha bisogno di puntelli • trista quella **ca'** che mangia quanto ha • trist'a quelle **case**, dove gallina canta e gallo tace • troppa cera guasta la **casa** • tutto fai, ma la **casa** con due porte mai • uscio aperto guarda **casa** • va' in piazza, vedi e odi: torna a **casa**, bevi e godi •

vendi in casa, e compra in fiera • la virtù sta di casa dove meno si crede

casale vale più un gusto che un casale

casare casare, casare, suona bene e porta male

cascare alla Madonna Immacolata la neve è cascata • l'asino, dov'è cascato una volta, non ci casca più • a' sottili cascan le brache • chi casca in mare e non si bagna, paga la pena • chi casca nel fango, più ci si dimena e più s'imbratta • chi si ripara sotto la frasca, ha quella che piove e quella che casca • chi sta sotto alla piccionaia, casca sempre qualche penna • meglio cascar dall'uscio che dalla finestra • quando il pidocchio casca nella tramoggia, si pensa d'essere il mugnaio • quando la pera è matura casca da sé • quando la pera è matura convien che caschi • le rose cascano, e le spine rimangono • se un cieco guida l'altro, tutti due cascano nella fossa • troppo voltare fa cascare • un torso di pera cascata è la morte di mille mosche

cascina a Santa Caterina le vacche vanno alla cascina • a Sant'Agatina tutta vuota la cascina • gennaio con neve, vento e brina: sta' tranquillo nella cascina

casco il casco vuole il riso

caso l'immaginazione fa caso • quando il caso è disperato, la provvidenza è vicina • son più i casi delle leggi

casotto chi ha a morir di ghiandosa, non gli vale far casotti in campagna

cassa le femmine calano come la cassa de' mercanti • giovedì grasso: chi non ha niente s'impegna la cassa • val più avere amici in piazza, che danari nella cassa • val più un pegno nella cassa che fidanza nella piazza

castagna a San Luca le castagne sul ceppo • a San Martino la castagna buona vale un quattrino • castagne verdi per Natale sanno molto e poi vanno a male • dieci giornate di maggio e dieci d'agosto tiran fuori la castagna dal bosco • la donna è come la castagna: bella di fuori e dentro è magagna • d'ulive, castagne e ghianda, d'agosto ne dimanda • maggio caldo e agosto secco: **castagne** fin nello zoccolo • oche, **castagne** e vino son piatti di San Martino • per San Martino buone le **castagne** e meglio il vino • per San Mattè la **castagna** è sotto i piè • per Tutti i Santi le **castagne** vanno erranti • quando piove di giugno, si secca la **castagna** senza fumo • se vuoi **castagne** e mosto, che piova ad agosto

castello a far dei **castelli** in aria tutti siam buoni • fatti in là fratello se tu vuoi che facciamo un bel **castello** • tanti cappelli tanti **castelli** • tre fratelli, tre **castelli**

castigare (**gastigare**) benedetto chi si **gastiga** da se stesso • chi ama bene, **gastiga** bene • chi **castiga** la cagna, il cane sta discosto • chi non **gastiga** i delitti ne cagiona dei nuovi • chi un ne **castiga**, cento ne minaccia • dove molti peccano, nessuno si **gastiga** • **gastiga** il cane, gastiga il lupo, non gastigar l'uomo canuto • **gastiga** la cagna, e il cane starà a casa • giugno: o che paga o che **castiga** con della paglia o con la spiga • non passa giubbileo che ognun non sia **gastigato** • il popolo, quando falla, dev'essere **gastigato**; ma il principe, se erra, dev'esser avvisato • tal **castiga** la moglie che non l'ha, che quando l'ha, castigar non la sa • un diavolo **castiga** l'altro

castigo il **gastigo** può differirsi, ma non si toglie

castrone **castroni** pugliesi, mannarini pistolesi, gran siciliano, zucchero di Candia, cera veneziana, magli romaneschi, sproni viterbesi, cacio di Creta, raviggioli fiorentini • se volasse il **castrone**, sarebbe miglior del cappone

catalana la giustizia **catalana**, mangia la pecora e la lana

Catania se **Catania** avesse porto, Palermo saria morto

catena il cane s'alletta più colle carezze che colla **catena** • la **catena** non teme il fumo • la **catena** tanto lega il padrone quanto lo guarda • meglio rumor di **catene** che di campane • non è scappato chi si strascina dietro la **catena** • una piccola **catena** muove un gran peso

catenaccio chi ha buon **catenaccio** all'uscio non ha paura de' birri • chi non piglia l'amante al laccio, resta in casa a guardare il **catenaccio** • il freddo di marzo penetra il corno del bove, il sole di marzo toglie la ruggine del **catenaccio**

catinella cielo a pecorelle, pioggia a **catinelle** • sole a finestrelle, acqua a **catinelle**

cattivo a **cattiva** vacca Dio dà corte corna • a' **cattivi** passi, onora il compagno • a' **cattivi** vicini non gli prestar quattrini • a **cattivo** cane, corto legame • a **cattivo** consiglio, campana di legno • a **cattivo** lavoratore ogni zappa dà dolore • l'acqua e il fuoco son buoni servitori, ma **cattivi** padroni • al **cattivo** cane tosto vien la coda • alle volte, dei **cattivi** nocchi si fanno di buone schegge • aprile suol esser **cattivo** da principio o al fine • bastardo buono, ventura; bastardo **cattivo**, sua natura • benché regni, il **cattivo** sempre serve • bisogna far buon viso a **cattivo** gioco • buona frasca e **cattivo** vino • una buona insalata è principio d'una **cattiva** cena • buone parole e **cattivi** fatti ingannano i savi e i matti • le buone parole ungono, e le **cattive** pungono • il buon lavoratore rompe il **cattivo** annuale • il buon marinaro si conosce al **cattivo** tempo • buon papero, **cattiva** oca • buon riscotitore è **cattivo** pagatore • il buon vino fa gromma e il **cattivo** muffa • **cattiva** è quella lana che non si può tingere • la **cattiva** volontà non disse mai bene • **cattivo** amico, pessimo marito • un **cattivo** cane rode una buona corda • **cattivo** è il mestiero che non nutrisce l'artefice • **cattivo** è quell'uccello che rivela il proprio nido • **cattivo** è quel palo che non può stare un anno in terra • **cattivo** è quel sacco che non si può rappezzare • un **cattivo** podere è meglio che una buona pigione • **cattivo** quel guadagno che cagiona maggior danno • **cattivo** quell'uccello che sporca il suo nido • il **cattivo** riscuotitore fa il cattivo pagatore • **cattivo** sparviero quello che non torna al logoro • chi dà a' **cattivi** pagatori, bestemmia il suo • chi non balla a carnevale e non si ubriaca a San Martino fa **cattiva** fine • chi ricorre a poco sapere, ne riporta **cattivo** parere • cuor forte vince **cattiva** sorte • il diavolo è **cattivo** perché è vecchio • Dio ti salvi da un **cattivo** vicino, e da un principiante di violino • è mala cosa esser **cattivo**, ma è peggio esser conosciuto • è meglio ammazzare uno che mettere una **cattiva** usanza • l'erba **cattiva** cresce in fretta • l'erba **cattiva** soffoca dove arriva • è un **cattivo** andare contro la corrente • la fame è **cattiva** consigliera • i Fiorentini son **cattive** doghe da botte, ed i Veneziani buone • l'ira è **cattiva** consigliera • lavoratore buono di un podere ne fa due; **cattivo**, ne fa mezzo • moglie buona, fa la casa; **cattiva**, la disfà • non c'è **cattiva** causa che non trovi il suo avvocato • non c'è cosa così **cattiva** che non sia buona a qualche cosa • non c'è nessun male peggio di una **cattiva** moglie • non è sì trista spazzatura che non s'adopri una volta l'anno, né sì **cattivo** paniere che non s'adopri alla vendemmia • non v'è maggior ladro d'un **cattivo** libro • ogni **cattivo** conto si può rifare • ogni ignorante è **cattivo** • ogni uomo ha buona moglie e **cattiva** arte • ognuno dà la colpa al **cattivo** tempo • pulito amante, **cattivo** litigante • quando canta il fringuello, buono o **cattivo**, tienti a quello • quando canta il ghirlindò, chi ha **cattivo** padron mutar lo può • quando i ragazzi stanno fermi, **cattivo** segno • quattro madri buone fanno figliuoli **cattivi**: la verità l'odio, la prosperità il fasto, la sicurtà il pericolo, la familiarità il dispregio • se gennaio è **cattivo** e tristo d'ogni frutto empi il canestro • tre cose son **cattive** magre, oche, femmine e capre • tristo a quell'uccello che nasce in **cattiva** valle • tutto il rosso non è buono, e tutto il giallo non è **cattivo** • un buon giorno vale un **cattivo** mese • un noce in una vigna, una talpa in un prato, un legista in una terra, un porco in un campo di biade, e un **cattivo** governatore in una città, sono assai per guastare il tutto • usa

CADER NON PVÒ, CHI HÀ LA VIRTV PER GVIDA

Non pauentar di precipitj, ò mali,
Se per tua scorta là uirtù sciegliesti,
Ch' à preseruar la tua salute hà l'ali.

col buono e sta bene coi **cattivi**

causa a **causa** perduta, parole assai • chi è **causa** del suo mal pianga sé stesso • non c'è cattiva **causa** che non trovi il suo avvocato • se tu hai torto fa' **causa**, se tu hai ragione, accordati

cavalcare barca, perdita **cavalca** • chi **cavalca** la notte, convien che posi il giorno

cavaliere a buon **cavalier** non manca lancia • i don di Spagna, i conti d'Alemagna, i monsieurs di Francia, i vescovi d'Italia, i **cavalier** di Napoli, i lordi di Scozia, i fidalghi di Portogallo, i minori fratelli d'Inghilterra e i nobili d'Ungheria, fanno una povera compagnia • donna di monte, **cavalier** di corte • ne ammazza più la penna del medico che la spada del **cavaliere** • i Re sono i **cavalieri** del freddo • San Giorgio, San Marco e Santa Croce sono gli ultimi **cavalieri** del freddo

cavallo a buon **cavallo** non manca sella • a buon **cavallo** non occorre dirgli «Trotta» • a **caval** corridor e felice giocator, poco dura l'onor • a **caval** donato non si guarda in bocca • a **cavallo** che non porta sella, biada non si crivella • a **cavallo**, dinnanzi; ad archibuso, di dietro; a tavola, di mezzo; a quistione, lontano • a **cavallo** mangiatore, corto legame • al **cavallo** biada e strada • a tempo di guerra ogni **cavallo** ha soldo • la briglia regge il **cavallo**, e la prudenza l'uomo • buon **cavallo** e mal cavallo vuole sprone, e buona femmina e mala femmina vuol bastone • calcio di stallone non fa male alla **cavalla** • campa **cavallo** che l'erba cresce • **caval** che suda, uomo che giura e donna piangente non gli creder niente • **cavalli**, cani, uccelli e servitori, guastan, mangian, ruinano i signori • il **cavallo** fa andar la sferza • il **cavallo** tanto va, tanto vale • **cavallo** vecchio, tardi muta ambiatura • **caval** rognoso non vuol lasciarsi strigliare • chi falla la seconda volta, merita un **cavallo** • chi ha buon **cavallo** e bella moglie, non istà mai senza doglie • chi ha buon **cavallo** in stalla può andare a piedi • chi tiene il **cavallo** e non ha strame, in capo all'anno si gratta il forame • comprar **cavalli** e tor moglie; serra gli occhi, e raccomandati a Dio • i denari fan correre i **cavalli** • di puledro scabbioso, alle volte hai **cavallo** prezioso • donna in treccia, **cavallo** in cavezza • la fame in Inghilterra comincia dalla mangiatoia del **cavallo** • il fatto de' **cavalli** non istà nella groppiera • femmine, vino e **cavallo**, mercanzia di fallo • figliuole d'osti e **caval** di mugnai, non te n'impacciar mai • la gatta caro vende, e il **cavallo** mezzo dona • in mancanza di **cavalli** gli asini trottano • né **cavallo**, né moglie, né vino non li lodare a nessuno • non creder lode a chi suo **caval** vende, né a chi dar moglie intende • l'occhio del padrone ingrassa il **cavallo** • orzo e paglia fanno **caval** da battaglia • pazzo è colui che va a piedi per commodo del **cavallo** • piccion grossi e **cavalli** a vettura, è bravo chi la dura • piuttosto un asino che porti, che un **cavallo** che butti in terra • quando crediamo d'essere a **cavallo** siamo per terra • quando i **cavalli** ruzzano, il padrone stenta • quando il villano è a **cavallo**, non vorrebbe mai che si facesse sera • se il **cavallo** è buono e bello, non guardar razza o mantello • si batte la sella per non battere il **cavallo** • i soldati fanno come i **cavalli** che annitriscono a chi li governa, e tiran calci al padrone • la superbia va a **cavallo** e torna a piedi • tristo a quel **cavallo** che va contro allo sprone • una giovine in mano a un vecchio, un uccello in mano a un ragazzo, un **cavallo** in mano a un frate, son tre cose strapazzate • uomo a **cavallo**, sepoltura aperta • viene asin di monte, caccia **caval** di corte

cavare (**cavarsi**) a chi duole il dente, se lo **cavi** • acqua cotta e panattella **cava** il monaco di cella • aprile **cava** la vecchia dal covile • la buona derrata **cava** l'occhio al villano • **cava**, e non metti ogni gran monte scema • chi **cava** e non mette, le possessioni si disfanno • corvi con corvi non si **cavan** gli occhi • dalla neve o cotta o pesta, non **caverai** altro che acqua • da una rapa non si **cava** sangue • da una sola vacca non si **cava** due pelli • non mettere e **cavare**, si seccherebbe il mare • non si **cava** mai la sete, se non col proprio vino • quando a giugno è più asciutto che bagnato **cava** il bigoncio e tienlo preparato • se la tosse non si **cava**, la fossa si scava • sette cose fa la zuppa, **cava** fame e sete attuta, empie il ventre e netta il dente, fa dormire, fa smaltire, e la guancia fa arrossire • soldati del Papa, otto a **cavare** una rapa; senza il sargente non son buoni a niente • uno fallisce a **cavare** la terra, un secondo a levar l'acqua, un terzo a render buono il terreno • un pazzo getta una pietra nel pozzo, che poi ci vogliono cento savi a **cavarla** fuori

cavezza donna in treccia, cavallo in **cavezza** • ogni polledro vuol rompere la sua **cavezza**

cavolo i **cavoli** riscaldati furono buoni ma non lodati • chi ha del pepe, ne mette anche sul **cavolo** • chi pon **cavolo** d'aprile, tutto l'anno se ne ride • salvar la capra e i **cavoli** • serva ripresa e **cavolo** riscaldato non furon mai buoni • tu non hai a mangiare il **cavol** co' ciechi

cecio San Giuseppe vecchiarello vuole **ceci** e tagliatelle

cedere a gran speranza il misero non **cede** • al più potente **ceda** il più prudente

celare amore e tosse non si possono **celare** • chi sa **celare** in parte i desir suoi, compra la merce a miglior prezzo assai • chi vuol esser discreto, **celi** il suo segreto • chi vuol l'amore **celato** lo tenga bestemmiato • peccato **celato** è mezzo perdonato

cella acqua cotta e panattella cava il monaco di **cella**

cena una buona insalata è principio d'una cattiva **cena** • chi maneggia quel degli altri, non va a letto senza **cena** • chi va a letto senza **cena**, tutta notte si dimena • insalata a **cena** e camera terrena, corta vita mena • l'orgoglio che pranza di vanità **cena** di disprezzo • San Martino: pranzo e **cena** • se la casa è piena, presto si fa da **cena**

cenare carnevale andato, quaresima venuta: **cenare**, e andare a dormire • chi vuol viver sano e lesto, mangi poco e **ceni** presto • quando Venezia comandava, si desinava e si **cenava**, coi Francesi, buona gente, si desinava solamente

cencio cencio dice mal di straccio • chi vuol vedere il bel figliuolo, sia rinvolto nel **cenciuolo** • non bisogna mostrare i **cenci** al popolo • solo i **cenci** vanno all'aria • tutti i **cenci** vanno in bucato • tutti i **cenci** vogliono entrare in bucato

cenere a can che lecchi **cenere** non affidar farina • Bacco, tabacco e Venere riducon l'uomo in **cenere** • sotto la bianca **cenere**, sta la brace ardente

cento a chi compra non bastano **cent**'occhi; a chi vende ne basta uno solo • **cent**'oche ammazzano un lupo • **cento** peccati, per un ben mendati • chi all'onor suo manca un momento, non vi ripara poi in anni **cento** • chi **cento** ne fa una ne aspetti • chi fa una trappola, ne sa tender **cento** • chi ha **cento** amici fa per cento • chi lascia il vicin per un mancamento, va più in là e ne trova **cento** • chi ne ha **cento** l'alloga, chi ne ha una l'affoga • chi ne scampa una, ne scampa **cento** • chi ruba a un buon ladron ha **cent**'anni di perdon • chi ruba, pecca uno; e chi è rubato pecca **cento** • chi si marita e non si pente, compra Palermo a sole **cent**'onze • chi un ne castiga, **cento** ne minaccia • chi vuole un pero ne ponga **cento**, e chi cento susini ne ponga un solo • dal rubare al restituire si guadagna trenta per **cento** • è meglio un tieni tieni, che **cento** piglia piglia • e' non è un per **cento** di sua sorte contento • fa più uno a spargere, che **cento** a radunare • in **cent**'anni e cento mesi torna l'acqua a' suoi paesi • in mille uno, in **cento** nessuno • maledetto il giovane di **cento** anni, e benedetto il vecchio di venti • marzo marzuga, **cento** bagna e uno asciuga • meglio dieci donare che **cento** prestare • meglio una festa che **cento** festicciole • meglio vivere un giorno da leone che **cent**'anni da pecora • morte desiderata, **cent**'anni per la casa • i nostri vecchi istavan **cent**'anni col culo a la piova prima di fare un proverbio • più vale una savia donna filando, che **cento** triste vegliando • più vale un padre che **cento** pedagoghi • quando scappa un punto, ne scappan **cento** • San Gallo: **cento** dì durarlo • trenta mugnai, trenta beccai, trenta sartori, fan **cento** e venti ladri • un buon boccone e **cento** guai • un buon paio d'orecchi stancano **cento** male lingue • un disordine ne fa **cento** • un furfante governa **cento** poltroni, e cento poltroni non governano un furfante • un matto ne fa **cento** • un nemico è troppo, e **cento** amici non bastano • uno da **cento** bocconi, o cento da un boccone • uno fa male a **cento** • un'ora di contento sconta **cent**'anni di tormento • un padre campa **cento** figli e cento figli non campano un padre • un pane dura **cento** miglia, e cento pani non durano un miglio • un pazzo getta una pietra nel pozzo, che poi ci vogliono **cento** savi a cavarla fuori • un uomo ne val **cento**, e cento non ne vagliono uno • un uomo nuoce a **cento**, e cento non giovano a uno • vale più uno a fare che **cento** a comandare • val più una berretta che **cento** cuffie • val più una cosa fatta che **cento** da fare • val più una frustata che **cento** arri là • val più una messa in vita, che **cento** in morte • val più un amico che **cento** parenti • val più un'ape che **cento** mosche • val più un colpo del maestro, che **cento** del manovale • val più un'oncia di sorte che **cento** libbre di sapere • val più un piacere da farsi che **cento** di quelli fatti • il vecchio che si cura **cent**'anni dura • vendetta di **cent**'anni ha ancora i lattaiuoli

Ceppo (1) (**Ceppone,** *nel sig. di Natale*) a Natale un bel **ceppone**, a carnevale un bello spiedo, a Pasqua un bel vestito • chi fa il **Ceppo** al sole, fa la Pasqua al fuoco • il giorno di San Zenone mancan diciotto dì al **Ceppone**

ceppo (2) a San Luca le castagne sul **ceppo** • la scheggia ritrae dal **ceppo**

cera alla morte del marito poca **cera** e molto lucignolo • castroni pugliesi, mannarini pistolesi, gran siciliano, zucchero di Candia, **cera** veneziana, magli romaneschi, sproni viterbesi, cacio di Creta, raviggioli fiorentini • **cera** lustra, non va alla giostra • chi ha il capo di **cera** non vada al sole • quando il corsaro promette messe e **cera** mandalo in galera • i ragazzi son come la **cera**, quel che vi s'imprime, resta • troppa **cera** guasta la casa • l'uomo si giudica male alla **cera** • la vivanda vera è l'animo e la **cera**

cercare a chi va **cercando** rogna, non mancò mai da fare • il bene bisogna **cercarlo**, e il male aspettarlo • chi butta via oro con le mani, lo **cerca** co' piedi • chi **cerca** briga, l'accatta • chi **cerca** fare impiastro, sa dove lo vuol porre • chi **cerca** i fatti altrui, poco si cura de' sui • chi **cerca** trova • chi mal **cerca** fama, se stesso diffama • corpo sazio **cerca** riposo • dov'è cupidità non **cercar** carità • la guerra **cerca** la pace • pesce che va all'amo, **cerca** d'esser gramo • i poveri **cercano** il mangiare per lo stomaco, ed i ricchi lo stomaco per il cibo • prima **cerca** il compagno e poi la strada • quando tu puoi ir per la piana, non **cercar** l'erta né la scesa • quando tu vedi il lupo, non ne **cercar** le pedate • se devi morire, **cerca** un boia pratico • se i segreti vuoi sapere, **cercali** nel disgusto o nel piacere • la vita **cerca** la morte

cerchiello chi sbaglia il primo **cerchiello**, li sbaglia tutti

cerchio **cerchio** vicino, acqua lontana, **cerchio** lontano acqua vicina • luna a giugno col **cerchio**, estate di fuoco • un colpo al **cerchio** e uno alla botte

cercine chi ha da essere facchino, nasce col **cercine** in capo

cercone dal mal pagatore o aceto o **cercone**

Cerere senza Cerere e Bacco è amor debole e fiacco

certo (**certano**) alla Certosa è un **cert**'uso, chi vi va e non ha fretta, tocca un pane e una mezzetta • arme **certa** alla bandiera • le cane son vane, e le rappe sono **certane** • le donne sono una **certa** mercanzia da non le tener troppo in casa • fatto un **certo** che, la roba si fa da sé • mal si lascia il **certo** per prendere il forse • non v'è termine più **certo** e meno inteso della morte

Certosa alla **Certosa** è un cert'uso, chi vi va e non ha fretta, tocca un pane e una mezzetta

cervello a chi parla poco, basta la metà del **cervello** • a chi prende moglie ci voglion due **cervelli** • al canto l'uccello, al parlare il **cervello** • all'uom dabbene avanza la metà del **cervello**, al tristo non sta tutto • a testa bianca spesso **cervello** manca • bella testa è spesso senza **cervello** • chi dà retta al **cervello** degli altri butta via il suo • chi si fida di greco, non ha il **cervel** seco • col mutar paese non si muta **cervello** • contadino, scarpe grosse **cervello** fino • con un po' di **cervello** si governa il mondo • il danno toglie anche il **cervello** • del **cervello** ognuno si pensa d'averne più che parte • le donne hanno lunghi i capelli e corto il **cervello** • grossa testa non fa buon **cervello** • non perde il **cervello** se non chi l'ha • qual **cervello** tal cappello • i segnati da Dio hanno un **cervello** diverso • sotto il sole di luglio il **cervello** è in subbuglio • tra l'incudine e il martello, man non metta chi ha **cervello** • tutto il **cervello** non è in una testa

cervo al salto della fossa si conosce il **cervo** • i **cervi** non comandano a' leoni, ma i leoni a' cervi • chi asino è e **cervo** esser si crede, al saltar della fossa se n'avvede • chi caccia il **cervo** non bada alle lepri • o servi come servo, o fuggi come **cervo**

Cesare date a **Cesare** quel ch'è di Cesare, a Dio quel ch'è di Dio • o **Cesare** o niente

cessare amicizia che **cessa** non fu mai vera • piccola acqua fa **cessar** gran vento • preso il partito, **cessato** l'affanno • tre cose non **cessano** mai, il sole, il fuoco e il pensiero dell'uomo

cesso ogni casa ha solaio, cesso, fogna e acquaio

cesto chi non si contenta dell'onesto, perde il manico e il cesto • gran pesto fa buon cesto • quando marzo va secco il gran fa **cesto** e il lin capecchio

cheto l'acqua **cheta** rovina i ponti • dall'acqua **cheta** mi guardi Dio, che dalla corrente mi guarderò io

chiacchiera le **chiacchiere** non fanno farina • chi sta troppo in sulle **chiacchiere**, torna a casa pieno di zacchere

chiamare (**chiamarsi**) ama chi t'ama, e rispondi a chi ti **chiama** • c'è chi risponde anco a chi non lo **chiama** • chi all'altrui spese sa imparare, felice si può **chiamare** • chi **chiama** Dio, non è contento; e chi chiama il diavolo, è disperato • chi fila e fa filare, buona massaia si fa **chiamare** • mamma, mamma, chi l'ha la **chiama** e chi non l'ha la brama • i panioni fermano, ma le civette **chiamano** • quei ch'han ducati, signori son **chiamati** • sangue **chiama** sangue • una virtù **chiama** l'altra • un male **chiama** l'altro

Chianti chi ha un cieco fuori, ha un podere in **Chianti**

chiappare da una volta in su tu non mi **chiapperai** più • poni i porri e sega il fieno, a qualcosa la **chiapperemo**

chiaro acqua **chiara** non fa colmata • acqua **chiara** non fa ranocchi • l'acqua del proprio gorgo è bella e **chiara** • l'acqua piove **chiara** e va via torba • calende torbo, mese **chiaro** • il **chiaro** di luna a Natale, chiaro di luna quand'è ora di mietere • chi vuol dell'acqua **chiara** vada alla fonte • conti **chiari**, amicizia lunga • è meglio vin torbo che acqua **chiara** • il fieno folto si taglia meglio del **chiaro** • il fiume non ingrossa d'acqua **chiara** • maggio fresco, giugno **chiaro** il contadino riempie il granaio • patti **chiari**, amicizia lunga • piscia **chiaro**, e abbi in tasca il medico • San Paolo scuro, frumento sicuro; San Paolo **chiaro**, il frumento va per il solco • San Vincenzo **chiaro**, assai grano; se è oscuro, pane niuno • tramontana torba e scirocco **chiaro**, tienti all'erta, marinaro

chiasso onestà sta bene anche in **chiasso**

chiave aprile e maggio sono la chiave di tutto l'anno • chi trova una **chiave**, trova due quattrini, ma chi la perde, perde due carlini • la moglie è la **chiave** della casa • San Rocco dà la **chiave** a ogni pitocco • tutte le **chiavi** non pendono a una cintura

chiavistello i **chiavistelli** s'ungon con l'oro

chicchessia non è mai sì gran moria, che non campi **chicchessia**

chicco a San Giovanni il vino nel **chicco** • luglio con sacco e staio porta i **chicchi** nel granaio

chiedere a chi ti può tor tutto, dagli quel che **chiede** • chi mal paga un'opera, non può **chiederne** un'altra • il dare fa onore e il **chiedere** è dolore • frate che **chiede** per Dio, chiede per due • né moglie, né acqua, né sale, a chi non te ne **chiede** non gliene dare • quei consigli son sprezzati che son **chiesti** e ben pagati • se vuoi saper la verità **chiedila** al più piccino della casa

chierico (**cherico**) a **chierico** che si fa frate non gli fidar la tua comare • date da bere al prete ché il **chierico** ha sete

chiesa il cane in **chiesa** fu sempre il mal venuto • le donne son sante in **chiesa**, angele in istrada, diavole in casa, civette alla finestra e gazze alla porta • in **chiesa** coi santi e in taverna coi ghiottoni • in **chiesa** e in mercato, ognuno è licenziato • in **chiesa** né in mercato non andar mai accompagnato • in **chiesa** per devozione, alla guerra per necessità • molti hanno la coscienza sì larga, che avanza una nave di **chiesa** • nel colonizzare un'isola, la prima fabbrica eretta da uno Spagnolo sarebbe una **chiesa**, da un Francese un forte, da un Olandese un magazzino, e da un Inglese una bottega di birra • vicino alla **chiesa**, lontan da Dio

china alla **china** tutti i santi si aiutano • dietro al monte c'è la **china** • ogni acqua va alla **china**

chino quel che con l'acqua mischia e guasta il vino, merta di bere il mare a capo **chino**

chiodo **chiodo** scaccia chiodo

chirurgo medico vecchio e **chirurgo** giovane

chiudere aprile apre e settembre **chiude** • il dono dee **chiuder** la bocca a chi lo fa, ed aprirla a chi lo riceve • dove son molte mani, **chiudi** • è inutile **chiudere** la stalla quando i buoi sono scappati • il galantuomo ha piacere di veder **chiudere** • quando le volpi si consigliano, bisogna **chiudere** il pollaio • quando odi altrui mancamenti, **chiudi** la lingua fra i denti

chiuso bocca **chiusa** e occhio aperto, non fe' mai nessun deserto • in bocca **chiusa** non entran mosche

ciabatta una bella scarpa resta una bella **ciabatta** • non fu mai sì bella scarpa che non diventasse una **ciabatta** • scarpa ben fatta, bella **ciabatta**

ciambella non tutte le **ciambelle** riescono con il buco

ciancia faremo di Roma, adesso adesso di Firenze, a la magnana di Spagna, by and by d'Inghilterra, I warrant you di Scozia, gleich d'Alemagna, tantôt di Francia, son tutte **ciancie**

ciarlare chi assai **ciarla** spesso falla

ciarlatano la vipera morde il **ciarlatano**

ciascuno a **ciascuno** il suo • a **ciascuno** il suo mestiere • in casa sua **ciascuno** è re • se **ciascuno** volesse emendare uno, tutti sarebbero emendati • se v'è in paese una buona moglie, **ciascuno** crede che sia la sua

cibo a chi è affamato ogni **cibo** è grato • il buon **cibo** dà buona salute • Dio non manda mai bocca, che non mandi **cibo** • non è l'amo né la canna, ma gli è il **cibo** che t'inganna • pane alpestro e vin sorbitico, **cibo** de' banditi • poco **cibo** e nullo affanno, sanità nel corpo fanno • i poveri cercano il mangiare per lo stomaco, ed i ricchi lo stomaco per il **cibo**

cicala quando canta il cucco, è fame dappertutto: quando canta la **cicala**, la fame se ne andava • se canta la **cicala** di settembre, non comprar grano da vendere

ciccia chi vuol fare onore all'amico, **ciccia** di troia e legna di fico

cicerchiola quando mette la querciola, e tu semina la **cicerchiola**

cicisbeo cicisbei e ganzerini peggio vita che facchini

cieco al **cieco** non si mostra la strada • amore è **cieco**, e vede da lontano • chi ha un **cieco** fuori, ha un podere in Chianti • Fiorentini **ciechi**, Senesi matti, Pisani traditori, Lucchesi signori • la fortuna è **cieca** • la gatta frettolosa fece i gattini **ciechi** • in terra di **ciechi** beato chi ha un occhio • madre morta, padre **cieco** • non c'è peggior **cieco** di chi non vuol vedere • non nascon **cieche** solamente le talpe • l'odio è **cieco** come l'amore • pane alluminato e cacio **cieco** • per i **ciechi** non è mai giorno • quando il **cieco** porta la bandiera, guai a chi vien dietro! • il quattrino fa cantare il **cieco** • se un **cieco** guida l'altro, tutti due cascano nella fossa • suocera **cieca**, nuora avventurata • il troppo grasso fa l'occhio **cieco** • tu non hai a mangiare il cavol co' **ciechi**

cielo anima nata, il **ciel** l'aiuta • a San Michele il calore va in **cielo** • chi affoga, s'appiccherebbe alle funi del **cielo** • chi sputa in **cielo** sul viso gli torna • **cielo** a pecorelle, pioggia a catinelle • cuor contento il **ciel** l'aiuta • da San Michele guarda il **ciel** se gli è sereno • luna mercurina tutto il **ciel** ruina • né caldo né gelo non restò mai in **cielo** • non si comincia bene se non dal **cielo** • non si fa cosa in terra che prima non sia scritta in **cielo** • nozze e magistrato, dal **cielo** è destinato • le piogge di maggio e quelle di San Michele non stanno in **cielo** • poca barba e men colore, sotto il **ciel** non è il peggiore • quando il **ciel** bello varia, convien dargli dell'aria • quando il **cielo** è stellato, il digiuno è terminato • quando l'aria è turbata e il **cielo** è tinto, è meglio camminar ch'essere spinto • raglio d'asino non giunse mai in **cielo** • se il **cielo** rovinasse, si piglierebbero di molti uccelli • se non frutta il **cielo**, non frutta neppur la terra

ciliegia a San Vito la **ciliegia** ha il marito • colombo pasciuto, **ciliegia** amara • le donne e le **ciliegie** son colorite per lor proprio danno • maggio **ciliegie** a saggio, giugno ciliegie a pugno • maggio e giugno: la falce in mano e la **ciliegia** in pugno • non tutte le cose rosse son **ciliegie** • una **ciliegia** tira l'altra

ciliegiaio aprile carciofaio, maggio **ciliegiaio** • gennaio zappatore, febbraio potatore, marzo amoroso, aprile carciofaio, maggio **ciliegiaio**, giugno fruttaio, luglio agrestaio, agosto pescaio, settembre ficaio, ottobre mostaio, novembre vinaio, dicembre favaio

cima ara poco ma minuto e fondo, se tu vuoi empire il granaio da **cima** a fondo • chi troppo si stima cade sovente in fondo dalla **cima**

cimitero medico giovine fa la gobba al **cimitero** • vitello, pollastro e pesci crudi ingrassano i **cimiteri**

cingere donna che ti stringe e le braccia al collo ti **cinge**, poco t'ama, e molto finge, e nel fine ti abbrucia e tinge

cinquanta chi ha **cinquanta** carnevali, si può metter gli stivali • quando l'uomo n'ha **cinquanta** bisogna che salvi la midolla per la pianta

cinque la massaia che attende a ca', guadagna **cinque** soldi, e non lo sa • ogni uomo è uomo, e ha **cinque** dita nelle mani • quattro o **cinque** al viandante, cinque o sei al mercatante, sei o sette allo studente, sette o otto all'altra gente, otto o nove al signorone, nove o dieci al gran poltrone • un è nulla, due una frulla, tre un che, quattro è un fatto, e **cinque** un tratto

cintura tutte le chiavi non pendono a una **cintura**

ciocco chi ha un buon **ciocco** lo tenga per marzotto • vesti un **ciocco**, pare un fiocco

Ciompi bando di **Ciompi**, durava tre dì

ciondolare quanto più **ciondola**, più ugne • tutto quel che **ciondola**, non cade

ciottolo se di febbraio corrono i viottoli, empie di vino e olio tutti i **ciottoli**

cipolla gennaio e febbraio: i mesi della **cipolla**

cipresso la buona fama è come il **cipresso**

cisterna acqua di **cisterna** ogni mal governa

città beata quella **città** che ha principe che sa • **città** affamata, città espugnata • è meglio **città** guasta che perduta • monte, porto, **città**, bosco o torrente, abbi se puoi per vicino o parente • più rara cosa il mondo non possiede, che la **città** dove il Leon risiede • quando il re parte, la **città** sta male • quando il villano è alla **città**, gli par d'essere il potestà • sanità e libertà, vaglion più d'una **città** • se compri un podere oggi, fa' che domani in **città** più non alloggi • se ognuno spazzasse da casa sua, tutta la **città** sarebbe netta • tirannia, tumulto e farina, delle **città** son la rovina • un noce in una vigna, una talpa in un prato, un legista in una terra, un porco in un campo di biade, e un cattivo governatore in una **città**, sono assai per guastare il tutto

cittadino Dio ti guardi da villan rifatto e da **cittadin** disfatto • è meglio la pace de' villani che la guerra de' **cittadini**

ciuco chi fa un frate, fa un **ciuco**

civetta chi non piglia uccelli, mangi la **civetta** • le donne son sante in chiesa, angele in istrada, diavole in casa, **civette** alla finestra e gazze alla porta • i panioni fermano, ma le **civette** chiamano • per ogni **civetta** che si senta cantare sul tetto, non sogna metter bruno • un uccello ammaliziato non dà retta alla **civetta**

cocchiume tanto **cocchiume** vuole una botte piccola, quanto una grande

coccio chi rompe paga e i **cocci** sono suoi • come gli antichi, che mangiavan le **cocce** e buttavano i fichi

cocomero i cortigiani hanno solate le scarpe di bucce di **cocomero**

coda al cattivo cane tosto vien la **coda** • anco il cane col dimenar la **coda** si guadagna le spese • l'asino non conosce la **coda**, se non quando non l'ha più • botta che non chiese non ebbe **coda** • chi d'estate non lavora, nell'inverno perde la **coda** • chi ha del panno, può menar la **coda** • chi ha la **coda** di paglia, ha sempre paura che gli pigli fuoco • chi piglia l'anguilla per la **coda** e la donna per la parola, può dire di non tener nulla • la **coda** di gennaio è la testa di febbraio: si spaventa il pecoraio • la **coda** è la più dura a scorticare • il diavolo dove non può mettere il capo vi mette la **coda** • è meglio esser capo di lucertola, che **coda** di dragone • guarda che tu non lasci la **coda** nell'uscio • marzo: «o vado o vengo, capo d'estate e **coda** d'inverno mi ritengo» • marzo, per la **coda** t'alzo: ma se viene di nuovo, il bove incapanna • meglio esser capo che **coda** • nella **coda** sta il veleno • non dar del pane al cane ogni volta che dimena la **coda** • ognun si pari le mosche con la sua **coda** • la pecora ha l'orto sotto la **coda** • perché il porro abbia il capo bianco, che la **coda** sia verde • quanto più si frega la schiena al gatto, più rizza la **coda** • taglia la **coda** al cane; e' riman cane • tristo quel cane che si lascia prender la **coda** in mano • la troppa **coda** ammazza la volpe • uccellin che mette **coda**, mangia ogn'ora ogn'ora • la volpe si conosce alla **coda**

codardo allo stendardo tardi va il **codardo**

cogliere se agosto è stato a mollo, a settembre i funghi sono **colti** • Tutti i Santi: l'oliva si **coglie**, o nera o bianca

cognato vuoi tu farti creder donna beata, parla di tua **cognata**

colazione se piove per l'Ascensione, si guasta la **colazione**

collera anche la mosca ha la sua **collera** • la **collera** della sera va serbata alla mattina • l'uomo si conosce in tre congiunture, alla **collera**, alla borsa ed al bicchiere

collo attacca l'asino dove vuole il padrone e, se si rompe il **collo**, suo danno • braccio al **collo** e gambe a letto • il buon tempo fa scavezzare il **collo** • chi ha a rompere il **collo**, trova la strada al buio • chi non vuol piedi sul **collo** non s'inchini • cuor contento, e sacco al **collo** • di' all'amico il tuo segreto, e' ti terrà il piè sul **collo** • donna che ti stringe e le braccia al **collo** ti cinge, poco t'ama, e molto finge, e nel fine ti abbrucia e tinge • per San Polo il ghiaccio si rompe il **collo** • tutto s'accomoda fuorché l'osso del **collo**

collotorto bacchettoni e **collitorti**, che il diavol se li porti

collottola l'insalata non fa collottola

colmare giammai col bramare, il sacco puoi **colmare**

colmata acqua chiara non fa **colmata**

colomba chi vuol la casa monda non tenga mai **colomba** • d'aquila non nasce **colomba**

colombaia non bisogna sviare i colombi dalla **colombaia**

colombo **colombo** pasciuto, ciliegia amara • non bisogna sviare i **colombi** dalla colombaia

colonizzare nel **colonizzare** un'isola, la prima fabbrica eretta da uno Spagnolo sarebbe una chiesa, da un Francese un forte, da un Olandese un magazzino, e da un Inglese una bottega di birra

colore il bianco e il rosso va e vien, ma il giallo si mantien; anzi il giallo è un **color** forte che dura anche dopo morte • il panno al **colore**, il vino al sapore • poca barba e men **colore**, sotto il ciel non è il peggiore • sopra il nero non v'è **colore** • tale è il fiore, qual è il **colore**

colorito le donne e le ciliegie son **colorite** per lor proprio danno

colpa che **colpa** ci ha la gatta se la massaia è matta? • chi sta alla scolte, sente le sue **colpe** • la **colpa** morì fanciulla • il male non vuole **colpe** • ognuno dà la **colpa** al cattivo tempo • rossore, non è sempre **colpa**

colpo a chi non duole giudica bene i **colpi** • al primo **colpo** non cade l'albero • aria di finestra, **colpo** di balestra • bel **colpo** non ammazzò mai uccello • i **colpi** non si danno a patti • **colpo** di forbici ognun due • un **colpo** di Sant'Antonio: un freddo da demonio • un **colpo** al cerchio e uno alla botte • val più un **colpo** del maestro, che cento del manovale

coltello guarda il tuo **coltello** dall'osso • in guaina d'oro, **coltello** di piombo • né al capretto né all'agnello, non s'adopera **coltello** • pane di fratello, pane di **coltello**; pane di marito, pane ardito • pane e **coltello** non empie mai il budello • tal guaina tal **coltello** • tanto razzola la gallina, che scuopre il **coltello** che l'ammazza

coltivare terra **coltivata**, raccolta sperata

coltivatore se il **coltivatore** non è più forte della su' terra, questa finisce col divorarlo

comandare al cuor non si **comanda** • i cervi non **comandano** a' leoni, ma i leoni a' cervi • chi **comanda** non suda • chi deve dare, sa **comandare** • chi è a dozzina, non **comanda** • chi non sa fare, non sa **comandare** • **comandi** chi può, obbedisca chi deve • guai quando i giovani **comanderanno** e che le botteghe si toccheranno • nel governo più importa saper **comandare** che obbedire • quando Venezia **comandava**, si desinava e si cenava, coi Francesi, buona gente, si desinava solamente • se tu vuoi ubbidire, non far più di quello che ti vien **comandato** • vale più uno a fare che cento a **comandare**

comare a chierico che si fa frate non gli fidar la tua **comare** • quando viene la **comare**, di riffe o di raffe bisogna andare

combattere non s'incorona se non chi **combatte** • le secchie si mettono a **combattere** col pozzo, e ne portano la testa rotta

cominciare all'Ascensione l'orzo spiga, il grano **comincia** • l'amor **comincia** con suoni e con canti, e poi finisce con dolori e pianti • gli anni della fame **cominciano** nella greppia del bestiame • chi ben **comincia** è a metà dell'opera • chi carnevale si vuole fare, da Natale ha da **cominciare** • chi **comincia** a aver buon tempo, l'ha per tutta la vita • chi **comincia** male finisce peggio • chi mal **comincia** non migliora mai • chi non **comincia** non finisce • chi si mette a fabbricare sa dove **comincia** e non dove finisce • chi vuol bella famiglia **cominci** dalla figlia • la fame in Inghilterra **comincia** dalla mangiatoia del cavallo • guerra **cominciata**, inferno scatenato • l'Immacolata **comincia** l'invernata • meglio è non dire, che **cominciare** e non finire • non **comincia** fortuna mai per poco, quando un mortal si piglia a scherno e gioco • non si **comincia** bene se non dal cielo • per San Nicola ogni mandra fa la prova, ogni ruscello suona, ogni gallina **comincia** a fare l'ova • prega Dio di tre cose: di nascere in buona parte, di non **cominciar** trist'arte, di non prender ria moglie • la prima carità **comincia** da se stessi • quando la cornamusa è piena, **comincia** a suonare • quanti giorni **cominciano** col sole che finiscono col mal tempo • San Silvestro: son terminate le feste; anno nuovo, **cominciano** di nuovo • tristo a quel dente che **comincia** a crollare • Tutti i Santi lo **cominciano** e Sant'Andrea lo finisce • tutto sta nel **cominciare**

commare come mi suoni, **commare**, ti ballo

commediante novelle di Banchi, promesse di fuorusciti, favole di **commedianti**

commercio in commercio ed in amore sempre soli

commettere **commetti** al savio, e lascia fare a lui

comodo (**commodo**) casa mia, letto mio, dentro a te faccio il **comodo** mio • pazzo è colui che va a piedi per **commodo** del cavallo

compagnia beltà e follia vanno spesso in **compagnia** • la buona **compagnia** è mezzo pane • buona **compagnia**, mezza la via • chi è imbarcato col diavolo, ha a passare in sua **compagnia** • chi ha **compagnia** ha padrone • chi ha **compagnia** ha signoria • chi non beve in **compagnia** o è un ladro o è una spia • la **compagnia** del Ponte a Rifredi, pochi e mal d'accordo • la **compagnia** di Campi, passi e non baci • i don di Spagna, i conti d'Alemagna, i monsieurs di Francia, i vescovi d'Italia, i cavalier di Napoli, i lordi di Scozia, i fidalghi di Portogallo, i minori fratelli d'Inghilterra e i nobili d'Ungheria, fanno una povera **compagnia** • guerra, peste e carestia vanno sempre in **compagnia** • in **compagnia** prese moglie un frate • il lume è una mezza **compagnia** • né amor né signoria non voglion **compagnia** • nella buona **compagnia** non ci sta malinconia • non ti far capo della **compagnia**, perché è il capo che paga l'osteria • per un brutto viso, si perde una buona **compagnia** • la prima è moglie, la seconda **compagnia**, la terza eresia • verità e bugie non vanno in **compagnia**

compagno a' cattivi passi, onora il **compagno** • a credere al **compagno** vai bel bello • chi vuole che il suo conto gli torni, faccia prima quello del **compagno** • **compagno** non toglie parte • il ladro crede che tutti sien **compagni** a lui • prima cerca il **compagno** e poi la strada • quando il lupo mangia il **compagno**, creder si dee sterile la campagna • sempre par più grande la parte del **compagno**

compare chi ha il lupo per **compare**, porti il cane sotto il mantello • **compar** di Puglia, l'un tiene e l'altro spoglia

compartire bisogna **compartire** il refe secondo le pezze • il mondo è ben **compartito** • questo mondo è mal **compartito**

compassione a chi pecca per erro s'ha **compassione**; ma chi pecca per arri, non merita scuse

compatire chi patisce **compatisce** • meglio **compatire** che essere compatiti • meglio essere invidiati che **compatiti** • quando si è patito s'inclina a **compatire**

compiacere non è malvagio eguale a quel che si **compiace** del far male

compìto casa **compita**, nell'altra vita

complimento val più una buona faccia che un carro di **complimenti**

comportare il male ha chi lo **comporta**, ma il bene non v'è chi lo sopporta • ogni cosa si sa **comportare**, eccetto il buon tempo

comprare a chi **compra** non bastano cent'occhi; a chi vende ne basta uno solo • al peso che si **compra** bisogna vendere • a maggio non **comprare** e a vendemmia non ti sposare • bisogna **comprare** fino il sole • chi **compra** a minuto, pasce i figliuoli d'altri e affanna i suoi • chi **compra** a tempo, vende nove per altri e un per sé • chi **compra** ciò che pagar non può, vende ciò che non vuole • chi **compra** il magistrato, vende la giustizia • chi **compra** il superfluo venderà il necessario • chi disprezza **compra** • chi dona al volgo, inimicizia **compra** • chi non sa **comprare** compri giovane • chi sa celare in parte i desir suoi, **compra** la merce a miglior prezzo assai • chi si marita e non si pente, **compra** Palermo a sole cent'onze • chi stima non **compra** • **compra** il letto d'un gran debitore • **comprar** cavalli e tor moglie; serra gli occhi, e raccomandati a Dio • il **comprare** insegna spendere • con il denaro tutto si **compra** • con un par di polli, si **compra** un podere • è buon **comprare** quando altri vuol vendere • il guadagno si fa il giorno della **compra** • Natale in venerdì, vale due poderi: se viene in domenica, vendi i bovi e **compra** la melica • né legna, né carbone non **comprar** quando piove • non **comprare** da chi si fa pregare • l'oro non **compra** tutto • quando Natale viene in domenica, vendi la tonica per **comprar** la melica • se canta la cicala di settembre, non **comprar** grano da vendere • se **compri** un podere oggi, fa' che domani in città più non alloggi • se maggio è ortolano, vendi i bovi e **comprati** il grano • se vuoi **comprar** terra a buon mercato, comprala da uno spiantato, o da figliuol ch'abbia ereditato • vendi in casa, e **compra** in fiera

comune chi mangia la torta del **comune**, paga lo scotto in piazza • chi serve al **comune**, non serve a nessuno • chi vuole ingannare il **comune**, paghi le gabelle • è assai **comune** usanza, il credersi persona d'importanza • mal **comune**, mezzo gaudio • una campana fa a un **comune**

comunicato doglia **comunicata** è subito scemata

comuno parla come il **comuno**, ma tieni e odi com'uno

concetto non mai s'intende l'uom saggio e perfetto, se non ha di se stesso umil **concetto**

conciare il drappo corregge il dorso, e la carne **concia** l'osso

CHI BEN COMINCIA HÀ LA METÀ DELL' OPRA,
NE SI COMINCIA BEN SE NON DAL CIELO.

Ecco prostrato al Ciel le preci inuio,
Poiche da cominciar l'Opra, e l'Disegno,
Come linea da punto, ha l'huom da Dio.

concio chi fa le fave senza **concio**, le raccoglie senza baccelli

condannare chi altri giudica, sé **condanna** • meglio assolvere un reo che **condannare** un innocente

condannato gennaio fa il peccato, e maggio è il **condannato** • il tribolato va dietro al **condannato** • uomo **condannato**, mezzo decollato

condimento il miglior **condimento** è l'appetito

condire la fame **condisce** tutte le vivande • per proverbio dir si suole, che tre cose il re non ha: di mangiare il pan **condito**, come noi dall'appetito: di veder levare il sole: di sentir e di udir la verità

condurre l'arcobaleno **conduce** il sereno • è difficile **condurre** il can vecchio a mano • la necessità **conduce** a Dio • non ti lasciar **condurre** al passo estremo, ché molti n'ha ingannati il «benfaremo» • piccola giornata e grandi spese, ti **conducono** sano al tuo paese • Sant'Agata, **conduce** la festa a casa • se vuoi **condurre** un uomo a imbarbogire, fallo ingelosire • tosse d'inverno vuol governo; tosse d'estate **conduce** al sagrato

confermare l'eccezione **conferma** la regola

confessare chi **confessa** la sorte, nega Dio • chi tutto nega, tutto **confessa** • matta è quella pecora che si **confessa** al lupo • peccato **confessato** è mezzo perdonato

confessore è meglio esser martire che **confessore**

confettare i prìncipi **confettano** gli stronzi

confezione triaca vecchia, **confezione** nuova

confidare chi troppo in sé **confida**, pazienza non tiene • segreto **confidato** non è più segreto

confine (**confino**) chi disse ragion di Stato, disse un tristo; e chi disse ragion di **confino**, disse un assassino • gente di **confini** o ladri o assassini • per la ragion di Stato e di **confini**, son rovinati ricchi e poverini

confondere le generalità **confondono** i negozi

confortare il bello è star nel piano, e **confortare** i cani all'erta • loda e **conforta** e non t'obbligare

confortatore a nessun **confortatore** non dolse mai testa

confusione dov'è popolo è confusione

congetturare chi ben **congettura**, bene indovina

congiuntura chi sa perdere **congiuntura**, non s'adatti a mercatura • l'uomo si conosce in tre **congiunture**, alla collera, alla borsa ed al bicchiere

conio qual è il nodo, tal sia il conio

conocchia alla **conocchia** anche il pazzo s'inginocchia

conoscere agosto, moglie mia non ti **conosco** • agosto: povero non ti **conosco** • ai segni si **conoscon** le balle • al bisogno si **conosce** l'amico • al gioco si **conosce** il galantuomo • alla prim'acqua d'agosto, pover'uomo ti **conosco** • alla vista si **conosce** il cuore • alle nozze e a' mortori, si **conoscono** i parenti • al levar delle tende si **conosce** la festa • al paragone si **conosce** l'oro • al salto della fossa si **conosce** il cervo • al suono si **conosce** il campanello • al toccar de' tasti si **conosce** il buon organista • amore non **conosce** misura • apri bocca, e fa ch'io ti **conosca** • gli asini si **conoscono** al basto • l'asino non **conosce** la coda, se non quando non l'ha più • il buon marinaro si **conosce** al cattivo tempo • chi è savio, si **conosce** al mal tempo • chi fa mercanzia e non la **conosce**, i suoi denari diventan mosche • chi vuol **conoscere** la lettera guardi la sopraccarta • chi vuol **conoscere** un buon scrittore, gli dia la penna in mano • chi vuol esser discreto **conosca** bene altrui • dagli effetti si **conoscono** gli affetti • dal frutto si **conosce** l'albero • è un gran medico chi **conosce** il suo male • la fame non **conosce** legge • finché tu hai la detta, sappila **conoscere** • i frati si uniscono senza **conoscersi**, stanno uniti senza amarsi e muoiono senza piangersi • non **conosce** la pace e non la stima chi provato non ha la guerra prima • non **conosce** l'Italia e non la stima, chi provato non ha la Spagna prima • non si **conosce** il bene, se non quando s'è perso • non si **conosce** il bene se prima non si prova il male • non si **conosce** mai invernata se quaresima non è entrata • non ti **conosco** se non ti pratico • non tutti gli uccelli **conoscono** il grano • ogni erba si **conosce** al seme • ogni uccello **conosce** il grano • i pazzi si **conoscono** a' gesti • la peggio carne a **conoscere** è quella dell'uomo • per **conoscere** un furbo ci vuole un furbo e mezzo • la pianta si **conosce** dal frutto • prima di **conoscere** uno, bisogna consumare un moggio di sale • quanto più s'ama, meno si **conosce** • si **conosce** prima un bugiardo che uno zoppo • tanto, a servir chi non **conosce**, vale chi serve ben quanto chi serve male • tra due poltroni il vantaggio è di chi prima **conosce** l'altro • un diavolo **conosce** l'altro • l'uomo si **conosce** in tre congiunture, alla collera, alla borsa ed al bicchiere • vedendo uno, il **conosci** mezzo; e sentendolo parlare, il conosci tutto • il villano nobilitato non **conosce** suo parentato • il villano si **conosce** sempre • la volpe si **conosce** alla coda

conosciuto l'amico non è **conosciuto**, finché non è perduto • il bugiardo **conosciuto**, da nessuno è mai creduto • è mala cosa esser cattivo, ma è peggio esser **conosciuto** • uomo rosso e cane lanuto, più tosto morto che **conosciuto** • la vecchiezza è un male desiderato da tutti: la gioventù un bene non **conosciuto** da nessuno

consegnato roba trovata e non **consegnata** è mezza rubata

conservare il Fiorentino mangia sì poco e sì pulito, che sempre si **conserva** l'appetito • per amistà **conservare**, muri bisogna piantare • per far un amico basta un bicchier di vino, per **conservarlo** è poca una botte • la roba ha tre età: la prima l'acquista, la seconda la **conserva**, la terza la distrugge • se è nuvolo a San Paolo, dalle da mangiare quanto vuole, se è sereno, **conserva** il fieno • gli uomini fanno la roba, e le donne la **conservano**

consigliare a ben s'appiglia, chi ben si **consiglia** • a chi

consiglia non gli duole il capo • chi s'adira, non è **consigliato** • chi si **consiglia** da sé, da sé si ritrova • chi vuol ire alla guerra o accasarsi, non ha da **consigliarsi** • cuor determinato, non vuol esser **consigliato** • la pulce ch'esce di dietro l'orecchio col diavolo si **consiglia** • quando è caduta la scala, ognuno sa **consigliare** • quando le volpi si **consigliano**, bisogna chiudere il pollaio • il sano **consiglia** bene il malato

consigliere la fame è cattiva **consigliera** • l'ira è cattiva **consigliera** • il tempo è il miglior **consigliere**

consiglio a cattivo **consiglio**, campana di legno • alle donne che non fanno figli non ci andar né per piaceri né per **consigli** • al prudente non bisogna **consiglio** • amor non ha sapienza, e l'ira non ha **consiglio** • chi a troppi parla, a pochi dà **consiglio** • chi perde la roba, perde il **consiglio** • chi pon suo naso a **consiglio**, l'un dice bianco e l'altro vermiglio • chi trovò il **consiglio**, inventò la salute • i **consigli** e il villano pigliali alla mano • il **consiglio** del male va raro invano • il **consiglio** del traditore è come la semplicità della volpe • **consiglio** di due non fu mai buono • **consiglio** di vecchio, e aiuto di giovane • **consiglio** di vecchio non rompe mai la testa • **consiglio** di volpi, tribolo di galline • **consiglio** non richiesto, inganno manifesto • il **consiglio** non va lodato, ma seguito • **consiglio** scappato, consiglio trovato • dono di **consiglio** più vale che d'oro • nei guai non ci vuol pianto ma **consiglio** • la notte porta **consiglio** • ogni pazzo vuol dar **consiglio** • il primo grado di pazzia è tenersi savio, il secondo farne professione, il terzo sprezzare il **consiglio** • quei **consigli** son sprezzati che son chiesti e ben pagati • quel che ti dirà lo specchio non te lo dirà il **consiglio** • sacco rotto non tien miglio; pover'uom non va a **consiglio** • sotto **consiglio** non richiesto gatta ci cova • tale dà un **consiglio** altrui per uno scudo, che nol torrebbe per un quattrino • tristo è quel **consiglio** che non ha sconsiglio

consistere la lode **consiste** nel fine • la perfezione dell'arte **consiste** nel nasconder l'arte • tra la briglia e lo sprone **consiste** la ragione

consolare a vendemmia bagnata la botte è tosto **consolata** • corpo satollo, anima **consolata**

consolazione i figli sono cure sicure e **consolazioni** incerte

console chi dice mal dell'arte, non sarà de' **consoli** • chi è stato de' **consoli** sa che cosa è l'arte

consultare a pancia piena si **consulta** meglio

consumare la candela alluma, e se stessa **consuma** • chi non **consuma**, non rinnuova • crudeltà **consuma** amore • meglio **consumare** le scarpe che le lenzuola • il mese di bruma dinanzi mi scalda, e di dietro mi **consuma** • prima di conoscere uno, bisogna **consumare** un moggio di sale • la roba degli altri **consuma** la propria

consumo donna, padella e lume, sono gran **consumo**

contadino al **contadino** non far sapere quanto è buono il formaggio con le pere • a voler star pari col **contadino** bisogna giocar di zero • le bestie sono il nervo del podere e il pane del **contadino** • le bestie vecchie muoiono nella stalla de' **contadini** minchioni • la buona casa fa buono il **contadino** • il **contadino** accorto si vede dall'orto • **contadino**, scarpe grosse cervello fino • giugno dà caldo e sete al **contadino** che miete • maggio fresco, giugno chiaro il **contadino** riempie il granaio • marzo marzaccio: dentro il paesano fuori il **contadinaccio** • neanche il **contadino** ara bene se non s'inchina • l'orto è la seconda madia del **contadino** • il padrone buono fa buono anche il **contadino** • il padrone in villa è febbre al **contadino**, e sanità al podere • per Sant'Urbano tristo quel **contadino** che ha l'agnello in mano • i prìncipi sono come i **contadini**, ogni anno ingrassano un porco e poi se lo mangiano • quando il grano ricasca, il **contadino** si rizza • sa più il papa e un **contadino**, che il papa solo • se a novembre il **contadin** riposa, farà di fame pianger la sposa • se d'aprile a potar vai, **contadino**, molt'acqua beverai e poco vino

contante savio a credenza, e matto a **contanti**

contare all'ultimo si **contano** le pecore • ben **conta** la madre, ma meglio quello che ha nascere • chi ben **conta**, mal paga • chi **conta** sul futuro sovente s'inganna • chi vive **contando**, vive cantando • **contano** più gli esempi che le parole • dai sessanta in su non si **contan** più • dice il porco, dammi dammi, né mi **contar** mesi né anni • i francesi non dicono come voglion fare, non leggono come scrivono, non **contano** come notano • il lupo non guarda che le pecore sieno **conte** • prima scrivi e poi **conta**, prima conta e poi scrivi • il sonno è l'ultima **conta**

conte i don di Spagna, i **conti** d'Alemagna, i monsieurs di Francia, i vescovi d'Italia, i cavalier di Napoli, i lordi di Scozia, i fidalghi di Portogallo, i minori fratelli d'Inghilterra e i nobili d'Ungheria, fanno una povera compagnia • quando tu vedi un ponte, fagli più onor che a un **conte**

contentare il barbiere non si **contenta** del pelo • chi non si **contenta** dell'onesto, perde il manico e il cesto • chi si **contenta** gode • Dio dice: a camparvi non mi sgomento, a **contentarvi** sì • la donna è come l'appetito, va **contentata** a tempo • sempre stenta, chi mai si **contenta**

contentezza la **contentezza** vien dalle budella

contento chi chiama Dio, non è **contento**; e chi chiama il diavolo, è disperato • chi dice mah, cuor **contento** non ha • chi ha **contenti** gli occhi, non si sa quel che il cor faccia • chi ha il cuor **contento** sempre canta • il **contento** di bella moglie poco ti dà e molto ti toglie • **contento** io, contento il mondo • cuor **contento**, e sacco al collo • cuor **contento**, gran talento • cuor **contento** il ciel l'aiuta • e' non è un per cento di sua sorte **contento** • male, né fuori né drento, allora son **contento** • quando siam **contenti**, si muore •

quando si ride senza essere **contenti** è un riso che non passa i denti • un'ora di **contento** sconta cent'anni di tormento

contesa misura e pesa, non avrai **contesa**

continuare amami poco, ma **continua** • la febbre **continua** ammazza l'uomo • imprendi, e **continua**

continuo mente sicura, banchetto **continuo**

conto al serrar degli occhi si saldano i **conti** • chi fa i **conti** avanti l'oste, gli convien farli due volte • chi non tien **conto** del poco, non acquista l'assai • chi vuole che il suo **conto** gli torni, faccia prima quello del compagno • **conti** chiari, amicizia lunga • dal **conto** sempre manca il lupo • fidarsi alla buona stagione d'aprile è come fare i **conti** innanzi l'oste • ogni cattivo **conto** si può rifare • se ronza il calabrone di gennaio tieni di **conto** la paglia del pagliaio

contrabbando chi fa **contrabbando**, guadagna non so quando

contrada chi non ha casa, non ha **contrada**

contrappesare non pesa bene, chi non **contrappesa**

contrario a nave rotta ogni vento è **contrario**

contrastare la capra non **contrasta** col leone • mal si **contrasta** con chi non ha da perdere

contrito occhi bassi e cuor **contrito**, la bizzoca vuol marito

convenire asino punto, **convien** che trotti • a volere fare un valente, **convien** fargli villania • chi cavalca la notte, **convien** che posi il giorno • chi di gallina nasce **convien** che razzoli • chi fa i conti avanti l'oste, gli **convien** farli due volte • chi vuol essere amato **convien** che ami • chi vuol riposare, **convien** travagliare • con la volpe **convien** volpeggiare • l'ingrato colle bestie si **conviene**, che non sa se non render mal per bene • non **convien** cantar trionfo prima della vittoria • para via malinconia, quel ch'ha da essere **convien** che sia • per amor del non **conviene**, nasce molto male e poco bene • quando il ciel bello varia, **convien** dargli dell'aria • quando la lepre perde il passo, **convien** che cada in bocca a' cani • quando la pera è matura **convien** che caschi • quel che non si **conviene**, da Dio mai non s'ottiene

convento Dio ti guardi da furia di vento, da frate fuor di **convento**, da donna che parla latino, e da nobile poverino

conversare tra gente sospettosa, **conversare** è mala cosa

conversazione **conversazione** in giovinezza, fraternità in vecchiezza

convito i fastidi dei padroni sono i **conviti** dei servitori

convulsione per le donne in **convulsione**, è un gran recipe il bastone

coperchio il diavolo fa le pentole ma non i **coperchi** • i guai della pentola li sa il **coperchio** • ogni pentola ha il suo **coperchio** • il soverchio rompe il **coperchio**

coperto chi è al **coperto** quando piove è ben matto se si muove • l'otto maggio **coperto** il selvaggio

coppia aprile: le **coppie** preparano il nido • e' bisogna qualche volta lasciar andare due pani per **coppia**

coppo dal fiore al **coppo** vi è un gran trotto

coprire (**cuoprire**) a San Giovanni il granturco **copre** il cane, a San Pietro il puledro, a Sant'Ermacora mette il pennacchio • la Candelora quanto sole scopre, tanta neve **copre** • chi porta spada e non l'adopra, ha bisogno di chi lo **cuopra** • il gatto prima la fa e poi la **copre** • mantello **cuopre** il brutto e il bello

coraggio amante non sia chi **coraggio** non ha • col sole di maggio l'uomo prende **coraggio**

corbelleria a far le **corbellerie** siamo sempre a tempo

corbello l'asino, quando ha mangiato la biada, tira calci al **corbello**

corda un cattivo cane rode una buona **corda** • la **corda** troppo tesa si spezza • non nominare la **corda** in casa dell'impiccato • su per iscala, e giù per **corda**

cordiale a Natale, freddo **cordiale**

cordoglio ad orgoglio non mancò mai **cordoglio**

coricato oliva bagnata e covone **coricato**

cornacchia il campanile non migliora la **cornacchia** • di crai in crai si pasce la **cornacchia** • è meglio un beccafico che una **cornacchia** • suon di campana non caccia **cornacchia**

cornamusa quando la **cornamusa** è piena, comincia a suonare

Corneto chi ha bevuto l'acqua di Fontana Nova sempre a Corneto si ritrova

corno a cattiva vacca Dio dà corte **corna** • chi fa alle capate col muro, i **corni** son suoi • chi ha capre ha **corna** • da una mucca a una donna ci corre un par di **corna** • dove son **corna** son quattrini • il freddo di marzo penetra il **corno** del bove, il sole di marzo toglie la ruggine del catenaccio • grano e **corna** vanno insieme • se la capra si denegasse, le **corna** la manifesterebbero • l'uomo per la parola e il bue per le **corna**

cornuto Fiorentin mangia fagioli, e' volevan li Spagnoli; li Spagnoli son venuti, Fiorentin becchi **cornuti** • pecora **cornuta**, vacca panciuta, mai non la muta • uomo nasuto di rado **cornuto**

corona donna buona vale una **corona**

corpo a chi stima non duole il **corpo** • acqua di ramerino, al **corpo** del bambino • a voler che il **corpo** mugoli, pan di legno e vin di nugoli • beato quel **corpo** che in sabato è morto • bellezza di **corpo** non è eredità • chi ha cara la gloria, il **corpo** ha vile • chi non digiuna la vigilia di Natale, **corpo** di lupo e anima di cane • chi troppo abbaia, s'empie il **corpo** di vento • **corpo** satollo, anima consolata • **corpo** sazio cerca riposo • **corpo** unto e panni strappati • le donne hanno sette spiriti in **corpo** • le donne son segrete come il dolor di **corpo** • il fresco della state fa dolere il **corpo** d'inverno • mente sana in **corpo** sano • o di paglia o di fieno, pur che il **corpo** sia pieno • le parole non empiono il **corpo** • poco cibo e nullo affanno, sanità nel **corpo** fanno • quando la milza cresce, il **corpo** dimagra • il vecchio ha l'almanacco in **corpo**

correggere il drappo **corregge** il dorso, e la carne concia l'osso • è meglio un libro **corretto** che bello • guai a colui che morte lo **corregge**

correggia del cuoio d'altri si fanno le **correggie** larghe

corrente a pagar non esser **corrente**, che può nascer l'accidente che tu non paghi niente • dall'acqua cheta mi guardi Dio, che dalla **corrente** mi guarderò io • è un cattivo andare contro la **corrente**

correre l'acqua che **corre** non porta veleno • l'acqua **corre** al mare • l'acqua è pur **corsa** all'ingiù, come ella doveva • altro è **correre**, altro è arrivare • a usanza nuova non **correre** • benché la volpe **corra**, i polli hanno l'ale • la Candelora fa **correre** il ruscello • chi **corre** col punto non corre colla toppa • da dare a avere ci **corre** • da una mucca a una donna ci **corre** un par di corna • del bene e del mal torre, secondo quel che **corre** • i denari fan **correre** i cavalli • dove la fortuna giuoca più che il senno, la gente vi **corre** • la festa va fatta il giorno che **corre** • gentilezza **corre** la prima al perdono • non ha il palio se non chi **corre** • ogni ricchezza **corre** al suo fine • la penitenza **corre** dietro al peccato • quando i mugnai gridano, **corri** alla tramoggia • i quattrini non hanno gambe ma **corrono** • Santa Giuliana: **corre** l'acqua per la piana • se di febbraio **corrono** i viottoli, empie di vino e olio tutti i ciottoli • se il pane **corresse** quanto le lepri, quanti morirebbero di fame! • se tira il vento il dì di San Gregorio, per quaranta dì bisogna **correre** • sopra l'albero caduto ognuno **corre** a far legna • sotto il buon prezzo ci **corre** la frode • tra asino e asino non **corron** se non calci • una volta **corre** il cane e un'altra la lepre

corridore a caval **corridor** e felice giocator, poco dura l'onor

corrompere le parole disoneste **corrompono** i buoni costumi

corsale la fine del **corsale** è annegare

corsaro quando il **corsaro** promette messe e cera mandalo in galera

Corsica Corsica, morsica

corso accerta il **corso**, e poi spiega la vela • nel febbraio la beccaccia fa il nido, nel marzo tre o quattro, nell'aprile pieno il covile, nel maggio tra le frasche, nel giugno come un pugno, nell'agosto non ucciderla al **corso** • schiena di mulo, **corso** di barca, buon per chi n'accatta

corte chi ha prete o parente in **corte**, fontana gli risurge • chi in **corte** è destinato, se non muor santo, muor disperato • chi mangia l'oca alla **corte**, in capo all'anno caca le penne • la **Corte** romana non vuole pecora senza lana • donna di monte, cavalier di **corte** • i favori delle **corti** sono come sereni d'inverno e nuvoli d'istate • meglio la **corte** che la croce • meglio la croce che la **corte** • viene asin di monte, caccia caval di **corte**

cortese è meglio esser **cortese** morto che villan vivo • un ospite **cortese** loda pranzo e paese • Piemontesi falsi e **cortesi** • settembre è **cortese**: anche gli spini pagano le spese • vuoi guardare i tuoi frutti, siine **cortese** a tutti

cortesia chi ben non usa **cortesia**, la guasta • chi dà per **cortesia** dà con allegria • **cortesia** di bocca, mano al cappello, poco costa ed è buono e bello • il domandare è lecito, il rispondere è **cortesia** • salutare è **cortesia**, rendere il saluto è obbligo • spesso si dà per forza quel che si nega per **cortesia**

cortigiano i **cortigiani** hanno solate le scarpe di bucce di cocomero • meno male i calci d'un frate, che le carezze d'un **cortigiano** • razza di cani, roba di villani e amor di **cortigiani**

cortile aprile: le donne per il **cortile**

corto a cattiva vacca Dio dà **corte** corna • a cattivo cane, **corto** legame • a cavallo mangiatore, **corto** legame • le bugie hanno le gambe **corte** • chi ha poco panno, porti il vestito **corto** • chi si marita con parenti, **corta** vita e lunghi tormenti • chi vuol quaresima **corta**, faccia debiti da pagare a Pasqua • le donne hanno lunghi i capelli e **corto** il cervello • è meglio **corta** follia che lunga • febbraio febbraietto, mese **corto** e maledetto • la fortuna ha le gambe **corte** • insalata a cena e camera terrena, **corta** vita mena • lunga lingua, **corta** mano • messa **corta** e lunga tavola • pianto per morto pianto **corto** • i poveri hanno le braccia **corte** • ramo **corto** vendemmia lunga • Santa Lucia, il giorno più **corto** che ci sia • San Tommà, la più **corta** giornà

corvo **corvi** con corvi non si cavan gli occhi • dove son carogne son **corvi** • il mal **corvo** fa mal uovo

cosa a chi non basta ciò che basta, non basterà mai alcuna **cosa** • al litigante ci voglion tre **cose**: aver ragione, saperla dire, e trovar chi la faccia • al molino e alla sposa, manca sempre qualche **cosa** • a Roma ci vogliono tre **cose**: pane, panni e pazienza • aspettare e non venire è una **cosa** da morire • buona **cosa** è la messa udire, ma meglio la casa custodire • il buono ufficiale vuol aver due **cose**, mano larga e brachetta stretta • chi è bugiardo in una **cosa**, è bugiardo in tutte • chi è stato de' consoli sa che **cosa** è l'arte • chi non sa che **cosa** siano malanni e doglie prenda marito o prenda moglie • chi non sa dir qualche volta di no, **cosa** buona oprar non può • chi vien dalla fossa sa che **cosa** è morto • chi vuol ben principiare alcuna **cosa**, vada al Fiorentino • **cosa** cara tenuta, è mezza venduta • **cosa** che punge, amor disgiunge • **cosa** fatta, capo ha • **cosa** per forza non vale scorza • **cosa** prevista, mezza provvista • **cosa** troppo vista, perde grazia e vista • le **cose** lunghe diventano serpi • le **cose** rare son le più care • le **cose** vanno a chi non sa apprezzarle • da **cosa** nasce cosa • di **cose** fuori di credenza, non fare isperienza • di tre **cose** il diavolo si fa insalata, di lingua d'avvocati, di dita di notai, e la terza è riservata • donna che sa il latino è rara **cosa**, ma guardati dal prenderla in sposa • è facil **cosa** aprir la bocca e forarsi i denti • è mala **cosa** esser cattivo, ma è peggio esser conosciuto • l'esperienza insegna grandi **cose** • la fame e il suono fan le **cose** maggiori di quel che sono • il furfante in ogni luogo trova tre **cose**, osteria, prigione e spedale • l'Italiano è saggio prima di fare una **cosa**, il Tedesco quando la fa, e il Francese quando è bell'e fatta • la lite vuol tre **cose**, piè leggiero, poche parole e borsa aperta • i maestri son quelli che fanno le **cose** bene • mamma, **cosa** vuol dire accasare? filare, figliare e sentir berciare • la morte è una **cosa** che non si può fare due volte • non c'è **cosa** così cattiva che non sia buona a qualche cosa • non c'è **cosa** vietata, che non sia desiderata • non dir le **cose** tue né ad uom senza barba, né a donna senza petto • non può aver **cosa** buona chi non liscia la padrona • non sa che **cosa** sia il male, chi non ha provato il bene • non si fa **cosa** in terra che prima non sia scritta in cielo • non si fa **cosa** sotto terra, che non si sappia sopra terra • non tutte le **cose** rosse son ciliegie • non v'è **cosa** che sia sicura • ogni **cosa** è di Dio, fuorché le donne • ogni **cosa** è d'ogni anno • ogni **cosa** ha due manici • ogni **cosa** può essere, fuorché fosso senza riva • ogni **cosa** si sa comportare, eccetto il buon tempo • ogni **cosa** va presa per il suo verso • pazienza, tempo e denari acconciano ogni **cosa** • per fare una **cosa** bene, bisogna esser tagliati a buona luna • per isdegno ogni **cosa** è lecita • per proverbio dir si suole, che tre **cose** il re non ha: di mangiare il pan condito, come noi dall'appetito: di veder levare il sole: di sentir e di udir la verità • più rara **cosa** il mondo non possiede, che la città dove il Leon risiede • più si ha cura d'una **cosa**, più presto si perde • prega Dio di tre **cose**: di nascere in buona parte, di non cominciar trist'arte, di non prender ria moglie • promettere è una **cosa**, mantenere è un'altra • quando Dio aiuta, ogni **cosa** riesce • quando scema la luna non seminar **cosa** alcuna • quando una **cosa** sta ben che basta, lasciala star perché si guasta • i quattrini non sono ogni **cosa** • quattro **cose** sono a buon mercato, terra, parole, acqua e profferte • quel che mangia e non riposa, non fa ben nessuna **cosa** • scarpa grossa paga ogni **cossa** • se il giovane sapesse, e se il vecchio potesse, e' non c'è **cosa** che non si facesse • se le **cose** si facessero due volte, l'asino sarebbe nostro • se piove per l'Ascensione, va ogni **cosa** in perdizione • servi a principe e a signore, e saprai **cos'è** dolore • sette **cose** fa la zuppa, cava fame e sete attuta, empie il ventre e netta il dente, fa dormire, fa smaltire, e la guancia fa arrossire • sette **cose** pensa l'asino e otto l'asinaio • son tre **cose** che gabbano il villano: il piacer, la credenza e il piover piano • tra gente sospettosa, conversare è mala **cosa** • tra la bocca e il boccone mille **cose** accadono • tra la culla e la bara ogni **cosa** è incerta • tre **cose** ci vogliono per vivere felici: dimenticare il passato, provvedere al presente e pensare all'avvenire • tre **cose** fan l'uomo accorto; lite, donna e porto • tre **cose** fanno l'uomo ricco, guadagnare e non ispendere, promettere e non attendere, accattare e non rendere • tre **cose** non cessano mai, il sole, il fuoco e il pensiero dell'uomo • tre **cose** simili; prete, avvocato e morte. Il prete toglie dal vivo e dal morto; l'avvocato vuol del diritto e del torto; e la morte vuole il debole e il forte • tre **cose** son cattive magre, oche, femmine e capre • tre **cose** son difficili a fare: cuocere un uovo, fare il letto ad un cane, ed insegnare a un Fiorentino • tre **cose** son facili a credere, uomo morto, donna gravida e nave rotta • tre **cose** vuole il campo: buon lavoratore, buon seme e buon tempo • tutte le **cose** che fanno i Principi, son ben fatte • tutte le **cose** vengono al palio • tutte le grandi faccende si fanno di poca **cosa** • tutti gli uomini sanno ogni **cosa**, ma non uno solo • una **cosa** tira l'altra

• una giovine in mano a un vecchio, un uccello in mano a un ragazzo, un cavallo in mano a un frate, son tre **cose** strapazzate • val più una **cosa** fatta che cento da fare • vedere e non toccare è **cosa** da crepare • vedere e non toccare è **cosa** da imparare • zucchero e acqua rosa non guastò mai alcuna **cosa**

coscienza chi non ha **coscienza**, non ha vergogna né scienza • **coscienza** di mugnai, **coscienza** d'osti • la **coscienza** è come il solletico • la **coscienza** vale per mille accusatori e per mille testimoni • dove lega la ragione **coscienza** pugne • molti fanno prima la roba e poi la **coscienza** • molti hanno la **coscienza** sì larga, che avanza una nave di chiesa • poca scienza e molta **coscienza**

costare caro **costa** la vigna della costa • casa fatta e vigna posta, non si sa quel che la **costa** • cortesia di bocca, mano al cappello, poco **costa** ed è buono e bello • **costa** più un viziolo che un figliuolo • la domenica di Pentecoste chi non la fa cara gli **costa** • loda lo scarpello, attienti al pennello; **costa** manco, e par più bello • molto vale e poco **costa**, a mal parlar buona risposta • onestà di bocca assai vale e poco **costa** • per Santa Croce e San Cipriano semina in **costa** e semina in piano • promesse di barcaiolo e incontro d'assassini, sempre **costano** quattrini • una berretta manco o più, e un quattrin di carta l'anno, poco ti **costano**, e amici ti fanno • una ghirlanda **costa** un quattrino, e non istà bene in capo a ognuno

costo agosto bagna il **costo** • chi dorme d'agosto dorme a suo **costo** • il **costo** fa perdere il gusto • invito d'oste non è senza **costo**

costume le parole disoneste corrompono i buoni **costumi** • la roba va, i **costumi** rimangono

costura chi non è uso a portar le brache, le **costure** gli danno noia

cotale **cotal** grado ha chi tigna pettina

coticella se è nebbia, o nebbiarella, carestia o **coticella**

cotta cappuccio e **cotta** sempre borbotta

cotto chi non è alle sue nozze, o che son crude o che son troppo **cotte** • o **cotto** o crudo il fuoco l'ha veduto • ogni buon **cotto** a mezzo torna • quando uno ha disgrazia, gli va sul **cotto** l'acqua bollita • tra maldocchio e l'acqua **cotta**, al padron non gliene tocca

covare mal cova la gallina fuor del nido • per la Candelora ogni uccello fa la **cova** • sotto consiglio non richiesto gatta ci **cova**

Covelli Sicilia dà i **Covelli**, Francolino i Graziani, Bergamo gli Zanni, Venezia i Pantaloni, e Mantova i buffoni

covile aprile cava la vecchia dal **covile** • aprile ti fa mettere nel **covile** • nel febbraio la beccaccia fa il nido, nel marzo tre o quattro, nell'aprile pieno il **covile**, nel maggio tra le frasche, nel giugno come un pugno, nell'agosto non ucciderla al corso • la prima acqua d'aprile, la lumaca esce dal suo **covile**

covo rovo, in buona terra **covo**

covone oliva bagnata e **covone** coricato

cozzare a chi è in disgrazia di Dio, le capre il **cozzano**

crai a maggio non si miete mai, a giugno si miete **crai** • di **crai** in crai si pasce la cornacchia

creanza chi ha **creanza**, se la passa bene, chi non ne ha, se la passa meglio

creare nell'osso duro si **crea** la midolla tenera • salute e vecchiezza **creano** bellezza

creatura ogni **creatura**, ha la sua natura

credenza chi dà a **credenza** spaccia assai, perde l'amico e denar non ha mai • **credenza** è morta, il mal pagar l'uccise • di cose fuori di **credenza**, non fare isperienza • gli occhi hanno più **credenza** che le orecchie • savio a **credenza**, e matto a contanti • son tre cose che gabbano il villano: il piacer, la **credenza** e il piover piano

credere a chi ben **crede**, Dio provvede • a chi **crede** non duole la morte • a chi non **crede** non prestar fede • a chi s'ama si **crede** • acqua minuta bagna e non è **creduta** • a cre-

dere al compagno vai bel bello • agli amanti fiorai non gli **creder** mai • all'uom che è grato tutto va **creduto** • ascolta tutti, parla franco, **credi** a pochi, a te poi manco • barba canuta non è **creduta**, s'egli è rapà e' dice la verità • il bugiardo conosciuto, da nessuno è mai **creduto** • caval che suda, uomo che giura e donna piangente non gli **creder** niente • chi asino è e cervo esser si **crede**, al saltar della fossa se n'avvede • chi **crede** senza pegno non ha ingegno • chi è vecchio e d'esser non lo **crede** al saltar della fossa e' se n'avvede • chi fa quel che non deve, gli intervien quel che e' non **crede** • chi non **crede** alla buona madre, crede poi alla mala matrigna • chi non **crede** esser matto, è matto spacciato • chi non sa mentire, **crede** che tutti dicano il vero • chi più **crede** sapere più erra • chi più sa meno **crede** • chi Roma non vede, nulla non **crede** • chi tosto **crede**, ha l'ale di farfalla • chi tosto **crede**, tardi si pente • chi tristo non è tenuto, se fa mal non è **creduto** • il **credere** e il bevere inganna le donne e i cani • **credesi** il falso al verace, negasi il vero al mendace • **credi** al vantatore, come al mentitore • dove non si **crede**, l'acqua rompe • è assai comune usanza, il **credersi** persona d'importanza • è lieve astuzia ingannar gelosia, che tutto **crede** quand'è in frenesia • il ladro **crede** che tutti sien compagni a lui • non **credere** a donna, quand'anche sia morta • non **creder** lode a chi suo caval vende, né a chi dar moglie intende • non far ciò che non puoi, non spendere ciò che non hai; non **creder** ciò che odi, non dir ciò che tu sai • non si **crede** al santo finché non ha fatto il miracolo • odi l'altra parte, e **credi** poco • ogni rana si **crede** una Diana • ognun **crede** quel che desidera • ognuno si **crede** senza vizio perché non ha quelli degli altri • pancia piena non **crede** a digiuno • quando **crediamo** d'essere a cavallo siamo per terra • quando il lupo mangia il compagno, **creder** si dee sterile la campagna • quel che l'occhio non vede, cuore non

crede • quel che vedi, poco **credi**; quel che senti non creder niente • i ragazzi e i pazzi **credono** che vent'anni e venti lire non debban mai finire • rogna birresca, quando tu **credi** che la sia guarita, rinfresca • san chi l'ode e pazzo chi 'l **crede** • secondo i beni sia la dispensa; il savio lo **crede**, il pazzo non ci pensa • se v'è in paese una buona moglie, ciascuno **crede** che sia la sua • si **crede** più il male del bene • tal bue **crede** andare a pascere, che poi ara • tre cose son facili a **credere**, uomo morto, donna gravida e nave rotta • trist'e guai, chi **crede** troppo e chi non crede mai • un poco di vero fa **credere** tutta la bugia • la virtù sta di casa dove meno si **crede** • vuoi tu farti **creder** donna beata, parla di tua cognata

credito chi ha debito ha **credito**

creditore vista di **creditore**, botta al cuore

crepare chi mangia solo, **crepa** solo • piuttosto **crepa** panza che roba avanza • quanto più la rana gonfia, più presto **crepa** • su' pesci, mesci; sul macco, non restare; su' maccheroni non bere, se non vuoi **crepare** • vedere e non toccare è cosa da **crepare**

crescente a luna scema non salare, a luna **crescente** non tosare, se vuoi risparmiare • chi vuol di bei piselli, li semini nella luna **crescente** di febbraio • gobba a ponente luna **crescente**, gobba a levante luna calante • ragazzo **crescente** ha la lupa nel ventre

crescere all'invidioso gli si affila il viso e gli **cresce** l'occhio • campa cavallo che l'erba **cresce** • con la voglia, **cresce** la doglia • dalla paglia al legame **cresce** la fame • i debiti e i peccati **crescon** sempre • l'erba cattiva **cresce** in fretta • l'erba voglio non **cresce** neanche nel giardino del re • fino a Santa Margherita il gran **cresce** nella bica • maggio il giorno **cresce** e il pane manca • mal ci **cresce** chi non peggiora • la pazienza è una buon'erba ma non **cresce** in tutti gli orti • quando la milza **cresce**, il corpo dimagra • quanto lascivia più dissidio mesce, tanto la voglia più aumenta e **cresce** • quanto più manca la roba, tanto più **cresce** lo strepito • quanto più s'invecchia e più **cresce** la soma • San Tommè, **cresce** il dì quanto il gallo alza un piè • sdegno **cresce** amore • se piove a San Marco, **cresce** il carro dell'orzo al massaro • se vuoi che il tuo figlio **cresca**, lavagli i piè e rapagli la testa • la spina **cresce** pungendo • Tevere non **cresce**, se Nera non mesce • un neo **cresce** bellezza • vizio non punito **cresce** in infinito

crespo vento fresco mare **crespo**

Creta (1) castroni pugliesi, mannarini pistolesi, gran siciliano, zucchero di Candia, cera veneziana, magli romaneschi, sproni viterbesi, cacio di **Creta**, raviggioli fiorentini

creta (2) tutti siam di **creta**, e Dio è il vasellaio

cria per Santa Maria il marrone fa la **cria**

cribro quel che acquista e non serba, dice il libro, va alla fonte, e trae acqua col **cribro**

cristiano chi non vuol bene alle bestie non vuol bene neanche ai **cristiani** • i Giudei in Pasqua, i Mori in nozze, i **Cristiani** in piatire, sanno impoverire • non è buon **cristiano**, chi non è stato buon ebreo

Cristo Brozzi, Peretola e Campi son la peggio genia che **Cristo** stampi • chi non dà a **Cristo**, dà al Fisco • chi sa senza **Cristo**, non sa nulla • il **Cristo** e i lanternoni toccan sempre ai più minchioni

crivellare a cavallo che non porta sella, biada non si **crivella**

Croce (1) (3 maggio) per la Santa **Croce** spiga il grano e increa la noce • San Giorgio, San Marco e Santa **Croce** sono gli ultimi cavalieri del freddo • tre animali feroci: l'Angelo, San Marco e la **Croce**

croce (2) a ognuno la sua **croce** • a veder la **croce** da lontano, il ladro si segna • meglio la corte che la **croce** • meglio la **croce** che la corte • non si può cantare e portar la **croce** • i più buoni son messi in **croce** • quando i furbi vanno in processione, il diavolo porta la **croce** • quando il diavol vuole andare in processione, non gli mancano mai le **croci**

Suol l'utile à l'industria esser conforme,
Fere non preda il Cacciator, che giace,
Rete non empie il Pescator, che dorme.

crocefisso i vescovi in Roma sono come i **crocefissi** in bottega del legnaiuolo
crollare se ti vergogni a dir di sì, **crolla** la testa e fa' così • tristo a quel dente che comincia a **crollare**
crudele l'ammalato disubbidiente fa il medico **crudele**
crudeltà amore fa amore e **crudeltà** fa tirannia • ben per male è carità, mal per bene è **crudeltà** • **crudeltà** consuma amore
crudo chi non è alle sue nozze, o che son **crude** o che son troppo cotte • non mangiar **crudo**, non andar col piede ignudo • o cotto o **crudo** il fuoco l'ha veduto • quando il cucco canta sulla rama nuda, la stagione è ancora **cruda** • vitello, pollastro e pesci **crudi** ingrassano i cimiteri
cruna l'amore si nasconde dietro una **cruna** d'ago
crusca la farina del diavolo va tutta in **crusca**
cuccagna se marzo ti bagna è poca **cuccagna**
cucina a grassa **cucina** è povertà vicina • la **cucina** piccola fa la casa grande • grassa **cucina**, magro testamento • seta e raso, spengono il fuoco in **cucina** • si sta meglio in **cucina** che in camera • troppi cuochi guastano la **cucina** • vecchia gallina ingrassa la **cucina**
cucire la donna ha una lingua che taglia e **cuce** • sottil filo **cuce** bene • lo spillo volendo fare a **cucir** con l'ago, s'avvide ch'egli aveva il capo grosso • taglia lungo, e **cuci** stretto
cuculo (**cucculo, cucco, cuccù**) aprile, canta il **cuculo**: piove per sette e asciuga in una • aprile è passato, maggio non viene più: sta sempre lì a cantare il povero **cuccù** • chi sente cantare il **cucculo** due volte nel mese di aprile non deve dispiacersi di morire • ci vanno sette mancini per acchiappare un dritto e sette dritti per acchiappare il **cuculo** • **cuculo** cuculetto: l'estate è cuculo, l'inverno è falchetto • il **cuculo** insegna a fare il nido agli altri e si risparmia di fare il suo • fin che non canta il **cucco**, l'erbe sono buone tutte • quando canta il **cucco**, è fame dappertutto: quando canta la cicala, la fame se ne andava • quando

canta il **cucco**, prendi il tuo fieno e brucialo tutto • quando canta il **cucco**, si semina dappertutto • quando canta il **cucco**, un giorno molle e l'altro asciutto • quando canta il **cuculo**, arriva la primavera • quando il **cucco** canta sulla rama nuda, la stagione è ancora cruda • se piove prima del **cucco**, buona annata di tutto

cuffia berretta non paga **cuffietta** • ogni **cuffia** è buona per la notte • gli uomini vanno veduti in pianelle, e le donne in **cuffia** • val più una berretta che cento **cuffie**

cugino meglio un prossimo vicino che un lontano **cugino**

culla piede alla **culla** e mano al fuso, mostrano la buona massaia • tra la **culla** e la bara ogni cosa è incerta

culo a filar fine il **cul** se ne ride, a filar grosso si riempie il dosso • le brache d'altri ti rompono il **culo** • chi ha il **cul** nell'ortica, spesse volte gli formica • chi volta il **culo** a Milan lo volta al pan • di mezz'anno il **cul** fa da scanno • e' fa di quelle di maestro Grillo, che medicava il **culo** a chi avea male in gola • madre che fila poco, i suoi figliuoli mostrano il **culo** • i nostri vecchi istavan cent'anni col **culo** a la piova prima di fare un proverbio • la pecora sul **culo** è benedetta e nella bocca maledetta • quando la luna ha il **culo** in molle, piove, voglia o non voglia • se alla gallina tu apri il pugno, essa ti aprirà il **culo**

cuna chi ne ha in **cuna** non dica di nessuna

cuocere acqua **cotta** e panattella cava il monaco di cella • alle tre si **cuoce** il pane • chi meglio ci **cuoce**, peggio ci manuca • dalla neve o **cotta** o pesta, non caverai altro che acqua • ottobre **cuoce** l'uovo • se ti **cuoce**, soffiaci su • tre cose son difficili a fare: **cuocere** un uovo, fare il letto ad un cane, ed insegnare a un Fiorentino • troppo grattar **cuoce**, e troppo parlar nuoce

cuoco il buon fuoco aiuta il **cuoco** • del matto, del medico e del **cuoco**, ognuno n'ha un poco • Dio ci manda la carne, e il diavolo i **cuochi** • quando il gatto sta sul fuoco, la fa magra anche il **cuoco** • tra 'l **cuo-**

co e il canovaccio non è mai nimicizia • troppi **cuochi** guastano la cucina

cuoio del cuoio d'altri si fanno le correggie larghe • inganno non mangia **cuoio** • ognuno c'è pel **cuoio** e per la pelle

cuore a chi manca il **cuore**, non giova la spada • a chi troppo ride gli duole il **cuore** • l'adulatore ha il miele in bocca e il fiele in **cuore** • al **cuor** non si comanda • alla vista si conosce il **cuore** • amor, dispetto, rabbia e gelosia, sul **core** d'ogni donna han signoria • bella faccia il **cuore** allaccia • chi dice mah, **cuor** contento non ha • chi ha contenti gli occhi, non si sa quel che il **cor** faccia • chi ha il **cuor** contento sempre canta • chi ha quattrini, non ha **cuore** • chi non ama, non ha **cuore** • chi perde la roba perde molto, ma chi perde il **cuore** perde tutto • chi piglia moglie a carnevale, quaresima la passa di **cuore**, senza pene né dolore • il **core** è il primo che vive e l'ultimo che muore • **cuor** contento, e sacco al collo • **cuor** contento, gran talento • **cuor** contento il ciel l'aiuta • **cuor** determinato, non vuol esser consigliato • il **cuore** non invecchia • il **cuore** non mente • il **cuore** non sbaglia • **cuor** forte vince cattiva sorte • **cuor** sulla bocca, la bocca nel cuore • è meglio un dolor di tasca che di **cuore** • i figli prima pesano in grembo, poi sulle braccia e infine sul **cuore** • i figli vengono dal **cuore** e il marito dalla porta • il gioco ha il diavolo nel **core** • lontano dagli occhi, lontano dal **cuore** • mal si balla bene se dal **cor** non viene • mano fredda e **cuor** sincero • occhi bassi e **cuor** contrito, la bizzoca vuol marito • occhio che non vede, **cuore** che non desidera • occhio che piange **cuore** che sente • occhio non vede, **cuore** non duole • la parola riempie il **cuore** ma l'acqua riempie il pozzo • più vale il **cuore** che il sangue • quando fischia l'orecchio manritto, il **cuore** è afflitto; quando fischia l'orecchio manco, il cuore è franco • quel che l'occhio non vede, **cuore** non crede • Roma Roma ogni pazzo doma, e ai **cuori** non perdona • i saggi hanno la bocca nel **cuore**, e i matti il cuore in bocca • se fortuna travaglia un nobil **core**, raro è che alfine non gli dia favore • vista di creditore, botta al **cuore** • vuoi tu un **cuore** smascherare? sappilo ben lodare

cupidità dov'è **cupidità** non cercar carità

cupo San Luca: il monte e la **cupa**

cura aver **cura** de' putti, non è mestier da tutti • la buona **cura** caccia la mala ventura • chi della roba non fa stima o **cura**, più della roba la sua vita dura • i figli sono **cure** sicure e consolazioni incerte • in giugno non aver nessuna **cura** se non nei cappi e per la mietitura • più si ha **cura** d'una cosa, più presto si perde • se nell'orto vuoi avere bella verdura, un'ora al giorno bisogna che gli dia **cura**

curare chi cerca i fatti altrui, poco si **cura** de' sui • chi non **cura** sua magione, non è uomo di ragione • dei giudizi non mi **curo**, che le mie opere mi fanno sicuro • delle calende non me ne **curo**, purché San Paolo non faccia scuro • la luna non **cura** l'abbaiar dei cani • medico, **cura** te stesso • non **curano** i fratei della soror, se non è da più di lor • quando il sole ti splende, non ti dei **curar** della luna • il vecchio che si **cura** cent'anni dura • la vista non si **cura** con gli occhiali

custodire buona cosa è la messa udire, ma meglio la casa **custodire** • chi assai pone e non **custode**, assai tribola e poco gode

cuticugno di giugno levati il **cuticugno**

d, D

D (*lettera*) tre D rovinan l'uomo, diavolo, danaro e donna

dabbene all'uom **dabbene** avanza la metà del cervello, al tristo non sta tutto • gli avventori non mancano a casa **Dabbene** • chi dice a un povero uom **dabbene**, gli fa una grande ingiuria • da uom **dabbene**, non hai che bene

danneggiare quando la donna folleggia, la fante **danneggia**

danno attacca l'asino dove vuole il padrone e, se si rompe il collo, suo **danno** • cattivo quel guadagno che cagiona maggior **danno** • chi affitta il suo podere al vicino, aspetti **danno** o lite o mal mattino • chi disfà bosco e prà, si fa **danno** e non lo sa • chi disse donna, disse **danno** • il **danno** toglie anche il cervello • le donne e le ciliegie son colorite per lor proprio **danno** • fammi fattore un anno, se sarò povero, mio **danno** • guai a quell'anno che l'uccello non fa **danno** • non t'adirare a tuo **danno** • poche parole e caldo di panno, non fecero mai **danno** • quando la merda monta in scanno, o che la puzza, o che fa **danno** • saggio è chi sa soffrire spesa, **danno** e martire • la volpe in vicinato non fa mai **danno**

danza carnevale: maschere, suoni e **danze**; il giorno dopo mezza pancia

dappertutto con la verità si arriva **dappertutto** • **dappertutto** c'è un testimonio • non lice che **dappertutto** il giglio abbia radice • quando canta il cucco, è fame **dappertutto**: quando canta la cicala, la fame se ne andava • quando canta il cucco, si semina **dappertutto**

dappoco le bugie sono lo scudo del **dappoco** • letto e fuoco fanno l'uom **dappoco**

dare a cattiva vacca Dio **dà** corte corna • a cattivo lavoratore ogni zappa **dà** dolore • a chi Dio non **dà** figli il diavolo dà nipoti • a chi fa bottega gli bisogna **dar** parole a ognuno • a chi ha, sarà **dato** • a chi ti può tor tutto, **dagli** quel che chiede • a donne e a preti non gliene **dare** un tantino, ch'e' se ne pigliano un tantone • a far bene non v'è inganno, a **dar** via non c'è guadagno • ai matti si **dà** sempre ragione • alle volte si **dà** un uovo per un bue • all'uomo grosso **dagli** del macco • a mal villano non gli **dar** bacchetta in mano • amor **dà** per mercede, gelosia e rotta fede • anche le mucche nere **danno** il latte bianco • l'Annunziata **dà** un calcio all'invernata • a Padova, i giudici **danno** la ragione ad ambe le parti • a San Pietro si **dà** terra alle porche • bellezza e nobiltà **danno** ricchezze • bisogna far come i tegoli, che si **danno** a bere l'un con l'altro • la botte **dà** del vino che ha • il buon cibo **dà** buona salute • chi a molti **dà** terrore, di molti abbia timore • chi a troppi parla, a pochi **dà** consiglio • chi **dà** a' cattivi pagatori, bestemmia il suo • chi **dà** a credenza spaccia assai, perde l'amico e denar non ha mai • chi **dà** del pane a' cani d'altri, spesso viene abbaiato da' suoi • chi **dà** dove bisogna, acquista lode • chi **dà** e ritoglie, il diavolo lo raccoglie • chi **dà** il suo avanti di morire, apparecchiasi a ben soffrire • chi **dà** per cortesia dà con allegria • chi **dà** per ricevere, non dà nulla • chi **dà** presto, è come se desse due volte • chi **dà** retta al cervello degli altri butta via il suo • chi **dà** spesa, non dia disagio • chi **dà** vantaggio, perde • chi del suo si spodesta, un maglio gli sia **dato** sulla testa • chi deve **dare**, sa comandare • chi dipinge il fiore, non gli **dà** l'odore • chi è oste o fornaio, e fa il barcaruolo, **dato** gli sia d'un mazzuolo • chi ha a **dar**, domanda • chi ha avuto ha avuto e chi ha **dato** ha dato • chi mi **dà** a fare, mi sciopera • chi muore giace, chi vive si **dà** pace • chi non **dà** a Cristo, dà al Fisco • chi non **dà** quel che ha, non ha quel che vuole • chi non è uso a portar le brache, le costure gli **danno** noia • chi non ha, **darebbe**; e chi ha, ne vorrebbe • chi non ha fede non ne può **dare** • chi non può **dare** alla palla, sconci • chi poco ha, poco **dà** • chi serba, Dio non gli **dà** • chi si **dà** in man del ladro, bisogna che se ne fidi a suo dispetto • chi tarda a **dar** quel che promette, del promesso si ripente • chi ti **dà** un osso, non ti vorrebbe veder morto • chi vuol conoscere un buon scrittore, gli **dia** la penna in mano • col dire e col **dare** tutto s'ottiene • i colpi non si **danno** a patti • il contento di bella moglie poco ti **dà** e molto ti toglie • da **dare** a avere ci corre • **dà** del tuo a chi ha del suo • **dare** che non dolga, dire che non dispiaccia • il **dare** fa onore e il chiedere è dolore • **date** a Cesare quel ch'è di Cesare, a Dio quel ch'è di Dio • **date** da bere al prete ché il chierico ha sete • denari di gioco, oggi te li **do**, domani te li tolgo • dice il porco, **dammi** dammi, né mi contar mesi né anni • Dio **dà** le fave agli sdentati • Dio ti **dia** figliuoli, e diateli grandi • è meglio **dare** che avere a dare • è meglio **dar** la lana che la pecora • e' si **danno** gli ufficii, ma non la discrezione • la fortuna come **dà**, così toglie • la fortuna **dà** biscotti a chi non ha denti • la fortuna non ci può togliere se non quello che ci ha **dato** • gennaio come promette ti **dà** • giugno **dà** caldo e sete al contadino che miete • guelfo non son, né ghibellin m'appello, a chi mi **dà** rivolterò il mantello • il letame quand'è troppo forte, alle piante **dà** la morte • la mala vicina **dà** l'ago senza il filo • mal per chi le **dà**, peggio per chi le riceve • marito e figli come Dio te gli **dà** così te gli piglia • meglio **dare** e pentire, che tenere e patire • il morso della pulce non **dà** noia all'elefante • né di tempo, né di signoria non ti **dar** malinconia • né moglie, né acqua, né sale, a chi non te ne chiede non gliene **dare** • non creder lode a chi suo caval vende, né a chi **dar** moglie intende • non **dar** del pane al cane ogni volta che dimena la coda • non **dare** i calzoni alla moglie • non sa donare chi tarda a **dare** • non si **dà** fumo senza fuoco • non si dee **dar** tanto a Pietro, che Paolo resti indietro • non si può **dar** soddisfazione a tutti • ogni **dato** vuole il mandato • ogni pazzo vuol **dar** consiglio • ognun **dà** pane, ma non come mamma • ognuno **dà** la colpa al cattivo tempo • l'oro presente cagiona timore, e assente **dà** dolore • il palio si **dà** da ultimo • pazzo è colui che strazia sé per **dar** sollazzo altrui • la pecora e l'ape nell'aprile **danno** la pelle • per Sant'Antonio ogni pollastra **dà** l'uovo • poco può **dare** al suo scudiere, chi lecca il suo tagliere • la poesia non **dà** pane • protestare e **dare** il capo nel muro, lo può fare ognuno • qualche volta si vuol **dar** passata • quale asino **dà** in parete tal riceve • quando Dio **dà** la farina il diavolo ci leva il sacco • quando fortuna dona all'uom rispetto, gli **dà** favore e aiuto a suo dispetto • quando il ciel bello varia, convien **dargli** dell'aria • quando luce e **dà** il sole, il pastor non fa parole • quando non **danno** i campi, non l'hanno i Santi • quando si va per **dare**, bisogna portar due sacchi • quattro G vuole il formaggio, grande, grasso, grave e gratis **dato** • quello che aprile **dà**, il maggio toglie • Roma li **dà** e Roma li ripiglia • San Nicola San Nicola, vi **do** la vecchia e mi date la nuova • San Rocco **dà** la chiave a ogni pitocco • se fortuna travaglia un nobil core, raro è che alfine non gli **dia** favore • se il diavolo trova un vizioso, tosto gli **dà** da fare • se nell'orto vuoi avere bella verdura, un'ora al giorno bisogna che gli **dia** cura • se tu vedi del formento per Natale, ammazza il cane; se non lo vedi **dagli** del pane • se tu vuoi della vite trionfare non gli torre e non gli **dare**, e più di due volte non la legare • Sicilia **dà** i Covelli, Francolino i Graziani, Bergamo gli Zanni, Venezia i Pantaloni, e Mantova i buffoni • si **dà** licenza in più modi • solo dir posso ch'è mio, quanto godo e **do** per Dio • spesso si **dà** per forza quel che si nega per cortesia • stiaffo minacciato non fu mai **dato** • tale **dà** un consiglio altrui per uno scudo, che nol torrebbe per un quattrino • tanto muore chi ha da avere, che chi ha da **dare** • terra nera **dà** buon frutto, terra bianca guasta tutto • tosto si trova il bastone per **dare** al cane • tristo a colui che **dà** l'esempio altrui • tristo è quel villano che **dà** il mangiare a' cani • un uccello ammaliziato non **dà** retta alla civetta • uccello che non canta non **dà** augurio • vangami nella polvere, incalzami nel fango, io ti **darò** buon vino • vera felicità senza Dio non si **dà**

dattero chi pianta **datteri** non ne mangia

davanti dicembre, **davanti** t'agghiaccia e di dietro t'offende • Dio ti guardi da quella gatta che **davanti** ti lecca e di dietro ti graffia • la fortuna è una vacca, a chi mostra il **davanti**, a chi il di dietro • non bisogna mettere il carro **davanti** ai buoi • San Lorenzo dalla fiumana: di dietro o **davanti** • val più un moccolo **davanti** che una torcia di dietro

davanzo chi ha denari assai, fabbrica; chi n'ha **davanzo**, dipinge

dazio parole non pagan **dazio** • se si pagasse **dazio** di parole, e' se n'avrebbe meno e manco

debito chi ha **debito** ha credito • chi non ha bisogno è in **debito** • chi non ha **debiti**, è ricco • chi paga **debito**, fa capitale • chi vuol quaresima corta, faccia **debiti** da pagare a Pasqua • i **debiti** de' poveri fanno gran fracasso • i **debiti** e i peccati crescon sempre • i **debiti** non si scordan mai • il **debito** non si paga il giorno che si fa • la morte paga i **debiti**, e l'anima li purga • non solo con i denari si pagano i **debiti** • ogni promessa è **debito** • pensiero non pagò mai **debito** • per **debiti** non s'è ancora impiccato nessuno • il ringraziar non paga **debito** • un carro di fastidi non paga un quattrin di **debito**

debitore compra il letto d'un gran **debitore**

debole chi vendemmia troppo presto, o svina **debol** vino o tutto agresto • il filo si rompe dal lato più **debole** • niun principio fu mai **debole** • senza Cerere e Bacco è amor **debole** e fiacco • tre cose simili; prete, avvocato e morte. Il prete toglie dal vivo e dal morto; l'avvocato vuol del diritto e del torto; e la morte vuole il **debole** e il forte • tutti i principii son **deboli** • vigna al nugolo fa **debol** vino

decine chi erra nelle **decine** erra nelle migliaia

decollato uomo condannato, mezzo **decollato**

degno chi teme di dire non è **degno** di fare • chi vuol lavoro **degno**, assai ferro e poco legno

deliberare Dio mi guardi da can incatenato e da huomo **deliberato** • mal **delibera** chi troppo teme

delicato quaresima **delicata**: i fagioli e l'insalata

delitto chi **delitto** non ha, rossor non sente • chi non gastiga i **delitti** ne cagiona dei nuovi

delizia **delizie** temporali portano mille mali

demonio un colpo di Sant'Antonio: un freddo da **demonio** • non segue matrimonio che non c'entri il **demonio** • se piove per San Gorgonio, tutto l'ottobre è un **demonio**

denaro (**danaro, denai**) al caro aggiungi **danaro** o lascialo • alla guerra si va pieno di **danari**, e si torna pieno di vizi e di pidocchi • l'amico dev'essere come il **denaro** • amor fa molto, il **denaro** fa tutto • chi dà a credenza spaccia assai, perde l'amico e **denar** non ha mai • chi fa mercanzia e non la conosce, i suoi **denari** diventan mosche • chi ha **denari** assai, fabbrica; chi n'ha davanzo, dipinge • chi ha **denari** da ricuperare, molte gite ha da fare • chi ha **denari** e prati, non son mai impiccati • chi ha orecchie intenda, chi ha **denaro** spenda • chi non ha **denari**, scartabella • con il **denaro** tutto si compra • **danari**, boschi e prati, entrate per preti e frati • i **danari** fan la piazza • i **danari** hanno sempre i lattaioli • i **danari** non bastano; bisogna saperli spendere • i **danari** sono il secondo sangue • il **danaro** fa l'uomo intero • **denari** di gioco, oggi te li do, domani te li tolgo • **denari** e santità, metà della metà • i **denari** fan correre i cavalli • **denari** rifiutati non si spendono • **denaro** sepolto non fa guadagno • gli errori dei medici li ricopre la terra, quelli dei ricchi il **denaro** • guardati da giocar **denari** • lavoro fatto, **denari** aspetta • lettere in carta, **denari** in arca • il mondo senza pace è il **danaro** del soldato • Natale senza **danari**, carnevale senz'appetito, Pasqua senza devozione • non solo con i **denari** si pagano i debiti • ottone, rame e stagno, assai **denari** e poco guadagno • parole fan mercato, e **denari** pagano • pazienza, tempo e **denari** acconciano ogni cosa • pochi **denari**, e molto onore • quando è su' granai non se ne può aver senza **denai** • senza **denari** non si canta messa • se vuoi veder un uom quanto gli è brutto, un uom senza **danar** guardalo tutto • la speranza è mal **danaro** • il tempo è **denaro** • tre D rovinan l'uomo, diavolo, **danaro** e donna • un quattrin di carta, una penna, e un **danaro** d'inchiostro, fanno apparire d'un uomo un mostro • val più avere amici in piazza, che **danari** nella cassa

denegare se la capra si **denegasse**, le corna la manifesterebbero

dente a chi duole il **dente**, se lo cavi • al bambin che non ha **denti**, freddo fa di tutti i tempi • le buone parole non rompono i **denti** • chi arde e non lo sente, arder possa infino al **dente** • chi ha **denti** non ha fame, e chi ha fame non ha denti • chi ha **denti** non ha pane e chi ha pane non ha denti • doglia di parenti doglia di **denti** • Domeneddio fece bene a non fare i **denti** a' ranocchi • è facil cosa aprir la bocca e forarsi i **denti** • è più vicino il **dente** che nessun parente • finché l'uomo ha **dente** in bocca non sa mai quel che gli tocca • la fortuna dà biscotti a chi non ha **denti** • gennaio ha i **denti** lunghi e febbraio peggio di tutti • la lingua batte dove il **dente** duole • non tutte le volte che si veggono i **denti**, s'ha paura de' morsi • occhio per occhio, **dente** per dente • quando a marzo gli manca un **dente**, aprile raduna la gente • quando il tempo è molle, il **dente** è più folle • quando odi altrui mancamenti, chiudi la lingua fra i **denti** • quando si ride senza essere contenti è un riso che non passa i **denti** • la ranocchia non morde, perché non ha **denti** • San Vincenzo: l'inverno ha rotto un **dente** • sette cose fa la zuppa, cava fame e sete attuta, empie il ventre e netta il **dente**, fa dormire, fa smaltire, e la guancia fa arrossire • tal pera mangia il padre, ch'al figliuolo allega i **denti** • tristo a quel **dente** che comincia a crollare

derrata a buona **derrata**, pensaci • l'aggiunta è maggiore della **derrata** • la buona **derrata** cava l'occhio al villano • le buone **derrate** vuotano la borsa • quando il verno è nella state, e la state nell'invernata, non avrai buona **derrata**

deserto bocca chiusa e occhio aperto, non fe' mai nessun **deserto**

desiderare (**desiare**) chi **desidera** il male ad altri, il suo sta vicino • giovane ritirata, giovane **desiderata** • morte **desiderata**, cent'anni per la casa • non c'è cosa vietata, che non sia **desiderata** • non **desiderare** i sapori de' signori • occhio che non vede, cuore che non **desidera** • ognun crede quel che **desidera** • Pasqua tanto **desiata**, in un giorno è passata • povero è quello che **desidera** assai • la vecchiezza è da ognuno **desiderata**; quando s'acquista viene odiata • la vecchiezza è un male **desiderato** da tutti: la gioventù un bene non conosciuto da nessuno

desiderio (**desir**) chi sa celare in parte i **desir** suoi, compra la merce a miglior prezzo assai • se i **desideri** bastassero, i poveri andrebbero in carrozza

desinare né il re né il **desinare** non si fa mai aspettare • non fu mai sì gran banchetto, che qualcuno non **desinasse** male • quando Venezia comandava, si **desinava** e si cenava, coi Francesi, buona gente, si **desinava** solamente • i veneziani alla mattina una messetta, dopo **desinare** una bassetta, e la sera una donnetta

desio paura de' birri, **desio** di regnare, fanno impazzare

destare (**destarsi**) allo schiamazzo del gallo si **desta** la volpe • non **destare** il can che dorme • tramontano non si sveglia se scirocco non lo **desta**

destinare chi in corte è **destinato**, se non muor santo, muor disperato • nozze e magistrato, dal cielo è **destinato**

destino la fortuna, il fato, e il **destino**, non vagliono un quattrino

destra la mano sinistra non sappia quel che fa la **destra**

determinare cuor **determinato**, non vuol esser consigliato • un sol gusto non **determina** sapore

detto al mal fatto si rimedia, al mal **detto** no • dal **detto** al fatto c'è un gran tratto • i **detti** son nostri e i fatti son di Dio • **detto** d'amore disarma rigore • **detto** senza fatto ad ognun par misfatto • meglio perdere l'amico che un bel **detto** • ogni buon **detto** è fatto retto • per un bel **detto** si perde un amico

devozione in chiesa per **devozione**, alla guerra per necessità • Natale senza danari, carnevale senz'appetito, Pasqua senza **devozione** • non c'è putta né ladrone che non abbia **devozione**

dì (die) ad ogni tristo il **dì** suo tristo • al **dì** dell'Ascensa, portan maio a chi non se lo pensa • al quinto **dì** vedrai qual mese avrai • aprile una gocciola il **die**, e spesso tutto il die • bando di Ciompi, durava tre **dì** • bruma oscura tre **dì** dura; se vien di trotto, dura più d'otto • chi lavora il **dì** dell'Ascensione, tutto l'anno va in perdizione • chi sguazza per le feste, stenta il **dì** di lavoro • il **dì** di San Pietro non c'è più da guardarsi indietro • due **dì** gode il marito la sua metà, il dì che la porta a casa, e quello che la se ne va • fattor nuovo, tre **dì** buono • il giorno di San Zenone mancan diciotto **dì** al Ceppone • marzo non ha un **dì** come l'altro • la neve per otto **dì** è alla terra come mamma, da indi in là come matrigna • non aspettare a pigliare il gatto il **dì** di San Michele • le novità duran tre **dì**, e quando van di trotto, le non duran più d'otto • ogni **dì** è nostro • ogni **dì** non è festa • ogni **dì** vien sera • per Santa Lucia s'accorcia la notte e s'allunga il **dì** • quando canta il botto, rasciuga un **dì** quanto

CHI È IMBARCATO COL DIAVOLO, HÀ DÀ PASSARE IN SVA COMPAGNIA.

Raro è ben quel Nocchier, che non s'affonda,
E approda al Porto, ò si ricoura al lido,
Se de uitij nel Mar si fida à l'Onda.

non piove in otto • quando gli armellini sono in fiore, il **dì** e la notte son d'un tenore • quando marzo è qui, tanto è lunga la notte come il **dì** • quando tuona il **dì** di San Giuseppe, due inverni in quell'anno • San Gallo: cento **dì** durarlo • San Tommè, cresce il **dì** quanto il gallo alza un piè • San Vitale: per quaranta **dì** è uguale • se il **dì** di San Martino il sole va in bisacca, vendi il pane e tienti la vacca • se il sole va a dormire pulito l'ultimo **dì** d'agosto fa un bell'autunno; se il sole va a dormire col cappello l'autunno non fa bello • se l'Orso è asciutto l'inverno dura ancora quaranta **dì** • se piove a Santa Bibiana piove quaranta **dì** e una settimana • se piove il **dì** della Pentecoste, tutte l'entrate non son nostre • se piove il **dì** dell'Ascensa, per quaranta dì non si sta senza • se piove il **dì** di San Marco, ogni spiga ne perde un quarto • se piove il **dì** di Sant'Orsola, poi fa bello per quaranta dì • se piove per calende, ogni **dì** ne attende • se tira il vento il **dì** di San Gregorio, per quaranta dì bisogna correre • se va tutto il **dì** di San Gal, lo fa bello fino a Natal • terzo aprilante, quaranta **dì** durante • trenta **dì** ha novembre, april, giugno e settembre; di ventotto ce n'è uno tutti gli altri n'han trentuno

diabolico sbagliare è umano, perseverare è **diabolico**

diacciare lavora o abborraccia, ma semina finché non **diaccia** • non nevica e non **diaccia** che il sol non la disfaccia

diaccio gennaio mette il **diaccio**, e febbraio lo dimoia

Diana ogni rana si crede una **Diana**

diavolo a chi Dio non dà figli il **diavolo** dà nipoti • bacchettoni e collitorti, che il **diavol** se li porti • c'è il povero di Dio, e quello del **diavolo** • chi chiama Dio, non è contento; e chi chiama il **diavolo**, è disperato • chi dà e ritoglie, il **diavolo** lo raccoglie • chi è imbarcato col **diavolo**, ha a passare in sua compagnia • ci vuole un'oncia di fortuna, e un **diavol** che porti • da' del tuo al **diavolo**, e levatelo di torno • di' a una donna che è bella, e il **diavolo**

glielo ripeterà dieci volte • il **diavolo** caca sempre sul monte grosso • il **diavolo** dove non può mettere il capo vi mette la coda • il **diavolo** è cattivo perché è vecchio • il **diavolo** è sottile, e fila grosso • il **diavolo** fa le pentole ma non i coperchi • il **diavolo** non è così brutto come lo si dipinge • il **diavolo** non ha pecore e va vendendo lana • il **diavolo** non istà sempre in un luogo • il **diavolo** può tentare, ma non precipitare • il **diavolo** quando è vecchio si fa romito • Dio ci manda la carne, e il **diavolo** i cuochi • di tre cose il **diavolo** si fa insalata, di lingua d'avvocati, di dita di notai, e la terza è riservata • la donna per piccola che sia, la vince il **diavolo** in furberia • le donne ne sanno una più del **diavolo** • le donne son sante in chiesa, angele in istrada, **diavole** in casa, civette alla finestra e gazze alla porta • dove non può entrare il **diavolo**, c'entra la versiera • la farina del **diavolo** va tutta in crusca • il gioco ha il **diavolo** nel core • l'interesse è figliuolo del **diavolo** • masseria, masseria, viene il **diavolo** e portala via • i mezzani sono i pidocchi del **diavolo** • la pulce ch'esce di dietro l'orecchio col **diavolo** si consiglia • quando Dio dà la farina il **diavolo** ci leva il sacco • quando facciam del male, il **diavolo** ci tenta, quando non facciamo niente, noi tentiamo lui • quando i furbi vanno in processione, il **diavolo** porta la croce • quando il **diavol** vuole andare in processione, non gli mancano mai le croci • quando il povero dona al ricco, il **diavolo** se la ride • quando il tuo **diavolo** nacque, il mio andava ritto alla panca • quando piove e c'è il sole, il **diavolo** fa all'amore • rare volte il **diavolo** giace morto nella fossa • i salernitani ingannano il **Diavolo** • santo per la via, **diavolo** in masseria • se il **diavolo** trova un vizioso, tosto gli dà da fare • tre D rovinan l'uomo, **diavolo**, danaro e donna • tre figlie e una madre, quattro **diavoli** per un padre • un **diavolo** caccia l'altro • un **diavolo** castiga l'altro • un **diavolo** conosce l'altro • l'uomo è fuoco, e la donna è stoppa, vien poi il

diavolo, e gliel'accocca • uomo ozioso è il capezzale del **diavolo**

dicembre **dicembre**, davanti t'agghiaccia e di dietro t'offende • **dicembre** imbacuccato, raccolto assicurato • **dicembre** piglia e non rende • **dicembre** piglia l'anno e lo sotterra, gennaio lo fa rinascere, aprile e maggio lo vestono • Dio ci liberi dall'osso di **dicembre** • gennaio e febbraio, tienti al pollaio; marzo e aprile, capretto gentile; maggio e giugno, erbette col grugno; luglio e agosto, piccioni arrosto, settembre e ottobre, buone lepri col savore; novembre e **dicembre**, buon vitel sempre • gennaio zappatore, febbraio potatore, marzo amoroso, aprile carciofaio, maggio ciliegiaio, giugno fruttaio, luglio agrestaio, agosto pescaio, settembre ficaio, ottobre mostaio, novembre vinaio, **dicembre** favaio • novembre ammucchia aria e le foglie in terra, **dicembre** ammazza l'anno e lo sotterra • novembre il morticino e **dicembre** il Gesù Bambino • le saette di **dicembre**: si acconci chi sta male • se a **dicembre** fioccherà, tanto tempo resterà • se piove il quattro settembre, piove fino a **dicembre** • gli uomini sono aprile quando fanno all'amore, **dicembre** quando hanno sposato

dichiarato amico beneficato, nemico **dichiarato**

diciotto il giorno di San Zenone mancan **diciotto** dì al Ceppone

dieci di' a una donna che è bella, e il diavolo glielo ripeterà **dieci** volte • **dieci** giornate di maggio e dieci d'agosto tiran fuori la castagna dal bosco • meglio **dieci** donare che cento prestare • meglio un'oncia di libertà che **dieci** libbre d'oro • ogni **dieci** anni un uomo ha bisogno dell'altro • più si sente un taglio di rasoio che **dieci** di spada • più vale un sol remo che sia indietro, che **dieci** che vanno avanti • quattro o cinque al viandante, cinque o sei al mercatante, sei o sette allo studente, sette o otto all'altra gente, otto o nove al signorone, nove o **dieci** al gran poltrone

dieta acqua, **dieta** e serviziale, guarisce d'ogni male

dietro (**di dietro, drè**) a cavallo, dinnanzi; ad archibuso, di **dietro**; a tavola, di mezzo; a quistione, lontano • a chi ti lecca dinnanzi, ti morde di **dietro** • alla moda vagli **dietro** • l'amore si nasconde **dietro** una cruna d'ago • chi ha matrigna, di **dietro** si signa • chi mi dice mal **dietro**, me lo dice al... • chi ride del mal d'altrui, ha il suo **dietro** l'uscio • chi si porta **dietro** la casa, può andare per tutto • chi va **dietro** agli altri, non passa mai avanti • chi va **dietro** a pesce e penne, in questo mondo mal ci venne • dicembre, davanti t'agghiaccia e di **dietro** t'offende • **dietro** al monte c'è la china • **dietro** il fumo vien la fiamma • Dio ti guardi da quella gatta che davanti ti lecca e di **dietro** ti graffia • la fortuna è una vacca, a chi mostra il davanti, a chi il di **dietro** • il fumo va **dietro** ai belli • il male va **dietro** al bene, e il bene al male • il mese di bruma dinanzi mi scalda, e di **dietro** mi consuma • non è scappato chi si strascina **dietro** la catena • l'onore va **dietro** a chi lo fugge • la pecora guarda sempre se ha **dietro** l'agnello • la penitenza corre **dietro** al peccato • la porta di **dietro** è quella che ruba la casa • la pulce ch'esce di **dietro** l'orecchio col diavolo si consiglia • quando il cieco porta la bandiera, guai a chi vien **dietro**! • quando il sole si volta in **drè**, acqua fino ai piè • San Lorenzo dalla fiumana: di **dietro** o davanti • se piove per San Lorenzo, la viene a tempo; se piove per la Madonna, l'è ancor buona; se per San Bartolommè soffiale di **drè** • se tu vuoi viver lieto, non ti guardare innanzi ma di **dietro** • tal ti ride in bocca, che **dietro** te l'accocca • il tribolato va **dietro** al condannato • val più un moccolo davanti che una torcia di **dietro**

difendere gli accoppiatori e le borse a mano, hanno **difeso** le palle e il piano

difesa la miglior **difesa** è l'attacco

difetto chi è in **difetto** è in sospetto • il **difetto** sta nel manico • il finger non è **difetto**, e chi finger non sa non è perfetto • gallina vecchia senza tetto, non fu mai senza **difetto** • solo Dio senza **difetti**

diffamare chi mal cerca fama, se stesso **diffama**

differente quando non dice niente, non è dal savio il pazzo **differente**

differire il gastigo può **differirsi**, ma non si toglie

difficile è **difficile** condurre il can vecchio a mano • nel facile sta il **difficile** • tre cose son **difficili** a fare: cuocere un uovo, fare il letto ad un cane, ed insegnare a un Fiorentino • la virtù sta nel **difficile**

digiunare chi non **digiuna** la vigilia di Natale, corpo di lupo e anima di cane • chi vuol godere la festa, **digiuni** la vigilia • testa **digiuna**, barba pasciuta

digiunato San Tommaso non è guardato né da pan né da bucato, né da tessitora di sul Prato; ma sarà ben **digiunato**

digiuno pancia piena non crede a **digiuno** • quando il cielo è stellato, il **digiuno** è terminato • uomo **digiuno** non canta • vanga e zappa non vuol **digiuno** • ventre **digiuno** non bada a nessuno • ventre satollo non ricorda il **digiuno**

dileggio chi vince non **dileggi**, e chi perde non s'adiri

dileguare ungi e frega, ogni male si **dilegua**

dimagrare quando la milza cresce, il corpo **dimagra**

dimandare chi ara l'uliveto, **dimanda** il frutto; chi lo letama l'ottiene; chi lo pota lo sforza • d'ulive, castagne e ghianda, d'agosto ne **dimanda**

dimenare anco il cane col **dimenar** la coda si guadagna le spese • chi casca nel fango, più ci si **dimena** e più s'imbratta • chi va a letto senza cena, tutta notte si **dimena** • non dar del pane al cane ogni volta che **dimena** la coda • per **dimenar** la pasta il pan s'affina

dimenticanza la **dimenticanza** è il rimedio dell'ingiuria

dimenticare gli amori nuovi fanno **dimenticare** i vecchi • chi offende, non **dimentichi** • **dimentica** il passato e pensa all'avvenire • fa' bene a' putti se lo **dimenticano**, fa' bene a' vecchi muoiono • presto imparato, presto **dimenticato** •

tre cose ci vogliono per vivere felici: **dimenticare** il passato, provvedere al presente e pensare all'avvenire

diminuire quando il grasso **diminuisce**, il magro perisce

dimoiare gennaio mette il diaccio, e febbraio lo **dimoia**

dimora al ben far non far **dimora**, perché presto passa l'ora • quando la festa viene, **dimora**; quando la va via, lavora

dimostrare gli uomini hanno gli anni che sentono, le donne quelli che **dimostrano**

Dio (**Domeneddio, Iddio**) a buon spenditore, **Iddio** è tesoriere • a cattiva vacca **Dio** dà corte corna • a chi ben crede, **Dio** provvede • a chi **Dio** aiutar vuole, niente nuocer gli puole • a chi **Dio** non dà figli il diavolo dà nipoti • a chi **Dio** vuol bene la casa gli piace • a chi è in disgrazia di **Dio**, le capre il cozzano • a chi non piace il vino, **Dio** gli tolga l'acqua • a chi vuol bene, **Dio** manda pene • a chi vuol male, **Dio** gli toglie il senno • aiutati che **Dio** t'aiuta • a San Bartolomio le montagne vanno con **Dio** • a tela ordita **Dio** manda il filo • l'avvenire è nelle mani di **Dio** • c'è il povero di **Dio**, e quello del diavolo • chi chiama **Dio**, non è contento; e chi chiama il diavolo, è disperato • chi confessa la sorte, nega **Dio** • chi da **Dio** è amato, da lui è visitato • chi è in tenuta, **Iddio** l'aiuta • chi è nelle pene, **Iddio** lo sostiene • chi fa del bene agli ingrati, **Dio** l'ha per male • chi lavora, **Dio** gli dona • chi non parla, **Dio** non l'ode • chi s'aiuta, **Dio** l'aiuta • chi serba, **Dio** non gli dà • chi sta con **Dio**, Dio sta con lui • chi vuol giusta vendetta, in **Dio** la metta • compagnia d'uno, compagnia di niuno; compagnia di due, compagnia di **Dio**; compagnia di tre, compagnia di re; compagnia di quattro, compagnia da matti • comprar cavalli e tor moglie; serra gli occhi, e raccomandati a **Dio** • dagli amici mi guardi **Iddio**, ché dai nemici mi guardo io • dall'acqua cheta mi guardi **Dio**, che dalla corrente mi guarderò io • dalle donne con le basette, **Dio** ci guardi, le son saette • date a Cesare quel ch'è di Cesare, a **Dio** quel ch'è di Dio • i detti son nostri e i fatti son di **Dio** • **Dio** ci guardi dal fungo di gennaio e dalla polvere d'aprile • **Dio** ci liberi dall'osso di dicembre • **Dio** ci manda la carne, e il diavolo i cuochi • **Dio** dà le fave agli sdentati • **Dio** dice: a camparvi non mi sgomento, a contentarvi sì • **Dio** lascia fare, ma non sopraffare • **Dio** manda il freddo secondo i panni • **Dio** mi guardi da alchimista povero, da romito grasso, e da medico infermo • **Dio** mi guardi da can incatenato e da huomo deliberato • **Dio** mi guardi da fame, fiume e femmina • **Dio** mi guardi da huomo segnato • **Dio** non manda mai bocca, che non mandi cibo • **Dio** non manda se non quel che si può portare • **Dio** non paga il sabato • **Dio** non vuol cani rabbiosi • **Dio** perdona a chi offende, non a chi toglie e non rende • **Dio** sa quel che fa • **Dio** serra un uscio e apre una finestra • **Dio** solo sa quel che ha da essere • **Dio** ti dia figliuoli, e dateli grandi • **Dio** ti guardi da chi inghiotte lo sputo • **Dio** ti guardi da chi legge un libro solo • **Dio** ti guardi da chi non ha altro che una faccenda sola • **Dio** ti guardi da donna due volte maritata • **Dio** ti guardi da furia di vento, da frate fuor di convento, da donna che parla latino, e da nobile poverino • **Dio** ti guardi dal giorno della lode • **Dio** ti guardi da quella gatta che davanti ti lecca e di dietro ti graffia • **Dio** ti guardi da un ricco impoverito e da un povero arricchito • **Dio** ti guardi da villan rifatto e da cittadin disfatto • **Dio** ti salvi da un cattivo vicino, e da un principiante di violino • **Dio** ti scansi dal sole di marzo • **Dio** vede e provvede • **Domeneddio** fece bene a non fare i denti a' ranocchi • **Domeneddio** non paga a giornate • dove c'è la pace ci è **Dio** • dove **Dio** pon la mano, ogni pensiero è vano • dove due amici s'incontrano, **Dio** gli fa da terzo • error di medico, volontà di **Dio** • frate che chiede per **Dio**, chiede per due • gente allegra **Dio** l'aiuta • grande e grossa mi faccia **Dio**, bianca e rossa mi farò io • **Iddio** fa l'abbondanza e l'uomo la carestia • **Iddio** li fa e poi li accoppia • in un'ora **Dio** lavora • lascia fare a **Dio**, ch'è Santo vecchio • maremmani, **Dio** ne scampi i cani • marito e figli come **Dio** te gli dà così te gli piglia • la necessità conduce a **Dio** • nessun vecchio spaventa **Dio** • non bisogna tentar **Dio** • non si muove foglia che **Dio** non voglia • ogni cosa è di **Dio**, fuorché le donne • ognuno per sé e **Dio** per tutti • ognuno sa sé e **Dio** sa tutti • poca roba **Dio** la loda • prega **Dio** di tre cose: di nascere in buona parte, di non cominciar trist'arte, di non prender ria moglie • quando **Dio** aiuta, ogni cosa riesce • quando **Dio** dà la farina il diavolo ci leva il sacco • quando **Dio** non vuole, i Santi non possono • quando **Dio** vuole, a ogni tempo piove • quando **Dio** vuol punire un uomo, spesso si serve dell'altr'uomo • quando **Domine** acchiappa Giovanni, guai a quell'anno • quando il grano è ne' campi, è di **Dio** e de' Santi • quel che non si conviene, da **Dio** mai non s'ottiene • quel che si fa per il bene non dispiace a **Dio** • San Matteo: butta in terra e spera in **Dio** • i segnati da **Dio** hanno un cervello diverso • solo **Dio** senza difetti • solo dir posso ch'è mio, quanto godo e do per **Dio** • sopra il sal non è sapore; sopra **Dio** non è Signore • tosto viene quel che **Dio** manda • tutti siam di creta, e **Dio** è il vasellaio • l'uomo propone e **Dio** dispone • val più tacche tacche che **Iddio** vi aiuti • la vendetta di **Dio** non piomba in fretta • vera felicità senza **Dio** non si dà • vicino alla chiesa, lontan da **Dio** • viene da **Dio** che i frati s'annegano • la vita e la morte sono in mano di **Dio** • voce di popolo, voce di **Dio**

diparere chi fa di notte, si **dipar** di giorno

dipendere la vita dell'uomo **dipende** da tre ben: intender ben, voler ben, e far ben

dipingere chi **dipinge** il fiore, non gli dà l'odore • chi ha denari assai, fabbrica; chi n'ha davanzo, **dipinge** • il diavolo non è così brutto come lo si **dipinge** • marzo tinge, april **dipinge**

dire a buon cavallo non occorre **dirgli** «Trotta» • a chi natura non lo volle **dire**, nol dirian mille Atene e mille Rome • addio si **dice** ai morti • al litigante ci voglion tre cose: aver ragione, saperla **dire**, e trovar chi la faccia • al primo di aprile una bugia si può **dire** • altro è **dire** altro è fare • barba canuta non è creduta, s'egli è rapà e' **dice** la verità • ben **dire** val molto, ben fare passa tutto • bisogna guardare a quello che si fa, non a quello che si **dice** • bocca con dolore non **dice** bene • bocca unta non **disse** mai male • bocca unta non può **dir** di no • la calunnia offende tre, chi la **dice**, a chi la si dice, e di chi la si dice • carnevale **dice** male della quaresima • la cattiva volontà non **disse** mai bene • cencio **dice** mal di straccio • chi **dice** a un povero uom dabbene, gli fa una grande ingiuria • chi **dice** mah, cuor contento non ha • chi **dice** mal dell'arte, non sarà de' consoli • chi **dice** parlamento, dice guastamento • chi **dice** quel che vuole sente quel che non vorrebbe • chi **dice** tutto e niente serba, può andar con l'altre bestie e pascer l'erba • chi **disse** donna, disse danno • chi **disse** la verità morì impiccato • chi **disse** navigare, disse disagio • chi **disse** piano, disse tanto piano, che non ne toccò a tutti • chi **disse** ragion di Stato, disse un tristo; e chi disse ragion di confino, disse un assassino • chi **disse** star con altri, disse star sempre in guai • chi **disse** uomo, disse malanno • chi ha un giorno di bene, non può **dire** d'essere stato male tutto l'anno • chi le vuol fare, non lo **dice** • chi mi **dice** mal dietro, me lo dice al... • chi ne ha in cuna non **dica** di nessuna • chi non sa **dir** qualche volta di no, cosa buona oprar non può • chi non sa mentire, crede che tutti **dicano** il vero • chi piglia l'anguilla per la coda e la donna per la parola, può **dire** di non tener nulla • chi pon suo naso a consiglio, l'un **dice** bianco e l'altro vermiglio • chi teme **di** dire non è degno di fare • chi troppo frena gli occhi, vuol **dire** che gli sono scappati • chi vuol **dir** mal d'altrui, pensi prima di lui • chi vuol udir novelle, al barbier si **dicon** belle • col **dire** e col dare tutto s'ottiene • come **disse** la botta all'erpice • dal fare al **dire** c'è che ire • da marzo a aprile c'è poco da **dire** • dare che non dolga, **dire** che non dispiaccia • de' sua se ne vorrebbe **dire**, e non se ne vorrebbe sentir dire • **dice** il porco, dammi dammi, né mi contar mesi né anni • **dicendo** miele miele, la bocca non si addolcisce • **dico** a te, suocera, perché tu nuora intenda • **di'** di no, e fa' di sì • **dimmi** chi fosti, e ti dirò chi sei • **dimmi** chi sono, e non mi dir chi ero • **dimmi** con chi vai e ti dirò chi sei • Dio **dice**: a camparvi non mi sgomento, a contentarvi sì • di quel che non ti cale, non **dir** né ben né male • le donne **dicono** sempre il vero; ma non lo dicono tutto intero • è meglio **dir** che pane è questo?, che non ce n'è • è meglio **dir** poveretto me, che poveretti noi • è meglio mangiare quanto s'ha, che **dire** quanto si sa • è poca faccenda **dire** • fa quel che il prete **dice**, non quel che il prete fa • finché tu hai la **detta**, sappila conoscere • i francesi non **dicono** come voglion fare, non leggono come scrivono, non contano come notano • il fuoco e l'amore non **dicon** mai vanne al lavoro • furbo, vuol **dir** minchione • la madre non può **dire** che sia suo il figliuolo finché non ha avuto il vaiuolo • madre vuol **dir** martire • mamma, cosa vuol **dire** accasare? filare, figliare e sentir berciare • meglio è non **dire**, che cominciare e non finire • Milan può far, Milan può **dir**, ma non può far dell'acqua vin • mostrami la moglie, ti **dirò** che marito ha • non **dir** di me quel che di me non sai, di' pria di te, e poi di me dirai • non **dir** le cose tue né ad uom senza barba, né a donna senza petto • non **dir** quanto sai, non giudicar quanto vedi, e in pace viverai • non **dir** quattro se non l'hai nel sacco • non far ciò che non puoi, non spendere ciò che non hai; non creder ciò che odi, non **dir** ciò che tu sai • non si **deve** dire: per tal via non passerò, né di tal acqua non berrò • non si può **dire** abbondanza se non n'avanza • non si può **dire** a uno peggio che dirgli «povero» • non si può **dire** oggi quel che sarà domani • ogni vero non è ben **detto** • ognun può **dir** parole a modo suo • la padella **dice** al paiuolo: fatti in là che mi tingi • parola **detta**, e sasso tirato, non è più suo • la parola non è mal **detta**, se non è mal presa • per proverbio **dir** si suole, che tre cose il re non ha: di mangiare il pan condito, come noi dall'appetito: di veder levare il sole: di sentir e di udir la verità • per un bel **detto** si perde un amico • podere vuol **dir** potere • poeti, pittori e pellegrini a fare e a **dire** sono indovini • quando la campana ha sonato, è inutile **dir** di no • quando la gatta non può arrivare al lardo, **dice** che sa di rancido • quando la ti **dice** buona al paleo, non giuocare alla trottola • quando non **dice** niente, non è dal savio il pazzo differente • quando non rischiara a terza, la giornata si può **dir** persa • quando tira vento, non si può **dir** buon tempo • quando tutti ti **diranno** che sei asino, e tu raglia • quel che acquista e non serba, **dice** il libro, va alla fonte, e trae acqua col cribro • quel che ti **dirà** lo specchio non te lo dirà il consiglio • quel che tu stesso puoi e **dire** e fare, che altri il faccia mai non aspettare • quel che tu vuoi **dire** in fine, dillo da principio • rosso di pelo non **dice** il vero • San Giovanni **dice** il vero • San Michele **dice** il vero • se **direm** d'altri, altri dirà di noi • sempre si **dice** più che non è • servo d'altri si fa, chi **dice** il suo segreto a chi nol sa • se ti vergogni a **dir** di sì, crolla la testa e fa' così • si **dice** il peccato, ma non il peccatore • solo **dir** posso ch'è mio, quanto godo e do per Dio • tanto è **dir** pennecchio quanto ladro di Fucecchio • tra il **dire** e il fare c'è di mezzo il mare • vista torta, mal animo mostra; vista all'ingiù, tristo e non più; vista all'insù, o pazzo o tanto savio che non si possa **dir** più

diritto (**1**) (**dritto**) alle volte col torto si fa l'uomo **diritto** • ci vanno sette mancini per acchiappare un **dritto** e sette dritti per acchiappare il cuculo

• la donna guarda più sott'occhio che non fa l'uomo a **diritto** filo • la **dritta** è serva della mancina • mano **dritta** e bocca monda, può andar per tutto il mondo • ogni **diritto** ha il suo rovescio • solco torto, sacco **diritto**

diritto (2) (*legge*) anche il **diritto** ha bisogno d'aiuto • tre cose simili; prete, avvocato e morte. Il prete toglie dal vivo e dal morto; l'avvocato vuol del **diritto** e del torto; e la morte vuole il debole e il forte

disagio agio e **disagio** fanno girare il capo alle donne • chi dà spesa, non dia **disagio** • chi disse navigare, disse **disagio** • ogni agio porta seco il suo **disagio** • il villano nelle piume vi sta a **disagio**

disamorato marito **disamorato**, matrimonio rammaricato

disarmare detto d'amore **disarma** rigore

disavvantaggio **disavvantaggio** muta pensier nel saggio

discesa a Santa Teresa i tordi in **discesa**

disconciare la morte, altri acconcia, altri **disconcia**

discordare chi non si ricorda spesso **discorda**

discorso bel **discorso** accorcia giornata

discosto chi castiga la cagna, il cane sta **discosto** • chi sta **discosto**, non vuol giostrare

discreto beati gli ultimi, se i primi sono **discreti** • chi vuol esser **discreto**, celi il suo segreto • chi vuol esser **discreto** conosca bene altrui

discrezione e' si danno gli ufficii, ma non la **discrezione** • ognuno ha opinione, ma non **discrezione** • seren di notte, nuvolo di estate, amor di donna, **discrezion** di frate

discutere dei gusti non si **discute**

disdetta chi fa in fretta ha **disdetta** • piacer preso in fretta, riesce in **disdetta**

disegno dei **disegni** ne son piene le mura • **disegno** di pover uomo, mai non riesce • sogni di banditi e fantasie di storpiati, **disegni** di falliti • un sacco di **disegni** verdi non tornano una libbra secchi • il villano viene sempre col **disegno** fatto • vino e sdegno fan palese ogni **disegno**

disfare casa fatta, possession **disfatta** • chi cava e non mette, le possessioni si **disfanno** • chi **disfà** bosco e prà, si fa danno e non lo sa • chi la fa, chi la **disfà**, e chi la trova fatta • Dio ti guardi da villan rifatto e da cittadin **disfatto** • fare e **disfare** è tutt'un lavorare • il fatto non si può **disfare** • moglie buona, fa la casa; cattiva, la **disfà** • morta la vacca, **disfatta** la soccida • non nevica e non diaccia che il sol non la **disfaccia** • prega il villano, il mercato è **disfatto** • San Biagio se trova il ghiaccio lo **disfà**, e se non lo trova lo fa • se è brutto ai Santi i Morti l'aggiustano, se è bello ai Santi i Morti lo **disfanno** • si fa più presto a **disfare** che a fare

disgiungere cosa che punge, amor **disgiunge**

disgrazia a chi è in **disgrazia** di Dio, le capre il cozzano • la **disgrazia** ci salva dall'imbarazzo • le **disgrazie** non vengon mai sole • le **disgrazie** sono come le tavole degli osti • ogni **disgrazia** è provvidenza • quando uno ha **disgrazia**, gli va sul cotto l'acqua bollita • si muore giovani per **disgrazia** e vecchi per dovere

disgraziato a chi è **disgraziato**, gli tempesta nel forno

disgusto se i segreti vuoi sapere, cercali nel **disgusto** o nel piacere

disonesto le parole **disoneste** corrompono i buoni costumi

disonorare il marito che batte la moglie batte e **disonora** se stesso

disonore chi resta in casa e manda fuor la moglie, semina roba e **disonor** ricoglie

disordine da un **disordine** nasce un ordine • dove non è ordine, è **disordine** • l'ordine è pane, il **disordine** è fame • un **disordine** ne fa cento

dispari negli ordini pari, i pareri son **dispari**

dispensa secondo i beni sia la **dispensa**; il savio lo crede, il pazzo non ci pensa

dispensare chi mal pensa, mal **dispensa**

disperare a questo mondo bisogna o adattarsi, o arrabbiarsi, o **disperarsi** • chi a luglio non miete a settembre è **disperato** • chi chiama Dio, non è contento; e chi chiama il diavolo, è **disperato** • chi di speranza vive **disperato** muore • chi in corte è destinato, se non muor santo, muor **disperato** • chi vive ostinato muore **disperato** • non si **dispera** chi ha fede intera • quando vien la sera, il malvagio si **dispera** • quando vien la sera, la vecchia si **dispera**

disperato quando il caso è **disperato**, la provvidenza è vicina

disperdere è meglio perdere, che **disperdere**

dispetto amor, **dispetto**, rabbia e gelosia, sul core d'ogni donna han signoria • chi si dà in man del ladro, bisogna che se ne fidi a suo **dispetto** • non si entra in Paradiso a **dispetto** dei Santi • quando fortuna dona all'uom rispetto, gli dà favore e aiuto a suo **dispetto** • rispetti, **dispetti**, sospetti guastano il mondo

dispettoso chi è bello è bello e grazioso, chi è brutto è brutto e **dispettoso** • povero **dispettoso**, vecchio lussurioso, e donna lisciata, dispiace alla brigata

dispiacere al mordace tutto **dispiace** • chi non ne ha, ha un **dispiacere** solo • chi sente cantare il cucculo due volte nel mese di aprile non deve **dispiacersi** di morire • dare che non dolga, dire che non **dispiaccia** • povero dispettoso, vecchio lussurioso, e donna lisciata, **dispiace** alla brigata • quel che si fa per il bene non **dispiace** a Dio

dispogliare un signor che il tuo ti toglie, mal francese con le doglie, assassin che ti **dispoglie**, è men mal che l'aver moglie

disporre l'uomo propone e Dio **dispone**

disposto ricchezza mal **disposta** a povertà s'accosta

dispregio quattro madri buone fanno figliuoli cattivi: la verità l'odio, la prosperità il fasto, la sicurtà il pericolo, la familiarità il **dispregio**

disprezzare chi **disprezza** compra • chi dona il dono, il donator **disprezza**

disprezzo l'orgoglio che pranza di vanità cena di **disprezzo**

dissidio quanto lascivia più **dissidio** mesce, tanto la voglia più aumenta e cresce

dissimile la musica ne' **dissimili**, e l'amicizia ne' simili

dissipare chi ara la terra bagnata per tre anni l'ha **dissipata**

distendere bisogna **distendersi** quanto il lenzuolo è lungo

distinguere per San Benedetto si **distingue** il verde dal secco

distrigare un sì intriga, un no **distriga**

distruggere chi più edifica più **distrugge** • Fiorentin per tutto, Roman **distrutto** • la roba ha tre età: la prima l'acquista, la seconda la conserva, la terza la **distrugge**

disubbidiente l'ammalato **disubbidiente** fa il medico crudele

disudire chi ode, non **disode**

disuguaglianza ogni **disuguaglianza** amore agguaglia

dito a chi ti porge il **dito**, tu piglia il dito e la mano • bisogna gustare il male con le punte delle **dita** • chi ha male al **dito**, sempre lo mira; chi ha mal marito, sempre sospira • chi maneggia il mele si lecca le **dita** • di tre cose il diavolo si fa insalata, di lingua d'avvocati, di **dita** di notai, e la terza è riservata • ogni uomo è uomo, e ha cinque **dita** nelle mani • tra moglie e marito non mettere il **dito** • tutte le **dita** non son pari

divenire di novembre il mosto in tino gorgogliando **divien** vino • gli errori nelle guerre **divengono** pianti • se lodi il buono **diverrà** migliore; biasima il tristo, e' **diverrà** peggiore • sperando meglio, si **divien** veglio

diventare la carta non **diventa** rossa • chi fa mercanzia e non la conosce, i suoi denari **diventan** mosche • chi non ha pane lavorato, agosto **diventa** maggio • col Vangelo si può **diventare** eretici • le cose lunghe **diventano** serpi • gatto rinchiuso **diventa** leone • loda il matto e fal saltare; se non è matto, il farai **diventare** • meglio **diventar** mori che rossi • metti il matto da sé, **diventerà** savio • la neve di gennaio **diventa** sale, e quella d'aprile farina • non **diventan** porri se non quelli che si trapiantano • non fu mai sì bella scarpa che non **diventasse** una ciabatta • non si **diventa** maestro in un giorno • parla all'amico come se avesse a **diventar** nemico • poeti si nasce, non si **diventa** • poeti si nasce, oratori si **diventa** • quando la carne **diventa** frusta, anco l'anima s'aggiusta • San Michele: l'uva **diventa** miele • se piove per Sant'Anna l'acqua **diventa** manna • i terreni non **diventan** mai vecchi • l'uso **diventa** natura

diversamente le nazioni smaltiscono **diversamente** il dolore: il Tedesco lo beve, il Francese lo mangia, lo spagnolo lo piange, e l'Italiano lo dorme

diverso chi è **diverso** nell'oprare, non può molto amico stare • i segnati da Dio hanno un cervello **diverso**

dividere chi **divide** la pera coll'orso, n'ha sempre men che parte • chi si **divide** il letto, divide l'affetto • nemico **diviso**, mezzo vinto

divorare il ministro di Sicilia rode, quel di Napoli mangia, e quel di Milano **divora** • se il coltivatore non è più forte della su' terra, questa finisce col **divorarlo**

documento molte volte i nocumenti sono agli uomini **documenti**

doga a ottobre il mosto nelle **doghe** • aprile fa ardere le **doghe** del barile • i Fiorentini son cattive **doghe** da botte, ed i Veneziani buone

doglia chi fece del seren troppo gran festa, avrà **doglia** maggior nella tempesta • chi ha buon cavallo e bella moglie, non istà mai senza **doglie** • chi ha moglie, ha **doglie** • chi non sa che cosa siano malanni e **doglie** prenda marito o prenda moglie • con la voglia, cresce la **doglia** • **doglia** comunicata è subito scemata • **doglia** di moglie morta, dura fino alla porta • **doglia** di parenti doglia di denti • un signor che il tuo ti toglie, mal francese con le **doglie**, assassin che ti dispoglie, è men mal che l'aver moglie • uom che ha invidia ha **doglie**

dolce l'amore del marito è come il mese di febbraio: mezzo

dolce e mezzo amaro • aprile **dolce** dormire • chi ha dentro amaro, non può sputare **dolce** • chi vuol vin **dolce** non imbotti agresto • col pane tutti i guai sono **dolci** • **dolce** vivanda vuol salsa acerba • dopo il **dolce** ne vien l'amaro • febbraro mezzo **dolce** mezzo amaro • il gran freddo di gennaio, il mal tempo di febbraio, il vento di marzo, le **dolci** acque d'aprile, le guazze di maggio, il buon mieter di giugno, il buon batter di luglio, le tre acque d'agosto con la buona stagione, vaglion più che il tron di Salomone • guardati da aceto di vin **dolce** • il mele si fa leccare perché è **dolce** • murare e piatire, **dolce** impoverire • piatire, **dolce** impoverire • poco **dolce**, molto amaro appaga • quel che fu duro a patire, è **dolce** a ricordare • le radici della virtù sono amare, ma i frutti **dolci** • il troppo **dolce** stomaca

dolco o prima o poi il **dolco** di Santa Caterina deve venire

dolere a chi consiglia non gli **duole** il capo • a chi crede non **duole** la morte • a chi non **duole** giudica bene i colpi • a chi stima non **duole** il corpo • a chi troppo ride gli **duole** il cuore • a nessun confortatore non **dolse** mai testa • chi acquista sapere, acquista **dolere** • chi fa a suo modo, non gli **duole** il capo • chi non presta, se ne **duole**; ma gli ha il suo quando lo vuole • dare che non **dolga**, dire che non dispiaccia • donna si lagna, donna si **duole**, donna s'ammala, quando la vuole • Firenze non si muove, se tutta non si **duole** • il fresco della state fa **dolere** il corpo d'inverno • la lingua batte dove il dente **duole** • mal che non **duole**, guarire non puole • occhio non vede, cuore non **duole** • quel che **duole**, sempre non è scabbia • seno che **duole** male non vuole • tal che gli **duole** il capo, si medica il calcagno

dolore a cattivo lavoratore ogni zappa dà **dolore** • l'amor comincia con suoni e con canti, e poi finisce con **dolori** e pianti • l'amore a nessuno fa onore e a tutti fa **dolore** • bocca con **dolore** non dice bene • chi piglia moglie a carnevale, quaresima la passa di cuore, senza pene né **dolore** • chi si marita per amore, di notte ha piacere, e di giorno ha **dolore** • il dare fa onore e il chiedere è **dolore** • il **dolore** non invecchia • le donne son segrete come il **dolor** di corpo • è meglio un **dolor** di tasca che di cuore • i gran **dolori** sono muti • in guerra, nella caccia e negli amori, in un piacer mille **dolori** • le nazioni smaltiscono diversamente il **dolore**: il Tedesco lo beve, il Francese lo mangia, lo spagnolo lo piange, e l'Italiano lo dorme • nel mese di luglio il sole fa andar via ogni **dolore** • non c'è sabato senza sole, non c'è donna senza amore, né domenica senza sapore, né vecchio senza **dolore** • l'oro presente cagiona timore, e assente dà **dolore** • più vale un pan con amore che un cappone con **dolore** • la ricchezza non s'acquista senza fatica, non si possiede senza timore, non si gode senza peccato, non si lascia senza **dolore** • se la pazzia fosse **dolore**, in ogni casa si sentirebbe stridere • se ne vanno gli amori e restano i **dolori** • servi a principe e a signore, e saprai cos'è **dolore**

domandare (dimandare)

assai **domanda**, chi ben serve e tace • chi **domanda** ciò che non dovrebbe, ode quel che non vorrebbe • chi ha a dar, **domanda** • il **domandare** è lecito, il rispondere è cortesia • morte e padrone non **domandare** quando viene • non **domandare** all'oste se il vino è buono • quando non sai, frequenta in **dimandare**

domani

denari di gioco, oggi te li do, **domani** te li tolgo • **domani** ancora ha da venire • donna e luna, oggi serena, **domani** bruna • meglio un uovo oggi che una gallina **domani** • non rimandare a **domani** quello che puoi fare oggi • non si può dire oggi quel che sarà **domani** • oggi a me **domani** a te • oggi è San Vito: ogni moglie batte il marito; **domani** è Santa Lena: ogni marito batte la mogliera • oggi fave, **domani** fame • oggi in alto, **domani** in basso • oggi in figura **domani** in sepoltura • oggi si perde e **doman** si guadagna • se compri un podere oggi, fa' che **domani** in città più non alloggi

domare Roma Roma ogni pazzo **doma**, e ai cuori non perdona • saliva d'uomo, ogni serpe **doma** • la soma, la bestia **doma**

domattina aggiungi acqua e farina, farem frittelle sino a **domattina** • se rannuvola sulla brina, aspetta l'acqua **domattina**

domenica chi ride di venerdì, piange di **domenica** • la **domenica** dell'ulivo ogni uccello fa il suo nido • la **domenica** di Pentecoste chi non la fa cara gli costa • Natale in venerdì, vale due poderi: se viene in **domenica**, vendi i bovi e compra la melica • non c'è sabato senza sole, non c'è donna senza amore, né **domenica** senza sapore, né vecchio senza dolore • quando Natale viene in **domenica**, vendi la tonica per comprar la melica • quando piove la **domenica** degli ulivi, piove sette domeniche di fila • se le calende di gennaio vengono di **domenica**, l'inverno è caldo, la primavera umida, l'autunno ventoso • tre acque prelibate: San Giuseppe, la **domenica** delle Palme, l'Annunziata

domenicale chi veste il **domenicale**, o bene bene, o male male

dominare dove la donna **domina** e governa, ivi sovente la pace non sverna

domo il bue non **domo**, in terra aliena si fa mansueto e domo

don i **don** di Spagna, i conti d'Alemagna, i monsieurs di Francia, i vescovi d'Italia, i cavalier di Napoli, i lordi di Scozia, i fidalghi di Portogallo, i minori fratelli d'Inghilterra e i nobili d'Ungheria, fanno una povera compagnia

donare chi ben **dona**, caro vende, se villan non è chi prende • chi **dona** al volgo, inimicizia compra • chi **dona** il dono, il donator disprezza • chi **dona** tosto dona due volte • chi lavora, Dio gli **dona** • donna che **dona** di rado è buona • la gatta caro vende, e il cavallo mezzo **dona** • meglio dieci **donare** che cento prestare • non sa **donare** chi tarda a dare • quando fortuna **dona** all'uom rispetto, gli dà favore e aiuto a suo di-

CHI HA TEMPO, NON ASPETTI TEMPO.

Non perder, saggio, occasione alcuna,
Che s'il tempo non prendi, è fuggitiuo,
Calua, se non l'afferri, è la fortuna.

spetto • quando il povero **dona** al ricco, il diavolo se la ride • quel che si **dona**, luce; quel che si mangia pute

Donato (1) **Donato** ha rotto il capo a Giusto • il signor **Donato** è morto allo spedale • il signor **Donato** gli è sempre bene arrivato

donato (2) a caval **donato** non si guarda in bocca

donatore chi dona il dono, il **donator** disprezza

donna abbi **donna** di te minore, se vuoi essere signore • acqua di mortella fa la **donna** bella • a **donna** alla finestra non far festa • a **donna** bianca bellezza non le manca • a **donne** e a preti non gliene dare un tantino, ch'e' se ne pigliano un tantone • agio e disagio fanno girare il capo alle **donne** • alle **donne** che non fanno figli non ci andar né per piaceri né per consigli • l'allegria delle **donne** è il lino • amor, dispetto, rabbia e gelosia, sul core d'ogni **donna** han signoria • aprile: le **donne** per il cortile • asini, **donne** e buoi, non t'allontanar da' tuoi • le buone **donne** non hanno né occhi né orecchi • camera adorna, **donna** savia • casa mia, **donna** mia, pane e aglio vita mia • caval che suda, uomo che giura e **donna** piangente non gli creder niente • chi disse **donna**, disse danno • chi **donne** pratica, giudizio perde • chi nasce in settembre ama le **donne** e il vino • chi piglia l'anguilla per la coda e la **donna** per la parola, può dire di non tener nulla • il credere e il bevere inganna le **donne** e i cani • dalle **donne** con le basette, Dio ci guardi, le son saette • da una mucca a una **donna** ci corre un par di corna • di' a una **donna** che è bella, e il diavolo glielo ripeterà dieci volte • di buone armi è armato, chi da buona **donna** è amato • Dio ti guardi da **donna** due volte maritata • Dio ti guardi da furia di vento, da frate fuor di convento, da **donna** che parla latino, e da nobile poverino • **donna** adorna, tardi esce e tardi torna • la **donna** alla finestra, la gatta alla minestra • **donna** barbuta, donna forzuta • **donna** brunetta, di natura netta • **donna** buona vale una corona • **don-**

na che dona di rado è buona • **donna** che ha molti amici, ha molte lingue mordaci • **donna** che muove l'anca, se non lo è poco ci manca • **donna** che per amor si piglia, si tenga in briglia • **donna** che piglia è nell'altrui artiglia • **donna** che regge all'oro, val più d'un gran tesoro • **donna** che sa il latino è rara cosa, ma guardati dal prenderla in sposa • **donna** che ti stringe e le braccia al collo ti cinge, poco t'ama, e molto finge, e nel fine ti abbrucia e tinge • la **donna** da casa non perda mai tempo • **donna** di monte, cavalier di corte • la **donna** è come la castagna: bella di fuori e dentro è magagna • la **donna** è come l'appetito, va contentata a tempo • la **donna** e l'orto vuole un sol padrone • **donna** e luna, oggi serena, domani bruna • la **donna** girellona è acqua in un vaglio • la **donna** guarda più sott'occhio che non fa l'uomo a diritto filo • la **donna** ha una lingua che taglia e cuce • la **donna**, il fuoco e il mare fanno l'uom pericolare • **donna** in treccia, cavallo in cavezza • **donna** iraconda, mare senza sponda • **donna** oziosa, non può esser virtuosa • **donna**, padella e lume, sono gran consumo • **donna** pelosa donna virtuosa • la **donna** per piccola che sia, la vince il diavolo in furberia • la **donna** sa dove nasce e non sa dove muore • **donna** savia e bella, è preziosa anche in gonnella • **donna** si lagna, donna si duole, donna s'ammala, quando la vuole • **donna** specchiante, poco filante • **donna** vecchia, donna proverbiosa • le **donne** arrivano i pazzi e i savi • **donne**, asini e noci, voglion le mani atroci • le **donne** dicono sempre il vero; ma non lo dicono tutto intero • le **donne** e le ciliegie son colorite per lor proprio danno • **donne** e oche tienne poche • **donne** e sardine son buone piccoline • le **donne** hanno lunghi i capelli e corto il cervello • le **donne** hanno sette spiriti in corpo • le **donne** ne sanno una più del diavolo • **donne** per casa, una in figura e una in pittura • le **donne** per parer belle si fanno brutte • le **donne** piglian ben le pulci • le

donne quando son ragazze han sette mani e una lingua sola; e quando son maritate han sette lingue e una mano sola • le **donne** s'attaccano sempre al peggio • le **donne** son figliuole dell'indugio • le **donne** sono una certa mercanzia da non le tener troppo in casa • le **donne** son sante in chiesa, angele in istrada, diavole in casa, civette alla finestra e gazze alla porta • le **donne** son segrete come il dolor di corpo • le **donne** tacciono quello che non sanno • dove la **donna** domina e governa, ivi sovente la pace non sverna • giugno, luglio e agosto, né acqua né **donna** né mosto • guardati dalla **donna** di festa e dalla bandita di grazia • lagrime di **donne**, fontana di malizia • lagrime piante per **donna** son come l'acqua del mare, non è buona da bere, ma è buona da annegare • maggio asciutto, gran per tutto; maggio molle, lin per le **donne** • marzo molle, lin per le **donne** • mula che rigna e **donna** che sogghigna, quella ti tira, e questa ti sgraffigna • muore più uomini pregni che **donne** gravide • né **donna** né tela a lume di candela • non c'è sabato senza sole, non c'è **donna** senza amore, né domenica senza sapore, né vecchio senza dolore • non credere a **donna**, quand'anche sia morta • non dir le cose tue né ad uom senza barba, né a **donna** senza petto • ogni cosa è di Dio, fuorché le **donne** • pane e bucata fan **donna** scorrucciata • pecore e **donne** a casa a buon'ora • la pecunia, se la sai usare, è ancella; se no, è **donna** • pere e **donne** senza romori, sono stimate le migliori • per le **donne** in convulsione, è un gran recipe il bastone • piglia casa con focolare, e **donna** che sappia filare • più vale una savia **donna** filando, che cento triste vegliando • povero dispettoso, vecchio lussurioso, e **donna** lisciata, dispiace alla brigata • putto in vino e **donna** in latino, non fece mai buon fine • quando la barba fa bianchino, lascia la **donna** e tienti al vino • quando la **donna** folleggia, la fante danneggia • quel che alla **donna** ogni segreto fida, ne vien col tempo a far pubbliche grida • San Geminiano dalle belle torri e dalle belle campane, gli uomini brutti, e le **donne** befane • se la **donna** di gran beltade non ha angelica onestade, non gli far veder le strade • se la **donna** vuol, tutto la puol • se le **donne** fossero d'oro, non varrebbono un quattrino • seren di notte, nuvolo di estate, amor di **donna**, discrezion di frate • spesso l'uomo ingannato si trova che piglia **donna** a vista e non a prova • tela di giorno e **donna** di sera • tempo, vento, signor, **donna**, fortuna, voltano e tornan come fa la luna • tre cose fan l'uomo accorto; lite, **donna** e porto • tre cose son facili a credere, uomo morto, **donna** gravida e nave rotta • tre **donne** fanno un mercato • tre D rovinan l'uomo, diavolo, danaro e **donna** • un uomo di paglia vuole una **donna** d'oro • gli uomini fanno la roba, e le **donne** la conservano • gli uomini hanno gli anni che sentono, le **donne** quelli che dimostrano • gli uomini vanno veduti in pianelle, e le **donne** in cuffia • uomo che ha voce di **donna**, e donna che ha voce di uomo, guardatene • uomo e **donna** in stretto loco, secca paglia appresso al foco • l'uomo è fuoco, e la **donna** è stoppa, vien poi il diavolo, e gliel'accocca • uomo rosso e **donna** barbuta, co' sassi la saluta • i veneziani alla mattina una messetta, dopo desinare una bassetta, e la sera una **donnetta** • volpe che dorme, ebreo che giura, **donna** che piange, malizia sopraffina colle frangie • vuoi tu farti creder **donna** beata, parla di tua cognata • zambra serrata fa **donna** lodata

donnola amor di signore, amore di **donnola**

dono chi dona il **dono**, il donator disprezza • il **dono** dee chiuder la bocca a chi lo fa, ed aprirla a chi lo riceve • **dono** di consiglio più vale che d'oro

doppio al nascer delle **doppie** il mondo ha finito d'esser semplice • sposare una vedova è fatica **doppia** • vanga piatta poco attacca; vanga ritta, terra ricca; vanga sotto, ricca al **doppio**

dorato se la pillola avesse buon sapore, **dorata** non sarebbe per di fuore

dormire aprile dolce **dormire** • l'avaro non **dorme** • carnevale andato, quaresima venuta: cenare, e andare a **dormire** • carta canta e villan **dorme** • chi ben **dorme** non sente le pulci • chi bene istrumenta, **dorme** sicuro • chi **dorme** d'agosto dorme a suo costo • chi **dorme** il giorno di Pasqua dorme sotto qualunque frasca • chi **dorme** non piglia pesci • chi **dorme** quanto può, non dorme quanto vuole • chi gioca, non **dorme** • chi ha accordato l'oste, può andare a **dormire** • chi ha ad aver bene, **dormendo** gli viene • chi ha da fare, non **dorme** • chi non può **dormire** trova il letto mal rifatto • di maggio si **dorme** per assaggio • fortuna, e **dormi** • in marzo si nasconde un gatto, in aprile lasciami **dormire**; in maggio vieni a veder che faccio e in giugno mettimi nel pugno • le nazioni smaltiscono diversamente il dolore: il Tedesco lo beve, il Francese lo mangia, lo spagnolo lo piange, e l'Italiano lo **dorme** • non bisogna **dormire** tutti i suoi sonni • non destare il can che **dorme** • non ti fidare del can che **dorme** • il porco vuol mangiare sporco e **dormire** pulito • se il sole va a **dormire** pulito l'ultimo dì d'agosto fa un bell'autunno; se il sole va a dormire col cappello l'autunno non fa bello • sette cose fa la zuppa, cava fame e sete attuta, empie il ventre e netta il dente, fa **dormire**, fa smaltire, e la guancia fa arrossire • s'io **dormo**, dormo a me; s'io lavoro, non so a chi • i vecchi son lepri, **dormono** con gli occhi aperti • vegliare alla luna e **dormire** al sole, non fa né pro né onore • Venere **dorme**, se Marte veglia; se Marte dorme, Venere veglia • virtù e fortuna non sempre **dormono** insieme • volpe che **dorme**, ebreo che giura, donna che piange, malizia sopraffina colle frangie

dorso il drappo corregge il **dorso**, e la carne concia l'osso

dosso a filar fine il cul se ne ride, a filar grosso si riempie il **dosso** • la lingua non ha osso, ma fa rompere il **dosso** • panno senese, si rompe prima che si metta in **dosso** • un basto solo non ben s'adatta a ogni **dosso**

dote le belle senza **dote** trovano più amanti che mariti • gran **dote**, gran baldezza

dotto meglio essere **dotto** che dottore • meglio un medico fortunato, che uno **dotto** • Milano la grande, Vinegia la ricca, Genova la superba, Bologna la grassa, Firenze la bella, Padova la **dotta**, Ravenna l'**antica**, Roma la santa

dottore a Roma **dottori**, a Napoli ladroni, a Genova scavezzi, a Milan tagliacantoni, a Venezia forestieri, a Fiorenza scardassieri • colle mani in mano non si va da' **dottori** • meglio essere dotto che **dottore** • meglio un asino vivo che un **dottore** morto • si spende più a fare un mercante che un **dottore** • tutti non possono essere **dottori**

dottrina sanza **dottrina**, non fa pro medicina

dovere (1) chi domanda ciò che non **dovrebbe**, ode quel che non vorrebbe • chi fa quel che non **deve**, gli intervien quel che e' non crede • chi lecca i piatti, **deve** leccare in terra • comandi chi può, obbedisca chi **deve**

dovere (2) chi ha casa e podere, ha più del suo **dovere** • fa' il **dovere**, e non temere • prima il **dovere** poi il piacere • si muore giovani per disgrazia e vecchi per **dovere**

dovizia carestia di piazza è meglio che **dovizia** di casa • carestia fa **dovizia** • delle moglie è più **dovizia** che de' polli • dov'è guerra non fu mai **dovizia**

dozzina chi è a **dozzina**, non comanda • tutte le stringhe rotte vogliono entrare in **dozzina**

drago se il serpente non mangiasse del serpente, non si farebbe **drago**

dragone è meglio esser capo di lucertola, che coda di **dragone**

drappo il **drappo** corregge il dorso, e la carne concia l'osso

dubbio nel **dubbio** astieniti

dubbioso chi è ozioso, è **dubbioso**

dubitare chi è giusto, non può **dubitare**

ducato quei ch'han **ducati**, signori son chiamati • un uovo appena nato vale un **ducato**

due a chi è in fallo, l'uno par **due** • a chi prende moglie ci voglion **due** cervelli • l'altissimo di sopra ne manda la tempesta, l'altissimo di sotto ne mangia quel che resta, e in mezzo a **due** altissimi restiamo poverissimi • a primiera i **due** assi, menano a spasso • il buono ufficiale vuol aver **due** cose, mano larga e brachetta stretta • chi dà presto, è come se desse **due** volte • chi dona tosto dona **due** volte • chi fa i conti avanti l'oste, gli convien farli **due** volte • chi fila ha una camicia e chi non fila ne ha **due** • chi ha la sentenza contro, e se n'appella, a casa porta **due** triste novelle • chi mena per primo mena **due** volte • chi ne ha **due**, ne ha uno; e chi ne ha uno, ne ha nessuno • chi sente cantare il cucculo **due** volte nel mese di aprile non deve dispiacersi di morire • chi sta a vedere, ha **due** terzi del gioco • chi tiene il piede in **due** staffe, spesso si trova fuora • chi trova una chiave, trova **due** quattrini, ma chi la perde, perde due carlini • colpo di forbici ognun **due** • compagnia d'uno, compagnia di niuno; compagnia di **due**, compagnia di Dio; compagnia di tre, compagnia di re; compagnia di quattro, compagnia da matti • consiglio di **due** non fu mai buono • contro **due** non la potrebbe Orlando • da una sola vacca non si cava **due** pelli • Dio ti guardi da donna **due** volte maritata • dove **due** amici s'incontrano, Dio gli fa da terzo • dove son **due** Monfin, due ladri e un assassin • **due** dì gode il marito la sua metà, il dì che la porta a casa, e quello che la se ne va • **due** item fan l'uomo beato • **due** teste fanno un quadrello • **due** torti non fanno una ragione • e' bisogna qualche volta lasciar andare **due** pani per coppia • esser signore e minchione, è esser minchione **due** volte • la fortuna non arriva mai **due** volte • frate che chiede per Dio, chiede per **due** • lavoratore buono di un podere ne fa **due**; cattivo, ne fa mezzo • monaca di San Pasquale **due** capi sopra un guanciale • la morte è una cosa che non si può fare **due** volte • Natale in venerdì, vale **due** poderi: se viene in domenica, vendi i bovi e compra la melica • nell'oscuro si vede meglio con uno che con **due** occhi • nessuno vuol gallina se non le fa **due** ova • non c'è **due** senza tre • non istanno bene **due** galli in un pollaio • non si può servire a **due** padroni • ogni cosa ha **due** manici • l'orzola, dopo **due** mesi va e ricola • per la Vecchietta, un'oretta, per Sant'Antonio, **due** mezz'ore buone • per San Vito gira l'oliveto: se uno o **due** paiono, è entrata generale • quando si va per dare, bisogna portar **due** sacchi • quando tuona il dì di San Giuseppe, **due** inverni in quell'anno • i quattrini dell'avaro **due** volte vanno al mercato • Sant'Antonio e San Mauro sono **due** negozianti di neve • se le cose si facessero **due** volte, l'asino sarebbe nostro • sette s'accordano in una scuffia, e **due** non s'accordano in un lenzuolo • se tu vuoi della vite trionfare non gli torre e non gli dare, e più di **due** volte non la legare • se un cieco guida l'altro, tutti **due** cascano nella fossa • tenere **due** amorosi è come tenere un sacco di pulci • tra **due** poltroni il vantaggio è di chi prima conosce l'altro • tra i **due** litiganti il terzo gode • tutto fai, ma la casa con **due** porte mai • una mano lava l'altra e tutt'e **due** lavano il viso • un è nulla, **due** una frulla, tre un che, quattro è un fatto, e cinque un tratto • un fucile scarico fa paura a **due** • uno sprone nella testa ne val **due** ne' calcagni • un pezzo non fa fuoco, **due** ne fanno poco, tre un focherello, e quattro lo fanno bello • val più aver **due** soldi di minchione che di molti: bravo • i vecchi e i briachi sono **due** volte fanciulli • vedono più quattr'occhi che **due**

duolo non ti rallegrar del mio **duolo**, ché quando il mio sarà vecchio, il tuo sarà nuovo • pan di figliuoli, pene e **duoli** • quando **duol** la scianca, la femmina non manca • terno, il **duol** dell'inferno

Duomo San Romano fa l'elemosina al **Duomo**

durante terzo aprilante, quaranta dì **durante**

durare a caval corridor e felice giocator, poco **dura** l'onor • bando bolognese, **dura** trenta giorni meno un mese • bando di Ciompi, **durava** tre dì • un bel gioco **dura** poco • le bellezze **duran** fino alla porta, le bontà fino alla morte • il bel tempo non **dura** sempre • il bene de' poveri **dura** poco • bene fatto per paura non val niente e poco **dura** • il bianco e il rosso va e vien, ma il giallo si mantien; anzi il giallo è un color forte che **dura** anche dopo morte • bruma oscura tre dì **dura**; se vien di trotto, dura più d'otto • buon tempo e mal tempo non **dura** tutto il tempo • carne di porco e uomini di guerra **durano** poco • chi della roba non fa stima o cura, più della roba la sua vita **dura** • chi ha guidato la sposa a casa, sa quanto **dura** il pianto d'una femmina • chi la **dura** la vince • chi la misura, la **dura** • chi non si misura, non **dura** • chi non vuol **durar** fatica in questo mondo, non ci nasca • chi strafà, non **dura**; e chi dura, dura poco • ciò che si ha per natura, fino alla fossa **dura** • la coda è la più **dura** a scorticare • di luglio il temporale **dura** poco e non fa male • doglia di moglie morta, **dura** fino alla porta • **durasse** tanto la mala vicina, quanto dura la neve marzolina • l'estate di San Martino **dura** dalla sera alla mattina • in amoroso stato non **dura** l'occupato • l'incudine **dura** più del martello • legge di Verona, **dura** da terza a nona • la neve che vien prima di Natale **dura** più dell'acciaio • neve marzolina **dura** dalla sera alla mattina • le novità **duran** tre dì, e quando van di trotto, le non duran più d'otto • pane finché **dura**, ma il vino a misura • piccion grossi e cavalli a vettura, è bravo chi la **dura** • pioggia con sole **durare** non suole • più che il mantello **dura** l'inchiostro • punto di festa poco **dura**, ma la figura • ragazza che **dura**, non perde ventura • la roba del villano **dura** trent'anni e un mese e poi la torna al suo paese • rosso di fuoco **dura** poco • San Gallo: cento dì **durarlo** • Sant'Antonio gran freddura, San Lorenzo gran caldura, l'uno e l'altro poco **dura** • lo scherzo è bello quando **dura** poco • sdegno d'amante poco **dura** • se il matrimonio **durasse** un anno, tutti si mariterebbero • se l'Orso è asciutto l'inverno dura ancora quaranta **dì** • si **dura** più fatica a tacere che a parlare • signor di maggio **dura** poco • son meglio le fave che **durano**, che i capponi che vengon meno • tempo rifatto di notte, se **dura** un giorno dura troppo • trotto d'asino poco **dura** • una buona imbriacatura nove giorni **dura** • un pane **dura** cento miglia, e cento pani non durano un miglio • il vecchio che si cura cent'anni **dura** • vince colui che soffre e **dura** • vizio per natura, fino alla fossa **dura**

durata sole d'alta levata non è mai di **durata**

duro a legno **duro**, accetta tagliente • a novembre semina piovendo, e se è **duro** semina pure • asino **duro**, baston duro • chi non ha forza abbia la pelle **dura** • **dura** più una pentola vecchia che una nuova • **duro** a vecchia licenza, nuova legge • **duro** con duro non fa buon muro • il fuoco fa i tegoli **duri** • nell'osso **duro** si crea la midolla tenera • il pane del povero è sempre **duro** • quel che fu **duro** a patire, è dolce a ricordare • se in luglio la formica porta più dell'usato, l'inverno sarà **duro** e anticipato

e, E

ebreo a fare un genovese ci vogliono sette **ebrei** e un fiorentino • non è buon cristiano, chi non è stato buon **ebreo** • volpe che dorme, **ebreo** che giura, donna che piange, malizia sopraffina colle frangie

eccetto ogni cosa si sa comportare, **eccetto** il buon tempo

eccezione l'**eccezione** conferma la regola • ogni regola ha la sua **eccezione**

edificare chi **edifica**, la borsa purifica • chi più **edifica** più distrugge

effetto dagli **effetti** si conoscono gli affetti • la legge **effetto**, e la grazia affetto vuole

eguale non è malvagio **eguale** a quel che si compiace del far male • se il grande fosse valente e il piccolo paziente, e il rosso leale, ognun sarebbe **eguale**

elefante il morso della pulce non dà noia all'**elefante**

eleggere chi ben giudica, bene **elegge**

elemosina (**limosina**) a **limosina** si fa colla borsa, e non col bossolo • San Romano fa l'**elemosina** al Duomo

elezione chi erra nell'**elezione**, erra nel servigio

emendare se ciascuno volesse **emendare** uno, tutti sarebbero emendati

empio la morte agli **empi** è pena, e porto ai buoni

empire ara poco ma minuto e fondo, se tu vuoi **empire** il granaio da cima a fondo • chi troppo abbaia, s'**empie** il corpo di vento • chi vince da sezzo **empie** il sacchetto • gennaio e febbraio **empie** o vuota il granaio • gennaio polveraio **empie** il granaio • maggio giardinaio non **empie** il granaio • pane e coltello non **empie** mai il budello • le parole non **empiono** il corpo • pioggia di febbraio **empie** il granaio • poco e buono **empie** il tagliere • se di febbraio corrono i viottoli, **empie** di vino e olio tutti i ciottoli • se gennaio è cattivo e tristo d'ogni frutto **empi** il canestro • sette cose fa la zuppa, cava fame e sete attuta, **empie** il ventre e netta il dente, fa dormire, fa smaltire, e la guancia fa arrossire • se tu vuoi **empir** le tina, zappa il miglio in orecchina • se vuoi **empir** la cantina zappa e pota in gennaio; se vuoi empir la botticella zappa e pota in marzo • la vacca non s'**empie** la pancia se non è maggio

entrare bisogna guardare non a quello che **entra**, ma a quello che esce • chi del suo vuol esser signore, non **entri** mallevadore • chi non c'è non c'**entri**; e chi c'è, non si sgomenti • chi per altrui promette, **entra** per le larghe e esce per le strette • come uno piglia moglie, egli **entra** nel pensatoio • dove **entra** il sole non entra il medico • dove non può **entrare** il diavolo, c'entra la versiera • in bocca chiusa non **entran** mosche • non bisogna **entrare** in sacrestia • non **entri** tra fuso e rocca, chi non vuol esser filato • non fu mai sacco sì pieno, che non v'**entrasse** ancora un grano • non segue matrimonio che non c'**entri** il demonio • non si **entra** in Paradiso a dispetto dei Santi • se marzo **entra** come un leone esce come un agnello • tutte le stringhe rotte vogliono **entrare** in dozzina • tutti i cenci vogliono **entrare** in bucato

entrata all'escita, brache e camicia; e all'**entrata**, la rocca è inconocchiata • bisogna far la spesa secondo l'**entrata** • chi non ha **entrata** né mestiere e va a spasso, va allo spedale passo passo • danari, boschi e prati, **entrate** per preti e frati • l'**entrata** del prete vien cantando e va via zufolando • idee da gran signori, e **entrate** da cappuccini • non si conosce mai invernata se quaresima non è **entrata** • per San Vito gira l'oliveto: se uno o due paiono, è **entrata** generale • Roma travagliata, ché chi ha bella moglie vive d'**entrata** • Santa Liberata perché non ha l'uscita come l'**entrata** • se piove il dì della Pentecoste, tutte l'**entrate** non son nostre • vita d'**entrata**, vita stentata

Epifania (6 gennaio) a Natale un piede di gallo, al primo dell'anno un piede di cane, all'**Epifania** un piede di stria • l'**Epifania** tutte le feste si porta via

Era è un mal fiume l'**Era**

erba il bue mangia il fieno perché si ricorda che è stato **erba** • campa cavallo che l'**erba** cresce • chi dice tutto e niente serba, può andar con l'altre bestie e pascer l'**erba** • chi pela l'**erba** marzolina, pela la grande e anche la piccina • chi vuole misurare il grano in **erba** sarà ingannato come il villano • l'**erba** cattiva cresce in fretta • l'**erba** cattiva soffoca dove arriva • **erba** che non ha radice, muor presto • l'**erba** che non vuoi ti spunta nell'orto e l'uomo che vuoi morto è sempre vivo • l'**erba** del vicino è sempre più verde • l'**erba** di febbraio inganna il pecoraio • l'**erba** non nasce sulla strada maestra • l'**erba** voglio non cresce neanche nel giardino del re • febbraio asciutto, **erba** per tutto • fin che non canta il cucco, l'**erbe** sono buone tutte • gennaio e febbraio, tienti al pollaio; marzo e aprile, capretto gentile; maggio e giugno, **erbette** col grugno; luglio e agosto, piccioni arrosto, settembre e ottobre, buone lepri col savore; novembre e dicembre, buon vitel sempre • in forno caldo non può nascer **erba** • non si fa fascio d'ogni **erba**, ma sì ghirlanda di ogni fiore • ogni **erba** si conosce al seme • Pasqua alta: rami e **erba** • la pazienza è una buon'**erba** ma non cresce in tutti gli orti • per San Giuseppe in un buon campo d'**erba** medica deve nascondersi il cappello d'un prete • quando gennaio mett'**erba**, chi ha grano lo riserba • quando l'**erba** non punge, la passera non unge • sega l'**erba** a luna nuova e la vacca al bisogno trova • se marzo butta **erba**, aprile butta merda • se non piove di marzo, non viene né **erba** né altro; se non piove d'aprile, quello ch'è nato sta per morire • si può amar la salsa verde, senza mangiar le biade in **erba**

eredità bellezza di corpo non è **eredità**

ereditare (**redare**) non s'apprezza ben **redato**, quanto ben da sé acquistato • per arricchire ci voglion tre r, o **redare**, o rubare, o ridire • se vuoi comprar terra a buon mercato, comprala da uno spiantato, o da figliuol ch'abbia **ereditato**

eremita (**romito**) il diavolo quando è vecchio si fa **romito** • Dio mi guardi da alchimista povero, da **romito** grasso, e da medico infermo

eresia frenesia, gelosia, **eresia**, mai son sanate per alcuna via • la prima è moglie, la seconda compagnia, la terza **eresia**

eretico chi bazzica co' preti e intorno ha il medico, vive sempre ammalato e muore **eretico** • col Vangelo si può diventare **eretici**

eretto nel colonizzare un'isola, la prima fabbrica **eretta** da uno Spagnolo sarebbe una chiesa, da un Francese un forte, da un Olandese un magazzino, e da un Inglese una bottega di birra

erpicare non s'ara come s'**erpica**

erpice come disse la botta all'**erpice**

errante per Tutti i Santi le castagne vanno **erranti**

errare chi **erra** nelle decine erra nelle migliaia • chi **erra** nell'elezione, erra nel servigio • chi favella **erra** • chi più crede sapere più **erra** • chi serve non **erra** • meglio **errar** con molti che da sé stesso • il popolo, quando falla, dev'essere gastigato; ma il principe, se **erra**, dev'esser avvisato • se i savi non **errassero**, i matti s'impiccherebbero

errore a chi pecca per **erro** s'ha compassione; ma chi pecca per arri, non merita scuse • **error** di medico, volontà di Dio • **errore** non fa pagamento • gli **errori** dei medici li ricopre la terra, quelli dei ricchi il denaro • gli **errori** nelle guerre divengono pianti • **error** non è frodo

erta il bello è star nel piano, e confortare i cani all'**erta** • quando tu puoi ir per la piana, non cercar l'**erta** né la scesa • tramontana torba e scirocco chiaro, tienti all'**erta**, marinaro

esca la beltà senza la grazia è un amo senza l'**esca** • chi vuol far della roba, **esca** di casa • invan si pesca, se l'amo non ha l'**esca** • non bisogna metter mai l'**esca** accanto al fuoco • se la vecchia non pesca, non c'è grano né **esca**

esempio contano più gli **esempi** che le parole • **esempi** e benefici fanno gli amici • le parole incitano, gli **esempi** trascinano • la ragione vuol l'**esempio** • tristo a colui che dà l'**esempio** altrui

esercizio l'**esercizio** è un buon maestro • giovane senza **esercizio**, ne va sempre in precipizio • non tutte l'età son buone per un **esercizio**

esperienza (**isperienza, sperienza**) chi non ha **esperienza** non ha scienza • di cose fuori di credenza, non fare **isperienza** • l'**esperienza** è il bastone con cui si può camminare • l'**esperienza** e la prudenza sono indovine • l'**esperienza** insegna grandi cose • **esperienza**, madre di scienza • gelosia viene per impotenza, per opinione e per **esperienza**

espugnato città affamata, città **espugnata**

essere Dio solo sa quel che ha da **essere** • parere, e non **essere**, è come filare, e non tessere • quel che non è stato, può **essere** • quel ch'è stato è stato

estate (**istate, state**) a San Grato l'**estate** è passata • chi d'**estate** non lavora, nell'inverno perde la coda • chi imita la formica la **state**, non va pel pane in presto il verno • chi vuol provar le pene dell'inferno, d'**estate** il fabbro e l'ortolan d'inverno • chi vuol provar le pene dell'Inferno, la **state** in Puglia e all'Aquila di verno • cuculo cuculetto: l'**estate** è cuculo, l'inverno è falchetto • d'**estate** ogni buco fa latte, d'inverno nemmen le buone vacche • d'inverno fornaio, d'**estate** tavernaio • l'**estate** di San Martino dura dalla sera alla mattina • l'**estate** è la madre de' poveri • i favori delle corti sono come sereni d'inverno e nuvoli d'**istate** • la formica si affanna nell'**estate** per non patire nell'inverno • il fresco della **state** fa dolere il corpo d'inverno • gennaio è capo d'**estate** • luna a giugno col cerchio, **estate** di fuoco • marzo: «o vado o vengo, capo d'**estate** e coda d'inverno mi ritengo» • né di **state** né di verno non andar senza mantello • quando il verno è nella **state**, e la state nell'invernata, non avrai buona derrata • quando l'**estate** passa piovosa, la biada smoggia • se giugno tuona, tutta l'**estate** rimbomba • seren di notte, nuvolo di **estate**, amor di donna, discrezion di frate • settembre dall'altura porta al piano la frescura e l'**estate** in sepoltura • tanta nebbia di marzo, tanti temporali d'**estate** • tosse d'inverno vuol governo; tosse d'**estate** conduce al sagrato

estremo a mali **estremi**, estremi rimedi • gli **estremi** si toccano • non ti lasciar condurre al passo **estremo**, ché molti n'ha ingannati il «benfaremo» • tutti gli **estremi** son viziosi

età amicizia e nimistà non sta ferma in verde **età** • **età** si prova per vista che trova • non tutte l'**età** son buone per un esercizio • la roba ha tre **età**: la prima l'acquista, la seconda la conserva, la terza la distrugge

Eva tutti siamo figli di Adamo ed Eva

evangelista per San Marco evangelista, maggio alla vista • San Marco **evangelista**, maggio alla vista

f, F

fabbricare chi ha denari assai, **fabbrica**; chi n'ha davanzo, dipinge • chi si mette a **fabbricare** sa dove comincia e non dove finisce • nel colonizzare un'isola, la prima **fabbrica** eretta da uno Spagnolo sarebbe una chiesa, da un Francese un forte, da un Olandese un magazzino, e da un Inglese una bottega di birra

fabbro a fare il **fabbro** con la barba, e alle lettere con la bava • chi vuol provar le pene dell'inferno, d'estate il **fabbro** e l'ortolan d'inverno

faccenda gli amici e gli avvisi aiutano fare le **faccende** • Dio ti guardi da chi non ha altro che una **faccenda** sola • è poca **faccenda** dire • meglio una **faccenda** fatta che mille incominciate • tutte le grandi **faccende** si fanno di poca cosa

facchino chi ha da essere **facchino**, nasce col cercine in capo • cicisbei e ganzerini peggio vita che **facchini** • sapienza di pover uomo, bellezza di p... e forza di **facchino** non valgono un quattrino

faccia bella **faccia** il cuore allaccia • la buona vita fa la **faccia** pulita • **faccia** rara, mente avara • la morte non guarda in **faccia** a nessuno • il pidocchio non ha **faccia**, e però sta saldo • val più una buona **faccia** che un carro di complimenti

facciata una bella porta rifà una brutta **facciata**

facile è **facil** cosa aprir la bocca e forarsi i denti • è più **facile** fare il momo che il mimo • è più **facile** far le piaghe che sanarle • è più **facile** filosofare che laconizzare • è più **facile** presumere che sapere • nel facile sta il difficile • tre cose son **facili** a credere, uomo morto, donna gravida e nave rotta

facilmente chi ha buona cappa, **facilmente** scappa

facitore gran vantatore, piccol **facitore**

facoltà a buona volontà non manca **facoltà**

fagiolo a Marradi, seminan **fagioli** e nascon ladri • a San Marco i **fagioli** fuori dal sacco • Fiorentin mangia **fagioli**, e' volevan li Spagnoli; li Spagnoli son venuti, Fiorentin becchi cornuti • quaresima delicata: i **fagioli** e l'insalata

falce a San Barnabà la **falce** al prà • giugno, la **falce** in pugno • maggio e giugno: la **falce** in mano e la ciliegia in pugno • non v'è la peggio stretta di quella della **falce** • per fare un buon agostano, prima di Santa Maria la **falce** in mano

falco benché l'aquila voli alto, il **falco** l'uccide • cuculo cuculetto: l'estate è cuculo, l'inverno è **falchetto**

falda il medico di Valenza, lunghe **falde** e poca scienza

fallare chi assai ciarla spesso **falla** • chi fa **falla** e chi non fa sfarfalla • chi **falla** in fretta piange adagio • chi **falla** la seconda volta, merita un cavallo • chi non **falla**, non teme • chi non fa, non **falla**; e fallando s'impara • chi semina alla buon'ora, qualche volta **falla**, e chi semina tardi, falla quasi sempre • col perdonar troppo a chi **falla**, si fa ingiuria a chi non falla • muovi lite, acconcio non ti **falla** • il popolo, quando **falla**, dev'essere gastigato; ma il principe, se erra, dev'esser avvisato

fallire amici e muli **falliscono** nell'adoprarli • **fallire** far lire • il fine del mercante è il **fallire**; e il fine del ladro in sulle forche, morire • mercante litigioso, o **fallito** o pidocchioso • parla poco e ascolta assai, e giammai non **fallirai** • i pensieri vanno **falliti** • pota tardi e semina presto, se un anno **fallirai**, quattro ne assicurerai • quando piove il giorno di San Vito il prodotto dell'uva va sempre **fallito** • quando uno è **fallito** è in capitale • sogni di banditi e fantasie di storpiati, disegni di **falliti** • uno **fallisce** a cavare la terra, un secondo a levar l'acqua, un terzo a render buono il terreno

fallo a chi è in **fallo**, l'uno par due • femmine, vino e cavallo, mercanzia di **fallo** • ogni **fallo** aspetta il suo laccio • per i Santi o io o i miei fanti, per San Martino sono vicina, per San Niccolò verrò se potrò, per Natale senza **fallo**

falso credesi il **falso** al verace, negasi il vero al mendace • Piemontesi **falsi** e cortesi

fama la buona **fama** è come il cipresso • chi mal cerca **fama**, se stesso diffama • chi teme la morte, non stima la **fama** • **fame** affoga fama • ogni bello alfin svanisce, ma la **fama** mai perisce

fame a **fame** pane, a sete acqua, a sonno panca • gli anni della **fame** cominciano nella greppia del bestiame • avanti Natale, né freddo né **fame**: da Natale in là, il freddo se ne va • battilano, o unto, o si muor di **fame** • chi ha denti non ha **fame**, e chi ha fame non ha denti • chi ha **fame** non ha sonno • chi si pasce di speranza muore di **fame** • dalla paglia al legame cresce la **fame** • Dio mi guardi da **fame**, fiume e femmina • è meglio morir di **fame**, che di stento • **fame** affoga fama • la **fame** caccia il lupo dal bosco • la **fame** condisce tutte le vivande • la **fame** è cattiva consigliera • la **fame** e il suono fan le cose maggiori di quel che sono • la **fame** ha le spie per tutto • la **fame** in Inghilterra comincia dalla mangiatoia del cavallo • la **fame** non conosce legge • il miglio mantiene la **fame** in casa • i mugnai sono gli ultimi a morir di **fame** • non c'è puttana che non muoia di **fame** • non fu mai vista capra morta di **fame** • oggi fave, domani **fame** • l'ordine è pane, il disordine è **fame** • Pasqua colla tormenta porta **fame** e guerra • prima di Natale né freddo né **fame**; da Natale in là freddo e fame in quantità • quando canta il cucco, è **fame** dappertutto: quando canta la cicala, la fame se ne andava • quando la **fame** assale, la musica non vale • quando la **fame** vien dentro la porta, l'amore se ne va dalla finestra • quando si ha una piccola villa, non patisce di **fame** la famiglia

• risparmia la **fame** quando viene maggio • se a novembre il contadin riposa, farà di **fame** pianger la sposa • se il pane corresse quanto le lepri, quanti morirebbero di **fame**! • se i signori avessero giudizio, i poveri morirebbero di **fame** • sette cose fa la zuppa, cava **fame** e sete attuta, empie il ventre e netta il dente, fa dormire, fa smaltire, e la guancia fa arrossire • sotto la neve pane e sotto l'acqua **fame** • tu ti morresti di **fame** nell'Altopascio

famiglia l'ago e la pezzuola mantengon la **famigliola** • chi l'altrui **famiglia** non guarda, la sua non mette barba • chi vuol bella **famiglia** cominci dalla figlia • la **famiglia** piccolina mette la casa in rovina; quando si è rilevata, la casa è rovinata • guai a quella casa dove la **famiglia** s'accorda • i panni sporchi si lavano in **famiglia** • per tutto bene, ma in **famiglia** meglio • quando si ha una piccola villa, non patisce di fame la **famiglia** • secondo vuoi la **famiglia**, la moglie piglia

familiarità quattro madri buone fanno figliuoli cattivi: la verità l'odio, la prosperità il fasto, la sicurtà il pericolo, la **familiarità** il dispregio

fanciullo la colpa morì **fanciulla** • i **fanciulli** mettono ogni giorno un'oncia di carne e una libbra di malizia • la fortuna aiuta i matti e i **fanciulli** • i matti e i **fanciulli** indovinano • i vecchi e i briachi sono due volte **fanciulli** • la verità morì **fanciulla**

fango acqua di maggio, acqua di **fango** • anche il sole passa sopra il **fango** e non s'imbratta • chi casca nel **fango**, più ci si dimena e più s'imbratta • **fango** di maggio, spighe d'agosto • San Giuseppe dalla barba bianca: o la neve o il **fango** • vangami nella polvere, incalzami nel **fango**, io ti darò buon vino

fantasia sogni di banditi e **fantasie** di storpiati, disegni di falliti

fante ai Santi si veste i **fanti**, a San Martino grandi e piccini • arme lunga fa buon **fante** • bisogno fa buon **fante** • per i Santi o io o i miei **fanti**, per

San Martino sono vicina, per San Niccolò verrò se potrò, per Natale senza fallo • prosopopea di pedanti e sudiciume di **fanti**, ne son pieni tutti i canti • quando la donna folleggia, la **fante** danneggia • scherza coi **fanti** e lascia stare i santi

fanterello chi veste un zoccarello, e' pare un **fanterello**

fare a chi va cercando rogna, non mancò mai da **fare** • a **fare** i fatti suoi uno non s'imbratta le mani • altro è dire altro è **fare** • ben dire val molto, ben **fare** passa tutto • il ben **fare** è guerra al tristo • chi avesse quel che non ha, **farebbe** quel che non fa • chi è avvezzo a **fare**, non si può stare • chi **fa**, fa a sé • chi ha da **fare**, non dorme • chi ha **fatto** il più, può fare il meno • chi le vuol **fare**, non lo dice • chi mi dà a **fare**, mi sciopera • chi ne **fa**, ne fa di tutte • chi non **fa** quando può, non fa quando vuole • chi non sa che **fare**, pettini i cani • chi non sa **fare**, non sa comandare • chi parla, deve **fare** anche volentieri • chi più **fa** meno fa • chi più **fa**, meno presume • chi teme di dire non è degno di **fare** • dal **fare** al dire c'è che ire • l'Italiano è saggio prima di **fare** una cosa, il Tedesco quando la fa, e il Francese quando è bell'e fatta • mal non **fare** e paura non avere • non **fare** agli altri quello che non vorresti che fosse fatto a te • non **fare** il male ch'è peccato, non fare il bene ch'è sprecato • non mancò giammai da **fare** a chi ben vuol trafficare • non rimandare a domani quello che puoi **fare** oggi • paese che vai, come vedi **fare**, fai • per **fare** una cosa bene, bisogna esser tagliati a buona luna • per una volta la si può **fare** anche a suo padre • poeti, pittori e pellegrini a **fare** e a dire sono indovini • quando canta il cucco, v'è da **far** per tutto: o cantare o non cantare, per tutto c'è da fare • quel che tu stesso puoi e dire e **fare**, che altri il faccia mai non aspettare • se il diavolo trova un vizioso, tosto gli dà da **fare** • se non vuoi che si sappia, non lo **fare** • si **fa** più presto a disfare che a fare • tra il dire e il **fare** c'è di mezzo il mare • tre cose son difficili a **fare**: cuocere un uo-

Stenta inerme se sai, trauaglia armato
Per anima uillana, e sconoscente,
Che mercè non s'ottien da un core ingrato.

vo, fare il letto ad un cane, ed insegnare a un Fiorentino • vale più uno a **fare** che cento a comandare • val più una cosa **fatta** che cento da fare

farfalla chi tosto crede, ha l'ale di **farfalla**

farina a can che lecchi cenere non affidar **farina** • aggiungi acqua e **farina**, farem frittelle sino a domattina • le chiacchiere non fanno **farina** • chi ha la **farina** non ha la sacca, e chi ha la sacca non ha la farina • chi sfugge la mola, scansa la **farina** • chi vince la prima, perde il sacco e la **farina** • la **farina** del diavolo va tutta in crusca • la neve di gennaio diventa sale, e quella d'aprile **farina** • quando Dio dà la **farina** il diavolo ci leva il sacco • tirannia, tumulto e **farina**, delle città son la rovina

farmacista meglio spendere i soldi dal macellaio che dal **farmacista**

fascia bello in **fascia**, brutto in piazza • brutto in **fascia**, bello in piazza

fasciare chi più **fascia** meno sfascia • non bisogna **fasciarsi** la testa prima d'essersela rotta

fascina per Santa Caterina: o neve o brina o tira fuori la **fascina**

fascio non si fa **fascio** d'ogni erba, ma sì ghirlanda di ogni fiore

fastella anno susinaio, poche **fastella**

fastidio l'abbondanza genera **fastidio** • i **fastidi** dei padroni sono i conviti dei servitori • figlioli piccoli **fastidi** piccoli, figlioli grandi fastidi grandi • un carro di **fastidi** non paga un quattrin di debito

fastidioso figlie da maritare, **fastidiose** da governare • s'è grande, è oziosa; s'è piccola, è viziosa; s'è bella è vanitosa; s'è brutta, è **fastidiosa**

fasto quattro madri buone fanno figliuoli cattivi: la verità l'odio, la prosperità il **fasto**, la sicurtà il pericolo, la familiarità il dispregio

fatica a gloria non si va senza **fatica** • chi fugge **fatica**, non fa la casa a tre solai • chi mal si marita non esce mai di **fatica** • chi non vuol durar **fatica** in questo mondo, non ci nasca • chi troppo scende, con **fatica** rimonta • è più **fatica** voler fare il signore senza sostanze che lavorar tutto il giorno • la **fatica** promette il premio, e la perseveranza lo porge • la ricchezza non s'acquista senza **fatica**, non si possiede senza timore, non si gode senza peccato, non si lascia senza dolore • segui la formica se vuoi viver senza **fatica** • si dura più **fatica** a tacere che a parlare • sposare una vedova è **fatica** doppia

faticare chi **fatica** non pecca

fato chi vive in libertà, non tenti il **fato** • la fortuna, il **fato**, e il destino, non vagliono un quattrino

fatto a fare i **fatti** suoi uno non s'imbratta le mani • le buone parole acconciano i mali **fatti** • buone parole e cattivi **fatti** ingannano i savi e i matti • chi cerca i **fatti** altrui, poco si cura de' sui • chi davvero aiutar vuole, abbia più **fatti** che parole • chi ha carro e buoi fa bene i **fatti** suoi • chi non apre ben gli occhi a' **fatti** sui, stentando va per arricchire altrui • chi vuol far bene i suoi **fatti**, stia zitto e non gracchi • i detti son nostri e i **fatti** son di Dio • detto senza **fatto** ad ognun par misfatto • dove bisognano i **fatti** le parole non bastano • i **fatti** sono maschi e le parole sono femmine • la madre da **fatti**, fa la figliuola misera • le parole non fanno **fatti**

fattore fammi **fattore** un anno, se sarò povero, mio danno • un **fattore** è fatto re • **fattor** nuovo, tre dì buono • gallo di mugnaio, gatto di beccaio, garzone d'oste, ortolano di frati e **fattor** di monache non han pari

fava chi fa le **fave** senza concio, le raccoglie senza baccelli • chi semina **fave**, pispola grano • chi si scalda in aprile, non vede **fava** fiorire • Dio dà le **fave** agli sdentati • **fava** e mela, coll'acqua allega • le **fave** nel motaccio, il gran nel polveraccio • figlio di **fava** e babbo di lino • formento, **fava** e fieno, non si volsero mai bene • la miglior caloria è quella delle **fave** • oggi **fave**, domani fame • quando le **fave** sono in fiore, ogni pazzo è in vigore • se maggio va fresco va ben la **fava** e anco il formento • se vuoi fottere gli uccelli passanti, semina **fave** e piselli per Tutti i Santi • son meglio le **fave** che durano, che i capponi che vengon meno

favaio gennaio zappatore, febbraio potatore, marzo amoroso, aprile carciofaio, maggio ciliegiaio, giugno fruttaio, luglio agrestaio, agosto pescaio, settembre ficaio, ottobre mostaio, novembre vinaio, dicembre **favaio**

favellare chi **favella** erra

favola la **favola** del tordo: guardagli le mani • novelle di Banchi, promesse di fuorusciti, **favole** di commedianti

favore i **favori** delle corti sono come sereni d'inverno e nuvoli d'istate • quando fortuna dona all'uom rispetto, gli dà **favore** e aiuto a suo dispetto • se fortuna travaglia un nobil core, raro è che alfine non gli dia **favore**

fazzoletto **fazzoletti** che si tengono a mostra non si vendono

febbraio l'amore del marito è come il mese di **febbraio**: mezzo dolce e mezzo amaro • a settembre e a **febbraio** notte e giorno vanno pari • un bel gennaio fa piangere a **febbraio** • chi ha la moglie da cambiare, la lasci al sole del mese di **febbraio** • chi vuol di bei piselli, li semini nella luna crescente di **febbraio** • chi vuol di vena un granaio, lo semini di **febbraio** • la coda di gennaio è la testa di **febbraio**: si spaventa il pecoraio • di **febbraio** il sole batte in ogni ombraio • l'erba di **febbraio** inganna il pecoraio • **febbraio** asciutto, erba per tutto • **febbraio** capo di primavera • **febbraio** febbraietto, mese corto e maledetto • **febbraio**, febbraiolo, tutti gli uccelli mettono l'uovo • **febbraio** ingravida la terra • **febbraio** pazzerello, porta un tizzo sotto il mantello • **febbraio**: primavera piccina • **febbraio** ventoso, marzo fruttuoso • gennaio dei gatti **febbraio** dei matti • gennaio e **febbraio** empie o vuota il granaio • gennaio e **febbraio**: i mesi della cipolla • gennaio e **febbraio**, tienti al pollaio; marzo e aprile, capretto gentile; maggio e giugno, erbette col grugno; luglio e agosto, piccioni arrosto, settembre e ottobre, buone le-

Chi d' offender altrui pensa, e risolue,
Douria pensare, e ripensar, che scriue
L' offeso in marmo, e l' offensore in polue.

pri col savore; novembre e dicembre, buon vitel sempre • gennaio fa gli agnelli e **febbraio** fa le pelli • gennaio ha i denti lunghi e **febbraio** peggio di tutti • gennaio ingenera, **febbraio** intenera • gennaio mette ai monti la parrucca, **febbraio** grandi e piccoli imbacucca • gennaio mette il diaccio, e **febbraio** lo dimoia • gennaio zappatore, **febbraio** potatore, marzo amoroso, aprile carciofaio, maggio ciliegiaio, giugno fruttaio, luglio agrestaio, agosto pescaio, settembre ficaio, ottobre mostaio, novembre vinaio, dicembre favaio • il gran freddo di gennaio, il mal tempo di **febbraio**, il vento di marzo, le dolci acque d'aprile, le guazze di maggio, il buon mieter di giugno, il buon batter di luglio, le tre acque d'agosto con la buona stagione, vaglion più che il tron di Salomone • nel **febbraio** la beccaccia fa il nido, nel marzo tre o quattro, nell'aprile pieno il covile, nel maggio tra le frasche, nel giugno come un pugno, nell'agosto non ucciderla al corso • la neve di **febbraio** è come lo strutto a carnevale • neve di **febbraio** mette poco grano nel granaio • neve di **febbraio**, mezzo letamaio • non c'è carnevale che non sia nella luna di **febbraio** • pioggia di **febbraio** empie il granaio • quando la viola esce di **febbraio**, prendi la rasura e mettila nel pagliaio • quando viene **febbraio** merenda il pecoraio • se di **febbraio** corrono i viottoli, empie di vino e olio tutti i ciottoli • se fa caldo a **febbraio**, non riempi il granaio • se **febbraio** non febbreggia, marzo campeggia • se **febbraio** riempie i fossi, marzo li asciuga • se **febbraio** s'ingrugna, ti fa cadere l'ugna; se febbraio s'incagna, ti fa cader le calcagna • se gennaio non gennareggia **febbraio** mal pensa • se sgela in **febbraio**, tanto frumento nel granaio

febbre la **febbre** autunnale o ch'è lunga o ch'è mortale • la **febbre** continua ammazza l'uomo • la **febbre** quartana i vecchi uccide e i giovani risana • la **febbre** terzana non fè mai suonar campana • il padrone in villa è **febbre** al contadino, e sanità al podere • quando la **febbre** caca su' labbri è buon segno • se l'invidia fosse **febbre**, tutto il mondo n'averebbe

febbreggiare se febbraio non **febbreggia**, marzo campeggia

fecondità gran **fecondità** non viene a maturità

fecondo paesi **fecondi**, rendon molti vagabondi

fede a chi non crede non prestar **fede** • amor dà per mercede, gelosia e rotta **fede** • l'amore e la **fede** dall'opere si vede • amore non mira lignaggio né **fede** né vassallaggio • amore vuol **fede**, e fede vuol fermezza • a veste logorata, poca **fede** vien prestata • chi cammina a buona **fede**, i pidocchi se lo mangiano • chi non ha **fede** non ne può dare • chi scopre il segreto perde la **fede** • non si dispera chi ha **fede** intera • i Romagnuoli portano la **fede** in grembo

fedele gennaio è **fedele**: come è la mattina così è la sera • la povertà è **fedel** servitore

felice a caval corridor e **felice** giocator, poco dura l'onor • chi all'altrui spese sa imparare, **felice** si può chiamare • chi non stima altri che sé, è **felice** quanto un re • **felice** non è chi d'esser non sa • tre cose ci vogliono per vivere **felici**: dimenticare il passato, provvedere al presente e pensare all'avvenire

felicità nella **felicità** gli altari non fumano • nella **felicità** ragione, nell'infelicità pazienza • vera **felicità** senza Dio non si dà

femmina l'acqua, il fumo e la mala **femmina** cacciano la gente di casa • buon cavallo e mal cavallo vuole sprone, e buona **femmina** e mala femmina vuol bastone • chi ha guidato la sposa a casa, sa quanto dura il pianto d'una **femmina** • Dio mi guardi da fame, fiume e **femmina** • dove son **femmine** e oche, non vi son parole poche • i fatti sono maschi e le parole sono **femmine** • le **femmine** calano come la cassa de' mercanti • **femmine**, vino e cavallo, mercanzia di fallo • quando duol la scianca, la **femmina** non manca • tre cose son cattive magre, oche, **femmine** e capre

• tutti i peccati mortali son **femmine**

ferire chi di spada **ferisce**, di spada perisce

ferita meglio una sassata nella testa, che una **ferita** nell'onore • gli stracci medicano le **ferite**

fermare i panioni **fermano**, ma le civette chiamano

fermezza amore vuol fede, e fede vuol **fermezza**

fermo a bocce **ferme** si saprà chi guadagna • amicizia e nimistà non sta **ferma** in verde età • a star **fermi** si fa la muffa • le montagne stanno **ferme**, gli uomini camminano • quando i ragazzi stanno **fermi**, cattivo segno

feroce tre animali **feroci**: l'Angelo, San Marco e la Croce

ferrare chi ne **ferra**, ne inchioda

ferro l'acciaio si rompe, e il **ferro** si piega • bisogna battere il **ferro** finché è caldo • carico di **ferro**, carico di paura • chi mangia il **ferro**, deve avere le budella di piombo • chi vuol lavoro degno, assai **ferro** e poco legno • il **ferro** lima il ferro • il **ferro** storto lo raddrizza la fucina • non tagliare il fuoco col **ferro** • ognuno aguzza i suoi **ferri** • olio, **ferro** e sale, mercanzia reale • la ruggine mangia il **ferro**

fessura sole di vetro e aria di **fessura**, mandano in sepoltura

festa a casa Poltroni è sempre **festa** • a donna alla finestra non far **festa** • al levar delle tende si conosce la **festa** • chi campa tutto l'anno vede tutte le **feste** • chi fa la **festa**, non la gode • chi fa tutte le **feste**, povero si veste • chi fece del seren troppo gran **festa**, avrà doglia maggior nella tempesta • chi non vuol la **festa** lievi l'alloro • chi presta, tempesta; e chi accatta fa la **festa** • chi sguazza per le **feste**, stenta il dì di lavoro • chi vuol godere la **festa**, digiuni la vigilia • l'Epifania tutte le **feste** si porta via • la **festa** non è sempre dov'è l'alloro • la **festa** va fatta il giorno che corre • guai a quelle **feste** che hanno la vigilia dopo • guardati dalla donna di **festa** e dalla bandita di grazia • in Italia troppe **feste**, troppe teste, troppe tempeste • meglio una **festa** che cento festicciole •

ogni dì non è festa • pane e feste tengono il popol quieto • passata la festa, il pazzo in bianco resta • punto di festa poco dura, ma la figura • quando la festa viene, dimora; quando la va via, lavora • San Silvestro: son terminate le feste; anno nuovo, cominciano di nuovo • Santa Croce, tutte le feste le rimette in luce • Sant'Agata, conduce la festa a casa • tre calighi fa una piova, tre piove una brentana, e tre festini una puttana

festeggiare se marzo non marzeggia, giugno non festeggia

festino tre calighi fa una piova, tre piove una brentana, e tre festini una puttana

fiacco bue fiacco stampa più forte il piè in terra • senza Cerere e Bacco è amor debole e fiacco

fiamma dietro il fumo vien la fiamma • piccola fiamma non fa gran lume

fianco chi ha l'amor nel petto, ha lo spron ne' fianchi

fiasca palla in bocca e fiasca in mano

fiaschella quando piove all'Annunziatella, si riempie la fiaschella

fiasco amicizia di grand'uomo e vin di fiasco, la mattina è buono e la sera è guasto • chi ha buon vino in casa, ha sempre i fiaschi alla porta • un fiasco di vino, e tanto pane che turi un fiasco

fiato vin battezzato non vale un fiato

ficaio gennaio zappatore, febbraio potatore, marzo amoroso, aprile carciofaio, maggio ciliegiaio, giugno fruttaio, luglio agrestaio, agosto pescaio, settembre ficaio, ottobre mostaio, novembre vinaio, dicembre favaio

ficcare tanto è ficcare che mettere

fico a San Rocco si stimano i fichi e il porco • chi vuole ingannare il suo vicino, ponga l'ulivo grosso e il fico piccolino • chi vuol fare onore all'amico, ciccia di troia e legna di fico • come gli antichi, che mangiavan le cocce e buttavano i fichi • ognuno è amico di chi ha buon fico • per San Vito il fico vuole marito • quando il

fico serba il fico, tu villan serba il panìco • quattro sono i buoni bocconi, pesco, **fico**, fungo e poponi • settembre, l'uva e il **fico** pende • sol di parole amico, non vale un **fico**

fidalgo i don di Spagna, i conti d'Alemagna, i monsieurs di Francia, i vescovi d'Italia, i cavalier di Napoli, i lordi di Scozia, i **fidalghi** di Portogallo, i minori fratelli d'Inghilterra e i nobili d'Ungheria, fanno una povera compagnia

fidanza val più un pegno nella cassa che **fidanza** nella piazza

fiele l'adulatore ha il miele in bocca e il **fiele** in cuore • poco **fiele** fa amaro molto miele • volto di mele, cor di **fiele**

fienile aprile, butta le scarpe sul **fienile** • la pioggia d'aprile riempie i **fienili**

fieno abbondanza di **fieno**, carestia di pane • asino che raglia mangia poco **fieno** • bel tempo a San Vincenzo promette gran **fieno** • il bue mangia il **fieno** perché si ricorda che è stato erba • il **fieno** folto si taglia meglio del chiaro • formento, fava e **fieno**, non si volsero mai bene • in anno pieno il grano è **fieno**, in anno malo la paglia vale quanto il grano • o di paglia o di **fieno**, pur che il corpo sia pieno • per San Pietro, o paglia o **fieno** • poni i porri e sega il **fieno**, a qualcosa la chiapperemo • il pover'uomo non fa mai ben: se muor la vacca, gli avanza il **fien**; se la vacca scampa, il fien gli manca • quando canta il cucco, prendi il tuo **fieno** e brucialo tutto • quando il villano tratta ben, la pioggia secca il **fien** • se è nuvolo a San Paolo, dalle da mangiare quanto vuole, se è sereno, conserva il **fieno** • se piove il mese di maggio verrà **fieno** assai • se piove per Sant'Antonio, bisogna risparmiare il **fieno**

fiera la **fiera** par bella a chi vi guadagna • non ogni bestia che va in **fiera** si vende • vendi in casa, e compra in **fiera**

figlia accasa il figlio quando vuoi e la **figlia** quando puoi • all'Ascensione si separa la madre dalla **figlia** • chi fa la **figliuola** vezzosa, la sente avolterosa • chi vuol bella famiglia comincí dalla **figlia** • di buona terra to' la vigna, di buona madre to' la **figlia** • le donne son **figliuole** dell'indugio • **figlie** da maritare, fastidiose da governare • **figlie**, vigne, e giardini, guardale dai vicini • **figliuole** d'osti e caval di mugnai, non te n'impacciar mai • **figliuole** e frittelle; quante più se ne fa, più vengon belle • la madre da fatti, fa la **figliuola** misera • la meraviglia è **figlia** dell'ignoranza • quando il padre marita la **figlia**, egli ha casa e vigna; quando l'ha maritata, non ha né vigna né casa • suole la madre accarezzar chi vuol la **figlia** • la superbia è **figlia** dell'ignoranza • tre **figlie** e una madre, quattro diavoli per un padre • una **figlia**, una maraviglia • la verità è **figlia** del tempo

figliare mamma, cosa vuol dire accasare? filare, **figliare** e sentir berciare

figlio accasa il **figlio** quando vuoi e la figlia quando puoi • a chi Dio non dà **figli** il diavolo dà nipoti • alle donne che non fanno **figli** non ci andar né per piaceri né per consigli • alleva i tuoi **figli** poveretti, se tu li vuoi ricchi e benedetti • a padre avaro **figliuol** prodigo • chi ammazza il marzuolo, ammazza il padre e il **figliuolo** • chi compra a minuto, pasce i **figliuoli** d'altri e affanna i suoi • chi è del **figliuol** pedante, non è furfante • chi ha **figliuoli**, tutti i bocconi non son suoi • chi ha un **figliuolo** solo, lo fa matto; chi un porco, lo fa grasso • chi ha un sol **figlio**, spesso se lo ricorda • chi non ha **figliuoli**, non sa che sia amore • chi non ha moglie ben la batte, chi non ha **figliuoli**, ben gli pasce • chi vuol vedere il bel **figliuolo**, sia rinvolto nel cenciuolo • costa più un viziolo che un **figliuolo** • Dio ti dia **figliuoli**, e diateli grandi • dove vi son **figliuoli** non vi son parenti né amici • i **figli** dei gatti prendono i topi • **figli** d'un ventre, non tutti d'una mente • il **figlio** al padre s'assomiglia, alla madre la figlia • **figlio** di fava e babbo di lino • **figlioli** piccoli fastidi piccoli, figlioli grandi fastidi grandi • **figlio** troppo accarezzato non fu mai bene allevato • i **figli** prima pesano in grembo, poi sulle braccia e infine sul cuore • i **figli** sono cure sicure e consolazioni incerte • **figliuoli** matti, uomini savi • i **figli** vengono dal cuore e il marito dalla porta • fila buona tela chi allatta il suo **figliuolo** • l'interesse è **figliuolo** del diavolo • madre che fila poco, i suoi **figliuoli** mostrano il culo • la madre non può dire che sia suo il **figliuolo** finché non ha avuto il vaiuolo • marito e **figli** come Dio te gli dà così te gli piglia • marito vecchio e moglie giovane assai **figliuoli** • mazze e panelli fanno i **figli** belli • ogni **figlio** pare bello alla mamma • ognuno è **figlio** delle proprie azioni • padre che ha **figliuoli** grandi, fuor li mandi • i padri indolenti hanno **figli** pigri • pan di **figliuoli**, pene e duoli • poltroneria non fece mai **figliuoli** • quando il padre fa carnevale, ai **figlioli** tocca far quaresima • quando la capra ha passato il poggiolo non si ricorda più del suo **figliuolo** • quattro madri buone fanno **figliuoli** cattivi: la verità l'odio, la prosperità il fasto, la sicurtà il pericolo, la familiarità il dispregio • se vuoi che il tuo **figlio** cresca, lavagli i piè e rapagli la testa • se vuoi comprar terra a buon mercato, comprala da uno spiantato, o da **figliuol** ch'abbia ereditato • tale il padre tale il **figlio** • tal pera mangia il padre, ch'al **figliuolo** allega i denti • tutti siamo figli di Adamo ed Eva • un padre campa cento **figli** e cento figli non campano un padre

fignoloso quest'anno **fignolosa**, e quest'altro anno sposa

figura chi ha paura d'ogni **figura**, spesso inciampa nell'ombra • donne per casa, una in **figura** e una in pittura • oggi in **figura** domani in sepoltura • punto di festa poco dura, ma la **figura**

figurare aprile bagnato fa **figurare** a chi ha seminato

fila quando piove la domenica degli ulivi, piove sette domeniche di **fila**

filare a **filar** fine il cul se ne ride, a filar grosso si riempie il dosso • chi **fila** e fa filare, buona massaia si fa chiamare • chi **fila** grosso, si vuol maritar tosto; chi fila sottile, si vuol maritar d'aprile • chi **fila** ha una camicia e chi non fila ne ha due • il diavolo è sottile, e **fila** grosso • donna specchiante, poco **filante** • **fila** buona tela chi allatta il suo figliuolo • madre che **fila** poco, i suoi figliuoli mostrano il culo • mamma, cosa vuol dire accasare? **filare**, figliare e sentir berciare • non entri tra fuso e rocca, chi non vuol esser **filato** • non è più il tempo che Berta **filava** • parere, e non essere, è come **filare**, e non tessere • Pasqua Befana, non si tesse e non si **fila**, non si mette il filo nell'ago, non si mette il pettine in capo • piglia casa con focolare, e donna che sappia **filare** • più vale una savia donna **filando**, che cento triste vegliando • quando la mora è nera, un fuso per sera; quando l'è nera affatto, **filane** tre o quattro

filato chi per Natale non ha il **filato** e per Pasqua non ha il panno va nudo tutto l'anno

filo gli amici hanno la borsa legata con un **filo** di ragnatela • a tela ordita Dio manda il **filo** • la donna guarda più sott'occhio che non fa l'uomo a diritto **filo** • il **filo** si rompe dal lato più debole • la mala vicina dà l'ago senza il **filo** • Pasqua Befana, non si tesse e non si **fila**, non si mette il filo nell'ago, non si mette il pettine in capo • se vuoi del buon **filo**, pianta la canapa ad aprile • sottil **filo** cuce bene • tre **fili** fanno uno spago

filosofare è più facile **filosofare** che laconizzare

fine (1) al **fin** pensa sovente, avrai sana la mente • alla **fine** del salmo si canta il Gloria • al peggio non c'è **fine** • aprile suol esser cattivo da principio o al **fine** • chi non balla a carnevale e non si ubriaca a San Martino fa cattiva **fine** • donna che ti stringe e le braccia al collo ti cinge, poco t'ama, e molto finge, e nel **fine** ti abbrucia e tinge • la **fine** del corsale è annegare • il **fine** del mercante è il fallire; e il fine del ladro in sulle forche, morire • la **fine** del riso è il pianto • il **fine** del soldato è l'essere ammazzato • il **fine** giustifica i mezzi • la lode consiste nel **fine** • ogni ricchezza corre al suo **fine** • putto in vino e donna in latino, non fece mai buon **fine** • qual principio, tal **fine** • quel che tu vuoi dire in **fine**, dillo da principio • si vede il **fine** della nostra vita, ma non della nostra pazzia • tutte le volpi al **fine** si rivedono in pellicceria

fine (2) (**fino**) a filar **fine** il cul se ne ride, a filar grosso si riempie il dosso • chi vuole un'oca **fina**, a ingrassare la metta a Santa Caterina • contadino, scarpe grosse cervello **fino** • in panno **fino** sta la tarma

finestra a donna alla **finestra** non far festa • aria di **finestra**, colpo di balestra • chi non l'ha all'uscio l'ha alla **finestra** • Dio serra un uscio e apre una **finestra** • la donna alla **finestra**, la gatta alla minestra • le donne son sante in chiesa, angele in istrada, diavole in casa, civette alla **finestra** e gazze alla porta • meglio cascar dall'uscio che dalla **finestra** • gli occhi sono la **finestra** dell'anima • o si mangia la minestra, o si salta la **finestra** • quando la fame vien dentro la porta, l'amore se ne va dalla **finestra** • quando viene, serragli le **finestre** in contro; quando parte, apriglile • la roba fa stare il tignoso alla **finestra** • sole a **finestrelle**, acqua a catinelle

fingere chi non sa **fingere** non sa regnare • chi non sa **fingersi** amico, non sa essere nemico • donna che ti stringe e le braccia al collo ti cinge, poco t'ama, e molto **finge**, e nel fine ti abbrucia e tinge • il **finger** non è difetto, e chi finger non sa non è perfetto

finire alle Rogazioni, se i fossi sono asciutti **finiscono** d'asciugarsi, se sono bagnati si riempiono • al nascer delle doppie il mondo ha **finito** d'esser semplice • l'amor comincia con suoni e con canti, e poi **finisce** con dolori e pianti • chi comincia male **finisce** peggio • chi non comincia non **finisce** • chi scherza col fuoco **finisce** per bruciarsi le ali • chi si mette a fabbricare sa dove comincia e non dove **finisce** • **finito** il carnevale, finiti i canti; finiti i miei quattrini, che ne avevo tanti • meglio è non dire, che cominciare e non **finire** • non si **finisce** mai d'impara-

CHI SI CREDE ESSER PIV̀ SAVIO DE GLI ALTRI, QVELLO
È PIV̀ PAZZO DI TVTTI.

Perche il Saggio de' Saggi esser presumi,
Il più folle sei tù di tutti i folli,
Se non empion tua mente altro che fumi.

re • non tutti i salmi **finiscono** in gloria • quando passano i canonici, la processione è **finita** • quanti giorni cominciano col sole che **finiscono** col mal tempo • i ragazzi e i pazzi credono che vent'anni e venti lire non debban mai **finire** • Roma la incominciò Romolo, e ancora non è **finita** • San Clemente: si **finisce** di mettere la segale e anche il frumento • se il coltivatore non è più forte della su' terra, questa **finisce** col divorarlo • tutti i salmi **finiscono** in gloria • Tutti i Santi lo cominciano e Sant'Andrea lo **finisce** • tutto è bene quel che **finisce** bene • tutto **finisce**, fuorché l'invidia

fioccare se a dicembre **fioccherà**, tanto tempo resterà

fiocco vesti un ciocco, pare un fiocco

fioraio agli amanti **fiorai** non gli creder mai

fiore aprile fa nascere i **fiori** e maggio si piglia l'onore • bellezza è come un **fiore** che nasce e presto muore • i capelli grigi sono i **fiori** dell'albero della morte • chi dipinge il **fiore**, non gli dà l'odore • dal **fiore** al coppo vi è un gran trotto • **fiore** di gennaio: non ne metti dentro il paniere • marzo è **fiore** della primavera • non ogni verde fa **fiore**, ma ogni fiore fa frutto • non si fa fascio d'ogni erba, ma sì ghirlanda di ogni **fiore** • ogni **fiore** piace fuorché quello della botte • per San Barnabà, l'uva viene e il **fiore** va • quando gli armellini sono in **fiore**, il dì e la notte son d'un tenore • quando le fave sono in **fiore**, ogni pazzo è in vigore • se gennaio ha i suoi rigori primavera è tutta **fiori** • tale è il **fiore**, qual è il colore • vecchio in amore, inverno in **fiore**

fiorentino a fare un genovese ci vogliono sette ebrei e un **fiorentino** • Bergamaschi, **Fiorentini** e passere, n'è pieno tutto il mondo • castroni pugliesi, mannarini pistolesi, gran siciliano, zucchero di Candia, cera veneziana, magli romaneschi, sproni viterbesi, cacio di Creta, raviggioli **fiorentini** • chi vuol ben principiare alcuna cosa, vada al **Fiorentino** • fino ai Santi **fiorentini**, non pigliare i panni fini •

Fiorentini ciechi, Senesi matti, Pisani traditori, Lucchesi signori • i **Fiorentini** son cattive doghe da botte, ed i Veneziani buone • **Fiorentin** mangia fagioli, e' volevan li Spagnoli; li Spagnoli son venuti, Fiorentin becchi cornuti • il **Fiorentino** mangia sì poco e sì pulito, che sempre si conserva l'appetito • **Fiorentin** per tutto, Roman distrutto • nave genovese, e mercante **fiorentino** • tre cose son difficili a fare: cuocere un uovo, fare il letto ad un cane, ed insegnare a un **Fiorentino**

Fiori, Pasqua dei per le Palme e per i **Fiori** si vestono i signori, per Pasqua e per Natale si vestono i cafoni

fiorino a quattrino a quattrino si fa il **fiorino** • casa che ha il buon vicino, val più qualche **fiorino** • tristo a quel quattrino che peggiora il **fiorino**

fiorire chi di maggio non **fiorisce**, di gennaio partorisce • chi si scalda in aprile, non vede fava **fiorire** • è meglio allegare che **fiorire** • non sia superbo chi il suo albero vede **fiorire** • per l'Annunziata il grano **fiorisce** e gli uccelli fan la loro nidiata • quando l'albero **fiorisce** il frutto patisce • quando le fave sono in **fiore**, ogni pazzo è in vigore • roba di campana se **fiorisce** non grana • se son rose **fioriranno**

fiorito Pasqua, alta o bassa che sia, è sempre **fiorita**

Firenze (**Fiorenza**) a **Firenze** per avere ufizii, bisogna avere bel palazzo e stare a bottega • a Roma dottori, a Napoli ladroni, a Genova scavezzi, a Milan tagliacantoni, a Venezia forestieri, a **Fiorenza** scardassieri • faremo di Roma, adesso adesso di **Firenze**, a la magnana di Spagna, by and by d'Inghilterra, I warrant you di Scozia, gleich d'Alemagna, tantôt di Francia, son tutte ciancie • **Firenze** non si muove, se tutta non si duole • Milano la grande, Vinegia la ricca, Genova la superba, Bologna la grassa, **Firenze** la bella, Padova la dotta, Ravenna l'antica, Roma la santa • quando Siena piange, **Firenze** ride

fischiare (**fischiettare**) quando **fischia** l'orecchio manritto, il cuore è afflitto; quando fischia l'orecchio manco, il cuore è franco

fischio altro che **fischio** vuol la pecora

fisco chi non dà a Cristo, dà al Fisco • il **fisco** è come l'idropico

fitto del **fitto** non beccan le passere

fiumana San Lorenzo dalla **fiumana**: di dietro o davanti

fiume a **fiume** torbido, guadagno di pescatore • chi ha da morir di forca, può ballar sul **fiume** • da **fiume** ammutito fuggi • Dio mi guardi da fame, **fiume** e femmina • è un mal **fiume** l'Era • **fiume** furioso tosto rischiara • il **fiume** non ingrossa d'acqua chiara • in capo a un anno e a un mese, ogni **fiume** torna al suo paese • né mulo, né mulino, né **fiume**, né forno, né signore per vicino

flagellare non **flagellare** il morto, non litigare il torto

flagello fratelli **flagelli**

focaccia a chi fa il pane e staccia non gli si ruba **focaccia** • rendere pan per **focaccia**

focarile se s'ingrugna aprile, ti fa guardare il **focarile**

focolare a chi vuol male, né la casa né il **focolare** • al vecchio non manca mai da raccontare, né al sole né al **focolare** • piglia casa con **focolare**, e donna che sappia filare

foggetta vivano le berrette, e muoiano le **foggette**

foggia chi non può far pompa, faccia **foggia**

foglia freddo primaticcio e **foglie** serotine, ammazzano il vecchio • non si muove **foglia** che Dio non voglia • novembre ammucchia aria e le **foglie** in terra, dicembre ammazza l'anno e lo sotterra • ottobre colla **foglia**, neve d'inverno che si scioglie • il pennato è quello che fa la **foglia** • quando la radice è tagliata, le **foglie** se ne vanno • venga Pasqua quando si voglia, la vien con la frasca e con la **foglia** • voglia o non voglia maggio mette la **foglia**

foglio una parola imbratta il **foglio**

fogna ogni casa ha solaio, cesso, **fogna** e acquaio

folle a barba **folle** rasoio molle • passerà il **folle** colla sua follia, e passa il tempo, ma non tuttavia • quando il tempo è molle, il dente è più **folle**

folleggiare quando la donna **folleggia**, la fante danneggia

follia beltà e **follia** vanno spesso in compagnia • è meglio corta **follia** che lunga • passerà il folle colla sua **follia**, e passa il tempo, ma non tuttavia

folto il fieno **folto** si taglia meglio del chiaro

fondare chi **fonda** in sul popolo fonda in sulla rena

fondo andare scalzo e seminar **fondo** non arricchì giammai persona al mondo • ara poco ma minuto e **fondo**, se tu vuoi empire il granaio da cima a fondo • chi mette prima il tetto e poi il **fondo**, gli sta poco in questo mondo • chi non vede il **fondo**, non passi l'acqua • chi troppo si stima cade sovente in **fondo** dalla cima • il mondo è rotondo e chi non sa nuotare va a **fondo** • non mostrar mai né il **fondo** della tua borsa né del tuo animo • olio dapprima, vino del mezzo, e miele di **fondo** • i pesci grossi stanno in **fondo** • la verità sta in **fondo** a un pozzo

fontana chi ha prete o parente in corte, **fontana** gli risurge • lagrime di donne, **fontana** di malizia

Fontana Nova chi ha bevuto l'acqua di **Fontana Nova** sempre a Corneto si ritrova

fonte chi vuol dell'acqua chiara vada alla **fonte** • di settembre o porta via i ponti o secca le **fonti** • il mare fa fortuna, non le **fonti** • quel che acquista e non serba, dice il libro, va alla **fonte**, e trae acqua col cribro

foraggio la pioggia di maggio bagna il **foraggio**

forame chi tiene il cavallo e non ha strame, in capo all'anno si gratta il **forame**

forare (**forarsi**) l'armi dei poltroni non tagliano né **forano** • è facil cosa aprir la bocca e **forarsi** i denti • per San Martino si **fora** la botte del vino

forbice colpo di **forbici** ognun due

forca chi ha da morir di **forca**, può ballar sul fiume • il fine del mercante è il fallire; e il fine del ladro in sulle **forche**, morire • **forca** vecchia, spia nuova • il ladro dell'ago va all'ovo, dall'ovo al bue, dal bue alla **forca** • i poveri sono i primi alle **forche**, e gli ultimi a tavola • tre ladri fanno una **forca** • uomo peloso, o **forca** o lussurioso, o matto o avventuroso

forestiero a Roma dottori, a Napoli ladroni, a Genova scavezzi, a Milan tagliacantoni, a Venezia **forestieri**, a Fiorenza scardassieri

foriero l'abbondanza, **foriera** è d'arroganza

forma di maggio il sol l'adorna, e chi è di bella **forma** ritorna • per una pecora non si guasta la **forma**

formaggio al contadino non far sapere quanto è buono il **formaggio** con le pere • di maggio provvediti di legna e di **formaggio** • grandine di maggio ruba vino, grano e **formaggio** • quattro G vuole il **formaggio**, grande, grasso, grave e gratis dato • vin che salti, pan che canti, **formaggio** che pianga

formica a granaio vuoto **formica** non frequenta • chi imita la **formica** la state, non va pel pane in presto il verno • è mal bussare ai **formiconi** di sorbo • la **formica** si affanna nell'estate per non patire nell'inverno • ogni **formica** ama il suo buco • segui la **formica** se vuoi viver senza fatica • se in luglio la **formica** porta più dell'usato, l'inverno sarà duro e anticipato

formicare chi ha il cul nell'ortica, spesse volte gli **formica**

fornaio biada di mugnaio, vin di prete e pan di **fornaio**, non fare a miccino • chi è oste o **fornaio**, e fa il barcaruolo, dato gli sia d'un mazzuolo • da Ognissanti a Natale i **fornai** perdono il capitale • d'inverno **fornaio**, d'estate tavernaio

forno a chi è disgraziato, gli tempesta nel **forno** • amici di buon giorno, son da mettere in **forno** • a piccol **forno** poca legna basta • chi non è in **forno**, è sulla pala • in **forno** caldo non può nascer erba • né mulo, né mulino, né fiume, né **forno**, né signore per vicino • per la bocca si scalda il **forno** • poca legna scalda il tuo **forno** • prodigo e bevitor di vino, non fa né **forno** né mulino • quando piove di notte di giugno, ricaccia il pane dal **forno**

forte a chi batte **forte** si apron le porte • il bianco e il rosso va e vien, ma il giallo si mantien; anzi il giallo è un color **forte** che dura anche dopo morte • bue fiacco stampa più **forte** il piè in terra • chi ha meno ragione grida più **forte** • chi non è savio, paziente e **forte**, si lamenti di sé e non della sorte • chi va **forte** va alla morte • cuor **forte** vince cattiva sorte • la fortuna i **forti** aiuta e i timidi rifiuta • gennaio **forte**, tutti i vecchi si auguran la morte • il letame quand'è troppo **forte**, alle piante dà la morte • mangia bene e caca **forte**, e non aver paura della morte • nel colonizzare un'isola, la prima fabbrica eretta da uno Spagnolo sarebbe una chiesa, da un Francese un **forte**, da un Olandese un magazzino, e da un Inglese una bottega di birra • la pazienza è la virtù dei **forti** • se il coltivatore non è più **forte** della su' terra, questa finisce col divorarlo • tre cose simili; prete, avvocato e morte. Il prete toglie dal vivo e dal morto; l'avvocato vuol del diritto e del torto; e la morte vuole il debole e il **forte**

fortificato chi è **fortificato**, non è turbato

fortuna a chi ha **fortuna**, il bue gli fa un vitello • assai avanza chi **fortuna** passa • assai ben balla a chi **fortuna** suona • beni di **fortuna** passan come la luna • chi guarda la luna non fa **fortuna** • chi incontra buona moglie ha gran **fortuna** • ci vuole un'oncia di **fortuna**, e un diavol che porti • dove la **fortuna** giuoca più che il senno, la gente vi corre • la **fortuna** aiuta gli audaci • la **fortuna** aiuta i matti e i fanciulli • la **fortuna** come dà, così toglie • la **fortuna** dà biscotti a chi non ha denti • la **fortuna** è cieca • la **fortuna** è di chi se la fa • **fortuna**, e dormi • la **fortuna** è una vacca, a chi mostra il davanti, a chi il di dietro • la **fortuna** è vaga de' bei tiri • la **fortuna** ha i piedi di vetro • la **fortuna** ha le gambe corte • la **fortuna** i forti aiuta e i timidi rifiuta • la **fortuna**, il fato, e il destino, non vagliono un quattrino • la **fortuna** non arriva mai due volte • la **fortuna** non ci può togliere se non quello che ci ha dato • la **fortuna** non vuol fare anticamera • la **fortuna** sale e scende, anche in man di chi la prende • la **fortuna** va afferrata per i capelli • il mare fa **fortuna**, non le fonti • non comincia **fortuna** mai per poco, quando un mortal si piglia a scherno e gioco • non val sapere, a chi **fortuna** ha contra • ognuno è artefice della propria **fortuna** • quando del ben servir mal si raduna, non si deve incolpar se non **fortuna** • quando **fortuna** dona all'uom rispetto, gli dà favore e aiuto a suo dispetto • ragazza vecchia **fortuna** aspetta • se **fortuna** travaglia un nobil core, raro è che alfine non gli dia favore • tempo, vento, signor, donna, **fortuna**, voltano e tornan come fa la luna • l'uomo ordisce e la **fortuna** tesse • virtù e **fortuna** non sempre dormono insieme

fortunato fortunato in amor non giochi a carte • meglio un medico **fortunato**, che uno dotto • sfortunato al gioco, **fortunato** in amore

forza chi non ha amico o germano, non ha **forza** in braccio né in mano • chi non ha **forza** abbia la pelle dura • contro la **forza** la ragion non vale • cosa per **forza** non vale scorza • e' si può fare il male a **forza** ma non il bene • la **forza** opprime la giustizia • ira senza **forza**, nulla vale • sapienza di pover uomo, bellezza di p... e **forza** di facchino non valgono un quattrino • spesso si dà per **forza** quel che si nega per cortesia • una carne fa l'altra, e il vino fa la **forza** • l'unione fa la **forza**

forzoso can ringhioso e non **forzoso**, guai alla sua pelle • uomo peloso, uomo **forzoso**

forzuto donna barbuta, donna **forzuta**

fosco ad agosto giù il sole e il giorno resta **fosco** • quando si sente morder le mosche, le giornate si metton **fosche**

fossa al salto della **fossa** si conosce il cervo • chi asino è e cervo esser si crede, al saltar della **fossa** se n'avvede • chi è vecchio e d'esser non lo crede al saltar della **fossa** e' se n'avvede • chi vien dalla **fossa** sa che cosa è morto • ciò che si ha per natura, fino alla **fossa** dura • dal campo deve uscir la **fossa** • Grosseto ingrossa, Batignano fa la **fossa**, Paganico sotterra l'ossa • rare volte il diavolo giace morto nella **fossa** • se la tosse non si cava, la **fossa** si scava • se un cieco guida l'altro, tutti due cascano nella **fossa** • vizio per natura, fino alla **fossa** dura

fosso alle Rogazioni, se i **fossi** sono asciutti finiscono d'asciugarsi, se sono bagnati si riempiono • beato quel campetto che ha siepe col **fossetto** • marzo se trova i **fossi** pieni li vuota, se li trova vuoti li riempie • ogni cosa può essere, fuorché **fosso** senza riva • se febbraio riempie i **fossi**, marzo li asciuga

fottere se vuoi **fottere** gli uccelli passanti, semina fave e piselli per Tutti i Santi

fracasso i debiti de' poveri fanno gran **fracasso** • temporal di notte, molto **fracasso** e nulla di rotto

fradicio una pera **fradicia** ne guasta un monte

francese al **Francese** un'oca, allo Spagnolo una rapa • **Francese** furioso, Spagnolo assennato, Tedesco sospettoso • il **Francese** per amico, ma non per vicino, se tu puoi • i **francesi** non dicono come voglion fare, non leggono come scrivono, non contano come notano • furia **francese** e ritirata spagnola • l'Italiano è saggio prima di fare una cosa, il Tedesco quando la fa, e il **Francese** quando è bell'e fatta • le nazioni smaltiscono diversamente il dolore: il Tedesco lo beve, il **Francese** lo mangia, lo spagnolo lo piange, e l'Italiano lo dorme • nel colonizzare un'isola, la prima fabbrica eretta da uno Spagnolo sarebbe una chiesa, da un **Francese** un forte, da un Olandese un magazzino, e da un Inglese una bottega di birra • il Piemonte è la sepoltura dei **Francesi** • quando Venezia comandava, si desinava e si cenava, coi **Francesi**, buona gente, si desinava solamente • un signor che il tuo ti toglie, mal **francese** con le doglie, assassin che ti dispoglie, è men mal che l'aver moglie • gli Spagnoli s'accordano a bravare, i **Francesi** a gridare, gli Inglesi a mangiare, i Tedeschi a sbevazzare e gli Italiani a pisciare

Francia chi passa Stra e non v'inciampa, va sano sino in **Francia** • i don di Spagna, i conti d'Alemagna, i monsieurs di **Francia**, i vescovi d'Italia, i cavalier di Napoli, i lordi di Scozia, i fidalghi di Portogallo, i minori fratelli d'Inghilterra e i nobili d'Ungheria, fanno una povera compagnia • faremo di Roma, adesso adesso di Firenze, a la magnana di Spagna, by and by d'Inghilterra, I warrant you di Scozia, gleich d'Alemagna, tantôt di **Francia**, son tutte ciancie • Spagna magra, **Francia** grassa, Germania la passa

franco ascolta tutti, parla **franco**, credi a pochi, a te poi manco • quando fischia l'orecchio manritto, il cuore è afflitto; quando fischia l'orecchio manco, il cuore è **franco**

Francolino Sicilia dà i Covelli, **Francolino** i Graziani, Bergamo gli Zanni, Venezia i Pantaloni, e Mantova i buffoni

frangia volpe che dorme, ebreo che giura, donna che piange, malizia sopraffina colle **frangie**

frasca buona **frasca** e cattivo vino • il buon vino non ha bisogno di **frasca** • chi dorme il giorno di Pasqua dorme sotto qualunque **frasca** • chi s'impaccia colle **frasche**, la minestra sa di fumo • chi si ripara sotto la **frasca**, ha quella che piove e quella che casca • meglio fringuello in man che tordo in **frasca** • nel febbraio la beccaccia fa il nido, nel marzo tre o quattro, nell'aprile pieno il covile, nel maggio tra le **frasche**, nel giugno come un pugno, nell'agosto non ucciderla al corso • i piselli son sempre nelle **frasche** • venga Pasqua quando si voglia, la vien con la **frasca** e con la foglia

frate a chierico che si fa **frate** non gli fidar la tua comare • chi fa un **frate**, fa un ciuco • chi ha portata la tonaca puzza sempre di **frate** • danari, boschi e prati, entrate per preti e **frati** • Dio ti guardi da furia di vento, da **frate** fuor di convento, da donna che parla latino, e da nobile poverino • dove non è regola, non ci sta **frati** • **frate** che chiede per Dio, chiede per due • **frate** che fu soldato è più sperimentato • i **frati** si uniscono senza conoscersi, stanno uniti senza amarsi e muoiono senza piangersi • gallo di mugnaio, gatto di beccaio, garzone d'oste, ortolano di **frati** e fattor di monache non han pari • in compagnia prese moglie un **frate** • io sto coi **frati** e zappo l'orto • meno male i calci d'un **frate**, che le carezze d'un cortigiano • né da **frati** né da monache non t'aspettar mai niente • non c'è la peggior minestra che quella de' **frati** • la pazienza la portano i **frati** • preti, **frati**, monache e polli non si trovan mai satolli • seren di notte, nuvolo di estate, amor di donna, discrezion di **frate** • una giovine in mano a un vecchio, un uccello in mano a un ragazzo, un cavallo in mano a un **frate**, son tre cose strapazzate • viene da Dio che i **frati** s'annegano

fratello i don di Spagna, i conti d'Alemagna, i monsieurs di Francia, i vescovi d'Italia, i cavalier di Napoli, i lordi di Scozia, i fidalghi di Portogallo, i minori **fratelli** d'Inghilterra e i nobili d'Ungheria, fanno una povera compagnia • fatti in là **fratello** se tu vuoi che facciamo un bel castello • **fratelli** flagelli • marzo e aprile son **fratelli**: ora brutti ora belli • non curano i **fratei** della soror, se non è da più di lor • pane di **fratello**, pane di coltello; pane di marito, pane ardito • ricchezza e sopruso, son **fratelli** • tre **fratelli**, tre castelli

fraternità conversazione in giovinezza, **fraternità** in vecchiezza

frecciato il barbato, il **frecciato**, e il pettinato, il freddo è andato

freddo al bambin che non ha denti, **freddo** fa di tutti i tempi • alla Candelora, o gran **freddo** o gran bello • a Natale, **freddo** cordiale • aprile **freddo**, molto pane e poco vino • aprile **freddo** sottile • arriva prima il **freddo** dei panni • arrivato Sant'Andrea, arrivato il **freddo** • avanti Natale, né **freddo** né fame: da Natale in là, il freddo se ne va • bagna l'orto la sera quando fa **freddo** e la mattina quando fa caldo • il barbato, il frecciato, e il pettinato, il **freddo** è andato • il caldo è la vita, il **freddo** è la morte • cane scottato dall'acqua calda ha paura della **fredda** • un colpo di Sant'Antonio: un **freddo** da demonio • Dio manda il **freddo** secondo i panni • il **freddo** di marzo penetra il corno del bove, il sole di marzo toglie la ruggine del catenaccio • **freddo** primaticcio e foglie serotine, ammazzano il vecchio • gennaio: neve, nebbia e **freddo** ai piedi • il gran **freddo** di gennaio, il mal tempo di febbraio, il vento di marzo, le dolci acque d'aprile, le guazze di maggio, il buon mieter di giugno, il buon batter di luglio, le tre acque d'agosto con la buona stagione, vaglion più che il tron di Salomone • guai a quel pescatore che teme dell'acqua **fredda** • mano **fredda** e cuor sincero • pane caldo e acqua **fredda** non furon mai buon pasto • Pasqua bagnata, spighe molli; Pasqua **fredda**, spighe piene • per Sant'Agnese il **freddo** va per le siepi • più vuoto che pieno, più caldo che **freddo**, più ritto che a sedere • prima di Natale né **freddo** né fame; da Natale in là freddo e fame in quantità • quel che ripara lo **freddo**, ripara lo caldo • i Re sono i cavalieri del **freddo** • San Giorgio, San Marco e Santa Croce sono gli ultimi cavalieri del **freddo** • se è bello a San Mattia il **freddo** scappa via • se fa **freddo** a giugno, in tasca non ne avrai mai nessuno • la vendetta è un piatto che va gustato **freddo**

freddura Sant'Antonio gran **freddura**, San Lorenzo gran caldura, l'uno e l'altro poco dura

fregare (**fregarsi**) anche i più furbi restano **fregati** • quanto più si **frega** la schiena al gatto, più rizza la coda • ungi e **frega**, ogni male si dilegua

frego **frego** non cancella partita

frenare chi troppo **frena** gli occhi, vuol dire che gli sono scappati

frenesia è lieve astuzia ingannar gelosia, che tutto crede quand'è in **frenesia** • **frenesia**, gelosia, eresia, mai son sanate per alcuna via

frequentare a granaio vuoto formica non **frequenta** • quando non sai, **frequenta** in dimandare

fresco il **fresco** della state fa dolere il corpo d'inverno • maggio **fresco** e casa calda, la massaia sta lieta e balda • maggio **fresco** e ventoso rende l'anno ubertoso • maggio **fresco**, giugno chiaro il contadino riempie il granaio • ogni mal **fresco** agevolmente si risana • il pesce va mangiato quando è **fresco** • se maggio va **fresco** va ben la fava e anco il formento • vento **fresco** mare crespo

frescura settembre dall'altura porta al piano la **frescura** e l'estate in sepoltura

fretta alla Certosa è un cert'uso, chi vi va e non ha **fretta**, tocca un pane e una mezzetta • chi fa in **fretta** ha disdetta • chi falla in **fretta** piange adagio • chi si marita in **fretta**, stenta adagio • l'erba cattiva cresce in **fretta** • mangiare e vuotare non voglion **fretta** • piacer preso in **fretta**, riesce in disdetta • quando il fuoco piglia in vetta, non ha **fretta** • se tu hai **fretta**, siedi • la vendetta di Dio non piomba in **fretta**

frettoloso la gatta **frettolosa** fece i gattini ciechi • non fu mai **frettoloso** che non fosse pazzo

fringuello meglio **fringuello** in man che tordo in frasca • quando canta il **fringuello**, buono o cattivo, tienti a quello

frittella aggiungi acqua e farina, farem **frittelle** sino a domattina • figliuole e **frittelle**; quante più se ne fa, più vengon belle

frode chi con **frode** nuoce, per frode perisce • il gran signor non ode, se non adulazion, menzogna e **frode** • sotto il buon prezzo ci corre la **frode**

frodo chi è trovato una volta in **frodo** si presume che vi sia sempre • error non è **frodo** • e' si paga spesso la gabella e il **frodo**

fronte guancia pulita, **fronte** ardita

frullare un è nulla, due una **frulla**, tre un che, quattro è un fatto, e cinque un tratto

frumento (**formento**) chi non ha sentimento, riman senza **frumento** • **formento**, fava e fieno, non si volsero mai bene • per Sant'Urbano il **frumento** è fatto grano • San Clemente: si finisce di mettere la segale e anche il **frumento** • San Paolo lucente, tanta paglia e poco **frumento** • San Paolo scuro, **frumento** sicuro; San Paolo chiaro, il frumento va per il solco • se maggio va fresco va ben la fava e anco il **formento** • se sgela in febbraio, tanto **frumento** nel granaio • se tu vedi del **formento** per Natale, ammazza il cane; se non lo vedi dagli del pane • se vuoi avere una bella produzione, semina il **frumento** a San Simone

frustata val più una **frustata** che cento arri là

frusto quando la carne diventa **frusta**, anco l'anima s'aggiusta

fruttaio gennaio zappatore, febbraio potatore, marzo amoroso, aprile carciofaio, maggio ciliegiaio, giugno **fruttaio**, luglio agrestaio, agosto pescaio, settembre ficaio, ottobre mostaio, novembre vinaio, dicembre favaio

fruttare quando il mandorlo non **frutta**, la sementa si perde tutta • se non **frutta** il cielo, non frutta neppur la terra

fruttificare la bontà è campo che **fruttifica** da se medesimo • non **fruttifica**, chi non mortifica

frutto a gennaio tutti i **frutti** nel solaio • albero che non fa **frutto**, taglia taglia • albero spesso trapiantato, mai di **frutti** è caricato • chi ara l'uliveto, dimanda il **frutto**; chi lo letama l'ottiene; chi lo pota lo sforza • dal **frutto** si conosce l'albero • maggio soleggiato, **frutta** a buon mercato • non c'è il peggior **frutto** di quello che non matura mai • non ogni verde fa fiore, ma ogni fiore fa **frutto** • per Ognissanti i grani seminati e i **frutti** riportati • la pianta si conosce dal **frutto** • quando l'albero fiorisce il **frutto** patisce • quando si perdon le prime **frutte**, le si perdon tutte • quando vedi la nespola e tu piangi, che l'è l'ultima **frutta** che tu mangi • le radici della virtù sono amare, ma i **frutti** dolci • se gennaio è cattivo e tristo d'ogni **frutto** empi il canestro • terra magra fa buon **frutto** • terra nera dà buon **frutto**, terra bianca guasta tutto • vuoi guardare i tuoi **frutti**, siine cortese a tutti

fruttuoso anno nevoso, anno **fruttuoso** • aprile piovoso, maggio ventoso, anno **fruttuoso** • febbraio ventoso, marzo **fruttuoso**

Fucecchio tanto è dir pennecchio quanto ladro di **Fucecchio**

fucile un **fucile** scarico fa paura a due

fucina il ferro storto lo raddrizza la **fucina**

fuggire Alleluia, ogni mal **fuia** • un bel morir tutta la vita onora, un bel **fuggir** salva la vita ancora • chi ci loda si dee **fuggire**, e chi c'ingiuria si dee soffrire • chi è povero ognun lo **fugge** • chi **fugge** fatica, non fa la casa a tre solai • chi **fugge** il giudizio, si perde • chi **fugge** il lupo, incontra il lupo e la volpe • chi **fugge** maggio, non fugge calende • chi **fugge**, mal minaccia • chi ha da perdere, **fugge** le brighe • da fiume ammutito **fuggi** • il lupo avanti al gridare **fugge** • nella guerra d'amor vince chi **fugge** • l'onore va dietro a chi lo **fugge** • o servi come servo, o **fuggi** come cervo • ponti d'oro al nemico che **fugge**! • quando Bacco trionfa, il pensier **fugge** • soldato che **fugge**, buon per un'altra volta • tutti son bravi quando il nemico **fugge**

fumare nella felicità gli altari non **fumano**

fumo l'acqua, il **fumo** e la mala femmina cacciano la gente di casa • i benefizi dei morti van presto in **fumo** • i camini più alti sono quelli che fanno meno **fumo** • la catena non teme il **fumo** • chi s'impaccia colle frasche, la minestra sa di **fumo** • chi sta sotto la cappa del camino non puzza che di **fumo** • dal **fumo**, fuoco s'argomenta • dietro il **fumo** vien la fiamma • il **fumo** va all'aria, e l'acqua alla valle • il **fumo** va dietro ai belli • i neutrali sono come chi sta al secondo piano, che ha il **fumo** del primo e il piscio del terzo • non c'è **fumo** senza arrosto • non si dà **fumo** senza fuoco • non si può fare il fuoco che il **fumo** non ascenda • quando piove di giugno, si secca la castagna senza **fumo** • tutto è **fumo** e vento, fuorché l'oro e l'argento

fune chi affoga, s'appiccherebbe alle **funi** del cielo • manco male morir di **fune** che di stenti

fungato anno **fungato**, anno tribolato

fungo di maggio **fungo** per assaggio • Dio ci guardi dal **fungo** di gennaio e dalla polvere d'aprile • gli inconvenienti degli Stati sono come i **funghi** • quattro sono i buoni bocconi, pesco, fico, **fungo** e poponi • se agosto è stato a mollo, a settembre i **funghi** sono colti • se nascono i **funghi** al mese di luglio, matura l'uva • tra maggio e giugno fa il buon **fungo**

fuoco (**foco**) l'acqua e il **fuoco** son buoni servitori, ma cattivi padroni • acqua lontana non spegne il **fuoco** • il buon **fuoco** aiuta il cuoco • che Santa Barbara ci protegga dal **fuoco**, dal tuono e dalla morte subitanea • chi fa il Ceppo al sole, fa la Pasqua al **fuoco** • chi ha la coda di paglia, ha sempre paura che gli pigli **fuoco** • chi ha tutto il suo in un loco, l'ha nel **foco** • chi presta sul gioco, piscia sul **fuoco** • chi sa far **fuoco**, sa far casa • chi scherza col **fuoco** finisce per bruciarsi le ali • con il **fuoco** non si scherza • dal fumo, **fuoco** s'argomenta • la donna, il **fuoco** e il mare fanno l'uom pericolare • dove è stato il **fuoco**, ci sa sempre di bruciaticcio • il **fuoco** e l'amore non dicon mai vanne al lavoro • il **fuoco** fa i tegoli duri • il **fuoco** fa saltare le vespe fuori del vespaio • gennaio: chi ha **fuoco** si scalda, chi no trema e balla • letto e **fuoco** fanno l'uom dappoco • luna a giugno col cerchio, estate di **fuoco** • non bisogna metter mai l'esca accanto al **fuoco** • non bisogna metter tanta carne al **fuoco** • non si dà fumo senza **fuoco** • non si può fare il **fuoco** che il fumo non ascenda • non tagliare il **fuoco** col ferro • o cotto o crudo il **fuoco** l'ha veduto • ogni lucciola non è **fuoco** • l'oro s'affina al **fuoco**

e l'amico nelle sventure • l'oro si prova col **fuoco** e l'uomo con l'oro • più vale il **fuoco** di casa mia che il fuoco dell'altrui • quando il **fuoco** piglia in vetta, non ha fretta • quando il gatto sta sul **fuoco**, la fa magra anche il cuoco • quando il pagliaio vecchio piglia **fuoco**, si spenge male • rosso di **fuoco** dura poco • San Giuseppe vecchiarello porta il **fuoco** sotto il mantello • Santa Barbara, sta' intorno al **fuoco** e guardala • scalda più amore che mille **fuochi** • seta e raso, spengono il **fuoco** in cucina • sta' sul **fuoco** quando è sera, a grattar la sonagliera, se aver vuoi la pelle intera • stoppa e **fuoco** non stan bene in un loco • tre cose non cessano mai, il sole, il **fuoco** e il pensiero dell'uomo • triste è quel gioco, dove si teme il **fuoco** • un pezzo non fa **fuoco**, due ne fanno poco, tre un focherello, e quattro lo fanno bello • uomo e donna in stretto loco, secca paglia appresso al **foco** • l'uomo è **fuoco**, e la donna è stoppa, vien poi il diavolo, e gliel'accocca • un uovo vuol sale e **fuoco** • il ventiquattro maggio piacque il **fuoco**

fuoruscito novelle di Banchi, promesse di **fuorusciti**, favole di commedianti

furberia la donna per piccola che sia, la vince il diavolo in **furberia**

furbo anche i più **furbi** restano fregati • **furbo**, vuol dir minchione • per conoscere un **furbo** ci vuole un furbo e mezzo • quando i **furbi** vanno in processione, il diavolo porta la croce • tra **furbo** e furbo mai non si camuffa

furfante chi è del figliuol pedante, non è **furfante** • il **furfante** in ogni luogo trova tre cose, osteria, prigione e spedale • un **furfante** governa cento poltroni, e cento poltroni non governano un furfante

furia Dio ti guardi da **furia** di vento, da frate fuor di convento, da donna che parla latino, e da nobile poverino • **furia** francese e ritirata spagnola

furioso fiume **furioso** tosto rischiara • Francese **furioso**,

Spagnolo assennato, Tedesco sospettoso

fuso non entri tra **fuso** e rocca, chi non vuol esser filato • piede alla culla e mano al **fuso**, mostrano la buona massaia • quando la mora è nera, un fuso per sera; quando l'è nera affatto, filane tre o quattro

futuro chi conta sul **futuro** sovente s'inganna

g, G

G (*lettera*) quattro G vuole il formaggio, grande, grasso, grave e gratis dato

gabbare avuta la grazia, **gabbato** lo santo • se se n'avvede me l'abbo, se non se n'avvede me la **gabbo** • son tre cose che **gabbano** il villano: il piacer, la credenza e il piover piano

gabbia meglio uccel di bosco che uccel di **gabbia** • questo mondo è una **gabbia** di matti • uccello in **gabbia** non canta per amor, canta per rabbia • uomo ammogliato, uccello in **gabbia**

gabella chi vuole ingannare il comune, paghi le **gabelle** • e' si paga spesso la **gabella** e il frodo

Gabriele (**Angelo**, 24 marzo) tre animali feroci: l'**Angelo**, San Marco e la Croce

gagliardia non è mai gran **gagliardia**, senza un ramo di pazzia

galantuomo al gioco si conosce il **galantuomo** • il **galantuomo** ha piacere di veder chiudere • ogni paese al **galantuomo** è patria • il tempo è **galantuomo** • tra **galantuomini**, una parola è un istrumento

galaverna a San Flaviano **galaverna** al piano

galeotto tutti vogano alla **galeotta**

galera a rubar poco si va in **galera**, a rubar tanto si fa carriera • i bei partiti fanno andare gli uomini in **galera** • quando il corsaro promette messe e cera mandalo in **galera**

galla né per **galla** né stienella, non restar di metter sella • la verità viene sempre a **galla**

gallina a carnevale si riconosce chi ha la **gallina** grassa • l'arcobaleno la mattina bagna il becco alla **gallina** • a Verona bisogna andare a letto quando le **galline** • chi di **gallina** nasce convien che razzoli • chi vuol l'uovo, deve soffrire lo schiamazzo della **gallina** • chi vuol trovar la **gallina**, scompigli la vicinanza • consiglio di volpi, tribolo di **galline** • **gallina** che non becca ha già beccato • **gallina** che non razzola ha già razzolato • **gallina** secca spesso becca • **gallina** vecchia fa buon brodo • **gallina** vecchia senza tetto, non fu mai senza difetto • le **galline** fanno le uova dal becco • mal cova la **gallina** fuor del nido • marzo per le **galline**, aprile per le pecore, maggio per i buoi, giugno per noi • meglio un uovo oggi che una **gallina** domani • nessuno vuol **gallina** se non le fa due ova • non è sì piccola ponzina, che di marzo non sia **gallina** • non v'è **gallina**, né gallinaccia, che di gennaio uovo non faccia • per San Nicola ogni mandra fa la prova, ogni ruscello suona, ogni **gallina** comincia a fare l'ova • quando la **gallina** canta ha fatto l'uovo • quando la volpe predica, guardatevi **galline** • se alla **gallina** tu apri il pugno, essa ti aprirà il culo • se il villano sapesse il sapore della **gallina** in gennaio, non ne lasceria nessuna nel pollaio • siroppo di cantina, pillole di **gallina** e buon mantello • tanto razzola la **gallina**, che scuopre il coltello che l'ammazza • le Trentine vengono giù pollastre e se ne vanno sù **galline** • trist'a quelle case, dove **gallina** canta e gallo tace • vecchia **gallina** ingrassa la cucina

galliziano dai giudici **galliziani**, vacci coi piedi nelle mani

gallo allo schiamazzo del **gallo** si desta la volpe • a Natale un piede di **gallo**, al primo dell'anno un piede di cane, all'Epifania un piede di stria • **gallo** di mugnaio, gatto di beccaio, garzone d'oste, ortolano di frati e fattor di monache non han pari • il **gallo** e il servitore in un anno perdon vigore • il **gallo** prima di cantare, batte l'ali tre volte • non è buon anno quando il pollo becca il **gallo** • non istanno bene due **galli** in un pollaio • quando il **gallo** canta nel pollaio, aspetta l'acqua sotto il grondaio • San Tommè, cresce il dì quanto il **gallo** alza un piè • trist'a quelle case, dove gallina canta e **gallo** tace • troppi **galli** a cantar non fa mai giorno

gallonato ogni servo **gallonato** è un ozioso affaccendato

galoppare quando la superbia **galoppa**, la vergogna siede in groppa

gamba bisogna fare il passo secondo la **gamba** • braccio al collo e **gambe** a letto • le bugie hanno le **gambe** corte • chi non ha testa metta **gambe** • dove la voglia è pronta, le **gambe** son leggiere • la fortuna ha le **gambe** corte • **gambe** mie, non è vergogna camminar quando bisogna • non bisogna fare il passo più lungo della **gamba** • quando piove, chi non ha **gambe** non si muove • i quattrini non hanno **gambe** ma corrono

ganzerino cicisbei e **ganzerini** peggio vita che facchini

garbuglio **garbuglio** fa pe' male stanti

Garda, Lago di lago di Garda e Bocca di Celina porta spesso la rovina

garzone gallo di mugnaio, gatto di beccaio, **garzone** d'oste, ortolano di frati e fattor di monache non han pari • per allevare un **garzone** ci vuole un buon padrone

gatta a pentola che bolle, **gatta** non s'accosta • che colpa ci ha la **gatta** se la massaia è matta? • Dio ti guardi da quella **gatta** che davanti ti lecca e di dietro ti graffia • la donna alla finestra, la **gatta** alla minestra • la **gatta** caro vende, e il cavallo mezzo dona • la **gatta** frettolosa fece i gattini ciechi • la **gatta** grassa fa onore alla casa • **gatta** inguantata non prese mai topo • **gatta** piatta, chi non la vede, graffia • nessuno vuole appiccare il sonaglio alla **gatta** • ogni **gatta** vuole il sonaglio • quando la **gatta** non può arrivare al lardo, dice che sa di rancido • sotto consiglio non richiesto **gatta** ci cova • tanto va la **gatta** al lardo che ci lascia lo zampino • un occhio alla padella e uno alla **gatta**

gatto a **gatto** che lecca stidione, non gli fidare arrosto • a **gatto** vecchio, sorcio tenerello • chi non ha il **gatto** mantiene i topi, e chi l'ha mantiene i topi e il gatto • chi serba, serba al **gatto** • di notte tutti i **gatti** sono bigi • i figli dei **gatti** prendono i topi • gallo di mugnaio, **gatto** di beccaio, garzone d'oste, ortolano di frati e fattor di monache non han pari • **gatto** che non è goloso non piglia mai sorcio • il **gatto** prima la fa e poi la copre • **gatto** rinchiuso diventa leone • gennaio dei **gatti** febbraio dei matti • in marzo si nasconde un **gatto**, in aprile lasciami dormire; in maggio vieni a veder che faccio e in giugno mettimi nel pugno • lascia portare i baffi al **gatto** • non aspettare a pigliare il **gatto** il dì di San Michele • non insegnare ai **gatti** a rampicare • quando il **gatto** sta sul fuoco, la fa magra anche il cuoco • quanto più si frega la schiena al **gatto**, più rizza la coda • se il tuo **gatto** è ladro, non lo cacciar di casa • tardi s'avvede il ratto, quando si trova in bocca al **gatto** • ugna di leone e lingua di **gatto**, guariscon del matto

gaudeamus al mangiare **gaudeamus**, al pagare suspiramus

gaudio **gaudio** di piazza, tribolo di casa • mal comune, mezzo **gaudio**

gazza le donne son sante in chiesa, angele in istrada, diavole in casa, civette alla finestra e **gazze** alla porta

gelare a San Mattia è **gelata** l'acqua in sacrestia

gelo il **gelo** è la macina della terra • né caldo né **gelo** non restò mai in cielo

gelosia amor dà per mercede, **gelosia** e rotta fede • amor, dispetto, rabbia e **gelosia**, sul core d'ogni donna han signoria • amore e **gelosia** nacquero insieme • è lieve astuzia ingannar **gelosia**, che tutto crede quand'è in frenesia • frenesia, **gelosia**, eresia, mai son sanate per alcuna via • la **gelosia** scuopre l'amore • **gelosia** viene per impotenza, per opinione e per esperienza • meglio il marito senza amore che con gelosia

geloso chi è **geloso**, è becco • è meglio esser **geloso** che becco

gelsomino acqua di **gelsomini** è buona a' bambini

generale per San Vito gira l'oliveto: se uno o due paiono, è entrata **generale**

generalità le **generalità** confondono i negozi

generare (**generarsi**) l'abbondanza **genera** fastidio • grande amicizia **genera** grand'odio • guai a quell'annata che **genera** saggina e rapa • nelle belle muraglie si **genera** il serpe

genero amicizia di **genero**, sole d'inverno

generoso Natale piovoso, raccolto **generoso**

genia Brozzi, Peretola e Campi son la peggio **genia** che Cristo stampi

gennaio a **gennaio** deve apparir l'allodola in mezzo al grano • a **gennaio** tutti i frutti nel solaio • a mancanza di **gennaio** si tramuta il vino • a mezzo **gennaio**, metti l'operaio • un bel **gennaio** fa piangere a febbraio • la bufera di **gennaio** rovina il melo • chi ammazza una pulce in **gennaio** ne ammazza uno staio • chi di maggio non fiorisce, di **gennaio** partorisce • la coda di **gennaio** è la testa di febbraio: si spaventa il pecoraio • di bruma la neve s'aggruma, di **gennaio** la neve fa solaio, di marzo fa il ponte e in aprile si rompe • dicembre piglia l'anno e lo sotterra, **gennaio** lo fa rinascere, aprile e maggio lo vestono • Dio ci guardi dal fungo di **gennaio** e dalla polvere d'aprile • dove scende la nebbia di **gennaio** scende la neve di marzo • fiore di **gennaio**: non ne metti dentro il paniere • **gennaio** agliaio • **gennaio**: chi ha fuoco si scalda, chi no trema e balla • **gennaio** col sole e maggio col tizzone • **gennaio** come promette ti dà • **gennaio** con neve, vento e brina: sta' tranquillo nella cascina • **gennaio** dei gatti febbraio dei matti • **gennaio** è capo d'estate • **gennaio** e febbraio empie o vuota il granaio • **gennaio** e febbraio: i mesi della cipolla • **gennaio** e febbraio, tienti al pollaio; marzo e aprile, capretto gentile; maggio e giugno, erbette col grugno; luglio e agosto, piccioni arrosto, settembre e ottobre, buone lepri col savore; novembre e dicembre, buon vitel sempre • **gennaio** è fedele: come è la mattina così è la sera • **gennaio** fa gli agnelli e febbraio fa le pelli • **gennaio** fa il peccato, e maggio è il condannato • **gennaio** forte, tutti i vecchi si auguran la morte • **gennaio** ha i denti lunghi e febbraio peggio di tutti • **gennaio** ingenera, febbraio intenera • **gennaio** mette ai monti la parrucca, febbraio grandi e piccoli imbacucca • **gennaio** mette il diaccio, e febbraio lo dimoia • **gennaio**: neve, nebbia e freddo ai piedi • **gennaio**: pochi polli rimangon nel pollaio • **gennaio** polveraio empie il granaio • **gennaio** secco, massaio ricco • **gennaio** zappatore, febbraio potatore, marzo amoroso, aprile carciofaio, maggio ciliegiaio, giugno fruttaio, luglio agrestaio, agosto pescaio, settembre ficaio, ottobre mostaio, novembre vinaio, dicembre favaio • il gran freddo di **gennaio**, il mal tempo di febbraio, il vento di marzo, le dolci acque d'aprile, le guazze di maggio, il buon mieter di giugno, il buon batter di luglio, le tre acque d'agosto con la buona stagione, vaglion più che il tron di Salomone • guardati dalla primavera di **gennaio** • maggio con ghirlanda, **gennaio** con vivanda • nel mese di **gennar** la vecchia sta in tirar • la neve di **gennaio** diventa sale, e quella d'aprile farina • non v'è gallina, né gallinaccia, che di **gennaio** uovo non faccia • pioggia di **gennaio**, abbondanza nel granaio • polvere di **gennaio**, carica il solaio • quando canta il pigozzo di **gennaio**, tieni a mano il pagliaio • quando **gennaio** ingrossa il Po ogni mese fa la sua • quando **gennaio** mett'erba, chi ha grano lo riserba • se **gennaio** è cattivo e tristo d'ogni frutto empi il canestro • se **gennaio** ha i suoi rigori primavera è tutta fiori • se **gennaio** non gennareggia febbraio mal pensa • se il villano sapesse il sapore della gallina in **gennaio**, non ne lasceria nessuna nel pollaio • se le calende di **gennaio** vengono di domenica, l'inverno è caldo, la primavera umida, l'autunno ventoso • se piove il mese di **gennaio**, piove vino in cantina • se ronza il calabrone di **gennaio** tieni di conto la paglia del pagliaio • se vuoi empir la cantina zappa e pota in **gennaio**; se vuoi empir la botticella zappa e pota in marzo • tonno di maggio e porco di **gennaio**

gennareggiare se gennaio non **gennareggia** febbraio mal pensa

Genova a Roma dottori, a Napoli ladroni, a **Genova** scavezzi, a Milan tagliacantoni, a Venezia forestieri, a Fiorenza scardassieri • **Genova**, aria senza uccelli, mare senza pesce, monti senza legna, uomini senza rispetti • Milano la grande, Vinegia la ricca, **Genova** la superba, Bologna la grassa, Firenze la bella, Padova la dotta, Ravenna l'antica, Roma la santa

genovese a fare un **genovese** ci vogliono sette ebrei e un fiorentino • nave **genovese**, e mercante fiorentino

gente l'acqua, il fumo e la mala femmina cacciano la **gente** di casa • agosto mandò lettere, settembre le leggeva: vestitevi buona **gente** che l'inverno è per la via • artigiano che non mente, non ha mestier fra la **gente** • dove la fortuna giuoca più che il senno, la **gente** vi corre • **gente** allegra Dio l'aiuta • **gente** assai, fanno assai; ma mangian troppo • **gente** di confini o ladri o assassini • montanini e **gente** acquatica, amicizia e poca pratica • quando a marzo gli manca un dente, aprile raduna la **gente** • quando Venezia comandava, si desinava e si cenava, coi Francesi, buona **gente**, si desinava solamente • quattro o cinque al viandante, cinque o sei al mercatante, sei o sette allo studente, sette o otto all'altra **gente**, otto o nove al signorone, nove o dieci al gran poltrone • la tigna e il maldicente è peggio di tutta la **gente** • tra **gente** sospettosa, conversare è mala cosa • viver parcamente arricchisce la **gente**

gentile acqua d'aprile, acqua **gentile** • chi è più **gentile**, più s'arrende • chi vuol lavor **gentile**, ordisca grosso e trami sottile • gennaio e febbraio, tienti al pollaio; marzo e aprile, capretto **gentile**; maggio e giugno, erbette col grugno; luglio e agosto, piccioni arrosto, settembre e ottobre, buone lepri col savore; novembre e dicembre, buon vitel sempre • pioggia d'aprile, vino **gentile** • spesso sotto abito vile s'asconde uom **gentile**

gentilezza **gentilezza** corre la prima al perdono • onestà e **gentilezza** sopravanza ogni bellezza • ricchezza non fa **gentilezza**

gentiluomo velluto ai servitori, e rascia ai **gentiluomini**

Germania Spagna magra, Francia grassa, **Germania** la passa

germano chi non ha amico o **germano**, non ha forza in braccio né in mano

gesto i pazzi si conoscono a' **gesti**

Gesù a chi non ha da far **Gesù** gliene manda • novembre il morticino e dicembre il **Gesù** Bambino

gettare all'apparir degli uccelli non **gettare** seme in terra • chi **getta** la sua roba al popolazzo, si trova vecchio poi, povero e pazzo • legami mani e piei, e **gettami** tra' miei • parole di bocca e pietra **gettata**, chi le ricoglie perde la giornata • un pazzo **getta** una pietra nel pozzo, che poi ci vogliono cento savi a cavarla fuori

gherone quel che non va nelle maniche va nei **gheroni** • quel che va nelle maniche, non può andar ne' **gheroni**

ghiaccio a San Valentino si spacca il **ghiaccio** con la scure • per San Polo il **ghiaccio** si rompe il collo • quando la canavera fa il pennacchio, molta neve e molto **ghiaccio** • San Biagio se trova il **ghiaccio** lo disfà, e se non lo trova lo fa

ghianda d'ulive, castagne e **ghianda**, d'agosto ne dimanda • se ogni mese mangia carne, ogni sterpo mena **ghiande**

ghiandosa chi ha a morir di **ghiandosa**, non gli vale far casotti in campagna

ghibellino guelfo non son, né **ghibellin** m'appello, a chi mi dà rivolterò il mantello

ghignare uom che **ghigna**, can che rigna, non te ne fidare
ghiotto una ne pensa il **ghiotto**, un'altra il tavernaio
ghiottone in chiesa coi santi e in taverna coi **ghiottoni**
ghirlanda maggio con **ghirlanda**, gennaio con vivanda • non si fa fascio d'ogni erba, ma sì **ghirlanda** di ogni fiore • una **ghirlanda** costa un quattrino, e non istà bene in capo a ognuno
ghirlindò quando canta il **ghirlindò**, chi ha cattivo padron mutar lo può
giacere chi muore **giace**, chi vive si dà pace • rare volte il diavolo **giace** morto nella fossa
giallo il bianco e il rosso va e vien, ma il **giallo** si mantien; anzi il giallo è un color forte che dura anche dopo morte • tutto il rosso non è buono, e tutto il **giallo** non è cattivo
giardinaio maggio **giardinaio** non empie il granaio
giardino l'erba voglio non cresce neanche nel **giardino** del re • figlie, vigne, e **giardini**, guardale dai vicini • i **giardini** belli vuotano i borselli • per Sant'Albino è ora di fare il **giardino**
giglio non lice che dappertutto il **giglio** abbia radice
ginocchio occhio, gomito, **ginocchio** fan vergogna al medico
giocare (**giuocare**) assai vince chi non **gioca** • a voler star pari col contadino bisogna **giocar** di zero • chi **gioca** al lotto, in rovina va di botto • chi **gioca** a primiera e non va a primiera, perde a primiera • chi **gioca** a' trionfini, perde la pazienza e i quattrini • chi **gioca** di piè, paga di borsa • chi **gioca**, non dorme • chi **gioca** per bisogno, perde per necessità • chi non può **giocare** metta al punto • chi non vuol perdere, non **giochi** • chi perde, **giocherà**, se l'altro vuole • chi si vuol riaver, non **giochi** più • dove la fortuna **giuoca** più che il senno, la gente vi corre • fortunato in amor non **giochi** a carte • **giocare** e perdere lo sanno far tutti • guardati da **giocar** denari • non bisogna **giocare** con chi propone i giochi • quando la ti dice

buona al paleo, non **giuocare** alla trottola

giocatore a caval corridor e felice **giocator**, poco dura l'onor • carta che venga, **giocator** si vanti • il **giocatore** di carte non fa testamento

gioco (**giuoco**) al balordo mutagli **gioco** • al **gioco** si conosce il galantuomo • un bel **gioco** dura poco • bisogna far buon viso a cattivo **gioco** • chi presta sul **gioco**, piscia sul fuoco • chi sa il **gioco** non l'insegni • chi sta a vedere, ha due terzi del **gioco** • denari di **gioco**, oggi te li do, domani te li tolgo • il **gioco** di bambara, chi più vede manco impara • **gioco** di mano, gioco di villano • il **gioco** ha il diavolo nel core • il **gioco** non vale la candela • il **gioco** risica la vita e rosica la roba • non bisogna giocare con chi propone i **giochi** • non comincia fortuna mai per poco, quando un mortal si piglia a scherno e **gioco** • non si deve far torto al **gioco** • per parlare di **giuoco**, bisogna aver tenute le carte in mano • sfortunato al **gioco**, fortunato in amore • triste è quel **gioco**, dove si teme il fuoco • il troppo e il poco guasta il **gioco**

giogo beato chi porta il **giogo** a buon'ora

gioia non v'è **gioia** senza noia • scherzo, riso e **gioia**, quando è troppo annoia

giornata bel discorso accorcia **giornata** • dieci **giornate** di maggio e dieci d'agosto tiran fuori la castagna dal bosco • Domeneddio non paga a **giornate** • **giornata** di mare non si può tassare • parole di bocca e pietra gettata, chi le ricoglie perde la **giornata** • piccola **giornata** e grandi spese, ti conducono sano al tuo paese • quando non rischiara a terza, la **giornata** si può dir persa • quando si sente morder le mosche, le **giornate** si metton fosche • San Tommà, la più corta **giornà**

giorno ad agosto giù il sole e il **giorno** resta fosco • amici di buon **giorno**, son da mettere in forno • aprile il primo **giorno** lo vuole per sé • aprile, ogni **giorno** un barile • a settembre e a febbraio notte e **giorno** vanno pari • bando bolognese, dura trenta **giorni** meno un mese • il buon **giorno** si vede dal mattino • carnevale: maschere, suoni e danze; il **giorno** dopo mezza pancia • chi cavalca la notte, convien che posi il **giorno** • chi dorme il **giorno** di Pasqua dorme sotto qualunque frasca • chi è tenuto savio di **giorno**, non sarà mai pazzo di notte • chi fa di notte, si dipar di **giorno** • chi ha un **giorno** di bene, non può dire d'essere stato male tutto l'anno • chi mi piglierà di notte, mi lascerà di **giorno** • chi si marita per amore, di notte ha piacere, e di **giorno** ha dolore • come i ladri di Pisa, che il **giorno** litigano e la notte rubano insieme • il debito non si paga il **giorno** che si fa • di **giorno** si vedono le macchie • Dio ti guardi dal **giorno** della lode • è meglio il lupo alle pecore che il sole il **giorno** della Candelora • è più fatica voler fare il signore senza sostanze che lavorar tutto il **giorno** • i fanciulli mettono ogni **giorno** un'oncia di carne e una libbra di malizia • la festa va fatta il **giorno** che corre • i **giorni** spesi bene sono i meglio impiegati • il **giorno** di San Benedetto s'accoppiano gli uccelli • il **giorno** di Sant'Antonio o la neve o il tempo buono • il **giorno** di San Zenone mancan diciotto dì al Ceppone • il giudizio viene tre **giorni** dopo la morte • il giusto pecca sette volte al **giorno** • il guadagno si fa il **giorno** della compra • luna nuova tre **giorni** in prova • maggio il **giorno** cresce e il pane manca • meglio vivere un **giorno** da leone che cent'anni da pecora • non si diventa maestro in un **giorno** • l'ospite è come il pesce: dopo tre **giorni** puzza • pan d'un **giorno**, vin d'un anno • Pasqua tanto desiata, in un **giorno** è passata • per i ciechi non è mai **giorno** • per il **giorno** di Tutti i Santi la neve arriva al camposanto, per il giorno dei Morti la neve arriva negli orti • quando canta il cucco, un **giorno** molle e l'altro asciutto • quando piove il **giorno** di San Vito il prodotto dell'uva va sempre fallito • quando si maritan le vedove, il benedetto va tutto il **giorno** per casa • quanti **giorni** cominciano col sole che finiscono col mal tempo • i quattrini bianchi van serbati pe' **giorni** neri • quello che fa il **giorno** del Padre Santo, fa San Luca e tutt'i Santi • Roma non fu fatta in un **giorno** • Santa Lucia, il **giorno** più corto che ci sia • scopa nuova spazza bene tre **giorni** • se nell'orto vuoi avere bella verdura, un'ora al **giorno** bisogna che gli dia cura • se piove il **giorno** di San Giovanni non vengono né il vino né il pane • son più i pasti che i **giorni** • tela di **giorno** e donna di sera • tempo rifatto di notte, se dura un **giorno** dura troppo • troppi galli a cantar non fa mai **giorno** • una buona imbriacatura nove **giorni** dura • un buon **giorno** vale un cattivo mese • un **giorno** è maestro dell'altro • val più un buon **giorno** con un uovo, che un mal'anno con un bue

giostra cera lustra, non va alla giostra

giostrare chi sta discosto, non vuol **giostrare**

giovane (**giovine**) l'albero va piegato quando è **giovine** • bisognerebbe essere prima vecchi e poi **giovani** • chi da **giovane** non fa grippe, da vecchio para mano • chi **giovane** si governa vecchio muore • chi non sa comprare compri **giovane** • consiglio di vecchio, e aiuto di **giovane** • de' **giovani** ne muor qualcuno, de' vecchi non ne campa niuno • la febbre quartana i vecchi uccide e i **giovani** risana • **giovane** assestato, roba porta • **giovane** chi è sano • **giovane** invidiato, o virtuoso o innamorato • **giovane** ozioso, vecchio bisognoso • **giovane** ritirata, giovane desiderata • **giovane** senza esercizio, ne va sempre in precipizio • guai quando i **giovani** comanderanno e che le botteghe si toccheranno • imparano dai buoi vecchi ad arare i **giovani** • maledetto il **giovane** di cento anni, e benedetto il vecchio di venti • marito vecchio e moglie **giovane** assai figliuoli • medico vecchio e chirurgo **giovane** • nella pace i **giovani** seppelliscono i vecchi, ma nella guerra i vecchi seppelliscono i giovani • non v'è **giovane** che non sia bella, né vecchia che non sia brutta • per San Biagio tutte le **giovani**

CHI TVTTO VVOLE NVLLA HÀ, E DI RABBIA MVORE.

Troppo chieder non dei, ch' oue chiedea
Vn Mondo di tesori, uscì dal Mondo
Frà tesori sepolta anche Tarpea.

storcono il naso • le ricchezze in mano d'un **giovane**, sono come rasoio in mano di un bambino • salario non arricchì mai **giovane** • se il **giovane** sapesse, e se il vecchio potesse, e' non c'è cosa che non si facesse • se non vuoi viver vecchio appiccati **giovane** • si muore **giovani** per disgrazia e vecchi per dovere • una **giovine** in mano a un vecchio, un uccello in mano a un ragazzo, un cavallo in mano a un frate, son tre cose strapazzate • val più un vecchio in un canto, che un **giovane** in un campo • il vecchio pianta la vigna, e il **giovine** la vendemmia • il vecchio rimbambisce e il **giovane** impazzisce • i vecchi vanno verso la morte e ai **giovani** la gli va incontro • la vergogna in un **giovane** è buon segno

giovare a chi manca il cuore, non **giova** la spada • al miser uom non **giova** andar lontano, che la sciagura sempre gli tien mano • dove non servon le parole, le bastonate non **giovano** • in gioventù bisogna acquistare, quel che in vecchiezza ti può **giovare** • la lode **giova** al savio e nuoce molto al pazzo • la pietra del ministro al reo non **giova** • tanto è il mal che non mi nuoce, quanto il ben che non mi **giova** • un uomo nuoce a cento, e cento non **giovano** a uno

Giove quando il sole insacca in Giove, non è sabato che piove

giovedì **giovedì** grasso: chi non ha niente s'impegna la cassa • pensa e ripensa, di **giovedì** viene l'Ascensa

giovenco per San Donato, l'inverno è nato; per San Lorenzo, gli è grosso come un **giovenco**; per Santa Maria, quanto una badia

gioventù chi gode in **gioventù** spesso soffre in vecchiaia • chi non fa pazzie in **gioventù** le fa in vecchiaia • chi ride in **gioventù**, piange in vecchiaia • la **gioventù** è il pregio dell'asino • la **gioventù** è una bellezza da sé • la **gioventù** vuole il suo sfogo • in **gioventù** bisogna acquistare, quel che in vecchiezza ti può giovare • quel ch'è permesso in **gioventù**, non è permesso in vecchiaia • la vecchiezza è un male desiderato da tutti: la **gioventù** un bene non conosciuto da nessuno

giovinezza chi non ascolta il padre in **giovinezza**, udirà il boia in vecchiezza • conversazione in **giovinezza**, fraternità in vecchiezza

girare agio e disagio fanno **girare** il capo alle donne • per San Vito **gira** l'oliveto: se uno o due paiono, è entrata generale • quando **gira** il calabrone, è il tempo dell'Ascensione • la saetta **gira** gira, torna addosso a chi la tira

girellone la donna **girellona** è acqua in un vaglio

giro per San Bastiano le maschere in **giro**

gita chi ha denari da ricuperare, molte **gite** ha da fare

giubileo (**giubbileo**) non passa **giubbileo** che ognun non sia gastigato

Giuda anco gli apostoli ebbero un **Giuda**

Giudeo i **Giudei** in Pasqua, i Mori in nozze, i Cristiani in piatire, sanno impoverire • i **giudei** non istanno bene co' samaritani

giudicare a chi non duole **giudica** bene i colpi • l'albero non si **giudica** dalla scorza • a sentire una campana sola si **giudica** male • il buon giudice tosto intende, e tardi **giudica** • chi altri **giudica**, sé condanna • chi ben **giudica**, bene elegge • chi tosto **giudica**, tosto si pente • non dir quanto sai, non **giudicar** quanto vedi, e in pace viverai • non **giudicar** la nave stando a terra • sacco legato fu mal **giudicato** • sacco vuoto mal si **giudica** • se tu vuoi **giudicar** ben, mettiti sempre ne' suoi piè • l'uomo si **giudica** male alla cera

giudice a Padova, i **giudici** danno la ragione ad ambe le parti • il buon **giudice** tosto intende, e tardi giudica • da **giudice** che pende, giustizia invan s'attende • dai **giudici** galliziani, vacci coi piedi nelle mani • è meglio una mano dal **giudice**, che un abbraccio dall'avvocato • **giudice** e scrivano vuol tenere il piede in mano • non sempre sta il **giudice** al banco • pace e vittoria son **giudici** in guerra

giudizio a sangue caldo, nessun **giudizio** è saldo • c'è una pazzia, che è un gran **giudizio** • chi donne pratica, **giudizio** perde • chi fugge il **giudizio**, si perde • chi mostra i quattrini mostra il **giudizio** • dei **giudizi** non mi curo, che le mie opere mi fanno sicuro • del **giudizio** ognun ne vende • il **giudizio** viene tre giorni dopo la morte • nei pericoli con **giudizio**, al rimedio col tempo • se i signori avessero **giudizio**, i poveri morirebbero di fame

giuggiolo quando il **giuggiolo** si veste, e tu ti spogli; e quando si spoglia, e tu ti vesti

giugno acqua di **giugno** rovina il mugnaio • a maggio non si miete mai, a **giugno** si miete crai • chi semina in ottobre miete bene in **giugno** • di **giugno** levati il cuticugno • gennaio e febbraio, tienti al pollaio; marzo e aprile, capretto gentile; maggio e **giugno**, erbette col grugno; luglio e agosto, piccioni arrosto, settembre e ottobre, buone lepri col savore; novembre e dicembre, buon vitel sempre • gennaio zappatore, febbraio potatore, marzo amoroso, aprile carciofaio, maggio ciliegiaio, **giugno** fruttaio, luglio agrestaio, agosto pescaio, settembre ficaio, ottobre mostaio, novembre vinaio, dicembre favaio • **giugno** dà caldo e sete al contadino che miete • **giugno** e luglio non piove al buio • **giugno**, la falce in pugno • **giugno**, luglio e agosto, né acqua né donna né mosto • **giugno**: o che paga o che castiga con della paglia o con la spiga • **giugno** quanto un pugno, luglio quanto un ruglio, agosto quanto un pozzo • **giugno** ventoso porta il grano sull'aia • il gran freddo di gennaio, il mal tempo di febbraio, il vento di marzo, le dolci acque d'aprile, le guazze di maggio, il buon mieter di **giugno**, il buon batter di luglio, le tre acque d'agosto con la buona stagione, vaglion più che il tron di Salomone • in **giugno** non aver nessuna cura se non nei cappi e per la mietitura • in marzo si nasconde un gatto, in aprile lasciami dormire; in maggio vieni a veder che faccio e in **giugno** mettimi nel pugno • luna a **giugno** col cerchio, estate di fuoco • maggio ciliegie a saggio, **giugno** ciliegie a pugno • maggio e **giugno**: la falce in mano e la ciliegia in pugno • maggio fresco, **giugno** chiaro il contadino riempie il granaio • marzo me ne vengo, aprile mi faccio sentire, maggio m'arrabbio e **giugno** me ne vado • marzo per le galline, aprile per le pecore, maggio per i buoi, **giugno** per noi • nel febbraio la beccaccia fa il nido, nel marzo tre o quattro, nell'aprile pieno il covile, nel maggio tra le frasche, nel **giugno** come un pugno, nell'agosto non ucciderla al corso • o verde o maturo a **giugno** si taglia il grano • quando a **giugno** è più asciutto che bagnato cava il bigoncio e tienlo preparato • quando imbrocca d'aprile, vacci col barile; quando imbrocca di maggio, vacci per assaggio; quando imbrocca di **giugno**, vacci col pugno • quando piove di **giugno**, si secca la castagna senza fumo • quando piove di notte di **giugno**, ricaccia il pane dal forno • se fa freddo a **giugno**, in tasca non ne avrai mai nessuno • se **giugno** è tonante, il raccolto è abbondante • se **giugno** non fa sudare, pane e vino fa scarseggiare • se **giugno** tuona, tutta l'estate rimbomba • se marzo non marzeggia, **giugno** non festeggia • tra maggio e **giugno** fa il buon fungo • trenta dì ha novembre, april, **giugno** e settembre; di ventotto ce n'è uno tutti gli altri n'han trentuno

giullare a chi non piace il **giullare**, non piace la canzone

giuntare romagnuol della mala Romagna, o ti **giunta** o ti fa qualche magagna

giuramento i **giuramenti** degli innamorati sono come quelli dei marinari

giurare caval che suda, uomo che **giura** e donna piangente non gli creder niente • volpe che dorme, ebreo che **giura**, donna che piange, malizia sopraffina colle frangie

giustificare chi si **giustifica** dalla legge, cade dalla grazia • il fine **giustifica** i mezzi • saluti di sbirri **giustificano** la persona

giustizia a nessuno piace la **giustizia** a casa sua • chi compra il magistrato, vende la **giustizia** • da giudice che pende, **giustizia** invan s'attende • la forza opprime la **giustizia** • la **giustizia** catalana, mangia la pecora e la lana • la **giustizia** è fatta come il naso, che dove tu lo tiri viene • gran **giustizia**, grande offesa • molte volte si perde per pigrizia, quel che s'è guadagnato per **giustizia** • ognuno ama la **giustizia** a casa d'altri • pane in piazza, **giustizia** in palazzo, e sicurezza per tutto • i poveri mantengono la **giustizia** • quattrini e amicizia rompon le braccia alla **giustizia**

Giusto (1) Donato ha rotto il capo a **Giusto** • San Magno supera San **Giusto**

giusto (2) ad agosto nessun vento tira **giusto** • chi è **giusto**, non può dubitare • chi vuol **giusta** vendetta, in Dio la metta • il **giusto** pecca sette volte al giorno • il **giusto** porta la pena per il peccatore • pesa **giusto**, e vendi caro • piuttosto pecora **giusta**, che lupo grasso • promessa ingiusta, tener non è **giusto** • viene Natale santo e **giusto**: chi si mangia la carne e chi sente l'odore di arrosto

gloria (1) alla fine del salmo si canta il **Gloria** • non tutti i salmi finiscono in **gloria**

gloria (2) a **gloria** non si va senza fatica • chi ha cara la **gloria**, il corpo ha vile • chi ha pazienza, ha **gloria** • la maggior **gloria** del vincere è perdonare al vinto • non fu mai **gloria** senza invidia • tutti i salmi finiscono in **gloria**

gobba chi lavora fa la **gobba**, e chi ruba fa la robba • **gobba** a ponente luna crescente, gobba a levante luna calante • medico giovine fa la **gobba** al cimitero

gobbo colla pazienza il **gobbo** va in montagna

goccia (**gocciola**) a **goccia** a goccia si scava la pietra • aprile, d'ogni **goccia** un barile • aprile una **gocciola** il die, e spesso tutto il die • la **goccia** che fa traboccare il vaso • se piove d'aprile, ogni **gocciola** mille lire • si prendono più mosche con una **goccia** di miele che con un barile d'aceto

gocciolare se per San Marco **gocciola** lo spino, abbondanza di pane e vino

godere chi assai pone e non custode, assai tribola e poco **gode** • chi di vecchio si veste, **gode** poco e presto n'esce • chi fa la festa, non la **gode** • chi **gode** in gioventù spesso soffre in vecchiaia • chi **gode** muore, e chi patisce stenta • chi **gode** una volta non instenta sempre • chi ha **goduto** la carne, poi goda le ossa • chi non sa tacere, non sa **godere** • chi si contenta **gode** • chi si marita per un anno **gode** • chi vuol **godere** la festa, digiuni la vigilia • col poco si **gode**, e coll'assai si tribola • della pace ognun ne **gode** • due dì **gode** il marito la sua metà, il dì che la porta a casa, e quello che la se ne va • **godiamo**, che istentar non manca mai • guai a chi **gode** tutto il suo • la ricchezza non s'acquista senza fatica, non si possiede senza timore, non si **gode** senza peccato, non si lascia senza dolore • la roba non è di chi se la fa, ma di chi se la **gode** • se tu hai caro il ben che **godi**, guarda con chi lo lodi • solo dir posso ch'è mio, quanto **godo** e do per Dio • tra i due litiganti il terzo **gode** • va' in piazza, vedi e odi: torna a casa, bevi e **godi**

gogna chi va in **gogna**, non fa il servizio volentieri

gola il cantante ha la sua bottega nella **gola** • e' fa di quelle di maestro Grillo, che medicava il culo a chi avea male in **gola** • **gola** degli adulatori, sepolcro aperto • ne uccide più la **gola** che la spada • per la **gola** si pigliano i pesci

goloso gatto che non è **goloso** non piglia mai sorcio • tigna di vergognoso, e malfrancese di **goloso**, non guarì mai

gomito occhio, **gomito**, ginocchio fan vergogna al medico

gondola non sono in Arno tanti pesciolini, quanti in Venezia **gondole** e camini

gonfiare quanto più la rana **gonfia**, più presto crepa

gonnella donna savia e bella, è preziosa anche in **gonnella** • stringe più la camicia che la **gonnella**

gorgo l'acqua del proprio **gorgo** è bella e chiara

gorgogliare di novembre il mosto in tino **gorgogliando** divien vino

governare acqua di cisterna ogni mal **governa** • a tempo di guerra con le bugie si **governa** • chi giovane si **governa** vecchio muore • con un po' di cervello si **governa** il mondo • dove la donna domina e **governa**, ivi sovente la pace non sverna • figlie da maritare, fastidiose da **governare** • i soldati fanno come i cavalli che annitriscono a chi li **governa**, e tiran calci al padrone • un furfante **governa** cento poltroni, e cento poltroni non governano un furfante

governatore un noce in una vigna, una talpa in un prato, un legista in una terra, un porco in un campo di biade, e un cattivo **governatore** in una città, sono assai per guastare il tutto

governo nel **governo** più importa saper comandare che obbedire • tosse d'inverno vuol **governo**; tosse d'estate conduce al sagrato

gracchiare chi vuol far bene i suoi fatti, stia zitto e non **gracchi**

grado cotal **grado** ha chi tigna pettina • il primo **grado** di pazzia è tenersi savio, il secondo farne professione, il terzo sprezzare il consiglio

graffiare Dio ti guardi da quella gatta che davanti ti lecca e di dietro ti **graffia** • gatta piatta, chi non la vede, **graffia**

gragnola suocera e nuora, tempesta e **gragnola**

grameggiare chi non maneggia, **grameggia**

grammatica altro è la pratica, altro è la **grammatica** • val più la pratica che la **grammatica**

gramo al **gramo** vivere la morte è beneficio • **grama** quella ca', dove soldato o prete va • pesce che va all'amo, cerca d'esser **gramo**

granaio a **granaio** vuoto formica non frequenta • ara poco ma minuto e fondo, se tu vuoi empire il **granaio** da cima a fondo • Arno vuoto **granaio** pieno • bel lucciolaio, bel **granaio** • chi vuol di vena un **granaio**, lo semini di febbraio • gennaio e febbraio empie o vuota il **granaio** • gennaio polveraio empie il **granaio** • luglio con sacco e staio porta i chicchi nel **granaio** • maggio fresco, giugno chiaro il contadino riempie il **granaio** • maggio giardinaio non empie il **granaio** • neve di febbraio mette poco grano nel **granaio** • pioggia di febbraio empie il **granaio** • pioggia di gennaio, abbondanza nel **granaio** • quando è su' **granai** non se ne può aver senza denai • se fa caldo a febbraio, non riempi il **granaio** • se fa sole a San Valerio, puntelliamo il **granaio** • se sgela in febbraio, tanto frumento nel **granaio**

granare roba di campana se fiorisce non **grana**

granchio i **granchi** voglion morder le balene • quando la luna è tonda i **granchi** son pieni

grande (**gran**) a **gran** speranza il misero non cede • ai Santi si veste i fanti, a San Martino **grandi** e piccini • alla Candelora, o **gran** freddo o gran bello • amicizia di **grand**'uomo e vin di fiasco, la mattina è buono e la sera è guasto • anche un pagliaio è **grande**, e se lo mangia un asino • a San Martino si veste il **grande** e il piccino • bel tempo a San Vincenzo promette **gran** fieno • castroni pugliesi, mannarini pistolesi, **gran** siciliano, zucchero di Candia, cera veneziana, magli romaneschi, sproni viterbesi, cacio di Creta, raviggioli fiorentini • cava, e non metti ogni **gran** monte scema • c'è una pazzia, che è un **gran** giudizio • chi bene e mal non può soffrire, a **grande** onor non può venire • chi dice a un povero uom dabbene, gli fa una **grande** ingiuria • chi è gran nemico, è anche **grande** amico • chi fece del seren troppo **gran** festa, avrà doglia maggior nella tempesta • chi incontra buona moglie ha **gran** fortuna • chi pela l'erba marzolina, pela la **grande** e anche la piccina • chi pratica co' **gran** maestri, l'ultimo a tavola e il primo a' capestri • coi **gran** signori bisogna usar poche parole • compra il letto d'un **gran** debitore • la cucina piccola fa la casa **grande** • cuor contento, **gran** talento • dal detto al fatto c'è un

gran tratto • dal fiore al coppo vi è un **gran** trotto • i debiti de' poveri fanno **gran** fracasso • Dio ti dia figliuoli, e diateli **grandi** • donna che regge all'oro, val più d'un **gran** tesoro • donna, padella e lume, sono **gran** consumo • è **gran** saviezza risparmiar la vecchiezza • l'esperienza insegna **grandi** cose • è un **gran** medico chi conosce il suo male • figlioli piccoli fastidi piccoli, figlioli **grandi** fastidi grandi • gennaio mette ai monti la parrucca, febbraio **grandi** e piccoli imbacucca • **grande** amicizia genera grand'odio • **grande** e grossa mi faccia Dio, bianca e rossa mi farò io • i **gran** dolori sono muti • **gran** dote, gran baldezza • **gran** fecondità non viene a maturità • il **gran** freddo di gennaio, il mal tempo di febbraio, il vento di marzo, le dolci acque d'aprile, le guazze di maggio, il buon mieter di giugno, il buon batter di luglio, le tre acque d'agosto con la buona stagione, vaglion più che il tron di Salomone • gran giustizia, **grande** offesa • **gran** nave, gran pensiero • **gran** nemico all'uomo è il parer proprio • **gran** pericolo, gran guadagno • **gran** pesto fa buon cesto • **gran** promettitore raro mantenitore • il **gran** signor non ode, se non adulazion, menzogna e frode • **gran** vantatore, piccol facitore • guerra spagnola, **grande** assalto e buona ritirata • idee da **gran** signori, e entrate da cappuccini • i ladruncoli stanno in prigione, i **grandi** ladri viaggiano in carrozza • il libro del perché è molto **grande** • luglio dal **gran** caldo, bevi ben e batti saldo • Milano la **grande**, Vinegia la ricca, Genova la superba, Bologna la grassa, Firenze la bella, Padova la dotta, Ravenna l'antica, Roma la santa • il mondo è **grande**: chi ride e chi piange • nelle **grandi** acque si pigliano i pesci • nelle stracce e negli straccioni s'allevano di **gran** baroni • non è mai sì **gran** moria, che non campi chicchessia • non fu mai sì **gran** banchetto, che qualcuno non desinasse male • non si sente le campane piccole quando suonano le **grandi** • o **gran** trovato, o gran lasciato, o gran rubato • padre che ha figliuoli **grandi**, fuor li mandi • pane di sudore ha **gran** sapore • per le donne in convulsione, è un **gran** recipe il bastone • per San Martino si ubriaca il **grande** e il piccino • piccola acqua fa cessar **gran** vento • piccola fiamma non fa **gran** lume • piccola giornata e **grandi** spese, ti conducono sano al tuo paese • il piccolo fa il **grande**, e il grande fa il piccolo • povertà lieta, è **gran** ricchezza • quando il piccolo parla, il **grande** ha parlato • quando San Giorgio viene in Pasqua, per il mondo c'è **gran** burrasca • quattro G vuole il formaggio, **grande**, grasso, grave e gratis dato • quattro o cinque al viandante, cinque o sei al mercatante, sei o sette allo studente, sette o otto all'altra gente, otto o nove al signorone, nove o dieci al **gran** poltrone • quello tiene **gran** prudenza, che alla morte pensa • Sant'Antonio **gran** freddura, San Lorenzo gran caldura, l'uno e l'altro poco dura • scalzami piccolo e incalzami **grande** • s'è **grande**, è oziosa; s'è piccola, è viziosa; s'è bella è vanitosa; s'è brutta, è fastidiosa • se il **grande** fosse valente e il piccolo paziente, e il rosso leale, ognun sarebbe eguale • se la donna di **gran** beltade non ha angelica onestade, non gli far veder le strade • sempre par più **grande** la parte del compagno • tanto cocchiume vuole una botte piccola, quanto una **grande** • tutte le **grandi** faccende si fanno di poca cosa • una piccola catena muove un **gran** peso

grandinata pranzo di parata, vedi **grandinata**

grandine appunto ci è caduta la **grandine** in sul far della ricolta • **grandine** di maggio ruba vino, grano e formaggio • la **grandine** non fa carestia

grano ad aprile il **grano** fa la spiga • a gennaio deve apparir l'allodola in mezzo al **grano** • agosto, ci matura il **grano** e il mosto • agosto: fa' che il **grano** sia riposto • all'Ascensione l'orzo spiga, il **grano** comincia • a San Martino sta meglio il **grano** al campo che al mulino • chi pota per San Martino ha tutto il **grano** e tutto il vino •

chi semina fave, pispola **grano** • chi vuole misurare il **grano** in erba sarà ingannato come il villano • dove passi il campano nasce il **grano** • giugno ventoso porta il **grano** sull'aia • il **grano** a San Pietro, le patate a San Bartolomeo • **grano** che semini in marzo non lo mieti alto • **grano** e corna vanno insieme • le fave nel motaccio, il **gran** nel polveraccio • fino a Santa Margherita il **gran** cresce nella bica • in anno pieno il **grano** è fieno, in anno malo la paglia vale quanto il grano • in campo stracco, di **grano** nasce loglio • maggio asciutto, **gran** per tutto; maggio molle, lin per le donne • maggio tutto vento: più paglia che **grano** • marzo molle, **grano** per le zolle • marzo ortolano, tanta paglia poco **grano** • neve di febbraio mette poco **grano** nel granaio • non fu mai sacco sì pieno, che non v'entrasse ancora un **grano** • non tutti gli uccelli conoscono il **grano** • ogni **grano** ha la sua semola • ogni uccello conosce il **grano** • ottobre: il **grano** si spande e il vino si ripone • o verde o maturo a giugno si taglia il **grano** • pan di **grano**, saltami in mano • per l'Annunziata il **grano** fiorisce e gli uccelli fan la loro nidiata • per la Santa Croce spiga il **grano** e increa la noce • per Ognissanti i **grani** seminati e i frutti riportati • per Sant'Urbano il frumento è fatto **grano** • poca uva, molto vino; poco **grano**, manco pane • quando gennaio mett'erba, chi ha **grano** lo riserba • quando il **grano** abbonda, il pesce affonda; e quando il grano affonda, il pesce abbonda • quando il **grano** è ne' campi, è di Dio e de' Santi • quando il **grano** ricasca, il contadino si rizza • quando la neve è alta un mattone, il **grano** torna a un testone • quando la neve s'inverna in piano, val più il sacco che non vale il **grano** • quando tuona a aprile, **grano** nel sacco e vino nel barile • Sant'Eusebio porta il **grano** • San Vincenzo chiaro, assai **grano**; se è oscuro, pane niuno • se canta la cicala di settembre, non comprar **grano** da vendere • la segale nella polverina e il **grano** nella pantanina • se la vecchia non pesca, non c'è **grano** né esca • se maggio è ortolano, vendi i bovi e comprati il **grano** • se piove tutto il mese di aprile il **grano** mette una bella spiga • terra nera buon **grano** mena • val più un **grano** di pepe che uno stronzolo d'asino

granturco a San Giovanni il **granturco** copre il cane, a San Pietro il puledro, a Sant'Ermacora mette il pennacchio • a San Marco e a San Giorgio è ora di mettere il **granturco**

grasso a carnevale si riconosce chi ha la gallina **grassa** • a **grassa** cucina è povertà vicina • Bologna la **grassa**, ma Padova la passa • carne **grassa** sempre agghiaccia • chi ha pazienza, ha i tordi **grassi** a un quattrin l'uno • chi ha un figliuolo solo, lo fa matto; chi un porco, lo fa **grasso** • Dio mi guardi da alchimista povero, da romito **grasso**, e da medico infermo • la gatta **grassa** fa onore alla casa • giovedì **grasso**: chi non ha niente s'impegna la cassa • **grassa** cucina, magro testamento • **grasso** ventre, grosso ingegno • Milano la grande, Vinegia la ricca, Genova la superba, Bologna la **grassa**, Firenze la bella, Padova la dotta, Ravenna l'antica, Roma la santa • meglio un magro accordo che una **grassa** sentenza • non toccare il **grasso** colle mani unte • le pecore **grasse** ingrassano il pastore • piuttosto pecora giusta, che lupo **grasso** • quando il **grasso** diminuisce, il magro perisce • quattro G vuole il formaggio, grande, **grasso**, grave e gratis dato • Spagna magra, Francia **grassa**, Germania la passa • il troppo **grasso** fa l'occhio cieco • vino nel sasso, e popone in terren **grasso**

gratis quattro G vuole il formaggio, grande, grasso, grave e **gratis** dato

grato a chi è affamato ogni cibo è **grato** • all'uom che è **grato** tutto va creduto

grattare chi **gratta**, rogna accatta • chi lavora si rimpannuccia, chi non lavora si **gratta** la buccia • chi tiene il cavallo e non ha strame, in capo all'anno si **gratta** il forame • mentre il cane si **gratta**, la lepre va via • sta' sul fuoco quando è sera, a **grattar** la sonagliera, se aver vuoi la pelle intera • troppo **grattar** cuoce, e troppo parlar nuoce

grave quattro G vuole il formaggio, grande, grasso, **grave** e gratis dato

gravidanza ogni **gravidanza** ha la sua usanza

gravido muore più uomini pregni che donne **gravide** • tre cose son facili a credere, uomo morto, donna **gravida** e nave rotta

gravità sogno di briaco e **gravità** di pazzo, fanno un bel mazzo

grazia avuta la **grazia**, gabbato lo santo • la beltà senza la **grazia** è un amo senza l'esca • chi non è in **grazia**, serve per nulla • chi si giustifica dalla legge, cade dalla **grazia** • cosa troppo vista, perde **grazia** e vista • guardati dalla donna di festa e dalla bandita di **grazia** • la legge effetto, e la **grazia** affetto vuole • ogni momento è **grazia**

Graziani Sicilia dà i Covelli, Francolino i **Graziani**, Bergamo gli Zanni, Venezia i Pantaloni, e Mantova i buffoni

grazioso chi è bello è bello e **grazioso**, chi è brutto è brutto e dispettoso

greco chi si fida di **greco**, non ha il cervel seco • **Greco** in mare, Greco in tavola, Greco non aver a far seco

grembo i figli prima pesano in **grembo**, poi sulle braccia e infine sul cuore • i Romagnuoli portano la fede in **grembo**

greppia gli anni della fame cominciano nella **greppia** del bestiame • la buona **greppia** fa la buona bestia

gridare chi affoga, **grida** ancor che non sia udito • chi guarda i nemici, li **grida** più di quelli che sono • chi ha meno ragione **grida** più forte • chi più **grida** ha più ragione • chi troppo si fida, spesso **grida** • e' non si **grida** mai al lupo che non sia in paese • il lupo avanti al **gridare** fugge • quando i mugnai **gridano**, corri alla tramoggia • gli Spagnoli s'accordano a bravare, i Francesi a **gridare**, gli Inglesi a mangiare, i Tedeschi a sbevazzare e gli Italiani a pisciare • tal **grida** palle palle, che farebbe dalle, dalle

grido (grida) dalle **grida** ne scampa il lupo • quel che alla donna ogni segreto fida, ne vien col tempo a far pubbliche **grida**

grigio i capelli **grigi** sono i fiori dell'albero della morte • San Biagio **grigio**, San Biagio santo, a sera nero e al mattino bianco

Grillo (1) e' fa di quelle di maestro **Grillo**, che medicava il culo a chi avea male in gola

grillo (2) ogni **grillo** grilla a sé

grippa chi da giovane non fa **grippe**, da vecchio para mano

gromma il buon vino fa **gromma** e il cattivo muffa

grondaia quando il gallo canta nel pollaio, aspetta l'acqua sotto il **grondaio**

groppa quando la superbia galoppa, la vergogna siede in **groppa**

groppiera il fatto de' cavalli non istà nella **groppiera**

Grosseto **Grosseto** ingrossa, Batignano fa la fossa, Paganico sotterra l'ossa

grosso a filar fine il cul se ne ride, a filar **grosso** si riempie il dosso • all'uomo **grosso** dagli del macco • il Bergamasco ha il parlare **grosso** e l'ingegno sottile • chi fila **grosso**, si vuol maritar tosto; chi fila sottile, si vuol maritar d'aprile • chi si sputa addosso, non vale un **grosso** • chi vuole ingannare il suo vicino, ponga l'ulivo **grosso** e il fico piccolino • chi vuol lavor gentile, ordisca **grosso** e trami sottile • contadino, scarpe **grosse** cervello fino • il diavolo caca sempre sul monte **grosso** • il diavolo è sottile, e fila **grosso** • fra cani **grossi** non si mordono • grande e **grossa** mi faccia Dio, bianca e rossa mi farò io • grasso ventre, **grosso** ingegno • **grossa** testa non fa buon cervello • ladro piccolo non rubare, che il ladro **grosso** ti fa impiccare • per San Donato, l'inverno è nato; per San Lorenzo, gli è **grosso** come un giovenco; per Santa Maria, quanto una badia • i pesci **grossi** mangiano i piccini • i pesci **grossi** stanno in fondo • piccion **grossi** e cavalli a vettura, è bravo chi la dura • scarpa **grossa** paga ogni cossa • lo spillo volendo fare a cucir con l'ago, s'avvide ch'egli aveva il capo **grosso** • tutti i guai son guai, ma il guaio senza pane è il più **grosso**

gruccia palle e **gruccia**, beato chi le succia

grugno gennaio e febbraio, tienti al pollaio; marzo e aprile, capretto gentile; maggio e giugno, erbette col **grugno**; luglio e agosto, piccioni arrosto, settembre e ottobre, buone lepri col savore; novembre e dicembre, buon vitel sempre

guadagnare a bocce ferme si saprà chi **guadagna** • alla prima moglie ci si mette del suo, alla seconda si sta in capitale, alla terza si **guadagna** • amico di montagna chi lo perde vi **guadagna** • anco il cane col dimenar la coda si **guadagna** le spese • chi fa contrabbando, **guadagna** non so quando • chi non inganna, non **guadagna** • chi pianta in autunno **guadagna** un anno • con gli scredenti si **guadagna** • dal rubare al restituire si **guadagna** trenta per cento • la fiera par bella a chi vi **guadagna** • il **guadagnare** insegna a spendere • la massaia che attende a ca', **guadagna** cinque soldi, e non lo sa • la massaia che va in campagna, perde più che non **guadagna** • molte volte si perde per pigrizia, quel che s'è **guadagnato** per giustizia • oggi si perde e doman si **guadagna** • tanto è mercante quello che perde che quello che **guadagna** • tre cose fanno l'uomo ricco, **guadagnare** e non ispendere, promettere e non attendere, accattare e non rendere

guadagno a far bene non v'è inganno, a dar via non c'è **guadagno** • a fiume torbido, **guadagno** di pescatore • cattivo quel **guadagno** che cagiona maggior danno • chi buon **guadagno** aspetta, non si stanca • denaro sepolto non fa **guadagno** • gran pericolo, gran **guadagno** • il **guadagno** si fa il giorno della compra • ottone, rame e stagno, assai denari e poco **guadagno** • per San Giovanni tant'è la perdita come il **guadagno** • reputazione e **guadagno** non istanno quasi mai nello stesso sacco • il risparmio è il primo **guadagno** • se non ci fosse aprile nell'anno non ci sarebbe nessun **guadagno** • il sole di San Martino porta il **guadagno** al poverino

guado chi ha passato il **guado**, sa quant'acqua tiene

guaina in **guaina** d'oro, coltello di piombo • tal **guaina** tal coltello

guaio a palate i **guai**, e la morte mai • can ringhioso e non forzoso, **guai** alla sua pelle • c'è più **guai**, che allegrezze • chi disse star con altri, disse star sempre in **guai** • chi piglia moglie per denai, spesso sposa liti e **guai** • chi portasse al mercato i suoi **guai**, ognuno ripiglierebbe i suoi • col pane tutti i **guai** sono dolci • **guai** a chi gode tutto il suo • **guai** a colui che morte lo corregge • **guai** a quella casa dove la famiglia s'accorda • **guai** a quell'annata che genera saggina e rapa • **guai** a quell'anno che l'uccello non fa danno • **guai** a quelle feste che hanno la vigilia dopo • **guai** a quel pescatore che teme dell'acqua fredda • i **guai** della pentola li sa il coperchio • i **guai** non son buoni col pane • **guaio** fatto rimedio aspetta • **guai** quando i giovani comanderanno e che le botteghe si toccheranno • nei **guai** non ci vuol pianto ma consiglio • per tutto v'è **guai** • quando Domine acchiappa Giovanni, **guai** a quell'anno • quando il cieco porta la bandiera, **guai** a chi vien dietro! • se il lupo sapesse come sta la pecora, **guai** a lei! • tarda è la vendetta, **guai** a chi l'aspetta • tra pace e tregua, **guai** a chi rileva • trist'e **guai**, chi crede troppo e chi non crede mai • tutti i **guai** son guai, ma il guaio senza pane è il più grosso • un buon boccone e cento **guai**

guancia **guancia** pulita, fronte ardita • sette cose fa la zuppa, cava fame e sete attuta, empie il ventre e netta il dente, fa dormire, fa smaltire, e la **guancia** fa arrossire

guanciale monaca di San Pasquale due capi sopra un **guanciale**

guanto né **guanto** né berretta, né calzetta, non fu mai stretta • Ognissanti, manicotti e **guanti**

guardare (**guardarsi**) a caval donato non si **guarda** in bocca • bisogna **guardare** a quello che si fa, non a quello che si dice • bisogna **guardare** non a quello che entra, ma a quello che esce • casa per suo abitare, vigna per suo lavorare, terren quanto si può **guardare** • la catena tanto lega il padrone quanto lo **guarda** • chi ben si **guarda**, scudo si rende • chi **guarda** a ogni penna, non fa mai letto • chi **guarda** i nemici, li grida più di quelli che sono • chi **guarda** la luna non fa fortuna • chi ha paura, si **guardi** le brache • chi l'altrui famiglia non **guarda**, la sua non mette barba • chi non **guarda** innanzi, rimane indietro • chi non **guarda** non vede • chi non piglia l'amante al laccio, resta in casa a **guardare** il catenaccio • chi più **guarda**, meno vede • chi si **guarda** dalla prima, si guarda da tutte • chi vuol conoscere la lettera **guardi** la sopraccarta • dagli amici mi **guardi** Iddio, ché dai nemici mi guardo io • dai ladri di casa non ci si **guarda** • dall'acqua cheta mi **guardi** Dio, che dalla corrente mi guarderò io • dalle donne con le basette, Dio ci **guardi**, le son saette • dall'invidioso **guardati** come dal tignoso • da San Michele **guarda** il ciel se gli è sereno • il dì di San Pietro non c'è più da **guardarsi** indietro • Dio ci **guardi** dal fungo di gennaio e dalla polvere d'aprile • Dio mi **guardi** da alchimista povero, da romito grasso, e da medico infermo • Dio mi **guardi** da can incatenato e da huomo deliberato • Dio mi **guardi** da fame, fiume e femmina • Dio mi **guardi** da huomo segnato • Dio ti **guardi** da chi inghiotte lo sputo • Dio ti **guardi** da chi legge un libro solo • Dio ti **guardi** da chi non ha altro che una faccenda sola • Dio ti **guardi** da donna due volte maritata • Dio ti **guardi** da furia di vento, da frate fuor di convento, da donna che parla latino, e da nobile poverino • Dio ti **guardi** dal giorno della lode • Dio ti **guardi** da quella gatta che davanti ti lecca e di dietro ti graffia • Dio ti **guardi** da un ricco impoverito e da un povero arricchito • Dio ti **guardi** da villan rifatto e da cittadin disfatto • donna che sa il latino è rara cosa, ma **guardati** dal prenderla in sposa • la donna **guarda** più sott'occhio che non fa l'uomo a diritto filo • la favola del tordo: **guardagli** le mani • fidati di chi puoi, ma **guarda** sempre al poi • figlie, vigne, e giardini, **guardale** dai vicini • **guarda** che tu non lasci la coda nell'uscio • **guarda** il tuo coltello dall'osso • **guardati** da aceto di vin dolce • **guardati** da chi ride e guarda in là • **guardati** da chi ti leva la cappa in casa tua • **guardati** da giocar denari • **guardati** dagli occhi piccini • **guardati** dalla donna di festa e dalla bandita di grazia • **guardati** dalla peste e dalla guerra, e dai musi che guardan per terra • **guardati** dalla primavera di gennaio • **guardati** dal villano, quando ha la camicia bianca • **guardati** da Mattutin di Parigi e da Vespri Siciliani • **guardati** da toscan rosso, da lombardo nero, da romagnuol d'ogni pelo • il lupo non **guarda** che le pecore sieno conte • la morte non **guarda** in faccia a nessuno • la morte non **guarda** solamente al libro de' vecchi • la paura **guarda** la vigna • la pecora **guarda** sempre se ha dietro l'agnello • pecora mal **guardata**, da ogni agnello è poppata • poco vino vende vino, molto vino **guarda** vino • quando la volpe predica, **guardatevi** galline • Santa Barbara, sta' intorno al fuoco e **guardala** • San Tommaso non è **guardato** né da pan né da bucato, né da tessitora di sul Prato; ma sarà ben digiunato • se il cavallo è buono e bello, non **guardar** razza o mantello • se s'ingrugna aprile, ti fa **guardare** il focarile • se tu hai caro il ben che godi, **guarda** con chi lo lodi • se tu vuoi viver lieto, non ti **guardare** innanzi ma di dietro • se vuoi **guardar** la casa, fai un uscio solo • se vuoi veder un uom quanto gli è brutto, un uom senza danar **guardalo** tutto • sulla pelle della serpe nessun **guarda** alle macchie • tal ti **guarda** la cappa, che non ti vede la borsa • tristo a quel bifolco che si volta indietro a **guardare** il solco • uomo che ha voce di donna, e donna che ha voce di uomo, **guardatene** • uscio aperto **guarda** casa •

vuoi **guardare** i tuoi frutti, siine cortese a tutti

guarire acqua, dieta e serviziale, **guarisce** d'ogni male • amor che nasce in malattia, quando si **guarisce** se ne passa via • carnevale **guarisce** ogni male • chi si lamenta, non può **guarire** • del mal d'altri l'uomo **guarisce**, e del proprio muore • mal che non duole, **guarire** non puole • il male degli altri non **guarisce** il nostro • povero quell'uomo che di trent'anni non **guarisce** i suoi malanni • quando si nasce matti, non si **guarisce** mai • rogna birresca, quando tu credi che la sia **guarita**, rinfresca • sangue presto, malattia **guarita** • tigna di vergognoso, e malfrancese di goloso, non **guarì** mai • ugna di leone e lingua di gatto, **guariscon** del matto

guastamento chi dice parlamento, dice **guastamento**

guastare l'assai basta e il troppo **guasta** • la carne si **guasta** e i cani arrabbiano • cavalli, cani, uccelli e servitori, **guastan**, mangian, ruinano i signori • chi ben non usa cortesia, la **guasta** • ciò che la vecchiezza **guasta**, non c'è maestro che la raccomodi • oro non **guasta** lavoro • per una pecora non si **guasta** la forma • un piccol nuvolo **guasta** un bel sereno • pignatta vuota e boccale asciutto, **guasta** il tutto • poca macchia **guasta** una bellezza • quando piove in agosto l'oliva si **guasta** • quando una cosa sta ben che basta, lasciala star perché si **guasta** • quel che con l'acqua mischia e **guasta** il vino, merta di bere il mare a capo chino • rispetti, dispetti, sospetti **guastano** il mondo • il sale acconcia le vivande, e anco le **guasta** • se piove per l'Ascensione, si **guasta** la colazione • terra nera dà buon frutto, terra bianca **guasta** tutto • troppa cera **guasta** la casa • troppi cuochi **guastano** la cucina • il troppo e il poco **guasta** il gioco • il troppo zucchero **guasta** le vivande • una pera fradicia ne **guasta** un monte • un noce in una vigna, una talpa in un prato, un legista in una terra, un porco in un campo di biade, e un cattivo governatore in una città, sono

CON IL TEMPO, E CON LA PAGLIA SI MATVRANO LE NESPOLE.

Sotto scorza mentita in van procura
Celar la uerità l'astutia humana,
Ch'il Tempo i frutti acerbi al fin matura.

assai per **guastare** il tutto • zucchero e acqua rosa non **guastò** mai alcuna cosa

guasto a gusto **guasto** non è buono alcun pasto • amicizia di grand'uomo e vin di fiasco, la mattina è buono e la sera è **guasto** • è meglio città **guasta** che perduta • gusto pazzo, amor **guasto**

guazza (**guazzo**) il gran freddo di gennaio, il mal tempo di febbraio, il vento di marzo, le dolci acque d'aprile, le **guazze** di maggio, il buon mieter di giugno, il buon batter di luglio, le tre acque d'agosto con la buona stagione, vaglion più che il tron di Salomone • nel marzo un sole e un **guazzo**

guazzare non v'è uovo che non **guazzi**

guelfo guelfo non son, né ghibellin m'appello, a chi mi dà rivolterò il mantello

guercio non fu mai **guercio** senza malizia • la perversità fa l'uomo **guercio**

guerra alla **guerra** non ne nasce • alla **guerra** si va pieno di danari, e si torna pieno di vizi e di pidocchi • l'aquile non fanno **guerra** a' ranocchi • a tempo di **guerra** con le bugie si governa • a tempo di **guerra** ogni cavallo ha soldo • il ben fare è **guerra** al tristo • carne di porco e uomini di **guerra** durano poco • chi è segreto in ogni terra, mette la pace e leva la **guerra** • chi è sfortunato, non vada alla **guerra** • chi è uso a mercanzia non sa che **guerra** sia • chi ha terra, ha **guerra** • chi vuol ire alla **guerra** o accasarsi, non ha da consigliarsi • dov'è **guerra** non fu mai dovizia • è meglio la pace de' villani che la **guerra** de' cittadini • gli errori nelle **guerre** divengono pianti • guardati dalla peste e dalla **guerra**, e dai musi che guardan per terra • la **guerra** cerca la pace • **guerra** cominciata, inferno scatenato • la **guerra** fa i ladri, e la pace gl'impicca • la **guerra** fa per i soldati • la **guerra** molti atterra • la **guerra** non è fatta per i poltroni • **guerra**, peste e carestia vanno sempre in compagnia • **guerra** spagnola, grande assalto e buona ritirata • in chiesa per devozione, alla **guerra** per necessità • in **guer-**

ra, nella caccia e negli amori, in un piacer mille dolori • in tempo di **guerra** ogni spiedo è spada • nella **guerra** d'amor vince chi fugge • nella pace i giovani seppelliscono i vecchi, ma nella **guerra** i vecchi seppelliscono i giovani • non conosce la pace e non la stima chi provato non ha la **guerra** prima • pace e vittoria son giudici in **guerra** • Pasqua colla tormenta porta fame e **guerra** • uomo morto non fa **guerra**

guerreggiare chi ben **guerreggia**, ben patteggia

gufo non a tutti vola il **gufo**

guida cader non può chi ha la virtù per **guida**

guidare chi **guida** imprese, persuada e faccia • chi ha **guidato** la sposa a casa, sa quanto dura il pianto d'una femmina • se un cieco **guida** l'altro, tutti due cascano nella fossa

guiderdone a bon servente **guiderdon** non pere

guisa ogni tua **guisa** non sappia la tua camicia

guscio chi ha mangiato i baccelli, spazzi i **gusci**

gustare bisogna **gustare** il male con le punte delle dita • chi ha provato il male, **gusta** meglio il bene • mal senza libertà si **gusta** il bene • la vendetta è un piatto che va **gustato** freddo

gusto a **gusto** guasto non è buono alcun pasto • il costo fa perdere il **gusto** • dei **gusti** non si discute • **gusto** pazzo, amor guasto • ognuno ha i suoi **gusti** • tutti i **gusti** son gusti • un sol **gusto** non determina sapore • vale più un **gusto** che un casale

i, I

idea **idee** da gran signori, e entrate da cappuccini

idropico il fisco è come l'**idropico**

ignorante ogni **ignorante** è cattivo • i segreti più importanti non son pasto da **ignoranti**

ignoranza la meraviglia è figlia dell'**ignoranza** • la superbia è figlia dell'**ignoranza**

imbacuccare dicembre **imbacuccato**, raccolto assicurato • gennaio mette ai monti la parrucca, febbraio grandi e piccoli **imbacucca**

imbarazzo la disgrazia ci salva dall'**imbarazzo**

imbarbogire se vuoi condurre un uomo a **imbarbogire**, fallo ingelosire

imbarcare (**imbarcarsi**) chi è **imbarcato** col diavolo, ha a passare in sua compagnia • s'**imbarca** adagio chi vuol far buon viaggio

imbattersi è meglio **imbattersi** che andare apposta

imbeccata chi sta col becco aperto, ha l'**imbeccata** di vento

imbecille il se e il ma sono il porto degl'**imbecilli** da Adamo in qua

imbiancare se t'**imbianco**, gli è onor mio; se ti rompo, non t'ho fatt'io

imboccare chi per altrui mano s'**imbocca**, tardi si satolla

imborsacchiare se piove per la Pasqua, la susina s'**imborsacchia**

imbottare chi vuol vin dolce non **imbotti** agresto

imbrattare (**imbrattarsi**) a fare i fatti suoi uno non s'**imbratta** le mani • anche il sole passa sopra il fango e non s'**imbratta** • chi casca nel fango, più ci si dimena e più s'**imbratta** • chi è **imbrattato** si netti • chi **imbratta**, spazzi • chi più ne ha, più n'**imbratta** • ragazzi e polli **imbrattan** la casa • una parola **imbratta** il foglio

imbriacatura una buona **imbriacatura** nove giorni dura

imbroccare quando **imbrocca** d'aprile, vacci col barile; quando imbrocca di maggio, vacci per assaggio; quando imbrocca di giugno, vacci col pugno

imbrodarsi chi si loda s'**imbroda**

imbroglio carnevale fa gli **imbrogli** e quaresima li sbroglia • è meglio un soldo di buon acquisto, che mille d'**imbrogli**

imitare chi imita la formica la state, non va pel pane in presto il verno

Immacolata (8 dicembre) alla Madonna **Immacolata** la neve è cascata • dall'**Immacolata** a Santa Lucia c'è poca via • l'**Immacolata** comincia l'invernata

immaginazione l'**immaginazione** fa caso

immollare (**immollarsi**) non si può avere de' pesci senza **immollarsi** • quando rabbrusca verso levante, se non t'**immolla** vedrai avante

immortale le amicizie devono essere **immortali**, e le inimicizie mortali

impacciarsi chi s'**impaccia** colle frasche, la minestra sa di fumo • chi troppo s'**impaccia**, non è senza taccia • figliuole d'osti e caval di mugnai, non te n'**impacciar** mai • notai, birri e messi, non t'**impacciar** con essi

impaniare chi va per uccellar resta **impaniato**

imparare chi all'altrui spese sa **imparare**, felice si può chiamare • chi molto pratica, molto **impara** • chi non fa, non falla; e fallando s'**impara** • chi va con lo zoppo **impara** a zoppicare • il gioco di bambara, chi più vede manco **impara** • **impara** l'arte e mettila da parte • **imparano** dai buoi vecchi ad arare i giovani • non è mai tardi per **imparare** • non si finisce mai d'**imparare** • presto **imparato**, presto dimenticato • savio è colui che **impara** a spese altrui • sbagliando s'**impara** • vedere e non toccare è cosa da **imparare**

impazzire (**impazzare**) paura de' birri, desio di regnare, fanno **impazzare** • s'invecchia e s'**impazza** • il vecchio rimbambisce e il giovane **impazzisce**

impegnare giovedì grasso: chi non ha niente s'**impegna** la cassa

impensata savie all'**impensata**, e pazze alla pensata

impiastro chi cerca fare **impiastro**, sa dove lo vuol porre

impiccare (**impiccarsi**) i birri pigliano, e il popolo **impicca** • chi ha denari e prati, non son mai **impiccati** • chi ruba per altri, è **impiccato** per sé • la guerra fa i ladri, e la pace gl'**impicca** • ladro piccolo non rubare, che il ladro grosso ti fa **impiccare** • i padovani **impiccano** l'asino • per debiti non s'è ancora **impiccato** nessuno • se i savi non errassero, i matti s'**impiccherebbero**

impiccato chi arricchisce in un anno, è **impiccato** in un mese • chi disse la verità morì **impiccato** • non nominare la corda in casa dell'**impiccato**

impicciare terren che voglia tempo, e uomo che voglia modo non te ne **impicciare**

impiegare amor male **impiegato** vien mal rimunerato • i giorni spesi bene sono i meglio **impiegati**

imporre si può **imporre** la legge, ma non la prudenza

importante i segreti più **importanti** non son pasto da ignoranti

importanza è assai comune usanza, il credersi persona d'**importanza**

importare nel governo più **importa** saper comandare che obbedire • non **importa** andare a Roma per la penitenza

importuno l'**importuno** vince l'avaro

impossibile all'**impossibile** nessuno è tenuto

impostura parla per natura e non per **impostura**

impotenza gelosia viene per **impotenza**, per opinione e per esperienza

impoverire (**impoverirsi**) Dio ti guardi da un ricco **impoverito** e da un povero arricchito • i Giudei in Pasqua, i Mori in nozze, i Cristiani in piatire, sanno **impoverire** • ha più il ricco quando **impoverisce**, che il povero quando arricchisce • la limosina non fa **impoverire** • murare e piatire, dolce **impoverire** • piatire, dolce **impoverire** • un ricco solo **impoverisce** molti

imprendere **imprendi**, e continua

impresa chi guida **imprese**, persuada e faccia • è più la spesa che l'**impresa** • quando pigli un'**impresa**, pensa prima alla spesa

imprimere (**imprimersi**) i ragazzi son come la cera, quel che vi s'**imprime**, resta

impronta brina ai Santi lascia l'**impronta**: tanta aridità dopo nei campi

Impruneta chi non ha moneta, non vada all'**Impruneta**

incagnare se febbraio s'ingrugna, ti fa cadere l'ugna; se febbraio s'**incagna**, ti fa cader le calcagna

incalzare scalzami piccolo e **incalzami** grande • vangami nella polvere, **incalzami** nel fango, io ti darò buon vino

incamminare chi a piati s'avvicina, a miseria s'**incammina**

incanutire testa di pazzo non **incanutisce** mai

incapannare marzo, per la coda t'alzo: ma se viene di nuovo, il bove **incapanna**

incatenare Dio mi guardi da can **incatenato** e da huomo deliberato

incendere chi non arde, non **incende**

incerto i figli sono cure sicure e consolazioni **incerte** • tra la culla e la bara ogni cosa è **incerta**

inchinare (**inchinarsi**) alla luna settembrina, sette lune se le **inchina** • chi non vuol piedi sul collo non s'**inchini** • neanche il contadino ara bene se non s'**inchina**

inchiodare chi ne ferra, ne **inchioda**

inchiostro più che il mantello dura l'**inchiostro** • un quattrin di carta, una penna, e un danaro d'**inchiostro**, fanno apparire d'un uomo un mostro

inciampare chi ha paura d'ogni figura, spesso **inciampa** nell'ombra • chi **inciampa**

e non cade, avanza cammino • chi passa Stra e non v'**inciampa**, va sano sino in Francia

incitare le parole **incitano**, gli esempi trascinano

inclinare quando si è patito s'**inclina** a compatire

incolpare quando del ben servir mal si raduna, non si deve **incolpar** se non fortuna

incominciare meglio una faccenda fatta che mille **incominciate** • Roma la **incominciò** Romolo, e ancora non è finita

inconocchiato all'escita, brache e camicia; e all'entrata, la rocca è **inconocchiata**

incontrare (**incontrarsi**) chi fugge il lupo, **incontra** il lupo e la volpe • chi **incontra** buona moglie ha gran fortuna • chi si vuol bene si **incontra** • dove due amici s'**incontrano**, Dio gli fa da terzo • per l'anno nuovo bisogna **incontrare** un uomo

incontro promesse di barcaiolo e **incontro** d'assassini, sempre costano quattrini • i vecchi vanno verso la morte e ai giovani la gli va **incontro**

inconveniente gli **inconvenienti** degli Stati sono come i funghi

incoronare non s'**incorona** se non chi combatte

increare per la Santa Croce spiga il grano e **increa** la noce

increscere a chi **incresce**, pongasi a sedere

incudine buona **incudine** non teme martello • l'**incudine** dura più del martello • quando l'uomo è **incudine**, gli bisogna soffrire; quand'è martello, percuotere • tra l'**incudine** e il martello, man non metta chi ha cervello

indarno è meglio **indarno** stare, che indarno lavorare

indebitare (**indebitarsi**) uomo **indebitato** ogni anno lapidato

indentare chi presto **indenta**, presto sparenta

indolente i padri **indolenti** hanno figli pigri

indorare quando il sole la neve **indora**, neve, neve e neve ancora

indovinare a pensar male ci s'**indovina** • chi ben congettura, bene **indovina** • chi pensa male sbaglia, ma spesso ci

indovina • i matti e i fanciulli **indovinano** • vecchio che non **indovina**, non vale una sardina

indovino l'esperienza e la prudenza sono **indovine** • fammi **indovino**, ti farò ricco • poeti, pittori e pellegrini a fare e a dire sono **indovini** • uomo sollecito, mezzo **indovino**

indugio le donne son figliuole dell'**indugio** • l'**indugio** piglia vizio • necessità non porta **indugio**

infarinare (**infarinarsi**) chi va al mulino s'**infarina**

infasciare (**infasciarsi**) il prim'anno s'abbraccia, il secondo s'**infascia**, il terzo s'ha il mal anno e la mala pasqua

infelice meglio una transazione svantaggiosa che un litigare **infelice**

infelicità nella felicità ragione, nell'**infelicità** pazienza

infermo Dio mi guardi da alchimista povero, da romito grasso, e da medico **infermo**

inferno chi accumula e altro ben non fa, sparagna il pane e all'**inferno** va • chi vuol provar le pene dell'**inferno**, d'estate il fabbro e l'ortolan d'inverno • chi vuol provar le pene dell'**Inferno**, la state in Puglia e all'Aquila di verno • di buone intenzioni è lastricato l'**inferno** • è meglio andare in paradiso stracciato, che all'**inferno** in abito ricamato • guerra cominciata, **inferno** scatenato • l'**inferno** e i tribunali son sempre aperti • l'inverno è l'**inferno** dei poveri • terno, il duol dell'**inferno**

infilzare le parole non s'**infilzano**

infinito le vie della provvidenza sono **infinite** • vizio non punito cresce in **infinito**

infreddare chi altri agghiaccia, se stesso **infredda**

ingannare (**ingannarsi**) l'apparenza **inganna** • buone parole e cattivi fatti **ingannano** i savi e i matti • buon mercato **inganna** chi va al mercato • chi conta sul futuro sovente s'**inganna** • chi non **inganna**, non guadagna • chi si fida, è l'**ingannato** • chi t'accarezza più di quel che suole, o t'ha **ingannato** o ingannar ti vuole • chi vanga non l'**inganna** • chi vuole **ingannare** il comune, paghi le gabelle • chi vuole in-

gannare il suo vicino, ponga l'ulivo grosso e il fico piccolino • chi vuole misurare il grano in erba sarà **ingannato** come il villano • il credere e il bevere **inganna** le donne e i cani • è lieve astuzia **ingannar** gelosia, che tutto crede quand'è in frenesia • l'erba di febbraio **inganna** il pecoraio • fate del bene al lupo, che il tempo l'ha **ingannato** • l'ingannato è chi **inganna** • molti hanno insegnato a **ingannare** temendo d'essere ingannati • non è l'amo né la canna, ma gli è il cibo che t'**inganna** • non ti lasciar condurre al passo estremo, ché molti n'ha **ingannati** il «benfaremo» • i salernitani **ingannano** il Diavolo • il sole d'agosto **inganna** la massara nell'orto • spesso l'uomo **ingannato** si trova che piglia donna a vista e non a prova

ingannatore l'ingannatore rimane ai piedi dell'ingannato

inganno a far bene non v'è **inganno**, a dar via non c'è guadagno • l'amore, l'**inganno** e il bisogno insegnano la rettorica • con arte e con **inganno**, si vive mezzo l'anno; con inganno e con arte, si vive l'altra parte • consiglio non richiesto, **inganno** manifesto • fatta la legge, trovato l'**inganno** • **inganno** non mangia cuoio • quel ch'è di patto non è d'**inganno** • San Giovanni non vuole **inganni**

ingegnarsi chi non può esser levriero, s'**ingegni** d'esser bracco

ingegno il Bergamasco ha il parlare grosso e l'**ingegno** sottile • chi crede senza pegno non ha **ingegno** • chi non ha sdegno, non ha **ingegno** • grasso ventre, grosso **ingegno** • la necessità aguzza l'**ingegno** • i Tedeschi hanno l'**ingegno** nella mano

ingelosire se vuoi condurre un uomo a imbarbogire, fallo **ingelosire**

ingenerare gennaio **ingenera**, febbraio intenera

Inghilterra i don di Spagna, i conti d'Alemagna, i monsieurs di Francia, i vescovi d'Italia, i cavalier di Napoli, i lordi di Scozia, i fidalghi di Portogallo, i minori fratelli d'**Inghilterra** e i nobili d'Ungheria, fanno una povera compagnia • la fame in **Inghilterra** comincia dalla mangiatoia del cavallo • faremo di Roma, adesso adesso di Firenze, a la magnana di Spagna, by and by d'**Inghilterra**, I warrant you di Scozia, gleich d'Alemagna, tantôt di Francia, son tutte ciancie

inghiottire l'ape fa il miele e l'apone se lo **inghiotte** • Dio ti guardi da chi **inghiotte** lo sputo

inginocchiarsi alla conocchia anche il pazzo s'**inginocchia**

ingiuria chi dice a un povero uom dabbene, gli fa una grande **ingiuria** • col perdonar troppo a chi falla, si fa **ingiuria** a chi non falla • la dimenticanza è il rimedio dell'**ingiuria**

ingiuriare chi ci loda si dee fuggire, e chi c'**ingiuria** si dee soffrire

ingiusto promessa **ingiusta**, tener non è giusto

inglese nel colonizzare un'isola, la prima fabbrica eretta da uno Spagnolo sarebbe una chiesa, da un Francese un forte, da un Olandese un magazzino, e da un **Inglese** una bottega di birra • gli Spagnoli s'accordano a bravare, i Francesi a gridare, gli **Inglesi** a mangiare, i Tedeschi a sbevazzare e gli Italiani a pisciare

ingordo a cani magri, mosche **ingorde**

ingrassare l'acqua d'aprile, il bue **ingrassa**, il porco uccide, e la pecora se ne ride • Campiglia, **ingrassa** il porco, e poi lo piglia • chi vuole un'oca fina, a **ingrassare** la metta a Santa Caterina • l'occhio del padrone **ingrassa** il cavallo • le pecore grasse **ingrassano** il pastore • i prìncipi sono come i contadini, ogni anno **ingrassano** un porco e poi se lo mangiano • quel che non strozza **ingrassa** • vecchia gallina **ingrassa** la cucina • vitello, pollastro e pesci crudi **ingrassano** i cimiteri

ingratitudine **ingratitudine** ne' signori, invidia tra i servitori

ingrato aprile temperato non è mai **ingrato** • chi fa del bene agli **ingrati**, Dio l'ha per male • l'**ingrato** colle bestie si conviene, che non sa se non render mal per bene

ingravidare febbraio **ingravida** la terra
ingrossare il fiume non **ingrossa** d'acqua chiara • Grosseto **ingrossa**, Batignano fa la fossa, Paganico sotterra l'ossa • la paura **ingrossa** il pericolo • quando gennaio **ingrossa** il Po ogni mese fa la sua
ingrugnare se febbraio s'**ingrugna**, ti fa cadere l'ugna; se febbraio s'incagna, ti fa cader le calcagna • se s'**ingrugna** aprile, ti fa guardare il focarile
inguantato gatta **inguantata** non prese mai topo
inimicizia (**nimicizia**) amicizia e **nimistà** non sta ferma in verde età • le amicizie devono essere immortali, e le **inimicizie** mortali • chi dona al volgo, **inimicizia** compra • tra 'l cuoco e il canovaccio non è mai **nimicizia**
inizio la prim'acqua d'agosto è l'**inizio** dell'inverno
innamorare (**innamorarsi**) beata chi di vecchio pazzo s'**innamora**
innamorato dove ci son ragazze **innamorate**, è inutile tener porte serrate • giovane invidiato, o virtuoso o **innamorato** • i giuramenti degli **innamorati** sono come quelli dei marinari • l'**innamorato** vuol essere solo, savio, sollecito e segreto
innocente meglio assolvere un reo che condannare un **innocente**
insaccare quando il sole **insacca** in Giove, non è sabato che piove
insalata una buona **insalata** è principio d'una cattiva cena • di tre cose il diavolo si fa **insalata**, di lingua d'avvocati, di dita di notai, e la terza è riservata • **insalata** a cena e camera terrena, corta vita mena • **insalata** ben salata, poco aceto e bene oliata • l'**insalata** non è bella, se non v'è la salvastrella • l'**insalata** non fa collottola • quaresima delicata: i fagioli e l'**insalata**
insanguinare chi si taglia il naso s'**insanguina** la bocca
insegnare l'amore, l'inganno e il bisogno **insegnano** la rettorica • chi sa fa e chi non sa **insegna** • chi sa il gioco non l'**insegni** • il comprare **insegna** spendere • il cuculo **insegna** a fare il nido agli altri e si

risparmia di fare il suo • l'esperienza **insegna** grandi cose • il guadagnare **insegna** a spendere • il mangiare **insegna** a bere • meglio non nato che non **insegnato** • molti hanno **insegnato** a ingannare temendo d'essere ingannati • non **insegnare** ai gatti a rampicare • il porco vuol **insegnare** a Minerva • senza mercede non s'**insegna** • tre cose son difficili a fare: cuocere un uovo, fare il letto ad un cane, ed **insegnare** a un Fiorentino • il ventre **insegna** il tutto

insidia peggio è l'invidia dell'amico che l'**insidia** del nemico

insieme amore e gelosia nacquero **insieme** • come i ladri di Pisa, che il giorno litigano e la notte rubano **insieme** • grano e corna vanno **insieme** • presto e bene, non stanno **insieme** • ricchezza e scienza, **insieme** non hanno residenza • virtù e fortuna non sempre dormono **insieme**

instentare chi gode una volta non **instenta** sempre

intaccare chi non sa scorticare **intacca** la pelle

intendere buone ragioni male **intese**, sono perle a' porci stese • il buon giudice tosto **intende**, e tardi giudica • chi ha orecchie **intenda**, chi ha denaro spenda • chi ha orecchie per **intendere** intenda • chi mal **intende** peggio risponde • dico a te, suocera, perché tu nuora **intenda** • niuno riprenda, che non **intenda** • non creder lode a chi suo caval vende, né a chi dar moglie **intende** • non **intendere** a sordo • non mai s'**intende** l'uom saggio e perfetto, se non ha di se stesso umil concetto • non tutti quelli che leggono, **intendono** • non v'è termine più certo e meno **inteso** della morte • se la vita fosse **intesa**, nessuno l'accetterebbe • s'**intende** acqua, ma non tempesta • la vita dell'uomo dipende da tre ben: **intender** ben, voler ben, e far ben

intenditore a buon **intenditor** poche parole

intenerare gennaio ingenera, febbraio **intenera**

intenzione di buone **intenzioni** è lastricato l'inferno

interesse l'interesse è figliuolo del diavolo
intero il danaro fa l'uomo **intero** • le donne dicono sempre il vero; ma non lo dicono tutto **intero** • mente **intera**, virtù vera • non si dispera chi ha fede **intera** • sta' sul fuoco quando è sera, a grattar la sonagliera, se aver vuoi la pelle **intera**
intervenire chi fa quel che non deve, gli **intervien** quel che e' non crede • chi non vuol far quel che puole, gl'**intervien** quel che non vuole
intitolare chi si battezza savio, s'**intitola** matto
intoppare va la capra zoppa, se il lupo non la **intoppa**
intravvenire poco vale il pensare se il male è **intravvenuto**
intrigare un sì **intriga**, un no distriga
inutile dove ci son ragazze innamorate, è **inutile** tener porte serrate • è **inutile** chiudere la stalla quando i buoi sono scappati • è **inutile** piangere sul latte versato • quando la campana ha sonato, è **inutile** dir di no
invano can che morde, non abbaia **invano** • can vecchio non abbaia **invano** • il consiglio del male va raro **invano** • da giudice che pende, giustizia **invan** s'attende • **invan** si pesca, se l'amo non ha l'esca
invecchiare a cane che **invecchia** la volpe gli piscia addosso • a tavola non s'**invecchia** • il cuore non **invecchia** • il dolore non **invecchia** • occhi che veggono non **invecchiano** • quanto più s'**invecchia** e più cresce la soma • s'**invecchia** e s'impazza
inventare chi trovò il consiglio, **inventò** la salute
invernare quando la neve s'**inverna** in piano, val più il sacco che non vale il grano
invernata l'Annunziata dà un calcio all'**invernata** • l'Immacolata comincia l'**invernata** • non si conosce mai **invernata** se quaresima non è entrata • quando il verno è nella state, e la state nell'**invernata**, non avrai buona derrata
inverno (**verno**) agosto mandò lettere, settembre le leggeva: vestitevi buona gente che l'**inverno** è per la via • amicizia di genero, sole d'**inverno** • a San Martino l'**inverno** è vicino

In parte desertissima, e remota,
Mentre ordisci l'insidie à chi sen dorme,
Non che l'atto, il pensier dà Dio si nota.

• chi d'estate non lavora, nell'**inverno** perde la coda • chi imita la formica la state, non va pel pane in presto il **verno** • chi vuol provar le pene dell'inferno, d'estate il fabbro e l'ortolan d'**inverno** • chi vuol provar le pene dell'Inferno, la state in Puglia e all'Aquila di **verno** • cuculo cuculetto: l'estate è cuculo, l'**inverno** è falchetto • d'estate ogni buco fa latte, d'**inverno** nemmen le buone vacche • d'**inverno** fornaio, d'estate tavernaio • i favori delle corti sono come sereni d'**inverno** e nuvoli d'istate • la formica si affanna nell'estate per non patire nell'**inverno** • il fresco della state fa dolere il corpo d'**inverno** • l'**inverno** è l'inferno dei poveri • marzo: «o vado o vengo, capo d'estate e coda d'**inverno** mi ritengo» • né di state né di **verno** non andar senza mantello • non nevica tutto il **verno** • ottobre colla foglia, neve d'**inverno** che si scioglie • Pasqua alta, Pasqua bassa, l'**inverno** va fino a Pasqua • per la Santa Candelora o che nevichi o che plora, dell'**inverno** siamo fuora; s'egli è sole o solicello, siamo ancora a mezzo il verno • per San Donato, l'**inverno** è nato; per San Lorenzo, gli è grosso come un giovenco; per Santa Maria, quanto una badia • la prim'acqua d'agosto è l'inizio dell'**inverno** • quando il verno è nella state, e la state nell'**invernata**, non avrai buona derrata • quando siamo per San Michele, i panni d'**inverno** sanno di miele • quando tuona il dì di San Giuseppe, due **inverni** in quell'anno • riso di signore, sereno d'**inverno**, cappello di matto, e trotto di mula vecchia, fanno una primiera di pochi punti • San Paolo scuro, fuor dell'**inverno** sicuro • San Vincenzo: l'**inverno** ha rotto un dente • se a San Biagio il sole è buono, dell'**inverno** siamo fuori • se in luglio la formica porta più dell'usato, l'**inverno** sarà duro e anticipato • se le calende di gennaio vengono di domenica, l'**inverno** è caldo, la primavera umida, l'autunno ventoso • se l'Orso è asciutto l'**inverno** dura ancora quaranta dì • sole d'**inverno** e amor di pagliarda, tardi viene e poco tarda • tosse d'**inverno** vuol governo; tosse d'estate conduce al sagrato • tutto aprile e tutto maggio al **verno** mi ritraggo • vecchio in amore, **inverno** in fiore

inviare ben va al mulino chi c'**invia** l'asino

invidia astio e **invidia** non morì mai • ingratitudine ne' signori, **invidia** tra i servitori • l'**invidia** è un peccato da minchioni • l'**invidia** rode se stessa • meglio essere **invidiati** che compatiti • non fu mai gloria senza **invidia** • peggio è l'**invidia** dell'amico che l'insidia del nemico • se l'**invidia** fosse febbre, tutto il mondo n'averebbe • tutto finisce, fuorché l'**invidia** • uom che ha **invidia** ha doglie

invidiato giovane **invidiato**, o virtuoso o innamorato • meglio essere **invidiati** che compatiti

invidioso all'**invidioso** gli si affila il viso e gli cresce l'occhio • dall'**invidioso** guardati come dal tignoso

invitare chi va alle nozze e non è **invitato**, ben gli sta se n'è cacciato

invitire per arricchire bisogna **invitire**

invito **invito** d'oste non è senza costo

ipocrita riguardati dai matti, dai briachi, dagli **ipocriti** e dai minchioni

ira amor non ha sapienza, e l'**ira** non ha consiglio • l'**ira** è cattiva consigliera • **ira** senza forza, nulla vale

iracondo donna **iraconda**, mare senza sponda

ire chi vuol **ire** alla guerra o accasarsi, non ha da consigliarsi • dal fare al dire c'è che **ire** • quando tu puoi **ir** per la piana, non cercar l'erta né la scesa

iscorticare il buon pastore tosa, ma non **iscortica**

isola nel colonizzare un'**isola**, la prima fabbrica eretta da uno Spagnolo sarebbe una chiesa, da un Francese un forte, da un Olandese un magazzino, e da un Inglese una bottega di birra

istentare godiamo, che **istentar** non manca mai

istracciare l'amicizia si dee sdrucire, non **istracciare**

istrumentare chi bene **istrumenta**, dorme sicuro

Italia i don di Spagna, i conti d'Alemagna, i monsieurs di Francia, i vescovi d'**Italia**, i cavalier di Napoli, i lordi di Scozia, i fidalghi di Portogallo, i minori fratelli d'Inghilterra e i nobili d'Ungheria, fanno una povera compagnia • in **Italia** troppe feste, troppe teste, troppe tempeste • non conosce l'**Italia** e non la stima, chi provato non ha la Spagna prima

Italiano dove stanno de' Tedeschi non vi può stare **Italiani** • l'**Italiano** è saggio prima di fare una cosa, il Tedesco quando la fa, e il Francese quando è bell'e fatta • le nazioni smaltiscono diversamente il dolore: il Tedesco lo beve, il Francese lo mangia, lo spagnolo lo piange, e l'**Italiano** lo dorme • gli Spagnoli s'accordano a bravare, i Francesi a gridare, gli Inglesi a mangiare, i Tedeschi a sbevazzare e gli **Italiani** a pisciare

item due **item** fan l'uomo beato

l, L

L (*lettera*) lotto, lusso, lussuria e Lorenesi, quattro L ch'han rovinato i miei paesi

labbro quando la febbre caca su' **labbri** è buon segno

laccio chi non piglia l'amante al **laccio**, resta in casa a guardare il catenaccio • ogni fallo aspetta il suo **laccio**

laconizzare è più facile filosofare che **laconizzare**

lacrima (**lagrima**) **lagrime** piante per donna son come l'acqua del mare, non è buona da bere, ma è buona da annegare • niente s'asciuga così presto come le **lacrime**

ladro (**ladrone, ladruncolo**) a casa del **ladro** non si ruba • a Marradi, seminan fagioli e nascon **ladri** • a Roma dottori, a Napoli **ladroni**, a Genova scavezzi, a Milan tagliacantoni, a Venezia forestieri, a Fiorenza scardassieri • a veder la croce da lontano, il **ladro** si segna • chi è bugiardo è **ladro** • chi non beve in compagnia o è un **ladro** o è una spia • chi ruba a un buon **ladron** ha cent'anni di perdon • chi si dà in man del **ladro**, bisogna che se ne fidi a suo dispetto • come i **ladri** di Pisa, che il giorno litigano e la notte rubano insieme • dai **ladri** di casa non ci si guarda • di maggio nascono i **ladri** • dove son due Monfin, due **ladri** e un assassin • il fine del mercante è il fallire; e il fine del **ladro** in sulle forche, morire • gente di confini o **ladri** o assassini • la guerra fa i **ladri**, e la pace gl'impicca • in terra di **ladri**, la valigia dinanzi • il **ladro** crede che tutti sien compagni a lui • il **ladro** dell'ago va all'ovo, dall'ovo al bue, dal bue alla forca • **ladro** piccolo non rubare, che il ladro grosso ti fa impiccare • i **ladruncoli** stanno in prigione, i grandi ladri viaggiano in carrozza • molti **ladri** siedon bene • la necessità fa l'uomo **ladro** • non c'è putta né **ladrone** che non abbia devozione • non ride sempre la moglie del **ladro** • non v'è maggior **ladro** d'un cattivo libro • l'occasione fa l'uomo **ladro** • se il tuo gatto è **ladro**, non lo cacciar di casa • tanto è dir pennecchio quanto **ladro** di Fucecchio • tanto è **ladro** chi ruba che chi tiene il sacco • tre **ladri** fanno una forca • trenta mugnai, trenta beccai, trenta sartori, fan cento e venti **ladri**

lagnare (**lagnarsi**) donna si **lagna**, donna si duole, donna s'ammala, quando la vuole • vino spesso, pan caldo e legna verde, e non si **lagni** l'uomo se si perde

lamentare (**lamentarsi**) chi non è savio, paziente e forte, si **lamenti** di sé e non della sorte • chi si **lamenta**, non può guarire

lampeggiare quando **lampeggia** da tramontana è segno di caldana

lampo chi non ha poveri o matti nel parentato, è nato o di **lampo** o di tuono • dopo il **lampo** viene il tuono • Sant'Antuono, **lampi** e tuoni

lana ad agosto alla **lana** non andare, che a settembre puoi morire • cattiva è quella **lana** che non si può tingere • la Corte romana non vuole pecora senza **lana** • il diavolo non ha pecore e va vendendo **lana** • è meglio dar la **lana** che la pecora • la giustizia catalana, mangia la pecora e la **lana** • se non puoi portare la seta, porta la **lana** • uomo senza roba è una pecora senza **lana**

lancia a buon cavalier non manca **lancia** • chi è uso alla zappa non pigli la **lancia** • chi ha buona la **lancia**, la provi al muro • chi piglia la **lancia** per la punta, la spezza o non la leva di terra • la **lancia** val più delle carte • uomo asturiano, vino puro, e **lancia** nella mano

languire la verità può **languire**, ma non perire

lanternone il Cristo e i **lanternoni** toccan sempre ai più minchioni

lanuto uomo rosso e cane **lanuto**, più tosto morto che conosciuto

Conuinta ogni ragion, muto ogni foro
Resta, doue la Borsa apre la bocca,
Ch' Orator non si troua eguale à l'Oro.

lapidare uomo indebitato ogni anno **lapidato**

lardo quando la gatta non può arrivare al **lardo**, dice che sa di rancido • tanto va la gatta al **lardo** che ci lascia lo zampino

largo il buono ufficiale vuol aver due cose, mano **larga** e brachetta stretta • chi per altrui promette, entra per le **larghe** e esce per le strette • del cuoio d'altri si fanno le correggie **larghe** • **largo** ai canti • molti hanno la coscienza sì **larga**, che avanza una nave di chiesa • napoletano **largo** di bocca e stretto di mano • scarpa **larga** e bicchier pien, togli il mondo come vien

lasciare (lasciarsi) a **lasciar** si è sempre a tempo • al caro aggiungi danaro o **lascialo** • ama chi t'ama, e chi non t'ama **lascia** • a novembre bevi il vino e **lascia** l'acqua per il mulino • bevi il vino, e **lascia** andar l'acqua al mulino • brina ai Santi **lascia** l'impronta: tanta aridità dopo nei campi • can dell'ortolano, non mangia la lattuga, e non la **lascia** mangiare agli altri • cani e villani **lascian** sempre l'uscio aperto • caval rognoso non vuol **lasciarsi** strigliare • chi ha la moglie da cambiare, la **lasci** al sole del mese di febbraio • chi ha preso, mal sa **lasciare** • chi **lascia** il poco per aver l'assai, né l'un né l'altro averà mai • chi **lascia** il vicin per un mancamento, va più in là e ne trova cento • chi **lascia** la via piana, va poi per la sassosa • chi **lascia** la via vecchia per la nuova, sa quel che lascia e non sa quel che trova • chi mi piglierà di notte, mi **lascerà** di giorno • chi per amor si piglia, per rabbia si **lascia** • chi si **lascia** mettere in spalla la capra, indi a poco è sforzato a portar la vacca • cogli la rosa e **lascia** star la spina • commetti al savio, e **lascia** fare a lui • Dio **lascia** fare, ma non sopraffare • di settembre e d'agosto, bevi il vino e **lascia** stare il mosto • e' bisogna qualche volta **lasciar** andare due pani per coppia • egli è molto da pregiare, chi ha perduto e **lascia** andare • guarda che tu non **lasci** la coda nell'uscio • in marzo si nasconde un gatto, in aprile **lasciami**

dormire; in maggio vieni a veder che faccio e in giugno mettimi nel pugno • **lascia** fare a Dio, ch'è Santo vecchio • **lascia** portare i baffi al gatto • legala bene, e poi **lasciala** andare • mal si **lascia** il certo per prendere il forse • marzo vuol trovar la terra nuda e la vuole **lasciar** vestita • Massa, saluta e passa; chi troppo ci sta, la pelle ci **lassa** • nebbia bassa buon tempo **lascia** • la nebbia **lascia** il tempo che trova • non ti **lasciar** condurre al passo estremo, ché molti n'ha ingannati il «benfaremo» • o gran trovato, o gran **lasciato**, o gran rubato • per più non potere, l'uomo si **lascia** cadere • per Sant'Andrea piglia il porco per la sea; se tu non lo puoi pigliare, fino a Natale **lascialo** andare • la predica fa come la nebbia, **lascia** il tempo che trova • quando la barba fa bianchino, **lascia** la donna e tienti al vino • quando una cosa sta ben che basta, **lasciala** star perché si guasta • quanto più l'uccello è vecchio, tanto più malvolentieri **lascia** le piume • la ricchezza non s'acquista senza fatica, non si possiede senza timore, non si gode senza peccato, non si **lascia** senza dolore • scherza coi fanti e **lascia** stare i santi • se il villano sapesse il sapore della gallina in gennaio, non ne **lasceria** nessuna nel pollaio • tanto va la gatta al lardo che ci **lascia** lo zampino • tristo quel cane che si **lascia** prender la coda in mano

lasciato faccia chi può, prima che il tempo mute; ché tutte le **lasciate** son perdute • ogni **lasciata** è persa

lascivia quanto **lascivia** più dissidio mesce, tanto la voglia più aumenta e cresce

lastricare di buone intenzioni è **lastricato** l'inferno

latino Dio ti guardi da furia di vento, da frate fuor di convento, da donna che parla **latino**, e da nobile poverino • donna che sa il **latino** è rara cosa, ma guardati dal prenderla in sposa • putto in vino e donna in **latino**, non fece mai buon fine

lato chi va al mercato, perde il **lato** • chi va in mercato e non è burlato, è sicuro in ogni **lato** • il filo si rompe dal **lato** più debole • prete, medico e avvocato trovasi in ogni **lato** • senza moglie a **lato** l'uom non è beato

latta le ragazze son d'oro, le sposate d'argento, le vedove di rame e le vecchie di **latta**

lattaio per bestie, **lattai** e matrimonio il protettore è Sant'Antonio

lattaiolo (**lattaiuolo**) i danari hanno sempre i **lattaioli** • vendetta di cent'anni ha ancora i **lattaiuoli**

latte anche le mucche nere danno il **latte** bianco • bambin d'un anno rigetta il **latte** dal calcagno • la bocca gli puzza ancora di **latte** • chi ha delle pecore può far del **latte** • d'estate ogni buco fa **latte**, d'inverno nemmen le buone vacche • è inutile piangere sul **latte** versato • **latte** sopra vino è veleno • il vino è il **latte** dei vecchi

lattuga can dell'ortolano, non mangia la **lattuga**, e non la lascia mangiare agli altri

laureato gli sciocchi e gli ostinati fanno ricchi i **laureati**

lavandaia a buona **lavandaia** non mancò mai pietra

lavare acqua torba non **lava** • capo **lavato**, bicchier risciacquato • chi **lava** il capo all'asino, perde il ranno e il sapone • mano bianca è assai **lavata** • non **lava** abito santo anima lorda • i panni sporchi si **lavano** in famiglia • se vuoi che il tuo figlio cresca, **lavagli** i piè e rapagli la testa • una mano **lava** l'altra e tutt'e due **lavano** il viso

lavorare a chi **lavora** il tempo passa presto • casa per suo abitare, vigna per suo **lavorare**, terren quanto si può guardare • chi d'estate non **lavora**, nell'inverno perde la coda • chi è lungo a mangiare, è lungo anche a **lavorare** • chi è svelto a mangiare è svelto a **lavorare** • chi **lavora** colle vacche va al mulino colle somare • chi **lavora** da beffe, stenta daddovero • chi **lavora**, Dio gli dona • chi **lavora** di settembre fa bel solco e poco rende • chi **lavora** fa la gobba, e chi ruba fa la robba • chi **lavora**, fa la roba a chi si sta • chi **lavora** il campo innanzi la vernata avanza di ricolti la brigata • chi **lavora** il dì dell'Ascensione, tutto l'anno va in perdizione • chi **lavora** lustra, e chi non lavora mostra • chi **lavora** si rimpannuccia, chi non lavora si gratta la buccia • chi non ha pane **lavorato**, agosto diventa maggio • chi non **lavora** non mangia • chi per altri ora, per sé **lavora** • chi si vergogna di **lavorare** abbia vergogna di mangiare • è meglio indarno stare, che indarno **lavorare** • è più fatica voler fare il signore senza sostanze che **lavorar** tutto il giorno • fare e disfare è tutt'un **lavorare** • in un'ora Dio **lavora** • **lavora** come avessi a campare ognora; adora come avessi a morire allora • **lavora** o abborraccia, ma semina finché non diaccia • il **lavorare** è un mezzo orare • quando la festa viene, dimora; quando la va via, **lavora** • quando piove alla buon'ora, prendi i bovi, va, e **lavora**

lavoratore a cattivo **lavoratore** ogni zappa dà dolore • a **lavoratore** trascurato i sorci mangiano il seminato • il buon **lavoratore** rompe il cattivo annuale • **lavoratore** buono di un podere ne fa due; cattivo, ne fa mezzo • tre cose vuole il campo: buon **lavoratore**, buon seme e buon tempo

lavoro chi sguazza per le feste, stenta il dì di **lavoro** • chi vuol **lavor** gentile, ordisca grosso e trami sottile • chi vuol **lavor** mal fatto, lo paghi innanzi tratto • chi vuol **lavoro** degno, assai ferro e poco legno • il fuoco e l'amore non dicon mai vanne al **lavoro** • **lavoro** è sanità • **lavoro** fatto, denari aspetta • il **lavoro** nobilita l'uomo • oro non guasta **lavoro** • quale il **lavoro**, tale la mercede • secondo la paga, il **lavoro** • s'io dormo, dormo a me; s'io **lavoro**, non so a chi • tutto quello che a luglio fai ripaga il tuo **lavoro**

leale se il grande fosse valente e il piccolo paziente, e il rosso **leale**, ognun sarebbe eguale

lealtà in povertà è sospetta la **lealtà**

leccare a can che **lecchi** cenere non affidar farina • a chi ti **lecca** dinnanzi, ti morde di dietro • a gatto che **lecca** stidione, non gli fidare arrosto • bue sciolto **lecca** per tutto • chi **lecca** i piatti, deve leccare in terra • chi maneggia il mele si **lecca** le dita • chi va, **lecca**, e chi sta, si secca • Dio ti guardi da quella gatta che davanti ti **lecca** e di dietro ti graffia • il lupo mangia ogni carne, e **lecca** la sua • il mele si fa **leccare** perché è dolce • poco può dare al suo scudiere, chi **lecca** il suo tagliere

leccio il leccio non fa olive

lecito il domandare è **lecito**, il rispondere è cortesia • per isdegno ogni cosa è **lecita**

legame a cattivo cane, corto **legame** • a cavallo mangiatore, corto **legame** • dalla paglia al **legame** cresce la fame

legare l'annestare sta nel **legare** • la catena tanto **lega** il padrone quanto lo guarda • dove **lega** la ragione coscienza pugne • **legala** bene, e poi lasciala andare • **legami** mani e piei, e gettami tra' miei • se tu vuoi della vite trionfare non gli torre e non gli dare, e più di due volte non la **legare**

legato gli amici hanno la borsa **legata** con un filo di ragnatela • i morti non rubano perché hanno **legate** le mani • non c'è schiavo più **legato**, che all'amico l'obbligato • non si può avere le viti **legate** colle salsicce • sacco **legato** fu mal giudicato

legge il buono a nulla è assistito dalla **legge** di tutti • chi fa la **legge**, servarla degge • chi si giustifica dalla **legge**, cade dalla grazia • con le **leggi** si fa torto alle leggi • duro a vecchia licenza, nuova **legge** • la fame non conosce **legge** • fatta la **legge**, trovato l'inganno • **legge** di Verona, dura da terza a nona • la **legge** effetto, e la grazia affetto vuole • la **legge** nasce dal peccato • le **leggi** si volgono dove i regi vogliono • le **leggi** sono come i ragnateli • meglio un buon re che una buona **legge** • miseri quei tempi che hanno le **leggi** nelle mani • la necessità fa **legge** • la necessità non ha **legge** • i patti rompon le **leggi** • si può imporre la **legge**, ma non la prudenza • son più i casi delle **leggi** • uso fa **legge**

leggere agosto mandò lettere, settembre le **leggeva**: vestitevi buona gente che l'inverno è per la via • chi non sa **leggere** la sua scrittura è un asino per natura • Dio ti guardi da chi **legge** un libro solo • i francesi non dicono come voglion fare, non **leggono** come scrivono, non contano come notano • non tutti quelli che **leggono**, intendono

leggero (**leggiero**) dove la voglia è pronta, le gambe son **leggiere** • la lite vuol tre cose, piè **leggiero**, poche parole e borsa aperta • la povertà è il più **leggero** di tutti i mali

legista un noce in una vigna, una talpa in un prato, un **legista** in una terra, un porco in un campo di biade, e un cattivo governatore in una città, sono assai per guastare il tutto

legna a piccol forno poca **legna** basta • chi vuol fare onore all'amico, ciccia di troia e **legna** di fico • di maggio provveditì di **legna** e di formaggio • Genova, aria senza uccelli, mare senza pesce, monti senza **legna**, uomini senza rispetti • in luna calante ai Santi e in agosto si taglia la **legna** nel bosco • né **legna**, né carbone non comprar quando piove • poca **legna** scalda il tuo forno • sopra l'albero caduto ognuno corre a far **legna** • vino spesso, pan caldo e **legna** verde, e non si lagni l'uomo se si perde

legnaiuolo i vescovi in Roma sono come i crocefissi in bottega del **legnaiuolo**

legno a cattivo consiglio, campana di **legno** • a **legno** duro, accetta tagliente • a voler che il corpo mugoli, pan di **legno** e vin di nugoli • la buccia ha da somigliare al **legno** • chi vuol fare onore all'amico, ciccia di troia e **legna** di fico • chi vuol lavoro degno, assai ferro e poco **legno** • dove è abbondanza di **legno**, ivi è carestia di biade

Lella aprile è un mese del **Lella**: un po' col sole, un po' coll'ombrella

lento uomo **lento**, non ha mai tempo

lenzuolo bisogna distendersi quanto il **lenzuolo** è lungo • il caldo dei **lenzuoli** non fa bollir la pentola • chi si stende più del **lenzuolo**, si scuopre da piedi • meglio consumare le scarpe che le **lenzuola** • sette s'accordano in una scuffia, e due non s'accordano in un **lenzuolo**

leone al leone sta bene la quartana • al ragliare si vedrà che non è un **leone** • la capra non contrasta col **leone** • i cervi non comandano a' **leoni**, ma i leoni a' cervi • gatto rinchiuso diventa **leone** • il **leone** ebbe bisogno del topo • meglio vivere un giorno da **leone** che cent'anni da pecora • più rara cosa il mondo non possiede, che la città dove il **Leon** risiede • se marzo entra come un **leone** esce come un agnello • la sera **leoni**, la mattina babbioni • tal piglia **leoni** in assenza, che teme un topo in presenza • ugna di **leone** e lingua di gatto, guariscon del matto

lepre chi caccia il cervo non bada alle **lepri** • chi va a caccia senza cani, torna a casa senza **lepri** • gennaio e febbraio, tienti al pollaio; marzo e aprile, capretto gentile; maggio e giugno, erbette col grugno; luglio e agosto, piccioni arrosto, settembre e ottobre, buone **lepri** col savore; novembre e dicembre, buon vitel sempre • mentre il cane si gratta, la **lepre** va via • quando la **lepre** perde il passo, convien che cada in bocca a' cani • se il pane corresse quanto le **lepri**, quanti morirebbero di fame! • una volta corre il cane e un'altra la **lepre** • i vecchi son **lepri**, dormono con gli occhi aperti

lesina colle **lesine** bisogna esser punteruolo

lesto chi vuol viver sano e **lesto**, mangi poco e ceni presto • se vuoi viver sano e **lesto**, fatti vecchio un po' più presto

letamaio neve di febbraio, mezzo **letamaio**

letamare chi ara l'uliveto, dimanda il frutto; chi lo **letama** l'ottiene; chi lo pota lo sforza

letame il letame quand'è troppo forte, alle piante dà la morte

letizia nell'uva, son tre vinaccioli; uno di sanità, uno di **letizia**, e uno di ubriachezza

lettera chi vuol conoscere la **lettera** guardi la sopraccarta

letterato il libro serrato non fa l'uomo **letterato**

lettere a fare il fabbro con la barba, e alle **lettere** con la bava • agosto mandò **lettere**, settembre le leggeva: vestitevi buona gente che l'inverno è per la via • **lettere** in carta, denari in arca • le **lettere** non ridono • ogni bue non sa di **lettere** • un buon naturale val più di quante **lettere** sono al mondo

letto a Verona bisogna andare a **letto** quando le galline • braccio al collo e gambe a **letto** • casa mia, **letto** mio, dentro a te faccio il comodo mio • chi bada all'orto non va mai a **letto** col muso torto • chi canta a tavola e a **letto**, è matto perfetto • chi guarda a ogni penna, non fa mai **letto** • chi maneggia quel degli altri, non va a **letto** senza cena • chi non può dormire trova il **letto** mal rifatto • chi si divide il **letto**, divide l'affetto • chi va a **letto** senza cena, tutta notte si dimena • compra il **letto** d'un gran debitore • in **letto** stretto mettiti nel mezzo • **letto** e fuoco fanno l'uom dappoco • né in tavola né in **letto** si porta rispetto • non è andato ancora a **letto** chi ha da avere la mala notte • se non avete altri moccoli, potete andare a **letto** al buio • tre cose son difficili a fare: cuocere un uovo, fare il **letto** ad un cane, ed insegnare a un Fiorentino

levante gobba a ponente luna crescente, gobba a **levante** luna calante • quando rabbrusca verso **levante**, se non t'immolla vedrai avante

levare (**levarsi, lievare**) al **levar** delle tende si conosce la festa • a maggio non **levare**, a settembre non mettere • chi è segreto in ogni terra, mette la pace e **leva** la guerra • chi **leva** muro, leva muso • chi non vuol la festa **lievi** l'alloro • chi piglia la lancia per la punta, la spezza o non la **leva** di terra • da' del tuo al diavolo, e **levatelo** di torno • di giugno **levati** il cuticugno • guardati da chi ti **leva** la cappa in casa tua • in ogni paese è buona stanza dove si **leva** il sole • non vale **levarsi** a buon'ora, bisogna aver ventura • nuvolo da ponente non si **leva** per niente • per proverbio dir si suole, che tre cose il re non ha: di mangiare il pan condito, come noi dall'appetito: di veder **levare** il sole: di sentir e di udir la verità • quando Dio dà la farina il diavolo ci **leva** il sacco • quel che **leva** l'alido, l'umido lo rende; quel che leva l'umido, l'alido non lo rende • San Nicola mette il sonno e Sant'Oronzo lo **leva** • sole d'alta **levata** non è mai di durata • una pulce non **leva** il sonno • uno fallisce a cavare la terra, un secondo a **levar** l'acqua, un terzo a render buono il terreno

levriero chi non può esser **levriero**, s'ingegni d'esser bracco

libbra i fanciulli mettono ogni giorno un'oncia di carne e una **libbra** di malizia • il male viene a **libbre** e va via a once • meglio un'oncia di libertà che dieci **libbre** d'oro • un sacco di disegni verdi non tornano una **libbra** secchi • val più un'oncia di reputazione che mille **libbre** d'oro • val più un'oncia di sorte che cento **libbre** di sapere

liberale è meglio servire un ricco avaro, che un povero **liberale**

liberare Dio ci **liberi** dall'osso di dicembre

libero ognuno è **libero** di far quel che vuole

libertà chi dell'altrui prende, la sua **libertà** vende • chi di **libertà** è privo, ha in odio d'esser vivo • chi non vuol essere in **libertà**, possa essere schiavo in Barberia • chi vive in **libertà**, non tenti il fato • mal senza **libertà** si gusta il bene • meglio un'oncia di **libertà** che dieci libbre d'oro • pazzi e buffoni hanno pari **libertà** • sanità e **libertà**, vaglion più d'una città

libro Dio ti guardi da chi legge un **libro** solo • è meglio un **libro** corretto che bello • il **libro** del perché è molto grande • il **libro** del perché stampato ancor non è • il **libro** serrato non fa l'uomo letterato • la morte non guarda solamente al **libro** de' vecchi • non v'è maggior ladro d'un cattivo **libro** • le poma ai putti, e il **libro** ai vecchi • quel che acquista e non serba, dice il **libro**, va alla fonte, e trae acqua col cribro

licenza duro a vecchia **licenza**, nuova legge • non si piglia il vento alla vela senza **licenza** del nocchiero • si dà **licenza** in più modi

licenziato in chiesa e in mercato, ognuno è **licenziato**

licere non lice che dappertutto il giglio abbia radice

lieto maggio fresco e casa calda, la massaia sta **lieta** e balda • povertà **lieta**, è gran ricchezza • se tu vuoi viver **lieto**, non ti guardare innanzi ma di dietro • vita quieta, mente **lieta**

lieve è **lieve** astuzia ingannar gelosia, che tutto crede quand'è in frenesia

lignaggio amore non mira **lignaggio** né fede né vassallaggio

limacorna andare a Scarperia la non mi torna, son tutti sbirri e spie e **limacorna**

limare il ferro **lima** il ferro

lingua capo senza **lingua**, non vale una stringa • chi **lingua** ha, a Roma va • di tre cose il diavolo si fa insalata, di **lingua** d'avvocati, di dita di notai, e la terza è riservata • donna che ha molti amici, ha molte **lingue** mordaci • la donna ha una **lingua** che taglia e cuce • le donne quando son ragazze han sette mani e una **lingua** sola; e quando son maritate han sette lingue e una mano sola • dove l'oro parla, la **lingua** tace • la **lingua** batte dove il dente duole • la **lingua** non ha osso, ma fa rompere il dosso • **lingua** senese e bocca pistoiese • **lingua** toscana in bocca romana • lunga **lingua**, corta mano • ne uccide più la **lingua** che la spada • non si può tenere la **lingua** a nessuno • quando odi altrui mancamenti, chiudi la **lingua** fra i denti • tempra la **lingua** quando sei turbato, acciò che non ti ponga in malo stato • ugna di leone e **lingua** di gatto, guariscon del matto • un buon paio d'orecchi stancano cento male **lingue**

lino l'allegria delle donne è il **lino** • figlio di fava e babbo di **lino** • maggio asciutto, gran per tutto; maggio molle, **lin** per le donne • marzo molle, **lin** per le donne • quando marzo va secco il gran fa cesto e il **lin** capecchio • solicello settembrino mazzalanga schiaccia il **lino**

lira fallire far **lire** • i ragazzi e i pazzi credono che vent'anni e venti **lire** non debban mai finire • se piove d'aprile, ogni gocciola mille **lire**

lisca chi mangia il pesce, caca le lische

lisciare non lisciare il pelo al servitore • non può aver cosa buona chi non **liscia** la padrona • povero dispettoso, vecchio lussurioso, e donna **lisciata**, dispiace alla brigata

lite chi affitta il suo podere al vicino, aspetti danno o **lite** o mal mattino • chi piglia moglie per denai, spesso sposa **liti** e guai • la **lite** vuol tre cose, piè leggiero, poche parole e borsa aperta • muovi **lite**, acconcio non ti falla • né per ogni male al medico, né per ogni **lite** all'avvocato, né per ogni sete al boccale • tre cose fan l'uomo accorto; **lite**, donna e porto

litigante al **litigante** ci voglion tre cose: aver ragione, saperla dire, e trovar chi la faccia • pulito amante, cattivo **litigante** • tra i due **litiganti** il terzo gode

litigare chi negozia con scrittore e con notaro **litiga** di raro • come i ladri di Pisa, che il giorno **litigano** e la notte rubano insieme • meglio una transazione svantaggiosa che un **litigare** infelice • non flagellare il morto, non **litigare** il torto

litigioso mercante **litigioso**, o fallito o pidocchioso

loco chi ha tutto il suo in un **loco**, l'ha nel foco • stoppa e fuoco non stan bene in un **loco** • uomo e donna in stretto **loco**, secca paglia appresso al foco

lodare i cavoli riscaldati furono buoni ma non **lodati** • chi ci **loda** si dee fuggire, e chi c'ingiuria si dee soffrire • chi **loda** San Pietro, non biasima San Paolo • chi si **loda** s'imbroda • chi ti **loda** in presenza, ti biasima in assenza • il consiglio non va **lodato**, ma seguito • in casa dell'amico ricco, sempre ammonito; in quella dell'amico povero, sempre **lodato** • in casa **loda**, e in mercato biasima • in pelago **lodato** non pescare • **loda** e conforta e non t'obbligare • **loda** il mare e tienti alla terra • **loda** il matto e fal saltare; se non è matto, il farai diventare • **loda** il monte e tienti al piano • **loda** lo scarpello, attienti al pennello; costa manco, e par più bello • né cavallo, né moglie, né vino non li **lodare** a nessuno • ogni prete **loda** le sue reliquie • l'opera **loda** il maestro • un ospite cortese **loda** pranzo e paese • poca roba Dio la **loda** • la roba buona si **loda** da se stessa • se **lodi** il buono diverrà migliore; biasima il tristo, e' diverrà peggiore • se tu hai caro il ben che godi, guarda con chi lo **lodi** • vuoi tu un cuore smascherare? sappilo ben **lodare** • zambra serrata fa donna **lodata**

lode chi dà dove bisogna, acquista **lode** • Dio ti guardi dal giorno della **lode** • la **lode** consiste nel fine • la **lode** giova al savio e nuoce molto al pazzo • la **lode** propria puzza • non creder **lode** a chi suo caval vende, né a chi dar moglie intende

Lodi da **Lodi** passan tutti volentieri

loglio in campo stracco, di grano nasce **loglio**

logorato a veste **logorata**, poca fede vien prestata

logoro cattivo sparviero quello che non torna al **logoro**

lombardo guardati da toscan rosso, da **lombardo** nero, da romagnuol d'ogni pelo

lontano a cavallo, dinnanzi; ad archibuso, di dietro; a tavola, di mezzo; a quistione, **lontano** • acqua **lontana** non spegne il fuoco • al miser uom non giova andar **lontano**, che la sciagura sempre gli tien mano • amore è cieco, e vede da **lontano** • a veder la croce da **lontano**, il ladro si segna • cerchio vicino, acqua **lontana**, cerchio lontano acqua vicina • chi va piano va sano e va **lontano** • chi vuol vivere e star sano, dai parenti stia **lontano** • **lontano** dagli occhi, lontano dal cuore • meglio un prossimo vicino che un **lontano** cugino • per San Cosimo e Damiano ogni male fia **lontano** • si sta più amici a stare un po' **lontano** • vicino alla chiesa, **lontan** da Dio

lord i don di Spagna, i conti d'Alemagna, i monsieurs di Francia, i vescovi d'Italia, i cavalier di Napoli, i **lordi** di Scozia, i fidalghi di Portogallo, i minori fratelli d'Inghilterra e i nobili d'Ungheria, fanno una povera compagnia

lordo non lava abito santo anima **lorda**

Lorenese lotto, lusso, lussuria e **Lorenesi**, quattro L ch'han rovinato i miei paesi

losco chi ha a far con Tosco, non vuol esser **losco**

lotto che tu possa vincere un ambo al **lotto**! • chi dal **lotto** spera soccorso, mette il pelo come un orso • chi gioca al **lotto**, in rovina va di botto • **lotto**, lusso, lussuria e Lorenesi, quattro L ch'han rovinato i miei paesi

Lucchesi Fiorentini ciechi, Senesi matti, Pisani traditori, **Lucchesi** signori

luccicare non è tutto oro quello che **luccica**

lucciola ogni **lucciola** non è fuoco

lucciolaio bel **lucciolaio**, bel granaio

luce quando **luce** e dà il sole, il pastor non fa parole • Santa Croce, tutte le feste le rimette in **luce**

lucente San Paolo **lucente**, tanta paglia e poco frumento

lucere quel che si dona, **luce**; quel che si mangia pute

lucertola è meglio esser capo di **lucertola**, che coda di dragone

lucignolo alla morte del marito poca cera e molto **lucignolo**

luglio acqua di **luglio**, vigna in subbuglio • chi a **luglio** non miete a settembre è disperato • di **luglio** il temporale dura poco e non fa male • gennaio e febbraio, tienti al pollaio; marzo e aprile, capretto gentile; maggio e giugno, erbette col grugno; **luglio** e agosto, piccioni arrosto, settembre e ottobre, buone lepri col savore; novembre e dicembre, buon vitel sempre • gennaio zappatore, febbraio potatore, marzo amoroso, aprile carciofaio, maggio ciliegiaio, giugno fruttaio, **luglio** agrestaio, agosto pescaio, settembre ficaio, ottobre mostaio, novembre vinaio, dicembre favaio • giugno e **luglio** non piove al buio • giugno, **luglio** e agosto, né acqua né donna né mosto • giugno quanto un pugno, **luglio** quanto un ruglio, agosto quanto un pozzo • il gran freddo di gennaio, il mal tempo di febbraio, il vento di marzo, le dolci acque d'aprile, le guazze di maggio, il buon mieter di giugno, il buon batter di **luglio**, le tre acque d'agosto con la buona stagione, vaglion più che il tron di Salomone • **luglio** asciutto, vino e prosciutto • **luglio** con sacco e staio porta i chicchi nel granaio • **luglio** dal gran caldo, bevi ben e batti saldo • **luglio** e agosto piccioni arrosto • nel mese di **luglio** il sole fa andar via ogni dolore • nel mese di **luglio** possa non piovere neanche olio • se in **luglio** la formica porta più dell'usato, l'inverno sarà duro e anticipato • semina di **luglio** se vuoi un buon rapuglio • se nascono i funghi al mese di **luglio**, matura l'uva • se non arde **luglio** e agosto, nella tina poco mosto • sotto il sole di **luglio** il cervello è in subbuglio • tutto quello che a **luglio** fai ripaga il tuo lavoro

lumaca la prima acqua d'aprile, la **lumaca** esce dal suo covile

lume a **lume** spento è pari ogni bellezza • chi fa male, odia il **lume** • donna, padella e **lume**, sono gran consumo • il **lume** è una mezza compagnia • né donna né tela a **lume** di candela • piccola fiamma non fa gran **lume**

lumino a San Martino s'accende il **lumino** • a San Valentino si spegne il **lumino**

luna alla **luna** settembrina, sette lune se le inchina • a **luna** scema non salare, a luna crescente non tosare, se vuoi risparmiare • beni di fortuna passan come la **luna** • bisogna fare il muso secondo la **luna** • il chiaro di **luna** a Natale, chiaro di luna quand'è ora di mietere • chi guarda la **luna** non fa fortuna • chi vuol di bei piselli, li semini nella **luna** crescente di febbraio • di **luna** al primo marte si fanno tutte l'arte • donna e **luna**, oggi serena, domani bruna • gobba a ponente **luna** crescente, gobba a levante luna calante • in **luna** calante ai Santi e in agosto si taglia la legna nel bosco • **luna** a giugno col cerchio, estate di fuoco • la **luna** ai 29 non fa, e ai 30 non arriva • **luna** mercurina tutto il ciel ruina • la **luna** non cura l'abbaiar dei cani • **luna** nuova tre giorni in prova • Natale senza **luna**: sette nevi sopra una • non c'è carnevale che non sia nella **luna** di febbraio • non c'è sabato santo al mondo, che la **luna** non sia al tondo • non fu mai martedì senza **luna** • non sempre la **luna** sta in tondo • non viene Pasqua al mondo finché la **luna** di marzo non ha fatto il tondo • per fare una cosa bene, bisogna esser tagliati a buona **luna** • quando il sole ti splende, non ti dei curar della **luna** • quando la **luna** è tonda, essa spunta quando il sol tramonta • quando la **luna** è tonda i granchi son pieni • quando la **luna** ha il culo in molle, piove, voglia o non voglia • quando nevica di settembre, nove **lune** attende • quando scema la **luna** non seminar cosa alcuna • sega l'erba a **luna** nuova e la vacca al bisogno trova • tempo, vento, signor, donna, fortuna, voltano e tornan come fa la **luna** • vegliare alla **luna** e dormire al sole, non fa né pro né onore

lungamente chi vive carnalmente non può viver **lungamente**

lungo arme **lunga** fa buon fante • bisogna distendersi quanto il lenzuolo è **lungo** • chi è **lungo** a mangiare, è lungo anche a lavorare • chi si marita con parenti, corta vita e **lunghi** tormenti • conti chiari, amicizia **lunga** • le cose **lunghe** diventano serpi • le donne hanno **lunghi** i capelli e corto il cervello • è meglio corta follia che **lunga** • la febbre autunnale o ch'è **lunga** o ch'è mortale • gennaio ha i denti **lunghi** e febbraio peggio di tutti • **lunga** lingua, corta mano • malagevolmente si scioglie il nodo che fu a **lungo** stretto • malattia **lunga**, morte sicura • il medico di Valenza, **lunghe** falde e poca scienza • messa corta e **lunga** tavola • non bisogna fare il passo più **lungo** della gamba • non si fa più **lunga** strada, che quando non si sa dove si vada • orecchia **lunga**, vita lunga • patti chiari, amicizia **lunga** • la paura fa i passi

lunghi • la più **lunga** strada è la più prossima a casa • i prìncipi hanno le mani **lunghe** • quando marzo è qui, tanto è **lunga** la notte come il dì • ramo corto vendemmia **lunga** • la roba degli altri ha **lunghe** mani • la saggina ha la vita **lunga** • San Barnabà, il più **lungo** della sta' • strada buona non fu mai **lunga** • taglia **lungo**, e cuci stretto • troppo **lungo** non fu mai buono

luogo l'aia non è **luogo** per cani da caccia • a nullo **luogo** viene, chi ogni via che vede tiene • chi si vuol bene, poco **luogo** tiene • il diavolo non istà sempre in un **luogo** • il furfante in ogni **luogo** trova tre cose, osteria, prigione e spedale • non manchi la volontà, che **luogo** e tempo non mancherà • l'uomo fa il **luogo**, e il luogo l'uomo

lupo a can mansueto, **lupo** nel saliceto • a carne di **lupo** zanne di cane • asino di molti, i **lupi** lo mangiano • cent'oche ammazzano un **lupo** • chi fugge il **lupo**, incontra il lupo e la volpe • chi ha il **lupo** per compare, porti il cane sotto il mantello • chi non digiuna la vigilia di Natale, corpo di **lupo** e anima di cane • chi pecora si fa, il **lupo** se la mangia • dal conto sempre manca il **lupo** • dalle grida ne scampa il **lupo** • è meglio il **lupo** alle pecore che il sole il giorno della Candelora • e' non si grida mai al **lupo** che non sia in paese • la fame caccia il **lupo** dal bosco • fate del bene al **lupo**, che il tempo l'ha ingannato • gastiga il cane, gastiga il **lupo**, non gastigar l'uomo canuto • il **lupo** avanti al gridare fugge • il **lupo** mangia ogni carne, e lecca la sua • il **lupo** non guarda che le pecore sieno conte • **lupo** non mangia lupo • il **lupo** perde il pelo ma non il vizio • matta è quella pecora che si confessa al **lupo** • non tutte le pecore sono per il **lupo** • i pastori per rubare le pecore si mettono nome **lupi** • per la pecora è lo stesso che la mangi il **lupo** o che la scanni il beccaio • il più buono, il **lupo** lo mangia • piuttosto pecora giusta, che **lupo** grasso • quando il **lupo** ci vuol mangiare, aitiamci co' cani • quando il **lupo** mangia il compagno, creder si dee sterile la campagna • quando nevica, il **lupo** predica • quando tu vedi il **lupo**, non ne cercar le pedate • ragazzo crescente ha la **lupa** nel ventre • scappi dalla bocca dei cani e vai in bocca ai **lupi** • se il **lupo** sapesse come sta la pecora, guai a lei! • una volta passa il **lupo** • va la capra zoppa, se il **lupo** non la intoppa

lusso lotto, **lusso**, lussuria e Lorenesi, quattro L ch'han rovinato i miei paesi

lussuria lotto, lusso, **lussuria** e Lorenesi, quattro L ch'han rovinato i miei paesi

lussurioso povero dispettoso, vecchio **lussurioso**, e donna lisciata, dispiace alla brigata • uomo peloso, o forca o **lussurioso**, o matto o avventuroso

lustrare chi lavora **lustra**, e chi non lavora mostra

lustro cera **lustra**, non va alla giostra

m, M

M (*lettera*) per fare un buon campo ci vuole quattro **m**: manzi, moneta, merda e mano

maccherone quando cadono i **maccheroni** in bocca, tutti li sanno mangiare • su' pesci, mesci; sul macco, non restare; su' **maccheroni** non bere, se non vuoi crepare

macchia di giorno si vedono le **macchie** • non tutte le **macchie** si nettano con l'acqua calda • poca **macchia** guasta una bellezza • sulla pelle della serpe nessun guarda alle **macchie**

macco all'uomo grosso dagli del **macco** • su' pesci, mesci; sul **macco**, non restare; su' maccheroni non bere, se non vuoi crepare

macellaio meglio spendere i soldi dal **macellaio** che dal farmacista

macina il gelo è la **macina** della terra • se piovon **macine**, non servon tetti

macinare acqua passata non **macina** più • chi prima arriva, prima **macina** • il mulino non **macina** senz'acqua

madia l'orto è la seconda **madia** del contadino • se nevica a Natale si riempie la **madia** di pane

Madonna alla **Madonna** di marzo si scopano, e alla **Madonna** di settembre si trovano • alla **Madonna** Immacolata la neve è cascata • l'asciutto viene sempre fra le **Madonne** • la **Madonna** di bruma, la neve si aggruma • la **Madonna** di mezz'agosto tutti gli anni rinfresca il bosco • per la **Madonna** la pioggia è ancora buona • se piove per San Lorenzo, la viene a tempo; se piove per la **Madonna**, l'è ancor buona; se per San Bartolommè soffiale di drè

madre l'agnello umile succhia le mammelle della propria

madre e quelle degli altri • all'Ascensione si separa la **madre** dalla figlia • ben conta la **madre**, ma meglio quello che ha nascere • chi non crede alla buona **madre**, crede poi alla mala matrigna • di buona terra to' la vigna, di buona **madre** to' la figlia • esperienza, **madre** di scienza • l'estate è la **madre** de' poveri • il figlio al padre s'assomiglia, alla **madre** la figlia • **madre** che fila poco, i suoi figliuoli mostrano il culo • la **madre** da fatti, fa la figliuola misera • **madre** morta, padre cieco • la **madre** non può dire che sia suo il figliuolo finché non ha avuto il vaiuolo • **madre** vuol dir martire • la mattina è la **madre** de' mestieri, e la notte de' pensieri • povertà, **madre** di sanità • quattro **madri** buone fanno figliuoli cattivi: la verità l'odio, la prosperità il fasto, la sicurtà il pericolo, la familiarità il dispregio • suole la **madre** accarezzar chi vuol la figlia • tre figlie e una **madre**, quattro diavoli per un padre

maestrale quando il tempo è reale, tramontana la mattina, la sera **maestrale**

maestro chi pratica co' gran **maestri**, l'ultimo a tavola e il primo a' capestri • ciò che la vecchiezza guasta, non c'è **maestro** che la raccomodi • e' fa di quelle di **maestro** Grillo, che medicava il culo a chi avea male in gola • l'erba non nasce sulla strada **maestra** • l'esercizio è un buon **maestro** • i **maestri** son quelli che fanno le cose bene • nessuno nasce **maestro** • non si diventa **maestro** in un giorno • opera fatta, **maestro** in pozzo • l'opera loda il **maestro** • se l'orgoglio fosse un'arte, vi sarebbero molti **maestri** • un giorno è **maestro** dell'altro • val più un colpo del **maestro**, che cento del manovale

magagna al batter del martello si scuopre la **magagna** • a primavera vengon fuori tutte le **magagne** • la donna è come la castagna: bella di fuori e dentro è **magagna** • romagnuol della mala Romagna, o ti giunta o ti fa qualche **maga-**

LA FORZA OPRIME LA GIVSTITIA.

La doue à suo piacer s'apre la strada,
Con indomito ardir, forza tiranna,
La bilancia d'Astrea cede a la Spada.

gna • uomo di Spagna ti fa sempre qualche **magagna**

magazzino nel colonizzare un'isola, la prima fabbrica eretta da uno Spagnolo sarebbe una chiesa, da un Francese un forte, da un Olandese un **magazzino**, e da un Inglese una bottega di birra

maggese maggio **maggese**

maggino l'uva **maggina** non riempie né la botte né la tina

maggio acqua di **maggio**, acqua di fango • acqua di **maggio** arricchisce il massaro • l'acqua di **maggio** e d'aprile, all'aia te la vedi • acqua di **maggio**: pan per tutto l'anno • acqua di **maggio**, parola di saggio • l'acqua di **maggio** rovina il mugnaio • al sole di **maggio** la semente è in viaggio • a **maggio** non comprare e a vendemmia non ti sposare • a **maggio** non levare, a settembre non mettere • a **maggio** non si miete mai, a giugno si miete crai • a **maggio** pare se è pregna l'asina • a **maggio** sono allegri anche gli asini • a Pasqua non prender moglie e a **maggio** non prender asina • aprile carciofaio, **maggio** ciliegiaio • aprile e **maggio** sono la chiave di tutto l'anno • aprile è passato, **maggio** non viene più: sta sempre lì a cantare il povero cuccù • aprile fa nascere i fiori e **maggio** si piglia l'onore • aprile piovi piovi, a **maggio** una è buona • aprile piovoso, **maggio** ventoso, anno fruttuoso • aprile scassa barile, **maggio** scassa gli arnesi • chi di **maggio** non fiorisce, di gennaio partorisce • chi è vivo a **maggio** esce • chi fugge **maggio**, non fugge calende • chi non ha pane lavorato, agosto diventa **maggio** • chi pota di **maggio** e zappa d'agosto non raccoglie né pane né mosto • col sole di **maggio** l'uomo prende coraggio • d'aprile piove per gli uomini e di **maggio** per le bestie • dicembre piglia l'anno e lo sotterra, gennaio lo fa rinascere, aprile e **maggio** lo vestono • dieci giornate di **maggio** e dieci d'agosto tiran fuori la castagna dal bosco • di **maggio** fungo per assaggio • di **maggio** il sol l'adorna, e chi è di bella forma ritorna • di **maggio** nasce un somaro la mattina e la sera porta la soma

• di **maggio** nascono i ladri • di **maggio** provvediti di legna e di formaggio • di **maggio** si dorme per assaggio • fango di **maggio**, spighe d'agosto • gennaio col sole e **maggio** col tizzone • gennaio e febbraio, tienti al pollaio; marzo e aprile, capretto gentile; **maggio** e giugno, erbette col grugno; luglio e agosto, piccioni arrosto, settembre e ottobre, buone lepri col savore; novembre e dicembre, buon vitel sempre • gennaio fa il peccato, e **maggio** è il condannato • gennaio zappatore, febbraio potatore, marzo amoroso, aprile carciofaio, **maggio** ciliegiaio, giugno fruttaio, luglio agrestaio, agosto pescaio, settembre ficaio, ottobre mostaio, novembre vinaio, dicembre favaio • grandine di **maggio** ruba vino, grano e formaggio • il gran freddo di gennaio, il mal tempo di febbraio, il vento di marzo, le dolci acque d'aprile, le guazze di **maggio**, il buon mieter di giugno, il buon batter di luglio, le tre acque d'agosto con la buona stagione, vaglion più che il tron di Salomone • in marzo si nasconde un gatto, in aprile lasciami dormire; in **maggio** vieni a veder che faccio e in giugno mettimi nel pugno • **maggio** asciutto, gran per tutto; maggio molle, lin per le donne • **maggio** caldo e agosto secco: castagne fin nello zoccolo • **maggio** ciliegie a saggio, giugno ciliegie a pugno • **maggio** con ghirlanda, gennaio con vivanda • **maggio** e giugno: la falce in mano e la ciliegia in pugno • **maggio** fresco e casa calda, la massaia sta lieta e balda • **maggio** fresco e ventoso rende l'anno ubertoso • **maggio** fresco, giugno chiaro il contadino riempie il granaio • **maggio** giardinaio non empie il granaio • **maggio** il giorno cresce e il pane manca • **maggio** maggese • **maggio** non ha paraggio • **maggio** ombroso e non piovoso • **maggio** piovoso anno ubertoso • **maggio** rosato mese profumato • **maggio** secco, massaro ricco • **maggio** soleggiato, frutta a buon mercato • **maggio** tutto vento: più paglia che grano • marzo me ne vengo, aprile mi faccio sentire, **maggio** m'arrabbio e giugno me ne vado • marzo per le galline, aprile per le pecore, **maggio** per i buoi, giugno per noi • la meglio acqua è quella di **maggio** • nel febbraio la beccaccia fa il nido, nel marzo tre o quattro, nell'aprile pieno il covile, nel **maggio** tra le frasche, nel giugno come un pugno, nell'agosto non ucciderla al corso • l'otto **maggio** coperto il selvaggio • per San Marco evangelista, **maggio** alla vista • le piogge di **maggio** e quelle di San Michele non stanno in cielo • la pioggia di **maggio** bagna il foraggio • pioggia di **maggio**, vino assai • quando imbrocca d'aprile, vacci col barile; quando imbrocca di **maggio**, vacci per assaggio; quando imbrocca di giugno, vacci col pugno • quando **maggio** passa, la pioggia non è mai troppa • quel che fa **maggio** fa settembre • quello che aprile dà, il **maggio** toglie • risparmia la fame quando viene **maggio** • San Marco evangelista, **maggio** alla vista • scaglie di **maggio** e aceto a settembre • se cade la neve di **maggio** tutti i mesi cade • se di **maggio** piove sempre la mattina, la tina resta vuota di vino • se **maggio** è ortolano, vendi i bovi e comprati il grano • se **maggio** è rugginoso, l'uomo è uggioso • se **maggio** è sereno, ogni spiga sarà piena • se **maggio** va fresco va ben la fava e anco il formento • se piove il mese di **maggio** verrà fieno assai • se piove il venerdì Santo, piove **maggio** tutto quanto • signor di **maggio** dura poco • il sole di **maggio** tinge il mostaccio • tempesta di **maggio**, secco d'agosto • tonno di **maggio** e porco di gennaio • tra **maggio** e giugno fa il buon fungo • tutto aprile e tutto **maggio** al verno mi ritraggo • uva di **maggio**, uva assai • la vacca non s'empie la pancia se non è **maggio** • val più un'acqua fra aprile e **maggio**, che i buoi con il carro • il ventiquattro **maggio** piacque il fuoco • voglia o non voglia **maggio** mette la foglia

maggiore l'aggiunta è **maggiore** della derrata • al **maggiore** deesi l'onore • cattivo quel guadagno che cagiona **maggior** danno • chi fece del seren troppo gran festa, avrà doglia **maggior** nella tempesta • la fame e il suono fan le cose **maggiori** di quel che sono • la **maggior** gloria del vincere è perdonare al vinto • **maggior** porta, maggior battitoio • non v'è **maggior** ladro d'un cattivo libro • non v'è **maggior** nemico della troppa prosperità • per un peccatore penitenza **maggiore** • il peso degli anni è il **maggior** peso che l'uomo possa portare

magione chi non cura sua **magione**, non è uomo di ragione • ragione fa **magione**

magistrato a San Miniato o tira vento o suona **magistrato** • chi compra il **magistrato**, vende la giustizia • il **magistrato** è paragon dell'uomo • nozze e **magistrato**, dal cielo è destinato

maglio castroni pugliesi, mannarini pistolesi, gran siciliano, zucchero di Candia, cera veneziana, **magli** romaneschi, sproni viterbesi, cacio di Creta, raviggioli fiorentini • chi del suo si spodesta, un **maglio** gli sia dato sulla testa

magnana faremo di Roma, adesso adesso di Firenze, a la **magnana** di Spagna, by and by d'Inghilterra, I warrant you di Scozia, gleich d'Alemagna, tantôt di Francia, son tutte ciancie

magnano il **magnano** tanto salta con le bolge quanto senza

magre tre cose son cattive **magre**, oche, femmine e capre

magro a cani **magri**, mosche ingorde • grassa cucina, **magro** testamento • meglio un **magro** accordo che una grassa sentenza • quando il gatto sta sul fuoco, la fa **magra** anche il cuoco • quando il grasso diminuisce, il **magro** perisce • Spagna **magra**, Francia grassa, Germania la passa • gli storni son **magri** perché vanno a storni • terra **magra** fa buon frutto • tre cose son cattive **magre**, oche, femmine e capre

maio al dì dell'Ascensa, portan **maio** a chi non se lo pensa

malagevolmente **malagevolmente** si scioglie il nodo che fu a lungo stretto

malandato se a novembre non è arato, tutto l'anno è **malandato**

malanno chi disse uomo, disse **malanno** • chi non sa che cosa siano **malanni** e doglie prenda marito o prenda moglie • chi vuole il **malanno**, abbia il mal'anno e la mala pasqua • povero quell'uomo che di trent'anni non guarisce i suoi **malanni** • prima l'annunzio, e poi il **malanno** • la vecchiaia viene con tutti i **malanni**

malato il malato porta il sano • mangia da sano e bevi da **malato** • il sano consiglia bene il **malato**

malattia amor che nasce in **malattia**, quando si guarisce se ne passa via • in casa stringi, in viaggio spendi e in **malattia** spandi • **malattia** lunga, morte sicura • né **malattia** né prigionia non fece mai buon uomo • sangue presto, **malattia** guarita • sanità senza quattrini è mezza **malattia**

maldicente la tigna e il **maldicente** è peggio di tutta la gente

maldocchio tra **maldocchio** e l'acqua cotta, al padron non gliene tocca

male a chi **mal** fa, mal va • a chi vuol far del **male**, non gli manca mai occasione • a chi vuol **male**, Dio gli toglie il senno • a chi vuol **male**, né la casa né il focolare • acqua di cisterna ogni **mal** governa • acqua, dieta e serviziale, guarisce d'ogni **male** • l'allegria è d'ogni **male** il rimedio universale • Alleluia, ogni **mal** fuia • al **male** fagli male • al **male** fatto, prego e perdono • al **mal** fatto si rimedia, al mal detto no • a **mali** estremi, estremi rimedi • a **mal** mortale né medico né medicina vale • amicizia riconciliata è una piaga **mal** saldata • l'amore è principio del bene e del **male** • amor **male** impiegato vien mal rimunerato • a pensar **male** ci s'indovina • aprile n'ha trenta, se piove trentuno, non fa **male** a nessuno • a sentire una campana sola si giudica **male** • a Vinegia, chi vi nasce **mal** si pasce; chi vi viene per ben viene • il bene bisogna cercarlo, e il **male** aspettarlo • ben per male è carità, mal per bene è crudeltà • bisogna gustare il **male** con le punte delle dita • bocca unta non disse mai **male** • buone ragioni **male** intese, sono perle a' porci stese • calcio di stallone non fa **male** alla cavalla • carnevale dice **male** della quaresima • carnevale guarisce ogni **male** • carta vista **mal** non acquista • casare, casare, suona bene e porta **male** • castagne verdi per Natale sanno molto e poi vanno a **male** • cencio dice **mal** di straccio • chi ben conta, **mal** paga • chi bene e **mal** non può soffrire, a grande onor non può venire • chi ben siede, **mal** pensa • chi comincia **male** finisce peggio • chi desidera il **male** ad altri, il suo sta vicino • chi dice **mal** dell'arte, non sarà de' consoli • chi è causa del suo **mal** pianga sé stesso • chi fa del bene agli ingrati, Dio l'ha per **male** • chi fa **male**, odia il lume • chi fugge, **mal** minaccia • chi ha **male** al dito, sempre lo mira; chi ha mal marito, sempre sospira • chi ha **male** non può misurar bene • chi ha preso, **mal** sa lasciare • chi ha provato il **male**, gusta meglio il bene • chi ha un giorno di bene, non può dire d'essere stato **male** tutto l'anno • chi **mal** cerca fama, se stesso diffama • chi **mal** comincia non migliora mai • chi **mal** fa mal pensa • chi **mal** intende peggio risponde • chi **mal** paga un'opera, non può chiederne un'altra • chi **mal** pensa, mal abbia • chi **mal** pensa, mal dispensa • chi **mal** semina, mal raccoglie • chi **mal** si marita non esce mai di fatica • chi **mal** tira, ben paga • chi **mal** tira, mal paga • chi **mal** ti vuole, mal ti sogna • chi **mal** vive, poco vive • chi mi dice **mal** dietro, me lo dice al... • chi nasce **male**, muore peggio • chi non può dormire trova il letto **mal** rifatto • chi non sa di **male**, non sa di bene • chi non vuol rendere, fa **male** a prendere • chi pensa di viver sempre, vive **male** • chi pensa **male** sbaglia, ma spesso ci indovina • chi presta, **male** annesta • chi ride del **mal** d'altrui, ha il suo dietro l'uscio • chi tardi arriva, **male** alloggia • chi tristo non è tenuto, se fa **mal** non è creduto • chi va dietro a pesce e penne, in questo mondo **mal** ci venne • chi va in Santa Maria Nuova, se non ha **male** lo ritrova • chi veste il domenicale, o bene bene, o **male** male • chi vuol dir **mal** d'altrui, pensi prima di lui • chi vuol lavor **mal** fatto, lo paghi innanzi tratto • chi vuol **male** ai suoi non può voler bene agli altri • col **male** non si ripara il male né si vince • come padre Zappata, che predicava bene e razzolava **male** • la compagnia del Ponte a Rifredi, pochi e **mal** d'accordo • il consiglio del **male** va raro invano • credenza è morta, il **mal** pagar l'uccise • da San Martino a Natale ogni povero sta **male** • del bene e del **mal** torre, secondo quel che corre • delizie temporali portano mille **mali** • del **mal** d'altri l'uomo guarisce, e del proprio muore • di chi **mal** fai, di lui non ti fidar mai • di luglio il temporale dura poco e non fa **male** • di quel che non ti cale, non dir né ben né **male** • e' fa di quelle di maestro Grillo, che medicava il culo a chi avea **male** in gola • è **mal** bussare ai formiconi di sorbo • e' si può fare il **male** a forza ma non il bene • è un gran medico chi conosce il suo **male** • fa' il bene e scordati, fa il **male** e pensaci • garbuglio fa pe' **male** stanti • l'ingrato colle bestie si conviene, che non sa se non render **mal** per bene • **mal** beata quella scodella, dove sette man rastella • **mal** che non duole, guarire non puole • **mal** chi va, peggio chi rimane • **mal** ci cresce chi non peggiora • **mal** comune, mezzo gaudio • **mal** cova la gallina fuor del nido • **mal** delibera chi troppo teme • **mal** di parto non parte • **male** alla pelle, salute alle budelle • il **male** che non ha riparo, è bene tenerlo nascosto • il **male** degli altri non guarisce il nostro • il **male** del parto è un male smemorato • il **male** ha chi lo comporta, ma il bene non v'è chi lo sopporta • **male** in vacche e peggio in buoi • **male**, né fuori né drento, allora son contento • il **male** non sta sempre dove si pone • il **male** non vien mai tanto tardi, che non sia troppo presto • il **male** non vuole colpe • il **male** previsto è mezza sanità • il

male unisce gli uomini • il **male** va dietro al bene, e il bene al male • il **male** viene a libbre e va via a once • **mal** non fare e paura non avere • **mal** per chi le dà, peggio per chi le riceve • **mal** riputar si può, chi non ha il modo • **mal** senza libertà si gusta il bene • **mal** si balla bene se dal cor non viene • **mal** si contrasta con chi non ha da perdere • **mal** si lascia il certo per prendere il forse • **mal** va la barca senza remo • manco **male** morir di fune che di stenti • meglio è vedova sedere, ch'essere maritata e **male** avere • meglio soli che **male** accompagnati • meno **male** i calci d'un frate, che le carezze d'un cortigiano • molto vale e poco costa, a **mal** parlar buona risposta • la nebbia di marzo non fa **male**, ma quella d'aprile toglie il pane e il vino • né per ogni **male** al medico, né per ogni lite all'avvocato, né per ogni sete al boccale • non c'è il **male** senza il bene • non c'è nessun **male** peggio di una cattiva moglie • non è mai **mal** per uno, che non sia bene per un altro • non è peggior **male** di quel da sezzo • non fa mai **male** quel che piace • non fare il **male** ch'è peccato, non fare il bene ch'è sprecato • non far mai bene, non avrai mai **male** • non fu mai sì gran banchetto, che qualcuno non desinasse **male** • non sa che cosa sia il **male**, chi non ha provato il bene • non si conosce il bene se prima non si prova il **male** • non si sta mai tanto bene che non si possa star meglio, né tanto **male** che non si possa star peggio • non tutto il **male** vien per nuocere • ogni **male** ha la sua ricetta • ogni **male** vuol cagione • ogni **mal** fresco agevolmente si risana • la paura fa più **male** dello stesso pericolo • pecora **mal** guardata, da ogni agnello è poppata • pensa ben per non peccare, pensa **mal** per non sbagliare • per amor del non conviene, nasce molto **male** e poco bene • per San Cosimo e Damiano ogni **male** fia lontano • poco vale il pensare se il **male** è intravvenuto • la povertà è il più leggero di tutti i **mali** • proteste e serviziali non fan né bene né **male** • quando del ben servir **mal** si raduna, non si deve incolpar se non fortuna • quando facciam del **male**, il diavolo ci tenta, quando non facciamo niente, noi tentiamo lui • quando il pagliaio vecchio piglia fuoco, si spenge **male** • quando il re parte, la città sta **male** • quel che piace non fa **male** • questo mondo è **mal** compartito • ricchezza **mal** disposta a povertà s'accosta • ricchezza poco vale a quel che l'usa **male** • il ricordarsi del **male** raddoppia il bene • il rimedio è peggio del **male** • sacco legato fu **mal** giudicato • sacco vuoto **mal** si giudica • le saette di dicembre: si acconci chi sta **male** • se ari **male**, peggio mieterai • se gennaio non gennareggia febbraio **mal** pensa • se il morire non si scusa, chi **mal** vive, ben s'abusa • seno che duole **male** non vuole • si crede più il **male** del bene • un signor che il tuo ti toglie, **mal** francese con le doglie, assassin che ti dispoglie, è men mal che l'aver moglie • soffri il **male** e aspetta il bene • sopporta e appunta un **mal** chi non vuol giunta • gli spaventi sono peggio dei **mali** • tanto, a servir chi non conosce, vale chi serve ben quanto chi serve **male** • tanto è il **mal** che non mi nuoce, quanto il ben che non mi giova • tanto è morir di **male**, quanto d'amore • ungi e frega, ogni **male** si dilegua • un **male** chiama l'altro • uno fa **male** a cento • un po' per uno non fa **male** a nessuno • l'uomo si giudica **male** alla cera • la vecchia **mal** raddotta, sulla sera la piglia la rocca • la vecchiezza è un **male** desiderato da tutti: la gioventù un bene non conosciuto da nessuno • vergogna è a far **male** • vista mesta è **mal** modesta

maledetto febbraio febbraietto, mese corto e **maledetto** • **maledetto** il giovane di cento anni, e benedetto il vecchio di venti • **maledetto** il ventre che del pan che mangia non si ricorda niente • la pecora sul culo è benedetta e nella bocca **maledetta**

maledire chi non può benedire, non può **maledire**

malefico nei mesi con la erre, se tu non lo sai, **malefici** son del sole i rai

malerba la **malerba** non muore mai

malfrancese tigna di vergognoso, e **malfrancese** di goloso, non guarì mai

maligno occhio **maligno**, alma sventurata

malinconia né di tempo, né di signoria non ti dar **malinconia** • nella buona compagnia non ci sta **malinconia** • para via **malinconia**, quel ch'ha da essere convien che sia

malizia dove non è **malizia**, non è peccato • i fanciulli mettono ogni giorno un'oncia di carne e una libbra di **malizia** • lagrime di donne, fontana di **malizia** • la **malizia** viene avanti gli anni • non fu mai guercio senza **malizia** • non fu mai villano senza **malizia** • ogni bottega la sua **malizia** • volpe che dorme, ebreo che giura, donna che piange, **malizia** sopraffina colle frangie

mallevadore chi del suo vuol esser signore, non entri **mallevadore**

malo l'acqua, il fumo e la **mala** femmina cacciano la gente di casa • adagio ai **mali** passi • a **mal** villano non gli dar bacchetta in mano • la buona cura caccia la **mala** ventura • buon cavallo e **mal** cavallo vuole sprone, e buona femmina e mala femmina vuol bastone • le buone parole acconciano i **mali** fatti • buon tempo e **mal** tempo non dura tutto il tempo • il cane in chiesa fu sempre il **mal** venuto • chi affitta il suo podere al vicino, aspetti danno o lite o **mal** mattino • chi è savio, si conosce al **mal** tempo • chi non crede alla buona madre, crede poi alla **mala** matrigna • chi vuole il malanno, abbia il **mal**'anno e la mala pasqua • dal **mal** pagatore o aceto o cercone • durasse tanto la **mala** vicina, quanto dura la neve marzolina • è **mala** cosa esser cattivo, ma è peggio esser conosciuto • è **male** amico chi a sé è nemico • è meglio pioggia e vento che non il **mal** tempo • è un **mal** fiume l'Era • il gran freddo di gennaio, il **mal** tempo di febbraio, il vento di marzo, le dolci acque d'aprile, le guazze di maggio, il buon mieter di giugno, il buon batter di luglio, le tre acque d'agosto con la buona stagione, vaglion più che il tron di Salomone • in anno pieno il grano è fieno, in anno **malo** la paglia vale quanto il grano • la **mala** nuova la porta il vento • la **mala** vicina dà l'ago senza il filo • il **mal** corvo fa mal uovo • non è andato ancora a letto chi ha da avere la **mala** notte • la parola non è **mal** detta, se non è mal presa • il prim'anno s'abbraccia, il secondo s'infascia, il terzo s'ha il **mal** anno e la mala pasqua • quanti giorni cominciano col sole che finiscono col **mal** tempo • romagnuol della **mala** Romagna, o ti giunta o ti fa qualche magagna • rosso di mattina, **mal** tempo si avvicina • rosso di sera, buon tempo si spera; rosso di mattina **mal** tempo s'avvicina • se **mala** man non prende, canton di casa rende • la speranza è **mal** danaro • superbia senza avere, **mala** via suol tenere • tempra la lingua quando sei turbato, acciò che non ti ponga in **malo** stato • tra gente sospettosa, conversare è **mala** cosa • un buon paio d'orecchi stancano cento **male** lingue • val più un buon giorno con un uovo, che un **mal**'anno con un bue • vista torta, **mal** animo mostra; vista all'ingiù, tristo e non più; vista all'insù, o pazzo o tanto savio che non si possa dir più

malora fra suocera e nuora ci si sta in **malora**

malvagio non è **malvagio** eguale a quel che si compiace del far male • quando vien la sera, il **malvagio** si dispera

malvolentieri quanto più l'uccello è vecchio, tanto più **malvolentieri** lascia le piume

mamma babbo e **mamma** non campano sempre • **mamma**, cosa vuol dire accasare? filare, figliare e sentir berciare • **mamma**, mamma, chi l'ha la chiama e chi non l'ha la brama • la neve per otto dì è alla terra come **mamma**, da indi in là come matrigna • ogni figlio pare bello alla **mamma** • ognun dà pane, ma non come **mamma** • la putela fa la **mamma** bela

mammella l'agnello umile succhia le **mammelle** della

Frà domestici Lari, humile, e parca
La signoria può tutto ciò, che pote,
Sù l'aureo trono, il Regnator Monarca.

propria madre e quelle degli altri

mancamento chi lascia il vicin per un **mancamento**, va più in là e ne trova cento • quando odi altrui **mancamenti**, chiudi la lingua fra i denti

mancanza a m a n c a n z a di gennaio si tramuta il vino • in **mancanza** di cavalli gli asini trottano

mancare a buona lavandaia non **mancò** mai pietra • a buona volontà non **manca** facoltà • a buon cavalier non **manca** lancia • a buon cavallo non **manca** sella • a chi **manca** il cuore, non giova la spada • a chi sa non **manca** nulla • a chi va cercando rogna, non **mancò** mai da fare • a chi vuole, non **mancan** modi • a chi vuol far del male, non gli **manca** mai occasione • a donna bianca bellezza non le **manca** • ad orgoglio non **mancò** mai cordoglio • allo scialacquatore non **mancò** mai roba • al molino e alla sposa, **manca** sempre qualche cosa • al vecchio non **manca** mai da raccontare, né al sole né al focolare • a testa bianca spesso cervello **manca** • a tutti i poeti **manca** un verso • gli avventori non **mancano** a casa Dabbene • chi all'onor suo **manca** un momento, non vi ripara poi in anni cento • chi ha del pane mai non gli **manca** cane • chi **manca** a un sol amico, molti ne perde • dal conto sempre **manca** il lupo • donna che muove l'anca, se non lo è poco ci **manca** • dove **manca** natura arte procura • il giorno di San Zenone **mancan** diciotto dì al Ceppone • godiamo, che istentar non **manca** mai • in **mancanza** di cavalli gli asini trottano • maggio il giorno cresce e il pane **manca** • nobiltà poco si prezza, se vi **manca** la ricchezza • non **manchi** la volontà, che luogo e tempo non mancherà • non **mancò** giammai da fare a chi ben vuol trafficare • per Sant'Antonio dalla barba bianca, se c'è la neve il pane non **manca** • il pover'uomo non fa mai ben: se muor la vacca, gli avanza il fien; se la vacca scampa, il fien gli **manca** • quando a marzo gli **manca** un dente, aprile raduna la gente • quando duol la scianca, la femmina non **manca** • quando il diavol vuole andare in processione, non gli **mancano** mai le croci • quanto più **manca** la roba, tanto più cresce lo strepito • Salamanca, alcuni sana e altri **manca** • Sant'Antonio dalla barba bianca, se non piove, la neve non **manca**

mancina la dritta è serva della **mancina**

mancino ci vanno sette **mancini** per acchiappare un dritto e sette dritti per acchiappare il cuculo

manco ascolta tutti, parla franco, credi a pochi, a te poi **manco** • il gioco di bambara, chi più vede **manco** impara • loda lo scarpello, attienti al pennello; costa **manco**, e par più bello • **manco** male morir di fune che di stenti • poca uva, molto vino; poco grano, **manco** pane • quando fischia l'orecchio manritto, il cuore è afflitto; quando fischia l'orecchio **manco**, il cuore è franco • se si pagasse dazio di parole, e' se n'avrebbe meno e **manco** • una berretta **manco** o più, e un quattrin di carta l'anno, poco ti costano, e amici ti fanno

mandare a chi non ha da far Gesù gliene **manda** • a chi vuol bene, Dio **manda** pene • agosto **mandò** lettere, settembre le leggeva: vestitevi buona gente che l'inverno è per la via • l'altissimo di sopra ne **manda** la tempesta, l'altissimo di sotto ne mangia quel che resta, e in mezzo a due altissimi restiamo poverissimi • a tela ordita Dio **manda** il filo • chi resta in casa e **manda** fuor la moglie, semina roba e disonor ricoglie • chi vuole vada e chi non vuole **mandi** • Dio ci **manda** la carne, e il diavolo i cuochi • Dio **manda** il freddo secondo i panni • Dio non **manda** mai bocca, che non mandi cibo • Dio non **manda** se non quel che si può portare • padre che ha figliuoli grandi, fuor li **mandi** • quando il corsaro promette messe e cera **mandalo** in galera • sole di vetro e aria di fessura, **mandano** in sepoltura • tosto viene quel che Dio **manda** • il vento non è buono che a **mandar** navi e mulini

mandato ogni dato vuole il **mandato**

mandorla marzo e aprile: **mandorle** e olive

mandorlo quando il **mandorlo** non frutta, la sementa si perde tutta

mandria (**mandra**) per San Nicola ogni **mandra** fa la prova, ogni ruscello suona, ogni gallina comincia a fare l'ova

mane chi ara da sera a **mane**, d'ogni solco perde un pane

maneggiare chi **maneggia** il mele si lecca le dita • chi **maneggia** non braveggia • chi **maneggia** quel degli altri, non va a letto senza cena • chi non **maneggia**, grameggia • chi vuol saldar piaga, non la **maneggi**

mangiare l'aiuto **mangia** tutto • a lavoratore trascurato i sorci **mangiano** il seminato • al **mangiare** gaudeamus, al pagare suspiramus • l'altissimo di sopra ne manda la tempesta, l'altissimo di sotto ne **mangia** quel che resta, e in mezzo a due altissimi restiamo poverissimi • altri hanno **mangiato** la candela, e tu smaltisci lo stoppino • anche un pagliaio è grande, e se lo **mangia** un asino • anco Adamo **mangiò** del pomo vietato • l'appetito vien **mangiando** • a settembre si **mangia** e non si spende • asino che raglia **mangia** poco fieno • asino di molti, i lupi lo **mangiano** • l'asino, quando ha **mangiato** la biada, tira calci al corbello • a vecchia che **mangia** pollastrelli, gli vien voglia di carne salata • la bellezza non si **mangia** • il bue **mangia** il fieno perché si ricorda che è stato erba • can dell'ortolano, non **mangia** la lattuga, e non la lascia mangiare agli altri • cavalli, cani, uccelli e servitori, guastan, **mangian**, ruinano i signori • chi cammina a buona fede, i pidocchi se lo **mangiano** • chi è lungo a **mangiare**, è lungo anche a lavorare • chi è svelto a **mangiare** è svelto a lavorare • chi ha bocca vuol **mangiare** • chi ha da **mangiare** per San Michele, avrà quattrini in tasca tutto l'anno • chi ha **mangiato** i baccelli, spazzi i gusci • chi lo beve non lo **mangia** •

chi **mangia** aloè, campa gli anni di Noè • chi **mangia** cacio e pesce, la vita gli rincresce • chi **mangia** il ferro, deve avere le budella di piombo • chi **mangia** il pesce, caca le lische • chi **mangia** la torta del comune, paga lo scotto in piazza • chi **mangia** l'oca alla corte, in capo all'anno caca le penne • chi **mangia** l'uva d'agosto, non arriva a bere il mosto • chi **mangia** solo, crepa solo • chi non lavora non **mangia** • chi non **mangia** ha già mangiato • chi non piglia uccelli, **mangi** la civetta • chi pecora si fa, il lupo se la **mangia** • chi pianta datteri non ne **mangia** • chi si vergogna di lavorare abbia vergogna di **mangiare** • chi tutto **mangia** tutto caca • chi vuol viver sano e lesto, **mangi** poco e ceni presto • come gli antichi, che **mangiavan** le cocce e buttavano i fichi • è meglio **mangiare** quanto s'ha, che dire quanto si sa • Fiorentin **mangia** fagioli, e' volevan li Spagnoli; li Spagnoli son venuti, Fiorentin becchi cornuti • il Fiorentino **mangia** sì poco e sì pulito, che sempre si conserva l'appetito • gente assai, fanno assai; ma **mangian** troppo • la giustizia catalana, **mangia** la pecora e la lana • in capo all'anno **mangia** più il morto che il sano • inganno non **mangia** cuoio • il lupo **mangia** ogni carne, e lecca la sua • lupo non **mangia** lupo • maledetto il ventre che del pan che **mangia** non si ricorda niente • **mangia** bene e caca forte, e non aver paura della morte • **mangia** da sano e bevi da malato • **mangiare** a modo suo, vestire a mo' degli altri • **mangiare** e vuotare non voglion fretta • il **mangiare** insegna a bere • **mangiare** senza bere, murare a secco • **mangiar** molto e bever bene, e urlar quando la viene • melensa è quella mano che non **mangia** a spese del villano • meno siamo a tavola, e più si **mangia** • il ministro di Sicilia rode, quel di Napoli **mangia**, e quel di Milano divora • le nazioni smaltiscono diversamente il dolore: il Tedesco lo beve, il Francese lo **mangia**, lo spagnolo lo piange, e l'Italiano lo dorme • non **mangiar** crudo, non andar col piede ignudo • o si **mangia** la minestra, o si salta la finestra • per la pecora è lo stesso che la **mangi** il lupo o che la scanni il beccaio • per **mangiare** gli agnolotti a carnevale, si va nella vigna a potare • per proverbio dir si suole, che tre cose il re non ha: di **mangiare** il pan condito, come noi dall'appetito: di veder levare il sole: di sentir e di udir la verità • il pesce va **mangiato** quando è fresco • i pesci grossi **mangiano** i piccini • il più buono, il lupo lo **mangia** • porco d'un mese, oca di tre, **mangiar** da re • il porco vuol **mangiare** sporco e dormire pulito • povera quella bocca che **mangia** con la rocca • i poveri cercano il **mangiare** per lo stomaco, ed i ricchi lo stomaco per il cibo • prima di scegliere l'amico, bisogna averci **mangiato** il sale set-t'anni • i prìncipi sono come i contadini, ogni anno ingrassano un porco e poi se lo **mangiano** • quando cadono i maccheroni in bocca, tutti li sanno **mangiare** • quando il lupo ci vuol **mangiare**, aitiamci co' cani • quando il lupo **mangia** il compagno, creder si dee sterile la campagna • quando vedi la nespola e tu piangi, che l'è l'ultima frutta che tu **mangi** • quel che **mangia** e non riposa, non fa ben nessuna cosa • quel che si dona, luce; quel che si **mangia** pute • roba che **mangia** non si perde • la roba dell'avaro se la **mangia** il buontempone • la ruggine **mangia** il ferro • i santi non **mangiano** • se è nuvolo a San Paolo, dalle da **mangiare** quanto vuole, se è sereno, conserva il fieno • se il serpente non **mangiasse** del serpente, non si farebbe drago • se ogni mese **mangia** carne, ogni sterpo mena ghiande • si **mangia** per vivere, non si vive per mangiare • si può amar la salsa verde, senza **mangiar** le biade in erba • gli Spagnoli s'accordano a bravare, i Francesi a gridare, gli Inglesi a **mangiare**, i Tedeschi a sbevazzare e gli Italiani a pisciare • tal pera **mangia** il padre, ch'al figliuolo allega i denti • tal vi sputa su, che ne **mangerebbe** • tanto **mangia** il povero quanto il ricco • tanto se ne sa a **mangiare** uno spicchio, quanto un capo d'aglio • trista quella ca' che **mangia** quanto ha • tristo è quel villano che dà il **mangiare** a' cani • tu non hai a **mangiare** il cavol co' ciechi • uccellin che mette coda, **mangia** ogn'ora ogn'ora • viene Natale santo e giusto: chi si **mangia** la carne e chi sente l'odore di arrosto • il villano venderà il podere, per **mangiare** cacio, pane e pere

mangiatoia la fame in Inghilterra comincia dalla **mangiatoia** del cavallo

mangiatore a cavallo **mangiatore**, corto legame

manica quel che non va nelle **maniche** va nei gheroni • quel che va nelle **maniche**, non può andar ne' gheroni

manico chi non si contenta dell'onesto, perde il **manico** e il cesto • il difetto sta nel **manico** • ogni cosa ha due **manici** • quel che non va nelle **maniche** va nei gheroni

manicomio non tutti i matti stanno al **manicomio**

manicotto Ognissanti, **manicotti** e guanti

maniera tavola e bicchiere, tradisce in più **maniere**

manifestare se la capra si denegasse, le corna la **manifesterebbero**

manifesto consiglio non richiesto, inganno **manifesto** • scusa non richiesta, accusa **manifesta**

manna se piove per Sant'Anna l'acqua diventa **manna**

mannarino castroni pugliesi, **mannarini** pistolesi, gran siciliano, zucchero di Candia, cera veneziana, magli romaneschi, sproni viterbesi, cacio di Creta, raviggioli fiorentini

mano gli accoppiatori e le borse a **mano**, hanno difeso le palle e il piano • a chi ti porge il dito, tu piglia il dito e la **mano** • a fare i fatti suoi uno non s'imbratta le **mani** • al miser uom non giova andar lontano, che la sciagura sempre gli tien **mano** • al villano la zappa in **mano** • a mal villano non gli dar bacchetta in **mano** • l'avvenire è nelle **mani** di Dio • il buono ufficiale vuol aver due cose, **mano** larga e brachetta stretta • chi butta via oro con le **mani**, lo cerca co' piedi • chi da giovane non fa grippe, da vecchio para **mano** • chi fa il servizio al villano, si sputa in **mano** • chi ha buono in **mano**, non rimescoli • chi ha la mestola in **mano**, si fa la minestra a suo modo • chi non ha amico o germano, non ha forza in braccio né in **mano** • chi per altrui **mano** s'imbocca, tardi si satolla • chi si dà in **man** del ladro, bisogna che se ne fidi a suo dispetto • chi si pettina con le proprie **mani** non s'accorge di strapparsi i capelli • chi tocca con **mano**, va sano • chi vuol conoscere un buon scrittore, gli dia la penna in **mano** • colle **mani** in mano non si va da' dottori • i consigli e il villano pigliali alla **mano** • cortesia di bocca, **mano** al cappello, poco costa ed è buono e bello • dai giudici galliziani, vacci coi piedi nelle **mani** • donne, asini e noci, voglion le **mani** atroci • le donne quando son ragazze han sette **mani** e una lingua sola; e quando son maritate han sette lingue e una mano sola • dove Dio pon la **mano**, ogni pensiero è vano • dove son molte **mani**, chiudi • è difficile condurre il can vecchio a **mano** • è meglio una **mano** dal giudice, che un abbraccio dall'avvocato • la favola del tordo: guardagli le **mani** • la fortuna sale e scende, anche in **man** di chi la prende • gioco di **mano**, gioco di villano • giudice e scrivano vuol tenere il piede in **mano** • legami **mani** e piei, e gettami tra' miei • lunga lingua, corta **mano** • maggio e giugno: la falce in **mano** e la ciliegia in pugno • mal beata quella scodella, dove sette **man** rastella • **mano** bianca è assai lavata • **mano** dritta e bocca monda, può andar per tutto il mondo • **mano** fredda e cuor sincero • la **mano** sinistra non sappia quel che fa la destra • meglio fringuello in **man** che tordo in frasca • melensa è quella **mano** che non mangia a spese del villano • miseri quei tempi che hanno le leggi nelle **mani** • i morti non rubano perché hanno legate le **mani** • napoletano largo di bocca e stretto di **mano** • non mettere il rasoio in **mano** a un pazzo • non toccare il grasso colle **mani** unte • ogni uomo è uomo, e ha cinque dita nelle **mani** • ognuno vorrebbe il mestolo in **mano** • o sassi o pani, bisogna aver qualcosa in **man** pei cani • palla in bocca e fiasca in **mano** • pan di grano, saltami in **mano** • per fare un buon agostano, prima di Santa Maria la falce in **mano** • per fare un buon campo ci vuole quattro m: manzi, moneta, merda e **mano** • per parlare di giuoco, bisogna aver tenute le carte in **mano** • per Sant'Ansano, uno sotto e uno in **mano** • per Sant'Urbano tristo quel contadino che ha l'agnello in **mano** • piede alla culla e **mano** al fuso, mostrano la buona massaia • piuttosto cappello in **mano**, che mano alla borsa • i prìncipi hanno le **mani** lunghe • quando canta il pigozzo di gennaio, tieni a **mano** il pagliaio • quando è poco pane in tavola, tienti il tuo in **mano** • le ricchezze in **mano** d'un giovane, sono come rasoio in mano di un bambino • la roba degli altri ha lunghe **mani** • i romaneschi nascono coi sassi in **mano** • la santità sta nelle **mani**, non nelle parole • se mala **man** non prende, canton di casa rende • se tu hai meno il naso, ponviti una **mano** • spada in bassa **mano**, non è senza taglio • i Tedeschi hanno l'ingegno nella **mano** • tra l'incudine e il martello, **man** non metta chi ha cervello • tristo quel cane che si lascia prender la coda in **mano** • una giovine in **mano** a un vecchio, un uccello in mano a un ragazzo, un cavallo in mano a un frate, son tre cose strapazzate • una **mano** lava l'altra e tutt'e due lavano il viso • uomo asturiano, vino puro, e lancia nella **mano** • v'è chi bacia tal **mano** che vorrebbe veder mozza • la vita e la morte sono in **mano** di Dio

manovale val più un colpo del maestro, che cento del **manovale**

manritto quando fischia l'orecchio **manritto**, il cuore è afflitto; quando fischia l'orecchio manco, il cuore è franco

mansueto a can **mansueto**, lupo nel saliceto • il bue non domo, in terra aliena si fa **mansueto** e domo

mantello chi ha il lupo per compare, porti il cane sotto il **mantello** • chi ruba il **mantello** al suo prossimo, per il solito muore senza camicia • febbraio pazzerello, porta un tizzo sotto il **mantello** • guelfo non son, né ghibellin m'appello, a chi mi dà rivolterò il **mantello** • **mantello** cuopre il brutto e il bello • né di state né di verno non andar senza **mantello** • non si fa **mantello** per un'acqua sola • ognun vede il **mantello**, nessun vede il budello • più che il **mantello** dura l'inchiostro • quando Monte Morello ha il cappello, villan, prendi il **mantello** • San Giuseppe vecchiarello porta il fuoco sotto il **mantello** • il sarto fa il **mantello** secondo il panno • se il cavallo è buono e bello, non guardar razza o **mantello** • siroppo di cantina, pillole di gallina e buon **mantello**

mantenere l'ago e la pezzuola **mantengon** la famigliola • amore nuovo va e viene, ed il vecchio si **mantiene** • il bianco e il rosso va e vien, ma il giallo si **mantien**; anzi il giallo è un color forte che dura anche dopo morte • chi molto profferisce, poco **mantiene** • chi non ha il gatto **mantiene** i topi, e chi l'ha mantiene i topi e il gatto • chi promette nel bosco, dee **mantenere** in villa • il miglio **mantiene** la fame in casa • o con verità o con bugia bisogna **mantener** la masseria • i poveri **mantengono** la giustizia • il povero **mantiene** il ricco • promettere è una cosa, **mantenere** è un'altra • Santa Lucia **mantengati** la vista, che d'appetito n'hai buona provvista • se ti vuoi **mantener** sano, caccia via il rispetto umano • se vuoi che l'amicizia si **mantenga**, una sporta vada e l'altra venga

mantenitore gran promettitore raro **mantenitore**

manto senza l'occhiello non s'affibbia il **manto**

Mantova Sicilia dà i Covelli, Francolino i Graziani, Bergamo gli Zanni, Venezia i Pantaloni, e **Mantova** i buffoni

manucare chi meglio ci cuoce, peggio ci **manuca**

manzo per fare un buon campo ci vuole quattro m: **manzi**, moneta, merda e mano

marcente marzo **marcente**, primavera col vento

marcire l'acqua fa **marcire** i pali • marzo **marcente**, primavera col vento

mare l'acqua corre al **mare** • al fare in **mare**, al tondo in terra • chi casca in **mare** e non si bagna, paga la pena • chi è in **mare** navica, chi è in terra radica • chi non sa orare, vada in **mare** a navigare • chi teme acqua e vento, non si metta in **mare** • la donna, il fuoco e il **mare** fanno l'uom pericolare • donna iraconda, **mare** senza sponda • Genova, aria senza uccelli, **mare** senza pesce, monti senza legna, uomini senza rispetti • giornata di **mare** non si può tassare • Greco in **mare**, Greco in tavola, Greco non aver a far seco • lagrime piante per donna son come l'acqua del **mare**, non è buona da bere, ma è buona da annegare • loda il **mare** e tienti alla terra • il **mare** fa fortuna, non le fonti • non mettere e cavare, si seccherebbe il **mare** • quando i nuvoli vanno in su, to' una seggiola e siedivi su; quando i nuvoli vanno al **mare**, to' una vanga e va a vangare • quanto pesce è in **mare** non farebbe una candela di sego • quel che con l'acqua mischia e guasta il vino, merta di bere il **mare** a capo chino • scienza, casa, virtù e **mare**, molto fan l'uomo avanzare • tra il dire e il fare c'è di mezzo il **mare** • vai al **mare**, se ben vuoi pescare • vento fresco **mare** crespo

maremmano **maremmani**, Dio ne scampi i cani

marinaio (**marinaro**) barca rotta, **marinaio** scapolo • il buon **marinaro** si conosce al cattivo tempo • i giuramenti degli innamorati sono come quelli dei **marinari** • tramontana torba e scirocco chiaro, tienti all'erta, **marinaro**

marino tramontanin non buzzica, se il **marin** non lo stuzzica

maritare (**maritarsi**) ancor non è nata e vediamola **maritata** • le brutte si **maritano** e le belle • chi fila grosso, si vuol **maritar** tosto; chi fila sottile, si vuol maritar d'aprile • chi mal si **marita** non esce mai di fatica • chi nasce bella, nasce **maritata** • chi si **marita** con parenti, corta vita e lunghi tormenti • chi si **marita** e non si pente, compra Palermo a sole cent'onze • chi si **marita** in fretta, stenta adagio • chi si **marita** per amore, di notte ha piacere, e di giorno ha dolore • chi si **marita** per un anno gode • Dio ti guardi da donna due volte **maritata** • le donne quando son ragazze han sette mani e una lingua sola; e quando son **maritate** han sette lingue e una mano sola • figlie da **maritare**, fastidiose da governare • innanzi il **maritare**, abbi l'abitare • meglio è vedova sedere, ch'essere **maritata** e male avere • non bazzichi prete e soldato, chi è **maritato** • quando il padre marita la figlia, egli ha casa e vigna; quando l'ha **maritata**, non ha né vigna né casa • quando nascono son tutti belli, quando si **maritano**, tutti buoni, e quando muoiono son tutti santi • quando si **maritan** le vedove, il benedetto va tutto il giorno per casa • se il matrimonio durasse un anno, tutti si **mariterebbero** • una aiuta a **maritare** l'altra

marito alla morte del **marito** poca cera e molto lucignolo • l'amore del **marito** è come il mese di febbraio: mezzo dolce e mezzo amaro • a San Vito la ciliegia ha il **marito** • le belle senza dote trovano più amanti che **mariti** • la buona moglie fa il buon **marito** • cattivo amico, pessimo **marito** • chi ha buon **marito**, lo porta in viso • chi ha male al dito, sempre lo mira; chi ha mal **marito**, sempre sospira • chi non sa che cosa siano malanni e doglie prenda **marito** o prenda moglie • chi toglie moglie per la roba, la borsa va a **marito** • due dì gode il **marito** la sua metà, il dì che la porta a casa, e quello che la se ne va • i figli vengono dal cuore e il **marito** dalla porta • il **marito** che batte la moglie batte e disonora se stesso • **marito** disamorato, matrimonio rammaricato • **marito** e figli come Dio te gli dà così te gli piglia • **marito** minchione, mezzo pane • **marito** vecchio e moglie giovane assai figliuoli • **marito** vecchio, meglio che nulla • meglio il **marito** senza amore che con gelosia • moglie perfidiosa e **marito** pertinace, non vivono mai in pace • mostrami la moglie, ti dirò che **marito** ha • nel **marito** prudenza, nella moglie pazienza • occhi bassi e cuor contrito, la bizzoca vuol **marito** • oggi è San Vito: ogni moglie batte il **marito**; domani è Santa Lena: ogni marito batte la mogliera • pane di fratello, pane di coltello; pane di **marito**, pane ardito • per San Vito il fico vuole **marito** • quando il **marito** fa terra, la moglie fa carne • tra moglie e **marito** non mettere il dito

marmeggia le **marmeggie** stanno sempre nella carne secca

marmo chi offende scrive nella rena; chi è offeso, nel **marmo** • chi sta a' **marmi** di Santa Maria del Fiore, o è pazzo o sente d'amore

Marradi a **Marradi**, seminan fagioli e nascon ladri

marrone per Santa Maria il **marrone** fa la cria

marte di luna al primo **marte** si fanno tutte l'arte

Marte né di Venere né di **Marte**, non si sposa né si parte • Venere dorme, se **Marte** veglia; se Marte dorme, Venere veglia

martedì non fu mai **martedì** senza luna

martello al batter del **martello** si scuopre la magagna • alla porta dell'avvocato non ci vuol **martello** • buona incudine non teme **martello** • l'incudine dura più del **martello** • quando l'uomo è incudine, gli bisogna soffrire; quand'è **martello**, percuotere • tra l'incudine e il **martello**, man non metta chi ha cervello

Martino per un punto **Martin** perse la cappa

martire è meglio esser **martire** che confessore • madre vuol dir **martire** • saggio è chi sa soffrire spesa, danno e **martire**

marzaiolo Pasqua **marzaiola** non fu mai buona

marzeggiare quando marzo **marzeggia**, april campeggia • se marzo non **marzeggia**, giugno non festeggia • se marzo non **marzeggia** il massaro non bacchia

marzello marzo **marzello**, mi hai tolto la pecora e poi anche l'agnello

marzo alla Madonna di **marzo** si scopano, e alla Madonna di settembre si trovano • al primo tuon di **marzo** escon fuori tutte le serpi • a **marzo** dal tino vola il vino • a **marzo** si buttan via gli stracci, ad aprile si vanno a raccogliere • chi ha un buon ciocco lo tenga per **marzotto** • chi nel **marzo** non pota la sua vigna, perde la vendemmia • come **marzo** s'avvicina, tutti gli umori si risentono • da **marzo** a aprile c'è poco da dire • di bruma la neve s'aggruma, di gennaio la neve fa solaio, di **marzo** fa il ponte e in aprile si rompe • di **marzo**, chi non ha scarpe vada scalzo, e chi le ha, le porti un altro po' più in là • di **marzo**, ogni villan va scalzo • Dio ti scansi dal sole di **marzo** • dove scende la nebbia di gennaio scende la neve di **marzo** • febbraio ventoso, **marzo** fruttuoso • il freddo di **marzo** penetra il corno del bove, il sole di marzo toglie la ruggine del catenaccio • gennaio e febbraio, tienti al pollaio; **marzo** e aprile, capretto gentile; maggio e giugno, erbette col grugno; luglio e agosto, piccioni arrosto, settembre e ottobre, buone lepri col savore; novembre e dicembre, buon vitel sempre • gennaio zappatore, febbraio potatore, **marzo** amoroso, aprile carciofaio, maggio ciliegiaio, giugno fruttaio, luglio agrestaio, agosto pescaio, settembre ficaio, ottobre mostaio, novembre vinaio, dicembre favaio • il gran freddo di gennaio, il mal tempo di febbraio, il vento di **marzo**, le dolci acque d'aprile, le guazze di maggio, il buon mieter di giugno, il buon batter di luglio, le tre acque d'agosto con la buona stagione, vaglion più che il tron di Salomone • grano che semini in **marzo** non lo mieti alto • in **marzo** si nasconde un gatto, in aprile lasciami dormire; in maggio vieni a veder che faccio e in giugno mettimi nel pugno • **marzo** asciutto e april bagnato, beato il villan che ha seminato • **marzo** asciutto ma non tutto • **marzo** di vento, aprile di serpenti • **marzo** e aprile: mandorle e olive • **marzo** e aprile son fratelli: ora brutti ora belli

• **marzo** è fiore della primavera • **marzo** marcente, primavera col vento • **marzo** marzaccio: dentro il paesano fuori il contadinaccio • **marzo** marzello, mi hai tolto la pecora e poi anche l'agnello • **marzo** marzuga, cento bagna e uno asciuga • **marzo** me ne vengo, aprile mi faccio sentire, maggio m'arrabbio e giugno me ne vado • **marzo** molle, grano per le zolle • **marzo** molle, lin per le donne • **marzo** non ha un dì come l'altro • **marzo** ortolano, tanta paglia poco grano • **marzo**: «o vado o vengo, capo d'estate e coda d'inverno mi ritengo» • **marzo**, per la coda t'alzo: ma se viene di nuovo, il bove incapanna • **marzo** per le galline, aprile per le pecore, maggio per i buoi, giugno per noi • **marzo** secco, villano ricco • **marzo** se trova i fossi pieni li vuota, se li trova vuoti li riempie • **marzo** sventolone • **marzo** tinge, april dipinge • **marzo** ventoso aprile piovoso • **marzo** vuol trovar la terra nuda e la vuole lasciar vestita • la nebbia di **marzo** non fa male, ma quella d'aprile toglie il pane e il vino • nel febbraio la beccaccia fa il nido, nel **marzo** tre o quattro, nell'aprile pieno il covile, nel maggio tra le frasche, nel giugno come un pugno, nell'agosto non ucciderla al corso • nel **marzo** un sole e un guazzo • non è sì piccola ponzina, che di **marzo** non sia gallina • non viene Pasqua al mondo finché la luna di **marzo** non ha fatto il tondo • Pasqua di **marzo**, annata di pane • quando a **marzo** gli manca un dente, aprile raduna la gente • quando **marzo** è qui, tanto è lunga la notte come il dì • quando **marzo** marzeggia, april campeggia • quando **marzo** va secco il gran fa cesto e il lin capecchio • se febbraio non febbreggia, **marzo** campeggia • se febbraio riempie i fossi, **marzo** li asciuga • se **marzo** butta erba, aprile butta merda • se **marzo** entra come un leone esce come un agnello • se **marzo** non marzeggia, giugno non festeggia • se **marzo** non marzeggia il massaro non bacchia • se **marzo** ti bagna è poca cuccagna • se non piove di **marzo**, non viene né erba né altro; se non piove d'aprile, quello ch'è nato sta per morire • se vuoi empir la cantina zappa e pota in gennaio; se vuoi empir la botticella zappa e pota in **marzo** • il sole di **marzo**, muove e non risolve • tanta nebbia di **marzo**, tanti temporali d'estate • vento di **marzo**, odor di primavera

marzolino chi pela l'erba **marzolina**, pela la grande e anche la piccina • durasse tanto la mala vicina, quanto dura la neve **marzolina** • neve **marzolina** dura dalla sera alla mattina

marzotto chi ha un buon ciocco lo tenga per **marzotto**

marzugare marzo **marzuga**, cento bagna e uno asciuga

marzuolo chi ammazza il **marzuolo**, ammazza il padre e il figliuolo

maschera carnevale: **maschere**, suoni e danze; il giorno dopo mezza pancia • le **maschere** si vendono solo di carnevale • per San Bastiano le **maschere** in giro

maschio i fatti sono **maschi** e le parole sono femmine

Massa **Massa**, saluta e passa; chi troppo ci sta, la pelle ci lassa

massaia (**massara**) che colpa ci ha la gatta se la **massaia** è matta? • chi fila e fa filare, buona **massaia** si fa chiamare • maggio fresco e casa calda, la **massaia** sta lieta e balda • la **massaia** che attende a ca', guadagna cinque soldi, e non lo sa • la **massaia** che va in campagna, perde più che non guadagna • piede alla culla e mano al fuso, mostrano la buona **massaia** • il sole d'agosto inganna la **massara** nell'orto

massaio gennaio secco, **massaio** ricco • meglio viver da **massai** che da prodighi

massaro acqua di maggio arricchisce il **massaro** • maggio secco, **massaro** ricco • se marzo non marzeggia il **massaro** non bacchia • se piove a San Marco, cresce il carro dell'orzo al **massaro**

masseria la carestia fa buona **masseria** • **masseria**, masseria, viene il diavolo e portala via • o con verità o con bugia bisogna mantener la **masseria**

• santo per la via, diavolo in masseria

matassa chi ha arruffato la **matassa** la strighi • la **matassa** quanto più è arruffata e meglio s'accomoda

matrigna chi ha **matrigna**, di dietro si signa • chi non crede alla buona madre, crede poi alla mala **matrigna** • la neve per otto dì è alla terra come mamma, da indi in là come **matrigna** • Roma non fu **matrigna** a nessuno

matrimonio marito disamorato, **matrimonio** rammaricato • il **matrimonio** non è per tutti, chi fa belli e chi fa brutti • i **matrimoni** sono, non come si fanno, ma come riescono • non segue **matrimonio** che non c'entri il demonio • per bestie, lattai e **matrimonio** il protettore è Sant'Antonio • se il **matrimonio** durasse un anno, tutti si mariterebbero

matteggiare se i matti non **matteggiano** perdono la stagione

mattina (**mattino**) amicizia di grand'uomo e vin di fiasco, la **mattina** è buono e la sera è guasto • l'arcobaleno la **mattina** bagna il becco alla gallina • aria pecorina, se non piove la sera piove alla **mattina** • bagna l'orto la sera quando fa freddo e la **mattina** quando fa caldo • il buon giorno si vede dal **mattino** • chi affitta il suo podere al vicino, aspetti danno o lite o mal **mattino** • chi mette il suo in sangue, la sera ride e la **mattina** piange • la collera della sera va serbata alla **mattina** • di maggio nasce un somaro la **mattina** e la sera porta la soma • d'ottobre in cantina sera e **mattina** • l'estate di San Martino dura dalla sera alla **mattina** • gennaio è fedele: come è la **mattina** così è la sera • la **mattina** è la madre de' mestieri, e la notte de' pensieri • il **mattino** ha l'oro in bocca • neve marzolina dura dalla sera alla **mattina** • quando il tempo è reale, tramontana la **mattina**, la sera maestrale • rosso di **mattina**, mal tempo si avvicina • rosso di sera, buon tempo si spera; rosso di **mattina** mal tempo s'avvicina • San Biagio grigio, San Biagio santo, a sera nero e al **mattino**

bianco • se di maggio piove sempre la **mattina**, la tina resta vuota di vino • se piove per San Barnabà, l'uva bianca se ne va; se piove **mattina** e sera, se ne va la bianca e la nera • la sera leoni, la **mattina** babbioni • sera rossa e nero **mattino**, rallegra il pellegrino • i veneziani alla **mattina** una messetta, dopo desinare una bassetta, e la sera una donnetta

matto ai **matti** si dà sempre ragione • baldezza di signore, cappello di **matto** • buone parole e cattivi fatti ingannano i savi e i **matti** • che colpa ci ha la gatta se la massaia è **matta**? • chi canta a tavola e a letto, è **matto** perfetto • chi è al coperto quando piove è ben **matto** se si muove • chi fa una volta una pazzia, sempre è tenuto a **matto** • chi ha un figliuolo solo, lo fa **matto**; chi un porco, lo fa grasso • chi non crede esser **matto**, è matto spacciato • chi non ha poveri o **matti** nel parentato, è nato o di lampo o di tuono • chi si battezza savio, s'intitola **matto** • compagnia d'uno, compagnia di niuno; compagnia di due, compagnia di Dio; compagnia di tre, compagnia di re; compagnia di quattro, compagnia da **matti** • del **matto**, del medico e del cuoco, ognuno n'ha un poco • figliuoli **matti**, uomini savi • Fiorentini ciechi, Senesi **matti**, Pisani traditori, Lucchesi signori • la fortuna aiuta i **matti** e i fanciulli • gennaio dei gatti febbraio dei **matti** • loda il **matto** e fal saltare; se non è matto, il farai diventare • **matta** è quella pecora che si confessa al lupo • i **matti** e i fanciulli indovinano • metti il **matto** da sé, diventerà savio • metti il **matto** in banca, o e' mena i piedi o ei canta • ne sa più un **matto** in casa propria che un savio in casa d'altri • non tutti i **matti** stanno al manicomio • quando **matto** vuole, matto non può • quando si nasce **matti**, non si guarisce mai • questo mondo è una gabbia di **matti** • ragazzi savi e vecchi **matti**, non furon mai buoni a nulla • riguardati dai **matti**, dai briachi, dagli ipocriti e dai minchioni • riso di signore, sereno d'inverno, cappello di **matto**, e trotto di

L' INVIDIA FÀ ALLI ALTRI LA FOSSA, ET ELLA VI CASCA DENTRO.

L' Inuidia mostra quì, ch' hà il Ciel prefisso,
Ch' ella, ch' intenta è à machinar ruine,
Ruini pria nel machinato Abisso.

mula vecchia, fanno una primiera di pochi punti • la roba de' **matti** è la prima a andarsene • i saggi hanno la bocca nel cuore, e i **matti** il cuore in bocca • savio a credenza, e **matto** a contanti • se i **matti** non matteggiano perdono la stagione • se i savi non errassero, i **matti** s'impiccherebbero • tutti i **matti** tirano a uno • tutti voglion vedere i **matti** in piazza, ma nessuno della sua razza • ugna di leone e lingua di gatto, guariscon del **matto** • un **matto** ne fa cento • uomo peloso, o forca o lussurioso, o **matto** o avventuroso

mattone quando la neve è alta un **mattone**, il grano torna a un testone

Mattutino guardati da **Mattutin** di Parigi e da Vespri Siciliani

maturare agosto, ci **matura** il grano e il mosto • agosto **matura** e settembre vendemmia • a San Lorenzo **maturano** le nocciole • a Santa Reparata l'uva bianca è **maturata** • con il tempo e con la paglia **maturano** le nespole • non c'è il peggior frutto di quello che non **matura** mai • quando la pera è **matura** casca da sé • quando la pera è **matura** convien che caschi • se nascono i funghi al mese di luglio, **matura** l'uva

maturità gran fecondità non viene a **maturità**

maturo o verde o **maturo** a giugno si taglia il grano

mazza **mazze** e panelli fanno i figli belli

mazzalanga solicello settembrino **mazzalanga** schiaccia il lino

mazzo sogno di briaco e gravità di pazzo, fanno un bel **mazzo**

mazzuolo chi è oste o fornaio, e fa il barcaruolo, dato gli sia d'un **mazzuolo**

medaglia ogni **medaglia** ha il suo rovescio

medesimo la bontà è campo che fruttifica da se **medesimo** • carnevale o quaresima, per me è la **medesima**

medicare e' fa di quelle di maestro Grillo, che **medicava** il culo a chi avea male in gola • gli stracci **medicano** le ferite • tal che gli duole il capo, si **medica** il calcagno

medicina a mal mortale né medico né **medicina** vale • nessun buon medico piglia mai **medicine** • le parole amare sono **medicine** • sanza dottrina, non fa pro **medicina**

medico a mal mortale né **medico** né medicina vale • l'ammalato disubbidiente fa il **medico** crudele • chi bazzica co' preti e intorno ha il **medico**, vive sempre ammalato e muore eretico • del matto, del **medico** e del cuoco, ognuno n'ha un poco • Dio mi guardi da alchimista povero, da romito grasso, e da **medico** infermo • dove entra il sole non entra il **medico** • error di **medico**, volontà di Dio • gli errori dei **medici** li ricopre la terra, quelli dei ricchi il denaro • è un gran **medico** chi conosce il suo male • **medico**, cura te stesso • il **medico** di Valenza, lunghe falde e poca scienza • **medico** giovine fa la gobba al cimitero • il **medico** pietoso fa la piaga verminosa • **medico** vecchio e chirurgo giovane • meglio un **medico** fortunato, che uno dotto • ne ammazza più la penna del **medico** che la spada del cavaliere • né il **medico** né l'avvocato, sanno regolare il fatto proprio • né per ogni male al **medico**, né per ogni lite all'avvocato, né per ogni sete al boccale • nessun buon **medico** piglia mai medicine • occhio, gomito, ginocchio fan vergogna al **medico** • per San Giuseppe in un buon campo d'erba **medica** deve nascondersi il cappello d'un prete • piscia chiaro, e abbi in tasca il **medico** • prete, **medico** e avvocato trovasi in ogni lato • quando viene l'ora, né **medico** né ventura

mela fava e **mela**, coll'acqua allega

melagrana per San Francesco la **melagrana** nel canestro

melato le parole **melate** sono veleno

melenso **melensa** è quella mano che non mangia a spese del villano

melica Natale in venerdì, vale due poderi: se viene in domenica, vendi i bovi e compra la **melica** • quando Natale viene in domenica, vendi la tonica per comprar la **melica**

melo la bufera di gennaio rovina il **melo**

melone a San Marco **meloni** al campo • brache, tela e **meloni**, di settembre non son più buoni • chi sa ben trovar **meloni**, trova buona moglie

memoria bisogna che 'l bugiardo abbia buona **memoria** • chi scrive non ha **memoria**

menare a primiera i due assi, **menano** a spasso • l'arcobaleno la sera buon tempo **mena** • chi ha del panno, può **menar** la coda • chi **mena** l'orso a Modena, si perde il tempo, le parole e i passi • chi **mena** per primo mena due volte • insalata a cena e camera terrena, corta vita **mena** • metti il matto in banca, o e' **mena** i piedi o ei canta • i paperi **menano** a bere le oche • parole da sera il vento se le **mena** • Santa Maria Maddalena l'acqua **mena** • se ogni mese mangia carne, ogni sterpo **mena** ghiande • temperanza t'affreni, e prudenza ti **meni** • terra nera buon grano **mena**

mendace credesi il falso al verace, negasi il vero al **mendace**

mendato cento peccati, per un ben **mendati**

mendico l'avaro più che possiede più è **mendico** • chi è misero o **mendico**, provi tutti e poi l'amico

mensa la **mensa** è una mezza colla • se piove per l'Ascensa, metti un pane di meno in sulla **mensa**

mente al fin pensa sovente, avrai sana la **mente** • faccia rara, **mente** avara • figli d'un ventre, non tutti d'una **mente** • **mente** intera, virtù vera • **mente** sana in corpo sano • **mente** sicura, banchetto continuo • vita quieta, **mente** lieta

mentire artigiano che non **mente**, non ha mestier fra la gente • buon sangue non **mente** • chi non sa **mentire**, crede che tutti dicano il vero • chi va al mercato e **mente**, la borsa sua lo sente • il cuore non **mente**

mentita chi parla per udita, aspetti la **mentita** • la **mentita** non vuol rispetto

mentitore credi al vantatore, come al **mentitore**

menzogna il gran signor non ode, se non adulazion, **menzogna** e frode

meraviglia (**maraviglia**) la **meraviglia** è figlia dell'ignoranza • una figlia, una **maraviglia**

mercante (**marcante**) le femmine calano come la cassa de' **mercanti** • il fine del **mercante** è il fallire; e il fine del ladro in sulle forche, morire • **mercante** di vino, mercante poverino; mercante d'olio, mercante d'oro • **mercante** e porco non si pesa che dopo morto • **mercante** litigioso, o fallito o pidocchioso • nave genovese, e **mercante** fiorentino • si spende più a fare un **mercante** che un dottore • tanto è **mercante** quello che perde che quello che guadagna

mercanzia la buona **mercanzia** trova presto recapito • chi è uso a **mercanzia** non sa che guerra sia • chi fa **mercanzia** e non la conosce, i suoi denari diventan mosche • le donne sono una certa **mercanzia** da non le tener troppo in casa • femmine, vino e cavallo, **mercanzia** di fallo • **mercanzia** non vuole amici • olio, ferro e sale, **mercanzia** reale

mercatante quattro o cinque al viandante, cinque o sei al **mercatante**, sei o sette allo studente, sette o otto all'altra gente, otto o nove al signorone, nove o dieci al gran poltrone

mercato amore non si trova al **mercato** • buon **mercato** inganna chi va al mercato • chi portasse al **mercato** i suoi guai, ognuno ripiglierebbe i suoi • chi va al **mercato** e mente, la borsa sua lo sente • chi va al **mercato**, perde il lato • chi va in **mercato** e non è burlato, è sicuro in ogni lato • è miglior **mercato** di specchi che di zolfanelli • e' va più d'un asino al **mercato** • in casa loda, e in **mercato** biasima • in chiesa e in **mercato**, ognuno è licenziato • in chiesa né in **mercato** non andar mai accompagnato • maggio soleggiato, frutta a buon **mercato** • ognuno va col suo senno al **mercato** • parole fan **mercato**, e denari pagano • prega il villano, il **mercato** è disfatto • i quattrini dell'avaro due volte vanno al **mercato** • quattro cose sono a buon **mercato**, terra, parole, acqua e profferte • se vuoi comprar terra a buon **mercato**, comprala da uno spiantato, o da figliuol ch'abbia ereditato • tre donne fanno un **mercato**

Mercato nuovo non tutti si può stare in **Mercato nuovo**

mercatura chi sa perdere congiuntura, non s'adatti a **mercatura**

merce chi sa celare in parte i desir suoi, compra la **merce** a miglior prezzo assai • temporal vende **merce**

mercede amor dà per **mercede**, gelosia e rotta fede • quale il lavoro, tale la **mercede** • senza **mercede** non s'insegna

mercurino luna **mercurina** tutto il ciel ruina

merda per fare un buon campo ci vuole quattro m: manzi, moneta, **merda** e mano • quando la **merda** monta in scanno, o che la puzza, o che fa danno • se marzo butta erba, aprile butta **merda**

merenda quando viene febbraio **merenda** il pecoraio • San Luca, la **merenda** nella buca

meritare a chi pecca per erro s'ha compassione; ma chi pecca per arri, non **merita** scuse • chi barba non ha e barba tocca, si **merita** uno schiaffo nella bocca • chi falla la seconda volta, **merita** un cavallo • chi non mi vuole non mi **merita** • chi soffre, sel **merta** • quel che con l'acqua mischia e guasta il vino, **merta** di bere il mare a capo chino

merito il ben far non porta **merito**

mescere quanto lascivia più dissidio **mesce**, tanto la voglia più aumenta e cresce • su' pesci, **mesci**; sul macco, non restare; su' maccheroni non bere, se non vuoi crepare • Tevere non cresce, se Nera non **mesce**

meschino all'uomo **meschino** gli basta un ronzino

mese al quinto dì vedrai qual **mese** avrai • l'amore del marito è come il **mese** di febbraio: mezzo dolce e mezzo amaro • aprile è un **mese** del Lella: un po' col sole, un po' coll'ombrella • bando bolognese, dura trenta giorni meno un **mese** • calende torbo, **mese** chiaro • calende, tutto il **mese** attende • chi arricchisce in un anno, è impiccato in un **mese** • chi fa il buon **mese**, fa il buon anno • chi ha la moglie da cambiare, la lasci al sole del **mese** di febbraio • chi sente cantare il cucculo due volte nel **mese** di aprile non deve dispiacersi di morire • da Santa Caterina a Natale un **mese** reale • dice il porco, dammi dammi, né mi contar **mesi** né anni • febbraio febbraietto, **mese** corto e maledetto • gennaio e febbraio: i **mesi** della cipolla • in capo a un anno e a un **mese**, ogni fiume torna al suo paese • in cent'anni e cento **mesi** torna l'acqua a' suoi paesi • maggio rosato **mese** profumato • il **mese** di bruma dinanzi mi scalda, e di dietro mi consuma • **mese** settembrino: acqua, sole e buon vino • nei **mesi** con la erre, se tu non lo sai, malefici son del sole i rai • nel **mese** di gennar la vecchia sta in tirar • nel **mese** di luglio il sole fa andar via ogni dolore • nel **mese** di luglio possa non piovere neanche olio • l'orzola, dopo due **mesi** va e ricola • porco d'un **mese**, oca di tre, mangiar da re • quando gennaio ingrossa il Po ogni **mese** fa la sua • la roba del villano dura trent'anni e un **mese** e poi la torna al suo paese • Sant'Andrea caccia e mette il **mese** • se cade la neve di maggio tutti i **mesi** cade • se nascono i funghi al **mese** di luglio, matura l'uva • se ogni **mese** mangia carne, ogni sterpo mena ghiande • se piove il **mese** di gennaio, piove vino in cantina • se piove il **mese** di maggio verrà fieno assai • se piove tutto il **mese** di aprile il grano mette una bella spiga • tutti i **mesi** non son di trentuno • un buon giorno vale un cattivo **mese** • vento senese, acqua per un **mese**

messa buona cosa è la **messa** udire, ma meglio la casa custodire • **messa** corta e lunga tavola • **messa** né biada non allunga strada • né alla **messa** né al mulino non aspettare il tuo vicino • quando il corsaro promette **messe** e cera mandalo in galera • senza denari non si canta **messa** • tanto vale la **messa** piana, quanto la cantata • tutti non possono stare a **messa** vicino al prete • val più una **messa** in vita, che cento in morte • i veneziani alla mattina una **messetta**, dopo desinare una bassetta, e la sera una donnetta

messo notai, birri e **messi**, non t'impacciar con essi • San Giuseppe: la rondine porta il **messo**

mestiere a ciascuno il suo **mestiere** • artigiano che non mente, non ha **mestier** fra la gente • aver cura de' putti, non è **mestier** da tutti • cattivo è il **mestiero** che non nutrisce l'artefice • chi esce fuor dal suo **mestiere**, fa la zuppa nel paniere • chi ha **mestiere**, non può perire • chi non ha entrata né **mestiere** e va a spasso, va allo spedale passo passo • la mattina è la madre de' **mestieri**, e la notte de' pensieri • non è il più bel **mestiere**, che non aver pensiere • ognuno parla ben del suo **mestiere** • ognuno patisce del suo **mestiere** • più vale **mestiero** che sparviero • tutti i **mestieri** fanno le spese

mesto occhio presto alma **mesta**, occhio ridente alma mordente • vista **mesta** è mal modesta

mestolo (**mestola**) chi ha la **mestola** in mano, si fa la minestra a suo modo • ognuno vorrebbe il **mestolo** in mano

metà a chi parla poco, basta la **metà** del cervello • all'uom dabbene avanza la **metà** del cervello, al tristo non sta tutto • chi ben comincia è a **metà** dell'opera • denari e santità, **metà** della **metà** • due dì gode il marito la sua **metà**, il dì che la porta a casa, e quello che la se ne va • onestà, santità **metà** della **metà**

mettere alla prima moglie ci si **mette** del suo, alla seconda si sta in capitale, alla terza si guadagna • a maggio non levare, a settembre non **mettere** • a mezzo gennaio, **metti** l'operaio • amici di buon giorno, son da **mettere** in forno • aprile ti fa **mettere** nel covile • a San Giovanni il granturco copre il cane, a San Pietro il puledro, a Sant'Ermacora **mette** il pennacchio • a San Marco e a San Giorgio è ora di **mettere** il granturco • cava, e non **metti** ogni gran monte scema • chi cava e non **mette**, le possessioni si disfanno • chi dal lotto spera soccorso, **mette** il pelo come un orso • chi è segreto in ogni terra, **mette** la pace e leva la guerra • chi ha cinquanta carnevali, si può **metter** gli stivali • chi ha del pepe, ne **mette** anche sul cavolo • chi l'altrui famiglia non guarda, la sua non **mette** barba • chi **mette** il suo in sangue, la sera ride e la mattina piange • chi **mette** prima il tetto e poi il fondo, gli sta poco in questo mondo • chi non ha testa **metta** gambe • chi non può giocare **metta** al punto • chi più ne ha più ne **metta** • chi si lascia **mettere** in spalla la capra, indi a poco è sforzato a portar la vacca • chi si **mette** a fabbricare sa dove comincia e non dove finisce • chi si **mette** a stentare, stenta sempre • chi teme acqua e vento, non si **metta** in mare • chi vuole un'oca fina, a ingrassare la **metta** a Santa Caterina • chi vuol giusta vendetta, in Dio la **metta** • il diavolo dove non può **mettere** il capo vi mette la coda • è meglio ammazzare uno che **mettere** una cattiva usanza • la famiglia piccolina **mette** la casa in rovina; quando si è rilevata, la casa è rovinata • i fanciulli **mettono** ogni giorno un'oncia di carne e una libbra di malizia • fatti asino e tutti ti **mettono** la soma • febbraio, febbraiolo, tutti gli uccelli **mettono** l'uovo • fiore di gennaio: non ne **metti** dentro il paniere • gennaio **mette** ai monti la parrucca, febbraio grandi e piccoli imbacucca • gennaio **mette** il diaccio, e febbraio lo dimoia • impara l'arte e **mettila** da parte • in letto stretto **mettiti** nel mezzo • in marzo si nasconde un gatto, in aprile lasciami dormire; in maggio vieni a veder che faccio e in giugno **mettimi** nel pugno • in ottobre la montagna **mette** ombra • **metti** il matto da sé, diventerà savio • **metti** il matto in banca, o e' mena i piedi o ei canta • **metti** i pani spessi dove sono le barbe rade • **metti** la roba in un cantone, ché viene tempo ch'ella ha stagione • né per galla né stienella, non restar di **metter** sella • neve di febbraio **mette** poco grano nel granaio • non bisogna **metter** calcina senza quadrello • non bisogna **mettere** il carro davanti ai buoi • non bisogna **metter** mai l'esca accanto al fuoco • non bisogna **metter** tanta carne al fuoco • non **metter** bocca dove non ti tocca • non **mettere** e cavare, si seccherebbe il mare • non **mettere** il rasoio in mano a un pazzo • non ti **mettere** in cammino, se la bocca non sa di vino • panno senese, si rompe prima che si **metta** in dosso • Pasqua Befana, non si tesse e non si fila, non si **mette** il filo nell'ago, non si mette il pettine in capo • i pastori per rubare le pecore si **mettono** nome lupi • la paura è di chi se la **mette** • i pensieri fanno **mettere** i peli canuti • per ogni civetta che si senta cantare sul tetto, non sogna **metter** bruno • i più buoni son **messi** in croce • quando è poco pane in tavola, **mettine** assai nella scodella • quando gennaio **mett'**erba, chi ha grano lo riserba • quando la viola esce di febbraio, prendi la rasura e **mettila** nel pagliaio • quando **mette** la querciola, e tu semina la cicerchiola • quando si sente morder le mosche, le giornate si **metton** fosche • San Clemente: si finisce di **mettere** la segale e anche il frumento • San Nicola **mette** il sonno e Sant'Oronzo lo leva • San Silvestro **mette** il capestro • Sant'Andrea caccia e **mette** il mese • le secchie si **mettono** a combattere col pozzo, e ne portano la testa rotta • se piove per l'Ascensa, **metti** un pane di meno in sulla mensa • se piove tutto il mese di aprile il grano **mette** una bella spiga • se tu vuoi giudicar ben, **mettiti** sempre ne' suoi piè • tanto è ficcare che **mettere** • tra l'incudine e il martello, man non **metta** chi ha cervello • tra moglie e marito non **mettere** il dito • uccellin che **mette** coda, mangia ogn'ora ogn'ora • voglia o non voglia maggio **mette** la foglia

mezzano i **mezzani** sono i pidocchi del diavolo

mezzetta alla Certosa è un cert'uso, chi vi va e non ha fretta, tocca un pane e una **mezzetta**

mezzo a brigante brigante e **mezzo** • a cavallo, dinnanzi; ad archibuso, di dietro; a tavola, di **mezzo**; a quistione, lontano • a gennaio deve apparir l'allodola in **mezzo** al grano • l'altissimo di sopra ne manda la tempesta, l'altissimo di sotto ne mangia quel che resta, e in **mezzo** a due altissimi restiamo poverissimi • a **mezzo** gennaio, metti l'operaio • l'amore del marito è come il mese di febbraio: **mezzo** dolce e mezzo amaro • a Natale, **mezzo** pane; a Pasqua, mezzo vino • a porco pigro non cadde pera **mezza** • il bestiame è **mezzo** pane • la buona compagnia è **mezzo** pane • buona compagnia, **mezza** la via • carnevale: maschere, suoni e danze; il giorno dopo **mezza** pancia • chi sta a sportello ne vede **mezza** • con arte e con inganno, si vive **mezzo** l'anno; con inganno e con arte, si vive l'altra parte • cosa cara tenuta, è **mezza** venduta • cosa prevista, **mezza** provvista • di **mezz**'anno il cul fa da scanno • febbraro **mezzo** dolce mezzo amaro • il fine giustifica i **mezzi** • la gatta caro vende, e il cavallo **mezzo** dona • in letto stretto mettiti nel **mezzo** • il lavorare è un **mezzo** orare • lavoratore buono di un podere ne fa due; cattivo, ne fa **mezzo** • il lume è una **mezza** compagnia • la Madonna di **mezz**'agosto tutti gli anni rinfresca il bosco • mal comune, **mezzo** gaudio • il male previsto è **mezza** sanità • marito minchione, **mezzo** pane • la mensa è una **mezza** colla • nemico diviso, **mezzo** vinto • neve di febbraio, **mezzo** letamaio • ogni buon cotto a **mezzo** torna • ogni nave fa acqua; quale a **mezzo**, quale a proda, e quale in sentina • olio dapprima, vino del **mezzo**, e miele di fondo • peccato celato è **mezzo** perdonato • peccato confessato è **mezzo** perdonato • per conoscere un furbo ci vuole un furbo e **mezzo** • per la Santa Candelora o che nevichi o che plora, dell'inverno siamo fuora; s'egli è sole o solicello, siamo ancora a **mezzo** il verno • per la Vecchietta, un'oretta, per Sant'Antonio, due **mezz'ore** buone • per Tutti i Santi **mezz'**addietro e mezz'avanti • roba perfetta, **mezzo** buttata via • roba trovata e non consegnata è **mezza** rubata • sanità senza quattrini è **mezza** malattia • tal pensa salvarsi a Pasqua, che è preso a **mezza** quaresima • tra il dire e il fare c'è di **mezzo** il mare • uomo affrontato è **mezzo** morto • uomo avvisato, **mezzo** salvato • uomo condannato, **mezzo** decollato • uomo sollecito, **mezzo** indovino • vedendo uno, il conosci **mezzo**; e sentendolo parlare, il conosci tutto • la vicinanza è **mezza** parentela • villano affamato è **mezzo** arrabbiato

mica (**micolino**) chi ha buon pane e buon vino, ha troppo un **micolino**

miccino biada di mugnaio, vin di prete e pan di fornaio, non fare a **miccino**

midollo nell'osso duro si crea la **midolla** tenera • quando l'uomo n'ha cinquanta bisogna che salvi la **midolla** per la pianta

miele (**mèl, mele**) ad agosto olio, **miele** e mosto • l'adulatore ha il **miele** in bocca e il fiele in cuore • l'ape fa il **miele** e l'apone se lo inghiotte • chi maneggia il **mele** si lecca le dita • chi pon **mele** in vaso nuovo, provi se tiene acqua • dicendo **miele** miele, la bocca non si addolcisce • il **mele** si fa leccare perché è dolce • il **miele** non si fa senza le pecchie • non c'è **miele** senza mosche • olio dapprima, vino del mezzo, e **miele** di fondo • poco fiele fa amaro molto **miele** • quando siamo per San Michele, i panni d'inverno sanno di **miele** • San Michele: l'uva diventa **miele** • si prendono più mosche con una goccia di **miele** che con un barile d'aceto • sole d'agosto: **miele** e mosto

mietere a maggio non si **miete** mai, a giugno si miete crai • l'avvocato d'ogni stagione **miete** e d'ogni tempo vendemmia • c'è chi semina e chi **miete** • chi a luglio non **miete** a settembre è disperato • il chiaro di luna a Natale, chiaro di luna quand'è ora di **mietere** • chi non semina non **miete** • chi semina in ottobre **miete** bene in giugno • giugno dà caldo e sete al contadino che **miete** • il gran freddo di gennaio, il mal tempo di febbraio, il vento di marzo, le dolci acque d'aprile, le guazze di maggio, il buon **mieter** di giugno, il buon batter di luglio, le tre acque d'agosto con la buona stagione, vaglion più che il tron di Salomone • grano che semini in marzo non lo **mieti** alto • San Vito: o verde o secco, **mietete** • se ari male, peggio **mieterai**

mietitore San Giovanni **mietitore**, San Pietro sgranatore

mietitura in giugno non aver nessuna cura se non nei cappi e per la **mietitura**

miglia per andare a piano si scendon molte **miglia** • per istar bene si fa delle **miglia** • un pane dura cento **miglia**, e cento pani non durano un miglio

migliaia chi erra nelle decine erra nelle **migliaia**

miglio chi cammina un **miglio** pazzo, non torna a casa savio • il **miglio** mantiene la fame in casa • sacco rotto non tien **miglio**; pover'uom non va a consiglio • se tu vuoi empir le tina, zappa il **miglio** in orecchina • un pane dura cento **miglia**, e cento pani non durano un miglio

migliorare il campanile non **migliora** la cornacchia • chi mal comincia non **migliora** mai

migliore chi sa celare in parte i desir suoi, compra la merce a **miglior** prezzo assai • è **miglior** mercato di specchi che di zolfanelli • la **miglior** caloria è quella delle fave • il **miglior** condimento è l'appetito • la **miglior** difesa è l'attacco • il **migliore** dei rossi ha accoppato suo padre • i **migliori** alberi sono i più battuti • la **miglior** vendetta è il perdono • non c'è **migliore** specchio dell'amico vecchio • pere e donne senza romori, sono stimate le **migliori** • se lodi il buono diverrà **migliore**; biasima il tristo, e' diverrà peggiore • se volasse il castrone, sarebbe **miglior** del cappone • il tempo è il **miglior** consigliere

Milano a Roma dottori, a Napoli ladroni, a Genova scavezzi, a **Milan** tagliacantoni, a Venezia forestieri, a Fiorenza scardassieri • chi volta il culo a **Milan** lo volta al pan • **Milano** la grande, Vinegia la ricca, Genova la superba, Bologna la grassa, Firenze la bella, Padova la dotta, Ravenna l'antica, Roma la santa • **Milan** può far, Milan può dir, ma non può far dell'acqua vin • il ministro di Sicilia rode, quel di Napoli mangia, e quel di **Milano** divora

milione è meglio esser padrone di un testone, che servo di un **milione**

mille a chi natura non lo volle dire, nol dirian **mille** Atene e mille Rome • ad ammazzare una mosca in aprile è come ammazzarne **mille** • la coscienza vale per **mille** accusatori e per mille testimoni • delizie temporali portano **mille** mali • è meglio un soldo di buon acquisto, che **mille** d'imbrogli • in guerra, nella caccia e negli amori, in un piacer **mille** dolori • in **mille** uno, in cento nessuno • meglio una faccenda fatta che **mille** incominciate • **mille** piacer non vagliono un tormento • **mille** probabilità non fanno una verità • preso per uno, preso per **mille** • scalda più amore che **mille** fuochi • se piove d'aprile, ogni gocciola **mille** lire • tra la bocca e il boccone **mille** cose accadono • un torso di pera cascata è la morte di **mille** mosche • val più un'oncia di reputazione che **mille** libbre d'oro • val più un testimonio di vista, che **mille** di udita

milza quando la **milza** cresce, il corpo dimagra

mimo è più facile fare il momo che il **mimo**

minacciare a volte caccia chi non **minaccia** • la bonaccia, burrasca **minaccia** • chi fugge, mal **minaccia** • chi un ne castiga, cento ne **minaccia** • le minacce son arme del **minacciato** • stiaffo **minacciato** non fu mai dato • tal **minaccia** che vive con paura

minchione le bestie vecchie muoiono nella stalla de' contadini **minchioni** • chi è **min-**

chione, resta a casa • il Cristo e i lanternoni toccan sempre ai più **minchioni** • esser signore e **minchione**, è esser minchione due volte • furbo, vuol dir **minchione** • l'invidia è un peccato da **minchioni** • marito **minchione**, mezzo pane • il **minchione** di quest'anno se n'accorge quest'altr'anno • il mondo è un pagliaio, chi non lo pela è un **minchione** • povero né **minchione** non ti far mai • riguardati dai matti, dai briachi, dagli ipocriti e dai **minchioni** • troppo buono, troppo **minchione** • val più aver due soldi di **minchione** che di molti: bravo

Minerva il porco vuol insegnare a **Minerva**

minestra chi ha la mestola in mano, si fa la **minestra** a suo modo • chi s'impaccia colle frasche, la **minestra** sa di fumo • la donna alla finestra, la gatta alla **minestra** • non c'è la peggior **minestra** che quella de' frati • o si mangia la **minestra**, o si salta la finestra

ministro il **ministro** di Sicilia rode, quel di Napoli mangia, e quel di Milano divora • la pietra del **ministro** al reo non giova

minore abbi donna di te **minore**, se vuoi essere signore

minuto acqua **minuta** bagna e non è creduta • ara poco ma **minuto** e fondo, se tu vuoi empire il granaio da cima a fondo • chi compra a **minuto**, pasce i figliuoli d'altri e affanna i suoi • quando nevica a **minuto**, la si vuol fare insino al buco

minuzzare com'asino sape, così **minuzza** rape

miracolo chi ha il santo ha anche il **miracolo** • non si crede al santo finché non ha fatto il **miracolo** • per un **miracolo** non si va all'altare • i santi vecchi non fanno più **miracoli** • tutti i santi non fanno **miracoli** • uno fa i **miracoli**, e un altro ne raccoglie i moccoli

mirare amore non **mira** lignaggio né fede né vassallaggio • chi ha male al dito, sempre lo **mira**; chi ha mal marito, sempre sospira • **mira** la brusca d'altri e non vedi la tua trave • parlar senza pensare, è come tirar senza **mirare**

mischiare quel che con l'acqua **mischia** e guasta il vino, merta di bere il mare a capo chino

mischiato fino a San Martino su acqua e giù vino; quando San Martino è passato su acqua e giù **mischiato**

miserabile agricoltore povero, agricoltura **miserabile**

miseria chi a piati s'avvicina, a **miseria** s'incammina • la **miseria** viene in barca • ruina, non vuol **miseria**

misero a gran speranza il **misero** non cede • al **miser** uom non giova andar lontano, che la sciagura sempre gli tien mano • chi è **misero** o mendico, provi tutti e poi l'amico • la madre da fatti, fa la figliuola **misera** • **miseri** quei tempi che hanno le leggi nelle mani • la speranza è il pane de' **miseri**

misfatto detto senza fatto ad ognun par **misfatto**

misura amore non conosce **misura** • di quella **misura** che misurerai gli altri, sarai misurato tu • pane finché dura, ma il vino a **misura**

misurare (**misurarsi**) chi ha male non può **misurar** bene • chi la **misura**, la dura • chi **misura** se stesso, misura tutto il mondo • chi non si **misura**, non dura • chi vuole **misurare** il grano in erba sarà ingannato come il villano • di quella misura che **misurerai** gli altri, sarai misurato tu • **misura** e pesa, non avrai contesa • **misura** tre volte e taglia una • gli uomini non si **misurano** a canne

moccolo se non avete altri **moccoli**, potete andare a letto al buio • uno fa i miracoli, e un altro ne raccoglie i **moccoli** • val più un **moccolo** davanti che una torcia di dietro

moda alla **moda** vagli dietro • la **moda** va e viene

Modena chi mena l'orso a **Modena**, si perde il tempo, le parole e i passi

Modesto (1) fra **Modesto** non fu mai priore

modesto (2) vista mesta è mal **modesta**

modo a chi vuole, non mancan **modi** • chi fa a suo **modo**, non gli duole il capo • chi ha la mestola in mano, si fa la minestra a suo **modo** • mal riputar si può, chi non ha il **modo** • mangiare a **modo** suo, vestire a mo' degli altri • ognuno a suo **modo**, e gli asini all'antica • ognun può dir parole a **modo** suo • si dà licenza in più **modi** • terren che voglia tempo, e uomo che voglia **modo** non te ne impicciare

moggio prima di conoscere uno, bisogna consumare un **moggio** di sale

mogio senza neve a Sant'Ambrogio il raccolto è **mogio** mogio

moglie (**mogliera**) a chi prende **moglie** ci voglion due cervelli • agosto, **moglie** mia non ti conosco • alla prima **moglie** ci si mette del suo, alla seconda si sta in capitale, alla terza si guadagna • all'uomo **moglie**, al putto verga • a Pasqua non prender **moglie** e a maggio non prender asina • la buona **moglie** fa il buon marito • chi batte la **moglie**, batte tutta la casa • chi ha buon cavallo e bella **moglie**, non istà mai senza doglie • chi ha la **moglie** da cambiare, la lasci al sole del mese di febbraio • chi ha **moglie**, ha doglie • chi incontra buona **moglie** ha gran fortuna • chi non ha **moglie** ben la batte, chi non ha figliuoli, ben gli pasce • chi non sa che cosa siano malanni e doglie prenda marito o prenda **moglie** • chi piglia **moglie** a carnevale, quaresima la passa di cuore, senza pene né dolore • chi piglia **moglie** per denai, spesso sposa liti e guai • chi resta in casa e manda fuor la **moglie**, semina roba e disonor ricoglie • chi sa ben trovar meloni, trova buona **moglie** • chi toglie **moglie** per la roba, la borsa va a marito • come uno piglia **moglie**, egli entra nel pensatoio • comprar cavalli e tor **moglie**; serra gli occhi, e raccomandati a Dio • il contento di bella **moglie** poco ti dà e molto ti toglie • delle **moglie** è più dovizia che de' polli • doglia di **moglie** morta, dura fino alla porta • in compagnia prese **moglie** un frate • il marito che batte la **moglie** batte e disonora se stesso • marito vecchio e **moglie** giovane assai figliuoli • **moglie** buona, fa la casa; cattiva, la disfà • **moglie** e buoi dei paesi tuoi • la **moglie** è la chiave della casa • **moglie** e ronzino, pigliali dal vicino • **moglie** perfidiosa e marito pertinace, non vivono mai in pace • le **mogli** si tolgono a vita, non a prova • mostrami la **moglie**, ti dirò che marito ha • né cavallo, né **moglie**, né vino non li lodare a nessuno • nel marito prudenza, nella **moglie** pazienza • né **moglie**, né acqua, né sale, a chi non te ne chiede non gliene dare • non c'è nessun male peggio di una cattiva **moglie** • non creder lode a chi suo caval vende, né a chi dar **moglie** intende • non dare i calzoni alla **moglie** • non ride sempre la **moglie** del ladro • non si può avere la botte piena e la **moglie** ubriaca • oggi è San Vito: ogni **moglie** batte il marito; domani è Santa Lena: ogni marito batte la mogliera • ogni uomo ha buona **moglie** e cattiva arte • prega Dio di tre cose: di nascere in buona parte, di non cominciar trist'arte, di non prender ria **moglie** • la prima è **moglie**, la seconda compagnia, la terza eresia • quando il marito fa terra, la **moglie** fa carne • Roma travagliata, ché chi ha bella **moglie** vive d'entrata • secondo vuoi la famiglia, la **moglie** piglia • se il prestar fosse buono, si presterebbe anche la **moglie** • senza **moglie** a lato l'uom non è beato • se v'è in paese una buona **moglie**, ciascuno crede che sia la sua • un signor che il tuo ti toglie, mal francese con le doglie, assassin che ti dispoglie, è men mal che l'aver **moglie** • tal castiga la **moglie** che non l'ha, che quando l'ha, castigar non la sa • tra **moglie** e marito non mettere il dito • uomo senza **moglie**, è mosca senza capo

mola chi sfugge la **mola**, scansa la farina

mollare chi tira e chi **molla**

molle a barba folle rasoio **molle** • carnevale al sole, Pasqua **molle** • maggio asciutto, gran per tutto; maggio **molle**, lin per le donne • marzo **molle**, grano per le zolle • marzo **molle**, lin per le donne • meglio una buona e secca scalfitura che una buona e **molle** aratura • Pasqua bagnata, spighe **molli**; Pasqua fredda, spighe piene • per San Luca, o **molle** o asciutto, semina tutto • quando canta il cucco, un giorno **molle** e l'altro asciutto • quando il tempo è **molle**, il dente è più folle • quando la luna ha il culo in **molle**, piove, voglia o non voglia

mollo se agosto è stato a **mollo**, a settembre i funghi sono colti

molto alla morte del marito poca cera e **molto** lucignolo • amor fa **molto**, il denaro fa tutto • aprile freddo, **molto** pane e poco vino • ben dire val **molto**, ben fare passa tutto • la buona carne fa di **molta** schiuma • castagne verdi per Natale sanno **molto** e poi vanno a male • chi è diverso nell'oprare, non può **molto** amico stare • chi ha denari da ricuperare, **molte** gite ha da fare • chi **molto** pratica, molto impara • chi **molto** profferisce, poco mantiene • chi perde la roba perde **molto**, ma chi perde il cuore perde tutto • il contento di bella moglie poco ti dà e **molto** ti toglie • donna che ha **molti** amici, ha molte lingue mordaci • donna che ti stringe e le braccia al collo ti cinge, poco t'ama, e **molto** finge, e nel fine ti abbrucia e tinge • dove son **molte** mani, chiudi • egli è **molto** da pregiare, chi ha perduto e lascia andare • il libro del perché è **molto** grande • la lode giova al savio e nuoce **molto** al pazzo • mangiar **molto** e bever bene, e urlar quando la viene • **molta** terra, terra poca; poca terra, terra molta • **molte** volte i nocumenti sono agli uomini documenti • **molte** volte si perde per pigrizia, quel che s'è guadagnato per giustizia • **molto** tardare, chi vuole assai acquistare • **molto** vale e poco costa, a mal parlar buona risposta • pensa **molto**, parla poco, e scrivi meno • per amor del non conviene, nasce **molto** male e poco bene • per andare a piano si scendon **molte** miglia • poca scienza e **molta** coscienza • poca uva, **molto** vino; poco grano, manco pane • pochi denari, e **molto** onore • poco dolce, **molto** amaro appaga • poco fiele fa amaro **molto** miele • poco vino vende vino, **molto** vino guarda vino • quando la canavera fa il pennacchio, **molta** neve e molto ghiaccio • quel che val

molto esce di sotto terra • scienza, casa, virtù e mare, **molto** fan l'uomo avanzare • se d'aprile a potar vai, contadino, **molt'**acqua beverai e poco vino • si perde **molto**, per essere stolto • temporal di notte, **molto** fracasso e nulla di rotto • tre **molti** rovinan l'uomo: molto parlare e poco sapere, molto spendere e poco avere, molto presumere e poco valere • val più aver due soldi di minchione che di **molti**: bravo

momento chi all'onor suo manca un **momento**, non vi ripara poi in anni cento • ogni **momento** è grazia

momo è più facile fare il **momo** che il mimo

monaca gallo di mugnaio, gatto di beccaio, garzone d'oste, ortolano di frati e fattor di **monache** non han pari • **monaca** di San Pasquale due capi sopra un guanciale • né da frati né da **monache** non t'aspettar mai niente • preti, frati, **monache** e polli non si trovan mai satolli

monaco l'abito non fa il **monaco** • acqua cotta e panattella cava il **monaco** di cella • tale abate tali **monaci**

mondezza quando la neve si scioglie si scopre la **mondezza**

mondo (1) al nascer delle doppie il **mondo** ha finito d'esser semplice • andare scalzo e seminar fondo non arricchì giammai persona al **mondo** • a questo **mondo** bisogna o adattarsi, o arrabbiarsi, o disperarsi • Bergamaschi, Fiorentini e passere, n'è pieno tutto il **mondo** • chi è in pace col **mondo**, non è ancora addormentato che già russa • chi mette prima il tetto e poi il fondo, gli sta poco in questo **mondo** • chi misura se stesso, misura tutto il **mondo** • chi non vuol durar fatica in questo **mondo**, non ci nasca • chi va dietro a pesce e penne, in questo **mondo** mal ci venne • chi vuol vivere e star bene, prenda il **mondo** come viene • contento io, contento il **mondo** • con un po' di cervello si governa il **mondo** • dove son uomini è **mondo** • mano dritta e bocca monda, può andar per tutto il **mondo** • il **mondo** alla speranza è poca riva • il

NISSVNO DIVENTO' MAI POVERO PER FAR ELEMOSINA.

Feruido di pietà colmo di Zelo
Largo souuieni à le miserie altrui,
Che tesorieri haurai la terra, e l' Cielo.

mondo è bello perché è vario • il **mondo** è ben compartito • il **mondo** è di chi se lo piglia • il **mondo** è fatto a scale, chi le scende e chi le sale • il **mondo** è grande: chi ride e chi piange • il **mondo** è rotondo e chi non sa nuotare va a fondo • il **mondo** è un pagliaio, chi non lo pela è un minchione • il **mondo** paga chi ha da avere • il **mondo** senza pace è il danaro del soldato • il **mondo** va da sé • morto io, morto il **mondo** • nel **mondo** c'è da viver per tutti • nessuno è necessario a questo **mondo** • non c'è sabato santo al **mondo**, che la luna non sia al tondo • non si porta seco all'altro **mondo** se non il bene che s'è fatto • non viene Pasqua al **mondo** finché la luna di marzo non ha fatto il tondo • più rara cosa il **mondo** non possiede, che la città dove il Leon risiede • quando il vecchio non vuol bere, nell'altro **mondo** vallo a vedere • quando San Giorgio viene in Pasqua, per il **mondo** c'è gran burrasca • questo **mondo** è mal compartito • questo **mondo** è una gabbia di matti • i ricchi hanno il paradiso in questo **mondo**, e nell'altro, se lo vogliono • rispetti, dispetti, sospetti guastano il **mondo** • scarpa larga e bicchier pien, togli il **mondo** come vien • se l'invidia fosse febbre, tutto il **mondo** n'averebbe • tutto il **mondo** è paese • un buon naturale val più di quante lettere sono al **mondo**

mondo (**2**) chi vuol la casa **monda** non tenga mai colomba

moneta chi non ha **moneta**, non vada all'Impruneta • per fare un buon campo ci vuole quattro m: manzi, **moneta**, merda e mano

Monfin dove son due **Monfin**, due ladri e un assassin

monsieur i don di Spagna, i conti d'Alemagna, i **monsieurs** di Francia, i vescovi d'Italia, i cavalier di Napoli, i lordi di Scozia, i fidalghi di Portogallo, i minori fratelli d'Inghilterra e i nobili d'Ungheria, fanno una povera compagnia

montagna amico di **montagna** chi lo perde vi guadagna • a San Bartolomio le **montagne**

vanno con Dio • colla pazienza il gobbo va in **montagna** • in ottobre la **montagna** mette ombra • le **montagne** stanno ferme, gli uomini camminano • i pifferi di **montagna** andarono per suonare e tornarono suonati • quando la **montagna** ride, il piano piange

Montaio Montaione e **Montaio**, né penna né calamaio

Montaione **Montaione** e Montaio, né penna né calamaio

montane se piove a San Brunone, sette **montane** e un montanone

montanino **montanini** e gente acquatica, amicizia e poca pratica

montanone se piove a San Brunone, sette montane e un **montanone**

montare quando la merda **monta** in scanno, o che la puzza, o che fa danno

monte cava, e non metti ogni gran **monte** scema • da San Gallo ara il **monte** e semina la valle • il diavolo caca sempre sul **monte** grosso • dietro al **monte** c'è la china • donna di **monte**, cavalier di corte • gennaio mette ai **monti** la parrucca, febbraio grandi e piccoli imbacucca • Genova, aria senza uccelli, mare senza pesce, **monti** senza legna, uomini senza rispetti • loda il **monte** e tienti al piano • **monte**, porto, città, bosco o torrente, abbi se puoi per vicino o parente • per San Frediano la neve al **monte** e al piano • quanto più alto il **monte**, tanto più profonda la valle • la rana avvezza nel pantano, se ell'è al **monte** torna al piano • San Luca: il **monte** e la cupa • una pera fradicia ne guasta un **monte** • viene asin di **monte**, caccia caval di corte

montone la stagione fa il **montone**

mora quando la **mora** è nera, un fuso per sera; quando l'è nera affatto, filane tre o quattro

mordace al **mordace** tutto dispiace • donna che ha molti amici, ha molte lingue **mordaci**

mordente occhio presto alma mesta, occhio ridente alma **mordente**

mordere a chi ti lecca dinnanzi, ti **morde** di dietro • can che abbaia non **morde** • can che **morde**, non abbaia invano • il cane **morde** lo straccione • fra cani grossi non si **mordono** • i granchi voglion **morder** le balene • non mi **mordé** mai cane, ch'io non avessi del suo pelo • non **mordere** se non sai se è pietra o pane • quando si sente **morder** le mosche, le giornate si metton fosche • la ranocchia non **morde**, perché non ha denti • la vipera **morde** il ciarlatano

morditura con la pelle del cane si sana la **morditura**

Morello quando Monte **Morello** ha il cappello, villan, prendi il mantello

moria non è mai sì gran **moria**, che non campi chicchessia

morire ad agosto alla lana non andare, che a settembre puoi **morire** • l'amore di carnevale **muore** in quaresima • a novembre bello o brutto in campagna **muore** tutto • a pagare e a **morire** si è sempre in tempo • aspettare e non venire è una cosa da **morire** • astio e invidia non **morì** mai • battilano, o unto, o si **muor** di fame • bellezza è come un fiore che nasce e presto **muore** • un bel **morir** tutta la vita onora • un bel **morir** tutta la vita onora, un bel fuggir salva la vita ancora • le bestie vecchie **muoiono** nella stalla de' contadini minchioni • le brine d'aprile ti fanno **morire** • chi asino nasce, asino **muore** • chi bazzica co' preti e intorno ha il medico, vive sempre ammalato e **muore** eretico • chi ben vive, ben **muore** • chi ben vive non **muore** mai • chi dà il suo avanti di **morire**, apparecchiasi a ben soffrire • chi di speranza vive disperato **muore** • chi disse la verità **morì** impiccato • chi giovane si governa vecchio **muore** • chi gode **muore**, e chi patisce stenta • chi ha a **morir** di ghiandosa, non gli vale far casotti in campagna • chi ha da **morir** di forca, può ballar sul fiume • chi nasce afflitto **muore** sconsolato • chi nasce è bello, chi si sposa è buono e chi **muore** è santo • chi nasce male, **muore** peggio • chi non **muore** si rivede • chi per la patria **muor**, vissuto è assai • chi più vive, più **muore** • chi ruba il mantello al suo prossimo, per il solito **muore** senza camicia • chi se ne piglia, **muore** • chi sente cantare il cucculo due volte nel mese di aprile non deve dispiacersi di **morire** • chi si pasce di speranza **muore** di fame • chi tutto vuole, di rabbia **muore** • chi vive ostinato **muore** disperato • la colpa **morì** fanciulla • il core è il primo che vive e l'ultimo che **muore** • delle pene d'amore, si tribola e non si **more** • del mal d'altri l'uomo guarisce, e del proprio **muore** • la donna sa dove nasce e non sa dove **muore** • è meglio **morir** di fame, che di stento • è meglio **morire**, che ridire • erba che non ha radice, **muor** presto • fa' bene a' putti se lo dimenticano, fa' bene a' vecchi **muoiono** • il fine del mercante è il fallire; e il fine del ladro in sulle forche, **morire** • i frati si uniscono senza conoscersi, stanno uniti senza amarsi e **muoiono** senza piangersi • lavora come avessi a campare ognora; adora come avessi a **morire** allora • la malerba non **muore** mai • manco male **morir** di fune che di stenti • il **morire** è il pane de' vecchi • i mugnai sono gli ultimi a **morir** di fame • **muore** più uomini pregni che donne gravide • non c'è puttana che non **muoia** di fame • partire è un po' **morire** • la paura del **morire** è peggio della morte • per tacere si **muore** • il pover'uomo non fa mai ben: se **muor** la vacca, gli avanza il fien; se la vacca scampa, il fien gli manca • quando nascono son tutti belli, quando si maritano, tutti buoni, e quando **muoiono** son tutti santi • quando siam contenti, si **muore** • se devi **morire**, cerca un boia pratico • se il **morire** non si scusa, chi mal vive, ben s'abusa • se il pane corresse quanto le lepri, quanti **morirebbero** di fame! • se i signori avessero giudizio, i poveri **morirebbero** di fame • se non piove di marzo, non viene né erba né altro; se non piove d'aprile, quello ch'è nato sta per **morire** • si **muore** giovani per disgrazia e vecchi per dovere • si sa come si nasce, non si sa come si **muore** • la speranza è l'ultima a **morire** •

tanti ne nasce, tanti ne **muore** • tanto è **morir** di male, quanto d'amore • tanto **muore** chi ha da avere, che chi ha da dare • tu ti **morresti** di fame nell'Altopascio • tutti siam nati per **morire** • tutti si nasce piangendo e nessuno **muore** ridendo • il vecchio che ha smarzato non **muore** più • vecchio è chi **muore** • la verità **morì** fanciulla • vivano le berrette, e **muoiano** le foggette

Moro (1) i Giudei in Pasqua, i Mori in nozze, i Cristiani in piatire, sanno impoverire

moro (2) meglio diventar **mori** che rossi • meglio esser **moro** che noce

morsicare Corsica, **morsica**

morso chi teme il cane, si assicura dal **morso** • il **morso** della pulce non dà noia all'elefante • **morso** di pecora non passa mai la pelle • non tutte le volte che si veggono i denti, s'ha paura de' **morsi**

mortaio il **mortaio** sa sempre d'aglio • ogni **mortaio** trova il suo pestello

mortale a mal **mortale** né medico né medicina vale • le amicizie devono essere immortali, e le inimicizie **mortali** • la febbre autunnale o ch'è lunga o ch'è **mortale** • non comincia fortuna mai per poco, quando un **mortal** si piglia a scherno e gioco • tutti i peccati **mortali** son femmine

morte a chi crede non duole la **morte** • al gramo vivere la **morte** è beneficio • alla **morte** del marito poca cera e molto lucignolo • altro è parlar di **morte**, altro è morire • a pale i guai, e la **morte** mai • a tutto c'è rimedio fuorché alla **morte** • le bellezze duran fino alla porta, le bontà fino alla **morte** • il bianco e il rosso va e vien, ma il giallo si mantien; anzi il giallo è un color forte che dura anche dopo **morte** • il caldo è la vita, il freddo è la **morte** • i capelli grigi sono i fiori dell'albero della **morte** • che Santa Barbara ci protegga dal fuoco, dal tuono e dalla **morte** subitanea • chi non può viver dopo **morte**, non è vissuto • chi teme la **morte**, non stima la fama • chi va forte va alla **morte** • contro la **morte** non vale armatura • di sicuro non c'è che la **morte** • gennaio forte, tutti i vecchi si auguran la **morte** • il giudizio viene tre giorni dopo la **morte** • guai a colui che **morte** lo corregge • il letame quand'è troppo forte, alle piante dà la **morte** • malattia lunga, **morte** sicura • mangia bene e caca forte, e non aver paura della **morte** • la **morte** agli empi è pena, e porto ai buoni • la **morte**, altri acconcia, altri disconcia • **morte** desiderata, cent'anni per la casa • la **morte** è lo specchio della vita • **morte** e padrone non domandare quando viene • la **morte** è una cosa che non si può fare due volte • la **morte** non guarda in faccia a nessuno • la **morte** non guarda solamente al libro de' vecchi • la **morte** paga i debiti, e l'anima li purga • la **morte** pareggia tutti • la **morte** viene quando meno s'aspetta • nella vecchiaia, la vita pesa e la **morte** spaventa • non v'è termine più certo e meno inteso della **morte** • pace e pazienza, e **morte** con penitenza • la paura del morire è peggio della **morte** • quello tiene gran prudenza, che alla **morte** pensa • rocca, **morte** nascosta • il sonno è parente della **morte** • tre cose simili; prete, avvocato e **morte**. Il prete toglie dal vivo e dal morto; l'avvocato vuol del diritto e del torto; e la morte vuole il debole e il forte • tutto è meglio della **morte** • un torso di pera cascata è la **morte** di mille mosche • val più una messa in vita, che cento in **morte** • i vecchi vanno verso la **morte** e ai giovani la gli va incontro • il viaggio alla **morte** è più aspro che la morte • la vita cerca la **morte** • la vita e la **morte** sono in mano di Dio

mortella acqua di **mortella** fa la donna bella

Morti, Giorno dei (2 novembre) ai **Morti** ogni nave piglia porto • per il giorno di Tutti i Santi la neve arriva al camposanto, per il giorno dei **Morti** la neve arriva negli orti • per i **Morti** la neve è alle porte • se è brutto ai Santi i **Morti** l'aggiustano, se è bello ai Santi i Morti lo disfanno • tutti i **Morti**: è sempre mal tempo

morticino novembre il **morticino** e dicembre il Gesù Bambino

mortificare non fruttifica, chi non **mortifica**

morto a cacciare un **morto** ce ne vuol quattro; a cacciare un vivo ce ne voglion ventiquattro • addio si dice ai **morti** • all'assente e al **morto** non si deve far torto • beato quel corpo che in sabato è **morto** • i benefizi dei **morti** van presto in fumo • chi ti dà un osso, non ti vorrebbe veder **morto** • chi vien dalla fossa sa che cosa è **morto** • credenza è **morta**, il mal pagar l'uccise • da vivo nessun profitto e da **morto** tutto • doglia di moglie **morta**, dura fino alla porta • è meglio esser cortese **morto** che villan vivo • l'erba che non vuoi ti spunta nell'orto e l'uomo che vuoi **morto** è sempre vivo • in capo all'anno mangia più il **morto** che il sano • madre **morta**, padre cieco • meglio un asino vivo che un dottore **morto** • mercante e porco non si pesa che dopo **morto** • **morta** l'ape, non si succia più mele • **morta** la serpe, spento il veleno • **morta** la vacca, disfatta la soccida • i **morti** aprono gli occhi ai vivi • i **morti** non rubano perché hanno legate le mani • i **morti** non tornano • **morto** io, morto il mondo • **morto** un papa, se ne fa un altro • nido fatto gazza **morta** • non bisogna buttarsi fra i **morti** • non credere a donna, quand'anche sia **morta** • non flagellare il **morto**, non litigare il torto • non fu mai vista capra **morta** di fame • non si rammentano i **morti** a tavola • pianto per **morto** pianto corto • rare volte il diavolo giace **morto** nella fossa • santo non adorare innanzi che sia **morto** • se Catania avesse porto, Palermo saria **morto** • il signor Donato è **morto** allo spedale • tre cose son facili a credere, uomo **morto**, donna gravida e nave rotta • uomo affrontato è mezzo **morto** • uomo **morto** non fa guerra • uomo rosso e cane lanuto, più tosto **morto** che conosciuto • uomo senza quattrini è un **morto** che cammina

mortorio alle nozze e a' **mortori**, si conoscono i parenti

mosca a cani magri, **mosche** ingorde • ad ammazzare una **mosca** in aprile è come ammazzarne mille • anche la mosca ha la sua collera • cappello di villano, ombra di mosche • chi fa mercanzia e non la conosce, i suoi denari diventan mosche • e' non si voglion pigliar tutte le mosche che volan per aria • in bocca chiusa non entran mosche • non c'è miele senza mosche • ognun si pari le mosche con la sua coda • la prima acqua d'agosto toglie un sacco di pulci e l'altro di mosche • quando si sente morder le mosche, le giornate si metton fosche • si prendono più mosche con una goccia di miele che con un barile d'aceto • un torso di pera cascata è la morte di mille mosche • uomo senza moglie, è mosca senza capo • val più un'ape che cento mosche • i veri amici son come le mosche bianche

moscone i mosconi rompon le tele dei ragni

mosso pietra mossa non fa musco

mostaccio il sole di maggio tinge il **mostaccio**

mostaio gennaio zappatore, febbraio potatore, marzo amoroso, aprile carciofaio, maggio ciliegiaio, giugno fruttaio, luglio agrestaio, agosto pescaio, settembre ficaio, ottobre **mostaio**, novembre vinaio, dicembre favaio

mosto ad agosto olio, miele e **mosto** • agosto, ci matura il grano e il **mosto** • a ottobre il **mosto** nelle doghe • a San Martino ogni **mosto** è vino • chi mangia l'uva d'agosto, non arriva a bere il **mosto** • chi pota di maggio e zappa d'agosto non raccoglie né pane né **mosto** • chi va all'acqua d'agosto, non beve il **mosto** • chi vuole aver del **mosto**, zappi le vigne d'agosto • di novembre il **mosto** in tino gorgogliando divien vino • di settembre e d'agosto, bevi il vino e lascia stare il **mosto** • giugno, luglio e agosto, né acqua né donna né **mosto** • per San Matteo tutto il **mosto** è mio • quando viene agosto, prepara i caratelli per il **mosto** • se non arde luglio e agosto, nella tina poco **mosto** • se vuoi avere un buon **mosto**, devi bagnare in agosto • se vuoi castagne e **mosto**, che piova ad agosto • sole d'agosto: miele e **mosto**

mostra fazzoletti che si tengono a **mostra** non si vendono

mostrare al cieco non si **mostra** la strada • chi lavora lustra, e chi non lavora **mostra** • chi **mostra** i quattrini mostra il giudizio • la fortuna è una vacca, a chi **mostra** il davanti, a chi il di dietro • madre che fila poco, i suoi figliuoli **mostrano** il culo • **mostrami** la moglie, ti dirò che marito ha • non bisogna **mostrare** i cenci al popolo • non **mostrar** mai né il fondo della tua borsa né del tuo animo • piede alla culla e mano al fuso, **mostrano** la buona massaia • quel che t'è caro non **mostrarlo** • vista torta, mal animo **mostra**; vista all'ingiù, tristo e non più; vista all'insù, o pazzo o tanto savio che non si possa dir più

mostro un quattrin di carta, una penna, e un danaro d'inchiostro, fanno apparire d'un uomo un **mostro**

motaccio le fave nel **motaccio**, il gran nel polveraccio

mozzo v'è chi bacia tal mano che vorrebbe veder **mozza**

mucca anche le **mucche** nere danno il latte bianco • da una **mucca** a una donna ci corre un par di corna

mucchiarello quando le noci vengono a **mucchiarelli**, la va bene pei ricchi e i poverelli

muffa a star fermi si fa la **muffa** • il buon vino fa gromma e il cattivo **muffa**

mugnaio acqua di giugno rovina il **mugnaio** • l'acqua di maggio rovina il **mugnaio** • biada di **mugnaio**, vin di prete e pan di fornaio, non fare a miccino • coscienza di **mugnai**, coscienza d'osti • figliuole d'osti e caval di **mugnai**, non te n'impacciar mai • gallo di **mugnaio**, gatto di beccaio, garzone d'oste, ortolano di frati e fattor di monache non han pari • i **mugnai** sono gli ultimi a morir di fame • quando il pidocchio casca nella tramoggia, si pensa d'essere il **mugnaio** • quando i **mugnai** gridano, corri alla tramoggia • trenta **mugnai**, trenta beccai, trenta sartori, fan cento e venti ladri

mugolare a voler che il corpo **mugoli**, pan di legno e vin di nugoli

mula chi accarezza la **mula**, buscherà de' calci • **mula** che rigna e donna che sogghigna, quella ti tira, e questa ti sgraffigna • riso di signore, sereno d'inverno, cappello di matto, e trotto di **mula** vecchia, fanno una primiera di pochi punti

mulino (**molino**) al **molino** e alla sposa, manca sempre qualche cosa • a novembre bevi il vino e lascia l'acqua per il **mulino** • a San Martino sta meglio il grano al campo che al **mulino** • ben va al **mulino** chi c'invia l'asino • bevi il vino, e lascia andar l'acqua al **mulino** • chi lavora colle vacche va al **mulino** colle somare • chi va al **mulino** s'infarina • il **mulino** non macina senz'acqua • né alla messa né al **mulino** non aspettare il tuo vicino • né mulo, né **mulino**, né fiume, né forno, né signore per vicino • ogni **mulino** vuole la sua acqua • ognuno porta l'acqua al suo **mulino** • prodigo e bevitor di vino, non fa né forno né **mulino** • il vento non è buono che a mandar navi e **mulini**

mulo amici e **muli** falliscono nell'adoprarli • né **mulo**, né mulino, né fiume, né forno, né signore per vicino • schiena di **mulo**, corso di barca, buon per chi n'accatta • tra tanti **muli** ci può stare un asino

muovere (**muoversi**) chi è al coperto quando piove è ben matto se si **muove** • dall'otto al nove l'acqua non si **muove** • donna che **muove** l'anca, se non lo è poco ci manca • Firenze non si **muove**, se tutta non si duole • **muovi** lite, acconcio non ti falla • non si **muove** foglia che Dio non voglia • quando piove, chi non ha gambe non si **muove** • il sole di marzo, **muove** e non risolve • solo il bue vecchio **muove** le carra arrestate • una piccola catena **muove** un gran peso

mura la brava ragazza la vedono da sette **mura**

muraglia nelle belle **muraglie** si genera il serpe

murare mangiare senza bere, **murare** a secco • **murare** e piatire, dolce impoverire • non ruinan le case fatte in carta, ma **murate** in terra sì

muro (**mura**) a **muro** basso ognuno si appoggia • a popol sicuro non bisogna **muro** • chi fa alle capate col **muro**, i corni son suoi • chi ha buona la lancia, la provi al **muro** • chi leva **muro**, leva muso • dei disegni ne son piene le **mura** • duro con duro non fa buon **muro** • e' non son tutti uomini quelli che pisciano al **muro** • **muro** vecchio e muro nuovo non si voller mai bene • per amistà conservare, **muri** bisogna piantare • protestare e dare il capo nel **muro**, lo può fare ognuno

musa trist'a quella **musa** che non sa trovar la scusa

muschio (**musco**) pietra mossa non fa **musco**

musica cambiano i suonatori ma la **musica** è sempre quella • è meglio la **musica** che la battuta • la **musica** ne' dissimili, e l'amicizia ne' simili • quando la fame assale, la **musica** non vale

muso bisogna fare il **muso** secondo la luna • chi bada all'orto non va mai a letto col **muso** torto • chi è nato di carnevale, non ha paura dei brutti **musi** • chi leva muro, leva **muso** • guardati dalla peste e dalla guerra, e dai **musi** che guardan per terra • quando la vacca tien su il **muso**, brutto tempo salta suso

mutare al balordo **mutagli** gioco • amico di buon tempo **mutasi** col vento • il buon nocchiero **muta** vela, ma non tramontana • cavallo vecchio, tardi **muta** ambiatura • chi **muta** paese, muta ventura • chi vuol esser ben servito, **muti** spesso • col **mutar** paese non si muta cervello • disavvantaggio **muta** pensier nel saggio • pecora cornuta, vacca panciuta, mai non la **muta** • quando canta il ghirlindò, chi ha cattivo padron **mutar** lo può

muto faccia chi può, prima che il tempo **mute**; ché tutte le lasciate son perdute • i gran dolori sono **muti**

n, N

napoletano napoletano largo di bocca e stretto di mano

Napoli a Roma dottori, a Napoli ladroni, a Genova scavezzi, a Milan tagliacantoni, a Venezia forestieri, a Fiorenza scardassieri • i don di Spagna, i conti d'Alemagna, i monsieurs di Francia, i vescovi d'Italia, i cavalier di **Napoli**, i lordi di Scozia, i fidalghi di Portogallo, i minori fratelli d'Inghilterra e i nobili d'Ungheria, fanno una povera compagnia • il ministro di Sicilia rode, quel di **Napoli** mangia, e quel di Milano divora

nascere alla guerra non ne **nasce** • al **nascer** delle doppie il mondo ha finito d'esser semplice • a Marradi, seminan fagioli e **nascon** ladri • amor che **nasce** in malattia, quando si guarisce se ne passa via • amore e gelosia **nacquero** insieme • ancor non è **nata** e vediamola maritata • anco tra le spine **nascono** le rose • anima **nata**, il ciel l'aiuta • a pagar non esser corrente, che può **nascer** l'accidente che tu non paghi niente • aprile fa **nascere** i fiori e maggio si piglia l'onore • a San Marco **nato**, a San Giovanni assetato • a Vinegia, chi vi **nasce** mal si pasce; chi vi viene per ben viene • bellezza è come un fiore che **nasce** e presto muore • ben conta la madre, ma meglio quello che ha **nascere** • chi asino **nasce**, asino muore • chi di gallina **nasce** convien che razzoli • chi è **nato** di carnevale, non ha paura dei brutti musi • chi ha da essere facchino, **nasce** col cercine in capo • chi

nasce afflitto muore sconsolato • chi **nasce** bella, nasce maritata • chi **nasce** è bello, chi si sposa è buono e chi muore è santo • chi **nasce** in settembre ama le donne e il vino • chi **nasce** male, muore peggio • chi non ha poveri o matti nel parentato, è **nato** o di lampo o di tuono • chi non vuol durar fatica in questo mondo, non ci **nasca** • chi prima **nasce**, prima pasce • chi vuole il buon bacato, per San Marco o posto o **nato** • da cosa **nasce** cosa • d'aquila non **nasce** colomba • da un disordine **nasce** un ordine • di maggio **nasce** un somaro la mattina e la sera porta la soma • di maggio **nascono** i ladri • la donna sa dove **nasce** e non sa dove muore • dove passi il campano **nasce** il grano • l'erba non **nasce** sulla strada maestra • in campo stracco, di grano **nasce** loglio • in forno caldo non può **nascer** erba • la legge **nasce** dal peccato • meglio non **nato** che non insegnato • nessuno **nasce** maestro • non **nascon** cieche solamente le talpe • per amor del non conviene, **nasce** molto male e poco bene • per San Donato, l'inverno è **nato**; per San Lorenzo, gli è grosso come un giovenco; per Santa Maria, quanto una badia • poeti si **nasce**, non si diventa • poeti si **nasce**, oratori si diventa • prega Dio di tre cose: di **nascere** in buona parte, di non cominciar trist'arte, di non prender ria moglie • quando il tuo diavolo **nacque**, il mio andava ritto alla panca • quando **nascono** son tutti belli, quando si maritano, tutti buoni, e quando muoiono son tutti santi • quando si **nasce** matti, non si guarisce mai • i romaneschi **nascono** coi sassi in mano • se fossi cappellaio gli uomini **nascerebbero** senza capo • se **nascono** i funghi al mese di luglio, matura l'uva • se non piove di marzo, non viene né erba né altro; se non piove d'aprile, quello ch'è **nato** sta per morire • si sa come si **nasce**, non si sa come si muore • tanti ne **nasce**, tanti ne muore • tristo a quell'uccello che **nasce** in cattiva valle • tutti adorano il sole che **nasce** • tutti siam **nati** per morire • tutti si **nasce** piangendo e nessuno muore ridendo • un uovo appena **nato** vale un ducato

nascondere (**ascondere**) l'amore si **nasconde** dietro una cruna d'ago • in marzo si **nasconde** un gatto, in aprile lasciami dormire; in maggio vieni a veder che faccio e in giugno mettimi nel pugno • la perfezione dell'arte consiste nel **nasconder** l'arte • per San Giuseppe in un buon campo d'erba medica deve **nascondersi** il cappello d'un prete • spesso sotto abito vile s'**asconde** uom gentile

nascosto il male che non ha riparo, è bene tenerlo **nascosto** • rocca, morte **nascosta**

naso un bel **naso** fa un bel-l'uomo • chi pon suo **naso** a consiglio, l'un dice bianco e l'altro vermiglio • chi si taglia il **naso** s'insanguina la bocca • la giustizia è fatta come il **naso**, che dove tu lo tiri viene • non si può sapere il vero, dal **naso** alla bocca • per San Biagio tutte le giovani storcono il **naso** • se tu hai meno il **naso**, ponviti una mano

nasuto uomo **nasuto** di rado cornuto

Natale a **Natale**, freddo cordiale • a **Natale**, mezzo pane; a Pasqua, mezzo vino • a **Natale** un bel ceppone, a carnevale un bello spiedo, a Pasqua un bel vestito • a **Natale** un piede di gallo, al primo dell'anno un piede di cane, all'Epifania un piede di stria • a Pasqua e a **Natale** è un santissimo carnevale • avanti **Natale**, né freddo né fame: da Natale in là, il freddo se ne va • castagne verdi per **Natale** sanno molto e poi vanno a male • il chiaro di luna a **Natale**, chiaro di luna quand'è ora di mietere • chi carnevale si vuole fare, da **Natale** ha da cominciare • chi non digiuna la vigilia di **Natale**, corpo di lupo e anima di cane • chi per **Natale** non ha il filato e per Pasqua non ha il panno va nudo tutto l'anno • da **Natale** a carnevale non c'è vigilia da osservare, se San Mattia non appare • da **Natale** a Pasqua il risparmio ha passato l'acqua • da Ognissanti a **Natale** i fornai perdono il capitale • da San Martino a **Na**-

tale ogni povero sta male • da Santa Caterina a **Natale** un mese reale • **Natale** con i tuoi, a Pasqua con chi vuoi • **Natale** in venerdì, vale due poderi: se viene in domenica, vendi i bovi e compra la melica • **Natale** piovoso, raccolto generoso • **Natale** senza danari, carnevale senz'appetito, Pasqua senza devozione • **Natale** senza luna: sette nevi sopra una • **Natale** viene una volta l'anno • la neve che vien prima di **Natale** dura più dell'acciaio • neve per **Natale**, sole a Carnevale • la neve prima di **Natale** è tutta di regalo • Pasqua e **Natale** ogni tempo può fare • per i Santi o io o i miei fanti, per San Martino sono vicina, per San Niccolò verrò se potrò, per **Natale** senza fallo • per le Palme e per i Fiori si vestono i signori, per Pasqua e per **Natale** si vestono i cafoni • per Sant'Andrea piglia il porco per la sea; se tu non lo puoi pigliare, fino a **Natale** lascialo andare • prima di **Natale** né freddo né fame; da Natale in là freddo e fame in quantità • quando l'Angiolo si bagna l'ale, piove fino a **Natale** • quando **Natale** viene in domenica, vendi la tonica per comprar la melica • rondini a Pasqua, passeri a **Natale** • San Tommaso per **Natale** quattro • se nevica a **Natale** si riempie la madia di pane • se tu vedi del formento per **Natale**, ammazza il cane; se non lo vedi dagli del pane • se va tutto il dì di San Gal, lo fa bello fino a **Natal** • viene **Natale** santo e giusto: chi si mangia la carne e chi sente l'odore di arrosto

natura l'abitudine è una seconda **natura** • a chi **natura** non lo volle dire, nol dirian mille Atene e mille Rome • bastardo buono, ventura; bastardo cattivo, sua **natura** • chi non sa leggere la sua scrittura è un asino per **natura** • ciò che si ha per **natura**, fino alla fossa dura • donna brunetta, di **natura** netta • dove manca **natura** arte procura • la **natura** può più dell'arte • nutritura passa **natura** • ogni creatura, ha la sua **natura** • parla per **natura** e non per impostura • pazzo per **natura**, savio per iscrittura • presto per **natura**, e tardi per ventura • l'uso diventa **natura** • l'uso vince **natura** • vizio per **natura**, fino alla fossa dura

naturale un buon **naturale** val più di quante lettere sono al mondo

nave ai Morti ogni **nave** piglia porto • a **nave** rotta ogni vento è contrario • gran **nave**, gran pensiero • molti hanno la coscienza sì larga, che avanza una **nave** di chiesa • **nave** genovese, e mercante fiorentino • la **nave** non va senza il battello • **nave** vecchia, ricchezza del padrone • non giudicar la **nave** stando a terra • ogni **nave** fa acqua; quale a mezzo, quale a proda, e quale in sentina • tre cose son facili a credere, uomo morto, donna gravida e **nave** rotta • il vento non è buono che a mandar **navi** e mulini

navigare (**navicare**) bisogna **navigare** secondo il vento • chi disse **navigare**, disse disagio • chi è in mare **navica**, chi è in terra radica • chi non sa orare, vada in mare a **navigare** • ognuno sa **navigare** col buon vento

nazione le **nazioni** smaltiscono diversamente il dolore: il Tedesco lo beve, il Francese lo mangia, lo spagnolo lo piange, e l'Italiano lo dorme

nebbia dove scende la **nebbia** di gennaio scende la neve di marzo • gennaio: neve, **nebbia** e freddo ai piedi • **nebbia** bassa buon tempo lascia • la **nebbia** di marzo non fa male, ma quella d'aprile toglie il pane e il vino • la **nebbia** lascia il tempo che trova • novembre, tre **nebbie** fanno una piova • la predica fa come la **nebbia**, lascia il tempo che trova • se è **nebbia**, o nebbiarella, carestia o coticella • tanta **nebbia** di marzo, tanti temporali d'estate

necessario chi compra il superfluo venderà il **necessario** • nessuno è **necessario** a questo mondo

necessità bisogna fare di **necessità** virtù • chi gioca per bisogno, perde per **necessità** • in chiesa per devozione, alla guerra per **necessità** • **necessità** abbassa nobiltà • la **necessità** aguzza l'ingegno • la **necessità** conduce a Dio • la **necessità** fa legge • la **necessità** fa l'uomo ladro • la **necessità**

non ha legge • **necessità** non porta indugio

negare chi confessa la sorte, **nega** Dio • chi tutto **nega**, tutto confessa • credesi il falso al verace, **negasi** il vero al mendace • spesso si dà per forza quel che si **nega** per cortesia

negato più da noi è bramato quel che più ci vien **negato**

negoziante Sant'Antonio e San Mauro sono due **negozianti** di neve

negoziare chi **negozia** con scrittore e con notaro litiga di raro

negozio le generalità confondono i **negozi**

nemico a far del bene ci facciamo dei **nemici** • amico beneficato, **nemico** dichiarato • chi del vino è amico, di se stesso è **nemico** • chi è gran **nemico**, è anche grande amico • chi guarda i **nemici**, li grida più di quelli che sono • chi non sa fingersi amico, non sa essere **nemico** • dagli amici mi guardi Iddio, ché dai **nemici** mi guardo io • è male amico chi a sé è **nemico** • gran **nemico** all'uomo è il parer proprio • il meglio è **nemico** del bene • **nemico** diviso, mezzo vinto • il **nemico** ti fa savio • non v'è maggior **nemico** della troppa prosperità • oste e **nemico**, è tutt'uno • parla all'amico come se avesse a diventar **nemico** • peggio è l'invidia dell'amico che l'insidia del **nemico** • ponti d'oro al **nemico** che fugge! • quello è tuo **nemico** che è di tuo ufficio • tanti servitori tanti **nemici** • tutti son bravi quando il **nemico** fugge • un **nemico** è troppo, e cento amici non bastano • il verosimile, è **nemico** del vero • il vizio è **nemico** della vergogna

neo un **neo** cresce bellezza

Nera Tevere non cresce, se **Nera** non mesce

nero anche le mucche **nere** danno il latte bianco • il bianco e il **nero** han fatta ricca Vinegia • d'un uovo bianco pulcin **nero** • guardati da toscan rosso, da lombardo **nero**, da romagnuol d'ogni pelo • quando la mora è **nera**, un fuso per sera; quando l'è nera affatto, filane tre o quattro • i quattrini bianchi van serbati pe' giorni **neri** • San Biagio grigio, San Biagio santo, a sera

nero e al mattino bianco • se piove per San Barnabà, l'uva bianca se ne va; se piove mattina e sera, se ne va la bianca e la **nera** • sera rossa e **nero** mattino, rallegra il pellegrino • sopra il **nero** non v'è colore • terra **nera** buon grano mena • terra **nera** dà buon frutto, terra bianca guasta tutto • Tutti i Santi: l'oliva si coglie, o **nera** o bianca

nervo le bestie sono il **nervo** del podere e il pane del contadino

nespola con il tempo e con la paglia maturano le **nespole** • quando vedi la **nespola** e tu piangi, che l'è l'ultima frutta che tu mangi • San Martino dalle **nespole**, e il buon vino

nesto quando l'anno vien bisesto, non por bachi, e non far **nesto**

nettare chi è imbrattato si **netti** • non tutte le macchie si **nettano** con l'acqua calda • sette cose fa la zuppa, cava fame e sete attuta, empie il ventre e **netta** il dente, fa dormire, fa smaltire, e la guancia fa arrossire

netto donna brunetta, di natura **netta** • la palma benedetta vuole trovare la casa **netta** • se ognuno spazzasse da casa sua, tutta la città sarebbe **netta** • l'ulivo benedetto, vuol trovare pulito e **netto**

neutrale i **neutrali** sono come chi sta al secondo piano, che ha il fumo del primo e il piscio del terzo

neve alla Madonna Immacolata la **neve** è cascata • a San Mattia la **neve** per la via • buona è la **neve** che a suo tempo viene • la Candelora quanto sole scopre, tanta **neve** copre • dalla **neve** o cotta o pesta, non caverai altro che acqua • di bruma la **neve** s'aggruma, di gennaio la neve fa solaio, di marzo fa il ponte e in aprile si rompe • dopo la **neve**, buon tempo ne viene • dove scende la nebbia di gennaio scende la **neve** di marzo • durasse tanto la mala vicina, quanto dura la **neve** marzolina • gennaio con **neve**, vento e brina: sta' tranquillo nella cascina • gennaio: **neve**, nebbia e freddo ai piedi • il giorno di Sant'Antonio o la **neve** o il tempo buono • la

Madonna di bruma, la **neve** si aggruma • Natale senza luna: sette **nevi** sopra una • la **neve** che vien prima di Natale dura più dell'acciaio • la **neve** di febbraio è come lo strutto a carnevale • **neve** di febbraio mette poco grano nel granaio • **neve** di febbraio, mezzo letamaio • la **neve** di gennaio diventa sale, e quella d'aprile farina • **neve** marzolina dura dalla sera alla mattina • **neve** per Natale, sole a Carnevale • la **neve** per otto dì è alla terra come mamma, da indi in là come matrigna • la **neve** prima di Natale è tutta di regalo • ottobre colla foglia, **neve** d'inverno che si scioglie • per il giorno di Tutti i Santi la **neve** arriva al camposanto, per il giorno dei Morti la neve arriva negli orti • per San Bellino la **neve** sul camino • per San Frediano la **neve** al monte e al piano • per San Niccolò la **neve** in co' • per Santa Caterina: o **neve** o brina o tira fuori la fascina • per Sant'Antonio dalla barba bianca, se c'è la **neve** il pane non manca • quando il sole la **neve** indora, neve, neve e neve ancora • quando la canavera fa il pennacchio, molta **neve** e molto ghiaccio • quando la **neve** è alta un mattone, il grano torna a un testone • quando la **neve** s'inverna in piano, val più il sacco che non vale il grano • quando la **neve** si scioglie si scopre la mondezza • San Giuseppe dalla barba bianca: o la **neve** o il fango • Sant'Andrea o la **neve** o nevica • Sant'Antonio dalla barba bianca, se non piove, la **neve** non manca • Sant'Antonio e San Mauro sono due negozianti di **neve** • se cade la **neve** di maggio tutti i mesi cade • se **nevica** a Natale si riempie la madia di pane • se **nevica** per la Candelora, sette volte la neve svola • senza **neve** a Sant'Ambrogio il raccolto è mogio mogio • sotto la **neve** pane e sotto l'acqua fame

nevicare non **nevica** e non diaccia che il sol non la disfaccia • non **nevica** tutto il verno • per la Santa Candelora o che **nevichi** o che plora, dell'inverno siamo fuora; s'egli è sole o solicello, siamo ancora a mezzo il verno • quando **nevi-**

ca a minuto, la si vuol fare insino al buco • quando **nevica** di settembre, nove lune attende • quando **nevica**, il lupo predica • Sant'Andrea o la neve o **nevica** • se **nevica** a Natale si riempie la madia di pane • se **nevica** per la Candelora, sette volte la neve svola

nevicata San Pati: o piove o nevicate

nevoso anno **nevoso**, anno fruttuoso

nidiata per l'Annunziata il grano fiorisce e gli uccelli fan la loro **nidiata**

nido aprile: le coppie preparano il **nido** • casa senza abitanti **nido** di topi • cattivo è quell'uccello che rivela il proprio **nido** • cattivo quell'uccello che sporca il suo **nido** • il cuculo insegna a fare il **nido** agli altri e si risparmia di fare il suo • la domenica dell'ulivo ogni uccello fa il suo **nido** • mal cova la gallina fuor del **nido** • nel febbraio la beccaccia fa il **nido**, nel marzo tre o quattro, nell'aprile pieno il covile, nel maggio tra le frasche, nel giugno come un pugno, nell'agosto non ucciderla al corso • **nido** fatto gazza morta • per l'Ascensione neppure l'uccello va al **nido**

niente a chi Dio aiutar vuole, **niente** nuocer gli puole • a pagar non esser corrente, che può nascer l'accidente che tu non paghi **niente** • a Sant'Agostino per la vigna **niente** pena • bene fatto per paura non val **niente** e poco dura • ben tardi venuto, per **niente** è tenuto • buono è l'amico e buono il parente, ma trista la casa dove non si trova **niente** • caval che suda, uomo che giura e donna piangente non gli creder **niente** • chi dice tutto e **niente** serba, può andar con l'altre bestie e pascer l'erba • chi non ha pazienza non ha **niente** • chi perde piacere per piacere, non perde **niente** • chi sta a ca', **niente** sa • chi tanto e chi **niente** • col ma e col se non si fa **niente** di ben • con il **niente** non si fa niente • giovedì grasso: chi non ha **niente** s'impegna la cassa • maledetto il ventre che del pan che mangia non si ricorda **niente** • né da frati né da monache non t'aspettar mai **niente** • né l'occhio né l'ugna, vuol **niente** che pugna • **niente** s'asciuga così presto come le lacrime • non si fa **niente** per niente • nuvolo da ponente non si leva per **niente** • o Cesare o **niente** • la paura è fatta di **niente** • perdona a tutti, ma **niente** a te • la prima oliva è oro, la seconda argento, la terza non val **niente** • quando facciam del male, il diavolo ci tenta, quando non facciamo **niente**, noi tentiamo lui • quando non dice **niente**, non è dal savio il pazzo differente • quel che vedi, poco credi; quel che senti non creder **niente** • soldati del Papa, otto a cavare una rapa; senza il sargente non son buoni a **niente** • tra parente e parente, tristo a chi non ha **niente**

nipote a chi Dio non dà figli il diavolo dà **nipoti**

niuno compagnia d'uno, compagnia di **niuno**; compagnia di due, compagnia di Dio; compagnia di tre, compagnia di re; compagnia di quattro, compagnia da matti • de' giovani ne muor qualcuno, de' vecchi non ne campa **niuno** • **niuno** è savio d'ogni tempo • **niuno** riprenda, che non intenda • **niuno** s'ha da vergognare della sua arte • San Vincenzo chiaro, assai grano; se è oscuro, pane **niuno** • voce d'uno, voce di **niuno**

nobile Dio ti guardi da furia di vento, da frate fuor di convento, da donna che parla latino, e da **nobile** poverino • i don di Spagna, i conti d'Alemagna, i monsieurs di Francia, i vescovi d'Italia, i cavalier di Napoli, i lordi di Scozia, i fidalghi di Portogallo, i minori fratelli d'Inghilterra e i **nobili** d'Ungheria, fanno una povera compagnia • se fortuna travaglia un **nobil** core, raro è che alfine non gli dia favore • servi il **nobile** ancorché sia povero, perché verrà tempo che ti pagherà

nobilitare il lavoro **nobilita** l'uomo • il villano **nobilitato** non conosce suo parentato

nobiltà bellezza e **nobiltà** danno ricchezze • dalle virtù la **nobiltà** viene • necessità abbassa **nobiltà** • la **nobiltà** è come lo zero • **nobiltà** poco si prezza, se vi manca la ricchezza

È MEGLIO HOGGI VN VVOVO, CHE DIMANI VNA GALLINA.

Due uolte doni tù, se tosto dai,
Ch'amar uia più, che più gradir si suole
Hoggi il non molto, che diman l'assai.

nocchiero il buon **nocchiero** muta vela, ma non tramontana • non si piglia il vento alla vela senza licenza del **nocchiero** • pallidezza nel **nocchiero**, di burrasca segno vero

nocchio alle volte, dei cattivi **nocchi** si fanno di buone schegge

nocciola a San Lorenzo maturano le **nocciole**

noce donne, asini e **noci**, voglion le mani atroci • meglio esser moro che **noce** • ogni vento non scuote il **noce** • per la Santa Croce spiga il grano e increa la **noce** • per San Lorenzo la **noce** è fatta • per Santa Croce, pane e **noce** • quando le **noci** vengono a mucchiarelli, la va bene pei ricchi e i poverelli • una **noce** in un sacco non fa rumore • un **noce** in una vigna, una talpa in un prato, un legista in una terra, un porco in un campo di biade, e un cattivo governatore in una città, sono assai per guastare il tutto • uno ha le voci, e l'altro le **noci**

noce moscata pepe, **noce moscata** e sapa, fa buona la rapa

nocumento molte volte i **nocumenti** sono agli uomini documenti

nodo chi non fa il **nodo** perde il punto • malagevolmente si scioglie il **nodo** che fu a lungo stretto • piccolo ago scioglie stretto **nodo** • qual è il **nodo**, tal sia il conio • la seta non tiene il **nodo** • tutti i **nodi** vengono al pettine

Noè chi mangia aloè, campa gli anni di **Noè**

noia il bel tempo non viene mai a **noia** • chi non è uso a portar le brache, le costure gli danno **noia** • il morso della pulce non dà **noia** all'elefante • non v'è gioia senza **noia**

nome i pastori per rubare le pecore si mettono **nome** lupi • sotto **nome** di baia cade un buon pensiero

nominare non **nominare** la corda in casa dell'impiccato • persona trista, **nominata** e vista

nona da **nona** alla campana esce fuora la... • legge di Verona, dura da terza a **nona** • tra vespro e **nona**, non è fuor persona buona

notaio (**notaro**) chi negozia con scrittore e con **notaro** litiga di raro • di tre cose il diavolo si fa insalata, di lingua d'avvocati, di dita di **notai**, e la terza è riservata • **notai**, birri e messi, non t'impacciar con essi

notare i francesi non dicono come voglion fare, non leggono come scrivono, non contano come **notano**

notte a settembre e a febbraio **notte** e giorno vanno pari • chi cavalca la **notte**, convien che posi il giorno • chi è tenuto savio di giorno, non sarà mai pazzo di **notte** • chi fa di **notte**, si dipar di giorno • chi mi piglierà di **notte**, mi lascerà di giorno • chi si marita per amore, di **notte** ha piacere, e di giorno ha dolore • chi va a letto senza cena, tutta **notte** si dimena • chi va di **notte**, ha delle botte • come i ladri di Pisa, che il giorno litigano e la **notte** rubano insieme • di **notte** tutti i gatti sono bigi • la mattina è la madre de' mestieri, e la **notte** de' pensieri • non è andato ancora a letto chi ha da avere la mala **notte** • la **notte** è fatta per gli allocchi • la **notte** porta consiglio • ogni cuffia è buona per la **notte** • per Santa Lucia s'accorcia la **notte** e s'allunga il dì • quando gli armellini sono in fiore, il dì e la **notte** son d'un tenore • quando marzo è qui, tanto è lunga la **notte** come il dì • quando piove di **notte** di giugno, ricaccia il pane dal forno • seren di **notte**, nuvolo di estate, amor di donna, discrezion di frate • temporal di **notte**, molto fracasso e nulla di rotto • tempo rifatto di **notte**, se dura un giorno dura troppo

novanta **novanta** carnevali, preparati gli stivali • la paura fa **novanta**

nove chi compra a tempo, vende **nove** per altri e un per sé • dall'otto al **nove** l'acqua non si muove • quando nevica di settembre, **nove** lune attende • quattro o cinque al viandante, cinque o sei al mercatante, sei o sette allo studente, sette o otto all'altra gente, otto o **nove** al signorone, nove o dieci al gran poltrone • una buona imbriacatura **nove** giorni dura

novella chi ha la sentenza contro, e se n'appella, a casa porta due triste **novelle** • chi vuol udir **novelle**, al barbier si dicon belle • **novelle** di Banchi, promesse di fuorusciti, favole di commedianti

novembre a **novembre** bello o brutto in campagna muore tutto • a **novembre** bevi il vino e lascia l'acqua per il mulino • a **novembre** semina piovendo, e se è duro semina pure • di **novembre** il mosto in tino gorgogliando divien vino • gennaio e febbraio, tienti al pollaio; marzo e aprile, capretto gentile; maggio e giugno, erbette col grugno; luglio e agosto, piccioni arrosto, settembre e ottobre, buone lepri col savore; **novembre** e dicembre, buon vitel sempre • gennaio zappatore, febbraio potatore, marzo amoroso, aprile carciofaio, maggio ciliegiaio, giugno fruttaio, luglio agrestaio, agosto pescaio, settembre ficaio, ottobre mostaio, **novembre** vinaio, dicembre favaio • **novembre** ammucchia aria e le foglie in terra, dicembre ammazza l'anno e lo sotterra • **novembre** il morticino e dicembre il Gesù Bambino • **novembre**, tre nebbie fanno una piova • se a **novembre** il contadin riposa, farà di fame pianger la sposa • se a **novembre** non è arato, tutto l'anno è malandato • se di **novembre** tuona, l'annata sarà buona • stelle a settembre, botti piene a **novembre** • trenta dì ha **novembre**, april, giugno e settembre; di ventotto ce n'è uno tutti gli altri n'han trentuno

novità le **novità** duran tre dì, e quando van di trotto, le non duran più d'otto

nozze alle **nozze** e a' mortori, si conoscono i parenti • chi non è alle sue **nozze**, o che son crude o che son troppo cotte • chi va alle **nozze** e non è invitato, ben gli sta se n'è cacciato • i Giudei in Pasqua, i Mori in **nozze**, i Cristiani in piatire, sanno impoverire • **nozze** e magistrato, dal cielo è destinato • tristo a colui che non si trova alle sue **nozze**

nudo (**ignudo**) chi per Natale non ha il filato e per Pasqua non ha il panno va **nudo** tutto l'anno • marzo vuol trovar la terra **nuda** e la vuole lasciar vestita • non mangiar crudo, non andar col piede **ignudo** • quando il cucco canta sulla rama **nuda**, la stagione è ancora cruda

nugolo vigna al **nugolo** fa debol vino • a voler che il corpo mugoli, pan di legno e vin di **nugoli**

nulla a chi sa non manca **nulla** • a fare i poveri non si spende **nulla** • a farsi canzonare non si perde **nulla** • il buono a **nulla** è assistito dalla legge di tutti • chi attende al suo, non perde mai **nulla** • chi dà per ricevere, non dà **nulla** • chi non è in grazia, serve per **nulla** • chi perde a ragion non perde **nulla** • chi piglia l'anguilla per la coda e la donna per la parola, può dire di non tener **nulla** • chi Roma non vede, **nulla** non crede • chi sa senza Cristo, non sa **nulla** • chi troppo pensa, **nulla** fa • chi troppo vuole **nulla** stringe • ira senza forza, **nulla** vale • marito vecchio, meglio che **nulla** • meglio poco che **nulla** • molti san tutto, e di se stessi **nulla** • **nulla** fa bene agli occhi • ragazzi savi e vecchi matti, non furon mai buoni a **nulla** • temporal di notte, molto fracasso e **nulla** di rotto • un è **nulla**, due una frulla, tre un che, quattro è un fatto, e cinque un tratto • uomo carnale **nulla** vale

nullo a **nullo** luogo viene, chi ogni via che vede tiene • poco cibo e **nullo** affanno, sanità nel corpo fanno

nuocere a chi Dio aiutar vuole, niente **nuocer** gli puole • chi con frode **nuoce**, per frode perisce • la lode giova al savio e **nuoce** molto al pazzo • non tutto il male vien per **nuocere** • tanto è il mal che non mi **nuoce**, quanto il ben che non mi giova • tentar non **nuoce** • troppo grattar cuoce, e troppo parlar **nuoce** • un uomo **nuoce** a cento, e cento non giovano a uno

nuora dico a te, suocera, perché tu **nuora** intenda • fra suocera e **nuora** ci si sta in malora • suocera cieca, **nuora** avventurata • suocera e **nuora**, tempesta e gragnola

nuotare il mondo è rotondo e chi non sa **nuotare** va a fondo

nuova nessuna **nuova**, buona nuova

nuovo a bue vecchio, campanaccio **nuovo** • amore **nuovo** va e viene, ed il vecchio si mantiene • gli amori **nuovi** fanno dimenticare i vecchi • anno **nuovo** vita nuova • a usanza **nuova** non correre • campo rotto, paga **nuova** • casa **nuova**, chi non ve ne porta non ve ne trova • chi lascia la via vecchia per la **nuova**, sa quel che lascia e non sa quel che trova • chi non gastiga i delitti ne cagiona dei **nuovi** • chi pon mele in vaso **nuovo**, provi se tiene acqua • dura più una pentola vecchia che una **nuova** • duro a vecchia licenza, **nuova** legge • fattor **nuovo**, tre dì buono • forca vecchia, spia **nuova** • luna **nuova** tre giorni in prova • la mala **nuova** la porta il vento • marzo, per la coda t'alzo: ma se viene di **nuovo**, il bove incapanna • muro vecchio e muro **nuovo** non si voller mai bene • non ti rallegrar del mio duolo, ché quando il mio sarà vecchio, il tuo sarà **nuovo** • non tutti si può stare in Mercato **nuovo** • **nuova** caminata è presto affumicata • **nuovo** signore, nuovo tiranno • peccato vecchio, penitenza **nuova** • per l'anno **nuovo** bisogna incontrare un uomo • il podestà **nuovo** caccia il vecchio • rete **nuova** non piglia uccello vecchio • San Nicola San Nicola, vi do la vecchia e mi date la **nuova** • San Silvestro: son terminate le feste; anno **nuovo**, cominciano di nuovo • scopa **nuova** spazza bene • scopa **nuova** spazza bene tre giorni • sega l'erba a luna **nuova** e la vacca al bisogno trova • triaca vecchia, confezione **nuova**

nutrire cattivo è il mestiero che non **nutrisce** l'artefice • **nutri** la serpe in seno, ti renderà veleno • ogni terreno **nutrisce** l'arte

nutritura **nutritura** passa natura

nuvola (**nuvolo**) i favori delle corti sono come sereni d'inverno e **nuvoli** d'istate • **nuvolo** da ponente non si leva per niente • un piccol **nuvolo** guasta un bel sereno • quando il tempo è in vela, ogni **nuvolo** porta sereno • quando i **nuvo-**

li vanno in su, to' una seggiola e siedivi su; quando i nuvoli vanno al mare, to' una vanga e va a vangare • seren di notte, **nuvolo** di estate, amor di donna, discrezion di frate

nuvoloso (**nuvolo**) se è **nuvolo** a San Paolo, dalle da mangiare quanto vuole, se è sereno, conserva il fieno

o, O

obbedire comandi chi può, obbedisca chi deve • nel governo più importa saper comandare che **obbedire**

obbligare loda e conforta e non t'**obbligare** • non c'è schiavo più legato, che all'amico l'**obbligato**

obbligo chi ringrazia, non vuol **obblighi** • salutare è cortesia, rendere il saluto è **obbligo**

obliare ben ama, chi non **oblia**

oca al Francese un'**oca**, allo Spagnolo una rapa • a penna a penna si pela l'**oca** • a Sant'Andrea l'**oca** sulla brea • buon papero, cattiva **oca** • cent'**oche** ammazzano un lupo • chi mangia l'**oca** alla corte, in capo all'anno caca le penne • chi vuole un'**oca** fina, a ingrassare la metta a Santa Caterina • donne e **oche** tienne poche • dove son femmine e **oche**, non vi son parole poche • **oche**, castagne e vino son piatti di San Martino • i paperi cacciano l'**oche** fuori di casa • i paperi menano a bere le **oche** • porco d'un mese, **oca** di tre, mangiar da re • se tutti i pazzi portassero una berretta bianca, si parrebbe un branco d'**oche** • tanto beve l'**oca** quanto il papero • tre cose son cattive magre, **oche**, femmine e capre

occasione a chi vuol far del male, non gli manca mai **occasione** • l'**occasione** fa l'uomo ladro

occhiale la vista non si cura con gli **occhiali**

occhiello senza l'**occhiello** non s'affibbia il manto

occhio a chi compra non bastano cent'**occhi**; a chi vende ne basta uno solo • alle volte con gli **occhi** aperti si fan dei sogni • all'invidioso gli si affila il viso e gli cresce l'**occhio** • al serrar degli **occhi** si saldano i conti • anche l'**occhio** vuol la sua parte • bocca chiusa e **occhio** aperto, non fe' mai nessun deserto • la buona derrata cava l'**occhio** al villano • le buone donne non hanno né **occhi** né orecchi • chi ha contenti gli **occhi**, non si sa quel che il cor faccia • chi non apre ben gli **occhi** a' fatti sui, stentando va per arricchire altrui • chi troppo frena gli **occhi**, vuol dire che gli sono scappati • chi vuole un buon potato, più un **occhio** e meno un capo • comprar cavalli e tor moglie; serra gli **occhi**, e raccomandati a Dio • corvi con corvi non si cavan gli **occhi** • la donna guarda più sott'**occhio** che non fa l'uomo a diritto filo • fa più il padrone co' suoi **occhi**, che l'opre col badile • guardati dagli **occhi** piccini • in terra di ciechi beato chi ha un **occhio** • lontano dagli **occhi**, lontano dal cuore • i morti aprono gli **occhi** ai vivi • nell'oscuro si vede meglio con uno che con due **occhi** • né l'**occhio** né l'ugna, vuol niente che pugna • nulla fa bene agli **occhi** • **occhi** bassi e cuor contrito, la bizzoca vuol marito • **occhi** che veggono non invecchiano • gli **occhi** hanno più credenza che le orecchie • **occhio** che non vede, cuore che non desidera • **occhio** che piange cuore che sente • l'**occhio** del padrone ingrassa il cavallo • **occhio**, gomito, ginocchio fan vergogna al medico • **occhio** maligno, alma sventurata • **occhio** non vede, cuore non duole • **occhio** per occhio, dente per dente • **occhio** presto alma mesta, occhio ridente alma mordente • gli **occhi** sono la finestra dell'anima • il piano ha **occhi**, e il bosco orecchi • quel che l'**occhio** non vede, cuore non crede • il troppo grasso fa l'**occhio** cieco • un **occhio** alla padella e uno alla gatta • i vecchi son lepri, dormono con gli **occhi** aperti • vedono più quattr'**occhi** che due

occorrere a buon cavallo non **occorre** dirgli «Trotta»

occulto sapienza **occulta**, tesoro riposto

occupato in amoroso stato non dura l'**occupato**
odiare chi fa male, **odia** il lume
odiato la vecchiezza è da ognuno desiderata; quando s'acquista viene **odiata**
odio chi di libertà è privo, ha in **odio** d'esser vivo • grande amicizia genera grand'**odio** • l'**odio** è cieco come l'amore • **odio** ricominciato, è peggio che prima • quattro madri buone fanno figliuoli cattivi: la verità l'**odio**, la prosperità il fasto, la sicurtà il pericolo, la familiarità il dispregio
odioso i paragoni son tutti **odiosi**
odore chi dipinge il fiore, non gli dà l'**odore** • vento di marzo, **odor** di primavera • viene Natale santo e giusto: chi si mangia la carne e chi sente l'**odore** di arrosto
offendere la calunnia **offende** tre, chi la dice, a chi la si dice, e di chi la si dice • chi **offende**, non dimentichi • chi **offende**, non perdona • chi **offende** scrive nella rena; chi è offeso, nel marmo • dicembre, davanti t'agghiaccia e di dietro t'**offende** • Dio perdona a chi **offende**, non a chi toglie e non rende
offesa gran giustizia, grande offesa
offeso chi offende scrive nella rena; chi è **offeso**, nel marmo
oggi denari di gioco, **oggi** te li do, domani te li tolgo • donna e luna, **oggi** serena, domani bruna • meglio un uovo **oggi** che una gallina domani • non rimandare a domani quello che puoi fare **oggi** • non si può dire **oggi** quel che sarà domani • **oggi** a me domani a te • **oggi** è San Vito: ogni moglie batte il marito; domani è Santa Lena: ogni marito batte la mogliera • **oggi** fave, domani fame • **oggi** in alto, domani in basso • **oggi** in figura domani in sepoltura • **oggi** si perde e doman si guadagna • se compri un podere **oggi**, fa' che domani in città più non alloggi
Ognissanti (**i Santi, Tutti i Santi, 1 novembre**) ai **Santi** si veste i fanti, a San Martino grandi e piccini • brina ai **Santi** lascia l'impronta: tanta aridità dopo nei campi • da **Ognissanti** a Natale i for-

nai perdono il capitale • fino ai **Santi** la sementa è pei campi, dai Santi in là, la si porti a cà • in luna calante ai **Santi** e in agosto si taglia la legna nel bosco • **Ognissanti**, manicotti e guanti • per il giorno di **Tutti i Santi** la neve arriva al camposanto, per il giorno dei Morti la neve arriva negli orti • per i **Santi** bisogna aver pagato tutti quanti • per i **Santi** o io o i miei fanti, per San Martino sono vicina, per San Niccolò verrò se potrò, per Natale senza fallo • per **Ognissanti** i grani seminati e i frutti riportati • per **Tutti i Santi** le castagne vanno erranti • per **Tutti i Santi** mezz'addietro e mezz'avanti • quando non danno i campi, non l'hanno i **Santi** • quello che fa il giorno del Padre Santo, fa San Luca e **tutt'i Santi** • se è brutto ai **Santi** i Morti l'aggiustano, se è bello ai Santi i Morti lo disfanno • se vuoi fottere gli uccelli passanti, semina fave e piselli per **Tutti i Santi** • **Tutti i Santi** lo cominciano e Sant'Andrea lo finisce • **Tutti i Santi**: l'oliva si coglie, o nera o bianca

ognora lavora come avessi a campare **ognora**; adora come avessi a morire allora

ognuno a chi fa bottega gli bisogna dar parole a **ognuno** • a muro basso **ognuno** si appoggia • a **ognuno** la sua croce • chi è povero **ognun** lo fugge • chi portasse al mercato i suoi guai, **ognuno** ripiglierebbe i suoi • colpo di forbici **ognun** due • con **ognun** fa' patto, coll'amico fanne quattro • del cervello **ognuno** si pensa d'averne più che parte • del giudizio **ognun** ne vende • della pace **ognun** ne gode • del matto, del medico e del cuoco, **ognuno** n'ha un poco • detto senza fatto ad **ognun** par misfatto • d'opinioni e sassi **ognun** può caricarsi • dopo il fatto **ognuno** è savio • in chiesa e in mercato, **ognuno** è licenziato • non passa giubbileo che **ognun** non sia gastigato • **ognun** crede quel che desidera • **ognun** dà pane, ma non come mamma • **ognuno** aguzza i suoi ferri • **ognuno**

ama la giustizia a casa d'altri • **ognuno** a suo modo, e gli asini all'antica • **ognuno** c'è pel cuoio e per la pelle • **ognuno** dà la colpa al cattivo tempo • **ognuno** è amico di chi ha buon fico • **ognuno** è artefice della propria fortuna • **ognuno** è buono a qualcosa • **ognuno** è figlio delle proprie azioni • **ognuno** è libero di far quel che vuole • **ognuno** fa quel che può • **ognuno** ha da pensare a casa sua • **ognuno** ha i suoi gusti • **ognuno** ha opinione, ma non discrezione • **ognuno** parla ben del suo mestiere • **ognuno** patisce del suo mestiere • **ognuno** per sé e Dio per tutti • **ognuno** porta l'acqua al suo mulino • **ognuno** sa dov'è, ma nessuno sa dov'ha da andare • **ognuno** sa navigare col buon vento • **ognuno** sa sé e Dio sa tutti • **ognuno** si crede senza vizio perché non ha quelli degli altri • **ognuno** va col suo senno al mercato • **ognuno** vorrebbe il mestolo in mano • **ognuno** vuol meglio a sé che agli altri • **ognun** può dir parole a modo suo • **ognun** si pari le mosche con la sua coda • **ognun** vede il mantello, nessun vede il budello • protestare e dare il capo nel muro, lo può fare **ognuno** • quando è caduta la scala, **ognuno** sa consigliare • Sant'Andrea, Sant'Andrea, **ognuno** a casa sua • se il buon prospera, **ognun** prospera • se il grande fosse valente e il piccolo paziente, e il rosso leale, **ognun** sarebbe eguale • se **ognuno** spazzasse da casa sua, tutta la città sarebbe netta • sopra l'albero caduto **ognuno** corre a far legna • una ghirlanda costa un quattrino, e non istà bene in capo a **ognuno** • la vecchiezza è da **ognuno** desiderata; quando s'acquista viene odiata

Olandese nel colonizzare un'isola, la prima fabbrica eretta da uno Spagnolo sarebbe una chiesa, da un Francese un forte, da un **Olandese** un magazzino, e da un Inglese una bottega di birra

oliato insalata ben salata, poco aceto e bene **oliata**

olio ad agosto **olio**, miele e mosto • chi vuole tutte le olive, non ha tutto l'**olio** • mercante di vino, mercante poverino; mercante d'**olio**, mercante d'oro • nel mese di luglio possa non piovere neanche **olio** • **olio** dapprima, vino del mezzo, e miele di fondo • **olio**, ferro e sale, mercanzia reale • per Santa Maria l'**olio** è per la via • se di febbraio corrono i viottoli, empie di vino e **olio** tutti i ciottoli

oliva a Santa Reparata ogni **oliva** è olivata • chi vuole tutte le **olive**, non ha tutto l'olio • il leccio non fa **olive** • marzo e aprile: mandorle e **olive** • **oliva** bagnata e covone coricato • per Sant'Assunta l'**oliva** è unta • la prima **oliva** è oro, la seconda argento, la terza non val niente • quando piove in agosto l'**oliva** si guasta • Tutti i Santi: l'**oliva** si coglie, o nera o bianca

olivato a Santa Reparata ogni oliva è **olivata**

oliveto per San Vito gira l'**oliveto**: se uno o due paiono, è entrata generale

olivo **olivo** bagnato, uovo asciutto

ombra abbattuto l'albero, scompare l'**ombra** • anche un solo capello fa la sua **ombra** • cappello di villano, **ombra** di mosche • chi ha paura d'ogni figura, spesso inciampa nell'**ombra** • in ottobre la montagna mette **ombra** • si vive bene all'**ombra** del campanile

ombraio di febbraio il sole batte in ogni **ombraio**

ombrello aprile è un mese del Lella: un po' col sole, un po' coll'**ombrella** • aprile: mai uscire senza **ombrello**

ombroso maggio **ombroso** e non piovoso

oncia ci vuole un'**oncia** di fortuna, e un diavol che porti • i fanciulli mettono ogni giorno un'**oncia** di carne e una libbra di malizia • il male viene a libbre e va via a **once** • meglio un'**oncia** di libertà che dieci libbre d'oro • non c'è carne che non faccia qualche **oncia** di schiuma • val più un'**oncia** di reputazione che mille libbre d'oro • val più un'**oncia** di sorte che cento libbre di sapere

onestà (**onestade**) **onestà** di bocca assai vale e poco costa • **onestà** e gentilezza sopravanza ogni bellezza • **onestà**, santità metà della metà • **onestà** sta bene anche in chiasso • se la donna di gran beltade non ha angelica **onestade**, non gli far veder le strade

onesto chi non si contenta dell'**onesto**, perde il manico e il cesto

onorare a' cattivi passi, **onora** il compagno • un bel morir tutta la vita **onora** • un bel morir tutta la vita **onora**, un bel fuggir salva la vita ancora • **onora** il senno antico

onorato amore **onorato** né vergogna né peccato

onore a caval corridor e felice giocator, poco dura l'**onor** • al maggiore deesi l'**onore** • l'amore a nessuno fa **onore** e a tutti fa dolore • aprile fa nascere i fiori e maggio si piglia l'**onore** • bandiera vecchia **onor** di capitano • chi all'**onor** suo manca un momento, non vi ripara poi in anni cento • chi bene e mal non può soffrire, a grande **onor** non può venire • chi fa **onore** ai panni, i panni fanno onore a lui • chi si fa Argo dell'**onore** altrui, riesce talpa del suo • chi vuol fare **onore** all'amico, ciccia di troia e legna di fico • col suo si salva l'**onore**, e con quel d'altri si perde • il dare fa **onore** e il chiedere è dolore • la gatta grassa fa **onore** alla casa • meglio una sassata nella testa, che una ferita nell'**onore** • non v'è pensier penoso, quanto **onore** e povertà • l'**onore** è come il vento, va fuori per tutti i buchi • l'**onore** va dietro a chi lo fugge • pochi denari, e molto **onore** • quando tu vedi un ponte, fagli più **onor** che a un conte • se t'imbianco, gli è **onor** mio; se ti rompo, non t'ho fatt'io • vegliare alla luna e dormire al sole, non fa né pro né **onore**

onza chi si marita e non si pente, compra Palermo a sole cent'**onze**

opera (**opra**) l'amore e la fede dall'**opere** si vede • chi ben comincia è a metà dell'**opera** • chi è a **opra** è a oprare • chi ha quattrini da buttar via tenga l'**opre** e non ci stia • chi mal paga un'**opera**, non può chiederne un'altra • dei giudizi non mi curo, che le mie **opere** mi fanno sicuro • fa più il padrone co' suoi occhi, che l'**opre** col badile • **opera** fatta, maestro in pozzo • l'**opera** loda il maestro

operaio a mezzo gennaio, metti l'**operaio**

opinione d'**opinioni** e sassi ognun può caricarsi • gelosia viene per impotenza, per **opinione** e per esperienza • ognuno ha **opinione**, ma non discrezione • **opinion** non è sì stolta che da volgo non sia tolta

opprimere la forza **opprime** la giustizia

oprare chi è a opra è a **oprare** • chi è diverso nell'**oprare**, non può molto amico stare • chi non sa dir qualche volta di no, cosa buona **oprar** non può

ora a buona **ora** in pescheria, tardi in beccheria • al ben far non far dimora, perché presto passa l'**ora** • a San Marco e a San Giorgio è **ora** di mettere il granturco • beato chi porta il giogo a buon'**ora** • il chiaro di luna a Natale, chiaro di luna quand'è **ora** di mietere • chi semina alla buon'**ora**, qualche volta falla, e chi semina tardi, falla quasi sempre • in un'**ora** Dio lavora • marzo e aprile son fratelli: **ora** brutti **ora** belli • non vale levarsi a buon'**ora**, bisogna aver ventura • l'**ore** non tornano indietro • pecore e donne a casa a buon'**ora** • per la Vecchietta, un'**oretta**, per Sant'Antonio, due mezz'ore buone • per San Bastiano, un'**ora** abbiamo • per Sant'Albino è **ora** di fare il giardino • quando piove alla buon'**ora**, prendi i bovi, va, e lavora • quando viene l'**ora**, né medico né ventura • se nell'orto vuoi avere bella verdura, un'**ora** al giorno bisogna che gli dia cura • uccellin che mette coda, mangia ogn'**ora** ogn'ora • un'**ora** di buon sole rasciuga molti bucati • un'**ora** di contento sconta cent'anni di tormento

orare chi non sa **orare**, vada in mare a navigare • chi per altri **ora**, per sé lavora • il lavorare è un mezzo **orare**

oratore poeti si nasce, **oratori** si diventa

orbo l'**orbo** non piange

ordine da un disordine nasce un **ordine** • dove non è **ordine**, è disordine • negli **ordini**

pari, i pareri son dispari • l'**ordine** è pane, il disordine è fame

ordire a tela **ordita** Dio manda il filo • chi vuol lavor gentile, **ordisca** grosso e trami sottile • uno **ordisce** la tela, e l'altro la tesse • l'uomo **ordisce** e la fortuna tesse

orecchina se tu vuoi empir le tina, zappa il miglio in **orecchina**

orecchio (**orecchia**) animo risoluto non ha **orecchi** • le buone donne non hanno né occhi né **orecchi** • il campanello di camera è il peggio suono che si possa avere negli **orecchi** • chi ha **orecchie** intenda, chi ha denaro spenda • chi ha **orecchie** per intendere intenda • gli occhi hanno più credenza che le **orecchie** • **orecchia** lunga, vita lunga • il piano ha occhi, e il bosco **orecchi** • la pulce ch'esce di dietro l'**orecchio** col diavolo si consiglia • quando fischia l'**orecchio** manritto, il cuore è afflitto; quando fischia l'orecchio manco, il cuore è franco • sacco pieno rizza l'**orecchio** • un buon paio d'**orecchi** stancano cento male lingue

organista al toccar de' tasti si conosce il buon **organista**

orgoglio ad **orgoglio** non mancò mai cordoglio • l'**orgoglio** che pranza di vanità cena di disprezzo • l'**orgoglio** va adoperato come il pepe • se l'**orgoglio** fosse un'arte, vi sarebbero molti maestri

Orlando contro due non la potrebbe **Orlando** • tardi tornò **Orlando**

oro al paragone si conosce l'**oro** • casa propria non c'è **oro** che la paghi • i chiavistelli s'ungon con l'**oro** • chi butta via **oro** con le mani, lo cerca co' piedi • donna che regge all'**oro**, val più d'un gran tesoro • dono di consiglio più vale che d'**oro** • dove l'**oro** parla, la lingua tace • in guaina d'**oro**, coltello di piombo • il mattino ha l'**oro** in bocca • meglio un'oncia di libertà che dieci libbre d'**oro** • mercante di vino, mercante poverino; mercante d'olio, mercante d'**oro** • non è tutto **oro** quello che luccica • l'**oro** non compra tutto • **oro** non guasta lavoro • l'**oro**

presente cagiona timore, e assente dà dolore • l'**oro** s'affina al fuoco e l'amico nelle sventure • l'**oro** si prova col fuoco e l'uomo con l'oro • ponti d'**oro** al nemico che fugge! • la prima acqua d'aprile, vale un carro d'**oro** con tutto l'assile • la prima oliva è **oro**, la seconda argento, la terza non val niente • le ragazze son d'**oro**, le sposate d'argento, le vedove di rame e le vecchie di latta • se le donne fossero d'**oro**, non varrebbono un quattrino • il silenzio è d'**oro** • sotto piombo si trovano le vene d'**oro** • la terra non avvilisce l'**oro** • tutto è fumo e vento, fuorché l'**oro** e l'argento • un uomo di paglia vuole una donna d'**oro** • val più un'oncia di reputazione che mille libbre d'**oro** • la vanga ha la punta d'**oro**

orso buon cane non trova buon **orso** • chi dal lotto spera soccorso, mette il pelo come un **orso** • chi divide la pera coll'**orso**, n'ha sempre men che parte • chi mena l'**orso** a Modena, si perde il tempo, le parole e i passi • non vendere la pelle dell'**orso** prima di averlo preso • l'**orso** sogna pere • se l'**Orso** è asciutto l'inverno dura ancora quaranta dì

ortica chi ha il cul nell'**ortica**, spesse volte gli formica

orto l'acqua fa l'**orto** • all'**orto** se non porti non trasporti • bagna l'**orto** la sera quando fa freddo e la mattina quando fa caldo • chi bada all'**orto** non va mai a letto col muso torto • chi ha buon **orto**, ha buon porco • il contadino accorto si vede dall'**orto** • la donna e l'**orto** vuole un sol padrone • l'erba che non vuoi ti spunta nell'**orto** e l'uomo che vuoi morto è sempre vivo • io sto coi frati e zappo l'**orto** • l'**orto** è la seconda madia del contadino • la pazienza è una buon'erba ma non cresce in tutti gli **orti** • la pecora ha l'**orto** sotto la coda • per il giorno di Tutti i Santi la neve arriva al camposanto, per il giorno dei Morti la neve arriva negli **orti** • se nell'**orto** vuoi avere bella verdura, un'ora al giorno bisogna che gli dia cura • il sole d'agosto inganna la massara nell'**orto**

ortolano can dell'**ortolano**, non mangia la lattuga, e non la lascia mangiare agli altri • chi vuol provar le pene dell'inferno, d'estate il fabbro e l'**ortolan** d'inverno • gallo di mugnaio, gatto di beccaio, garzone d'oste, **ortolano** di frati e fattor di monache non han pari • marzo **ortolano**, tanta paglia poco grano • se maggio è **ortolano**, vendi i bovi e comprati il grano

orzo all'Ascensione l'**orzo** spiga, il grano comincia • **orzo** e paglia fanno caval da battaglia • se piove a San Marco, cresce il carro dell'**orzo** al massaro

orzola l'**orzola**, dopo due mesi va e ricola

oscuro bruma **oscura** tre dì dura; se vien di trotto, dura più d'otto • nell'**oscuro** si vede meglio con uno che con due occhi • quel che si fa all'**oscuro** apparisce al sole • San Vincenzo chiaro, assai grano; se è **oscuro**, pane niuno

ospedale (**spedale**) chi non ha entrata né mestiere e va a spasso, va allo **spedale** passo passo • il furfante in ogni luogo trova tre cose, osteria, prigione e **spedale** • il signor Donato è morto allo **spedale**

ospite un **ospite** cortese loda pranzo e paese • l'**ospite** è come il pesce: dopo tre giorni puzza • **ospite** raro, ospite caro

osservare da Natale a carnevale non c'è vigilia da **osservare**, se San Mattia non appare

osso chi ha goduto la carne, poi goda le **ossa** • chi ti dà un **osso**, non ti vorrebbe veder morto • Dio ci liberi dall'**osso** di dicembre • il drappo corregge il dorso, e la carne concia l'**osso** • Grosseto ingrossa, Batignano fa la fossa, Paganico sotterra l'**ossa** • guarda il tuo coltello dall'**osso** • la lingua non ha **osso**, ma fa rompere il dosso • nell'**osso** duro si crea la midolla tenera • tutto s'accomoda fuorché l'**osso** del collo

oste chi è **oste** o fornaio, e fa il barcaruolo, dato gli sia d'un mazzuolo • chi fa i conti avanti l'**oste**, gli convien farli due volte • chi ha accordato l'**oste**, può andare a dormire • coscienza di mugnai, coscienza d'**osti** • le disgrazie sono come le tavole degli **osti** • fidarsi alla buona stagione d'aprile è come fare i conti innanzi l'**oste** • figliuole d'**osti** e caval di mugnai, non te n'impacciar mai • gallo di mugnaio, gatto di beccaio, garzone d'**oste**, ortolano di frati e fattor di monache non han pari • invito d'**oste** non è senza costo • non domandare all'**oste** se il vino è buono • **oste** e nemico, è tutt'uno • quando l'**oste** è sull'uscio, l'osteria è vuota

osteria chi ha buona cantina in casa non va pel vino all'**osteria** • il furfante in ogni luogo trova tre cose, **osteria**, prigione e spedale • non ti far capo della compagnia, perché è il capo che paga l'**osteria** • quando l'oste è sull'uscio, l'**osteria** è vuota

ostinato chi vive **ostinato** muore disperato • gli sciocchi e gli **ostinati** fanno ricchi i laureati

ottenere chi ara l'uliveto, dimanda il frutto; chi lo letama l'**ottiene**; chi lo pota lo sforza • col dire e col dare tutto s'**ottiene** • quel che non si conviene, da Dio mai non s'**ottiene**

otto bruma oscura tre dì dura; se vien di trotto, dura più d'**otto** • dall'**otto** al nove l'acqua non si muove • la neve per **otto** dì è alla terra come mamma, da indi in là come matrigna • le novità duran tre dì, e quando van di trotto, le non duran più d'**otto** • l'**otto** maggio coperto il selvaggio • quando canta il botto, rasciuga un dì quanto non piove in **otto** • quattro o cinque al viandante, cinque o sei al mercatante, sei o sette allo studente, sette o **otto** all'altra gente, otto o nove al signorone, nove o dieci al gran poltrone • sette cose pensa l'asino e **otto** l'asinaio • soldati del Papa, **otto** a cavare una rapa; senza il sargente non son buoni a niente

ottobre a **ottobre** bagna cauda e vino buono la fanno da padroni • a **ottobre** il mosto nelle doghe • chi semina in **ottobre** miete bene in giugno • d'**ottobre** in cantina sera e mattina • gennaio e febbraio, tienti al pollaio; marzo e aprile, capretto gentile; maggio e giugno, erbette col grugno; luglio e agosto, piccioni arrosto, settembre e **ottobre**, buone lepri col savore; novembre e dicembre, buon vitel sempre • gennaio zappatore, febbraio potatore, marzo amoroso, aprile carciofaio, maggio ciliegiaio, giugno fruttaio, luglio agrestaio, agosto pescaio, settembre ficaio, **ottobre** mostaio, novembre vinaio, dicembre favaio • in **ottobre** la montagna mette ombra • **ottobre** capo vendemmiatore • **ottobre** colla foglia, neve d'inverno che si scioglie • **ottobre** cuoce l'uovo • **ottobre**: il grano si spande e il vino si ripone • **ottobre** non ne vuole di sopre • **ottobre** piovoso, campo prosperoso • se l'alba è brutta a San Michele, **ottobre** sarà più brutto che bello • se piove per San Gorgonio, tutto l'**ottobre** è un demonio

ottone **ottone**, rame e stagno, assai denari e poco guadagno

ovile aprile, le pecore nell'**ovile**

ozio l'ozio è il padre dei vizi

ozioso chi è **ozioso**, è dubbioso • donna **oziosa**, non può esser virtuosa • giovane **ozioso**, vecchio bisognoso • meglio il rognoso che l'**ozioso** • ogni servo gallonato è un **ozioso** affaccendato • s'è grande, è **oziosa**; s'è piccola, è viziosa; s'è bella è vanitosa; s'è brutta, è fastidiosa • uomo **ozioso** è il capezzale del diavolo

p, P

p... sapienza di pover uomo, bellezza di **p...** e forza di facchino non valgono un quattrino

pace l'armi portan **pace** • beato si prova chi in **pace** si trova • chi è in **pace** col mondo, non è ancora addormentato che già russa • chi è segreto in ogni terra, mette la **pace** e leva la guerra • chi muore giace, chi vive si dà **pace** • chi sempre tace, brama la **pace** • dalla prudenza viene la **pace**, e dalla pace viene l'abbondanza • della **pace** ognun ne gode • dove c'è la **pace** ci è Dio • dove la donna domina e governa, ivi sovente la **pace** non sverna • è meglio la **pace** de' villani che la guerra de' cittadini • la guerra cerca la **pace** • la guerra fa i ladri, e la **pace** gl'impicca • moglie perfidiosa e marito pertinace, non vivono mai in **pace** • il mondo senza **pace** è il danaro del soldato • nella **pace** i giovani seppelliscono i vecchi, ma nella guerra i vecchi seppelliscono i giovani • non conosce la **pace** e non la stima chi provato non ha la guerra prima • non dir quanto sai, non giudicar quanto vedi, e in **pace** viverai • **pace** e pazienza, e morte con penitenza • **pace** e vittoria son giudici in guerra • siedi e taci, e avrai **pace** • tra **pace** e tregua, guai a chi rileva • l'ulivo benedetto porta **pace** sotto il tetto

padella donna, **padella** e lume, sono gran consumo • la **padella** dice al paiuolo: fatti in là che mi tingi • un occhio alla **padella** e uno alla gatta

Padova a **Padova**, i giudici danno la ragione ad ambe le parti • Bologna la grassa, ma **Padova** la passa • Brescia, può e non vuole; Verona vuole e non può; Vicenza può e vuole; **Padova** né può né vuole • Milano la grande, Vinegia la ricca, Genova la superba, Bologna la grassa, Firenze la bella, **Padova** la dotta, Ravenna l'antica, Roma la santa

padovano i **padovani** impiccano l'asino

padre a **padre** avaro figliuol prodigo • chi ammazza il marzuolo, ammazza il **padre** e il figliuolo • chi non ascolta il **padre** in giovinezza, udirà il boia in vecchiezza • come **padre** Zappata, che predicava bene e razzolava male • il figlio al **padre** s'assomiglia, alla madre la figlia • madre morta, **padre** cieco • il migliore dei rossi ha accoppato suo **padre** • l'ozio è il **padre** dei vizi • **padre** che ha figliuoli grandi, fuor li mandi • il **padre** deve fare la tavola tonda • i **padri** indolenti hanno figli pigri • per una volta la si può fare anche a suo **padre** • più vale un **padre** che cento pedagoghi • quando il **padre** fa carnevale, ai figlioli tocca far quaresima • quando il **padre** marita la figlia, egli ha casa e vigna; quando l'ha maritata, non ha né vigna né casa • tale il **padre** tale il figlio • tal pera mangia il **padre**, ch'al figliuolo allega i denti • tre figlie e una madre, quattro diavoli per un **padre** • un **padre** campa cento figli e cento figli non campano un padre

Padre Santo quello che fa il giorno del **Padre Santo**, fa San Luca e tutt'i Santi

padrone l'acqua e il fuoco son buoni servitori, ma cattivi **padroni** • al **padrone** non far sapere, quanto è buono il cacio con le pere • al servo pazienza, e al **padrone** prudenza • a ottobre bagna cauda e vino buono la fanno da **padroni** • attacca l'asino dove vuole il **padrone** e, se si rompe il collo, suo danno • bisogna rispettare il cane del **padrone** • la catena tanto lega il **padrone** quanto lo guarda • chi ha compagnia ha **padrone** • chi sa, è **padrone** degli altri • chi vuol bene al **padrone** vuol bene al cane • la donna e l'orto vuole un sol **padrone** • è meglio esser **padro-**

ne di un testone, che servo di un milione • fa più il **padrone** co' suoi occhi, che l'opre col badile • i fastidi dei **padroni** sono i conviti dei servitori • meglio essere a Roma senza **padrone**, che per la strada senza quattrini • meglio essere **padrone** della carriola che servitore del carro • morte e **padrone** non domandare quando viene • nave vecchia, ricchezza del **padrone** • non può aver cosa buona chi non liscia la **padrona** • non si può servire a due **padroni** • l'occhio del **padrone** ingrassa il cavallo • il **padrone** buono fa buono anche il contadino • il **padrone** in villa è febbre al contadino, e sanità al podere • il **padrone** non va per l'acqua • per allevare un garzone ci vuole un buon **padrone** • quando canta il ghirlindò, chi ha cattivo **padron** mutar lo può • quando i cavalli ruzzano, il **padrone** stenta • i soldati fanno come i cavalli che annitriscono a chi li governa, e tiran calci al **padrone** • tal **padrone** tal servitore • tra maldocchio e l'acqua cotta, al **padron** non gliene tocca • un buon servitore val più d'un buon **padrone**

paesano marzo marzaccio: dentro il **paesano** fuori il contadinaccio

paese chi muta **paese**, muta ventura • col mutar **paese** non si muta cervello • e' non si grida mai al lupo che non sia in **paese** • in capo a un anno e a un mese, ogni fiume torna al suo **paese** • in cent'anni e cento mesi torna l'acqua a' suoi **paesi** • in ogni **paese** è buona stanza dove si leva il sole • lotto, lusso, lussuria e Lorenesi, quattro L ch'han rovinato i miei **paesi** • moglie e buoi dei **paesi** tuoi • ogni **paese** al galantuomo è patria • un ospite cortese loda pranzo e **paese** • **paese** che vai, come vedi fare, fai • **paese** che vai, usanza che trovi • **paesi** fecondi, rendon molti vagabondi • piccola giornata e grandi spese, ti conducono sano al tuo **paese** • la roba del villano dura trent'anni e un mese e poi la torna al suo **paese** • se v'è in **paese** una buona moglie, ciascuno crede che sia la sua • tutto il mondo è **paese**

paga campo rotto, **paga** nuova • scarpa grossa **paga** ogni cossa • secondo la **paga**, il lavoro

pagamento errore non fa **pagamento**

Paganico Grosseto ingrossa, Batignano fa la fossa, **Paganico** sotterra l'ossa

pagare al mangiare gaudeamus, al **pagare** suspiramus • amor con amor si **paga** • a **pagare** e a morire si è sempre in tempo • a **pagar** non esser corrente, che può nascer l'accidente che tu non paghi niente • berretta non **paga** cuffietta • bisogna far lo sciocco per non **pagar** il sale • casa propria non c'è oro che la **paghi** • chi ben conta, mal **paga** • chi casca in mare e non si bagna, **paga** la pena • chi compra ciò che **pagar** non può, vende ciò che non vuole • chi fa di testa **paga** di borsa • chi gioca di piè, **paga** di borsa • chi mal **paga** un'opera, non può chiederne un'altra • chi mal tira, ben **paga** • chi mal tira, mal **paga** • chi mangia la torta del comune, **paga** lo scotto in piazza • chi non può di borsa, **paghi** di bocca • chi non può **pagare**, preghi • chi **paga** debito, fa capitale • chi rompe **paga** e i cocci sono suoi • chi vuole ingannare il comune, **paghi** le gabelle • chi vuol lavor mal fatto, lo **paghi** innanzi tratto • chi vuol quaresima corta, faccia debiti da **pagare** a Pasqua • credenza è morta, il mal **pagar** l'uccise • il debito non si **paga** il giorno che si fa • Dio non **paga** il sabato • Domeneddio non **paga** a giornate • e' si **paga** spesso la gabella e il frodo • giugno: o che **paga** o che castiga con della paglia o con la spiga • il mondo **paga** chi ha da avere • la morte **paga** i debiti, e l'anima li purga • non solo con i denari si **pagano** i debiti • non ti far capo della compagnia, perché è il capo che **paga** l'osteria • parole fan mercato, e denari **pagano** • parole non **pagan** dazio • pensiero non **pagò** mai debito • per i Santi bisogna aver **pagato** tutti quanti • quei consigli son sprezzati che son chiesti e ben **pagati** • il ringraziar non **paga** debito • la salute non si **paga** con valuta • servi il nobile ancorché sia povero, perché verrà tempo che ti **pagherà** • se si **pagasse** dazio di parole, e' se n'avrebbe meno e manco • settembre è cortese: anche gli spini **pagano** le spese • la speranza non **paga** lo scotto • una le **paga** tutte • un carro di fastidi non **paga** un quattrin di debito • le voglie si **pagano**

pagatore buon **pagatore**, dell'altrui borsa è signore • buon riscotitore è cattivo **pagatore** • il cattivo riscuotitore fa il cattivo **pagatore** • chi dà a' cattivi **pagatori**, bestemmia il suo • dal mal **pagatore** o aceto o cercone

paglia chi ha la coda di **paglia**, ha sempre paura che gli pigli fuoco • con il tempo e con la **paglia** maturano le nespole • dalla **paglia** al legame cresce la fame • giugno: o che paga o che castiga con della **paglia** o con la spiga • in anno pieno il grano è fieno, in anno malo la **paglia** vale quanto il grano • maggio tutto vento: più **paglia** che grano • marzo ortolano, tanta **paglia** poco grano • o di **paglia** o di fieno, pur che il corpo sia pieno • orzo e **paglia** fanno caval da battaglia • per San Pietro, o **paglia** o fieno • San Paolo lucente, tanta **paglia** e poco frumento • se ronza il calabrone di gennaio tieni di conto la **paglia** del pagliaio • un uomo di **paglia** vuole una donna d'oro • uomo e donna in stretto loco, secca **paglia** appresso al foco

pagliaio anche un **pagliaio** è grande, e se lo mangia un asino • quando canta il pigozzo di gennaio, tieni a mano il **pagliaio** • quando il **pagliaio** vecchio piglia fuoco, si spenge male • quando la viola esce di febbraio, prendi la rasura e mettila nel **pagliaio** • se ronza il calabrone di gennaio tieni di conto la paglia del **pagliaio**

pagliarda sole d'inverno e amor di **pagliarda**, tardi viene e poco tarda

paio con un **par** di polli, si compra un podere • da una mucca a una donna ci corre un **par** di corna • un buon **paio** d'orecchi stancano cento male lingue

paiolo (**paiuolo**) la padella dice al **paiuolo**: fatti in là che mi tingi

pala chi non è in forno, è sulla **pala**

palata a **palate** i guai, e la morte mai

Palazzo (**1**) chi non ha visaccio, non vada in **Palazzo**

palazzo (**2**) a Firenze per avere ufizii, bisogna avere bel **palazzo** e stare a bottega • pane in piazza, giustizia in **palazzo**, e sicurezza per tutto

paleo quando la ti dice buona al **paleo**, non giuocare alla trottola

Palermo chi si marita e non si pente, compra **Palermo** a sole cent'onze • se Catania avesse porto, **Palermo** saria morto

palese vino e sdegno fan **palese** ogni disegno

palio non ha il **palio** se non chi corre • il **palio** si dà da ultimo • tutte le cose vengono al **palio**

palla gli accoppiatori e le borse a mano, hanno difeso le **palle** e il piano • chi non può dare alla **palla**, sconci • **palla** in bocca e fiasca in mano • **palle** e gruccia, beato chi le succia • tal grida **palle** palle, che farebbe dalle, dalle

pallidezza **pallidezza** nel nocchiero, di burrasca segno vero

palma la **palma** benedetta vuole trovare la casa netta

Palme, Festa delle per le **Palme** e per i Fiori si vestono i signori, per Pasqua e per Natale si vestono i cafoni • quando si bagnano le **Palme** si bagnano anche l'ova • tre acque prelibate: San Giuseppe, la domenica delle **Palme**, l'Annunziata

palo l'acqua fa marcire i **pali** • cattivo è quel **palo** che non può stare un anno in terra

palude rana di **palude** sempre si salva

pampinoso la vigna **pampinosa** fa poca uva

panattella acqua cotta e **panattella** cava il monaco di cella

panca a fame pane, a sete acqua, a sonno **panca** • quando il tuo diavolo nacque, il mio andava ritto alla **panca**

pancia a **pancia** piena si consulta meglio • carnevale: maschere, suoni e danze; il giorno dopo mezza **pancia** • **pancia** piena non crede a digiuno • **pancia** piena, piede addormentato • **pancia** vuota non sente ragioni • la vacca non s'empie la **pancia** se non è maggio

panciuto pecora cornuta, vacca **panciuta**, mai non la muta

pane abbondanza di fieno, carestia di **pane** • a chi fa il **pane** e staccia non gli si ruba focaccia • acqua di maggio: **pan** per tutto l'anno • a fame **pane**, a sete acqua, a sonno panca • ai ragazzi, **pane** e scarpe • alla Certosa è un cert'uso, chi vi va e non ha fretta, tocca un **pane** e una mezzetta • alle tre si cuoce il **pane** • a Natale, mezzo **pane**; a Pasqua, mezzo vino • l'appetito con **pane** e toma è il meglio che ci sia a Roma • aprile freddo, molto **pane** e poco vino • a Roma ci vogliono tre cose: **pane**, panni e pazienza • a voler che il corpo mugoli, **pan** di legno e vin di nugoli • il bestiame è mezzo **pane** • le bestie sono il nervo del podere e il **pane** del contadino • biada di mugnaio, vin di prete e **pan** di fornaio, non fare a miccino • la buona compagnia è mezzo **pane** • casa mia, donna mia, **pane** e aglio vita mia • chi accumula e altro ben non fa, sparagna il **pane** e all'inferno va • chi ara da sera a mane, d'ogni solco perde un **pane** • chi dà del **pane** a' cani d'altri, spesso viene abbaiato da' suoi • chi ha buon **pane** e buon vino, ha troppo un micolino • chi ha del **pane** mai non gli manca cane • chi ha denti non ha **pane** e chi ha **pane** non ha denti • chi imita la formica la state, non va pel **pane** in presto il verno • chi non ha **pane** lavorato, agosto diventa maggio • chi pota di maggio e zappa d'agosto non raccoglie né **pane** né mosto • chi volta il culo a Milan lo volta al **pan** • col **pane** tutti i guai sono dolci • da Santa Lucia a Natale: quanto fai il bucato e fai il **pane** • dove sta un **pane**, può stare una parola • e' bisogna qualche volta lasciar andare due **pani** per coppia • è meglio dir che **pane** è questo?, che non ce n'è • i guai non son buoni col **pane** • in tempo di carestia **pane** di veccia • maggio il giorno cresce e il **pane** manca • maledetto il ventre che del **pan** che mangia non si ricorda niente • marito minchione, mezzo **pane** • metti i **pani** spessi dove sono le barbe rade • il morire è il **pane** de' vecchi • la nebbia di marzo non fa male, ma quella d'aprile toglie il **pane** e il vino • non c'è **pane** senza pena • non dar del **pane** al cane ogni volta che dimena la coda • non mordere se non sai se è pietra o **pane** • ognun dà **pane**, ma non come mamma • l'ordine è **pane**, il disordine è fame • o sassi o **pani**, bisogna aver qualcosa in man pei cani • **pan** bollito, in un salto è già smaltito • il **pan** di casa stufa • **pan** di figliuoli, pene e duoli • **pan** di grano, saltami in mano • **pan** d'un giorno, vin d'un anno • **pane** alluminato e cacio cieco • **pane** alpestro e vin sorbitico, cibo de' banditi • **pane** caldo e acqua fredda non furon mai buon pasto • il **pane** degli altri è troppo salato • il **pane** del povero è sempre duro • **pane** di fratello, pane di coltello; pane di marito, pane ardito • **pane** di sudore ha gran sapore • **pane** e bucata fan donna scorrucciata • **pane** e coltello non empie mai il budello • **pane** e feste tengono il popol quieto • **pane** finché dura, ma il vino a misura • **pane** in piazza, giustizia in palazzo, e sicurezza per tutto • **pane** un tantino, e vino un tino • Pasqua di marzo, annata di **pane** • per dimenar la pasta il **pan** s'affina • per proverbio dir si suole, che tre cose il re non ha: di mangiare il **pan** condito, come noi dall'appetito: di veder levare il sole: di sentir e di udir la verità • per Santa Croce, **pane** e noce • per Sant'Antonio dalla barba bianca, se c'è la neve il **pane** non manca • più pro fa il **pane** asciutto a casa sua, che l'arrosto a casa d'altri • più vale un **pan** con amore che un cappone con dolore • poca uva, molto vino; poco grano, manco **pane** • poco **pane**, poco Sant'Antonio • la poesia non dà **pane** • qual **pane** hai, tal zuppa avrai • quando è poco **pane** in tavola, mettine assai nella scodella • quando è poco

PENSA DI TE, E POI DI ME DIRAI.

Prima le mende sue noti, e distingua
Quei, che presume ne' difetti altrui
Scagliar il dente, e fulminar la lingua.

pane in tavola, tienti il tuo in mano • quando piove di notte di giugno, ricaccia il **pane** dal forno • rendere **pan** per focaccia • San Tommaso non è guardato né da **pan** né da bucato, né da tessitora di sul Prato; ma sarà ben digiunato • San Vincenzo chiaro, assai grano; se è oscuro, **pane** niuno • se giugno non fa sudare, **pane** e vino fa scarseggiare • se il dì di San Martino il sole va in bisacca, vendi il **pane** e tienti la vacca • se il **pane** corresse quanto le lepri, quanti morirebbero di fame! • se nevica a Natale si riempie la madia di **pane** • se non è zuppa è **pan** bagnato • se per San Marco gocciola lo spino, abbondanza di **pane** e vino • se piove il giorno di San Giovanni non vengono né il vino né il **pane** • se piove per l'Ascensa, metti un **pane** di meno in sulla mensa • se tu vedi del formento per Natale, ammazza il cane; se non lo vedi dagli del **pane** • sotto la neve **pane** e sotto l'acqua fame • la speranza è il **pane** de' miseri • tanto **pane**, tanto Sant'Antonio • tramontana, **pane** e vino alla Toscana • tutti i guai son guai, ma il guaio senza **pane** è il più grosso • un fiasco di vino, e tanto **pane** che turi un fiasco • un **pane** dura cento miglia, e cento pani non durano un miglio • un pezzo di **pane** è un buon sigillo allo stomaco • il villano venderà il podere, per mangiare cacio, **pane** e pere • vin che salti, **pan** che canti, formaggio che pianga • vino spesso, **pan** caldo e legna verde, e non si lagni l'uomo se si perde

panello mazze e **panelli** fanno i figli belli

panìco chi ha paura delle passere non semini **panìco** • non bisogna ristare per le passere di seminar **panìco** • quando il fico serba il fico, tu villan serba il **panìco**

paniere chi esce fuor dal suo mestiere, fa la zuppa nel **paniere** • chi semina coll'acqua raccoglie col **paniere** • fiore di gennaio: non ne metti dentro il **paniere** • non è sì trista spazzatura che non s'adopri una volta l'anno, né sì cattivo **paniere** che non s'adopri alla vendemmia • per San Michele la succiola nel **paniere**

panione i **panioni** fermano, ma le civette chiamano

panno a Roma ci vogliono tre cose: pane, **panni** e pazienza • arriva prima il freddo dei **panni** • a Viri Galilei mi spoglio i **panni** miei • chi dei **panni** altrui si veste, presto si spoglia • chi fa onore ai **panni**, i panni fanno onore a lui • chi ha del **panno**, può menar la coda • chi ha poco **panno**, porti il vestito corto • chi per Natale non ha il filato e per Pasqua non ha il **panno** va nudo tutto l'anno • corpo unto e **panni** strappati • Dio manda il freddo secondo i **panni** • fino ai Santi fiorentini, non pigliare i **panni** fini • in **panno** fino sta la tarma • i **panni** rifanno le stanghe • i **panni** sporchi si lavano in famiglia • il **panno** al colore, il vino al sapore • **panno** fatto, sole attende • **panno** senese, si rompe prima che si metta in dosso • **panno** vecchio presto schiantato • poche parole e caldo di **panno**, non fecero mai danno • la prim'acqua d'agosto riprendi i **panni** dove li hai riposti • quando siamo per San Michele, i **panni** d'inverno sanno di miele • il sarto fa il mantello secondo il **panno**

pannocchia a San Rocco la **pannocchia** fa il tutolo

Pantalone Sicilia dà i Covelli, Francolino i Graziani, Bergamo gli Zanni, Venezia i **Pantaloni**, e Mantova i buffoni

pantanina la segale nella polverina e il grano nella **pantanina**

pantano la rana avvezza nel **pantano**, se ell'è al monte torna al piano

paolo (*soldo*) tutto sta nel fare i primi **paoli**

papa dov'è il **papa**, ivi è Roma • morto un **papa**, se ne fa un altro • San Gregorio **papa**, la rondine passa l'acqua • sa più il **papa** e un contadino, che il papa solo • soldati del **Papa**, otto a cavare una rapa; senza il sargente non son buoni a niente • tu sei qua e il **papa** è a Roma

papero buon **papero**, cattiva oca • i **paperi** cacciano l'oche fuori di casa • i **paperi** menano a bere le oche • tanto beve l'oca quanto il **papero**

pappa la **pappa** fa l'uccello ma la piuma lo fa bello

paradiso è meglio andare in **paradiso** stracciato, che all'inferno in abito ricamato • in **paradiso** non ci si va in carrozza • non si entra in **Paradiso** a dispetto dei Santi • i ricchi hanno il **paradiso** in questo mondo, e nell'altro, se lo vogliono • soli non si starebbe bene nemmeno in **Paradiso**

paraggio maggio non ha **paraggio**

paragone al **paragone** si conosce l'oro • il magistrato è **paragon** dell'uomo • i **paragoni** son tutti odiosi

parare carta **para**, tienla cara • chi da giovane non fa grippe, da vecchio **para** mano • **para** via malinconia, quel ch'ha da essere convien che sia

parassita adulatori e **parassiti** son come i pidocchi

parata pranzo di parata, vedi grandinata

parcamente viver **parcamente** arricchisce la gente

pareggiare la morte **pareggia** tutti

parentado (**parentato, parentà**) buona amistà è un altro **parentà** • chi non ha poveri o matti nel **parentato**, è nato o di lampo o di tuono • il **parentato** dev'esser pari • il villano nobilitato non conosce suo **parentato**

parente alle nozze e a' mortori, si conoscono i **parenti** • amici a scelta, e **parenti** come sono • buono è l'amico e buono il **parente**, ma trista la casa dove non si trova niente • chi ha della roba ha de' **parenti** • chi ha prete o **parente** in corte, fontana gli risurge • chi si marita con **parenti**, corta vita e lunghi tormenti • chi vuol vivere e star sano, dai **parenti** stia lontano • doglia di **parenti** doglia di denti • dove vi son figliuoli non vi son **parenti** né amici • è più vicino il dente che nessun **parente** • molti **parenti**, molti tormenti • monte, porto, città, bosco o torrente, abbi se puoi per vicino o **parente** • i **parenti** escon fuori di casa • **parenti** serpenti • il sonno è **parente** della morte • tra **parente** e parente, tristo a chi non ha niente • val più un amico che cento **parenti** • il villano nobilitato non conosce suo **parentato**

parentela la vicinanza è mezza **parentela**

parere (1) a chi è in fallo, l'uno **par** due • allo svogliato il mele **pare** amaro • a lume spento è **pari** ogni bellezza • a maggio **pare** se è pregna l'asina • chi è brutta, e bella vuol **parere**, pena patisce, per bella parere • chi veste un zoccarello, e' **pare** un fanterello • detto senza fatto ad ognun **par** misfatto • le donne per **parer** belle si fanno brutte • la fiera **par** bella a chi vi guadagna • gran nemico all'uomo è il **parer** proprio • loda lo scarpello, attienti al pennello; costa manco, e **par** più bello • ogni bruscolo gli **pare** una trave • ogni figlio **pare** bello alla mamma • **parere**, e non essere, è come filare, e non tessere • per San Vito gira l'oliveto: se uno o due **paiono**, è entrata generale • quando il villano è alla città, gli **par** d'essere il potestà • sempre **par** più grande la parte del compagno • se tutti i pazzi portassero una berretta bianca, si **parrebbe** un branco d'oche • tal **pare** de' Carnesecchi, che poi è de' Bencistà • vesti un ciocco, **pare** un fiocco

parere (2) chi ricorre a poco sapere, ne riporta cattivo **parere** • negli ordini pari, i **pareri** son dispari • tante teste, tanti **pareri**

parete quale asino dà in **parete** tal riceve

pari a lume spento è **pari** ogni bellezza • amici cari e borsa del **pari** • a settembre e a febbraio notte e giorno vanno **pari** • a voler star **pari** col contadino bisogna giocar di zero • gallo di mugnaio, gatto di beccaio, garzone d'oste, ortolano di frati e fattor di monache non han **pari** • negli ordini **pari**, i pareri son dispari • ognun si **pari** le mosche con la sua coda • il parentato dev'esser **pari** • pazzi e buffoni hanno **pari** libertà • tutte le dita non son **pari**

Parigi guardati da Mattutin di **Parigi** e da Vespri Siciliani

parlamento chi dice **parlamento**, dice guastamento

parlare a chi **parla** poco, basta la metà del cervello • a chi piace il bere, **parla** sempre di vino • al canto l'uccello, al **parlare** il cervello • altro è **parlar** di morte, altro è morire • ascolta tutti, **parla** franco, credi a pochi, a te poi manco • bel **parlare** non scortica ma sana • il Bergamasco ha il **parlare** grosso e l'ingegno sottile • chi a troppi **parla**, a pochi dà consiglio • chi meglio **parla**, peggio fa • chi non **parla**, Dio non l'ode • chi non sa tacere, non sa **parlare** • chi **parla**, deve fare anche volentieri • chi **parla** per udita, aspetti la mentita • chi **parla** semina, chi tace raccoglie • Dio ti guardi da furia di vento, da frate fuor di convento, da donna che **parla** latino, e da nobile poverino • dove l'oro **parla**, la lingua tace • molto vale e poco costa, a mal **parlar** buona risposta • ognuno **parla** ben del suo mestiere • **parla** all'amico come se avesse a diventar nemico • **parla** come il comuno, ma tieni e odi com'uno • **parla** per natura e non per impostura • **parla** poco e ascolta assai, e giammai non fallirai • **parlar** senza pensare, è come tirar senza mirare • pensa molto, **parla** poco, e scrivi meno • per ben **parlare** e assai sapere, non sei stimato senza l'avere • per **parlare** di giuoco, bisogna aver tenute le carte in mano • quando il piccolo **parla**, il grande ha parlato • si dura più fatica a tacere che a **parlare** • il tacer è rispondere a chi **parla** senza ragione • tre molti rovinan l'uomo: molto **parlare** e poco sapere, molto spendere e poco avere, molto presumere e poco valere • troppo grattar cuoce, e troppo **parlar** nuoce • vedendo uno, il conosci mezzo; e sentendolo **parlare**, il conosci tutto • vuoi tu farti creder donna beata, **parla** di tua cognata

parola a buon intenditor poche **parole** • a causa perduta, **parole** assai • a chi fa bottega gli bisogna dar **parole** a ognuno • acqua di maggio, **parola** di saggio • acquerello e **parole** se ne fa quant'un vuole • le buone **parole** acconciano i mali fatti • buone **parole** e cattivi fatti ingannano i savi e i matti • le buone **parole** non rompono i denti • le buone

parole ungono, e le cattive pungono • chi davvero aiutar vuole, abbia più fatti che **parole** • chi mena l'orso a Modena, si perde il tempo, le **parole** e i passi • chi piglia l'anguilla per la coda e la donna per la **parola**, può dire di non tener nulla • coi gran signori bisogna usar poche **parole** • contano più gli esempi che le **parole** • dove bisognano i fatti le **parole** non bastano • dove non servon le **parole**, le bastonate non giovano • dove son femmine e oche, non vi son **parole** poche • dove sta un pane, può stare una **parola** • i fatti sono maschi e le **parole** sono femmine • la lite vuol tre cose, piè leggiero, poche **parole** e borsa aperta • ogni **parola** non vuol risposta • ognun può dir **parole** a modo suo • **parola** detta, e sasso tirato, non è più suo • la **parola** non è mal detta, se non è mal presa • la **parola** riempie il cuore ma l'acqua riempie il pozzo • le **parole** amare sono medicine • **parole** da sera il vento se le mena • **parole** di bocca e pietra gettata, chi le ricoglie perde la giornata • le **parole** disoneste corrompono i buoni costumi • **parole** fan mercato, e denari pagano • le **parole** incitano, gli esempi trascinano • le **parole** melate sono veleno • le **parole** non empiono il corpo • le **parole** non fanno fatti • **parole** non pagan dazio • le **parole** non s'infilzano • le **parole** volano e gli scritti restano • poche **parole** e caldo di panno, non fecero mai danno • quando luce e dà il sole, il pastor non fa **parole** • quattro cose sono a buon mercato, terra, **parole**, acqua e profferte • la santità sta nelle mani, non nelle **parole** • se si pagasse dazio di **parole**, e' se n'avrebbe meno e manco • sol di **parole** amico, non vale un fico • tra galantuomini, una **parola** è un istrumento • una buona **parola** smorza più che una caldaia d'acqua • una **parola** imbratta il foglio • una **parola** tira l'altra • l'uomo per la **parola** e il bue per le corna

parrucca gennaio mette ai monti la **parrucca**, febbraio grandi e piccoli imbacucca

parte anche l'occhio vuol la sua **parte** • a Padova, i giudici danno la ragione ad ambe le **parti** • chi divide la pera coll'orso, n'ha sempre men che **parte** • chi fa le **parti**, non parte • chi ha arte, ha **parte** • chi sa celare in **parte** i desir suoi, compra la merce a miglior prezzo assai • compagno non toglie **parte** • con arte e con inganno, si vive mezzo l'anno; con inganno e con arte, si vive l'altra **parte** • del cervello ognuno si pensa d'averne più che **parte** • impara l'arte e mettila da **parte** • né di Venere né di Marte, non si sposa né si **parte** • odi l'altra **parte**, e credi poco • prega Dio di tre cose: di nascere in buona **parte**, di non cominciar trist'arte, di non prender ria moglie • quando il re **parte**, la città sta male • quando viene, serragli le finestre in contro; quando **parte**, apriglile • sempre par più grande la **parte** del compagno • l'utile fa pigliar **parte**

partire bel servire, bel **partire** • chi vuol star bene, non bisogna **partirsi** da casa sua • da' buon partìti **pàrtiti** • mal di parto non **parte** • **partire** è un po' morire • porta aperta per chi porta; e chi non porta, **parta**

partita frego non cancella **partita**

partito i bei **partiti** fanno andare gli uomini in galera • da' buon **partìti** pàrtiti • preso il **partito**, cessato l'affanno

parto mal di **parto** non parte • il male del **parto** è un male smemorato

partorire chi di maggio non fiorisce, di gennaio **partorisce** • chi non sa rammendare non sa **partorire** né rilevare

pascere (**pascersi**) a Vinegia, chi vi nasce mal si **pasce**; chi vi viene per ben viene • il cane abbaia dove si **pasce** • chi compra a minuto, **pasce** i figliuoli d'altri e affanna i suoi • chi dice tutto e niente serba, può andar con l'altre bestie e **pascer** l'erba • chi non ha moglie ben la batte, chi non ha figliuoli, ben gli **pasce** • chi prima nasce, prima **pasce** • chi si **pasce** di speranza muore di fame • di crai in crai si **pasce** la cornacchia • non d'onde sei, ma d'onde **pasci** • tal bue crede andare a **pascere**, che poi ara

pasciuto colombo **pasciuto**, ciliegia amara • testa digiuna, barba **pasciuta**

Pasqua l'agnello è buono anche dopo **Pasqua** • alte o basse nell'aprile son le **Pasque** • a Natale, mezzo pane; a **Pasqua**, mezzo vino • a Natale un bel ceppone, a carnevale un bello spiedo, a **Pasqua** un bel vestito • a **Pasqua** e a Natale è un santissimo carnevale • a **Pasqua** non prender moglie e a maggio non prender asina • carnevale al sole, **Pasqua** molle • chi dorme il giorno di **Pasqua** dorme sotto qualunque frasca • chi fa il Ceppo al sole, fa la **Pasqua** al fuoco • chi per Natale non ha il filato e per **Pasqua** non ha il panno va nudo tutto l'anno • chi vuole il malanno, abbia il mal'anno e la mala **pasqua** • chi vuol quaresima corta, faccia debiti da pagare a **Pasqua** • da Natale a **Pasqua** il risparmio ha passato l'acqua • i Giudei in **Pasqua**, i Mori in nozze, i Cristiani in piatire, sanno impoverire • Natale con i tuoi, a **Pasqua** con chi vuoi • Natale senza danari, carnevale senz'appetito, **Pasqua** senza devozione • non si può vedere **Pasqua** né dopo San Marco, né prima di San Benedetto • non viene **Pasqua** al mondo finché la luna di marzo non ha fatto il tondo • **Pasqua**, alta o bassa che sia, è sempre fiorita • **Pasqua** alta, Pasqua bassa, l'inverno va fino a Pasqua • **Pasqua** alta: rami e erba • **Pasqua** alta: se non è questa è un'altra • **Pasqua** bagnata, spighe molli; Pasqua fredda, spighe piene • **Pasqua** bassa, primavera precoce; Pasqua alta, primavera tardiva • **Pasqua** Befana, non si tesse e non si fila, non si mette il filo nell'ago, non si mette il pettine in capo • **Pasqua** colla tormenta porta fame e guerra • **Pasqua di Befana**, la rapa perde l'anima • **Pasqua** di marzo, annata di pane • **Pasqua** e Natale ogni tempo può fare • **Pasqua** marzaiola non fu mai buona • **Pasqua** piovosa, annata prosperosa • **Pasqua** tanto desiata, in un giorno è passata • la **Pasqua**: una al carbone e una al sole • per le Palme e per i Fiori si vestono i signori, per **Pasqua** e per Natale si vestono i cafoni • il prim'anno s'abbraccia, il secondo s'infascia, il terzo s'ha il mal anno e la mala **pasqua** • quando San Giorgio viene in **Pasqua**, per il mondo c'è gran burrasca • quaresima colla bocca asciutta e **Pasqua** col prosciutto • rondini a **Pasqua**, passeri a Natale • se piove per la **Pasqua**, la susina s'imborsacchia • tal pensa salvarsi a **Pasqua**, che è preso a mezza quaresima • tra **Pasqua** e Pasqua non è vigilia fatta • venga **Pasqua** quando si voglia, la vien con la frasca e con la foglia

passante se vuoi fottere gli uccelli **passanti**, semina fave e piselli per Tutti i Santi

passare a chi lavora il tempo **passa** presto • acqua **passata** non macina più • al ben far non far dimora, perché presto **passa** l'ora • amor che nasce in malattia, quando si guarisce se ne **passa** via • anche il sole **passa** sopra il fango e non s'imbratta • aprile è **passato**, maggio non viene più: sta sempre lì a cantare il povero cuccù • aria bassa senz'acqua non **passa** • a San Grato l'estate è **passata** • a San Marco le vacche **passano** il varco • assai avanza chi fortuna **passa** • ben dire val molto, ben fare **passa** tutto • beni di fortuna **passan** come la luna • Bologna la grassa, ma Padova la **passa** • chi è imbarcato col diavolo, ha a **passare** in sua compagnia • chi ha creanza, se la **passa** bene, chi non ne ha, se la passa meglio • chi ha **passato** il guado, sa quant'acqua tiene • chi non vede il fondo, non **passi** l'acqua • chi **passa** Stra e non v'inciampa, va sano sino in Francia • chi piglia moglie a carnevale, quaresima la **passa** di cuore, senza pene né dolore • chi va dietro agli altri, non **passa** mai avanti • la compagnia di Campi, **passi** e non baci • da Lodi **passan** tutti volentieri • da Natale a Pasqua il risparmio ha **passato** l'acqua • dove **passi** il campano nasce il grano • fino a San Martino su acqua e giù vino; quando San Martino è **passato** su acqua e giù mischiato • Massa, saluta e **passa**; chi troppo ci sta, la pelle ci lassa • morso di pecora non **passa** mai la pelle • n'è **passata** dell'acqua sotto i ponti! • non **passa** giubbileo che ognun non sia gastigato • non si deve dire: per tal via non **passerò**, né di tal acqua non berrò • nutritura **passa** natura • Pasqua tanto desiata, in un giorno è **passata** • **passata** la festa, il pazzo in bianco resta • **passerà** il folle colla sua follia, e passa il tempo, ma non tuttavia • qualche volta si vuol dar **passata** • quando la capra ha **passato** il poggiolo non si ricorda più del suo figliuolo • quando l'estate **passa** piovosa, la biada smoggia • quando maggio **passa**, la pioggia non è mai troppa • quando **passano** i canonici, la processione è finita • quando si ride senza essere contenti è un riso che non **passa** i denti • San Gregorio papa, la rondine **passa** l'acqua • se il porco volasse, non ci sarebbe uccel che lo **passasse** • Spagna magra, Francia grassa, Germania la **passa** • una volta **passa** il lupo

passato dimentica il **passato** e pensa all'avvenire • è meglio un presente che un **passato** • tre cose ci vogliono per vivere felici: dimenticare il **passato**, provvedere al presente e pensare all'avvenire

passero (**passera**) Bergamaschi, Fiorentini e **passere**, n'è pieno tutto il mondo • chi ha paura delle **passere** non semini panico • del fitto non beccan le **passere** • non bisogna ristare per le **passere** di seminar panico • quando l'erba non punge, la **passera** non unge • rondini a Pasqua, **passeri** a Natale

passione quando è alta la **passione** è bassa la ragione

passo a' cattivi **passi**, onora il compagno • adagio ai mali **passi** • a **passo** a passo si arriva a Roma • bisogna fare il **passo** secondo la gamba • chi mena l'orso a Modena, si perde il tempo, le parole e i **passi** • chi non ha entrata né mestiere e va a spasso, va allo spedale **passo** passo • non bisogna fare il **passo** più lungo della gamba • non ti lasciar condurre al **passo** estremo, ché molti n'ha ingannati il «benfaremo» • la paura fa i **passi** lunghi • il peggior **passo** è quello dell'uscio • quando la lepre perde il **passo**, convien che cada in bocca a' cani

pasta per dimenar la **pasta** il pan s'affina • tutti siamo d'una **pasta**

pasteggiare il vino che si **pasteggia** non imbriaca

pasticcio vari sono degli uomini i capricci; a chi piace la torta, a chi i **pasticci**

pasto a gusto guasto non è buono alcun **pasto** • pane caldo e acqua fredda non furon mai buon **pasto** • i segreti più importanti non son **pasto** da ignoranti • son più i **pasti** che i giorni

pastore il buon **pastore** tosa, ma non iscortica • i **pastori** per rubare le pecore si mettono nome lupi • le pecore grasse ingrassano il **pastore** • quando luce e dà il sole, il **pastor** non fa parole • senza il **pastore** non va la pecora

patata il grano a San Pietro, le **patate** a San Bartolomeo

patire chi è brutta, e bella vuol parere, pena **patisce**, per bella parere • chi gode muore, e chi **patisce** stenta • chi non ha del suo, **patisce** carestia di quel d'altri • chi **patisce** compatisce • con ragione **patisce**, chi senza ragione piatisce • la formica si affanna nell'estate per non **patire** nell'inverno • meglio dare e pentire, che tenere e **patire** • ognuno **patisce** del suo mestiere • quando l'albero fiorisce il frutto **patisce** • quando si è **patito** s'inclina a compatire • quando si ha una piccola villa, non **patisce** di fame la famiglia • quel che fu duro a **patire**, è dolce a ricordare

patria chi per la **patria** muor, vissuto è assai • nessuno è profeta in **patria** • ogni paese al galantuomo è **patria** • la **patria** è dove s'ha del bene

patteggiare chi ben guerreggia, ben **patteggia**

patto i colpi non si danno a **patti** • con ognun fa' **patto**, coll'amico fanne quattro • **patti** chiari, amicizia lunga • i **patti** rompon le leggi • quel ch'è di **patto** non è d'inganno

paura bene fatto per **paura** non val niente e poco dura • cane scottato dall'acqua calda ha **paura** della fredda • carico di ferro, carico di **paura** • chi è nato di carnevale, non ha **paura** dei brutti musi • chi ha buon catenaccio all'uscio non ha **paura** de' birri • chi ha la coda di paglia, ha sempre **paura** che gli pigli fuoco • chi ha **paura** delle passere non semini panico • chi ha **paura** d'ogni figura, spesso inciampa nell'ombra • chi ha **paura** si faccia sbirro • chi ha **paura**, si guardi le brache • mal non fare e **paura** non avere • mangia bene e caca forte, e non aver **paura** della morte • non tutte le volte che si veggono i denti, s'ha **paura** de' morsi • **paura** de' birri, desio di regnare, fanno impazzare • la **paura** del morire è peggio della morte • la **paura** è di chi se la mette • la **paura** è fatta di niente • la **paura** fa i passi lunghi • la **paura** fa novanta • la **paura** fa più male dello stesso pericolo • la **paura** guarda la vigna • la **paura** ingrossa il pericolo • tal minaccia che vive con **paura** • tutte l'armi di Brescia non armerebbero la **paura** d'un poltrone • un fucile scarico fa **paura** a due

paziente chi non è savio, **paziente** e forte, si lamenti di sé e non della sorte • se il grande fosse valente e il piccolo **paziente**, e il rosso leale, ognun sarebbe eguale

pazienza al servo **pazienza**, e al padrone prudenza • animo appassionato non serba **pazienza** • a Roma ci vogliono tre cose: pane, panni e **pazienza** • chi gioca a' trionfini, perde la **pazienza** e i quattrini • chi ha **pazienza**, ha gloria • chi ha **pazienza**, ha i tordi grassi a un quattrin l'uno • chi non ha **pazienza** non ha niente • chi troppo in sé confida, **pazienza** non tiene • colla **pazienza** il gobbo va in montagna • colla **pazienza** s'acquista scienza • colla **pazienza** si vince tutto • della **pazienza** non ne vendono gli speziali • nella felicità ragione, nell'infelicità **pazienza** • nel marito prudenza, nella moglie **pazienza** • pace e **pazienza**, e morte con penitenza • la **pazienza** è la virtù degli asini • la **pazienza** è la virtù dei forti • la **pazienza** è una buon'erba ma non cresce in tutti gli orti • la **pazienza** la portano i frati • pazienza, tempo e denari acconciano ogni cosa

pazzia c'è una **pazzia**, che è un gran giudizio • chi fa una volta una **pazzia**, sempre è tenuto a matto • chi non fa **pazzie** in gioventù le fa in vecchiaia • non è mai gran gagliardia, senza un ramo di **pazzia** • il primo grado di **pazzia** è tenersi savio, il secondo farne professione, il terzo sprezzare il consiglio • se la **pazzia** fosse dolore, in ogni casa si sentirebbe stridere • si vede il fine della nostra vita, ma non della nostra **pazzia** • tutti abbiamo un ramo nel tronco della **pazzia**

pazzo a barba di **pazzo** rasoio ardito • agli ulivi, un **pazzo** sopra e un savio sotto • alla conocchia anche il **pazzo** s'inginocchia • a **pazzo** relatore, savio ascoltatore • beata chi di vecchio **pazzo** s'innamora • chi cammina un miglio **pazzo**, non torna a casa savio • chi è tenuto savio di giorno, non sarà mai **pazzo** di notte • chi getta la sua roba al popolazzo, si trova vecchio poi, povero e **pazzo** • chi sta a' marmi di Santa Maria del Fiore, o è **pazzo** o sente d'amore • le donne arrivano i **pazzi** e i savi • febbraio **pazzerello**, porta un tizzo sotto il mantello • gusto **pazzo**, amor guasto • la lode giova al savio e nuoce molto al **pazzo** • non è sempre savio chi non sa essere qualche volta **pazzo** • non fu mai frettoloso che non fosse **pazzo** • non mettere il rasoio in mano a un **pazzo** • non sono tutti **pazzi** quelli che vedi andare in zucca • ogni **pazzo** vuol dar consiglio • passata la festa, il **pazzo** in bianco resta • **pazzi** e buffoni hanno pari libertà • i **pazzi** si conoscono a' gesti • **pazzo** chi perde il volo per lo sbalzo • **pazzo** è colui che strazia sé per dar sollazzo altrui • **pazzo** è colui che va a piedi per commodo del cavallo • **pazzo** è quel prete che biasima le sue reliquie • **pazzo** per natura, savio per iscrittura • quando le fave sono in fiore, ogni **pazzo** è in vigore • quando non dice niente, non è dal savio il **pazzo** differente • i ragazzi e i **pazzi** credono che vent'anni e venti lire non debban mai finire •

Roma Roma ogni pazzo doma, e ai cuori non perdona • san chi l'ode e pazzo chi 'l crede • savie all'impensata, e pazze alla pensata • secondo i beni sia la dispensa; il savio lo crede, il pazzo non ci pensa • se tutti i pazzi portassero una berretta bianca, si parrebbe un branco d'oche • sogno di briaco e gravità di pazzo, fanno un bel mazzo • testa di pazzo non incanutisce mai • un pazzo getta una pietra nel pozzo, che poi ci vogliono cento savi a cavarla fuori • uomo peloso, o pazzo o virtuoso • vista torta, mal animo mostra; vista all'ingiù, tristo e non più; vista all'insù, o pazzo o tanto savio che non si possa dir più

peccare a chi pecca per erro s'ha compassione; ma chi pecca per arri, non merita scuse • all'arca aperta, il savio pecca • chi fatica non pecca • chi ruba, pecca uno; e chi è rubato pecca cento • dove molti peccano, nessuno si gastiga • il giusto pecca sette volte al giorno • nessuno pecca sapendo peccare • pensa ben per non peccare, pensa mal per non sbagliare

peccato amore onorato né vergogna né peccato • carità unge, e peccato punge • cento peccati, per un ben mendati • chi è senza peccato scagli la prima pietra • chi ha fatto il peccato, faccia la penitenza • chi non ha servitori non ha peccati • i debiti e i peccati crescon sempre • dove non è malizia, non è peccato • gennaio fa il peccato, e maggio è il condannato • l'invidia è un peccato da minchioni • la legge nasce dal peccato • non fare il male ch'è peccato, non fare il bene ch'è sprecato • peccato celato è mezzo perdonato • peccato confessato è mezzo perdonato • il peccato del signore fa piangere il vassallo • peccato vecchio, penitenza nuova • la penitenza corre dietro al peccato • la ricchezza non s'acquista senza fatica, non si possiede senza timore, non si gode senza peccato, non si lascia senza dolore • si dice il peccato, ma non il peccatore • tutti i peccati mortali son femmine

peccatore il giusto porta la pena per il **peccatore** • per un **peccatore** penitenza maggiore • si dice il peccato, ma non il **peccatore**

pecchia il miele non si fa senza le **pecchie**

pecchiaio anno pecoraio, anno **pecchiaio**

pecora l'acqua d'aprile, il bue ingrassa, il porco uccide, e la **pecora** se ne ride • all'ultimo si contano le **pecore** • altro che fischio vuol la **pecora** • aprile, le **pecore** nell'ovile • chi ha delle **pecore** può far del latte • chi **pecora** si fa, il lupo se la mangia • cielo a **pecorelle**, pioggia a catinelle • la Corte romana non vuole **pecora** senza lana • il diavolo non ha **pecore** e va vendendo lana • è meglio dar la lana che la **pecora** • è meglio il lupo alle **pecore** che il sole il giorno della Candelora • la giustizia catalana, mangia la **pecora** e la lana • il lupo non guarda che le **pecore** sieno conte • marzo marzello, mi hai tolto la **pecora** e poi anche l'agnello • marzo per le galline, aprile per le **pecore**, maggio per i buoi, giugno per noi • matta è quella **pecora** che si confessa al lupo • meglio vivere un giorno da leone che cent'anni da **pecora** • morso di **pecora** non passa mai la pelle • non tutte le **pecore** sono per il lupo • i pastori per rubare le **pecore** si mettono nome lupi • **pecora** cornuta, vacca panciuta, mai non la muta • la **pecora** e l'ape nell'aprile danno la pelle • la **pecora** è per il povero, non il povero per la pecora • la **pecora** guarda sempre se ha dietro l'agnello • la **pecora** ha l'orto sotto la coda • **pecora** mal guardata, da ogni agnello è poppata • la **pecora** per far bé, perde il boccone • **pecora** salata, pecora sanata • la **pecora** sul culo è benedetta e nella bocca maledetta • **pecore** e donne a casa a buon'ora • le **pecore** grasse ingrassano il pastore • per la **pecora** è lo stesso che la mangi il lupo o che la scanni il beccaio • per una **pecora** non si guasta la forma • piuttosto **pecora** giusta, che lupo grasso • se il lupo sapesse come sta la **pecora**, guai a lei! • senza il pastore non va la pecora • trista a quella **pecora** che ritorna al branco • uomo senza roba è una **pecora** senza lana

pecoraio anno **pecoraio**, anno pecchiaio • la coda di gennaio è la testa di febbraio: si spaventa il **pecoraio** • l'erba di febbraio inganna il **pecoraio** • quando viene febbraio merenda il **pecoraio**

pecorina aria **pecorina**, se non piove la sera piove alla mattina

pecunia la **pecunia**, se la sai usare, è ancella; se no, è donna

pedagogo più vale un padre che cento **pedagoghi**

pedante chi è del figliuol **pedante**, non è furfante • prosopopea di **pedanti** e sudiciume di fanti, ne son pieni tutti i canti

pedata quando tu vedi il lupo, non ne cercar le **pedate**

peggio ai **peggio** porci vanno le meglio pere • al **peggio** non c'è fine • Brozzi, Peretola e Campi son la **peggio** genia che Cristo stampi • il campanello di camera è il **peggio** suono che si possa avere negli orecchi • chi comincia male finisce **peggio** • chi mal intende **peggio** risponde • chi meglio ci cuoce, **peggio** ci manuca • chi meglio parla, **peggio** fa • chi nasce male, muore **peggio** • chi **peggio** fa, meglio l'accomoda • chi si profferisce è **peggio** d'un terzo • cicisbei e ganzerini **peggio** vita che facchini • le donne s'attaccano sempre al **peggio** • è mala cosa esser cattivo, ma è **peggio** esser conosciuto • gennaio ha i denti lunghi e febbraio **peggio** di tutti • mal chi va, **peggio** chi rimane • male in vacche e **peggio** in buoi • mal per chi le dà, **peggio** per chi le riceve • non c'è nessun male **peggio** di una cattiva moglie • non si può dire a uno **peggio** che dirgli «povero» • non si sta mai tanto bene che non si possa star meglio, né tanto male che non si possa star **peggio** • non v'è la **peggio** stretta di quella della falce • odio ricominciato, è **peggio** che prima • la paura del morire è **peggio** della morte • la **peggio** carne a conoscere è quella dell'uomo • **peggio** è l'invidia dell'amico che l'insidia del nemico • quando si cambia, si cambia in **peggio** • le ricadute son **peggio** delle cadute • il rimedio è **peggio** del male • se ari male, **peggio** mieterai • si stava meglio quando si stava **peggio** • gli spaventi sono **peggio** dei mali • la tigna e il maldicente è **peggio** di tutta la gente

peggiorare mal ci cresce chi non **peggiora** • tristo a quel quattrino che **peggiora** il fiorino

peggiorato vizio rinato, vizio **peggiorato**

peggiore non c'è il **peggior** frutto di quello che non matura mai • non c'è la **peggior** minestra che quella de' frati • non c'è **peggior** cieco di chi non vuol vedere • non c'è **peggior** sordo di chi non vuol sentire • non c'è vizio **peggiore** di quello che per bontà • non è **peggior** male di quel da sezzo • non v'è **peggior** burla che la vera • il **peggior** passo è quello dell'uscio • la **peggior** ruota del carro è quella che stride • la **peggior** soma è il non averne alcuna • poca barba e men colore, sotto il ciel non è il **peggiore** • se lodi il buono diverrà migliore; biasima il tristo, e' diverrà **peggiore**

pegno chi crede senza **pegno** non ha ingegno • val più un **pegno** nella cassa che fidanza nella piazza

pelago in **pelago** lodato non pescare

pelare a penna a penna si **pela** l'oca • bisogna **pelar** la quaglia senza farla stridere • chi **pela** l'erba marzolina, pela la grande e anche la piccina • il mondo è un pagliaio, chi non lo **pela** è un minchione

pelatore procuratori, **pelatori**, piluccatori, pericolatori

pelle a chi salva la **pelle**, la carne rimette • can ringhioso e non forzoso, guai alla sua **pelle** • chi non ha forza abbia la **pelle** dura • chi non sa scorticare intacca la **pelle** • con la **pelle** del cane si sana la morditura • da una sola vacca non si cava due **pelli** • gennaio fa gli agnelli e febbraio fa le **pelli** • male alla **pelle**, salute alle budelle • Massa, saluta e passa; chi troppo ci sta, la **pelle** ci lassa • morso di pecora non passa mai la **pelle** • non vendere la

pelle dell'orso prima di averlo preso • ognuno c'è pel cuoio e per la **pelle** • la pecora e l'ape nell'aprile danno la **pelle** • **pelle** che non la puoi vendere non la scorticare • sta' sul fuoco quando è sera, a grattar la sonagliera, se aver vuoi la **pelle** intera • sulla **pelle** della serpe nessun guarda alle macchie

pellegrino poeti, pittori e **pellegrini** a fare e a dire sono indovini • sera rossa e nero mattino, rallegra il **pellegrino**

pellicceria tutte le volpi al fine si rivedono in **pellicceria**

pelliccione quando si è in traspirazione, scansa il vento e abbottona il **pelliccione**

pelo il barbiere non si contenta del **pelo** • chi dal lotto spera soccorso, mette il **pelo** come un orso • guardati da toscan rosso, da lombardo nero, da romagnuol d'ogni **pelo** • il lupo perde il **pelo** ma non il vizio • non lisciare il **pelo** al servitore • non mi mordé mai cane, ch'io non avessi del suo **pelo** • i pensieri fanno mettere i **peli** canuti • rosso di **pelo** non dice il vero

peloso donna **pelosa** donna virtuosa • uomo **peloso**, o forca o lussurioso, o matto o avventuroso • uomo **peloso**, o pazzo o virtuoso • uomo **peloso**, uomo forzoso

pena a chi vuol bene, Dio manda **pene** • ambasciator non porta **pena** • a Sant'Agostino per la vigna niente **pena** • chi casca in mare e non si bagna, paga la **pena** • chi è brutta, e bella vuol parere, **pena** patisce, per bella parere • chi è nelle **pene**, Iddio lo sostiene • chi piglia moglie a carnevale, quaresima la passa di cuore, senza **pene** né dolore • chi teme, è in **pene** • chi vuol provar le **pene** dell'inferno, d'estate il fabbro e l'ortolan d'inverno • chi vuol provar le **pene** dell'Inferno, la state in Puglia e all'Aquila di verno • delle **pene** d'amore, si tribola e non si more • il giusto porta la **pena** per il peccatore • la morte agli empi è **pena**, e porto ai buoni • non c'è pane senza **pena** • pan di figliuoli, **pene** e duoli • la **pena** è zoppa, ma pure arriva

pendere da giudice che **pende**, giustizia invan s'attende •

finché la **pende**, la rende • settembre, l'uva e il fico **pende** • tutte le chiavi non **pendono** a una cintura

penetrare il freddo di marzo **penetra** il corno del bove, il sole di marzo toglie la ruggine del catenaccio

penitenza chi ha fatto il peccato, faccia la **penitenza** • non importa andare a Roma per la **penitenza** • pace e pazienza, e morte con **penitenza** • peccato vecchio, **penitenza** nuova • la **penitenza** corre dietro al peccato • per un peccatore **penitenza** maggiore

penna a **penna** a penna si pela l'oca • chi guarda a ogni **penna**, non fa mai letto • chi mangia l'oca alla corte, in capo all'anno caca le **penne** • chi sta sotto alla piccionaia, casca sempre qualche **penna** • chi va dietro a pesce e **penne**, in questo mondo mal ci venne • chi vuol conoscere un buon scrittore, gli dia la **penna** in mano • Montaione e Montaio, né **penna** né calamaio • ne ammazza più la **penna** del medico che la spada del cavaliere • quel che vien di **penna** e stola, tosto viene e tosto vola • un quattrin di carta, una **penna**, e un danaro d'inchiostro, fanno apparire d'un uomo un mostro

pennacchio a San Giovanni il granturco copre il cane, a San Pietro il puledro, a Sant'Ermacora mette il **pennacchio** • quando la canavera fa il **pennacchio**, molta neve e molto ghiaccio

pennato il **pennato** è quello che fa la foglia

pennecchio tanto è dir **pennecchio** quanto ladro di Fucecchio

pennello loda lo scarpello, attienti al **pennello**; costa manco, e par più bello

penoso non v'è pensier **penoso**, quanto onore e povertà

pensare a buona derrata, **pensaci** • al dì dell'Ascensa, portan maio a chi non se lo **pensa** • al fin **pensa** sovente, avrai sana la mente • amato non sarai, se a te solo **penserai** • a **pensar** male ci s'indovina • bisogna **pensarci** avanti per non pentirsi poi • chi ben siede, mal **pensa** • chi è in alto non **pensa** mai al cadere • chi

IL CATALETTO ACQVISTAR FÀ INTELLETTO.

S'il Mondo ti lusinga, e ti delude,
Ne troui, che bugie ne suoi uolumi,
Leggi la uerità sùl'ossa ignude.

mal fa mal **pensa** • chi mal **pensa**, mal abbia • chi mal **pensa**, mal dispensa • chi **pensa** di viver sempre, vive male • chi **pensa** male sbaglia, ma spesso ci indovina • chi troppo **pensa**, nulla fa • chi vuol dir mal d'altrui, **pensi** prima di lui • del cervello ognuno si **pensa** d'averne più che parte • dimentica il passato e **pensa** all'avvenire • fa' il bene e scordati, fa il male e **pensaci** • ognuno ha da **pensare** a casa sua • parlar senza **pensare**, è come tirar senza mirare • **pensa** ben per non peccare, pensa mal per non sbagliare • **pensa** e ripensa, di giovedì viene l'Ascensa • **pensa** molto, parla poco, e scrivi meno • poco vale il **pensare** se il male è intravvenuto • quando il pidocchio casca nella tramoggia, si **pensa** d'essere il mugnaio • quando pigli un'impresa, **pensa** prima alla spesa • quello tiene gran prudenza, che alla morte **pensa** • secondo i beni sia la dispensa; il savio lo crede, il pazzo non ci **pensa** • se gennaio non gennareggia febbraio mal **pensa** • sette cose **pensa** l'asino e otto l'asinaio • tal **pensa** salvarsi a Pasqua, che è preso a mezza quaresima • tre cose ci vogliono per vivere felici: dimenticare il passato, provvedere al presente e **pensare** all'avvenire • una ne **pensa** il ghiotto, un'altra il tavernaio

pensata savie all'impensata, e pazze alla **pensata**

pensatoio come uno piglia moglie, egli entra nel **pensatoio**

pensiero disavvantaggio muta **pensier** nel saggio • dove Dio pon la mano, ogni **pensiero** è vano • gran nave, gran **pensiero** • la mattina è la madre de' mestieri, e la notte de' **pensieri** • non è il più bel mestiere, che non aver **pensiere** • non v'è **pensier** penoso, quanto onore e povertà • i **pensieri** fanno mettere i peli canuti • i **pensieri** vanno falliti • **pensiero** non pagò mai debito • pochi quattrini, meno **pensieri** • quando Bacco trionfa, il **pensier** fugge • si cambia più spesso di **pensiero** che di camicia • sotto nome di baia cade un buon **pensiero** • tre cose non cessano mai, il sole, il fuoco e il **pensiero** dell'uomo

Pentecoste la domenica di **Pentecoste** chi non la fa cara gli costa • se piove il dì della **Pentecoste**, tutte l'entrate non son nostre

pentire bisogna pensarci avanti per non **pentirsi** poi • chi si marita e non si **pente**, compra Palermo a sole cent'onze • chi tosto crede, tardi si **pente** • chi tosto giudica, tosto si **pente** • del servir non si **pente** • meglio dare e **pentire**, che tenere e patire • meglio **pentirsi** una volta che non pentirsi mai • il **pentirsi** da sezzo poco vale

pentola a **pentola** che bolle, gatta non s'accosta • il caldo dei lenzuoli non fa bollir la **pentola** • il diavolo fa le **pentole** ma non i coperchi • dura più una **pentola** vecchia che una nuova • i guai della **pentola** li sa il coperchio • ogni **pentola** ha il suo coperchio • povero quell'uomo che sa quanto sale vuole la **pentola**

pepe chi ha del **pepe**, ne mette anche sul cavolo • l'orgoglio va adoperato come il **pepe** • **pepe**, noce moscata e sapa, fa buona la rapa • val più un grano di **pepe** che uno stronzolo d'asino

pera ai peggio porci vanno le meglio **pere** • al contadino non far sapere quanto è buono il formaggio con le **pere** • al padrone non far sapere, quanto è buono il cacio con le **pere** • a porco pigro non cadde **pera** mezza • chi divide la **pera** coll'orso, n'ha sempre men che parte • l'orso sogna **pere** • **pere** e donne senza romori, sono stimate le migliori • quando la **pera** è matura casca da sé • quando la **pera** è matura convien che caschi • tal **pera** mangia il padre, ch'al figliuolo allega i denti • una **pera** fradicia ne guasta un monte • un torso di **pera** cascata è la morte di mille mosche • il villano venderà il podere, per mangiare cacio, pane e **pere**

percuotere quando l'uomo è incudine, gli bisogna soffrire; quand'è martello, **percuotere**

perdere a causa **perduta**, parole assai • a far servizio non se ne **perde** • a farsi canzonare non si **perde** nulla • amico di montagna chi lo **perde** vi guadagna • l'amico non è conosciuto, finché non è **perduto** • bocca baciata non **perde** ventura • le buone usanze van tutte a **perdersi** • chi ara da sera a mane, d'ogni solco **perde** un pane • chi attende al suo, non **perde** mai nulla • chi dà a credenza spaccia assai, **perde** l'amico e denar non ha mai • chi dà vantaggio, **perde** • chi d'estate non lavora, nell'inverno **perde** la coda • chi donne pratica, giudizio **perde** • chi fa bene per usanza, se non **perde**, poco avanza • chi fugge il giudizio, si **perde** • chi gioca a primiera e non va a primiera, **perde** a primiera • chi gioca a' trionfini, **perde** la pazienza e i quattrini • chi gioca per bisogno, **perde** per necessità • chi ha da **perdere**, fugge le brighe • chi lava il capo all'asino, **perde** il ranno e il sapone • chi manca a un sol amico, molti ne **perde** • chi mena l'orso a Modena, si **perde** il tempo, le parole e i passi • chi nel marzo non pota la sua vigna, **perde** la vendemmia • chi non fa il nodo **perde** il punto • chi non ha che **perdere**, sempre perde • chi non si contenta dell'onesto, **perde** il manico e il cesto • chi non vuol **perdere**, non giochi • chi **perde** a ragion non perde nulla • chi **perde**, giocherà, se l'altro vuole • chi **perde** ha sempre torto • chi **perde** la roba, perde il consiglio • chi **perde** la roba perde molto, ma chi perde il cuore perde tutto • chi **perde** piacere per piacere, non perde niente • chi sa **perdere** congiuntura, non s'adatti a mercatura • chi scopre il segreto **perde** la fede • chi semina sulla strada, stanca i buoi e **perde** la semenza • chi tempo ha e tempo aspetta, tempo **perde** • chi trova una chiave, trova due quattrini, ma chi la **perde**, perde due carlini • chi va al mercato, **perde** il lato • chi va a San Biagio, **perde** l'agio; chi va a Santa Maria Nuova, lo ritrova • chi vince da prima, **perde** da sezzo • chi vince la prima, **perde** il sacco e la farina • chi vince non dileggi, e chi **perde** non s'adiri • chi vince poi, **perde** il sacco e i buoi • col suo si salva l'onore, e con quel d'altri si **perde** • cosa troppo vista, **perde** grazia e vista • il costo fa **perdere** il gusto • da Ognissanti a Natale i fornai **perdono** il capitale • la donna da casa non **perda** mai tempo • egli è molto da pregiare, chi ha **perduto** e lascia andare • è meglio città guasta che **perduta** • è meglio non acquistar che **perdere** • è meglio **perdere**, che disperdere • faccia chi può, prima che il tempo mute; ché tutte le lasciate son **perdute** • il gallo e il servitore in un anno **perdon** vigore • giocare e **perdere** lo sanno far tutti • il lupo **perde** il pelo ma non il vizio • mal si contrasta con chi non ha da **perdere** • la massaia che va in campagna, **perde** più che non guadagna • meglio **perdere** l'amico che un bel detto • molte volte si **perde** per pigrizia, quel che s'è guadagnato per giustizia • non **perde** il cervello se non chi l'ha • non si conosce il bene, se non quando s'è **perso** • oggi si **perde** e doman si guadagna • ogni lasciata è **persa** • parole di bocca e pietra gettata, chi le ricoglie **perde** la giornata • Pasqua di Befana, la rapa **perde** l'anima • pazzo chi **perde** il volo per lo sbalzo • la pecora per far bé, **perde** il boccone • **perdere** il trotto per l'ambiadura • il **perder** tempo, a chi più sa, più spiace • per un bel detto si **perde** un amico • per un brutto viso, si **perde** una buona compagnia • più si ha cura d'una cosa, più presto si **perde** • quando il mandorlo non frutta, la sementa si **perde** tutta • quando la lepre **perde** il passo, convien che cada in bocca a' cani • quando non rischiara a terza, la giornata si può dir **persa** • quando si **perdon** le prime frutte, le si perdon tutte • quando si piglia un vizio, si stenta a **perderlo** • ragazza che dura, non **perde** ventura • roba che mangia non si **perde** • se i matti non matteggiano **perdono** la stagione • se piove il dì di San Marco, ogni spiga ne **perde** un quarto • si **perde** molto, per essere stolto • sole in vista, battaglia **perduta** • tanto è mercante quello che **perde** che quello che guadagna • tempo **perduto** mai non si riacquista • vergogna fa **per-**

der piacere • vino spesso, pan caldo e legna verde, e non si lagni l'uomo se si **perde**

perdita barca, **perdita** cavalca • per San Giovanni tant'è la **perdita** come il guadagno

perdizione chi lavora il dì dell'Ascensione, tutto l'anno va in **perdizione** • se piove per l'Ascensione, va ogni cosa in **perdizione**

perdonare chi offende, non **perdona** • col **perdonar** troppo a chi falla, si fa ingiuria a chi non falla • Dio **perdona** a chi offende, non a chi toglie e non rende • la maggior gloria del vincere è **perdonare** al vinto • peccato celato è mezzo **perdonato** • peccato confessato è mezzo **perdonato** • **perdona** a tutti, ma niente a te • **perdonare** è da uomini, scordarsene è da bestie • i più tristi fra gli uomini sono quelli che non vogliono **perdonare** • la prima si **perdona**, la seconda si bastona • Roma Roma ogni pazzo doma, e ai cuori non **perdona** • si **perdona**, ma non si scorda

Perdono (1) (Festa del Perdono) per il **Perdon** si pone la zappa in un canton

perdono (2) al male fatto, prego e **perdono** • chi ruba a un buon ladron ha cent'anni di **perdon** • gentilezza corre la prima al **perdono** • la miglior vendetta è il **perdono**

Peretola Brozzi, **Peretola** e Campi son la peggio genia che Cristo stampi

perfetto chi canta a tavola e a letto, è matto **perfetto** • il finger non è difetto, e chi finger non sa non è **perfetto** • nessuno è **perfetto** • non mai s'intende l'uom saggio e **perfetto**, se non ha di se stesso umil concetto • roba **perfetta**, mezzo buttata via

perfezione la **perfezione** dell'arte consiste nel nasconder l'arte

perfidioso moglie **perfidiosa** e marito pertinace, non vivono mai in pace

pericolare chi non teme **pericola** • la donna, il fuoco e il mare fanno l'uom **pericolare**

pericolatore procuratori, pelatori, piluccatori, **pericolatori**

pericolo gran pericolo, gran guadagno • nei **pericoli** con giudizio, al rimedio col tempo • nell'altra vita si vive senza **pericolo** della vita • la paura fa più male dello stesso **pericolo** • la paura ingrossa il **pericolo** • quattro madri buone fanno figliuoli cattivi: la verità l'odio, la prosperità il fasto, la sicurtà il **pericolo**, la familiarità il dispregio

perire chi con frode nuoce, per frode **perisce** • chi di spada ferisce, di spada **perisce** • chi ha mestiere, non può **perire** • ogni bello alfin svanisce, ma la fama mai **perisce** • quando il grasso diminuisce, il magro **perisce** • la verità può languire, ma non **perire**

perla buone ragioni male intese, sono **perle** a' porci stese • la ragazza è come la **perla**, men che si vede e più è bella

permettere quel ch'è **permesso** in gioventù, non è **permesso** in vecchiaia

pero chi vuole un **pero** ne ponga cento, e chi cento susini ne ponga un solo

però il pidocchio non ha faccia, e **però** sta saldo

perseveranza la fatica promette il premio, e la **perseveranza** lo porge

perseverare sbagliare è umano, **perseverare** è diabolico

persona andare scalzo e seminar fondo non arricchì giammai **persona** al mondo • un bel vestito rifà la **persona** • è assai comune usanza, il credersi **persona** d'importanza • fatta la roba, facciam la **persona** • **persona** trista, nominata e vista • saluti di sbirri giustificano la **persona** • tra vespro e nona, non è fuor **persona** buona

persuadere chi guida imprese, **persuada** e faccia

pertica per San Bartolomè la **pertica** al piè

pertinace moglie perfidiosa e marito **pertinace**, non vivono mai in pace

perversità la **perversità** fa l'uomo guercio

pesare a chi non **pesa**, ben porta • chi non **pesa** non porta bene • i figli prima **pesano** in grembo, poi sulle braccia e infine sul cuore • mercante e porco non si **pesa** che dopo morto • misura e **pesa**, non avrai contesa • nella vecchiaia, la vita **pesa** e la morte spaventa • non **pesa** bene, chi non contrappesa • **pesa** giusto, e vendi caro • Pisa, **pesa** per chi posa

pesca (*attività*) invan si **pesca**, se l'amo non ha l'esca • se la vecchia non **pesca**, non c'è grano né esca

pescaio gennaio zappatore, febbraio potatore, marzo amoroso, aprile carciofaio, maggio ciliegiaio, giugno fruttaio, luglio agrestaio, agosto **pescaio**, settembre ficaio, ottobre mostaio, novembre vinaio, dicembre favaio

pescare in pelago lodato non **pescare** • vai al mare, se ben vuoi pescare

pescatore a fiume torbido, guadagno di **pescatore** • il beccaio non ama il **pescatore** • guai a quel **pescatore** che teme dell'acqua fredda

pesce chi dorme non piglia **pesci** • chi ha **pesce**, cammini • chi mangia cacio e **pesce**, la vita gli rincresce • chi mangia il **pesce**, caca le lische • chi va dietro a **pesce** e penne, in questo mondo mal ci venne • Genova, aria senza uccelli, mare senza **pesce**, monti senza legna, uomini senza rispetti • i **pesci** grossi stanno in fondo • nelle grandi acque si pigliano i **pesci** • non si può avere de' **pesci** senza immollarsi • non sono in Arno tanti **pesciolini**, quanti in Venezia gondole e camini • l'ospite è come il **pesce**: dopo tre giorni puzza • per la gola si pigliano i **pesci** • **pesce** che va all'amo, cerca d'esser gramo • il **pesce** puzza dalla testa • il **pesce** va mangiato quando è fresco • i **pesci** grossi mangiano i piccini • i **pesci** grossi stanno in fondo • quando il grano abbonda, il **pesce** affonda; e quando il grano affonda, il pesce abbonda • quando il **pesce** viene a riva, chi nol prende, e' torna via • quanto **pesce** è in mare non farebbe una candela di sego • su' **pesci**, mesci; sul macco, non restare; su' maccheroni non bere, se non vuoi crepare • vitello, pollastro e **pesci** crudi ingrassano i cimiteri

pescheria a buona ora in **pescheria**, tardi in beccheria

pesco quattro sono i buoni bocconi, pesco, fico, fungo e poponi

peso al peso che si compra bisogna vendere • onde viene il peso del sale, colà ritorna • il peso degli anni è il maggior peso che l'uomo possa portare • una piccola catena muove un gran peso

pessimo cattivo amico, pessimo marito

peste l'avarizia de' re, peste dei regni • guardati dalla peste e dalla guerra, e dai musi che guardan per terra • guerra, peste e carestia vanno sempre in compagnia

pestello ogni mortaio trova il suo pestello

pesto dalla neve o cotta o pesta, non caverai altro che acqua • gran pesto fa buon cesto

pettinare chi non sa che fare, pettini i cani • chi si pettina con le proprie mani non s'accorge di strapparsi i capelli • cotal grado ha chi tigna pettina

pettinato il barbato, il frecciato, e il pettinato, il freddo è andato

pettine Pasqua Befana, non si tesse e non si fila, non si mette il filo nell'ago, non si mette il pettine in capo • il tignoso non ama il pettine • tristo a quel barbiere che ha un sol pettine • tutti i nodi vengono al pettine

petto chi ha l'amor nel petto, ha lo spron ne' fianchi • non dir le cose tue né ad uom senza barba, né a donna senza petto

pezza bisogna compartire il refe secondo le pezze • la bruma tutte le pezze raguna

pezzo un pezzo di pane è un buon sigillo allo stomaco • un pezzo non fa fuoco, due ne fanno poco, tre un focherello, e quattro lo fanno bello

pezzuola l'ago e la pezzuola mantengon la famigliola

piacere a chi Dio vuol bene la casa gli piace • a chi non piace il giullare, non piace la canzone • a chi non piace il vino, Dio gli tolga l'acqua • a chi piace il bere, parla sempre di vino • alle donne che non fanno figli non ci andar né per piaceri né per consigli • a nessuno piace la giustizia a casa sua • il bello piace a tutti • chi perde **piacere** per piacere, non perde niente • chi si marita per amore, di notte ha **piacere**, e di giorno ha dolore • il galantuomo ha **piacere** di veder chiudere • in guerra, nella caccia e negli amori, in un **piacer** mille dolori • mille **piacer** non vagliono un tormento • non è bello quel che è bello ma è bello quel che **piace** • non fa mai male quel che **piace** • **piacer** preso in fretta, riesce in disdetta • prima il dovere poi il **piacere** • la prima scodella **piace** a tutti • quel che **piace** non fa male • se i segreti vuoi sapere, cercali nel disgusto o nel **piacere** • se vuoi **piaceri**, fanne • son tre cose che gabbano il villano: il **piacer**, la credenza e il piover piano • tradimento **piace** assai, traditor non **piacque** mai • val più un **piacere** da farsi che cento di quelli fatti • vari sono degli uomini i capricci; a chi **piace** la torta, a chi i pasticci • il ventiquattro maggio **piacque** il fuoco • vergogna fa perder **piacere**

piaga amicizia riconciliata è una **piaga** mal saldata • chi non ha **piaghe**, se le fa • chi vuol saldar **piaga**, non la maneggi • è più facile far le **piaghe** che sanarle • il medico pietoso fa la **piaga** verminosa • il tempo risana ogni **piaga** • la vendetta non sana **piaga**

piana chi lascia la via **piana**, va poi per la sassosa • quando tu puoi ir per la **piana**, non cercar l'erta né la scesa • Santa Giuliana: corre l'acqua per la **piana**

pianella gli uomini vanno veduti in **pianelle**, e le donne in cuffia

piangere aprile quando **piange** e quando ride • un bel gennaio fa **piangere** a febbraio • caval che suda, uomo che giura e donna **piangente** non gli creder niente • chi è causa del suo mal **pianga** sé stesso • chi falla in fretta **piange** adagio • chi mette il suo in sangue, la sera ride e la mattina **piange** • chi ride di venerdì, **piange** di domenica • chi ride in gioventù, **piange** in vecchiaia • è inutile **piangere** sul latte versato • i frati si uniscono senza conoscersi, stanno uniti senza amarsi e muoiono senza **piangersi** • lagrime **piante** per donna son come l'acqua del mare, non è buona da bere, ma è buona da annegare • molti, poi che l'hanno avuto, **piangon** quel che han voluto • il mondo è grande: chi ride e chi **piange** • le nazioni smaltiscono diversamente il dolore: il Tedesco lo beve, il Francese lo mangia, lo spagnolo lo **piange**, e l'Italiano lo dorme • non **pianse** mai uno che non ridesse l'altro • occhio che **piange** cuore che sente • l'orbo non **piange** • il peccato del signore fa **piangere** il vassallo • **piangi** il poco e vien l'assai • il popolo **piange** quando il tiranno ride • quando la montagna ride, il piano **piange** • quando Siena **piange**, Firenze ride • quando vedi la nespola e tu **piangi**, che l'è l'ultima frutta che tu mangi • se a novembre il contadin riposa, farà di fame **pianger** la sposa • tutti si nasce **piangendo** e nessuno muore ridendo • vin che salti, pan che canti, formaggio che **pianga** • volpe che dorme, ebreo che giura, donna che **piange**, malizia sopraffina colle frangie

piano gli accoppiatori e le borse a mano, hanno difeso le palle e il **piano** • a San Flaviano galaverna al **piano** • il bello è star nel **piano**, e confortare i cani all'erta • chi disse **piano**, disse tanto piano, che non ne toccò a tutti • chi va **piano** va sano e va lontano • loda il monte e tienti al **piano** • i neutrali sono come chi sta al secondo **piano**, che ha il fumo del primo e il piscio del terzo • per andare a **piano** si scendon molte miglia • per San Frediano la neve al monte e al **piano** • per Santa Croce e San Cipriano semina in costa e semina in **piano** • il **piano** ha occhi, e il bosco orecchi • quando la montagna ride, il **piano** piange • quando la neve s'inverna in **piano**, val più il sacco che non vale il grano • la rana avvezza nel pantano, se ell'è al monte torna al **piano** • settembre dall'altura porta al **piano** la frescura e l'estate in sepoltura • son tre cose che gabbano il villano: il piacer, la credenza e il piover **piano** • tanto vale la messa **piana**, quanto la cantata

pianta il letame quand'è troppo forte, alle **piante** dà la morte • ogni **pianta** ha la sua radice • la **pianta** si conosce dal frutto • quando l'uomo n'ha cinquanta bisogna che salvi la midolla per la **pianta**

piantare chi **pianta** datteri non ne mangia • chi **pianta** in autunno guadagna un anno • per amistà conservare, muri bisogna **piantare** • se vuoi del buon filo, **pianta** la canapa ad aprile • il vecchio **pianta** la vigna, e il giovine la vendemmia

pianto l'amor comincia con suoni e con canti, e poi finisce con dolori e **pianti** • chi ha guidato la sposa a casa, sa quanto dura il **pianto** d'una femmina • dove non c'è rimedio il **pianto** è vano • gli errori nelle guerre divengono **pianti** • la fine del riso è il **pianto** • nei guai non ci vuol **pianto** ma consiglio • né **pianto** né bruno non suffraga nessuno • **pianto** per morto pianto corto • sospiro e **pianto** è nel vanto

piare venite **piando**, e tornerete cantando

piatire con ragione patisce, chi senza ragione **piatisce** • i Giudei in Pasqua, i Mori in nozze, i Cristiani in **piatire**, sanno impoverire • murare e **piatire**, dolce impoverire • **piatire**, dolce impoverire

piato chi a **piati** s'avvicina, a miseria s'incammina

piatto (1) chi lecca i **piatti**, deve leccare in terra • oche, castagne e vino son **piatti** di San Martino • se è un bel pollo, è per carnevale; se è un bel **piatto** di verze, è per quaresima • la vendetta è un **piatto** che va gustato freddo

piatto (2) gatta **piatta**, chi non la vede, graffia • vanga **piatta** poco attacca; vanga ritta, terra ricca; vanga sotto, ricca al doppio

piazza bello in fascia, brutto in **piazza** • brutto in fascia, bello in **piazza** • carestia di **piazza** è meglio che dovizia di casa • chi fa la casa in **piazza**, o l'è tropp'alta o troppo bassa • chi mangia la torta del comune, paga lo scotto in **piazza** • chi va alla **piazza**, se ben non v'ha a far, e' ve n'accatta • i danari fan la **piazza** • gaudio di **piazza**, tribolo di casa • in **piazza** non aprir mai sacco •

pane in **piazza**, giustizia in palazzo, e sicurezza per tutto • testa calva, **piazza** di pidocchi • tutti voglion vedere i matti in **piazza**, ma nessuno della sua razza • va' in **piazza**, vedi e odi: torna a casa, bevi e godi • val più avere amici in **piazza**, che danari nella cassa • val più un pegno nella cassa che fidanza nella **piazza**

piccino ai Santi si veste i fanti, a San Martino grandi e **piccini** • a San Martino si veste il grande e il **piccino** • casa mia, casa mia, per **piccina** che tu sia, tu mi sembri una badia • chi pela l'erba marzolina, pela la grande e anche la **piccina** • febbraio: primavera **piccina** • guardati dagli occhi **piccini** • nelle botti **piccine** sta il vino buono • per San Martino si ubriaca il grande e il **piccino** • i pesci grossi mangiano i **piccini** • se vuoi saper la verità chiedila al più **piccino** della casa

piccionaia chi sta sotto alla **piccionaia**, casca sempre qualche penna

piccione gennaio e febbraio, tienti al pollaio; marzo e aprile, capretto gentile; maggio e giugno, erbette col grugno; luglio e agosto, **piccioni** arrosto, settembre e ottobre, buone lepri col savore; novembre e dicembre, buon vitel sempre • luglio e agosto **piccioni** arrosto • **piccion** grossi e cavalli a vettura, è bravo chi la dura

piccolo a **piccol** forno poca legna basta • chi vuole ingannare il suo vicino, ponga l'ulivo grosso e il fico **piccolino** • la cucina **piccola** fa la casa grande • la donna per **piccola** che sia, la vince il diavolo in furberia • donne e sardine son buone **piccoline** • la famiglia **piccolina** mette la casa in rovina; quando si è rilevata, la casa è rovinata • figlioli **piccoli** fastidi piccoli, figlioli grandi fastidi grandi • gennaio mette ai monti la parrucca, febbraio grandi e **piccoli** imbacucca • gran vantatore, **piccol** facitore • ladro **piccolo** non rubare, che il ladro grosso ti fa impiccare • non è sì **piccola** ponzina, che di marzo non sia gallina • non si sente le campane **piccole** quando suonano le grandi • **piccola** acqua fa cessar gran vento • **piccola** fiamma non fa gran lume • **piccola** giornata e grandi spese, ti conducono sano al tuo paese • le **piccole** spese son quelle che vuotano la borsa • un **piccol** nuvolo guasta un bel sereno • **piccolo** ago scioglie stretto nodo • il **piccolo** fa il grande, e il grande fa il piccolo • quando il **piccolo** parla, il grande ha parlato • quando si ha una **piccola** villa, non patisce di fame la famiglia • scalzami **piccolo** e incalzami grande • s'è grande, è oziosa; s'è **piccola**, è viziosa; s'è bella è vanitosa; s'è brutta, è fastidiosa • se il grande fosse valente e il **piccolo** paziente, e il rosso leale, ognun sarebbe eguale • tanto cocchiume vuole una botte **piccola**, quanto una grande • una **piccola** catena muove un gran peso • uomo **piccolo** uomo ardito

pidocchio adulatori e parassiti son come i **pidocchi** • alla guerra si va pieno di danari, e si torna pieno di vizi e di **pidocchi** • chi cammina a buona fede, i **pidocchi** se lo mangiano • i mezzani sono i **pidocchi** del diavolo • il **pidocchio** non ha faccia, e però sta saldo • quando il **pidocchio** casca nella tramoggia, si pensa d'essere il mugnaio • testa calva, piazza di **pidocchi**

pidocchioso mercante litigioso, o fallito o **pidocchioso**

piede (**piè**) a Natale un **piede** di gallo, al primo dell'anno un piede di cane, all'Epifania un piede di stria • a San Mattè, l'uccellator salta in **piè** • bue fiacco stampa più forte il **piè** in terra • chi butta via oro con le mani, lo cerca co' **piedi** • chi gioca di **piè**, paga di borsa • chi ha buon cavallo in stalla può andare a **piedi** • chi non vuol **piedi** sul collo non s'inchini • chi si stende più del lenzuolo, si scuopre da **piedi** • chi tiene il **piede** in due staffe, spesso si trova fuora • dai giudici galliziani, vacci coi **piedi** nelle mani • di' all'amico il tuo segreto, e' ti terrà il **piè** sul collo • dove stringe la scarpa, non lo sa altro che chi l'ha in **piede** • la fortuna ha i **piedi** di vetro • gennaio: neve, nebbia e freddo ai **piedi** • giudice e scrivano vuol tenere il **piede** in mano • l'ingannatore rimane ai **piedi**

dell'ingannato • legami mani e **piei**, e gettami tra' miei • la lite vuol tre cose, **piè** leggiero, poche parole e borsa aperta • metti il matto in banca, o e' mena i **piedi** o ei canta • non mangiar crudo, non andar col **piede** ignudo • non tutti i **piedi** stanno bene in una scarpa • pancia piena, **piede** addormentato • pazzo è colui che va a **piedi** per commodo del cavallo • per San Bartolomè la pertica al **piè** • per San Mattè la castagna è sotto i **piè** • **piede** alla culla e mano al fuso, mostrano la buona massaia • **piedi**, stomaco e testa, tieni il resto come una bestia • quando il sole si volta in drè, acqua fino ai **piè** • quando la va troppo ben, la superbia salta in **piè** • sacco vuoto non sta in **piedi** • San Tommè, cresce il dì quanto il gallo alza un **piè** • scarpa stretta fa bel **piè**, ma presto o tardi il callo c'è • se tu vuoi giudicar ben, mettiti sempre ne' suoi **piè** • se vuoi che il tuo figlio cresca, lavagli i **piè** e rapagli la testa • la superbia va a cavallo e torna a **piedi**

piegare l'acciaio si rompe, e il ferro si **piega** • l'albero va **piegato** quando è giovine • è meglio **piegarsi** che scavezzarsi

Piemonte in Sardegna non vi son serpenti, né in **Piemonte** bestemmie • il **Piemonte** è la sepoltura dei Francesi

piemontese **Piemontesi** falsi e cortesi

piena dove non n'è, non ne toglie neanche la **piena**

pieno alla guerra si va **pieno** di danari, e si torna pieno di vizi e di pidocchi • a pancia **piena** si consulta meglio • Arno vuoto granaio **pieno** • Bergamaschi, Fiorentini e passere, n'è **pieno** tutto il mondo • chi sta troppo in sulle chiacchiere, torna a casa **pieno** di zacchere • dei disegni ne son **piene** le mura • del senno di poi son **piene** le fosse • in anno **pieno** il grano è fieno, in anno malo la paglia vale quanto il grano • marzo se trova i fossi **pieni** li vuota, se li trova vuoti li riempie • nel febbraio la beccaccia fa il nido, nel marzo tre o quattro, nell'aprile **pieno** il covile, nel maggio tra le frasche, nel giugno come un pugno, nell'agosto non ucciderla al corso • non fu mai sacco sì **pieno**, che non v'entrasse ancora un grano • non si può avere la botte **piena** e la moglie ubriaca • o di paglia o di fieno, pur che il corpo sia **pieno** • pancia **piena**, piede addormentato • Pasqua bagnata, spighe molli; Pasqua fredda, spighe **piene** • più vuoto che **pieno**, più caldo che freddo, più ritto che a sedere • prosopopea di pedanti e sudiciume di fanti, ne son **pieni** tutti i canti • quando la cornamusa è **piena**, comincia a suonare • quando la luna è tonda i granchi son **pieni** • sacco **pieno** rizza l'orecchio • scarpa larga e bicchier **pien**, togli il mondo come vien • sdegno e vergogna son **pien** d'ardire • se la casa è **piena**, presto si fa da cena • se maggio è sereno, ogni spiga sarà **piena** • stelle a settembre, botti **piene** a novembre

pietoso il medico **pietoso** fa la piaga verminosa

pietra a buona lavandaia non mancò mai **pietra** • a goccia a goccia si scava la **pietra** • chi è senza peccato scagli la prima **pietra** • non mordere se non sai se è **pietra** o pane • parole di bocca e **pietra** gettata, chi le ricoglie perde la giornata • la **pietra** del ministro al reo non giova • **pietra** mossa non fa musco • gli scarpelli, la **pietra** la gli sciupa, e la pietra la gli accomoda • una sol **pietra** un gran carro riversa • un pazzo getta una **pietra** nel pozzo, che poi ci vogliono cento savi a cavarla fuori

piffero i **pifferi** di montagna andarono per suonare e tornarono suonati

pigione un cattivo podere è meglio che una buona **pigione**

pigliare a chi ti porge il dito, tu **piglia** il dito e la mano • a donne e a preti non gliene dare un tantino, ch'e' se ne **pigliano** un tantone • ai Morti ogni nave **piglia** porto • aprile fa nascere i fiori e maggio si **piglia** l'onore • i birri **pigliano**, e il popolo impicca • Campiglia, ingrassa il porco, e poi lo **piglia** • chi dorme non **piglia** pesci • chi è uso alla zappa non **pigli** la lancia • chi ha la coda di paglia, ha sempre paura che gli **pigli** fuoco • chi mi **piglierà** di notte, mi lascerà di giorno • chi non **piglia** l'amante al laccio, resta in casa a guardare il catenaccio • chi non **piglia** uccelli, mangi la civetta • chi per amor si **piglia**, per rabbia si lascia • chi **piglia** la lancia per la punta, la spezza o non la leva di terra • chi **piglia** l'anguilla per la coda e la donna per la parola, può dire di non tener nulla • chi **piglia** moglie a carnevale, quaresima la passa di cuore, senza pene né dolore • chi **piglia** moglie per denai, spesso sposa liti e guai • chi s'assomiglia si **piglia** • chi se ne **piglia**, muore • come uno **piglia** moglie, egli entra nel pensatoio • i consigli e il villano **pigliali** alla mano • dicembre **piglia** e non rende • dicembre **piglia** l'anno e lo sotterra, gennaio lo fa rinascere, aprile e maggio lo vestono • donna che per amor si **piglia**, si tenga in briglia • donna che **piglia** è nell'altrui artiglia • le donne **piglian** ben le pulci • è meglio un tieni tieni, che cento **piglia** piglia • e' non si voglion **pigliar** tutte le mosche che volan per aria • fino ai Santi fiorentini, non **pigliare** i panni fini • gatto che non è goloso non **piglia** mai sorcio • l'indugio **piglia** vizio • marito e figli come Dio te gli dà così te gli **piglia** • moglie e ronzino, **pigliali** dal vicino • il mondo è di chi se lo **piglia** • nelle grandi acque si **pigliano** i pesci • nessun buon medico **piglia** mai medicine • non aspettare a **pigliare** il gatto il dì di San Michele • non comincia fortuna mai per poco, quando un mortal si **piglia** a scherno e gioco • non si **piglia** il vento alla vela senza licenza del nocchiero • per la gola si **pigliano** i pesci • per Sant'Andrea **piglia** il porco per la sea; se tu non lo puoi pigliare, fino a Natale lascialo andare • **piglia** casa con focolare, e donna che sappia filare • quando il fuoco **piglia** in vetta, non ha fretta • quando il pagliaio vecchio **piglia** fuoco, si spenge male • quando **pigli** un'impresa, pensa prima alla spesa • quando puoi aver del bene, **pigliane** • quando si **piglia** un vizio, si stenta a perderlo • rete nuova non **piglia** uccello vecchio • secondo vuoi la famiglia, la moglie **piglia** • se il cielo rovinasse, si **piglierebbero** di molti uccelli • spesso l'uomo ingannato si trova che **piglia** donna a vista e non a prova • tal **piglia** leoni in assenza, che teme un topo in presenza • l'utile fa **pigliar** parte • la vecchia mal raddotta, sulla sera la **piglia** la rocca

pignatta **pignatta** vuota e boccale asciutto, guasta il tutto

pigozzo quando canta il **pigozzo** di gennaio, tieni a mano il pagliaio

pigrizia molte volte si perde per **pigrizia**, quel che s'è guadagnato per giustizia

pigro a porco **pigro** non cadde pera mezza • i padri indolenti hanno figli **pigri** • il **pigro** è sempre in bisogno

pillola se la **pillola** avesse buon sapore, dorata non sarebbe per di fuore • siroppo di cantina, **pillole** di gallina e buon mantello

piluccatore procuratori, pelatori, **piluccatori**, pericolatori

pioggia (**piova**) cielo a pecorelle, **pioggia** a catinelle • è meglio **pioggia** e vento che non il mal tempo • non fu mai vento senz'acqua; non fu **pioggia** senza vento • i nostri vecchi istavan cent'anni col culo a la **piova** prima di fare un proverbio • novembre, tre nebbie fanno una **piova** • per la Madonna la **pioggia** è ancora buona • le **piogge** di maggio e quelle di San Michele non stanno in cielo • **pioggia** con sole durare non suole • la **pioggia** d'aprile riempie i fienili • **pioggia** d'aprile, vino gentile • **pioggia** di febbraio empie il granaio • **pioggia** di gennaio, abbondanza nel granaio • la **pioggia** di maggio bagna il foraggio • **pioggia** di maggio, vino assai • **pioggia** in istrada tempesta in bottega • quando il villano tratta ben, la **pioggia** secca il fien • quando maggio passa, la **pioggia** non è mai troppa • San Pietro, Sant'Anna, San Lorenzo: tuoni, saette e **pioggia** a secchie • se vuoi castagne e mosto, che **piova** ad agosto • tre caligh fa una **piova**, tre piove una brentana, e tre festini una puttana

piombare la vendetta di Dio non **piomba** in fretta

piombo chi mangia il ferro, deve avere le budella di **piombo** • in guaina d'oro, coltello di **piombo** • sotto **piombo** si trovano le vene d'oro

piovere l'acqua **piove** chiara e va via torba • a novembre semina **piovendo**, e se è duro semina pure • aprile, canta il cuculo: **piove** per sette e asciuga in una • aprile n'ha trenta, se **piove** trentuno, non fa male a nessuno • aprile **piovi** piovi, a maggio una è buona • aria pecorina, se non **piove** la sera piove alla mattina • chi è al coperto quando **piove** è ben matto se si muove • chi si ripara sotto la frasca, ha quella che **piove** e quella che casca • d'aprile **piove** per gli uomini e di maggio per le bestie • giugno e luglio non **piove** al buio • né legna, né carbone non comprar quando **piove** • nel mese di luglio possa non **piovere** neanche olio • non si fece mai bucato che non **piovesse** • **piove** sempre sul bagnato • quando canta il botto, rasciuga un dì quanto non **piove** in otto • quando Dio vuole, a ogni tempo **piove** • quando ha tonato e tonato, bisogna che **piova** • quando il sole insacca in Giove, non è sabato che **piove** • quando la luna ha il culo in molle, **piove**, voglia o non voglia • quando l'Angiolo si bagna l'ale, **piove** fino a Natale • quando **piove** alla buon'ora, prendi i bovi, va, e lavora • quando **piove** all'Annunziatella, si riempie la fiaschella • quando **piove**, chi non ha gambe non si muove • quando **piove** di giugno, si secca la castagna senza fumo • quando **piove** di notte di giugno, ricaccia il pane dal forno • quando **piove** e c'è il sole, il diavolo fa all'amore • quando **piove** e tira vento, serra l'uscio e statti dentro • quando **piove** il giorno di San Vito il prodotto dell'uva va sempre fallito • quando **piove** in agosto l'oliva si guasta • quando **piove** la domenica degli ulivi, piove sette domeniche di fila • quando **piove** per San Filippo, il povero non ha bisogno del ricco •

San Pati: o **piove** o nevicate • Sant'Antonio dalla barba bianca, se non **piove**, la neve non manca • se di maggio **piove** sempre la mattina, la tina resta vuota di vino • se non **piove** di marzo, non viene né erba né altro; se non piove d'aprile, quello ch'è nato sta per morire • se non **piove** sull'ulivo piove sull'ova • se **piove** a San Brunone, sette montane e un montanone • se **piove** a San Giorgio, brutta annata • se **piove** a San Marco, cresce il carro dell'orzo al massaro • se **piove** a Santa Bibiana piove quaranta dì e una settimana • se **piove** d'aprile, ogni gocciola mille lire • se **piove** il dì della Pentecoste, tutte l'entrate non son nostre • se **piove** il dì dell'Ascensa, per quaranta dì non si sta senza • se **piove** il dì di San Marco, ogni spiga ne perde un quarto • se **piove** il dì di Sant'Orsola, poi fa bello per quaranta dì • se **piove** il giorno di San Giovanni non vengono né il vino né il pane • se **piove** il mese di gennaio, piove vino in cantina • se **piove** il mese di maggio verrà fieno assai • se **piove** il quattro settembre, piove fino a dicembre • se **piove** il venerdì Santo, piove maggio tutto quanto • se **piove** in agosto fa bene per tutto • se **piove** per calende, ogni dì ne attende • se **piove** per la Pasqua, la susina s'imborsacchia • se **piove** per l'Ascensa, metti un pane di meno in sulla mensa • se **piove** per l'Ascensione, si guasta la colazione • se **piove** per l'Ascensione, va ogni cosa in perdizione • se **piove** per San Barnabà, l'uva bianca se ne va; se piove mattina e sera, se ne va la bianca e la nera • se **piove** per San Donato, botte e tino preparate; se piove per San Rocco, preparate tino e botte • se **piove** per San Gorgonio, tutto l'ottobre è un demonio • se **piove** per San Lorenzo, la viene a tempo; se piove per la Madonna, l'è ancor buona; se per San Bartolommè soffiale di drè • se **piove** per San Sisto, puntella il canniccio • se **piove** per Sant'Anna l'acqua diventa manna • se **piove** per Sant'Antonio, bisogna risparmiare il fieno • se **piove** prima del cucco, buona

NELLA GVERRA D'AMOR CHI FVGGE VINCE.

È fiamma Amor, ch' incenerisce, e strugge
Qualunque incontro al suo furor si spinge,
E di lui solo, è uincitor chi fugge.

annata di tutto • se **piove** tutto il mese di aprile il grano mette una bella spiga • se **piovon** macine, non servon tetti • son tre cose che gabbano il villano: il piacer, la credenza e il **piover** piano • tanto tuonò che **piovve**

piovoso aprile **piovoso**, maggio ventoso, anno fruttuoso • maggio ombroso e non **piovoso** • maggio **piovoso** anno ubertoso • marzo ventoso aprile **piovoso** • Natale **piovoso**, raccolto generoso • ottobre **piovoso**, campo prosperoso • Pasqua **piovosa**, annata prosperosa • quando l'estate passa **piovosa**, la biada smoggia

Pisa come i ladri di **Pisa**, che il giorno litigano e la notte rubano insieme • **Pisa**, pesa per chi posa

Pisani Fiorentini ciechi, Senesi matti, **Pisani** traditori, Lucchesi signori

pisciare a cane che invecchia la volpe gli **piscia** addosso • aria rossa, o **piscia** o soffia • chi canto si fa, tutti i cani gli **pisciano** addosso • chi **piscia** contro vento, si bagna la camicia • chi presta sul gioco, **piscia** sul fuoco • e' non son tutti uomini quelli che **pisciano** al muro • **piscia** chiaro, e abbi in tasca il medico • rana, o salta o **piscia**, e non sbrana • gli Spagnoli s'accordano a bravare, i Francesi a gridare, gli Inglesi a mangiare, i Tedeschi a sbevazzare e gli Italiani a **pisciare** • i vicentini quando **piscia** uno piscian tutti

piscio i neutrali sono come chi sta al secondo piano, che ha il fumo del primo e il **piscio** del terzo

pisello chi vuol di bei **piselli**, li semini nella luna crescente di febbraio • i **piselli** son sempre nelle frasche • se vuoi fottere gli uccelli passanti, semina fave e **piselli** per Tutti i Santi

pispolare chi semina fave, **pispola** grano

Pistoia a Prato c'è più preti, che a **Pistoia** staia

pistoiese lingua senese e bocca **pistoiese**

pistolese castroni pugliesi, mannarini **pistolesi**, gran siciliano, zucchero di Candia, cera veneziana, magli romaneschi, sproni viterbesi, cacio di Creta, raviggioli fiorentini

pitocco San Rocco dà la chiave a ogni **pitocco**
pittore poeti, **pittori** e pellegrini a fare e a dire sono indovini
pittura donne per casa, una in figura e una in **pittura**
piuma la pappa fa l'uccello ma la **piuma** lo fa bello • quanto più l'uccello è vecchio, tanto più malvolentieri lascia le **piume** • il villano nelle **piume** vi sta a disagio
piuttosto **piuttosto** cappello in mano, che mano alla borsa • **piuttosto** crepa panza che roba avanza • **piuttosto** pecora giusta, che lupo grasso • **piuttosto** un asino che porti, che un cavallo che butti in terra
placare chi tosto s'adira, tosto si **placa**
plorare per la Santa Candelora o che nevichi o che **plora**, dell'inverno siamo fuora; s'egli è sole o solicello, siamo ancora a mezzo il verno
Po quando gennaio ingrossa il **Po** ogni mese fa la sua
podere le bestie sono il nervo del **podere** e il pane del contadino • un cattivo **podere** è meglio che una buona pigione • chi affitta il suo **podere** al vicino, aspetti danno o lite o mal mattino • chi ha casa e **podere**, ha più del suo dovere • chi ha un cieco fuori, ha un **podere** in Chianti • con un par di polli, si compra un **podere** • lavoratore buono di un **podere** ne fa due; cattivo, ne fa mezzo • Natale in venerdì, vale due **poderi**: se viene in domenica, vendi i bovi e compra la melica • il padrone in villa è febbre al contadino, e sanità al **podere** • **podere** vuol dir potere • se compri un **podere** oggi, fa' che domani in città più non alloggi • il villano venderà il **podere**, per mangiare cacio, pane e pere
podestà (**potestà**) il **podestà** nuovo caccia il vecchio • quando il villano è alla città, gli par d'essere il **potestà**
poesia la **poesia** non dà pane
poeta a tutti i **poeti** manca un verso • **poeti**, pittori e pellegrini a fare e a dire sono indovini • **poeti** si nasce, non si diventa • **poeti** si nasce, oratori si diventa

poggiolo quando la capra ha passato il **poggiolo** non si ricorda più del suo figliuolo

polenta settembre col vento, annata da **polenta**

pollaio gennaio e febbraio, tienti al **pollaio**; marzo e aprile, capretto gentile; maggio e giugno, erbette col grugno; luglio e agosto, piccioni arrosto, settembre e ottobre, buone lepri col savore; novembre e dicembre, buon vitel sempre • gennaio: pochi polli rimangon nel **pollaio** • non istanno bene due galli in un **pollaio** • quando il gallo canta nel **pollaio**, aspetta l'acqua sotto il grondaio • quando le volpi si consigliano, bisogna chiudere il **pollaio** • se il villano sapesse il sapore della gallina in gennaio, non ne lasceria nessuna nel **pollaio**

pollastrello a vecchia che mangia **pollastrelli**, gli vien voglia di carne salata

pollastro per Sant'Antonio ogni **pollastra** dà l'uovo • le Trentine vengono giù **pollastre** e se ne vanno sù galline • vitello, **pollastro** e pesci crudi ingrassano i cimiteri

pollo benché la volpe corra, i **polli** hanno l'ale • con un par di **polli**, si compra un podere • delle moglie è più dovizia che de' **polli** • gennaio: pochi **polli** rimangon nel pollaio • non è buon anno quando il **pollo** becca il gallo • preti, frati, monache e **polli** non si trovan mai satolli • ragazzi e **polli** imbrattan la casa • se è un bel **pollo**, è per carnevale; se è un bel piatto di verze, è per quaresima

poltrone l'armi dei **poltroni** non tagliano né forano • la guerra non è fatta per i **poltroni** • quattro o cinque al viandante, cinque o sei al mercatante, sei o sette allo studente, sette o otto all'altra gente, otto o nove al signorone, nove o dieci al gran **poltrone** • tra due **poltroni** il vantaggio è di chi prima conosce l'altro • tutte l'armi di Brescia non armerebbero la paura d'un **poltrone** • un furfante governa cento **poltroni**, e cento poltroni non governano un furfante • uomo **poltrone**, uomo poverone

poltroneria **poltroneria** non fece mai figliuoli

polveraccio le fave nel motaccio, il gran nel **polveraccio**
polveraio gennaio **polveraio** empie il granaio
polvere Dio ci guardi dal fungo di gennaio e dalla **polvere** d'aprile • **polvere** di gennaio, carica il solaio • la segale nella **polverina** e il grano nella pantanina • vangami nella **polvere**, incalzami nel fango, io ti darò buon vino
pomo anco Adamo mangiò del **pomo** vietato • le **poma** ai putti, e il libro ai vecchi
pompa chi non può far **pompa**, faccia foggia
ponente gobba a **ponente** luna crescente, gobba a levante luna calante • nuvolo da **ponente** non si leva per niente • **ponente**, tramontana si risente
pontare quando il sol tramonta, l'asino si **ponta**
ponte l'acqua cheta rovina i **ponti** • l'acqua rovina i **ponti** • l'acqua rovina i **ponti** e il vino la testa • di bruma la neve s'aggruma, di gennaio la neve fa solaio, di marzo fa il **ponte** e in aprile si rompe • di settembre o porta via i **ponti** o secca le fonti • n'è passata dell'acqua sotto i **ponti**! • **ponti** d'oro al nemico che fugge! • quando tu vedi un **ponte**, fagli più onor che a un conte • Sant'Antonio fa il **ponte** e San Paolo lo rompe
Ponte a Rifredi la compagnia del **Ponte a Rifredi**, pochi e mal d'accordo
ponzina non è sì piccola **ponzina**, che di marzo non sia gallina
popolo (**popolazzo**) l'acqua e il **popolo** non si può tenere • a **popol** sicuro non bisogna muro • i birri pigliano, e il **popolo** impicca • chi fonda in sul **popolo** fonda in sulla rena • chi getta la sua roba al **popolazzo**, si trova vecchio poi, povero e pazzo • chi vuol ben dal **popolo**, lo tenga scusso • dov'è **popolo** è confusione • non bisogna mostrare i cenci al **popolo** • pane e feste tengono il **popol** quieto • il **popolo** piange quando il tiranno ride • il **popolo**, quando falla, dev'essere gastigato; ma il principe, se erra, dev'esser avvisato • voce di **popolo**, voce di Dio

popone predica e **popone**, vuol la sua stagione • quattro sono i buoni bocconi, pesco, fico, fungo e **poponi** • vino nel sasso, e **popone** in terren grasso

poppare pecora mal guardata, da ogni agnello è **poppata**

porco (**porcellino**) l'acqua d'aprile, il bue ingrassa, il **porco** uccide, e la pecora se ne ride • ai peggio **porci** vanno le meglio pere • a **porco** pigro non cadde pera mezza • a San Pietro si dà terra alle **porche** • a San Rocco si stimano i fichi e il **porco** • a Santa Teresa la testa del **porco** appesa • aspetta il **porco** alla quercia • buone ragioni male intese, sono perle a' **porci** stese • Campiglia, ingrassa il **porco**, e poi lo piglia • carne di **porco** e uomini di guerra durano poco • chi ha buon orto, ha buon **porco** • chi ha un figliuolo solo, lo fa matto; chi un **porco**, lo fa grasso • dice il **porco**, dammi dammi, né mi contar mesi né anni • dove c'è Sant'Antonio c'è il suo **porcellino** • in ogni uomo c'è un **porco** che sonnecchia • mercante e **porco** non si pesa che dopo morto • per San Martino s'ammazza il **porco** e si beve il vino • per Sant'Andrea piglia il **porco** per la sea; se tu non lo puoi pigliare, fino a Natale lascialo andare • **porco** d'un mese, oca di tre, mangiar da re • il **porco** vuol insegnare a Minerva • il **porco** vuol mangiare sporco e dormire pulito • primo **porco**, ultimo cane • i prìncipi sono come i contadini, ogni anno ingrassano un **porco** e poi se lo mangiano • se il **porco** volasse, non ci sarebbe uccel che lo passasse • tonno di maggio e **porco** di gennaio • la treggea non è da **porci** • un noce in una vigna, una talpa in un prato, un legista in una terra, un **porco** in un campo di biade, e un cattivo governatore in una città, sono assai per guastare il tutto

porgere a chi ti **porge** il dito, tu piglia il dito e la mano • la fatica promette il premio, e la perseveranza lo **porge**

porre a chi incresce, **pongasi** a sedere • ad agosto vedrò ciò che ho **posto** • casa fatta e vigna **posta**, non si sa quel che la costa • chi assai **pone** e non custode, assai tribola e poco gode • chi cerca fare impiastro, sa dove lo vuol **porre** • chi **pon** cavolo d'aprile, tutto l'anno se ne ride • chi **pon** mele in vaso nuovo, provi se tiene acqua • chi **pon** suo naso a consiglio, l'un dice bianco e l'altro vermiglio • chi vuole il buon bacato, per San Marco o **posto** o nato • chi vuole ingannare il suo vicino, **ponga** l'ulivo grosso e il fico piccolino • chi vuole un pero ne **ponga** cento, e chi cento susini ne ponga un solo • dove Dio **pon** la mano, ogni pensiero è vano • il male non sta sempre dove si **pone** • ogni bugiardo si **pone** in caffo • per il Perdon si **pone** la zappa in un canton • **poni** i porri e sega il fieno, a qualcosa la chiapperemo • quando l'anno vien bisesto, non **por** bachi, e non far nesto • scorpione, umido è tutto ove si **pone** • se tu hai meno il naso, **ponviti** una mano • tempra la lingua quando sei turbato, acciò che non ti **ponga** in malo stato • tra carne e ugna, non sia uom che vi **ponga**

porro non diventan **porri** se non quelli che si trapiantano • perché il **porro** abbia il capo bianco, che la coda sia verde • poni i **porri** e sega il fieno, a qualcosa la chiapperemo

porta a chi batte forte si apron le **porte** • alla **porta** dell'avvocato non ci vuol martello • una bella **porta** rifà una brutta facciata • le bellezze duran fino alla **porta**, le bontà fino alla morte • chi ha buon vino in casa, ha sempre i fiaschi alla **porta** • doglia di moglie morta, dura fino alla **porta** • le donne son sante in chiesa, angele in istrada, diavole in casa, civette alla finestra e gazze alla **porta** • dove ci son ragazze innamorate, è inutile tener **porte** serrate • i figli vengono dal cuore e il marito dalla **porta** • maggior **porta**, maggior battitoio • non si serra mai una **porta** che non se n'apra un'altra • **porta** aperta per chi porta; e chi non porta, parta • la **porta** di dietro è quella che ruba la casa • **porta** di villa, porta di vita • quando la fame vien dentro la **porta**, l'amore se ne va dalla finestra • tutto fai, ma la casa con due **porte** mai

portare (portarsi) a cavallo che non **porta** sella, biada non si crivella • a chi non pesa, ben **porta** • l'acqua che corre non **porta** veleno • al dì dell'Ascensa, **portan** maio a chi non se lo pensa • all'orto se non **porti** non trasporti • ambasciator non **porta** pena • amore fa **portar** le calze vuote • l'armi **portan** pace • l'asino **porta** il basto e non lo sente; se non lo sente, egli è assai valente • bacchettoni e collitorti, che il diavol se li **porti** • beato chi **porta** il giogo a buon'ora • il ben far non **porta** merito • la bertuccia se ne **porta** via l'acqua • casa nuova, chi non ve ne **porta** non ve ne trova • casare, casare, suona bene e **porta** male • chi ha buon marito, lo **porta** in viso • chi ha il lupo per compare, **porti** il cane sotto il mantello • chi ha la sentenza contro, e se n'appella, a casa **porta** due triste novelle • chi ha poco panno, **porti** il vestito corto • chi ha **portata** la tonaca puzza sempre di frate • chi le **porta** è l'ultimo a saperle • chi non è uso a **portar** le brache, le costure gli danno noia • chi non pesa non **porta** bene • chi **porta** la cappa è degli ufiziali • chi **porta** spada e non l'adopra, ha bisogno di chi lo cuopra • chi **portasse** al mercato i suoi guai, ognuno ripiglierebbe i suoi • chi si lascia mettere in spalla la capra, indi a poco è sforzato a **portar** la vacca • chi si **porta** dietro la casa, può andare per tutto • ci vuole un'oncia di fortuna, e un diavol che **porti** • delizie temporali **portano** mille mali • di maggio nasce un somaro la mattina e la sera **porta** la soma • di marzo, chi non ha scarpe vada scalzo, e chi le ha, le **porti** un altro po' più in là • Dio non manda se non quel che si può **portare** • di settembre o **porta** via i ponti o secca le fonti • due dì gode il marito la sua metà, il dì che la **porta** a casa, e quello che la se ne va • l'Epifania tutte le feste si **porta** via • febbraio pazzerello, **porta** un tizzo sotto il mantello • fino ai Santi la sementa è pei campi, dai Santi in là, la si **porti** a cà • giovane assestato, roba

porta • giugno ventoso **porta** il grano sull'aia • il giusto **porta** la pena per il peccatore • lago di Garda e Bocca di Celina **porta** spesso la rovina • lascia **portare** i baffi al gatto • luglio con sacco e staio **porta** i chicchi nel granaio • la mala nuova la **porta** il vento • il malato **porta** il sano • masseria, masseria, viene il diavolo e **portala** via • necessità non **porta** indugio • né in tavola né in letto si **porta** rispetto • non **portar** basto • non si **porta** seco all'altro mondo se non il bene che s'è fatto • non si può cantare e **portar** la croce • la notte **porta** consiglio • ogni agio **porta** seco il suo disagio • ognuno **porta** l'acqua al suo mulino • Pasqua colla tormenta **porta** fame e guerra • la pazienza la **portano** i frati • il peso degli anni è il maggior peso che l'uomo possa **portare** • piuttosto un asino che **porti**, che un cavallo che butti in terra • quando brucia il vicinato, **porta** l'acqua a casa tua • quando i furbi vanno in processione, il diavolo **porta** la croce • quando il cieco **porta** la bandiera, guai a chi vien dietro! • quando il tempo è in vela, ogni nuvolo **porta** sereno • quando si va per dare, bisogna **portar** due sacchi • i Romagnuoli **portano** la fede in grembo • San Giuseppe: la rondine **porta** il messo • San Giuseppe vecchiarello **porta** il fuoco sotto il mantello • Sant'Eusebio **porta** il grano • le secchie si mettono a combattere col pozzo, e ne **portano** la testa rotta • se in luglio la formica **porta** più dell'usato, l'inverno sarà duro e anticipato • se non puoi **portare** la seta, porta la lana • settembre dall'altura **porta** al piano la frescura e l'estate in sepoltura • se tutti i pazzi **portassero** una berretta bianca, si parrebbe un branco d'oche • il sole di San Martino **porta** il guadagno al poverino • tutte le strade **portano** a Roma • l'ulivo benedetto **porta** pace sotto il tetto

porto ai Morti ogni nave piglia **porto** • in tempo di tempesta ogni buco è **porto** • monte, **porto**, città, bosco o torrente, abbi se puoi per vicino o parente • la morte agli empi è pena, e **porto** ai buoni • se Catania avesse **porto**, Palermo saria morto • il se e il ma sono il **porto** degl'imbecilli da Adamo in qua • tre cose fan l'uomo accorto; lite, donna e **porto**

Portogallo i don di Spagna, i conti d'Alemagna, i monsieurs di Francia, i vescovi d'Italia, i cavalier di Napoli, i lordi di Scozia, i fidalghi di **Portogallo**, i minori fratelli d'Inghilterra e i nobili d'Ungheria, fanno una povera compagnia

posare chi altri tribola, sé non **posa** • chi cavalca la notte, convien che **posi** il giorno • Pisa, pesa per chi **posa**

possedere l'avaro più che **possiede** più è mendico • più rara cosa il mondo non **possiede**, che la città dove il Leon risiede • la ricchezza non s'acquista senza fatica, non si **possiede** senza timore, non si gode senza peccato, non si lascia senza dolore

possessione casa fatta, **possession** disfatta • chi cava e non mette, le **possessioni** si disfanno

potare chi ara l'uliveto, dimanda il frutto; chi lo letama l'ottiene; chi lo **pota** lo sforza • chi nel marzo non **pota** la sua vigna, perde la vendemmia • chi **pota** di maggio e zappa d'agosto non raccoglie né pane né mosto • chi **pota** per San Martino ha tutto il grano e tutto il vino • per mangiare gli agnolotti a carnevale, si va nella vigna a **potare** • per San Valentino, **pota** il tralcio se vuoi fare il vino • **pota** tardi e semina presto, se un anno fallirai, quattro ne assicurerai • se d'aprile a **potar** vai, contadino, molt'acqua beverai e poco vino • se vuoi empir la cantina zappa e **pota** in gennaio; se vuoi empir la botticella zappa e pota in marzo

potato chi vuole un buon **potato**, più un occhio e meno un capo

potatore gennaio zappatore, febbraio **potatore**, marzo amoroso, aprile carciofaio, maggio ciliegiaio, giugno fruttaio, luglio agrestaio, agosto pescaio, settembre ficaio, ottobre mostaio, novembre vinaio, dicembre favaio

potente al più **potente** ceda il più prudente

potere chi compra ciò che pagar non **può**, vende ciò che non vuole • chi dorme quanto **può**, non dorme quanto vuole • chi fa quel che **può**, non è tenuto a far di più • chi fa quel che **può**, non fa mai bene • chi non fa quando **può**, non fa quando vuole • chi non **può**, sempre vuole • comandi chi **può**, obbedisca chi deve • faccia chi **può**, prima che il tempo mute; ché tutte le lasciate son perdute • per più non **potere**, l'uomo si lascia cadere • podere vuol dir **potere** • quando Dio non vuole, i Santi non **possono** • quel che non si **può**, non si deve • il re va dove **può**, non dove vuole • salta chi **può** • un padre **può** per sette figlioli, ma sette figlioli non possono per un padre

povero a fare i **poveri** non si spende nulla • agosto: **povero** non ti conosco • agricoltore **povero**, agricoltura miserabile • alla prim'acqua d'agosto, **pover**'uomo ti conosco • alleva i tuoi figli **poveretti**, se tu li vuoi ricchi e benedetti • al sarto **povero** gli si torce l'ago • l'altissimo di sopra ne manda la tempesta, l'altissimo di sotto ne mangia quel che resta, e in mezzo a due altissimi restiamo **poverissimi** • aprile è passato, maggio non viene più: sta sempre lì a cantare il **povero** cuccù • a San Martino la sementa del **poverino** • il bene de' **poveri** dura poco • c'è il **povero** di Dio, e quello del diavolo • chi coi **poveri** è sgarbato, sarà sempre tribolato • chi dice a un **povero** uom dabbene, gli fa una grande ingiuria • chi è **povero** di spie, è ricco di vituperio • chi è **povero** ognun lo fugge • chi fa tutte le feste, **povero** si veste • chi getta la sua roba al popolazzo, si trova vecchio poi, **povero** e pazzo • chi non ha **poveri** o matti nel parentato, è nato o di lampo o di tuono • da San Martino a Natale ogni **povero** sta male • i debiti de' **poveri** fanno gran fracasso • di carnevale il **povero** a zappare • Dio mi guardi da alchimista **povero**, da romito grasso, e da medico infermo • Dio ti guardi da furia di vento, da frate fuor di convento, da donna che parla latino, e da nobile **poverino** • Dio ti guardi da un ricco impoverito e da un **povero** arricchito • disegno di **pover** uomo, mai non riesce • i don di Spagna, i conti d'Alemagna, i monsieurs di Francia, i vescovi d'Italia, i cavalier di Napoli, i lordi di Scozia, i fidalghi di Portogallo, i minori fratelli d'Inghilterra e i nobili d'Ungheria, fanno una **povera** compagnia • è meglio dir **poveretto** me, che poveretti noi • è meglio servire un ricco avaro, che un **povero** liberale • l'estate è la madre de' **poveri** • fammi fattore un anno, se sarò **povero**, mio danno • ha più il ricco quando impoverisce, che il **povero** quando arricchisce • in casa dell'amico ricco, sempre ammonito; in quella dell'amico **povero**, sempre lodato • l'inverno è l'inferno dei **poveri** • mercante di vino, mercante **poverino**; mercante d'olio, mercante d'oro • non si può dire a uno peggio che dirgli «**povero**» • il pane del **povero** è sempre duro • la pecora è per il **povero**, non il povero per la pecora • per la ragion di Stato e di confini, son rovinati ricchi e **poverini** • **povera** quella bocca che mangia con la rocca • **povera** quella casa dove non rientra cappello • i **poveri** cercano il mangiare per lo stomaco, ed i ricchi lo stomaco per il cibo • i **poveri** hanno le braccia corte • i **poveri** mantengono la giustizia • i **poveri** s'ammazzano e i signori s'abbracciano • i **poveri** sono i primi alle forche, e gli ultimi a tavola • **povero** chi è solo • **povero** dispettoso, vecchio lussurioso, e donna lisciata, dispiace alla brigata • **povero** è quello che desidera assai • il **povero** mantiene il ricco • **povero** né minchione non ti far mai • **povero** quell'uomo che di trent'anni non guarisce i suoi malanni • **povero** quell'uomo che sa quanto sale vuole la pentola • il **pover**'uomo non fa mai ben: se muor la vacca, gli avanza il fien; se la vacca scampa, il fien gli manca • quando il **povero** dona al ricco, il diavolo se la ride • quando le noci vengono a mucchiarelli, la va bene pei ricchi e i **poverelli** • quando piove per San Filippo, il **povero** non ha bisogno del ricco • il ricco quando vuole, il **povero** quando può • sacco rotto non tien miglio; **pover**'uom non va a consiglio • sapienza di **pover** uomo, bellezza di p... e forza di facchino non valgono un quattrino • se i desideri bastassero, i **poveri** andrebbero in carrozza • se i signori avessero giudizio, i **poveri** morirebbero di fame • servi il nobile ancorché sia **povero**, perché verrà tempo che ti pagherà • se ti trovi dal bisogno stretto, prima che dagli altri vai dal **poveretto** • sogni de' Principi, ricchezze di **poveri** • il sole di San Martino porta il guadagno al **poverino** • tanto mangia il **povero** quanto il ricco • uomo poltrone, uomo **poverone**

povertà a grassa cucina è **povertà** vicina • in **povertà** è sospetta la lealtà • non v'è pensier penoso, quanto onore e **povertà** • la **povertà** è fedel servitore • la **povertà** è il più leggero di tutti i mali • **povertà** fa viltà • **povertà** lieta, è gran ricchezza • **povertà**, madre di sanità • **povertà** non fa vergogna • ricchezza mal disposta a **povertà** s'accosta

pozzatello aria a scalelli, acqua a **pozzatelli**

pozzo giugno quanto un pugno, luglio quanto un ruglio, agosto quanto un **pozzo** • opera fatta, maestro in **pozzo** • la parola riempie il cuore ma l'acqua riempie il **pozzo** • le secchie si mettono a combattere col **pozzo**, e ne portano la testa rotta • un pazzo getta una pietra nel **pozzo**, che poi ci vogliono cento savi a cavarla fuori • la verità sta in fondo a un **pozzo**

pranzare l'orgoglio che **pranza** di vanità cena di disprezzo

pranzo un ospite cortese loda **pranzo** e paese • **pranzo** di parata, vedi grandinata • San Martino: **pranzo** e cena

pratica altro è la **pratica**, altro è la grammatica • val più la **pratica** che la grammatica

praticare chi donne **pratica**, giudizio perde • chi molto **pratica**, molto impara • chi **pratica** co' gran maestri, l'ultimo a tavola e il primo a' capestri • montanini e gente acquatica, amicizia e poca **pratica** • non ti conosco se non ti **pratico** • se devi morire, cerca un boia **pratico**

Prato (1) a **Prato** c'è più preti, che a Pistoia staia • San Tommaso non è guardato né da pan né da bucato, né da tessitora di sul **Prato**; ma sarà ben digiunato

prato (2) a San Barnabà la falce al **prà** • il buon soldato esce dal **prato** • chi disfà bosco e **prà**, si fa danno e non lo sa • chi ha denari e **prati**, non son mai impiccati • danari, boschi e **prati**, entrate per preti e frati • un noce in una vigna, una talpa in un **prato**, un legista in una terra, un porco in un campo di biade, e un cattivo governatore in una città, sono assai per guastare il tutto

precipitare il diavolo può tentare, ma non **precipitare**

precipitevolissimevolmente chi troppo in alto sal, cade sovente **precipitevolissimevolmente**

precipizio giovane senza esercizio, ne va sempre in **precipizio**

precoce Pasqua bassa, primavera **precoce**; Pasqua alta, primavera tardiva

preda ogni becco torto vive di **preda**

predica **predica** e popone, vuol la sua stagione • la **predica** fa come la nebbia, lascia il tempo che trova

predicare chi ben vive ben **predica** • come padre Zappata, che **predicava** bene e razzolava male • quando la volpe **predica**, guardatevi galline • quando nevica, il lupo **predica**

pregare chi non può pagare, **preghi** • chi vuole i santi, se li **preghi** • non comprare da chi si fa **pregare** • **prega** Dio di tre cose: di nascere in buona parte, di non cominciar trist'arte, di non prender ria moglie • **prega** il villano, il mercato è disfatto • tutti i belli si fanno **pregare**

pregiare egli è molto da **pregiare**, chi ha perduto e lascia andare • Vinegia, chi non la vede non la **pregia**

pregio la gioventù è il **pregio** dell'asino

pregno a maggio pare se è **pregna** l'asina • muore più uomini **pregni** che donne gravide

prego al male fatto, **prego** e perdono

prelibato tre acque **prelibate**: San Giuseppe, la domenica delle Palme, l'Annunziata

premio la fatica promette il **premio**, e la perseveranza lo porge

prendere a chi **prende** moglie ci voglion due cervelli • a Pasqua non **prender** moglie e a maggio non prender asina • il bene va **preso** quando si può avere • chi ben dona, caro vende, se villan non è chi **prende** • chi dell'altrui **prende**, la sua libertà vende • chi ha **preso**, mal sa lasciare • chi non sa che cosa siano malanni e doglie **prenda** marito o prenda moglie • chi non vuol rendere, fa male a **prendere** • chi vuol vivere e star bene, **prenda** il mondo come viene • col sole di maggio l'uomo **prende** coraggio • donna che sa il latino è rara cosa, ma guardati dal **prenderla** in sposa • i figli dei gatti **prendono** i topi • la fortuna sale e scende, anche in man di chi la **prende** • gatta inguantata non **prese** mai topo • in compagnia **prese** moglie un frate • mal si lascia il certo per **prendere** il forse • non vendere la pelle dell'orso prima di averlo **preso** • piacer **preso** in fretta, riesce in disdetta • prega Dio di tre cose: di nascere in buona parte, di non cominciar trist'arte, di non **prender** ria moglie • **preso** il partito, cessato l'affanno • **preso** per uno, preso per mille • la propria roba si può **prendere** dove si trova • quando canta il cucco, **prendi** il tuo fieno e brucialo tutto • quando il pesce viene a riva, chi nol **prende**, e' torna via • quando la viola esce di febbraio, **prendi** la rasura e mettila nel pagliaio • quando Monte Morello ha il cappello, villan, **prendi** il mantello • quando piove alla buon'ora, **prendi** i bovi, va, e lavora • se mala man non **prende**, canton di casa rende • si **prendono** più mosche con una goccia di miele che con un barile d'aceto • tal pensa salvarsi a Pasqua, che è **preso** a mezza quaresima • tristo quel cane che si lascia **prender** la coda in mano • va **preso** quel che si può avere

preparare aprile: le coppie **preparano** il nido • novanta carnevali, **preparati** gli stivali • per Santa Teresa **prepara** la tesa • quando a giugno è più asciutto che bagnato cava il bigoncio e tienlo **preparato** • quando viene agosto, **prepara** i caratelli per il mosto • se piove per San Donato, botte e tino **preparate**; se piove per San Rocco, preparate tino e botte

presa ogni cosa va **presa** per il suo verso • la parola non è mal detta, se non è mal **presa**

presente è meglio un **presente** che un passato • l'oro **presente** cagiona timore, e assente dà dolore • tre cose ci vogliono per vivere felici: dimenticare il passato, provvedere al **presente** e pensare all'avvenire • tumulto **presente**, rigor pronto

presenza chi ti loda in **presenza**, ti biasima in assenza • tal piglia leoni in assenza, che teme un topo in **presenza**

prestare a' cattivi vicini non gli **prestar** quattrini • a chi non crede non **prestar** fede • a veste logorata, poca fede vien **prestata** • il bel rendere, fa il bel **prestare** • chi non **presta**, se ne duole; ma gli ha il suo quando lo vuole • chi **presta**, male annesta • chi **presta** sul gioco, piscia sul fuoco • chi **presta**, tempesta; e chi accatta fa la festa • meglio dieci donare che cento **prestare** • se il **prestar** fosse buono, si presterebbe anche la moglie • si **presta** l'armi, ma non il braccio • t'annoia il tuo vicino? **Prestagli** uno zecchino

presto a chi lavora il tempo passa **presto** • al ben far non far dimora, perché **presto** passa l'ora • bellezza è come un fiore che nasce e **presto** muore • i benefizi dei morti van **presto** in fumo • la buona mercanzia trova **presto** recapito • chi dà **presto**, è come se desse due volte • chi dei panni altrui si veste, **presto** si spoglia • chi di vecchio si veste, gode poco e **presto** n'esce • chi imita la formica la state, non va pel pane in **presto** il verno • chi **presto** indenta, presto sparenta • chi vendemmia troppo **presto**, o svina debol vino o tutto agresto • chi vuol **presto** e bene, faccia da sé • chi vuol viver sano e lesto, mangi poco e ceni **presto** • erba che non ha radice, muor **presto** • il male non vien mai tanto tardi, che non sia troppo **presto** • niente s'asciuga così **presto** come le lacrime • nuova caminata è **presto** affumicata • occhio **presto** alma mesta, occhio ridente alma mordente • panno vecchio **presto** schiantato • più si ha cura d'una cosa, più **presto** si perde • pota tardi e semina **presto**, se un anno fallirai, quattro ne assicurerai • **presto** a tavola, tardi in battaglia • **presto** e bene, non stanno insieme • **presto** e bene raro avviene • **presto** imparato, presto dimenticato • **presto** per natura, e tardi per ventura • quanto più la rana gonfia, più **presto** crepa • quanto più **presto** se n'esce, e meglio è • sangue **presto**, malattia guarita • scarpa stretta fa bel piè, ma **presto** o tardi il callo c'è • se la casa è piena, **presto** si fa da cena • se vuoi viver sano e lesto, fatti vecchio un po' più **presto** • si fa più **presto** a disfare che a fare • terra bianca, **presto** stanca • vien più **presto** quel che non si spera

presumere chi è trovato una volta in frodo si **presume** che vi sia sempre • chi più fa, meno **presume** • è più facile **presumere** che sapere • tre molti rovinan l'uomo: molto parlare e poco sapere, molto spendere e poco avere, molto **presumere** e poco valere

prete a donne e a **preti** non gliene dare un tantino, ch'e' se ne pigliano un tantone • a Prato c'è più **preti**, che a Pistoia staia • biada di mugnaio, vin di **prete** e pan di fornaio, non fare a miccino • chi bazzica co' **preti** e intorno ha il medico, vive sempre ammalato e muore eretico • chi ha **prete** o parente in corte, fontana gli risurge • danari, boschi e prati, entrate per **preti** e frati • date da bere al **prete** ché il chierico ha sete • l'entrata del **prete** vien cantando e va via zufolando • fa quel che il **prete** dice, non quel che il prete fa • grama quella ca', dove soldato o **prete** va • non bazzichi **prete** e soldato, chi è maritato • ogni

prete loda le sue reliquie • pazzo è quel **prete** che biasima le sue reliquie • per San Giuseppe in un buon campo d'erba medica deve nascondersi il cappello d'un **prete** • **prete**, medico e avvocato trovasi in ogni lato • **preti**, frati, monache e polli non si trovan mai satolli • la quaresima è il carnevale dei **preti** • sbaglia anche il **prete** sull'altare • tre cose simili; **prete**, avvocato e morte. Il prete toglie dal vivo e dal morto; l'avvocato vuol del diritto e del torto; e la morte vuole il debole e il forte • tutti non possono stare a messa vicino al **prete**

previsto carestia **prevista** non venne mai • cosa **prevista**, mezza provvista • il male **previsto** è mezza sanità

prezioso di puledro scabbioso, alle volte hai cavallo **prezioso** • donna savia e bella, è **preziosa** anche in gonnella

prezzare nobiltà poco si **prezza**, se vi manca la ricchezza

prezzo chi sa celare in parte i desir suoi, compra la merce a miglior **prezzo** assai • sotto il buon **prezzo** ci corre la frode

prigione l'amicizie si fanno in **prigione** • chi è sano e non è in **prigione**, se si rammarica, non ha ragione • il furfante in ogni luogo trova tre cose, osteria, **prigione** e spedale • i ladruncoli stanno in **prigione**, i grandi ladri viaggiano in carrozza

prigionia né malattia né **prigionia** non fece mai buon uomo

prima arriva **prima** il freddo dei panni • beata quella sposa che fa **prima** la tosa • bisognerebbe essere **prima** vecchi e poi giovani • chi mette **prima** il tetto e poi il fondo, gli sta poco in questo mondo • chi **prima** arriva, prima alloggia • chi **prima** arriva, prima macina • chi **prima** nasce, prima pasce • chi vince da **prima**, perde da sezzo • chi vuol dir mal d'altrui, pensi **prima** di lui • chi vuole che il suo conto gli torni, faccia **prima** quello del compagno • faccia chi può, **prima** che il tempo mute; ché tutte le lasciate son perdute • i figli **prima** pesano in grembo, poi sulle braccia e infine sul cuore • il gallo **prima** di cantare, batte l'ali tre volte • il gatto **prima** la fa e poi la copre • gentilezza corre la **prima** al perdono • l'Italiano è saggio **prima** di fare una cosa, il Tedesco quando la fa, e il Francese quando è bell'e fatta • molti fanno **prima** la roba e poi la coscienza • la neve che vien **prima** di Natale dura più dell'acciaio • la neve **prima** di Natale è tutta di regalo • non bisogna fasciarsi la testa **prima** d'essersela rotta • non conosce la pace e non la stima chi provato non ha la guerra **prima** • non conosce l'Italia e non la stima, chi provato non ha la Spagna **prima** • non convien cantar trionfo **prima** della vittoria • non dir di me quel che di me non sai, di' **pria** di te, e poi di me dirai • non si conosce il bene se **prima** non si prova il male • non si fa cosa in terra che **prima** non sia scritta in cielo • non si può vedere Pasqua né dopo San Marco, né **prima** di San Benedetto • non vendere la pelle dell'orso **prima** di averlo preso • i nostri vecchi istavan cent'anni col culo a la piova **prima** di fare un proverbio • odio ricominciato, è peggio che **prima** • o **prima** o poi il dolco di Santa Caterina deve venire • panno senese, si rompe **prima** che si metta in dosso • per fare un buon agostano, **prima** di Santa Maria la falce in mano • **prima** cerca il compagno e poi la strada • **prima** di conoscere uno, bisogna consumare un moggio di sale • **prima** di Natale né freddo né fame; da Natale in là freddo e fame in quantità • **prima** di scegliere l'amico, bisogna averci mangiato il sale sett'anni • **prima** il dovere poi il piacere • **prima** l'annunzio, e poi il malanno • **prima** ricco e poi borioso • **prima** scrivi e poi conta, prima conta e poi scrivi • quando pigli un'impresa, pensa **prima** alla spesa • se piove **prima** del cucco, buona annata di tutto • se ti trovi dal bisogno stretto, **prima** che dagli altri vai dal poveretto • si conosce **prima** un bugiardo che uno zoppo • tra due poltroni il vantaggio è di chi **prima** conosce l'altro

primo alla **prim**'acqua d'agosto, il caldo s'è riposto • alla **prim**'acqua d'agosto, pover'uomo ti conosco • alla **prima** moglie ci si mette del suo, alla seconda si sta in capitale, alla terza si guadagna • al **primo** colpo non cade l'albero • al **primo** di aprile una bugia si può dire • al **primo** tuon di marzo escon fuori tutte le serpi • a Natale un piede di gallo, al **primo** dell'anno un piede di cane, all'Epifania un piede di stria • aprile il **primo** giorno lo vuole per sé • beati gli ultimi, se i **primi** sono discreti • chi è senza peccato scagli la **prima** pietra • chi mena per **primo** mena due volte • chi pratica co' gran maestri, l'ultimo a tavola e il **primo** a' capestri • chi sbaglia il **primo** cerchiello, li sbaglia tutti • chi si guarda dalla **prima**, si guarda da tutte • chi vince la **prima**, perde il sacco e la farina • nel colonizzare un'isola, la **prima** fabbrica eretta da uno Spagnolo sarebbe una chiesa, da un Francese un forte, da un Olandese un magazzino, e da un Inglese una bottega di birra • il core è il **primo** che vive e l'ultimo che muore • di luna al **primo** marte si fanno tutte l'arte • è meglio essere il **primo** in casa sua che il secondo in casa altrui • i neutrali sono come chi sta al secondo piano, che ha il fumo del **primo** e il piscio del terzo • più vale l'ultimo che il **primo** viso • i poveri sono i **primi** alle forche, e gli ultimi a tavola • la **prima** acqua d'agosto toglie un sacco di pulci e l'altro di mosche • la **prim**'acqua d'agosto è l'inizio dell'inverno • la **prim**'acqua d'agosto riprendi i panni dove li hai riposti • la **prima** acqua d'aprile, la lumaca esce dal suo covile • la **prima** acqua d'aprile, vale un carro d'oro con tutto l'assile • la **prima** acqua è quella che bagna • la **prima** carità comincia da se stessi • la **prima** è asinella, la seconda tortorella • la **prima** è moglie, la seconda compagnia, la terza eresia • la **prima** oliva è oro, la seconda argento, la terza non val niente • la **prima** scodella piace a tutti • la **prima** si perdona, la seconda si bastona • la roba de' matti è la **prima** a an-

NON CONOSCE LA PACE, E NON LA STIMA
CHI PROVATA NON HÀ LA GVERRA IN PRIMA.

Chi mai non uide il fero Dio, ch'è Trace,
E de la torua Gorgone l'aspetto
Non sà beltà raffigurar di Pace.

darsene • la roba ha tre età: la **prima** l'acquista, la seconda la conserva, la terza la distrugge • il **prim**'anno s'abbraccia, il secondo s'infascia, il terzo s'ha il mal anno e la mala pasqua • il **primo** amore non si scorda mai • il **primo** grado di pazzia è tenersi savio, il secondo farne professione, il terzo sprezzare il consiglio • **primo** porco, ultimo cane • il **primo** prossimo è se stesso • quando si perdon le **prime** frutte, le si perdon tutte • quel che fai il **primo** dell'anno lo fai tutto l'anno • il risparmio è il **primo** guadagno • tutto sta nel fare i **primi** paoli

primaticcio freddo **primaticcio** e foglie serotine, ammazzano il vecchio

primavera a **primavera** vengon fuori tutte le magagne • febbraio capo di **primavera** • febbraio: **primavera** piccina • guardati dalla **primavera** di gennaio • marzo è fiore della **primavera** • marzo marcente, **primavera** col vento • Pasqua bassa, **primavera** precoce; Pasqua alta, primavera tardiva • per San Valentino, **primavera** sta vicino • quando canta il cuculo, arriva la **primavera** • se gennaio ha i suoi rigori **primavera** è tutta fiori • se le calende di gennaio vengono di domenica, l'inverno è caldo, la **primavera** umida, l'autunno ventoso • una rondine non fa **primavera** • vento di marzo, odor di **primavera**

primiera a **primiera** i due assi, menano a spasso • chi gioca a **primiera** e non va a primiera, perde a primiera • riso di signore, sereno d'inverno, cappello di matto, e trotto di mula vecchia, fanno una **primiera** di pochi punti

principe beata quella città che ha **principe** che sa • il popolo, quando falla, dev'essere gastigato; ma il **principe**, se erra, dev'esser avvisato • i **prìncipi** confettano gli stronzi • i **prìncipi** sono come i contadini, ogni anno ingrassano un porco e poi se lo mangiano • servi a **principe** e a signore, e saprai cos'è dolore • sogni de' **Principi**, ricchezze di poveri • tutte le cose che fanno i **Principi**, son ben fatte

principiante Dio ti salvi da un cattivo vicino, e da un **principiante** di violino

principiare chi vuol ben **principiare** alcuna cosa, vada al Fiorentino

principio l'amore è **principio** del bene e del male • aprile suol esser cattivo da **principio** o al fine • una buona insalata è **principio** d'una cattiva cena • niun **principio** fu mai debole • qual **principio**, tal fine • quel che tu vuoi dire in fine, dillo da **principio** • tutti i **principii** son deboli

priore chi più ne fa è fatto **priore** • fra Modesto non fu mai **priore**

privo chi di libertà è **privo**, ha in odio d'esser vivo

pro più **pro** fa il pane asciutto a casa sua, che l'arrosto a casa d'altri • roba rubata non fa buon **pro** • sanza dottrina, non fa **pro** medicina • vegliare alla luna e dormire al sole, non fa né **pro** né onore

probabilità mille **probabilità** non fanno una verità

processione quando i furbi vanno in **processione**, il diavolo porta la croce • quando il diavol vuole andare in **processione**, non gli mancano mai le croci • quando passano i canonici, la **processione** è finita

procurare dove manca natura arte **procura**

procuratore **procuratori**, pelatori, piluccatori, pericolatori

proda ogni nave fa acqua; quale a mezzo, quale a **proda**, e quale in sentina

prodigo a padre avaro figliuol **prodigo** • meglio viver da massai che da **prodighi** • **prodigo** e bevitor di vino, non fa né forno né mulino

prodotto quando piove il giorno di San Vito il **prodotto** dell'uva va sempre fallito

produzione se vuoi avere una bella **produzione**, semina il frumento a San Simone

professione il primo grado di pazzia è tenersi savio, il secondo farne **professione**, il terzo sprezzare il consiglio

profeta nessuno è **profeta** in patria

profferire chi molto **profferisce**, poco mantiene • chi si **profferisce** è peggio d'un terzo

profferta amici di **profferta** assai si trova • quattro cose sono a buon mercato, terra, parole, acqua e **profferte**

profitto da vivo nessun **profitto** e da morto tutto

profondo quanto più alto il monte, tanto più **profonda** la valle

profumato maggio rosato mese **profumato**

promessa novelle di Banchi, **promesse** di fuorusciti, favole di commedianti • ogni **promessa** è debito • **promessa** ingiusta, tener non è giusto • **promesse** di barcaiolo e incontro d'assassini, sempre costano quattrini

promettere bel tempo a San Vincenzo **promette** gran fieno • chi tarda a dar quel che promette, del **promesso** si ripente • chi per altrui **promette**, entra per le larghe e esce per le strette • chi **promette** e non attiene, l'anima sua non va mai bene • chi **promette** nel bosco, dee mantenere in villa • chi tarda a dar quel che **promette**, del promesso si ripente • la fatica **promette** il premio, e la perseveranza lo porge • gennaio come **promette** ti dà • il **promettere** è la vigilia del non attendere • **promettere** è una cosa, mantenere è un'altra • quando il corsaro **promette** messe e cera mandalo in galera • tre cose fanno l'uomo ricco, guadagnare e non ispendere, **promettere** e non attendere, accattare e non rendere

promettitore gran **promettitore** raro mantenitore

pronto dove la voglia è **pronta**, le gambe son leggiere • tumulto presente, rigor **pronto**

proporre non bisogna giocare con chi **propone** i giochi • l'uomo **propone** e Dio dispone

proposta qual **proposta**, tal risposta • sciocca **proposta** non vuol risposta

proprio l'acqua del **proprio** gorgo è bella e chiara • l'agnello umile succhia le mammelle della **propria** madre e quelle degli altri • casa **propria** non c'è oro che la paghi • cattivo è quell'uccello che rivela il **proprio** nido • chi si pettina con le **proprie** mani non s'accorge di strapparsi i capelli • del mal d'altri l'uomo guarisce, e del

proprio muore • le donne e le ciliegie son colorite per lor **proprio** danno • gran nemico all'uomo è il parer **proprio** • la lode **propria** puzza • né il medico né l'avvocato, sanno regolare il fatto **proprio** • ne sa più un matto in casa **propria** che un savio in casa d'altri • non si cava mai la sete, se non col **proprio** vino • ognuno è artefice della **propria** fortuna • ognuno è figlio delle **proprie** azioni • la **propria** roba si può prendere dove si trova • la roba degli altri consuma la **propria**

prosciutto luglio asciutto, vino e **prosciutto** • quaresima colla bocca asciutta e Pasqua col **prosciutto**

prosopopea **prosopopea** di pedanti e sudiciume di fanti, ne son pieni tutti i canti

prosperare se il buon **prospera**, ognun prospera

prosperità non v'è maggior nemico della troppa **prosperità** • **prosperità** umana, sospetta e vana • quattro madri buone fanno figliuoli cattivi: la verità l'odio, la **prosperità** il fasto, la sicurtà il pericolo, la familiarità il dispregio

prosperoso ottobre piovoso, campo **prosperoso** • Pasqua piovosa, annata **prosperosa**

prossimo chi ruba il mantello al suo **prossimo**, per il solito muore senza camicia • il primo **prossimo** è se stesso

proteggere che Santa Barbara ci **protegga** dal fuoco, dal tuono e dalla morte subitanea • Sant'Eustachio in splendore **protegge** il cacciatore

protesta **proteste** e serviziali non fan né bene né male

protestare **protestare** e dare il capo nel muro, lo può fare ognuno

protettore per bestie, lattai e matrimonio il **protettore** è Sant'Antonio

prova alla **prova** si scortica l'asino • luna nuova tre giorni in **prova** • le mogli si tolgono a vita, non a **prova** • per San Nicola ogni mandra fa la **prova**, ogni ruscello suona, ogni gallina comincia a fare l'ova • i pochi fanno buona **prova**, ma i più vincono • la **prova** del testo è la torta • spesso l'uomo ingannato si trova che piglia donna a vista e non a **prova**

provare beato si **prova** chi in pace si trova • chi è misero o mendico, **provi** tutti e poi l'amico • chi ha buona la lancia, la **provi** al muro • chi ha **provato** il male, gusta meglio il bene • chi pon mele in vaso nuovo, **provi** se tiene acqua • chi vuol **provar** le pene dell'inferno, d'estate il fabbro e l'ortolan d'inverno • chi vuol **provar** le pene dell'Inferno, la state in Puglia e all'Aquila di verno • età si **prova** per vista che trova • non conosce la pace e non la stima chi **provato** non ha la guerra prima • non conosce l'Italia e non la stima, chi **provato** non ha la Spagna prima • non sa che cosa sia il male, chi non ha **provato** il bene • non si conosce il bene se prima non si **prova** il male • l'oro si **prova** col fuoco e l'uomo con l'oro

proverbio i nostri vecchi istavan cent'anni col culo a la piova prima di fare un **proverbio** • ogni **proverbio** è vero • per **proverbio** dir si suole, che tre cose il re non ha: di mangiare il pan condito, come noi dall'appetito: di veder levare il sole: di sentir e di udir la verità • i **proverbi** vengono avanti il Vangelo

proverbioso donna vecchia, donna **proverbiosa**

provvedere a chi ben crede, Dio **provvede** • chi **provvede** a tempo la casa, fa una bottega • di maggio **provvediti** di legna e di formaggio • Dio vede e **provvede** • tre cose ci vogliono per vivere felici: dimenticare il passato, **provvedere** al presente e pensare all'avvenire

provvidenza ogni disgrazia è **provvidenza** • la **provvidenza** val più delle rendite • quando il caso è disperato, la **provvidenza** è vicina • le vie della **provvidenza** sono infinite

provvista cosa prevista, mezza **provvista** • Santa Lucia mantengati la vista, che d'appetito n'hai buona **provvista**

provvisto chi ben serve, bene è **provvisto** • colui è **provvisto** di poco sapere, che s'ammazza per quel che non può avere

prudente al più potente ceda il più **prudente** • al **prudente** non bisogna consiglio
prudenza al servo pazienza, e al padrone **prudenza** • la briglia regge il cavallo, e la **prudenza** l'uomo • dalla **prudenza** viene la pace, e dalla pace viene l'abbondanza • l'esperienza e la **prudenza** sono indovine • nel marito **prudenza**, nella moglie pazienza • la **prudenza** non è mai troppa • quello tiene gran **prudenza**, che alla morte pensa • si può imporre la legge, ma non la **prudenza** • temperanza t'affreni, e **prudenza** ti meni • tutto cala in vecchiezza, fuorché avarizia, **prudenza** e saviezza
pruno ogni **prun** fa siepe
pubblico (1) il buono a qualcosa è l'asino del **pubblico**
pubblico (2) quel che alla donna ogni segreto fida, ne vien col tempo a far **pubbliche** grida
Puglia chi vuol provar le pene dell'Inferno, la state in **Puglia** e all'Aquila di verno • compar di **Puglia**, l'un tiene e l'altro spoglia
pugliese castroni **pugliesi**, mannarini pistolesi, gran siciliano, zucchero di Candia, cera veneziana, magli romaneschi, sproni viterbesi, cacio di Creta, raviggioli fiorentini
pugnare né l'occhio né l'ugna, vuol niente che **pugna**
pugno giugno, la falce in **pugno** • giugno quanto un **pugno**, luglio quanto un ruglio, agosto quanto un pozzo • in marzo si nasconde un gatto, in aprile lasciami dormire; in maggio vieni a veder che faccio e in giugno mettimi nel **pugno** • maggio ciliegie a saggio, giugno ciliegie a **pugno** • maggio e giugno: la falce in mano e la ciliegia in **pugno** • nel febbraio la beccaccia fa il nido, nel marzo tre o quattro, nell'aprile pieno il covile, nel maggio tra le frasche, nel giugno come un **pugno**, nell'agosto non ucciderla al corso • quando imbrocca d'aprile, vacci col barile; quando imbrocca di maggio, vacci per assaggio; quando imbrocca di giugno, vacci col **pugno** • se alla gallina tu apri il **pugno**, essa ti aprirà il culo • val più un

pugno di buona vita, che un sacco di sapienza

pulce anche le **pulci** hanno la tosse • chi ammazza una **pulce** in gennaio ne ammazza uno staio • chi ben dorme non sente le **pulci** • le donne piglian ben le **pulci** • il morso della **pulce** non dà noia all'elefante • la prima acqua d'agosto toglie un sacco di **pulci** e l'altro di mosche • la **pulce** ch'esce di dietro l'orecchio col diavolo si consiglia • tenere due amorosi è come tenere un sacco di **pulci** • una **pulce** non leva il sonno

pulcino d'un uovo bianco **pulcin** nero

puledro (**polledro**) a San Giovanni il granturco copre il cane, a San Pietro il **puledro**, a Sant'Ermacora mette il pennacchio • di **puledro** scabbioso, alle volte hai cavallo prezioso • ogni **polledro** vuol rompere la sua cavezza • i **polledri** non abboccan la briglia

pulire a San Firmino **pulisci** stufa e camino

pulito la buona vita fa la faccia **pulita** • il Fiorentino mangia sì poco e sì **pulito**, che sempre si conserva l'appetito • guancia **pulita**, fronte ardita • il porco vuol mangiare sporco e dormire **pulito** • **pulito** amante, cattivo litigante • se il sole va a dormire **pulito** l'ultimo dì d'agosto fa un bell'autunno; se il sole va a dormire col cappello l'autunno non fa bello • l'ulivo benedetto, vuol trovare **pulito** e netto

pungere (**pugnere**) asino **punto**, convien che trotti • le buone parole ungono, e le cattive **pungono** • carità unge, e peccato **punge** • cosa che **punge**, amor disgiunge • dove lega la ragione coscienza **pugne** • quando la spiga **punge**, la rana unge • quando l'erba non **punge**, la passera non unge • la spina cresce **pungendo** • il vero **punge** e la bugia unge • il villano **punge** chi l'unge e unge chi lo punge

punire quando Dio vuol **punire** un uomo, spesso si serve dell'altr'uomo • vizio non **punito** cresce in infinito

punta bisogna gustare il male con le **punte** delle dita • chi piglia la lancia per la **punta**, la spezza o non la leva di terra • la vanga ha la **punta** d'oro

puntellare se fa sole a San Valerio, **puntelliamo** il granaio • se piove per San Sisto, **puntella** il canniccio

puntello trista a quella casa che ha bisogno di **puntelli**

punteruolo colle lesine bisogna esser **punteruolo**

punto chi corre col **punto** non corre colla toppa • chi non fa il nodo perde il **punto** • chi non può giocare metta al **punto** • per un **punto** Martin perse la cappa • **punto** di festa poco dura, ma la figura • quando scappa un **punto**, ne scappan cento • riso di signore, sereno d'inverno, cappello di matto, e trotto di mula vecchia, fanno una primiera di pochi **punti**

purgare la morte paga i debiti, e l'anima li **purga**

purificare chi edifica, la borsa **purifica**

puro uomo asturiano, vino **puro**, e lancia nella mano

putela la **putela** fa la mamma bela

putire quel che si dona, luce; quel che si mangia **pute**

putta non c'è **putta** né ladrone che non abbia devozione

puttana non c'è **puttana** che non muoia di fame • tre calighi fa una piova, tre piove una brentana, e tre festini una **puttana**

putto all'uomo moglie, al **putto** verga • aver cura de' **putti**, non è mestier da tutti • fa' bene a' **putti** se lo dimenticano, fa' bene a' vecchi muoiono • le poma ai **putti**, e il libro ai vecchi • **putto** in vino e donna in latino, non fece mai buon fine

puzzare a molti **puzza** l'ambra • la bocca gli **puzza** ancora di latte • chi ha portata la tonaca **puzza** sempre di frate • chi sta sotto la cappa del camino non **puzza** che di fumo • la lode propria **puzza** • l'ospite è come il pesce: dopo tre giorni **puzza** • il pesce **puzza** dalla testa • quando la merda monta in scanno, o che la **puzza**, o che fa danno

q, Q

quadrello due teste fanno un **quadrello** • non bisogna metter calcina senza **quadrello**

quaglia bisogna pelar la **quaglia** senza farla stridere • ci son più sparvieri che **quaglie**

quantità prima di Natale né freddo né fame; da Natale in là freddo e fame in **quantità**

quaranta San Vitale: per **quaranta** dì è uguale • se l'Orso è asciutto l'inverno dura ancora **quaranta** dì • se piove a Santa Bibiana piove **quaranta** dì e una settimana • se piove il dì dell'Ascensa, per **quaranta** dì non si sta senza • se piove il dì di Sant'Orsola, poi fa bello per **quaranta** dì • se tira il vento il dì di San Gregorio, per **quaranta** dì bisogna correre • terzo aprilante, **quaranta** dì durante

quaresima l'amore di carnevale muore in **quaresima** • carnevale andato, **quaresima** venuta: cenare, e andare a dormire • carnevale dice male della **quaresima** • carnevale fa gli imbrogli e **quaresima** li sbroglia • carnevale o **quaresima**, per me è la medesima • chi non le ha fatte di carnevale, le fa di **quaresima** • chi piglia moglie a carnevale, **quaresima** la passa di cuore, senza pene né dolore • chi vuol **quaresima** corta, faccia debiti da pagare a Pasqua • non si conosce mai invernata se **quaresima** non è entrata • quando il padre fa carnevale, ai figlioli tocca far **quaresima** • **quaresima** colla bocca asciutta e Pasqua col prosciutto • **quaresima** delicata: i fagioli e l'insalata • la **quaresima** è il carnevale dei preti • se è un bel pollo, è per carnevale; se è un bel piatto di verze, è per **quaresima** • tal pensa salvarsi a Pasqua, che è preso a mezza **quaresima**

quartana al leone sta bene la **quartana** • la febbre **quartana** i vecchi uccide e i giovani risana

quattrino a' cattivi vicini non gli prestar **quattrini** • a **quattrino** a quattrino si fa il fiorino • a San Martino la castagna buona vale un **quattrino** • chi gioca a' trionfini, perde la pazienza e i **quattrini** • chi ha da mangiare per San Michele, avrà **quattrini** in tasca tutto l'anno • chi ha pazienza, ha i tordi grassi a un **quattrin** l'uno • chi ha **quattrini** da buttar via tenga l'opre e non ci stia • chi ha **quattrini**, non ha cuore • chi mostra i **quattrini** mostra il giudizio • chi trova una chiave, trova due **quattrini**, ma chi la perde, perde due carlini • dove son corna son **quattrini** • finito il carnevale, finiti i canti; finiti i miei **quattrini**, che ne avevo tanti • la fortuna, il fato, e il destino, non vagliono un **quattrino** • meglio essere a Roma senza padrone, che per la strada senza **quattrini** • pochi **quattrini**, meno pensieri • promesse di barcaiolo e incontro d'assassini, sempre costano **quattrini** • i **quattrini** bianchi van serbati pe' giorni neri • i **quattrini** dell'avaro due volte vanno al mercato • **quattrini** e amicizia rompon le braccia alla giustizia • i **quattrini** non hanno gambe ma corrono • i **quattrini** non sono ogni cosa • il **quattrino** fa cantare il cieco • sanità senza **quattrini** è mezza malattia • sapienza di pover uomo, bellezza di p... e forza di facchino non valgono un **quattrino** • se le donne fossero d'oro, non varrebbono un **quattrino** • tale dà un consiglio altrui per uno scudo, che nol torrebbe per un **quattrino** • tristo a quel **quattrino** che peggiora il fiorino • una berretta manco o più, e un **quattrin** di carta l'anno, poco ti costano, e amici ti fanno • una ghirlanda costa un **quattrino**, e non istà bene in capo a ognuno • un carro di fastidi non paga un **quattrin** di debito • un **quattrin** di carta, una penna, e un danaro d'inchiostro, fanno apparire d'un uomo un mostro • uomo di vino non vale un **quattrino** • uomo senza **quattrini** è un morto che cammina

quattro a cacciare un morto ce ne vuol **quattro**; a cacciare un vivo ce ne voglion ventiquattro • chi ha **quattro** e spende sette, non ha bisogno di borsette • compagnia d'uno, compagnia di niuno; compagnia di due, compagnia di Dio; compagnia di tre, compagnia di re; compagnia di **quattro**, compagnia da matti • con ognun fa' patto, coll'amico fanne **quattro** • lotto, lusso, lussuria e Lorenesi, **quattro** L ch'han rovinato i miei paesi • nel febbraio la beccaccia fa il nido, nel marzo tre o **quattro**, nell'aprile pieno il covile, nel maggio tra le frasche, nel giugno come un pugno, nell'agosto non ucciderla al corso • non dir **quattro** se non l'hai nel sacco • per fare un buon campo ci vuole **quattro** m: manzi, moneta, merda e mano • pota tardi e semina presto, se un anno fallirai, **quattro** ne assicurerai • quando la mora è nera, un fuso per sera; quando l'è nera affatto, filane tre o **quattro** • **quattro** cose sono a buon mercato, terra, parole, acqua e profferte • **quattro** G vuole il formaggio, grande, grasso, grave e gratis dato • **quattro** madri buone fanno figliuoli cattivi: la verità l'odio, la prosperità il fasto, la sicurtà il pericolo, la familiarità il dispregio • **quattro** o cinque al viandante, cinque o sei al mercatante, sei o sette allo studente, sette o otto all'altra gente, otto o nove al signorone, nove o dieci al gran poltrone • **quattro** sono i buoni bocconi, pesco, fico, fungo e poponi • San Tommaso per Natale **quattro** • se piove il **quattro** settembre, piove fino a dicembre • tre figlie e una madre, **quattro** diavoli per un padre • un è nulla, due una frulla, tre un che, **quattro** è un fatto, e cinque un tratto • un pezzo non fa fuoco, due ne fanno poco, tre un focherello, e **quattro** lo fanno bello • vedono più **quattr'**occhi che due

quercia (**querciola**) aspetta il porco alla **quercia** • quando mette la **querciola**, e tu semina la cicerchiola

questione (**quistione**) a cavallo, dinnanzi; ad archibuso, di dietro; a tavola, di mezzo; a **quistione**, lontano • per i buoni bocconi si fanno le questioni

quieto pane e feste tengono il popol **quieto** • vita **quieta**, mente lieta

quinto al **quinto** dì vedrai qual mese avrai

r, R

R (*lettera*) nei mesi con la erre, se tu non lo sai, malefici son del sole i rai • per arricchire ci voglion tre r, o redare, o rubare, o ridire

rabbia amor, dispetto, **rabbia** e gelosia, sul core d'ogni donna han signoria • chi per amor si piglia, per **rabbia** si lascia • chi tutto vuole, di **rabbia** muore • la **rabbia** è tra' cani • uccello in gabbia non canta per amor, canta per rabbia

rabbioso di cani **rabbiosi** non si fece mai schiappo • Dio non vuol cani **rabbiosi**

rabbruscare quando **rabbrusca** verso levante, se non t'immolla vedrai avante

raccogliere a marzo si buttan via gli stracci, ad aprile si vanno a **raccogliere** • chi ben semina, ben **raccoglie** • chi dà e ritoglie, il diavolo lo **raccoglie** • chi fa le fave senza concio, le **raccoglie** senza baccelli • chi mal semina, mal **raccoglie** • chi parla semina, chi tace **raccoglie** • chi pota di maggio e zappa d'agosto non **raccoglie** né pane né mosto • chi semina coll'acqua **raccoglie** col paniere • chi semina in rompone **raccoglie** in brontolone • chi semina vento **raccoglie** tempesta • uno fa i miracoli, e un altro ne **raccoglie** i moccoli

raccolta terra coltivata, **raccolta** sperata

raccolto dicembre imbacuccato, **raccolto** assicurato • Natale piovoso, **raccolto** generoso • se giugno è tonante, il **raccolto** è abbondante • senza neve a Sant'Ambrogio il **raccolto** è mogio mogio

raccomandare comprar cavalli e tor moglie; serra gli occhi, e **raccomandati** a Dio
raccomodare ciò che la vecchiezza guasta, non c'è maestro che la **raccomodi**
raccontare al vecchio non manca mai da **raccontare**, né al sole né al focolare • chi c'è stato, la può **contare** • è buona quando si può **contare**
raddoppiare il ricordarsi del male **raddoppia** il bene
raddotto la vecchia mal **raddotta**, sulla sera la piglia la rocca
raddrizzare il ferro storto lo **raddrizza** la fucina • non si può **raddrizzare** l'anche a' cani
radicare chi è in mare navica, chi è in terra **radica**
radice erba che non ha **radice**, muor presto • non lice che dappertutto il giglio abbia **radice** • ogni pianta ha la sua **radice** • quando la **radice** è tagliata, le foglie se ne vanno • le **radici** della virtù sono amare, ma i frutti dolci
rado donna che dona di **rado** è buona • metti i pani spessi dove sono le barbe **rade** • **rade** volte fa roba chi non ruba • la semente **rada** non fa vergogna all'aia • uomo nasuto di **rado** cornuto
radunare fa più uno a spargere, che cento a **radunare** • quando a marzo gli manca un dente, aprile **raduna** la gente • quando del ben servir mal si **raduna**, non si deve incolpar se non fortuna
radunato acqua versata, non tutta **radunata**
raffa (**raffe**) quel che vien di ruffa in **raffa**, se ne va di buffa in baffa • quando viene la comare, di riffe o di **raffe** bisogna andare
rafficare chi traffica, **raffica**
ragazza la brava **ragazza** la vedono da sette mura • le donne quando son **ragazze** han sette mani e una lingua sola; e quando son maritate han sette lingue e una mano sola • dove ci son **ragazze** innamorate, è inutile tener porte serrate • per San Paolo si sveglian le tarantole e ballan le **ragazze** tutte quante • **ragazza** che dura, non perde ventura • la **ragazza** è come la perla, men che si vede e più è bella • **ragazza**

vecchia fortuna aspetta • le **ragazze** son d'oro, le sposate d'argento, le vedove di rame e le vecchie di latta

ragazzo ai ragazzi, pane e scarpe • quando i **ragazzi** stanno fermi, cattivo segno • i **ragazzi** e i pazzi credono che vent'anni e venti lire non debban mai finire • **ragazzi** e polli imbrattan la casa • **ragazzi** savi e vecchi matti, non furon mai buoni a nulla • i **ragazzi** son come la cera, quel che vi s'imprime, resta • **ragazzo** crescente ha la lupa nel ventre • una giovine in mano a un vecchio, un uccello in mano a un **ragazzo**, un cavallo in mano a un frate, son tre cose strapazzate

raggio (**raio**) nei mesi con la erre, se tu non lo sai, malefici son del sole i **rai**

ragione ai matti si dà sempre **ragione** • al litigante ci voglion tre cose: aver **ragione**, saperla dire, e trovar chi la faccia • a Padova, i giudici danno la **ragione** ad ambe le parti • buone **ragioni** male intese, sono perle a' porci stese • chi disse **ragion** di Stato, disse un tristo; e chi disse ragion di confino, disse un assassino • chi è sano e non è in prigione, se si rammarica, non ha **ragione** • chi ha meno **ragione** grida più forte • chi non cura sua magione, non è uomo di **ragione** • chi perde a **ragion** non perde nulla • chi più grida ha più **ragione** • chi vince ha sempre **ragione** • con **ragione** patisce, chi senza ragione piatisce • contro la forza la **ragion** non vale • dove lega la **ragione** coscienza pugne • due torti non fanno una **ragione** • nella felicità **ragione**, nell'infelicità pazienza • pancia vuota non sente **ragioni** • per la **ragion** di Stato e di confini, son rovinati ricchi e poverini • quando è alta la passione è bassa la **ragione** • **ragione** fa magione • la **ragione** vuol l'esempio • se tu hai torto fa' causa, se tu hai **ragione**, accordati • il tacer è rispondere a chi parla senza **ragione** • tra la briglia e lo sprone consiste la **ragione**

ragliare al **ragliare** si vedrà che non è un leone • asino che **raglia** mangia poco fieno •

quando tutti ti diranno che sei asino, e tu **raglia**

raglio raglio d'asino non giunse mai in cielo

ragnatela gli amici hanno la borsa legata con un filo di **ragnatela** • le leggi sono come i **ragnateli**

ragno i mosconi rompon le tele dei **ragni**

ragunare la bruma tutte le pezze **raguna** • chi per sé **raguna**, per altri sparpaglia

rallegrare non ti **rallegrar** del mio duolo, ché quando il mio sarà vecchio, il tuo sarà nuovo • sera rossa e nero mattino, **rallegra** il pellegrino • vino non è buono, che non **rallegri** l'uomo

rama quando il cucco canta sulla **rama** nuda, la stagione è ancora cruda

rame ottone, **rame** e stagno, assai denari e poco guadagno • le ragazze son d'oro, le sposate d'argento, le vedove di **rame** e le vecchie di latta

ramerino acqua di **ramerino**, al corpo del bambino

rammaricare chi è sano e non è in prigione, se si **rammarica**, non ha ragione • marito disamorato, matrimonio **rammaricato**

rammendare chi non sa **rammendare** non sa partorire né rilevare

rammentare non si **rammentano** i morti a tavola

ramo l'acqua non ha **rami** • non è mai gran gagliardia, senza un **ramo** di pazzia • Pasqua alta: **rami** e erba • **ramo** corto vendemmia lunga • tutti abbiamo un **ramo** nel tronco della pazzia

rampicare non insegnare ai gatti a **rampicare**

rana ogni **rana** si crede una Diana • quando la **rana** canta, il tempo si cambia • quando la spiga punge, la **rana** unge • quanto più la **rana** gonfia, più presto crepa • la **rana** avvezza nel pantano, se ell'è al monte torna al piano • **rana** di palude sempre si salva • **rana**, o salta o piscia, e non sbrana

rancido quando la gatta non può arrivare al lardo, dice che sa di **rancido**

ranno chi lava il capo all'asino, perde il **ranno** e il sapone

rannuvolare se rannuvola sulla brina, aspetta l'acqua domattina

ranocchia la **ranocchia** non morde, perché non ha denti

ranocchio acqua chiara non fa **ranocchi** • l'aquile non fanno guerra a' **ranocchi** • Domeneddio fece bene a non fare i denti a' **ranocchi**

rapa al Francese un'oca, allo Spagnolo una **rapa** • com'asino sape, così minuzza **rape** • da una **rapa** non si cava sangue • guai a quell'annata che genera saggina e **rapa** • Pasqua di Befana, la **rapa** perde l'anima • pepe, noce moscata e sapa, fa buona la **rapa** • soldati del Papa, otto a cavare una **rapa**; senza il sargente non son buoni a niente

rapare barba canuta non è creduta, s'egli è **rapà** e' dice la verità • se vuoi che il tuo figlio cresca, lavagli i piè e **rapagli** la testa

rappa le cane son vane, e le **rappe** sono certane

rappezzare cattivo è quel sacco che non si può **rappezzare**

rapuglio semina di luglio se vuoi un buon **rapuglio**

raro (1) le cose **rare** son le più care • donna che sa il latino è **rara** cosa, ma guardati dal prenderla in sposa • faccia **rara**, mente avara • gran promettitore **raro** mantenitore • ospite **raro**, ospite caro • più **rara** cosa il mondo non possiede, che la città dove il Leon risiede • se fortuna travaglia un nobil core, **raro** è che alfine non gli dia favore

raro (2) chi negozia con scrittore e con notaro litiga di **raro** • il consiglio del male va **raro** invano • presto e bene **raro** avviene • **rare** volte il diavolo giace morto nella fossa

rascia velluto ai servitori, e **rascia** ai gentiluomini

rasciugare quando canta il botto, **rasciuga** un dì quanto non piove in otto • un'ora di buon sole **rasciuga** molti bucati

raso (1) a chi fa casa la borsa resta **rasa** • beata quella casa che v'è cherica **rasa**

raso (2) seta e **raso**, spengono il fuoco in cucina

rasoio a barba di pazzo **rasoio** ardito • a barba folle **rasoio** molle • non mettere il **rasoio** in mano a un pazzo • più si sente un taglio di **rasoio** che dieci di spada • le ricchezze in mano d'un giovane, sono come **rasoio** in mano di un bambino

rassettare chi non **rassetta** il buchino, rassetta il bucone • meglio il suo abbaruffato che quel d'altri **rassettato**

rasura quando la viola esce di febbraio, prendi la **rasura** e mettila nel pagliaio

ratto tardi s'avvede il **ratto**, quando si trova in bocca al gatto

Ravenna Milano la grande, Vinegia la ricca, Genova la superba, Bologna la grassa, Firenze la bella, Padova la dotta, **Ravenna** l'antica, Roma la santa

raviggiolo castroni pugliesi, mannarini pistolesi, gran siciliano, zucchero di Candia, cera veneziana, magli romaneschi, sproni viterbesi, cacio di Creta, **raviggioli** fiorentini

razza **razza** di cani, roba di villani e amor di cortigiani • se il cavallo è buono e bello, non guardar **razza** o mantello • tutti voglion vedere i matti in piazza, ma nessuno della sua **razza**

razzolare chi di gallina nasce convien che **razzoli** • come padre Zappata, che predicava bene e **razzolava** male • gallina che non **razzola** ha già razzolato • tanto **razzola** la gallina, che scuopre il coltello che l'ammazza

re l'avarizia de' **re**, peste dei regni • chi non stima altri che sé, è felice quanto un **re** • compagnia d'uno, compagnia di niuno; compagnia di due, compagnia di Dio; compagnia di tre, compagnia di **re**; compagnia di quattro, compagnia da matti • l'erba voglio non cresce neanche nel giardino del **re** • un fattore è fatto **re** • in casa sua ciascuno è **re** • le leggi si volgono dove i **regi** vogliono • meglio un buon **re** che una buona legge • né il **re** né il desinare non si fa mai aspettare • non è buon **re**, chi non regge sé • per proverbio dir si suole, che tre cose il **re** non ha: di mangiare il pan condito, come noi dall'appetito: di veder levare il sole: di sentir e di udir la verità • porco d'un mese, oca di tre, mangiar da **re** • quando il **re** parte, la città sta male • i **Re** sono i cavalieri del freddo • il **re** va dove può, non dove vuole

reale da Santa Caterina a Natale un mese **reale** • olio, ferro e sale, mercanzia **reale** • quando il tempo è **reale**, tramontana la mattina, la sera maestrale

recapito la buona mercanzia trova presto **recapito**

recipe per le donne in convulsione, è un gran **recipe** il bastone

refe bisogna compartire il **refe** secondo le pezze

regalo la neve prima di Natale è tutta di **regalo**

reggere la briglia regge il cavallo, e la prudenza l'uomo • donna che **regge** all'oro, val più d'un gran tesoro • non è buon re, chi non **regge** sé

regina dei vizi è **regina** l'avarizia

regnare benché **regni**, il cattivo sempre serve • chi non sa fingere non sa **regnare** • paura de' birri, desio di **regnare**, fanno impazzare

regno l'avarizia de' re, peste dei **regni**

regola dove non è **regola**, non ci sta frati • l'eccezione conferma la **regola** • meglio aver **regola** che rendita • ogni **regola** ha la sua eccezione

regolare né il medico né l'avvocato, sanno **regolare** il fatto proprio

relatore a pazzo **relatore**, savio ascoltatore

reliquia ogni prete loda le sue **reliquie** • pazzo è quel prete che biasima le sue **reliquie**

remo mal va la barca senza **remo** • più vale un sol **remo** che sia indietro, che dieci che vanno avanti

rena chi fonda in sul popolo fonda in sulla **rena** • chi offende scrive nella **rena**; chi è offeso, nel marmo

rendere il bel **rendere**, fa il bel prestare • chi ben si guarda, scudo si **rende** • chi lavora di settembre fa bel solco e poco **rende** • chi non vuol **rendere**, fa male a prendere • dicembre piglia e non **rende** • Dio perdona a chi offende, non a chi toglie e non **rende** • finché la pende, la **rende** • l'ingrato colle bestie si conviene, che non sa se non **render** mal per bene • maggio fresco e ventoso **rende** l'anno ubertoso • nutri la serpe in seno, ti **renderà** veleno • paesi fecondi, **rendon** molti vagabondi • quel ch'è fatto è **reso** • quel che leva l'alido, l'umido lo **rende**; quel che leva l'umido, l'alido non lo rende • **rendere** pan per focaccia • salutare è cortesia, **rendere** il saluto è obbligo • se mala man non prende, canton di casa **rende** • tre cose fanno l'uomo ricco, guadagnare e non ispendere, promettere e non attendere, accattare e non **rendere** • uno fallisce a cavare la terra, un secondo a levar l'acqua, un terzo a **render** buono il terreno • vento al visaggio **rende** l'uomo saggio

rendita meglio aver regola che **rendita** • la provvidenza val più delle **rendite**

reo meglio assolvere un **reo** che condannare un innocente • la pietra del ministro al **reo** non giova

reputazione chi acquista **reputazione**, acquista roba • **reputazione** e guadagno non istanno quasi mai nello stesso sacco • val più un'oncia di **reputazione** che mille libbre d'oro

residenza ricchezza e scienza, insieme non hanno **residenza**

restare a chi fa casa la borsa **resta** rasa • ad agosto giù il sole e il giorno **resta** fosco • l'altissimo di sopra ne manda la tempesta, l'altissimo di sotto ne mangia quel che **resta**, e in mezzo a due altissimi restiamo poverissimi • anche i più furbi **restano** fregati • una bella scarpa **resta** una bella ciabatta • chi è minchione, **resta** a casa • chi non piglia l'amante al laccio, **resta** in casa a guardare il catenaccio • chi **resta** in casa e manda fuor la moglie, semina roba e disonor ricoglie • chi va per uccellar **resta** impaniato • né caldo né gelo non **restò** mai in cielo • né per galla né stienella, non **restar** di metter sella • non **resta** carne in beccheria per trista che la sia • non si dee dar tanto a Pietro, che Paolo **resti** indietro • le parole volano e gli scritti **restano** • passata la festa, il pazzo in bianco **resta** • i ragazzi son come la cera, quel che vi s'imprime, **resta** • se a dicembre fioccherà, tanto tempo **resterà** • se di maggio piove sempre la mattina, la tina **resta** vuota di vino • se ne vanno gli amori e **restano** i dolori • su' pesci, mesci; sul macco, non **restare**; su' maccheroni non bere, se non vuoi crepare

restio a boccon **restio** stimolo di vino

restituire dal rubare al **restituire** si guadagna trenta per cento

resto piedi, stomaco e testa, tieni il **resto** come una bestia

rete è un di più tender bene, se la **rete** non tiene • **rete** nuova non piglia uccello vecchio

retorica (**rettorica**) l'amore, l'inganno e il bisogno insegnano la **rettorica**

retta chi dà **retta** al cervello degli altri butta via il suo • un uccello ammaliziato non dà **retta** alla civetta

retto ogni buon detto è fatto **retto**

riacquistare tempo perduto mai non si **riacquista**

riavere chi si vuol **riaver**, non giochi più

ricacciare quando piove di notte di giugno, **ricaccia** il pane dal forno

ricaduta le **ricadute** son peggio delle cadute

ricamato è meglio andare in paradiso stracciato, che all'inferno in abito **ricamato**

ricascare quando il grano **ricasca**, il contadino si rizza

ricattare chi s'adira non si **ricatta**

ricchezza bellezza e nobiltà danno **ricchezze** • dove più **ricchezza** abbonda, più di lei voglia s'affonda • nave vecchia, **ricchezza** del padrone • nobiltà poco si prezza, se vi manca la **ricchezza** • ogni **ricchezza** corre al suo fine • povertà lieta, è gran **ricchezza** • **ricchezza** e scienza, insieme non hanno residenza • **ricchezza** e sopruso, son fratelli • **ricchezza** mal disposta a povertà s'accosta • **ricchezza** non fa gentilezza • la **ricchezza** non s'acquista senza fatica, non si possiede senza timore,

NON DIR QVATTRO FIN CHE NON L' HAI NEL SACCO.

Scriua l'Eternità ne le memorie,
Che non deuon cantarsi anticipati,
Gli applausi de trionfi à le Vittorie.

non si gode senza peccato, non si lascia senza dolore • **ricchezza** poco vale a quel che l'usa male • le **ricchezze** in mano d'un giovane, sono come rasoio in mano di un bambino • sogni de' Principi, **ricchezze** di poveri

ricco alleva i tuoi figli poveretti, se tu li vuoi **ricchi** e benedetti • all'uomo **ricco** berretto torto • avaro agricoltor non fu mai **ricco** • il bianco e il nero han fatta **ricca** Vinegia • chi ben serve non sarà mai **ricco** • chi è povero di spie, è **ricco** di vituperio • chi ha la sanità è **ricco** e non lo sa • chi non ha debiti, è **ricco** • Dio ti guardi da un **ricco** impoverito e da un povero arricchito • è meglio servire un **ricco** avaro, che un povero liberale • gli errori dei medici li ricopre la terra, quelli dei **ricchi** il denaro • fammi indovino, ti farò **ricco** • gennaio secco, massaio **ricco** • ha più il **ricco** quando impoverisce, che il povero quando arricchisce • in casa dell'amico **ricco**, sempre ammonito; in quella dell'amico povero, sempre lodato • maggio secco, massaro **ricco** • marzo secco, villano **ricco** • Milano la grande, Vinegia la **ricca**, Genova la superba, Bologna la grassa, Firenze la bella, Padova la dotta, Ravenna l'antica, Roma la santa • per la ragion di Stato e di confini, son rovinati **ricchi** e poverini • i poveri cercano il mangiare per lo stomaco, ed i **ricchi** lo stomaco per il cibo • il povero mantiene il **ricco** • prima **ricco** e poi borioso • quando il povero dona al **ricco**, il diavolo se la ride • quando le noci vengono a mucchiarelli, la va bene pei **ricchi** e i poverelli • quando piove per San Filippo, il povero non ha bisogno del **ricco** • i **ricchi** hanno il paradiso in questo mondo, e nell'altro, se lo vogliono • il **ricco** quando vuole, il povero quando può • gli sciocchi e gli ostinati fanno **ricchi** i laureati • se non ci fosse il «se» e il «ma» si sarebbe **ricchi** • tanto mangia il povero quanto il **ricco** • tre cose fanno l'uomo **ricco**, guadagnare e non ispendere, promettere e non attendere, accattare e non rendere • un ricco solo impoverisce molti • vanga piatta poco attacca; vanga ritta, terra ricca; vanga sotto, ricca al doppio

ricetta ogni male ha la sua **ricetta**

ricevere chi dà per **ricevere**, non dà nulla • il dono dee chiuder la bocca a chi lo fa, ed aprirla a chi lo **riceve** • mal per chi le dà, peggio per chi le **riceve** • non **ricever** la rondine sotto il tetto • quale asino dà in parete tal **riceve**

richiesto consiglio non **richiesto**, inganno manifesto • scusa non **richiesta**, accusa manifesta • sotto consiglio non **richiesto** gatta ci cova

ricogliere chi resta in casa e manda fuor la moglie, semina roba e disonor **ricoglie** • parole di bocca e pietra gettata, chi le **ricoglie** perde la giornata

ricolta appunto ci è caduta la grandine in sul far della **ricolta** • chi lavora il campo innanzi la vernata avanza di **ricolti** la brigata

ricolto chi lavora il campo innanzi la vernata avanza di **ricolti** la brigata

ricominciare odio **ricominciato**, è peggio che prima

riconciliato amicizia **riconciliata** è una piaga mal saldata

riconoscere a carnevale si **riconosce** chi ha la gallina grassa

ricoprire gli errori dei medici li **ricopre** la terra, quelli dei ricchi il denaro • scoprire un altare per **ricoprirne** un altro

ricordare il bue mangia il fieno perché si **ricorda** che è stato erba • chi ha un sol figlio, spesso se lo **ricorda** • chi non si **ricorda** spesso discorda • maledetto il ventre che del pan che mangia non si **ricorda** niente • quando la capra ha passato il poggiolo non si **ricorda** più del suo figliuolo • quel che fu duro a patire, è dolce a **ricordare** • il **ricordarsi** del male raddoppia il bene • ventre satollo non **ricorda** il digiuno

ricorrere chi **ricorre** a poco sapere, ne riporta cattivo parere

ricuperare chi ha denari da **ricuperare**, molte gite ha da fare

ridente occhio presto alma mesta, occhio **ridente** alma mordente

ridere a chi troppo **ride** gli duole il cuore • l'acqua d'aprile, il bue ingrassa, il porco uccide, e la pecora se ne **ride** • a filar fine il cul se ne **ride**, a filar grosso si riempie il dosso • aprile quando piange e quando **ride** • chi mette il suo in sangue, la sera **ride** e la mattina piange • chi pon cavolo d'aprile, tutto l'anno se ne **ride** • chi **ride** del mal d'altrui, ha il suo dietro l'uscio • chi **ride** di venerdì, piange di domenica • chi **ride** in gioventù, piange in vecchiaia • guardati da chi **ride** e guarda in là • le lettere non **ridono** • il mondo è grande: chi **ride** e chi piange • non pianse mai uno che non **ridesse** l'altro • non **ride** sempre la moglie del ladro • il popolo piange quando il tiranno **ride** • quando il povero dona al ricco, il diavolo se la **ride** • quando la montagna **ride**, il piano piange • quando Siena piange, Firenze **ride** • quando si **ride** senza essere contenti è un riso che non passa i denti • **ride** bene chi ride ultimo • tal ti **ride** in bocca, che dietro te l'accocca • tutti si nasce piangendo e nessuno muore **ridendo**

ridire è meglio morire, che **ridire** • per arricchire ci voglion tre r, o redare, o rubare, o **ridire** • sentire e non **ridire** è buon servire

ridurre le avversità **riducono** a segno • Bacco, tabacco e Venere **riducon** l'uomo in cenere

riempire a filar fine il cul se ne ride, a filar grosso si **riempie** il dosso • alle Rogazioni, se i fossi sono asciutti finiscono d'asciugarsi, se sono bagnati si **riempiono** • maggio fresco, giugno chiaro il contadino **riempie** il granaio • marzo se trova i fossi pieni li vuota, se li trova vuoti li **riempie** • la parola **riempie** il cuore ma l'acqua riempie il pozzo • la pioggia d'aprile **riempie** i fienili • quando piove all'Annunziatella, si **riempie** la fiaschella • San Giacomo **riempie** la bottiglia, Sant'Anna la stappa • se fa caldo a febbraio, non **riempi** il granaio • se febbraio **riempie** i fossi, marzo li asciuga • se nevica a Natale si **riempie** la madia di pane • l'uva maggina non **riempie** né la botte né la tina

rientrare povera quella casa dove non **rientra** cappello

rifare una bella porta **rifà** una brutta facciata • un bel vestito **rifà** la persona • chi non può dormire trova il letto mal **rifatto** • Dio ti guardi da villan **rifatto** e da cittadin disfatto • ogni cattivo conto si può **rifare** • i panni **rifanno** le stanghe • tempo **rifatto** di notte, se dura un giorno dura troppo

riffe quando viene la comare, di **riffe** o di raffe bisogna andare

rifiutare denari **rifiutati** non si spendono • la fortuna i forti aiuta e i timidi **rifiuta**

rigettare bambin d'un anno **rigetta** il latte dal calcagno

rignare mula che **rigna** e donna che sogghigna, quella ti tira, e questa ti sgraffigna • uom che ghigna, can che **rigna**, non te ne fidare

rigore detto d'amore disarma **rigore** • se gennaio ha i suoi **rigori** primavera è tutta fiori • tumulto presente, **rigor** pronto

riguardare **riguardati** dai matti, dai briachi, dagli ipocriti e dai minchioni

rilevare chi non sa rammendare non sa partorire né **rilevare** • la famiglia piccolina mette la casa in rovina; quando si è **rilevata**, la casa è rovinata • tra pace e tregua, guai a chi **rileva**

rimandare non **rimandare** a domani quello che puoi fare oggi

rimanere chi non guarda innanzi, **rimane** indietro • chi non ha sentimento, **riman** senza frumento • gennaio: pochi polli **rimangon** nel pollaio • l'ingannatore **rimane** ai piedi dell'ingannato • mal chi va, peggio chi **rimane** • la roba va, i costumi **rimangono** • le rose cascano, e le spine **rimangono** • taglia la coda al cane; e' **riman** cane

rimbambire il vecchio **rimbambisce** e il giovane impazzisce • vorrebbe il vecchio ringiovanire, ma ciò che gli riesce è il **rimbambire**

rimbombare se giugno tuona, tutta l'estate **rimbomba**
rimbrottato boccone **rimbrottato** non affogò mai nessuno
rimediare al mal fatto si **rimedia**, al mal detto no
rimedio l'allegria è d'ogni male il **rimedio** universale • a mali estremi, estremi **rimedi** • a tutto c'è **rimedio** fuorché alla morte • la dimenticanza è il **rimedio** dell'ingiuria • dove non c'è **rimedio** il pianto è vano • guaio fatto **rimedio** aspetta • nei pericoli con giudizio, al **rimedio** col tempo • il **rimedio** è peggio del male
rimescolare a sangue **rimescolato** il bambin non va addormentato • chi ha buono in mano, non **rimescoli**
rimettere a chi salva la pelle, la carne **rimette** • Santa Croce, tutte le feste le **rimette** in luce
rimontare chi troppo scende, con fatica **rimonta**
rimpannucciare chi lavora si **rimpannuccia**, chi non lavora si gratta la buccia
rimunerato amor male impiegato vien mal **rimunerato**
rinascere dicembre piglia l'anno e lo sotterra, gennaio lo fa **rinascere**, aprile e maggio lo vestono • vizio **rinato**, vizio peggiorato
rinchiuso gatto **rinchiuso** diventa leone
rincrescere l'aspettare **rincresce** • chi mangia cacio e pesce, la vita gli **rincresce**
rinfrescare la Madonna di mezz'agosto tutti gli anni **rinfresca** il bosco • rogna birresca, quando tu credi che la sia guarita, **rinfresca**
ringhioso can **ringhioso** e non forzoso, guai alla sua pelle
ringiovanire vorrebbe il vecchio **ringiovanire**, ma ciò che gli riesce è il rimbambire
ringraziare chi **ringrazia**, non vuol obblighi • il **ringraziar** non paga debito
rinnovare (**rinnuovare**) chi non consuma, non **rinnuova**
rinvolto chi vuol vedere il bel figliuolo, sia **rinvolto** nel cenciuolo
rio prega Dio di tre cose: di nascere in buona parte, di non cominciar trist'arte, di non prender **ria** moglie

ripagare tutto quello che a luglio fai **ripaga** il tuo lavoro

riparare chi all'onor suo manca un momento, non vi **ripara** poi in anni cento • chi si **ripara** sotto la frasca, ha quella che piove e quella che casca • col male non si **ripara** il male né si vince • quel che **ripara** lo freddo, ripara lo caldo

riparo il male che non ha **riparo**, è bene tenerlo nascosto

ripensare pensa e **ripensa**, di giovedì viene l'Ascensa

ripentire chi tarda a dar quel che promette, del promesso si **ripente**

ripetere di' a una donna che è bella, e il diavolo glielo **ripeterà** dieci volte

ripigliare a San Valentino ogni uccello **ripiglia** il cammino • chi portasse al mercato i suoi guai, ognuno **ripiglierebbe** i suoi • Roma li dà e Roma li **ripiglia**

riporre agosto: fa' che il grano sia **riposto** • alla prim'acqua d'agosto, il caldo s'è **riposto** • ottobre: il grano si spande e il vino si **ripone** • la prim'acqua d'agosto riprendi i panni dove li hai **riposti** • sapienza occulta, tesoro **riposto**

riportare chi ricorre a poco sapere, ne **riporta** cattivo parere • per Ognissanti i grani seminati e i frutti **riportati**

riposare chi vuol **riposare**, convien travagliare • non **riposa** colui che ha carco d'altrui • quel che mangia e non **riposa**, non fa ben nessuna cosa • se a novembre il contadin **riposa**, farà di fame pianger la sposa

riposo corpo sazio cerca **riposo**

riprendere niuno **riprenda**, che non intenda • la prim'acqua d'agosto **riprendi** i panni dove li hai riposti • serva **ripresa** e cavolo riscaldato non furon mai buoni

riputare mal **riputar** si può, chi non ha il modo

risanare la febbre quartana i vecchi uccide e i giovani **risana** • ogni mal fresco agevolmente si **risana** • il tempo **risana** ogni piaga

riscaldato i cavoli **riscaldati** furono buoni ma non lodati • serva ripresa e cavolo **riscaldato** non furon mai buoni

rischiarare fiume furioso tosto **rischiara** • quando non rischiara a terza, la giornata si può dir persa
risciacquato capo lavato, bicchier **risciacquato**
riscuotitore (**riscotitore**) buon **riscotitore** è cattivo pagatore • il cattivo **riscuotitore** fa il cattivo pagatore
risentire come marzo s'avvicina, tutti gli umori si **risentono** • ponente, tramontana si **risente**
riservare (**riserbare**) di tre cose il diavolo si fa insalata, di lingua d'avvocati, di dita di notai, e la terza è **riservata** • quando gennaio mett'erba, chi ha grano lo **riserba**
risicare chi non **risica**, non rosica • il gioco **risica** la vita e rosica la roba
risiedere più rara cosa il mondo non possiede, che la città dove il Leon **risiede**
riso la fine del **riso** è il pianto • quando si ride senza essere contenti è un **riso** che non passa i denti • il **riso** abbonda sulla bocca degli stolti • **riso** di signore, sereno d'inverno, cappello di matto, e trotto di mula vecchia, fanno una primiera di pochi punti • il **riso** fa buon sangue • scherzo, **riso** e gioia, quando è troppo annoia
risoluto animo **risoluto** non ha orecchi
risolvere il sole di marzo, muove e non **risolve**
risparmiare a luna scema non salare, a luna crescente non tosare, se vuoi **risparmiare** • il cuculo insegna a fare il nido agli altri e si **risparmia** di fare il suo • è gran saviezza **risparmiar** la vecchiezza • **risparmia** la fame quando viene maggio • se piove per Sant'Antonio, bisogna **risparmiare** il fieno
risparmio da Natale a Pasqua il **risparmio** ha passato l'acqua • il **risparmio** è il primo guadagno
rispettare bisogna **rispettare** il cane del padrone • le buone usanze vanno **rispettate** • chi non rispetta, non è **rispettato** • chi non **rispetta** sé, non rispetta nemmeno gli altri
rispetto Genova, aria senza uccelli, mare senza pesce, monti senza legna, uomini senza **rispetti** • la mentita non

vuol **rispetto** • né in tavola né in letto si porta **rispetto** • quando fortuna dona all'uom **rispetto**, gli dà favore e aiuto a suo dispetto • **rispetti**, dispetti, sospetti guastano il mondo • se ti vuoi mantener sano, caccia via il **rispetto** umano

rispondere ama chi t'ama, e **rispondi** a chi ti chiama • c'è chi **risponde** anco a chi non lo chiama • chi mal intende peggio **risponde** • il domandare è lecito, il **rispondere** è cortesia • il tacer è **rispondere** a chi parla senza ragione

risposta molto vale e poco costa, a mal parlar buona **risposta** • ogni parola non vuol **risposta** • qual proposta, tal **risposta** • sciocca proposta non vuol **risposta**

ristare non bisogna **ristare** per le passere di seminar panico

risuolare (**solare**) i cortigiani hanno **solate** le scarpe di bucce di cocomero

risurgere chi ha prete o parente in corte, fontana gli **risurge**

ritenere marzo: «o vado o vengo, capo d'estate e coda d'inverno mi **ritengo**»

ritirata furia francese e **ritirata** spagnola • giovane **ritirata**, giovane desiderata • guerra spagnola, grande assalto e buona **ritirata**

ritogliere chi dà e **ritoglie**, il diavolo lo raccoglie

ritornare di maggio il sol l'adorna, e chi è di bella forma **ritorna** • onde viene il peso del sale, colà **ritorna** • San Matteo: le rondini vanno, il tordo **ritorna** • trista a quella pecora che **ritorna** al branco

ritrarre (**ritrarsi**) la scheggia **ritrae** dal ceppo • tutto aprile e tutto maggio al verno mi **ritraggo**

ritrovare (**ritrovarsi**) chi ha bevuto l'acqua di Fontana Nova sempre a Corneto si **ritrova** • chi si consiglia da sé, da sé si **ritrova** • chi va a San Biagio, perde l'agio; chi va a Santa Maria Nuova, lo **ritrova** • chi va in Santa Maria Nuova, se non ha male lo **ritrova**

ritto chi è **ritto** può cadere • più vuoto che pieno, più caldo che freddo, più **ritto** che a sedere • quando il tuo diavolo nacque, il mio andava **ritto** alla panca • vanga piatta poco attacca; vanga **ritta**, terra ricca; vanga sotto, ricca al doppio

riuscire chi si fa Argo dell'onore altrui, **riesce** talpa del suo • disegno di pover uomo, mai non **riesce** • i matrimoni sono, non come si fanno, ma come **riescono** • non tutte le ciambelle **riescono** con il buco • piacer preso in fretta, **riesce** in disdetta • quando Dio aiuta, ogni cosa **riesce** • vorrebbe il vecchio ringiovanire, ma ciò che gli **riesce** è il rimbambire

riva il mondo alla speranza è poca **riva** • ogni cosa può essere, fuorché fosso senza **riva** • quando il pesce viene a **riva**, chi nol prende, e' torna via

rivedere chi non muore si **rivede** • **rivedi** quello che sai • tutte le volpi al fine si **rivedono** in pellicceria

rivelare a chi veglia, tutto si **rivela** • cattivo è quell'uccello che **rivela** il proprio nido

riversare una sol pietra un gran carro **riversa**

rivoltare guelfo non son, né ghibellin m'appello, a chi mi dà **rivolterò** il mantello • **rivoltami**, che mi vedrai

rizzare (**rizzarsi**) quando il grano ricasca, il contadino si **rizza** • quanto più si frega la schiena al gatto, più **rizza** la coda • sacco pieno **rizza** l'orecchio

roba allo scialacquatore non mancò mai **roba** • la buona **roba** non fu mai cara • chi acquista reputazione, acquista **roba** • chi della **roba** non fa stima o cura, più della roba la sua vita dura • chi getta la sua **roba** al popolazzo, si trova vecchio poi, povero e pazzo • chi ha della **roba** ha de' parenti • chi lavora fa la gobba, e chi ruba fa la **robba** • chi lavora, fa la **roba** a chi si sta • chi perde la **roba**, perde il consiglio • chi perde la **roba** perde molto, ma chi perde il cuore perde tutto • chi resta in casa e manda fuor la moglie, semina **roba** e disonor ricoglie • chi toglie moglie per la **roba**, la borsa va a marito • chi vuol far della **roba**, esca di casa • fatta la **roba**, facciam la persona • fatto un certo che, la **roba** si fa da sé • il gioco risica la vita e rosica la **roba** • giovane assestato, **roba** porta • metti la **roba** in un cantone, ché viene tempo ch'ella ha stagione • molti fanno prima la **roba** e poi la coscienza • piuttosto crepa panza che **roba** avanza • poca **roba** Dio la loda • la propria **roba** si può prendere dove si trova • quanto più manca la **roba**, tanto più cresce lo strepito • rade volte fa **roba** chi non ruba • razza di cani, **roba** di villani e amor di cortigiani • la **roba** buona si loda da se stessa • **roba** che mangia non si perde • la **roba** degli altri consuma la propria • la **roba** degli altri ha lunghe mani • la **roba** dell'avaro se la mangia il buontempone • la **roba** del villano dura trent'anni e un mese e poi la torna al suo paese • la **roba** de' matti è la prima a andarsene • **roba** di campana se fiorisce non grana • la **roba** è fatta per i bisogni • la **roba** fa stare il tignoso alla finestra • la **roba** ha tre età: la prima l'acquista, la seconda la conserva, la terza la distrugge • la **roba** non è di chi se la fa, ma di chi se la gode • **roba** perfetta, mezzo buttata via • la **roba** ruba l'anima • **roba** rubata non fa buon pro • la **roba** sta con chi la sa tenere • **roba** trovata e non consegnata è mezza rubata • la **roba** va alla roba • la **roba** va dove vale • la **roba** va, i costumi rimangono • la **roba** va secondo che la viene • gli uomini fanno la **roba**, e le donne la conservano • gli uomini fanno la **roba**, non la roba gli uomini • uomo senza **roba** è una pecora senza lana

rocca all'escita, brache e camicia; e all'entrata, la **rocca** è inconocchiata • non entri tra fuso e **rocca**, chi non vuol esser filato • povera quella bocca che mangia con la **rocca** • **rocca**, morte nascosta • la vecchia mal raddotta, sulla sera la piglia la **rocca**

rodere un cattivo cane **rode** una buona corda • l'invidia **rode** se stessa • il ministro di Sicilia **rode**, quel di Napoli mangia, e quel di Milano divora

Rogazioni (25 aprile) alle Rogazioni, se i fossi sono

asciutti finiscono d'asciugarsi, se sono bagnati si riempiono

rogna a chi va cercando **rogna**, non mancò mai da fare • chi gratta, **rogna** accatta • **rogna** birresca, quando tu credi che la sia guarita, rinfresca

rognoso caval **rognoso** non vuol lasciarsi strigliare • meglio il **rognoso** che l'ozioso

Roma a chi natura non lo volle dire, nol dirian mille Atene e mille **Rome** • a passo a passo si arriva a **Roma** • l'appetito con pane e toma è il meglio che ci sia a **Roma** • a **Roma** ci vogliono tre cose: pane, panni e pazienza • a **Roma** dottori, a Napoli ladroni, a Genova scavezzi, a Milan tagliacantoni, a Venezia forestieri, a Fiorenza scardassieri • chi lingua ha, a **Roma** va • chi **Roma** non vede, nulla non crede • dov'è il papa, ivi è **Roma** • faremo di **Roma**, adesso adesso di Firenze, a la magnana di Spagna, by and by d'Inghilterra, I warrant you di Scozia, gleich d'Alemagna, tantôt di Francia, son tutte ciancie • meglio essere a **Roma** senza padrone, che per la strada senza quattrini • Milano la grande, Vinegia la ricca, Genova la superba, Bologna la grassa, Firenze la bella, Padova la dotta, Ravenna l'antica, **Roma** la santa • non importa andare a **Roma** per la penitenza • **Roma** caput mundi, Venezia secundi • **Roma** la incominciò Romolo, e ancora non è finita • **Roma** li dà e Roma li ripiglia • **Roma** non fu fatta in un giorno • **Roma** non fu matrigna a nessuno • **Roma** Roma ogni pazzo doma, e ai cuori non perdona • **Roma** travagliata, ché chi ha bella moglie vive d'entrata • tu sei qua e il papa è a **Roma** • tutte le strade portano a **Roma** • i vescovi in **Roma** sono come i crocefissi in bottega del legnaiuolo

Romagna romagnuol della mala **Romagna**, o ti giunta o ti fa qualche magagna

romagnolo (romagnuolo) guardati da toscan rosso, da lombardo nero, da **romagnuol** d'ogni pelo • **romagnuol** della mala Romagna, o ti giunta o ti fa qualche magagna • i **Romagnuoli** portano la fede in grembo

romanesco castroni pugliesi, mannarini pistolesi, gran siciliano, zucchero di Candia, cera veneziana, magli **romaneschi**, sproni viterbesi, cacio di Creta, raviggioli fiorentini • i **romaneschi** nascono coi sassi in mano

romano la Corte **romana** non vuole pecora senza lana • Fiorentin per tutto, **Roman** distrutto • lingua toscana in bocca **romana** • ogni stadera ha il suo **romano**

Romolo Roma la incominciò **Romolo**, e ancora non è finita

rompere (**rompersi**) l'acciaio si **rompe**, e il ferro si piega • l'Annunziata **rompe** la veglia • attacca l'asino dove vuole il padrone e, se si **rompe** il collo, suo danno • le brache d'altri ti **rompono** il culo • le buone parole non **rompono** i denti • il buon lavoratore **rompe** il cattivo annuale • chi ha a **rompere** il collo, trova la strada al buio • chi **rompe** paga e i cocci sono suoi • consiglio di vecchio non **rompe** mai la testa • di bruma la neve s'aggruma, di gennaio la neve fa solaio, di marzo fa il ponte e in aprile si **rompe** • Donato ha **rotto** il capo a Giusto • dove non si crede, l'acqua **rompe** • il filo si **rompe** dal lato più debole • la lingua non ha osso, ma fa **rompere** il dosso • i mosconi **rompon** le tele dei ragni • non bisogna fasciarsi la testa prima d'essersela **rotta** • ogni polledro vuol **rompere** la sua cavezza • panno senese, si **rompe** prima che si metta in dosso • i patti **rompon** le leggi • per San Polo il ghiaccio si **rompe** il collo • quattrini e amicizia **rompon** le braccia alla giustizia • Sant'Antonio fa il ponte e San Paolo lo **rompe** • San Vincenzo: l'inverno ha **rotto** un dente • se t'imbianco, gli è onor mio; se ti **rompo**, non t'ho fatt'io • il soverchio **rompe** il coperchio

rompone chi semina in **rompone** raccoglie in brontolone

rondine non ricever la **rondine** sotto il tetto • per San Giuseppe s'accoppia la **rondine** • **rondini** a Pasqua, passeri a Natale • le **rondini** se ne vanno per San Lorenzo • San Benedetto, la **rondine** sotto il tetto • San Giuseppe: la **rondine** porta il messo • San Gregorio papa, la **rondine** passa l'acqua • San Matteo: le **rondini** vanno, il tordo ritorna • una **rondine** non fa primavera

ronzare se **ronza** il calabrone di gennaio tieni di conto la paglia del pagliaio

ronzino all'uomo meschino gli basta un **ronzino** • moglie e **ronzino**, pigliali dal vicino

rosa anco tra le spine nascono le **rose** • cogli la **rosa** e lascia star la spina • non c'è **rosa** senza spine • le **rose** cascano, e le spine rimangono • se son **rose** fioriranno • zucchero e acqua **rosa** non guastò mai alcuna cosa

rosato maggio **rosato** mese profumato

rosicare chi non risica, non **rosica** • il gioco risica la vita e rosica la roba

rosso aria **rossa**, o piscia o soffia • il bianco e il **rosso** va e vien, ma il giallo si mantien; anzi il giallo è un color forte che dura anche dopo morte • la carta non doventa **rossa** • grande e grossa mi faccia Dio, bianca e **rossa** mi farò io • guardati da toscan **rosso**, da lombardo nero, da romagnuol d'ogni pelo • meglio diventar mori che **rossi** • il migliore dei **rossi** ha accoppato suo padre • non tutte le cose **rosse** son ciliegie • **rosso** di fuoco dura poco • **rosso** di mattina, mal tempo si avvicina • **rosso** di pelo non dice il vero • **rosso** di sera, buon tempo si spera; rosso di mattina mal tempo s'avvicina • **rosso** malpelo • se il grande fosse valente e il piccolo paziente, e il **rosso** leale, ognun sarebbe eguale • sera **rossa** e nero mattino, rallegra il pellegrino • tutto il **rosso** non è buono, e tutto il giallo non è cattivo • uomo **rosso** e cane lanuto, più tosto morto che conosciuto • uomo **rosso** e donna barbuta, co' sassi la saluta

rossore chi delitto non ha, **rossor** non sente • **rossore**, non è sempre colpa

rotondo il mondo è **rotondo** e chi non sa nuotare va a fondo

rotto amor dà per mercede, gelosia e **rotta** fede • a nave **rotta** ogni vento è contrario • barca **rotta**, marinaio scapolo • campo **rotto**, paga nuova • sacco **rotto** non tien miglio;

pover'uom non va a consiglio • le secchie si mettono a combattere col pozzo, e ne portano la testa **rotta** • temporal di notte, molto fracasso e nulla di **rotto** • tre cose son facili a credere, uomo morto, donna gravida e nave **rotta** • tutte le stringhe **rotte** vogliono entrare in dozzina

rovescio ogni diritto ha il suo **rovescio** • ogni medaglia ha il suo **rovescio**

rovina (**ruina**) la famiglia piccolina mette la casa in **rovina**; quando si è rilevata, la casa è rovinata • **ruina**, non vuol miseria

rovinare (**ruinare**) l'acqua cheta **rovina** i ponti • acqua di giugno **rovina** il mugnaio • l'acqua di maggio **rovina** il mugnaio • l'acqua **rovina** i ponti • l'acqua **rovina** i ponti e il vino la testa • acqua settembrina **rovina** il vino • ad altare **ruinato** non s'accende candela • la bufera di gennaio **rovina** il melo • cavalli, cani, uccelli e servitori, guastan, mangian, **ruinano** i signori • chi gioca al lotto, in **rovina** va di botto • la famiglia piccolina mette la casa in rovina; quando si è rilevata, la casa è **rovinata** • lago di Garda e Bocca di Celina porta spesso la **rovina** • lotto, lusso, lussuria e Lorenesi, quattro L ch'han **rovinato** i miei paesi • luna mercurina tutto il ciel **ruina** • non **ruinan** le case fatte in carta, ma murate in terra sì • per la ragion di Stato e di confini, son **rovinati** ricchi e poverini • se il cielo **rovinasse**, si piglierebbero di molti uccelli • tirannia, tumulto e farina, delle città son la **rovina** • tre D **rovinan** l'uomo, diavolo, danaro e donna • tre molti **rovinan** l'uomo: molto parlare e poco sapere, molto spendere e poco avere, molto presumere e poco valere

rovo rovo, in buona terra covo

rozza chi baratta, ha **rozze**

rubare a casa del ladro non si **ruba** • a chi fa il pane e staccia non gli si **ruba** focaccia • a **rubar** poco si va in galera, a rubar tanto si fa carriera • il bel **rubare** è con gli scredenti • chi lavora fa la gobba, e chi **ruba** fa la robba • chi non sa **rubare**, muri • chi **ruba** a un buon ladron ha cent'anni di perdon • chi **ruba** il mantello al suo prossimo, per il solito muore senza camicia • chi **ruba**, pecca uno; e chi è rubato pecca cento • chi **ruba** per altri, è impiccato per sé • come i ladri di Pisa, che il giorno litigano e la notte **rubano** insieme • dal **rubare** al restituire si guadagna trenta per cento • grandine di maggio **ruba** vino, grano e formaggio • ladro piccolo non **rubare**, che il ladro grosso ti fa impiccare • i morti non **rubano** perché hanno legate le mani • o gran trovato, o gran lasciato, o gran **rubato** • i pastori per **rubare** le pecore si mettono nome lupi • per arricchire ci voglion tre r, o redare, o **rubare**, o ridire • la porta di dietro è quella che **ruba** la casa • rade volte fa roba chi non **ruba** • la roba **ruba** l'anima • roba **rubata** non fa buon pro • roba trovata e non consegnata è mezza **rubata** • tanto è ladro chi **ruba** che chi tiene il sacco

ruffa quel che vien di **ruffa** in raffa, se ne va di buffa in baffa

ruggine il freddo di marzo penetra il corno del bove, il sole di marzo toglie la **ruggine** del catenaccio • la **ruggine** mangia il ferro

rugginoso se maggio è **rugginoso**, l'uomo è uggioso

ruglio giugno quanto un pugno, luglio quanto un **ruglio**, agosto quanto un pozzo

rumore (**romore**) meglio **rumor** di catene che di campane • pere e donne senza **romori**, sono stimate le migliori • una noce in un sacco non fa **rumore**

ruota la peggior **ruota** del carro è quella che stride • perché vada il carro, bisogna unger le **ruote**

ruscello la Candelora fa correre il **ruscello** • per San Nicola ogni mandra fa la prova, ogni **ruscello** suona, ogni gallina comincia a fare l'ova

russare chi è in pace col mondo, non è ancora addormentato che già **russa**

ruzzare quando i cavalli **ruzzano**, il padrone stenta

s, S

sabato beato quel corpo che in **sabato** è morto • Dio non paga il **sabato** • non c'è **sabato** santo al mondo, che la luna non sia al tondo • non c'è **sabato** senza sole, non c'è donna senza amore, né domenica senza sapore, né vecchio senza dolore • quando il sole insacca in Giove, non è **sabato** che piove • il venerdì ammazza il **sabato**

sacca chi ha la farina non ha la **sacca**, e chi ha la **sacca** non ha la farina

sacchetto chi vince da sezzo empie il **sacchetto**

sacco a San Marco i fagioli fuori dal **sacco** • cattivo è quel **sacco** che non si può rappezzare • chi ha la farina non ha la sacca, e chi ha la sacca non ha la farina • chi vince la prima, perde il **sacco** e la farina • chi vince poi, perde il **sacco** e i buoi • cuor contento, e **sacco** al collo • giammai col bramare, il **sacco** puoi colmare • in piazza non aprir mai **sacco** • luglio con **sacco** e staio porta i chicchi nel granaio • non dir quattro se non l'hai nel **sacco** • non fu mai **sacco** sì pieno, che non v'entrasse ancora un grano • la prima acqua d'agosto toglie un **sacco** di pulci e l'altro di mosche • quando Dio dà la farina il diavolo ci leva il **sacco** • quando la neve s'inverna in piano, val più il **sacco** che non vale il grano • quando si va per dare, bisogna portar due **sacchi** • quando tuona a aprile, grano nel **sacco** e vino nel barile • reputazione e guadagno non istanno quasi mai nello stesso **sacco** • **sacco** legato fu mal giudicato • **sacco**

pieno rizza l'orecchio • **sacco** rotto non tien miglio; pover'uom non va a consiglio • **sacco** vuoto mal si giudica • **sacco** vuoto non sta in piedi • solco torto, **sacco** diritto • tanto è ladro chi ruba che chi tiene il **sacco** • tenere due amorosi è come tenere un **sacco** di pulci • una noce in un **sacco** non fa rumore • un **sacco** di disegni verdi non tornano una libbra secchi • val più un pugno di buona vita, che un **sacco** di sapienza

sacrestia a San Mattia è gelata l'acqua in **sacrestia** • non bisogna entrare in **sacrestia**

saetta dalle donne con le basette, Dio ci guardi, le son **saette** • la **saetta** gira gira, torna addosso a chi la tira • le **saette** di dicembre: si acconci chi sta male • San Pietro, Sant'Anna, San Lorenzo: tuoni, **saette** e pioggia a secchie

saggina guai a quell'annata che genera **saggina** e rapa • per Santa Cristina, la sementa della **saggina** • la **saggina** ha la vita lunga

saggio acqua di maggio, parola di **saggio** • disavvantaggio muta pensier nel **saggio** • l'Italiano è **saggio** prima di fare una cosa, il Tedesco quando la fa, e il Francese quando è bell'e fatta • non mai s'intende l'uom **saggio** e perfetto, se non ha di se stesso umil concetto • i **saggi** hanno la bocca nel cuore, e i matti il cuore in bocca • **saggio** è chi sa soffrire spesa, danno e martire • vento al visaggio rende l'uomo **saggio**

sagrato tosse d'inverno vuol governo; tosse d'estate conduce al **sagrato**

saio acqua sopra acqua, non vale aver né **saio** né cappa

sala si balla bene sulle **sale** degli altri

Salamanca **Salamanca**, alcuni sana e altri manca

salare a luna scema non **salare**, a luna crescente non tosare, se vuoi risparmiare

salario **salario** non arricchì mai giovane

salato a vecchia che mangia pollastrelli, gli vien voglia di carne **salata** • insalata ben **salata**, poco aceto e bene oliata • il pane degli altri è troppo sa-

LA COMMODITÀ FÀ L' HVOMO LADRO

Inuan di superar l'huomo fatica
Forza di senso à la ragion ribelle,
Se lo tradisce occasione amica.

lato • pecora **salata**, pecora sanata

saldare al serrar degli occhi si **saldano** i conti • amicizia riconciliata è una piaga mal **saldata** • chi vuol **saldar** piaga, non la maneggi

saldo a sangue caldo, nessun giudizio è **saldo** • luglio dal gran caldo, bevi ben e batti **saldo** • il pidocchio non ha faccia, e però sta **saldo**

sale a carnevale ogni scherzo vale, ma che sia uno scherzo che sa di **sale** • bisogna far lo sciocco per non pagar il **sale** • né moglie, né acqua, né **sale**, a chi non te ne chiede non gliene dare • la neve di gennaio diventa **sale**, e quella d'aprile farina • olio, ferro e **sale**, mercanzia reale • onde viene il peso del **sale**, colà ritorna • povero quell'uomo che sa quanto **sale** vuole la pentola • prima di conoscere uno, bisogna consumare un moggio di **sale** • prima di scegliere l'amico, bisogna averci mangiato il **sale** sett'anni • il **sale** acconcia le vivande, e anco le guasta • sopra il **sal** non è sapore; sopra Dio non è Signore • tavola senza **sale**, bocca senza saliva • un uovo vuol **sale** e fuoco

salernitano i **salernitani** ingannano il Diavolo

saliceto a can mansueto, lupo nel **saliceto**

salire chi non **sale**, non teme di cadere • chi troppo in alto **sal**, cade sovente precipitevolissimevolmente • la fortuna **sale** e scende, anche in man di chi la prende • il mondo è fatto a scale, chi le scende e chi le **sale** • non è superbia alla superbia uguale d'uom basso e vil che in alto stato **sale**

saliva **saliva** d'uomo, ogni serpe doma • tavola senza sale, bocca senza **saliva**

salmo alla fine del **salmo** si canta il Gloria • non tutti i **salmi** finiscono in gloria • tutti i **salmi** finiscono in gloria

Salomone il gran freddo di gennaio, il mal tempo di febbraio, il vento di marzo, le dolci acque d'aprile, le guazze di maggio, il buon mieter di giugno, il buon batter di luglio, le tre acque d'agosto con la buona stagione, vaglion più che il tron di **Salomone**

salsa dolce vivanda vuol **salsa** acerba • la **salsa** di san Bernardo fa buona ogni vivanda • si può amar la **salsa** verde, senza mangiar le biade in erba

salsiccia non si può avere le viti legate colle **salsicce**

saltare a San Mattè, l'uccellator **salta** in piè • chi asino è e cervo esser si crede, al **saltar** della fossa se n'avvede • chi è vecchio e d'esser non lo crede al **saltar** della fossa e' se n'avvede • il fuoco fa **saltare** le vespe fuori del vespaio • loda il matto e fal **saltare**; se non è matto, il farai diventare • il magnano tanto **salta** con le bolge quanto senza • o si mangia la minestra, o si **salta** la finestra • pan di grano, **saltami** in mano • quando la vacca tien su il muso, brutto tempo **salta** suso • quando la va troppo ben, la superbia **salta** in piè • rana, o **salta** o piscia, e non sbrana • **salta** chi può • vin che **salti**, pan che canti, formaggio che pianga

salto al **salto** della fossa si conosce il cervo • pan bollito, in un **salto** è già smaltito • quel che vien di **salto**, va via di balzo

salutare Massa, **saluta** e passa; chi troppo ci sta, la pelle ci lassa • **salutare** è cortesia, rendere il saluto è obbligo • uomo rosso e donna barbuta, co' sassi la **saluta**

salute il buon cibo dà buona **salute** • chi trovò il consiglio, inventò la **salute** • male alla pelle, **salute** alle budelle • **salute** e vecchiezza creano bellezza • la **salute** non si paga con valuta

saluto salutare è cortesia, rendere il **saluto** è obbligo • **saluti** di sbirri giustificano la persona

salvare (**salvarsi**) a chi **salva** la pelle, la carne rimette • un bel morir tutta la vita onora, un bel fuggir **salva** la vita ancora • col suo si **salva** l'onore, e con quel d'altri si perde • Dio ti **salvi** da un cattivo vicino, e da un principiante di violino • la disgrazia ci **salva** dall'imbarazzo • quando l'uomo n'ha cinquanta bisogna che **salvi** la midolla per la pianta • rana di palude sempre si **salva** • **salvar** la capra e i cavoli • tal pensa **salvarsi** a Pasqua, che è preso a mezza quaresima • uomo avvisato, mezzo **salvato**

salvastrella l'insalata non è bella, se non v'è la **salvastrella**

samaritano i giudei non istanno bene co' **samaritani**

San Barnaba (11 giugno) a San Barnabà la falce al prà • per **San Barnabà**, l'uva viene e il fiore va • **San Barnabà**, il più lungo della sta' • se piove per **San Barnabà**, l'uva bianca se ne va; se piove mattina e sera, se ne va la bianca e la nera

San Bartolomeo (**San Bartolomio**, 24 agosto) a **San Bartolomio** le montagne vanno con Dio • il grano a San Pietro, le patate a **San Bartolomeo** • per **San Bartolomè** la pertica al piè • se piove per San Lorenzo, la viene a tempo; se piove per la Madonna, l'è ancor buona; se per **San Bartolommè** soffiale di drè

San Bellino (26 novembre) per **San Bellino** la neve sul camino

San Benedetto (21 marzo) il giorno di **San Benedetto** s'accoppiano gli uccelli • non si può vedere Pasqua né dopo San Marco, né prima di **San Benedetto** • per **San Benedetto** si distingue il verde dal secco • **San Benedetto**, la rondine sotto il tetto

San Bernardo (20 agosto) la salsa di **san Bernardo** fa buona ogni vivanda

San Biagio (3 febbraio) chi va a **San Biagio**, perde l'agio; chi va a Santa Maria Nuova, lo ritrova • per **San Biagio** tutte le giovani storcono il naso • **San Biagio** grigio, San Biagio santo, a sera nero e al mattino bianco • **San Biagio** se trova il ghiaccio lo disfà, e se non lo trova lo fa • se a **San Biagio** il sole è buono, dell'inverno siamo fuori

San Brunone (6 ottobre) se piove a **San Brunone**, sette montane e un montanone

San Cipriano (16 settembre) per Santa Croce e **San Cipriano** semina in costa e semina in piano

San Clemente (23 novembre) **San Clemente**: si finisce di mettere la segale e anche il frumento

San Donato (8 agosto) per **San Donato**, l'inverno è nato; per San Lorenzo, gli è grosso come un giovenco; per Santa Maria, quanto una badia • se piove per **San Donato**, botte e tino preparate; se piove per San Rocco, preparate tino e botte

San Filippo (26 maggio) quando piove per **San Filippo**, il povero non ha bisogno del ricco

San Firmino (25 settembre) a **San Firmino** pulisci stufa e camino

San Flaviano (28 gennaio) a **San Flaviano** galaverna al piano

San Francesco (Padre Santo, 4 ottobre) per **San Francesco** la melagrana nel canestro • quello che fa il giorno del **Padre Santo**, fa San Luca e tutt'i Santi

San Frediano (18 novembre) per **San Frediano** la neve al monte e al piano

San Gallo (**San Gal**, 16 ottobre) da **San Gallo** ara il monte e semina la valle • **San Gallo**: cento dì durarlo • se va tutto il dì di **San Gal**, lo fa bello fino a Natal

San Geminiano **San Geminiano** dalle belle torri e dalle belle campane, gli uomini brutti, e le donne befane

San Giacomo (25 luglio) **San Giacomo** riempie la bottiglia, Sant'Anna la stappa

San Giorgio (21 aprile) a San Marco e a **San Giorgio** è ora di mettere il granturco • quando **San Giorgio** viene in Pasqua, per il mondo c'è gran burrasca • **San Giorgio**, San Marco e Santa Croce sono gli ultimi cavalieri del freddo • se piove a **San Giorgio**, brutta annata

San Giovanni (**Giovanni**, 24 giugno) a **San Giovanni** il granturco copre il cane, a San Pietro il puledro, a Sant'Ermacora mette il pennacchio • a **San Giovanni** il vino nel chicco • a San Marco nato, a **San Giovanni** assetato • per **San Giovanni** tant'è la perdita come il guadagno • quando Domine acchiappa **Giovanni**, guai a quell'anno • **San Giovanni** dice il vero • **San Giovanni** mietitore, San Pietro sgranatore • **San Giovanni** non vuole inganni • se piove il giorno di **San Giovanni** non vengono né il vino né il pane

San Giuseppe (19 marzo) a **San Giuseppe** si butta via lo scaldaletto • buona annata avremo se **San Giuseppe** fa sereno • per **San Giuseppe** in un buon campo d'erba medica deve nascondersi il cappello d'un prete • per **San Giuseppe** s'accoppia la rondine • quando tuona il dì di **San Giuseppe**, due inverni in quell'anno • **San Giuseppe** dalla barba bianca: o la neve o il fango • **San Giuseppe**: la rondine porta il messo • **San Giuseppe** vecchiarello porta il fuoco sotto il mantello • **San Giuseppe** vecchiarello vuole ceci e tagliatelle • tre acque prelibate: **San Giuseppe**, la domenica delle Palme, l'Annunziata

San Gorgonio (9 settembre) se piove per **San Gorgonio**, tutto l'ottobre è un demonio

San Grato (7 settembre) a **San Grato** l'estate è passata

San Gregorio (12 marzo) **San Gregorio** papa, la rondine passa l'acqua • se tira il vento il dì di **San Gregorio**, per quaranta dì bisogna correre

San Leonardo (12 marzo) per **San Leonardo** semina che è tardi

San Lorenzo (10 agosto) a **San Lorenzo** l'uva si tinge • a **San Lorenzo** maturano le nocciole • per San Donato, l'inverno è nato; per **San Lorenzo**, gli è grosso come un giovenco; per Santa Maria, quanto una badia • per **San Lorenzo** la noce è fatta • per Santa Maria è per la via, per **San Lorenzo** è a tempo, per San Rocco tarda troppo • le rondini se ne vanno per **San Lorenzo** • **San Lorenzo**: cadono le stelle • **San Lorenzo** dalla fiumana: di dietro o davanti • San Pietro, Sant'Anna, **San Lorenzo**: tuoni, saette e pioggia a secchie • Sant'Antonio gran freddura, **San Lorenzo** gran caldura, l'uno e l'altro poco dura • se per **San Lorenzo** il tempo è bello, farà brutto; se è brutto, farà bello • se piove per **San Lorenzo**, la viene a tempo; se piove per la Madonna, l'è ancor buona; se per San Bartolommè soffiale di drè

San Luca (18 ottobre) a **San Luca** le castagne sul ceppo • per **San Luca**, il tuono va nella zucca • per **San Luca**, o molle o asciutto, semina tutto • quello che fa il giorno del Padre Santo, fa **San Luca** e tutt'i Santi • **San Luca**: il monte e la cupa • **San Luca**, il tordo trabuca • **San Luca**, la merenda nella buca

San Magno San **Magno** supera San Giusto

San Marco (25 aprile) a **San Marco** e a San Giorgio è ora di mettere il granturco • a **San Marco** i fagioli fuori dal sacco • a **San Marco** le vacche passano il varco • a **San Marco** meloni al campo • a **San Marco** nato, a San Giovanni assetato • chi vuole il buon bacato, per **San Marco** o posto o nato • non si può vedere Pasqua né dopo **San Marco**, né prima di San Benedetto • per **San Marco** evangelista, maggio alla vista • San Giorgio, **San Marco** e Santa Croce sono gli ultimi cavalieri del freddo • **San Marco** evangelista, maggio alla vista • **San Marco**: si semina anche nell'acqua • se per **San Marco** gocciola lo spino, abbondanza di pane e vino • se piove a **San Marco**, cresce il carro dell'orzo al massaro • se piove il dì di **San Marco**, ogni spiga ne perde un quarto • tre animali feroci: l'Angelo, **San Marco** e la Croce

San Martino (11 novembre) ai Santi si veste i fanti, a **San Martino** grandi e piccini • a **San Martino** la castagna buona vale un quattrino • a **San Martino** la sementa del poverino • a **San Martino** l'inverno è vicino • a **San Martino** ogni mosto è vino • a **San Martino** s'accende il lumino • a **San Martino** si veste il grande e il piccino • a **San Martino** sta meglio il grano al campo che al mulino • chi non balla a carnevale e non si ubriaca a **San Martino** fa cattiva fine • chi pota per **San Martino** ha tutto il grano e tutto il vino • da **San Martino** a Natale ogni povero sta male • l'estate di **San Martino** dura dalla sera alla mattina • fino a **San Martino** su acqua e giù vino; quando San Martino è passato su acqua e giù mischiato • oche, castagne e vino son piatti di **San Martino** • per i Santi o io o i miei fanti, per **San Martino** sono vicina, per San Niccolò verrò se potrò, per Natale senza fallo • per **San Martino** buone le castagne e meglio il vino • per **San Martino** s'ammazza il porco e si beve il vino • per **San Martino** si fora la botte del vino • per **San Martino** si travasa il vino • per **San Martino** si ubriaca il grande e il piccino • per **San Martino** togli l'acqua e bevi il vino • **San Martino** dalle nespole, e il buon vino • **San Martino** nella botte bolle il vino • **San Martino**: pranzo e cena • se il dì di **San Martino** il sole va in bisacca, vendi il pane e tienti la vacca • il sole di **San Martino** porta il guadagno al poverino

San Matteo (21 settembre) a **San Mattè**, l'uccellator salta in piè • per **San Mattè** la castagna è sotto i piè • per **San Matteo** tutto il mosto è mio • **San Matteo**: butta in terra e spera in Dio • **San Matteo**: le rondini vanno, il tordo ritorna

San Mattia (24 febbraio) a **San Mattia** è gelata l'acqua in sacrestia • a **San Mattia** la neve per la via • da Natale a carnevale non c'è vigilia da osservare, se **San Mattia** non appare • se è bello a **San Mattia** il freddo scappa via

San Mauro (29 gennaio) Sant'Antonio e **San Mauro** sono due negozianti di neve

San Michele (29 settembre) a **San Michele** il calore va in cielo • chi ha da mangiare per **San Michele**, avrà quattrini in tasca tutto l'anno • da **San Michele** guarda il ciel se gli è sereno • non aspettare a pigliare il gatto il dì di **San Michele** • per **San Michele** la succiola nel paniere • per **San Michele** s'assetta il candeliere • le piogge di maggio e quelle di **San Michele** non stanno in cielo • quando siamo per **San Michele**, i panni d'inverno sanno di miele • **San Michele** dice il vero • **San Michele**: l'uva diventa miele • se l'alba è brutta a **San Michele**, ottobre sarà più brutto che bello

San Miniato a San Miniato o tira vento o suona magistrato

San Niccolò (6 dicembre) per i Santi o io o i miei fanti, per San Martino sono vicina, per **San Niccolò** verrò se potrò, per Natale senza fallo • per **San Niccolò** la neve in co'

San Nicola per San Nicola ogni mandra fa la prova, ogni ruscello suona, ogni gallina comincia a fare l'ova • **San Nicola** mette il sonno e Sant'Oronzo lo leva • **San Nicola** San Nicola, vi do la vecchia e mi date la nuova

San Paolo (**San Polo,** 25 gennaio) delle calende non me ne curo, purché **San Paolo** non faccia scuro • per **San Paolo** si sveglian le tarantole e ballan le ragazze tutte quante • per **San Polo** il ghiaccio si rompe il collo • **San Paolo** lucente, tanta paglia e poco frumento • **San Paolo** scuro, frumento sicuro; San Paolo chiaro, il frumento va per il solco • **San Paolo** scuro, fuor dell'inverno sicuro • Sant'Antonio fa il ponte e **San Paolo** lo rompe • se è nuvolo a **San Paolo,** dalle da mangiare quanto vuole, se è sereno, conserva il fieno

San Pasquale monaca di San Pasquale due capi sopra un guanciale

San Patrizio (**San Pati,** 17 marzo) San Pati: o piove o nevicate

San Pietro e Paolo (29 giugno) chi loda **San Pietro,** non biasima San Paolo • non si dee dar tanto a **Pietro,** che Paolo resti indietro • per **San Pietro,** o paglia o fieno • **San Pietro** versa la bottiglia

San Rocco (16 agosto) a **San Rocco** la pannocchia fa il tutolo • a **San Rocco** si stimano i fichi e il porco • per Santa Maria è per la via, per San Lorenzo è a tempo, per **San Rocco** tarda troppo • **San Rocco** dà la chiave a ogni pitocco • se piove per San Donato, botte e tino preparate; se piove per **San Rocco,** preparate tino e botte

San Romano San Romano fa l'elemosina al Duomo

San Sebastiano (**San Bastiano,** 20 gennaio) per **San Bastiano** le maschere in giro • per **San Bastiano,** un'ora abbiamo

San Silvestro (31 dicembre) **San Silvestro** mette il capestro • **San Silvestro:** son terminate le feste; anno nuovo, cominciano di nuovo • **San Silvestro** viene per tutti

San Simone (28 ottobre) per **San Simone** gli attrezzi a casa • se vuoi avere una bella pro-

duzione, semina il frumento a San Simone
San Sisto (6 agosto) se piove per San Sisto, puntella il canniccio
San Tommaso (**San Tommà, San Tommè**, 21 dicembre) **San Tommà**, la più corta giornà • **San Tommaso** non è guardato né da pan né da bucato, né da tessitora di sul Prato; ma sarà ben digiunato • **San Tommaso** per Natale quattro • **San Tommè**, cresce il dì quanto il gallo alza un piè
San Valentino (14 febbraio) a **San Valentino** ogni uccello ripiglia il cammino • a **San Valentino** si scopre il bambino • a **San Valentino** si spacca il ghiaccio con la scure • a **San Valentino** si spegne il lumino • per **San Valentino**, pota il tralcio se vuoi fare il vino • per **San Valentino**, primavera sta vicino
San Valerio (28 gennaio) se fa sole a **San Valerio**, puntelliamo il granaio
San Vincenzo (22 gennaio) bel tempo a **San Vincenzo** promette gran fieno • **San Vincenzo** chiaro, assai grano; se è oscuro, pane niuno • **San Vincenzo**: l'inverno ha rotto un dente
San Vitale (11 gennaio) **San Vitale**: per quaranta dì è uguale
San Vito (15 giugno) a **San Vito** la ciliegia ha il marito • oggi è **San Vito**: ogni moglie batte il marito; domani è Santa Lena: ogni marito batte la mogliera • per **San Vito** gira l'oliveto: se uno o due paiono, è entrata generale • per **San Vito** il fico vuole marito • quando piove il giorno di **San Vito** il prodotto dell'uva va sempre fallito • **San Vito**: o verde o secco, mietete
sanare bel parlare non scortica ma **sana** • con la pelle del cane si **sana** la morditura • è più facile far le piaghe che **sanarle** • frenesia, gelosia, eresia, mai son **sanate** per alcuna via • pecora salata, pecora **sanata** • Salamanca, alcuni **sana** e altri manca • la vendetta non **sana** piaga
sangue a **sangue** caldo, nessun giudizio è saldo • a **sangue** rimescolato il bambin non va addormentato • buon **sangue**

non mente • il buon vino fa buon **sangue** • chi mette il suo in **sangue**, la sera ride e la mattina piange • i danari sono il secondo **sangue** • da una rapa non si cava **sangue** • più vale il cuore che il **sangue** • il riso fa buon **sangue** • **sangue** chiama sangue • il **sangue** non è acqua • **sangue** presto, malattia guarita

sanità chi ha la **sanità** è ricco e non lo sa • lavoro è **sanità** • il male previsto è mezza **sanità** • nell'uva, son tre vinaccioli; uno di **sanità**, uno di letizia, e uno di ubriachezza • il padrone in villa è febbre al contadino, e **sanità** al podere • poco cibo e nullo affanno, **sanità** nel corpo fanno • povertà, madre di **sanità** • **sanità** e libertà, vaglion più d'una città • **sanità** senza quattrini è mezza malattia • uomini, **sanità** e fuori

sano al fin pensa sovente, avrai **sana** la mente • chi è **sano** e non è in prigione, se si rammarica, non ha ragione • chi passa Stra e non v'inciampa, va **sano** sino in Francia • chi tocca con mano, va **sano** • chi va piano va **sano** e va lontano • chi vuol vivere e star **sano**, dai parenti stia lontano • chi vuol viver **sano** e lesto, mangi poco e ceni presto • giovane chi è **sano** • in capo all'anno mangia più il morto che il **sano** • il malato porta il **sano** • mangia da **sano** e bevi da malato • mente **sana** in corpo sano • piccola giornata e grandi spese, ti conducono **sano** al tuo paese • il **sano** consiglia bene il malato • se ti vuoi mantener **sano**, caccia via il rispetto umano • se vuoi viver **sano** e lesto, fatti vecchio un po' più presto

Santa Barbara (4 dicembre) che **Santa Barbara** ci protegga dal fuoco, dal tuono e dalla morte subitanea • **Santa Barbara**, sta' intorno al fuoco e guardala

Santa Bibiana (2 dicembre) se piove a **Santa Bibiana** piove quaranta dì e una settimana

Santa Caterina (25 novembre) a **Santa Caterina** le vacche vanno alla cascina • chi vuole un'oca fina, a ingrassare la metta a **Santa Caterina** • da **Santa Caterina** a Natale un mese reale • o prima o poi il dolco di Santa Caterina deve venire • per Santa Caterina: o neve o brina o tira fuori la fascina

Santa Cristina (24 luglio) per Santa Cristina, la sementa della saggina • Santa Cristina vuota la tina

Santa Croce (14 settembre) per Santa Croce e San Cipriano semina in costa e semina in piano • per Santa Croce, pane e noce • Santa Croce, tutte le feste le rimette in luce

Santa Giuliana (20 marzo) Santa Giuliana: corre l'acqua per la piana

Santa Lena oggi è San Vito: ogni moglie batte il marito; domani è Santa Lena: ogni marito batte la mogliera

Santa Liberata (20 luglio) Santa Liberata perché non ha l'uscita come l'entrata

Santa Lucia (13 dicembre) dall'Immacolata a Santa Lucia c'è poca via • da Santa Lucia a Natale: quanto fai il bucato e fai il pane • per Santa Lucia s'accorcia la notte e s'allunga il dì • Santa Lucia, il giorno più corto che ci sia • Santa Lucia mantengati la vista, che d'appetito n'hai buona provvista

Santa Margherita (20 luglio) fino a Santa Margherita il gran cresce nella bica

Santa Maria (1) (22 luglio) Santa Maria Maddalena l'acqua mena

Santa Maria (2) (5 agosto) per Santa Maria è per la via, per San Lorenzo è a tempo, per San Rocco tarda troppo

Santa Maria (3) (8 settembre) per fare un buon agostano, prima di Santa Maria la falce in mano

Santa Maria del Fiore chi sta a' marmi di Santa Maria del Fiore, o è pazzo o sente d'amore

Santa Maria Maddalena (22 luglio) per Santa Maria Maddalena si taglia la vena • Santa Maria Maddalena l'acqua mena

Santa Maria Maggiore (5 agosto) per Santa Maria il marrone fa la cria • per Santa Maria l'olio è per la via

Santa Maria Nuova chi va a San Biagio, perde l'agio; chi va a Santa Maria Nuova, lo ritrova • chi va in **Santa Maria Nuova**, se non ha male lo ritrova

Santa Reparata (8 ottobre) a **Santa Reparata** l'uva bianca è maturata • a **Santa Reparata** ogni oliva è olivata

Santa Teresa (1 ottobre) per **Santa Teresa** prepara la tesa

Santa Teresa d'Avila (15 ottobre) a **Santa Teresa** i tordi in discesa • a **Santa Teresa** la testa del porco appesa

Sant'Agata (5 febbraio) a **Sant'Agatina** tutta vuota la cascina • **Sant'Agata**, conduce la festa a casa

Sant'Agnese (21 gennaio) per **Sant'Agnese** il freddo va per le siepi

Sant'Agostino (28 agosto) a **Sant'Agostino** per la vigna niente pena

Sant'Albino (1 marzo) per **Sant'Albino** è ora di fare il giardino

Sant'Ambrogio (7 dicembre) senza neve a **Sant'Ambrogio** il raccolto è mogio mogio

Sant'Andrea (30 novembre) arrivato **Sant'Andrea**, arrivato il freddo • a **Sant'Andrea** l'oca sulla brea • per **Sant'Andrea** piglia il porco per la sea; se tu non lo puoi pigliare, fino a Natale lascialo andare • **Sant'Andrea** caccia e mette il mese • **Sant'Andrea** o la neve o nevica • **Sant'Andrea**, Sant'Andrea, ognuno a casa sua • **Sant'Andrea**, si stallano le vacche e i buoi • Tutti i Santi lo cominciano e **Sant'Andrea** lo finisce

Sant'Anna (26 luglio) per **Sant'Anna** il riso va in canna • San Giacomo riempie la bottiglia, **Sant'Anna** la stappa • San Pietro, **Sant'Anna**, San Lorenzo: tuoni, saette e pioggia a secchie • se piove per **Sant'Anna** l'acqua diventa manna

Sant'Ansano (1 dicembre) per **Sant'Ansano**, uno sotto e uno in mano

Sant'Antonio abate (**Sant'Antuono**, 17 gennaio) un colpo di **Sant'Antonio**: un freddo da demonio • dove c'è **Sant'Antonio** c'è il suo porcellino • il giorno di **Sant'Antonio** o la neve o il tempo buono • per bestie, lattai e matrimonio il protettore è **Sant'Antonio** • per la Vecchietta, un'oretta, per **Sant'Antonio**, due mezz'ore buone • per **Sant'Antonio** dalla barba bianca, se c'è la neve il pane non manca • per **Sant'Antonio** ogni pollastra dà l'uovo • poco pane, poco **Sant'Antonio** • **Sant'Antonio abate** viene col carro carico • **Sant'Antonio** dalla barba bianca, se non piove, la neve non manca • **Sant'Antonio** e San Mauro sono due negozianti di neve • **Sant'Antonio** fa il ponte e San Paolo lo rompe • **Sant'Antonio** gran freddura, San Lorenzo gran caldura, l'uno e l'altro poco dura • **Sant'Antonio** suole avere la barba bianca • **Sant'Antuono**, lampi e tuoni • se piove per **Sant'Antonio**, bisogna risparmiare il fieno • tanto pane, tanto **Sant'Antonio**

Sant'Ermacora (12 luglio) a San Giovanni il granturco copre il cane, a San Pietro il puledro, a **Sant'Ermacora** mette il pennacchio

Sant'Eusebio (26 settembre) **Sant'Eusebio** porta il grano

Sant'Eustachio (20 settembre) **Sant'Eustachio** in splendore protegge il cacciatore

Santi Cosma e Damiano (26 settembre) per **San Cosimo e Damiano** ogni male fia lontano

Santi Simone e Giuda (28 ottobre) ai **Santi Simone e Giuda**, si tappano e si stappano

santità denari e **santità**, metà della metà • onestà, **santità** metà della metà • la **santità** sta nelle mani, non nelle parole

santo a buona seconda, ogni **santo** aiuta • alla china tutti i **santi** si aiutano • a Pasqua e a Natale è un **santissimo** carnevale • avuta la grazia, gabbato lo **santo** • chi ha il **santo** ha anche il miracolo • chi in corte è destinato, se non muor **santo**, muor disperato • chi nasce è bello, chi si sposa è buono e chi muore è **santo** • chi vuole i **santi**, se li preghi • le donne son **sante** in chiesa, angele in istrada, diavole in casa, civette alla finestra e gazze alla porta • in chiesa coi **santi** e in taverna coi ghiottoni • lascia fare a Dio, ch'è **Santo** vecchio • Milano la grande, Vinegia la ricca, Genova la superba, Bologna la grassa, Firenze la bella, Padova la dotta, Ravenna l'antica, Roma la **santa** • non c'è sabato **santo** al mondo, che la luna non sia al tondo • non lava abito **santo** anima lorda • non si crede al **santo** finché non ha fatto il miracolo • non si entra in Paradiso a dispetto dei **Santi** • ogni **santo** vuole la sua candela • quando Dio non vuole, i **Santi** non possono • quando nascono son tutti belli, quando si maritano, tutti buoni, e quando muoiono son tutti **santi** • i **santi** non mangiano • i **santi** vecchi non fanno più miracoli • **santo** non adorare innanzi che sia morto • **santo** per la via, diavolo in masseria • scherza coi fanti e lascia stare i **santi** • tutti i **santi** non fanno miracoli • viene Natale **santo** e giusto: chi si mangia la carne e chi sente l'odore di arrosto

Sant'Omobono (13 novembre) per **Sant'Omobono** tutti gli stracci senton di buono

Sant'Oronzo (26 maggio) San Nicola mette il sonno e **Sant'Oronzo** lo leva

Sant'Orsola (21 ottobre) se piove il dì di **Sant'Orsola**, poi fa bello per quaranta dì

Sant'Urbano (25 maggio) per **Sant'Urbano** il frumento è fatto grano • per **Sant'Urbano** tristo quel contadino che ha l'agnello in mano

sapa pepe, noce moscata e sapa, fa buona la rapa

sapere (1) a bocce ferme si **saprà** chi guadagna • a chi **sa** non manca nulla • al contadino non far **sapere** quanto è buono il formaggio con le pere • al litigante ci voglion tre cose: aver ragione, **saperla** dire, e trovar chi la faccia • al padrone non far **sapere**, quanto è buono il cacio con le pere • assai **sa**, chi non **sa**, se tacer **sa** • assai **sa** chi viver **sa** • beata quella città che ha principe che **sa** • casa fatta e vigna posta, non si **sa** quel che la costa • chi acquista **sapere**, acquista dolere • chi all'altrui spese **sa** imparare, felice si può chiamare • chi cerca fare impiastro, **sa** dove lo vuol porre • chi deve dare, **sa** comandare • chi disfà bosco e prà, si fa danno e non lo **sa** • chi è stato de' consoli **sa** che cosa è l'arte • chi è uso a mercanzia non **sa** che guerra sia • chi fa contrabbando, guadagna non **so** quando • chi fa il **saputo**, stolto è tenuto • chi fa una trappola, ne **sa** tender cento • chi ha contenti gli occhi, non si **sa** quel che il cor faccia • chi ha guidato la sposa a casa, **sa** quanto dura il pianto d'una femmina • chi ha la sanità è ricco e non lo **sa** • chi ha passato il guado, **sa** quant'acqua tiene • chi ha preso, mal **sa** lasciare • chi lascia la via vecchia per la nuova, **sa** quel che lascia e non sa quel che trova • chi le fa, le **sa** • chi le porta è l'ultimo a **saperle** • chi non ha figliuoli, non **sa** che sia amore • chi non **sa** che cosa siano malanni e doglie prenda marito o prenda moglie • chi non **sa** che fare, pettini i cani • chi non **sa** comprare compri giovane • chi non **sa** dir qualche volta di no, cosa buona oprar non può • chi non **sa** fare, non sa comandare • chi non **sa** fingere non sa regnare • chi non **sa** fingersi amico, non sa essere nemico • chi non **sa** leggere la sua scrittura è un asino per natura • chi non **sa** mentire, crede che tutti dicano il vero • chi non **sa** orare, vada in mare a navigare • chi non **sa** rammendare non sa partorire né rilevare • chi non **sa** rubare, muri • chi non **sa** scorticare intacca la pelle • chi non **sa** soffrire, non sa vivere • chi non **sa** tacere, non sa godere • chi non **sa** tacere, non sa parlare • chi più crede **sapere** più erra • chi più **sa** meno crede • chi ricorre a poco **sapere**, ne riporta cattivo parere • chi **sa** ben trovar meloni, trova buona moglie • chi **sa** celare in parte i desir suoi, compra la merce a miglior prezzo assai • chi **sa**, è padrone degli altri • chi **sa** fa e chi non sa insegna • chi **sa** far fuoco, sa far casa • chi **sa** il gioco non l'insegni • chi **sa** la strada può andar di trotto • chi **sa** perdere congiuntura, non s'adatti a mercatura • chi si ammoglia non **sa** che ben si voglia • chi si mette a fabbricare **sa** dove comincia e non dove finisce • chi sta a ca', niente **sa** • chi vien dalla fossa **sa** che cosa è morto • colui è provvisto di poco **sapere**, che s'ammazza per quel che non può avere • com'asino **sape**, così minuzza rape • le cose vanno a chi non **sa** apprezzarle • dal **sapere** viene l'avere • i danari non bastano; bisogna **saperli** spendere • Dio **sa** quel che fa • Dio solo **sa** quel che ha da essere • donna che **sa** il latino è rara cosa, ma guardati dal prenderla in sposa • la donna **sa** dove nasce e non **sa** dove muore • le donne ne **sanno** una più del diavolo • le donne tacciono quello che non **sanno** • dove stringe la scarpa, non lo **sa** altro che chi l'ha in piede • è meglio mangiare quanto s'ha, che dire quanto si **sa** • è più facile presumere che **sapere** • felice non è chi d'esser non **sa** • finché l'uomo ha dente in bocca non **sa** mai quel che gli tocca • finché tu hai la detta, **sappila** conoscere • il finger non è difetto, e chi finger non **sa** non è perfetto • giocare e perdere lo **sanno** far tutti • i Giudei in Pasqua, i Mori in nozze, i Cristiani in piatire, **sanno** impoverire • i guai della pentola li **sa** il coperchio • l'ingrato colle bestie si conviene, che non **sa** se non render mal per bene • la mano sinistra non **sappia** quel che fa la destra • la massaia che attende a ca', guadagna cinque soldi, e non lo **sa** • il mondo è rotondo e chi non **sa** nuotare va a fondo • né il medico né l'avvocato, **sanno** regolare il fatto proprio • nei mesi con la erre, se tu non lo **sai**, malefici son del sole i rai • nel governo più importa **saper** comandare che obbedire • ne **sa** più un matto in casa propria che un savio in casa d'altri • nessuno pecca **sapendo** peccare • non c'è avere che vaglia **sapere** • non dir di me quel che di me non **sai**, di' pria di te, e poi di me dirai • non dir quanto **sai**, non giudicar quanto vedi, e in pace viverai • non è sempre **savio** chi non sa essere qualche volta pazzo • non far ciò che non puoi, non spendere ciò che non hai; non creder ciò che odi, non dir ciò che tu **sai** • non mordere se non **sai** se è pietra o pane • non **sa** che cosa sia il male, chi non ha provato il bene • non **sa** donare chi tarda a dare • non **sa** il tempo se non chi lo fece • non si fa cosa sotto terra, che non si **sappia** sopra terra • non si fa più lunga strada, che quando non si **sa** dove si vada • non si può **sapere** il vero, dal naso alla bocca • non val **sapere**, a chi fortuna ha contra • ogni bue non **sa** di lettere • ogni cosa si **sa** comportare, eccetto il buon tempo • ogni tua guisa non **sappia** la tua camicia • ognuno **sa** dov'è, ma nessuno sa dov'ha da andare • ognuno **sa** navigare col buon vento • ognuno **sa** sé e Dio sa tutti • la pecunia, se la **sai** usare, è ancella; se no, è donna • per ben parlare e assai **sapere**, non sei stimato senza l'avere • il perder tempo, a chi più **sa**, più spiace • piglia casa con focolare, e donna che **sappia** filare • i più savi, meno **sanno** • povero quell'uomo che **sa** quanto sale vuole la pentola • quando cadono i maccheroni in bocca, tutti li **sanno** mangiare • quando è caduta la scala, ognuno **sa** consigliare • quando non **sai**, frequenta in dimandare • quel che tre **sanno** tutti sanno • rivedi quello che **sai** • la roba sta con chi la **sa** tenere • saggio è chi **sa** soffrire spesa, danno e martire • **sai** tu com'ella è? come l'uomo se l'arreca • se ben tu fai, **sappi** a chi lo fai • se il giovane **sapesse**, e se il vecchio potesse, e' non c'è cosa che non si facesse • se il lupo **sapesse** come sta la pecora, guai a lei! • se il villano **sapesse** il sapore della gallina in gennaio, non ne lasceria nessuna nel pollaio • se i segreti vuoi **sapere**, cercali nel disgusto o nel piacere • se lo strumento non è tocco, non si **sa** che voce abbia • se non vuoi che si **sappia**, non lo fare • servi a principe e a signore, e **saprai** cos'è dolore • servo d'altri si fa, chi dice il suo segreto a chi nol **sa** • se vuoi **saper** la verità chiedila al più piccino della casa • s'io dormo, dormo a me; s'io lavoro, non **so** a chi • si **sa** come si nasce, non si sa come si muore • la sorte non **sa** sedere • tal castiga la moglie che non l'ha, che quando l'ha, castigar non la **sa** • il tempo viene per chi **sa** aspettare • tre molti rovinan l'uomo: molto parlare e poco **sapere**, molto spendere e poco avere, molto presumere e poco valere • trist'a quella musa che non **sa** trovar la scusa • val più un'oncia di sorte che cento libbre di **sapere** • vuoi tu un cuore smascherare? **sappilo** ben lodare

sapere (2) a carnevale ogni scherzo vale, ma che sia uno scherzo che **sa** di sale • beata quella casa che di vecchio **sa** • castagne verdi per Natale **sanno** molto e poi vanno a male • chi non **sa** di male, non sa di bene • chi s'impaccia colle frasche, la minestra **sa** di fumo • dove è stato il fuoco, ci **sa** sempre di bruciaticcio • il mortaio **sa** sempre d'aglio • non ti mettere in cammino, se la bocca non **sa** di vino • quando la gatta non può arrivare al lardo, dice che **sa** di rancido • quando siamo per San Michele, i panni d'inverno **sanno** di miele • tanto se ne **sa** a mangiare uno spicchio, quanto un capo d'aglio

sapienza amor non ha **sapienza**, e l'ira non ha consiglio • **sapienza** di pover uomo, bellezza di p... e forza di facchino non valgono un quattrino • **sapienza** occulta, tesoro riposto • val più un pugno di buona vita, che un sacco di **sapienza**

sapone chi lava il capo all'asino, perde il ranno e il **sapone**

sapore non c'è sabato senza sole, non c'è donna senza amore, né domenica senza **sapore**, né vecchio senza dolore • non desiderare i **sapori** de' signori • pane di sudore ha gran **sapore** • il panno al colore, il vino al **sapore** • se il villano sapesse il **sapore** della gallina in gennaio, non ne lasceria nessuna nel pollaio • se la pillola avesse buon **sapore**, dorata non sarebbe per di fuore • sopra il sal non è **sapore**; sopra Dio non è Signore • un sol gusto non determina **sapore**

saporito la sete fa apparire **saporita** l'acqua

Sardegna in **Sardegna** non vi son serpenti, né in Piemonte bestemmie

sardina donne e **sardine** son buone piccoline • vecchio che non indovina, non vale una **sardina**

sarto al **sarto** povero gli si torce l'ago • il **sarto** fa il mantello secondo il panno • trenta mugnai, trenta beccai, trenta **sartori**, fan cento e venti ladri

sassata meglio una **sassata** nella testa, che una ferita nell'onore

sasso chi ha tegoli di vetro non tiri **sassi** al vicino • d'opinioni e **sassi** ognun può caricarsi • o **sassi** o pani, bisogna aver qualcosa in man pei cani • parola detta, e **sasso** tirato, non è più suo • i romaneschi nascono coi **sassi** in mano • uomo rosso e donna barbuta, co' **sassi** la saluta • vino nel **sasso**, e popone in terren grasso

sassoso chi lascia la via piana, va poi per la **sassosa**

satollare chi per altrui mano s'imbocca, tardi si **satolla** • non si **satolla** nessuno con l'uova bevute

satollo corpo **satollo**, anima consolata • preti, frati, monache e polli non si trovan mai **satolli** • ventre **satollo** non ricorda il digiuno

saviezza è gran **saviezza** risparmiar la vecchiezza • tutto cala in vecchiezza, fuorché avarizia, prudenza e **saviezza**

savio agli ulivi, un pazzo sopra e un **savio** sotto • all'arca aperta, il **savio** pecca • a pazzo relatore, **savio** ascoltatore • buone parole e cattivi fatti ingannano i **savi** e i matti • camera adorna, donna **savia** • chi cammina un miglio pazzo, non torna a casa **savio** • chi è **savio**, non è sempre sicuro • chi è **savio**, si conosce al mal tempo • chi è tenuto **savio** di giorno, non sarà mai pazzo di notte • chi non è **savio**, paziente e forte, si lamenti di sé e non della sorte • chi si battezza **savio**, s'intitola matto • commetti al **savio**, e lascia fare a lui • donna **savia** e bella, è preziosa anche in gonnella • le donne arrivano i pazzi e i **savi** • dopo il fatto ognuno è **savio** • figliuoli matti, uomini **savi** • l'innamorato vuol essere solo, **savio**, sollecito e segreto • la lode giova al **savio** e nuoce molto al pazzo • metti il matto da sé, diventerà **savio** • il nemico ti fa **savio** • ne sa più un matto in casa propria che un **savio** in casa d'altri • niuno è **savio** d'ogni tempo • non è sempre **savio** chi non sa essere qualche volta pazzo • pazzo per natura, **savio** per iscrittura • i più **savi**, meno sanno • più vale una **savia** donna filando, che cento triste vegliando • il primo grado di pazzia è tenersi **savio**, il secondo farne professione, il terzo sprezzare il consiglio • quando non dice niente, non è dal **savio** il pazzo differente • ragazzi **savi** e vecchi matti, non furon mai buoni a nulla • **savie** all'impensata, e pazze alla pensata • **savio** a credenza, e matto a contanti • **savio** è colui che impara a spese altrui • secondo i beni sia la dispensa; il **savio** lo crede il pazzo non ci pensa • se i **savi** non errassero, i matti s'impiccherebbero • un pazzo getta una pietra nel pozzo, che poi ci vogliono cento **savi** a cavarla fuori • vista torta, mal animo mostra; vista all'ingiù, tristo e non più; vista all'insù, o pazzo o tanto **savio** che non si possa dir più

savore gennaio e febbraio, tienti al pollaio; marzo e aprile, capretto gentile; maggio e giugno, erbette col grugno; luglio e agosto, piccioni arrosto, settembre e ottobre, buone lepri col **savore**; novembre e dicembre, buon vitel sempre

sazio corpo **sazio** cerca riposo

sbagliare chi ha **sbagliato** la strada, torni addietro • chi pensa male **sbaglia**, ma spesso ci indovina • chi **sbaglia** il primo cerchiello, li sbaglia tutti • il cuore non **sbaglia** • pensa ben per non peccare, pensa mal per non **sbagliare** • **sbaglia** anche il prete sull'altare • **sbagliando** s'impara • **sbagliare** è umano, perseverare è diabolico

sbalzo pazzo chi perde il volo per lo **sbalzo**

sbandito mai **sbandito** fe' buona terra

sbevazzare gli Spagnoli s'accordano a bravare, i Francesi a gridare, gli Inglesi a mangiare, i Tedeschi a **sbevazzare** e gli Italiani a pisciare

sbirro andare a Scarperia la non mi torna, son tutti **sbirri** e spie e limacorna • chi ha paura si faccia **sbirro** • saluti di **sbirri** giustificano la persona

sbranare rana, o salta o piscia, e non **sbrana**

sbrogliare carnevale fa gli imbrogli e quaresima li **sbroglia**

scabbia quel che duole, sempre non è **scabbia**

scabbioso di puledro **scabbioso**, alle volte hai cavallo prezioso

scacciare chiodo **scaccia** chiodo

scaglia **scaglie** di maggio e aceto a settembre

scagliare chi è senza peccato **scagli** la prima pietra

scala (**iscala**) il mondo è fatto a **scale**, chi le scende e chi le sale • quando è caduta la **scala**, ognuno sa consigliare • su per **iscala**, e giù per corda

scaldaletto a San Giuseppe si butta via lo **scaldaletto**

scaldare (**scaldarsi**) chi si **scalda** in aprile, non vede fava fiorire • gennaio: chi ha fuoco si **scalda**, chi no trema e balla • il mese di bruma dinanzi mi **scalda**, e di dietro mi consuma • per la bocca si **scalda** il forno • poca legna **scalda** il tuo forno • quando la casa brucia, tutti si **scaldano** • **scalda** più amore che mille fuochi

scalello aria a **scalelli**, acqua a pozzatelli

scalfitura meglio una buona e secca **scalfitura** che una buona e molle aratura

scalzare **scalzami** piccolo e incalzami grande

scalzo andare **scalzo** e seminar fondo non arricchì giammai persona al mondo • chi semina spine, non vada **scalzo** • di marzo, chi non ha scarpe vada **scalzo**, e chi le ha, le porti un altro po' più in là • di marzo, ogni villan va **scalzo**

scampare chi ne **scampa** una, ne scampa cento • dalle grida ne **scampa** il lupo • maremmani, Dio ne **scampi** i cani • il pover'uomo non fa mai ben: se muor la vacca, gli avanza il fien; se la vacca **scampa**, il fien gli manca

scannare per la pecora è lo stesso che la mangi il lupo o che la **scanni** il beccaio

scanno di mezz'anno il cul fa da **scanno** • quando la merda monta in **scanno**, o che la puzza, o che fa danno

scansare chi sfugge la mola, **scansa** la farina • Dio ti **scansi** dal sole di marzo • quando si è

PAZZO È COLVI, CHE VÀ À PIEDI PER COMMODO DEL CAVALLO

Pazz'è chi hà gli agi, e uuol morir di stento,
E per non logorar sella, e Cauallo,
Gode del suo Caual farsi giumento.

in traspirazione, **scansa** il vento e abbottona il pelliccione

scapolo barca rotta, marinaio **scapolo**

scappare chi ha buona cappa, facilmente **scappa** • chi troppo frena gli occhi, vuol dire che gli sono **scappati** • consiglio **scappato**, consiglio trovato • è inutile chiudere la stalla quando i buoi sono **scappati** • non è **scappato** chi si strascina dietro la catena • quando **scappa** un punto, ne scappan cento • **scappi** dalla bocca dei cani e vai in bocca ai lupi • se è bello a San Mattia il freddo **scappa** via

scardassiere a Roma dottori, a Napoli ladroni, a Genova scavezzi, a Milan tagliacantoni, a Venezia forestieri, a Fiorenza **scardassieri**

scarico un fucile **scarico** fa paura a due

scarpa ai ragazzi, pane e **scarpe** • aprile, butta le **scarpe** sul fienile • una bella **scarpa** resta una bella ciabatta • contadino, **scarpe** grosse cervello fino • i cortigiani hanno solate le **scarpe** di bucce di cocomero • di marzo, chi non ha **scarpe** vada scalzo, e chi le ha, le porti un altro po' più in là • dove stringe la **scarpa**, non lo sa altro che chi l'ha in piede • meglio consumare le **scarpe** che le lenzuola • non fu mai sì bella **scarpa** che non diventasse una ciabatta • non tutti i piedi stanno bene in una **scarpa** • **scarpa** ben fatta, bella ciabatta • **scarpa** grossa paga ogni cossa • **scarpa** larga e bicchier pien, togli il mondo come vien • **scarpa** stretta fa bel piè, ma presto o tardi il callo c'è

scarpello loda lo **scarpello**, attienti al pennello; costa manco, e par più bello • gli **scarpelli**, la pietra la gli sciupa, e la pietra la gli accomoda

Scarperia andare a **Scarperia** la non mi torna, son tutti sbirri e spie e limacorna

scarseggiare se giugno non fa sudare, pane e vino fa **scarseggiare**

scartabellare chi non ha denari, **scartabella**

scassare aprile **scassa** barile, maggio **scassa** gli arnesi

scatenato guerra cominciata, inferno **scatenato**

scavare a goccia a goccia si scava la pietra • se la tosse non si cava, la fossa si scava

scavezzare (**scavezzarsi**) il buon tempo fa **scavezzare** il collo • è meglio piegarsi che **scavezzarsi**

scavezzi a Roma dottori, a Napoli ladroni, a Genova **scavezzi**, a Milan tagliacantoni, a Venezia forestieri, a Fiorenza scardassieri

scegliere prima di **scegliere** l'amico, bisogna averci mangiato il sale sett'anni

scelta amici a **scelta**, e parenti come sono

scemare a luna **scema** non salare, a luna crescente non tosare, se vuoi risparmiare • cava, e non metti ogni gran monte **scema** • doglia comunicata è subito **scemata** • quando **scema** la luna non seminar cosa alcuna

scendere chi troppo **scende**, con fatica rimonta • dove **scende** la nebbia di gennaio scende la neve di marzo • la fortuna sale e **scende**, anche in man di chi la prende • il mondo è fatto a scale, chi le **scende** e chi le sale • per andare a piano si **scendon** molte miglia

scesa quando tu puoi ir per la piana, non cercar l'erta né la scesa

scheggia alle volte, dei cattivi nocchi si fanno di buone schegge • la **scheggia** ritrae dal ceppo

scherno non comincia fortuna mai per poco, quando un mortal si piglia a **scherno** e gioco

scherzare chi **scherza** col fuoco finisce per bruciarsi le ali • con il fuoco non si **scherza** • **scherza** coi fanti e lascia stare i santi

scherzo a carnevale, ogni scherzo vale • a carnevale ogni **scherzo** vale, ma che sia uno scherzo che sa di sale • lo scherzo è bello quando dura poco • **scherzo**, riso e gioia, quando è troppo annoia

schiacciare solicello settembrino mazzalanga **schiaccia** il lino

schiaffo (**stiaffo**) chi barba non ha e barba tocca, si merita uno **schiaffo** nella bocca • **stiaffo** minacciato non fu mai dato

schiamazzo allo schiamazzo del gallo si desta la volpe • chi vuol l'uovo, deve soffrire lo schiamazzo della gallina

schiantare panno vecchio presto **schiantato**

schiappo di cani rabbiosi non si fece mai **schiappo**

schiavo amico di tutti e schiavo di nessuno • chi non vuol essere in libertà, possa essere **schiavo** in Barberia • non c'è **schiavo** più legato, che all'amico l'obbligato

schiena quanto più si frega la **schiena** al gatto, più rizza la coda • **schiena** di mulo, corso di barca, buon per chi n'accatta

schiuma la buona carne fa di molta **schiuma** • non c'è carne che non faccia qualche oncia di **schiuma**

sciagura al miser uom non giova andar lontano, che la sciagura sempre gli tien mano

scialacquatore allo **scialacquatore** non mancò mai roba

sciancare quando duol la scianca, la femmina non manca

sciancato tanto cammina lo zoppo quanto lo **sciancato**

scienza chi non ha coscienza, non ha vergogna né **scienza** • chi non ha esperienza non ha **scienza** • colla pazienza s'acquista **scienza** • esperienza, madre di **scienza** • il medico di Valenza, lunghe falde e poca **scienza** • poca **scienza** e molta coscienza • ricchezza e **scienza**, insieme non hanno residenza • **scienza**, casa, virtù e mare, molto fan l'uomo avanzare

scimmia la **scimmia** è sempre scimmia, anco vestita di seta

sciocco bisogna far lo **sciocco** per non pagar il sale • **sciocca** proposta non vuol risposta • gli **sciocchi** e gli ostinati fanno ricchi i laureati

sciogliere (**sciogliersi**) bue **sciolto** lecca per tutto • malagevolmente si **scioglie** il nodo che fu a lungo stretto • ottobre colla foglia, neve d'inverno che si **scioglie** • piccolo ago **scioglie** stretto nodo • quando la neve si **scioglie** si scopre la mondezza

scioperare chi mi dà a fare, mi **sciopera**

scirocco tramontana torba e **scirocco** chiaro, tienti all'erta, marinaro • tramontano non si sveglia se **scirocco** non lo desta

sciroppo (**siroppo**) siroppo di cantina, pillole di gallina e buon mantello

sciupare gli scarpelli, la pietra la gli **sciupa**, e la pietra la gli accomoda

scodella mal beata quella **scodella**, dove sette man rastella • la prima **scodella** piace a tutti • quando è poco pane in tavola, mettine assai nella **scodella**

scolta chi sta alla **scolte**, sente le sue colpe

scomparire abbattuto l'albero, **scompare** l'ombra

scompigliare chi vuol trovar la gallina, **scompigli** la vicinanza

sconciare chi non può dare alla palla, **sconci**

sconsiglio tristo è quel consiglio che non ha **sconsiglio**

sconsolato chi nasce afflitto muore **sconsolato**

scontare un'ora di contento **sconta** cent'anni di tormento

scopa **scopa** nuova spazza bene • **scopa** nuova spazza bene tre giorni

scopare alla Madonna di marzo si **scopano**, e alla Madonna di settembre si trovano

scoprire (**scuoprire**) al batter del martello si **scuopre** la magagna • a San Valentino si **scopre** il bambino • la Candelora quanto sole **scopre**, tanta neve copre • chi **scopre** il segreto perde la fede • chi si stende più del lenzuolo, si **scuopre** da piedi • d'aprile non ti **scoprire** • la gelosia **scuopre** l'amore • quando la neve si scioglie si **scopre** la mondezza • **scoprire** un altare per ricoprirne un altro • tanto razzola la gallina, che **scuopre** il coltello che l'ammazza • il tempo **scopre** tutto

scordare (**scordarsi**) chi **scorda** il bastone non è del tutto zoppo • i debiti non si **scordan** mai • fa' il bene e **scordati**, fa il male e pensaci • perdonare è da uomini, **scordarsene** è da bestie • il primo amore non si **scorda** mai • si perdona, ma non si **scorda**

scorpione scorpione, umido è tutto ove si pone

scorrucciato pane e bucata fan donna **scorrucciata**

scorticare (**scorticarsi**) alla prova si **scortica** l'asino • bel parlare non **scortica** ma sana • chi non sa **scorticare** intacca la pelle • la coda è la più dura a **scorticare** • pelle che non la puoi vendere non la **scorticare** • tanto ne va a chi tiene, quanto a chi **scortica**

scorza l'albero non si giudica dalla **scorza** • cosa per forza non vale **scorza**

scottare cane **scottato** dall'acqua calda ha paura della fredda • il carbone o **scotta** o tinge • chi è **scottato** una volta, l'altra vi soffia su

scotto chi mangia la torta del comune, paga lo **scotto** in piazza • la speranza non paga lo **scotto**

Scozia i don di Spagna, i conti d'Alemagna, i monsieurs di Francia, i vescovi d'Italia, i cavalier di Napoli, i lordi di **Scozia**, i fidalghi di Portogallo, i minori fratelli d'Inghilterra e i nobili d'Ungheria, fanno una povera compagnia • faremo di Roma, adesso adesso di Firenze, a la magnana di Spagna, by and by d'Inghilterra, I warrant you di **Scozia**, gleich d'Alemagna, tantôt di Francia, son tutte ciancie

scredente il bel rubare è con gli **scredenti** • con gli **scredenti** si guadagna

scritto le parole volano e gli **scritti** restano

scrittore chi negozia con **scrittore** e con notaro litiga di raro • chi vuol conoscere un buon **scrittore**, gli dia la penna in mano

scrittura (**iscrittura**) chi non sa leggere la sua **scrittura** è un asino per natura • pazzo per natura, savio per **iscrittura**

scrivano giudice e **scrivano** vuol tenere il piede in mano

scrivere un bel tacer non fu mai **scritto** • chi offende **scrive** nella rena; chi è offeso, nel marmo • chi **scrive** non ha memoria • i francesi non dicono come voglion fare, non leggono come **scrivono**, non contano come notano • non si fa cosa in terra che prima non sia **scritta** in cielo • pensa molto, parla poco, e **scrivi** meno • prima **scrivi** e poi conta, prima conta e poi scrivi

scudiere poco può dare al suo **scudiere**, chi lecca il suo tagliere

scudo le bugie sono lo **scudo** del dappoco • chi ben si guarda, **scudo** si rende • tale dà un consiglio altrui per uno **scudo**, che nol torrebbe per un quattrino

scuffia sette s'accordano in una **scuffia**, e due non s'accordano in un lenzuolo • sotto la **scuffia** spesso è tigna ascosa

scuotere ogni vento non **scuote** il noce

scure a San Valentino si spacca il ghiaccio con la **scure**

scuro delle calende non me ne curo, purché San Paolo non faccia **scuro** • San Paolo **scuro**, frumento sicuro; San Paolo chiaro, il frumento va per il solco • San Paolo **scuro**, fuor dell'inverno sicuro

scusa a chi pecca per erro s'ha compassione; ma chi pecca per arri, non merita **scuse** • ciò che s'usa non fa **scusa** • ogni **scusa** è buona, purché vaglia • **scusa** non richiesta, accusa manifesta • trist'a quella musa che non sa trovar la **scusa**

scusare (**scusarsi**) chi si **scusa** s'accusa • se il morire non si **scusa**, chi mal vive, ben s'abusa

scusso chi vuol ben dal popolo, lo tenga **scusso**

sdegno (**isdegno**) chi non ha **sdegno**, non ha ingegno • per **isdegno** ogni cosa è lecita • **sdegno** cresce amore • **sdegno** d'amante poco dura • **sdegno** e vergogna son pien d'ardire • vino e **sdegno** fan palese ogni disegno

sdentato Dio dà le fave agli **sdentati**

sdrucire l'amicizia si dee **sdrucire**, non istracciare

sea per Sant'Andrea piglia il porco per la **sea**; se tu non lo puoi pigliare, fino a Natale lascialo andare

seccare (**seccarsi**) chi va, lecca, e chi sta, si **secca** • di settembre o porta via i ponti o **secca** le fonti • non mettere e cavare, si **seccherebbe** il mare • quando piove di giugno, si **secca** la castagna senza fumo • quando il villano tratta ben, la pioggia **secca** il fien • quei che **secca** gli è quei che becca

secchio (**secchia**) San Pietro, Sant'Anna, San Lorenzo: tuoni, saette e pioggia a **secchie** • le **secchie** si mettono a combattere col pozzo, e ne portano la testa rotta

secco gallina **secca** spesso becca • gennaio **secco**, massaio ricco • maggio caldo e agosto **secco**: castagne fin nello zoccolo • maggio **secco**, massaro ricco • mangiare senza bere, murare a **secco** • le marmeggie stanno sempre nella carne **secca** • marzo **secco**, villano ricco • meglio una buona e **secca** scalfitura che una buona e molle aratura • per San Benedetto si distingue il verde dal **secco** • quando marzo va **secco** il gran fa cesto e il lin capecchio • San Vito: o verde o **secco**, mietete • **secca** annata, non è affamata • tempesta di maggio, **secco** d'agosto • un sacco di disegni verdi non tornano una libbra **secchi** • uomo e donna in stretto loco, **secca** paglia appresso al foco

sedere a chi incresce, pongasi a **sedere** • chi ben **siede**, mal pensa • meglio è vedova **sedere**, ch'essere maritata e male avere • molti ladri **siedon** bene • più vuoto che pieno, più caldo che freddo, più ritto che a **sedere** • quando i nuvoli vanno in su, to' una seggiola e **siedivi** su; quando i nuvoli vanno al mare, to' una vanga e va a vangare • quando la superbia galoppa, la vergogna **siede** in groppa • se tu hai fretta, **siedi** • **siedi**, e sgambetta, e vedrai tua vendetta • **siedi** e taci, e avrai pace • la sorte non sa **sedere**

segale San Clemente: si finisce di mettere la **segale** e anche il frumento • la **segale** nella polverina e il grano nella pantanina

segare poni i porri e **sega** il fieno, a qualcosa la chiapperemo • **sega** l'erba a luna nuova e la vacca al bisogno trova

seggiola quando i nuvoli vanno in su, to' una **seggiola** e siedivi su; quando i nuvoli vanno al mare, to' una vanga e va a vangare

segnare (**segnarsi**) a veder la croce da lontano, il ladro si **segna** • Dio mi guardi da huomo **segnato** • i **segnati** da Dio hanno un cervello diverso

segno ai **segni** si conoscon le balle • le avversità riducono a **segno** • non sempre lo spreco è **segno** d'abbondanza • pallidezza nel nocchiero, di burrasca **segno** vero • quando i ragazzi stanno fermi, cattivo **segno** • quando la febbre caca su' labbri è buon **segno** • quando lampeggia da tramontana è **segno** di caldana • la vergogna in un giovane è buon **segno**

sego quanto pesce è in mare non farebbe una candela di **sego**

segreto allegria **segreta**, candela spenta • chi è **segreto** in ogni terra, mette la pace e leva la guerra • chi scopre il **segreto** perde la fede • chi vuol esser discreto, celi il suo **segreto** • di' all'amico il tuo **segreto**, e' ti terrà il piè sul collo • le donne son **segrete** come il dolor di corpo • l'innamorato vuol essere solo, savio, sollecito e **segreto** • quel che alla donna ogni **segreto** fida, ne vien col tempo a far pubbliche grida • i **segreti** più importanti non son pasto da ignoranti • **segreto** confidato non è più **segreto** • se i **segreti** vuoi sapere, cercali nel disgusto o nel piacere • servo d'altri si fa, chi dice il suo **segreto** a chi nol sa

seguire il consiglio non va lodato, ma **seguito** • non **segue** matrimonio che non c'entri il demonio • **segui** la formica se vuoi viver senza fatica

sella a buon cavallo non manca **sella** • a cavallo che non porta **sella**, biada non si crivella • né per galla né stienella, non restar di metter **sella** • si batte la **sella** per non battere il cavallo

selvaggio l'otto maggio coperto il **selvaggio**

sembrare casa mia, casa mia, per piccina che tu sia, tu mi **sembri** una badia

seme all'apparir degli uccelli non gettare **seme** in terra • ogni erba si conosce al **seme** • tre cose vuole il campo: buon lavoratore, buon **seme** e buon tempo

semente (**sementa**) al sole di maggio la **semente** è in viaggio • a San Martino la **sementa** del poverino • fino ai Santi la **sementa** è pei campi, dai Santi in là, la si porti a cà • per Santa

Cristina, la **sementa** della saggina • quando il mandorlo non frutta, la **sementa** si perde tutta • la **semente** rada non fa vergogna all'aia

semenza chi semina sulla strada, stanca i buoi e perde la semenza

seminare a Marradi, **seminan** fagioli e nascon ladri • andare scalzo e **seminar** fondo non arricchì giammai persona al mondo • a novembre **semina** piovendo, e se è duro semina pure • aprile bagnato fa figurare a chi ha **seminato** • ara coi buoi e **semina** colle vacche • c'è chi **semina** e chi miete • chi ben **semina**, ben raccoglie • chi ha paura delle passere non **semini** panico • chi mal **semina**, mal raccoglie • chi non **semina** non miete • chi parla **semina**, chi tace raccoglie • chi resta in casa e manda fuor la moglie, **semina** roba e disonor ricoglie • chi **semina** alla buon'ora, qualche volta falla, e chi semina tardi, falla quasi sempre • chi **semina** coll'acqua raccoglie col paniere • chi **semina** fave, pispola grano • chi **semina** in ottobre miete bene in giugno • chi **semina** in rompone raccoglie in brontolone • chi **semina** spine, non vada scalzo • chi **semina** sulla strada, stanca i buoi e perde la semenza • chi **semina** vento raccoglie tempesta • chi vuol di bei piselli, li **semini** nella luna crescente di febbraio • chi vuol di vena un granaio, lo **semini** di febbraio • da San Gallo ara il monte e **semina** la valle • grano che **semini** in marzo non lo mieti alto • lavora o abborraccia, ma **semina** finché non diaccia • marzo asciutto e april bagnato, beato il villan che ha **seminato** • non bisogna ristare per le passere di **seminar** panico • per Ognissanti i grani **seminati** e i frutti riportati • per San Leonardo **semina** che è tardi • per San Luca, o molle o asciutto, **semina** tutto • per Santa Croce e San Cipriano **semina** in costa e semina in piano • pota tardi e **semina** presto, se un anno fallirai, quattro ne assicurerai • quando canta il cucco, si **semina** dappertutto • quando mette la querciola, e tu **semina** la cicerchiola •

quando scema la luna non **seminar** cosa alcuna • San Marco: si **semina** anche nell'acqua • **semina** di luglio se vuoi un buon rapuglio • se vuoi avere una bella produzione, **semina** il frumento a San Simone • se vuoi fottere gli uccelli passanti, **semina** fave e piselli per Tutti i Santi

seminato a lavoratore trascurato i sorci mangiano il **seminato**

semola ogni grano ha la sua **semola**

semplice al nascer delle doppie il mondo ha finito d'esser **semplice**

semplicità il consiglio del traditore è come la **semplicità** della volpe

senese Fiorentini ciechi, **Senesi** matti, Pisani traditori, Lucchesi signori • lingua **senese** e bocca pistoiese • panno **senese**, si rompe prima che si metta in dosso • vento **senese**, acqua per un mese

senno a chi vuol male, Dio gli toglie il **senno** • chi ha ventura, poco **senno** gli basta • del **senno** di poi son piene le fosse • dove la fortuna giuoca più che il **senno**, la gente vi corre • ognuno va col suo **senno** al mercato • onora il **senno** antico • **senno** vince astuzia • vino dentro, **senno** fuori

seno nutri la serpe in **seno**, ti renderà veleno • **seno** che duole male non vuole

sentenza chi ha la **sentenza** contro, e se n'appella, a casa porta due triste novelle • meglio un magro accordo che una grassa **sentenza**

sentimento chi non ha **sentimento**, riman senza frumento

sentina ogni nave fa acqua; quale a mezzo, quale a proda, e quale in **sentina**

sentire a **sentire** una campana sola si giudica male • l'asino porta il basto e non lo **sente**; se non lo sente, egli è assai valente • chi arde e non lo **sente**, arder possa infino al dente • chi ben dorme non **sente** le pulci • chi delitto non ha, rossor non **sente** • chi dice quel che vuole **sente** quel che non vorrebbe • chi fa la figliuola vezzosa, la **sente** avolterosa • chi **sente** cantare il cucculo due volte nel mese di aprile non deve dispiacersi di morire • chi sta alla scolte, **sente** le sue colpe • chi sta a' marmi di Santa Maria del Fiore, o è pazzo o **sente** d'amore • chi va al mercato e mente, la borsa sua lo **sente** • de' sua se ne vorrebbe dire, e non se ne vorrebbe **sentir** dire • mamma, cosa vuol dire accasare? filare, figliare e **sentir** berciare • marzo me ne vengo, aprile mi faccio **sentire**, maggio m'arrabbio e giugno me ne vado • non c'è peggior sordo di chi non vuol **sentire** • non si **sente** le campane piccole quando suonano le grandi • occhio che piange cuore che **sente** • pancia vuota non **sente** ragioni • per ogni civetta che si **senta** cantare sul tetto, non sogna metter bruno • per proverbio dir si suole, che tre cose il re non ha: di mangiare il pan condito, come noi dall'appetito: di veder levare il sole: di **sentir** e di udir la verità • per Sant'Omobono tutti gli stracci **senton** di buono • più si **sente** un taglio di rasoio che dieci di spada • quando si **sente** morder le mosche, le giornate si metton fosche • quel che vedi, poco credi; quel che **senti** non creder niente • se la pazzia fosse dolore, in ogni casa si **sentirebbe** stridere • **sentire** e non ridire è buon servire • gli uomini hanno gli anni che **sentono**, le donne quelli che dimostrano • vedendo uno, il conosci mezzo; e **sentendolo** parlare, il conosci tutto • viene Natale santo e giusto: chi si mangia la carne e chi **sente** l'odore di arrosto

separare all'Ascensione si **separa** la madre dalla figlia

sepolcro gola degli adulatori, sepolcro aperto

sepolto denaro **sepolto** non fa guadagno

sepoltura oggi in figura domani in **sepoltura** • il Piemonte è la **sepoltura** dei Francesi • settembre dall'altura porta al piano la frescura e l'estate in **sepoltura** • sole di vetro e aria di fessura, mandano in **sepoltura** • uomo a cavallo, **sepoltura** aperta

seppellire nella pace i giovani **seppelliscono** i vecchi, ma nella guerra i vecchi seppelliscono i giovani

sera amicizia di grand'uomo e vin di fiasco, la mattina è buono e la **sera** è guasto • l'arcobaleno la **sera** buon tempo mena • aria pecorina, se non piove la **sera** piove alla mattina • bagna l'orto la **sera** quando fa freddo e la mattina quando fa caldo • chi ara da **sera** a mane, d'ogni solco perde un pane • chi mette il suo in sangue, la **sera** ride e la mattina piange • la collera della **sera** va serbata alla mattina • di maggio nasce un somaro la mattina e la **sera** porta la soma • d'ottobre in cantina **sera** e mattina • l'estate di San Martino dura dalla **sera** alla mattina • gennaio è fedele: come è la mattina così è la **sera** • neve marzolina dura dalla **sera** alla mattina • ogni dì vien **sera** • parole da **sera** il vento se le mena • quando il tempo è reale, tramontana la mattina, la **sera** maestrale • quando il villano è a cavallo, non vorrebbe mai che si facesse **sera** • quando la mora è nera, un fuso per **sera**; quando l'è nera affatto, filane tre o quattro • quando vien la **sera**, il malvagio si dispera • quando vien la **sera**, la vecchia si dispera • rosso di **sera**, buon tempo si spera; rosso di mattina mal tempo s'avvicina • San Biagio grigio, San Biagio santo, a **sera** nero e al mattino bianco • se piove per San Barnabà, l'uva bianca se ne va; se piove mattina e **sera**, se ne va la bianca e la nera • la **sera** leoni, la mattina babbioni • **sera** rossa e nero mattino, rallegra il pellegrino • sta' sul fuoco quando è **sera**, a grattar la sonagliera, se aver vuoi la pelle intera • tela di giorno e donna di **sera** • la vecchia mal raddotta, sulla **sera** la piglia la rocca • i veneziani alla mattina una messetta, dopo desinare una bassetta, e la **sera** una donnetta

serbare animo appassionato non **serba** pazienza • chi dice tutto e niente **serba**, può andar con l'altre bestie e pascer l'erba • chi **serba**, Dio non gli dà • chi **serba**, serba al gatto • la collera della sera va **serbata** alla mattina • quando il fico **serba** il fico, tu villan serba il panìco • i quattrini bianchi van **serbati** pe' giorni neri • quel che acquista e non **serba**, dice il libro, va alla fonte, e trae acqua col cribro

sereno l'arcobaleno conduce il **sereno** • buona annata avremo se San Giuseppe fa **sereno** • chi fece del **seren** troppo gran festa, avrà doglia maggior nella tempesta • da San Michele guarda il ciel se gli è **sereno** • donna e luna, oggi **serena**, domani bruna • i favori delle corti sono come **sereni** d'inverno e nuvoli d'istate • un piccol nuvolo guasta un bel **sereno** • quando il tempo è in vela, ogni nuvolo porta **sereno** • riso di signore, **sereno** d'inverno, cappello di matto, e trotto di mula vecchia, fanno una primiera di pochi punti • se è nuvolo a San Paolo, dalle da mangiare quanto vuole, se è **sereno**, conserva il fieno • se maggio è **sereno**, ogni spiga sarà piena • **seren** di notte, nuvolo di estate, amor di donna, discrezion di frate

sergente (**sargente**) soldati del Papa, otto a cavare una rapa; senza il **sargente** non son buoni a niente

sermone chi non teme il **sermone**, non teme il bastone

serotino freddo primaticcio e foglie **serotine**, ammazzano il vecchio

serpe al primo tuon di marzo escon fuori tutte le **serpi** • le cose lunghe diventano **serpi** • morta la **serpe**, spento il veleno • nelle belle muraglie si genera il **serpe** • nutri la **serpe** in seno, ti renderà veleno • ogni **serpe** ha il suo veleno • saliva d'uomo, ogni **serpe** doma • sulla pelle della **serpe** nessun guarda alle macchie • vicino alla **serpe** c'è il biacco

serpente in Sardegna non vi son **serpenti**, né in Piemonte bestemmie • marzo di vento, aprile di **serpenti** • parenti **serpenti** • se il **serpente** non mangiasse del serpente, non si farebbe drago

serrare al **serrar** degli occhi si saldano i conti • chi ben **serra**, ben apre • comprar cavalli e tor moglie; **serra** gli occhi, e raccomandati a Dio • Dio **serra** un uscio e apre una finestra • dove ci son ragazze innamorate, è inutile tener porte **serrate** • il libro **serrato** non fa l'uomo letterato • non si **serra** mai una porta che non se n'apra un'altra • quando piove e tira vento, **serra** l'uscio e statti dentro • quando viene, **serragli** le finestre in contro; quando parte, apriglile • zambra **serrata** fa donna lodata

servare chi fa la legge, **servarla** degge

servente a bon **servente** guiderdon non pere

servigio chi erra nell'elezione, erra nel **servigio**

servire assai domanda, chi ben **serve** e tace • bel **servire**, bel partire • benché regni, il cattivo sempre **serve** • buona via non può tenere, quel che **serve** senza avere • chi ben **serve**, bene è provvisto • chi ben **serve** non sarà mai ricco • chi ha da esser **servito**, ha da esser sofferito • chi non è in grazia, **serve** per nulla • chi **serve** al comune, non **serve** a nessuno • chi **serve** all'altare, vive d'altare • chi **serve** al vizio attende al supplizio • chi **serve** non erra • chi **servo** si fa, **servi** aspetta • chi vuol esser ben **servito**, muti spesso • del **servir** non si pente • dove non **servon** le parole, le bastonate non giovano • è meglio **servire** un ricco avaro, che un povero liberale • non si può **servire** a due padroni • o **servi** come servo, o fuggi come cervo • quando del ben **servir** mal si raduna, non si deve incolpar se non fortuna • quando Dio vuol punire un uomo, spesso si **serve** dell'altr'uomo • sentire e non ridire è buon **servire** • se piovon macine, non **servon** tetti • **servi** a principe e a signore, e saprai cos'è dolore • **servi**, e non badare a chi • **servi** il nobile ancorché sia povero, perché verrà tempo che ti pagherà • tanto, a **servir** chi non conosce, vale chi serve ben quanto chi serve male • l'uso **serve** di tetto ai molti abusi

servitore l'acqua e il fuoco son buoni **servitori**, ma cattivi padroni • cavalli, cani, uccelli e **servitori**, guastan, mangian, ruinano i signori • chi non ha **servitori** non ha peccati • i fastidi dei padroni sono i conviti dei **servitori** • il gallo e il **servitore** in un anno perdon vigore • ingratitudine ne' signori, invidia tra i **servitori** • meglio essere padrone della carriola che **servitore** del carro • non lisciare il pelo al **servitore** • la povertà è fedel **servitore** • i **servitori** non sono altro che ventre • i **servitori** sono come il tamburo, che suona ad altri, ed esso ha le battiture • tal padrone tal **servitore** • tanti **servitori** tanti nemici • un buon **servitore** val più d'un buon padrone • velluto ai **servitori**, e rascia ai gentiluomini

servitù ogni timidità è **servitù**

serviziale acqua, dieta e **serviziale**, guarisce d'ogni male • proteste e **serviziali** non fan né bene né male

servizio a far **servizio** non se ne perde • chi fa il **servizio** al villano, si sputa in mano • chi va in gogna, non fa il **servizio** volentieri

servo al **servo** pazienza, e al padrone prudenza • chi **servo** si fa, servi aspetta • la dritta è **serva** della mancina • è meglio esser padrone di un testone, che **servo** di un milione • ogni **servo** gallonato è un ozioso affaccendato • o servi come **servo**, o fuggi come cervo • **serva** ripresa e cavolo riscaldato non furon mai buoni • **servo** d'altri si fa, chi dice il suo segreto a chi nol sa

sessanta dai **sessanta** in su non si contan più

sesto anno bisesto, anno senza **sesto**

seta la scimmia è sempre scimmia, anco vestita di **seta** • se non puoi portare la **seta**, porta la lana • **seta** e raso, spengono il fuoco in cucina • la **seta** non tiene il nodo

sete a fame pane, a **sete** acqua, a sonno panca • chi sempre beve non ha mai troppa **sete** • date da bere al prete ché il chierico ha **sete** • giugno dà caldo e **sete** al contadino che miete • né per ogni male al medico, né per ogni lite all'avvocato, né per ogni **sete** al boccale • non far ber l'asino quando non ha **sete** • non si cava mai la **sete**, se non col proprio vino • la **sete** fa apparire saporita l'acqua • sette cose fa la zuppa, cava fame e **sete** attuta, empie il ventre e netta il dente, fa dormire, fa smaltire, e la guancia fa arrossire

settanta un asino di vent'anni è più vecchio d'un uomo di **settanta**

sette a fare un genovese ci vogliono **sette** ebrei e un fiorentino • alla luna settembrina, **sette** lune se le inchina • aprile, canta il cuculo: piove per **sette** e asciuga in una • la brava ragazza la vedono da **sette** mura • chi ha quattro e spende **sette**, non ha bisogno di borsette • ci vanno **sette** mancini per acchiappare un dritto e sette dritti per acchiappare il cuculo • le donne hanno **sette** spiriti in corpo • le donne quando son ragazze han **sette** mani e una lingua sola; e quando son maritate han sette lingue e una mano sola • il giusto pecca **sette** volte al giorno • mal beata quella scodella, dove **sette** man rastella • Natale senza luna: **sette** nevi sopra una • prima di scegliere l'amico, bisogna averci mangiato il sale **sett**'anni • quando la terra vede la vena per **sett**'anni la terra trema • quando piove la domenica degli ulivi, piove **sette** domeniche di fila • quattro o cinque al viandante, cinque o sei al mercatante, sei o **sette** allo studente, sette o otto all'altra gente, otto o nove al signorone, nove o dieci al gran poltrone • se nevica per la Candelora, **sette** volte la neve svola • se piove a San Brunone, **sette** montane e un montanone • **sette** cose fa la zuppa, cava fame e sete attuta, empie il ventre e netta il dente, fa dormire, fa smaltire, e la guancia fa arrossire • **sette** cose pensa l'asino e otto l'asinaio • **sette** s'accordano in una scuffia, e due non s'accordano in un lenzuolo

settembre ad agosto alla lana non andare, che a **settembre** puoi morire • agosto mandò lettere, **settembre** le leggeva: vestitevi buona gente che l'inverno è per la via • agosto matura e **settembre** vendemmia • alla Madonna di marzo si scopano, e alla Madonna di **settembre** si trovano • a maggio non levare, a **settembre** non mettere • aprile apre e **settembre** chiude • aprile per allungare e **settembre** per accorciare • a **settembre** e a febbraio notte e giorno vanno pari • a **settembre** si mangia e non si spende • brache, tela e meloni, di **settembre** non son più buoni • chi a luglio non miete a **settembre** è disperato • chi lavora di **settembre** fa bel solco e poco rende • chi nasce in **settembre** ama le donne e il vino • di **settembre** e d'agosto, bevi il vino e lascia stare il mosto • di **settembre** o porta via i ponti o secca le fonti • gennaio e febbraio, tienti al pollaio; marzo e aprile, capretto gentile; maggio e giugno, erbette col grugno; luglio e agosto, piccioni arrosto, **settembre** e ottobre, buone lepri col savore; novembre e dicembre, buon vitel sempre • gennaio zappatore, febbraio potatore, marzo amoroso, aprile carciofaio, maggio ciliegiaio, giugno fruttaio, luglio agrestaio, agosto pescaio, **settembre** ficaio, ottobre mostaio, novembre vinaio, dicembre favaio • quando nevica di **settembre**, nove lune attende • quel che fa maggio fa **settembre** • scaglie di maggio e aceto a **settembre** • se agosto è stato a mollo, a **settembre** i funghi sono colti • se canta la cicala di **settembre**, non comprar grano da vendere • se piove il quattro **settembre**, piove fino a dicembre • **settembre** col vento, annata da polenta • **settembre** dall'altura porta al piano la frescura e l'estate in sepoltura • **settembre** è cortese: anche gli spini pagano le spese • **settembre**, l'uva e il fico pende • stelle a **settembre**, botti piene a novembre • trenta dì ha novembre, april, giugno e **settembre**; di ventotto ce n'è uno tutti gli altri n'han trentuno

settembrino acqua **settembrina** rovina il vino • alla luna **settembrina**, sette lune se le inchina • mese **settembrino**: acqua, sole e buon vino • solicello **settembrino** mazzalanga schiaccia il lino

settimana se piove a Santa Bibiana piove quaranta dì e una **settimana**

sezzo chi vince da prima, perde da **sezzo** • chi vince da **sezzo** empie il sacchetto • non è peggior male di quel da **sezzo** • il pentirsi da **sezzo** poco vale

sfarfallare chi fa falla e chi non fa **sfarfalla**

LÀ PENA È ZOPPA, MÀ PVR ELLA ARRIVA.

Chi le uoci del Ciel par, che non senta,
Sentirà ben dal Ciel scender la Pena,
Tanto rigida più, quanto più lenta.

sfasciare chi più fascia meno sfascia
sferza il cavallo fa andar la sferza
sfiduciato gli uomini **sfiduciati** non furono mai buoni
sfittare chi affitta **sfitta**
sfogo la gioventù vuole il suo sfogo
sfortunato chi è **sfortunato**, non vada alla guerra • **sfortunato** al gioco, fortunato in amore
sforzare chi ara l'uliveto, dimanda il frutto; chi lo letama l'ottiene; chi lo pota lo **sforza** • chi si lascia mettere in spalla la capra, indi a poco è **sforzato** a portar la vacca • non si può sforzare le carte
sfrascare allo sfrascar si vede quel che hanno fatto i bigatti
sfuggire chi **sfugge** la mola, scansa la farina
sgambettare siedi, e **sgambetta**, e vedrai tua vendetta
sgarbato chi coi poveri è **sgarbato**, sarà sempre tribolato
sgelare se **sgela** in febbraio, tanto frumento nel granaio
sgomentare chi non c'è non c'entri; e chi c'è, non si **sgomenti** • Dio dice: a camparvi non mi **sgomento**, a contentarvi sì
sgraffignare mula che rigna e donna che sogghigna, quella ti tira, e questa ti **sgraffigna**
sgranatore San Giovanni mietitore, San Pietro **sgranatore**
sguazzare chi **sguazza** per le feste, stenta il dì di lavoro
Sicilia il ministro di **Sicilia** rode, quel di Napoli mangia, e quel di Milano divora • **Sicilia** dà i Covelli, Francolino i Graziani, Bergamo gli Zanni, Venezia i Pantaloni, e Mantova i buffoni
siciliano castroni pugliesi, mannarini pistolesi, gran **siciliano**, zucchero di Candia, cera veneziana, magli romaneschi, sproni viterbesi, cacio di Creta, raviggioli fiorentini
sicurezza (**sicurtà**) pane in piazza, giustizia in palazzo, e **sicurezza** per tutto • quattro madri buone fanno figliuoli cattivi: la verità l'odio, la prosperità il fasto, la **sicurtà** il pericolo, la familiarità il disprezio

sicuro a popol **sicuro** non bisogna muro • chi bene istrumenta, dorme **sicuro** • chi è savio, non è sempre **sicuro** • chi va in mercato e non è burlato, è **sicuro** in ogni lato • dei giudizi non mi curo, che le mie opere mi fanno **sicuro** • di **sicuro** non c'è che la morte • i figli sono cure **sicure** e consolazioni incerte • malattia lunga, morte **sicura** • mente **sicura**, banchetto continuo • non v'è cosa che sia **sicura** • San Paolo scuro, frumento **sicuro**; San Paolo chiaro, il frumento va per il solco • San Paolo scuro, fuor dell'inverno **sicuro**

Siena bandi da **Siena**, per chi sì e per chi no • quando **Siena** piange, Firenze ride

siepe beato quel campetto che ha **siepe** col fossetto • ogni prun fa **siepe** • per Sant'Agnese il freddo va per le **siepi**

sigillo un pezzo di pane è un buon **sigillo** allo stomaco

signarsi chi ha matrigna, di dietro si **signa**

Signore (1) sopra il sal non è sapore; sopra Dio non è **Signore**

signore (2) abbi donna di te minore, se vuoi essere **signore** • amor di **signore**, amore di donnola • baldezza di **signore**, cappello di matto • buon pagatore, dell'altrui borsa è **signore** • cavalli, cani, uccelli e servitori, guastan, mangian, ruinano i **signori** • chi del suo vuol esser **signore**, non entri mallevadore • coi gran **signori** bisogna usar poche parole • è più fatica voler fare il **signore** senza sostanze che lavorar tutto il giorno • esser **signore** e minchione, è esser minchione due volte • Fiorentini ciechi, Senesi matti, Pisani traditori, Lucchesi **signori** • il gran **signor** non ode, se non adulazion, menzogna e frode • idee da gran **signori**, e entrate da cappuccini • ingratitudine ne' **signori**, invidia tra i servitori • né mulo, né mulino, né fiume, né forno, né **signore** per vicino • non desiderare i sapori de' **signori** • nuovo **signore**, nuovo tiranno • il peccato del **signore** fa piangere il vassallo • per le Palme e per i Fiori si vestono i **signori**, per Pasqua e per Natale si vestono i cafoni •

i poveri s'ammazzano e i **signori** s'abbracciano • quattro o cinque al viandante, cinque o sei al mercatante, sei o sette allo studente, sette o otto all'altra gente, otto o nove al **signorone**, nove o dieci al gran poltrone • quei ch'han ducati, **signori** son chiamati • riso di **signore**, sereno d'inverno, cappello di matto, e trotto di mula vecchia, fanno una primiera di pochi punti • se i **signori** avessero giudizio, i poveri morirebbero di fame • servi a principe e a **signore**, e saprai cos'è dolore • un **signor** che il tuo ti toglie, mal francese con le doglie, assassin che ti dispoglie, è men mal che l'aver moglie • **signor** di maggio dura poco • il **signor** Donato è morto allo spedale • il **signor** Donato gli è sempre bene arrivato • tempo, vento, **signor**, donna, fortuna, voltano e tornan come fa la luna • tristo a quell'avere che il suo **signor** non vede

signoreggiare chi **signoreggia**, brameggia

signoria amor, dispetto, rabbia e gelosia, sul core d'ogni donna han **signoria** • chi ha compagnia ha **signoria** • né amor né **signoria** non voglion compagnia • né di tempo, né di **signoria** non ti dar malinconia

silenzio il **silenzio** è d'oro

simile la musica ne' dissimili, e l'amicizia ne' **simili** • ogni **simile** ama il suo simile • tre cose **simili**; prete, avvocato e morte. Il prete toglie dal vivo e dal morto; l'avvocato vuol del diritto e del torto; e la morte vuole il debole e il forte

sincero mano fredda e cuor sincero

sinistra la mano **sinistra** non sappia quel che fa la destra

smaltire altri hanno mangiato la candela, e tu **smaltisci** lo stoppino • le nazioni **smaltiscono** diversamente il dolore: il Tedesco lo beve, il Francese lo mangia, lo spagnolo lo piange, e l'Italiano lo dorme • pan bollito, in un salto è già **smaltito** • sette cose fa la zuppa, cava fame e sete attuta, empie il ventre e netta il dente, fa dormire, fa **smaltire**, e la guancia fa arrossire

smarzare il vecchio che ha smarzato non muore più

smascherare vuoi tu un cuore smascherare? sappilo ben lodare

smemorato il male del parto è un male **smemorato**

smeriglio all'avaro accade come allo **smeriglio**

smoggiare quando l'estate passa piovosa, la biada **smoggia**

smorzare una buona parola **smorza** più che una caldaia d'acqua

soccida morta la vacca, disfatta la **soccida**

soccorso chi dal lotto spera **soccorso**, mette il pelo come un orso

soddisfazione non si può dar **soddisfazione** a tutti

sofferire chi ha da esser servito, ha da esser **sofferito**

soffiare aria rossa, o piscia o **soffia** • chi è scottato una volta, l'altra vi **soffia** su • se piove per San Lorenzo, la viene a tempo; se piove per la Madonna, l'è ancor buona; se per San Bartolommè **soffiale** di drè • se ti cuoce, **soffiaci** su

soffocare l'erba cattiva **soffoca** dove arriva

soffrire chi bene e mal non può **soffrire**, a grande onor non può venire • chi ci loda si dee fuggire, e chi c'ingiuria si dee **soffrire** • chi dà il suo avanti di morire, apparecchiasi a ben **soffrire** • chi gode in gioventù spesso **soffre** in vecchiaia • chi non sa **soffrire**, non sa vivere • chi non **soffre** non vince • chi **soffre**, sel merta • chi vuol l'uovo, deve **soffrire** lo schiamazzo della gallina • quando l'uomo è incudine, gli bisogna **soffrire**; quand'è martello, percuotere • saggio è chi sa **soffrire** spesa, danno e martire • **soffri** il male e aspetta il bene • vince colui che **soffre** e dura

sogghignare mula che rigna e donna che **sogghigna**, quella ti tira, e questa ti sgraffigna

sognare chi mal ti vuole, mal ti **sogna** • l'orso **sogna** pere • per ogni civetta che si senta cantare sul tetto, non **sogna** metter bruno

sogno alle volte con gli occhi aperti si fan dei **sogni** • **sogni** de' Principi, ricchezze di poveri • **sogni** di banditi e fantasie di storpiati, disegni di falliti • i **sogni** son sogni • **sogno** di briaco e gravità di pazzo, fanno un bel mazzo

solaio a gennaio tutti i frutti nel **solaio** • chi fugge fatica, non fa la casa a tre **solai** • di bruma la neve s'aggruma, di gennaio la neve fa **solaio**, di marzo fa il ponte e in aprile si rompe • ogni casa ha **solaio**, cesso, fogna e acquaio • polvere di gennaio, carica il **solaio**

solco chi ara da sera a mane, d'ogni **solco** perde un pane • chi lavora di settembre fa bel **solco** e poco rende • San Paolo scuro, frumento sicuro; San Paolo chiaro, il frumento va per il **solco** • **solco** torto, sacco diritto • tristo a quel bifolco che si volta indietro a guardare il **solco**

soldato il buon **soldato** esce dal prato • chi non fu buon **soldato**, non sarà buon capitano • il fine del **soldato** è l'essere ammazzato • frate che fu **soldato** è più sperimentato • grama quella ca', dove **soldato** o prete va • la guerra fa per i **soldati** • il mondo senza pace è il danaro del **soldato** • non bazzichi prete e **soldato**, chi è maritato • **soldati** del Papa, otto a cavare una rapa; senza il sargente non son buoni a niente • i **soldati** fanno come i cavalli che annitriscono a chi li governa, e tiran calci al padrone • **soldato** che fugge, buon per un'altra volta

soldo a tempo di guerra ogni cavallo ha **soldo** • è meglio un **soldo** di buon acquisto, che mille d'imbrogli • la massaia che attende a ca', guadagna cinque **soldi**, e non lo sa • meglio spendere i **soldi** dal macellaio che dal farmacista • val più aver due **soldi** di minchione che di molti: bravo

sole (**solicello**) acqua e **sol**, la campagna va di vol • ad agosto giù il **sole** e il giorno resta fosco • al **sole** di maggio la semente è in viaggio • al vecchio non manca mai da raccontare, né al **sole** né al focolare • amicizia di genero, **sole** d'inverno • anche il **sole** passa sopra il fango e non s'imbratta • aprile è un mese del Lella: un po' col **sole**, un po' coll'ombrella • bisogna comprare fino il **sole** •

la Candelora quanto **sole** scopre, tanta neve copre • carnevale al **sole**, Pasqua molle • chi fa il Ceppo al **sole**, fa la Pasqua al fuoco • chi ha il capo di cera non vada al **sole** • chi ha la moglie da cambiare, la lasci al **sole** del mese di febbraio • col **sole** di maggio l'uomo prende coraggio • di febbraio il **sole** batte in ogni ombraio • di maggio il **sol** l'adorna, e chi è di bella forma ritorna • Dio ti scansi dal **sole** di marzo • dove entra il **sole** non entra il medico • è meglio il lupo alle pecore che il **sole** il giorno della Candelora • il freddo di marzo penetra il corno del bove, il **sole** di marzo toglie la ruggine del catenaccio • gennaio col **sole** e maggio col tizzone • in ogni paese è buona stanza dove si leva il **sole** • mese settembrino: acqua, **sole** e buon vino • nei mesi con la erre, se tu non lo sai, malefici son del **sole** i rai • nel marzo un **sole** e un guazzo • nel mese di luglio il **sole** fa andar via ogni dolore • neve per Natale, **sole** a Carnevale • non c'è sabato senza **sole**, non c'è donna senza amore, né domenica senza sapore, né vecchio senza dolore • non nevica e non diaccia che il **sol** non la disfaccia • ogni casa vede il **sole** • panno fatto, **sole** attende • la Pasqua: una al carbone e una al **sole** • per la Santa Candelora o che nevichi o che plora, dell'inverno siamo fuora; s'egli è **sole** o solicello, siamo ancora a mezzo il verno • per proverbio dir si suole, che tre cose il re non ha: di mangiare il pan condito, come noi dall'appetito: di veder levare il **sole**: di sentir e di udir la verità • pioggia con **sole** durare non suole • quando il **sole** insacca in Giove, non è sabato che piove • quando il **sole** la neve indora, neve, neve e neve ancora • quando il **sole** si volta in drè, acqua fino ai piè • quando il **sole** ti splende, non ti dei curar della luna • quando il **sol** tramonta, l'asino si ponta • quando la luna è tonda, essa spunta quando il **sol** tramonta • quando luce e dà il **sole**, il pastor non fa parole • quando piove e c'è il **sole**, il diavolo fa all'amore • quanti giorni cominciano col **sole** che finiscono col mal tempo • quel che si fa all'oscuro apparisce al **sole** • se a San Biagio il **sole** è buono, dell'inverno siamo fuori • se fa **sole** a San Valerio, puntelliamo il granaio • se il dì di San Martino il **sole** va in bisacca, vendi il pane e tienti la vacca • se il **sole** va a dormire pulito l'ultimo dì d'agosto fa un bell'autunno; se il sole va a dormire col cappello l'autunno non fa bello • **sole** a finestrelle, acqua a catinelle • il **sole** d'agosto inganna la massara nell'orto • **sole** d'agosto: miele e mosto • **sole** d'alta levata non è mai di durata • il **sole** di maggio tinge il mostaccio • il **sole** di marzo, muove e non risolve • **sole** d'inverno e amor di pagliarda, tardi viene e poco tarda • il **sole** di San Martino porta il guadagno al poverino • **sole** di vetro e aria di fessura, mandano in sepoltura • **sole** in vista, battaglia perduta • **solicello** settembrino mazzalanga schiaccia il lino • sotto il **sole** di luglio il cervello è in subbuglio • tre cose non cessano mai, il **sole**, il fuoco e il pensiero dell'uomo • tutti adorano il **sole** che nasce • un'ora di buon **sole** rasciuga molti bucati • vegliare alla luna e dormire al **sole**, non fa né pro né onore

soleggiato maggio **soleggiato**, frutta a buon mercato

solere aprile **suol** esser cattivo da principio o al fine • chi t'accarezza più di quel che **suole**, o t'ha ingannato o ingannar ti vuole • per proverbio dir si **suole**, che tre cose il re non ha: di mangiare il pan condito, come noi dall'appetito: di veder levare il sole: di sentir e di udir la verità • pioggia con sole durare non **suole** • Sant'Antonio **suole** avere la barba bianca • **suole** la madre accarezzar chi vuol la figlia • superbia senza avere, mala via **suol** tenere

solitario uom **solitario**, o bestia o angiolo

sollazzo pazzo è colui che strazia sé per dar **sollazzo** altrui

sollecito l'innamorato vuol essere solo, savio, **sollecito** e segreto • uomo **sollecito**, mezzo indovino

solletico la coscienza è come il solletico
soma di maggio nasce un somaro la mattina e la sera porta la **soma** • fatti asino e tutti ti mettono la **soma** • la peggior **soma** è il non averne alcuna • per le vie s'acconcian le **some** • quanto più s'invecchia e più cresce la **soma** • la **soma**, la bestia doma
somaro chi lavora colle vacche va al mulino colle **somare** • di maggio nasce un **somaro** la mattina e la sera porta la soma
somigliare la buccia ha da **somigliare** al legno
sonagliera sta' sul fuoco quando è sera, a grattar la **sonagliera**, se aver vuoi la pelle intera
sonaglio nessuno vuole appiccare il **sonaglio** alla gatta • ogni gatta vuole il **sonaglio**
sonnecchiare in ogni uomo c'è un porco che **sonnecchia**
sonno a fame pane, a sete acqua, a **sonno** panca • chi ha fame non ha **sonno** • non bisogna dormire tutti i suoi **sonni** • San Nicola mette il **sonno** e Sant'Oronzo lo leva • il **sonno** è l'ultima conta • il **sonno** è parente della morte • una pulce non leva il **sonno** • un **sonno** tira l'altro
sopportare il male ha chi lo comporta, ma il bene non v'è chi lo **sopporta** • **sopporta** e appunta un mal chi non vuol giunta
sopraccarta chi vuol conoscere la lettera guardi la **sopraccarta**
sopraffare Dio lascia fare, ma non **sopraffare**
sopraffino volpe che dorme, ebreo che giura, donna che piange, malizia **sopraffina** colle frangie
sopravanzare onestà e gentilezza **sopravanza** ogni bellezza
sopruso ricchezza e **sopruso**, son fratelli
sorbitico pane alpestro e vin **sorbitico**, cibo de' banditi
sorbo è mal bussare ai formiconi di **sorbo**
sorcio a gatto vecchio, **sorcio** tenerello • a lavoratore trascurato i **sorci** mangiano il seminato • gatto che non è goloso non piglia mai **sorcio**

sordo non c'è peggior **sordo** di chi non vuol sentire • non intendere a **sordo**

sorella (**soror**) non curano i fratei della **soror**, se non è da più di lor • tutte le bocche son **sorelle**

sorte a chi **sorte**, a chi sporte • chi confessa la **sorte**, nega Dio • chi non è savio, paziente e forte, si lamenti di sé e non della **sorte** • contro **sorte** avversa ogni buon carrettier versa • cuor forte vince cattiva **sorte** • e' non è un per cento di sua **sorte** contento • la **sorte** è come uno se la fa • la **sorte** non sa sedere • val più un'oncia di **sorte** che cento libbre di sapere

sospetto chi è dell'arte, è **sospetto** • chi è in difetto è in **sospetto** • in povertà è **sospetta** la lealtà • prosperità umana, **sospetta** e vana • rispetti, dispetti, **sospetti** guastano il mondo

sospettoso Francese furioso, Spagnolo assennato, Tedesco **sospettoso** • tra gente **sospettosa**, conversare è mala cosa

sospirare chi ha male al dito, sempre lo mira; chi ha mal marito, sempre **sospira**

sospiro **sospiro** e pianto è nel vanto

sostanza è più fatica voler fare il signore senza **sostanze** che lavorar tutto il giorno

sostenere chi è nelle pene, Iddio lo **sostiene**

sotterrare dicembre piglia l'anno e lo **sotterra**, gennaio lo fa rinascere, aprile e maggio lo vestono • Grosseto ingrossa, Batignano fa la fossa, Paganico **sotterra** l'ossa • novembre ammucchia aria e le foglie in terra, dicembre ammazza l'anno e lo **sotterra**

sottile aprile freddo **sottile** • a' **sottili** cascan le brache • il Bergamasco ha il parlare grosso e l'ingegno **sottile** • chi fila grosso, si vuol maritar tosto; chi fila **sottile**, si vuol maritar d'aprile • chi vuol lavor gentile, ordisca grosso e trami **sottile** • il diavolo è **sottile**, e fila grosso • **sottil** filo cuce bene

soverchio il **soverchio** rompe il coperchio

spaccare a San Valentino si **spacca** il ghiaccio con la scure

spacciare chi dà a credenza **spaccia** assai, perde l'amico e denar non ha mai • chi non crede esser matto, è matto **spacciato**

spada a chi manca il cuore, non giova la **spada** • chi di **spada** ferisce, di spada perisce • chi porta **spada** e non l'adopra, ha bisogno di chi lo cuopra • in tempo di guerra ogni spiedo è **spada** • ne ammazza più la penna del medico che la **spada** del cavaliere • ne uccide più la gola che la **spada** • ne uccide più la lingua che la **spada** • più si sente un taglio di rasoio che dieci di **spada** • **spada** in bassa mano, non è senza taglio

Spagna i don di **Spagna**, i conti d'Alemagna, i monsieurs di Francia, i vescovi d'Italia, i cavalier di Napoli, i lordi di Scozia, i fidalghi di Portogallo, i minori fratelli d'Inghilterra e i nobili d'Ungheria, fanno una povera compagnia • faremo di Roma, adesso adesso di Firenze, a la magnana di **Spagna**, by and by d'Inghilterra, I warrant you di Scozia, gleich d'Alemagna, tantôt di Francia, son tutte ciancie • non conosce l'Italia e non la stima, chi provato non ha la **Spagna** prima • la **Spagna** è una spugna • **Spagna** magra, Francia grassa, Germania la passa • uomo di **Spagna** ti fa sempre qualche magagna

Spagnolo (1) al Francese un'oca, allo **Spagnolo** una rapa • Fiorentin mangia fagioli, e' volevan li **Spagnoli**; li **Spagnoli** son venuti, Fiorentin becchi cornuti • Francese furioso, **Spagnolo** assennato, Tedesco sospettoso • le nazioni smaltiscono diversamente il dolore: il Tedesco lo beve, il Francese lo mangia, lo **Spagnolo** lo piange, e l'Italiano lo dorme • nel colonizzare un'isola, la prima fabbrica eretta da uno **Spagnolo** sarebbe una chiesa, da un Francese un forte, da un Olandese un magazzino, e da un Inglese una bottega di birra • gli **Spagnoli** s'accordano a bravare, i Francesi a gridare, gli Inglesi a mangiare, i Tedeschi a sbevazzare e gli Italiani a pisciare

spagnolo (2) furia francese e ritirata **spagnola** • guerra spagnola, grande assalto e buona ritirata

spago chi ha spago, aggomitoli • tre fili fanno uno spago

spalla chi si lascia mettere in spalla la capra, indi a poco è sforzato a portar la vacca

spandere in casa stringi, in viaggio spendi e in malattia spandi • ottobre: il grano si spande e il vino si ripone

sparagnare chi accumula e altro ben non fa, sparagna il pane e all'inferno va

sparecchiare poco vive chi troppo sparecchia

sparentare chi presto indenta, presto sparenta

spargere fa più uno a spargere, che cento a radunare

sparpagliare chi per sé raguna, per altri sparpaglia

sparviero cattivo sparviero quello che non torna al logoro • ci son più sparvieri che quaglie • più vale mestiero che sparviero

spasso a primiera i due assi, menano a spasso • chi non ha entrata né mestiere e va a spasso, va allo spedale passo passo

spaventare la coda di gennaio è la testa di febbraio: si spaventa il pecoraio • nella vecchiaia, la vita pesa e la morte spaventa • nessun vecchio spaventa Dio

spavento gli spaventi sono peggio dei mali

spazzare chi ha mangiato i baccelli, spazzi i gusci • chi imbratta, spazzi • scopa nuova spazza bene • scopa nuova spazza bene tre giorni • se ognuno spazzasse da casa sua, tutta la città sarebbe netta

spazzatura non è sì trista spazzatura che non s'adopri una volta l'anno, né sì cattivo paniere che non s'adopri alla vendemmia

specchiare donna specchiante, poco filante

specchio acqua torbida non fa specchio • allo specchio né brutta né vecchia • è miglior mercato di specchi che di zolfanelli • la morte è lo specchio della vita • non c'è migliore specchio dell'amico vecchio • quel che ti dirà lo specchio non te lo dirà il consiglio

spegnere (**spengere**) acqua lontana non spegne il fuoco • a San Valentino si spegne il lumino • quando il pagliaio vecchio piglia fuoco, si **spenge** male • seta e raso, **spengono** il fuoco in cucina

spendere (**ispendere**) a fare i poveri non si **spende** nulla • a settembre si mangia e non si **spende** • chi ha orecchie intenda, chi ha denaro **spenda** • chi ha quattro e **spende** sette, non ha bisogno di borsette • chi più **spende**, meno spende • il comprare insegna **spendere** • i danari non bastano; bisogna saperli **spendere** • denari rifiutati non si **spendono** • i giorni **spesi** bene sono i meglio impiegati • il guadagnare insegna a **spendere** • in casa stringi, in viaggio **spendi** e in malattia spandi • meglio **spendere** i soldi dal macellaio che dal farmacista • meglio vendere che viver senza **spendere** • non far ciò che non puoi, non **spendere** ciò che non hai; non creder ciò che odi, non dir ciò che tu sai • si **spende** più a fare un mercante che un dottore • tre cose fanno l'uomo ricco, guadagnare e non **ispendere**, promettere e non attendere, accattare e non rendere • tre molti rovinan l'uomo: molto parlare e poco sapere, molto **spendere** e poco avere, molto presumere e poco valere

spenditore a buon **spenditore**, Iddio è tesoriere

spento allegria segreta, candela **spenta** • a lume **spento** è pari ogni bellezza • morta la serpe, **spento** il veleno

speranza a gran **speranza** il misero non cede • chi di **speranza** vive disperato muore • chi si pasce di **speranza** muore di fame • finché c'è vita c'è **speranza** • il mondo alla **speranza** è poca riva • la **speranza** è il pane de' miseri • la **speranza** è l'ultima a morire • la **speranza** è mal danaro • la **speranza** è sempre verde • la **speranza** non paga lo scotto • la troppa **speranza** ammazza l'uomo

sperare chi dal lotto **spera** soccorso, mette il pelo come un orso • rosso di sera, buon tempo si **spera**; rosso di mattina mal tempo s'avvicina • San Matteo: butta in terra e **spera** in Dio • **sperando** meglio, si divien veglio • vien più presto quel che non si **spera**

sperato terra coltivata, raccolta **sperata**

sperimentato frate che fu soldato è più **sperimentato**

spesa accompagnati con chi è meglio di te, e fagli le **spese** • anco il cane col dimenar la coda si guadagna le **spese** • bisogna far la **spesa** secondo l'entrata • chi all'altrui **spese** sa imparare, felice si può chiamare • chi dà **spesa**, non dia disagio • è più la **spesa** che l'impresa • melensa è quella mano che non mangia a **spese** del villano • ogni amore ha la sua **spesa** • piccola giornata e grandi **spese**, ti conducono sano al tuo paese • le piccole **spese** son quelle che vuotano la borsa • quando pigli un'impresa, pensa prima alla **spesa** • saggio è chi sa soffrire **spesa**, danno e martire • savio è colui che impara a **spese** altrui • settembre è cortese: anche gli spini pagano le **spese** • tutti i mestieri fanno le spese

spesso albero **spesso** trapiantato, mai di frutti è caricato • aprile una gocciola il die, e **spesso** tutto il die • a testa bianca **spesso** cervello manca • bella testa è **spesso** senza cervello • beltà e follia vanno **spesso** in compagnia • chi assai ciarla **spesso** falla • chi dà del pane a' cani d'altri, **spesso** viene abbaiato da' suoi • chi gode in gioventù **spesso** soffre in vecchiaia • chi ha il cul nell'ortica, **spesse** volte gli formica • chi ha paura d'ogni figura, **spesso** inciampa nell'ombra • chi ha un sol figlio, **spesso** se lo ricorda • chi non si ricorda **spesso** discorda • chi pensa male sbaglia, ma **spesso** ci indovina • chi piglia moglie per denai, **spesso** sposa liti e guai • chi tiene il piede in due staffe, **spesso** si trova fuora • chi troppo si fida, **spesso** grida • chi vuol esser ben servito, muti **spesso** • e' si paga **spesso** la gabella e il frodo • gallina secca **spesso** becca • lago di Garda e Bocca di Celina porta **spesso** la rovina • metti i pani **spessi** dove sono le barbe rade • quando Dio vuol punire un uomo, **spesso** si serve dell'altr'uomo • si cambia più **spesso** di pensiero che di camicia • sotto la scuffia **spesso** è tigna ascosa • **spesso** l'uomo ingannato si trova che piglia donna a vista e non a prova • **spesso** si dà per forza quel che si nega per cortesia • **spesso** sotto abito vile s'asconde uom gentile • vino **spesso**, pan caldo e legna verde, e non si lagni l'uomo se si perde

speziale della pazienza non ne vendono gli **speziali**

spezzare (spezzarsi) l'arco sempre teso si **spezza** • chi piglia la lancia per la punta, la **spezza** o non la leva di terra • la corda troppo tesa si **spezza**

spia andare a Scarperia la non mi torna, son tutti sbirri e **spie** e limacorna • chi è povero di **spie**, è ricco di vituperio • chi non beve in compagnia o è un ladro o è una **spia** • la fame ha le **spie** per tutto • forca vecchia, **spia** nuova • tra ogni tre c'è una **spia**

spiacere il perder tempo, a chi più sa, più **spiace**

spiantato se vuoi comprar terra a buon mercato, comprala da uno **spiantato**, o da figliuol ch'abbia ereditato

spicchio tanto se ne sa a mangiare uno **spicchio**, quanto un capo d'aglio

spiedo a Natale un bel ceppone, a carnevale un bello **spiedo**, a Pasqua un bel vestito • in tempo di guerra ogni **spiedo** è spada

spiegare accerta il corso, e poi **spiega** la vela

spiga ad aprile il grano fa la **spiga** • all'Ascensione l'orzo **spiga**, il grano comincia • fango di maggio, **spighe** d'agosto • giugno: o che paga o che castiga con della paglia o con la **spiga** • Pasqua bagnata, **spighe** molli; Pasqua fredda, spighe piene • per la Santa Croce **spiga** il grano e increa la noce • quando la **spiga** punge, la rana unge • se maggio è sereno, ogni **spiga** sarà piena • se piove il dì di San Marco, ogni **spiga** ne perde un quarto • se piove tutto il mese di aprile il grano mette una bella **spiga**

spillo lo **spillo** volendo fare a cucir con l'ago, s'avvide ch'egli aveva il capo grosso

spina anco tra le **spine** nascono le rose • chi semina **spine**, non vada scalzo • cogli la rosa e lascia star la **spina** • non c'è rosa senza **spine** • le rose cascano, e le **spine** rimangono • la **spina** cresce pungendo

spino se per San Marco gocciola lo **spino**, abbondanza di pane e vino • settembre è cortese: anche gli **spini** pagano le spese

spingere quando l'aria è turbata e il cielo è tinto, è meglio camminar ch'essere **spinto**

spirito le donne hanno sette **spiriti** in corpo

splendere chi più arde più **splende** • quando il sole ti **splende**, non ti dei curar della luna

splendore Sant'Eustachio in **splendore** protegge il cacciatore

spodestare chi del suo si **spodesta**, un maglio gli sia dato sulla testa

spogliare (**spogliarsi**) a Viri Galilei mi **spoglio** i panni miei • chi dei panni altrui si veste, presto si **spoglia** • compar di Puglia, l'un tiene e l'altro **spoglia** • quando il giuggiolo si veste, e tu ti **spogli**; e quando si spoglia, e tu ti vesti

sponda donna iraconda, mare senza **sponda**

sporcare cattivo quell'uccello che **sporca** il suo nido

sporco i panni **sporchi** si lavano in famiglia • il porco vuol mangiare **sporco** e dormire pulito

sporta a chi sorte, a chi **sporte** • se vuoi che l'amicizia si mantenga, una **sporta** vada e l'altra venga

sportello chi sta a **sportello** ne vede mezza

sposa al molino e alla **sposa**, manca sempre qualche cosa • beata quella **sposa** che fa prima la tosa • chi ha guidato la **sposa** a casa, sa quanto dura il pianto d'una femmina • donna che sa il latino è rara cosa, ma guardati dal prenderla in **sposa** • quest'anno fignolosa, e quest'altro anno **sposa** • se a novembre il contadin riposa, farà di fame pianger la **sposa**

sposare (**sposarsi**) a maggio non comprare e a vendemmia non ti **sposare** • chi nasce è bello, chi si **sposa** è buono e chi muore è santo • chi piglia moglie per denai, spesso **sposa** liti e guai • le ragazze son d'oro, le **sposate** d'argento, le vedove di rame e le vecchie di latta • né di Venere né di Marte, non si **sposa** né si parte • **sposare** una vedova è fatica doppia • gli uomini sono aprile quando fanno all'amore, dicembre quando hanno **sposato**

sprecato non fare il male ch'è peccato, non fare il bene ch'è sprecato

spreco non sempre lo **spreco** è segno d'abbondanza

sprezzare il primo grado di pazzia è tenersi savio, il secondo farne professione, il terzo **sprezzare** il consiglio • quei consigli son **sprezzati** che son chiesti e ben pagati

sprone buon cavallo e mal cavallo vuole **sprone**, e buona femmina e mala femmina vuol bastone • castroni pugliesi, mannarini pistolesi, gran siciliano, zucchero di Candia, cera veneziana, magli romaneschi, **sproni** viterbesi, cacio di Creta, raviggioli fiorentini • chi ha l'amor nel petto, ha lo **spron** ne' fianchi • tra la briglia e lo **sprone** consiste la ragione • tristo a quel cavallo che va contro allo **sprone** • uno **sprone** nella testa ne val due ne' calcagni

spugna la Spagna è una **spugna**

spuntare l'erba che non vuoi ti **spunta** nell'orto e l'uomo che vuoi morto è sempre vivo • quando la luna è tonda, essa **spunta** quando il sol tramonta

sputare chi fa il servizio al villano, si **sputa** in mano • chi ha dentro amaro, non può **sputare** dolce • chi si **sputa** addosso, non vale un grosso • chi **sputa** in cielo sul viso gli torna • tal vi **sputa** su, che ne mangerebbe

sputo Dio ti guardi da chi inghiotte lo **sputo**

stadera ogni **stadera** ha il suo romano

staffa chi tiene il piede in due **staffe**, spesso si trova fuora

stagione l'avvocato d'ogni **stagione** miete e d'ogni tempo vendemmia • fidarsi alla buona **stagione** d'aprile è come fare i conti innanzi l'oste • il gran freddo di gennaio, il mal tempo di febbraio, il vento di marzo, le dolci acque d'aprile, le guazze di maggio, il buon mieter di giugno, il buon batter di luglio, le tre acque d'agosto con la buona **stagione**, vaglion più che il tron di Salomone • metti la roba in un cantone, ché viene tempo ch'ella ha **stagione** • predica e popone, vuol la sua **stagione** • quando il cucco canta sulla rama nuda, la **stagione** è ancora cruda • se i matti non matteggiano perdono la **stagione** • la **stagione** fa il montone

stagno ottone, rame e **stagno**, assai denari e poco guadagno

staio chi ammazza una pulce in gennaio ne ammazza uno **staio** • luglio con sacco e **staio** porta i chicchi nel granaio

stalla le bestie vecchie muoiono nella **stalla** de' contadini minchioni • chi ha buon cavallo in **stalla** può andare a piedi • è inutile chiudere la **stalla** quando i buoi sono scappati

stallare Sant'Andrea, si **stallano** le vacche e i buoi

stallone calcio di **stallone** non fa male alla cavalla

stampare Brozzi, Peretola e Campi son la peggio genia che Cristo **stampi** • bue fiacco **stampa** più forte il piè in terra • il libro del perché **stampato** ancor non è

stancare chi buon guadagno aspetta, non si **stanca** • chi semina sulla strada, **stanca** i buoi e perde la semenza • terra bianca, presto **stanca** • un buon paio d'orecchi **stancano** cento male lingue

stanga i panni rifanno le **stanghe**

stanza un bel camino fa una bella **stanza** • in ogni paese è buona **stanza** dove si leva il sole

stappare ai Santi Simone e Giuda, si tappano e si **stappano** • San Giacomo riempie la bottiglia, Sant'Anna la **stappa**

Stato chi disse ragion di **Stato**, disse un tristo; e chi disse ragion di confino, disse un assassino • gli inconvenienti degli **Stati** sono come i funghi • per la ragion di **Stato** e di confini, son rovinati ricchi e poverini

stella San Lorenzo: cadono le **stelle** • **stelle** a settembre, botti piene a novembre

stellato quando il cielo è **stellato**, il digiuno è terminato

stendardo allo **stendardo** tardi va il codardo

stendere buone ragioni male intese, sono perle a' porci **stese** • chi si **stende** più del lenzuolo, si scuopre da piedi

stentare chi gode muore, e chi patisce **stenta** • chi lavora da beffe, **stenta** daddovero • chi non apre ben gli occhi a' fatti sui, **stentando** va per arricchire altrui • chi sguazza per le feste, **stenta** il dì di lavoro • chi si marita in fretta, **stenta** adagio • chi si mette a **stentare**, stenta sempre • quando i cavalli ruzzano, il padrone **stenta** • quando si piglia un vizio, si **stenta** a perderlo • sempre **stenta**, chi mai si contenta

stentato vita d'entrata, vita **stentata**

stento è meglio morir di fame, che di **stento** • manco male morir di fune che di **stenti**

sterile quando il lupo mangia il compagno, creder si dee **sterile** la campagna

sterpo se ogni mese mangia carne, ogni **sterpo** mena ghiande

stidione a gatto che lecca **stidione**, non gli fidare arrosto

stienella né per galla né **stienella**, non restar di metter sella

stima chi della roba non fa **stima** o cura, più della roba la sua vita dura

stimare a chi **stima** non duole il corpo • a San Rocco si **stimano** i fichi e il porco • chi non **stima** altri che sé, è felice quanto un re • chi **stima** non compra • chi teme la morte, non **stima** la fama • chi troppo si **stima** cade sovente in fondo dalla cima • non conosce la pace e non la **stima** chi provato non ha la guerra prima • non conosce l'Italia e non la **stima**, chi provato non ha la Spagna prima • per ben parlare e assai sapere, non sei **stimato** senza l'avere • pere e donne senza romori, sono **stimate** le migliori • tanto vale l'uomo, quanto si **stima**

stimolare l'asino, benché tristo sia **stimulato**, alle volte tira qualche calcio

stimolo a boccon restio **stimolo** di vino

stivale chi ha cinquanta carnevali, si può metter gli **stivali** • novanta carnevali, preparati gli **stivali**

stola quel che vien di penna e **stola**, tosto viene e tosto vola

stolto chi fa il saputo, **stolto** è tenuto • dove son molti, son degli **stolti** • opinion non è sì **stolta** che da volgo non sia tolta • il riso abbonda sulla bocca degli **stolti** • si perde molto, per essere **stolto**

stomacare il troppo dolce **stomaca**

stomaco piedi, **stomaco** e testa, tieni il resto come una bestia • i poveri cercano il mangiare per lo **stomaco**, ed i ricchi lo stomaco per il cibo • un pezzo di pane è un buon sigillo allo **stomaco**

stoppa di **stoppa** non si fa velluto • **stoppa** e fuoco non stan bene in un loco • l'uomo è fuoco, e la donna è **stoppa**, vien poi il diavolo, e gliel'accocca

stoppino altri hanno mangiato la candela, e tu smaltisci lo **stoppino**

storcere per San Biagio tutte le giovani **storcono** il naso

storno gli **storni** son magri perché vanno a storni

storpiato sogni di banditi e fantasie di **storpiati**, disegni di falliti

storto il ferro **storto** lo raddrizza la fucina

Stra chi passa **Stra** e non v'inciampa, va sano sino in Francia

straccare chi vuol essere solo, **stracchi** gli altri

stracciare la camicia che non vuole star teco e tu **stracciala**

stracciato è meglio andare in paradiso **stracciato**, che all'inferno in abito ricamato

straccio a marzo si buttan via gli **stracci**, ad aprile si vanno a raccogliere • cencio dice mal di **straccio** • nelle **stracce** e negli straccioni s'allevano di gran baroni • per Sant'Omobono tutti gli **stracci** senton di buono • gli **stracci** medicano le ferite

straccione il cane morde lo **straccione** • nelle stracce e negli **straccioni** s'allevano di gran baroni

straccioso chi è vergognoso, vada **straccioso**

IO HÒ LEVATO LA LEPRE, ET VN ALTRO L' HÀ PIGLIATA.

Come talhora il Cacciatore in caccia,
Poiche leuò la fera altri l' uccide.
Così ognhor non hà il ben, chi lo procaccia.

stracco in campo stracco, di grano nasce loglio

strada (**istrada**) al cavallo biada e **strada** • al cieco non si mostra la **strada** • chi ha a rompere il collo, trova la **strada** al buio • chi ha sbagliato la **strada**, torni addietro • chi sa la **strada** può andar di trotto • chi semina sulla **strada**, stanca i buoi e perde la semenza • le donne son sante in chiesa, angele in **istrada**, diavole in casa, civette alla finestra e gazze alla porta • l'erba non nasce sulla **strada** maestra • meglio essere a Roma senza padrone, che per la **strada** senza quattrini • messa né biada non allunga **strada** • non si fa più lunga **strada**, che quando non si sa dove si vada • ogni campo è **strada** • pioggia in **istrada** tempesta in bottega • la più lunga **strada** è la più prossima a casa • prima cerca il compagno e poi la **strada** • se la donna di gran beltade non ha angelica onestade, non gli far veder le **strade** • **strada** buona non fu mai lunga • tutte le **strade** portano a Roma • la verità si fa **strada** da sé

strafare chi **strafà**, non dura; e chi dura, dura poco

strame chi tiene il cavallo e non ha **strame**, in capo all'anno si gratta il forame

strapazzare una giovine in mano a un vecchio, un uccello in mano a un ragazzo, un cavallo in mano a un frate, son tre cose **strapazzate**

strappare (**strapparsi**) chi si pettina con le proprie mani non s'accorge di **strapparsi** i capelli • corpo unto e panni **strappati**

strascinare (**strascinarsi**) non è scappato chi si **strascina** dietro la catena

stravolto meglio volta che **stravolta**

straziare pazzo è colui che **strazia** sé per dar sollazzo altrui

strega (**stria**) a Natale un piede di gallo, al primo dell'anno un piede di cane, all'Epifania un piede di **stria**

strepito quanto più manca la roba, tanto più cresce lo **strepito**

stretto a casa **stretta**, come arrivi tu ti assetta • il buono ufficiale vuol aver due cose, mano larga e brachetta **stretta** • chi per altrui promette, entra per le larghe e esce per le **strette** • in letto **stretto** mettiti nel mezzo • malagevolmente si scioglie il nodo che fu a lungo **stretto** • napoletano largo di bocca e **stretto** di mano • né guanto né berretta, né calzetta, non fu mai **stretta** • non v'è la peggio **stretta** di quella della falce • piccolo ago scioglie **stretto** nodo • la più **stretta** è la via del vero • scarpa **stretta** fa bel piè, ma presto o tardi il callo c'è • se ti trovi dal bisogno **stretto**, prima che dagli altri vai dal poveretto • taglia lungo, e cuci **stretto** • uomo e donna in **stretto** loco, secca paglia appresso al foco

stridere bisogna pelar la quaglia senza farla **stridere** • la peggior ruota del carro è quella che **stride** • se la pazzia fosse dolore, in ogni casa si sentirebbe **stridere**

strigare chi ha arruffato la matassa la **strighi**

strigliare caval rognoso non vuol lasciarsi **strigliare**

stringa capo senza lingua, non vale una **stringa** • tutte le **stringhe** rotte vogliono entrare in dozzina

stringere chi troppo vuole nulla **stringe** • donna che ti **stringe** e le braccia al collo ti cinge, poco t'ama, e molto finge, e nel fine ti abbrucia e tinge • dove **stringe** la scarpa, non lo sa altro che chi l'ha in piede • in casa **stringi**, in viaggio spendi e in malattia spandi • **stringe** più la camicia che la gonnella

stronzo (**stronzolo**) i prìncipi confettano gli **stronzi** • val più un grano di pepe che uno **stronzolo** d'asino

stroppiare il troppo **stroppia**

strozzare i meglio bocconi son quelli che **strozzano** • quel che non **strozza** ingrassa

strumento (**istrumento**) se lo **strumento** non è tocco, non si sa che voce abbia • tra galantuomini, una parola è un **istrumento**

strutto la neve di febbraio è come lo **strutto** a carnevale

studente quattro o cinque al viandante, cinque o sei al mercatante, sei o sette allo **studente**, sette o otto all'altra gente, otto o nove al signorone, nove o dieci al gran poltrone

stufa a San Firmino pulisci **stufa** e camino

stufare il pan di casa **stufa**

stuzzicare tramontanin non buzzica, se il marin non lo **stuzzica**

subbuglio acqua di luglio, vigna in **subbuglio** • sotto il sole di luglio il cervello è in **subbuglio**

subitaneo che Santa Barbara ci protegga dal fuoco, dal tuono e dalla morte **subitanea**

succhiare l'agnello umile **succhia** le mammelle della propria madre e quelle degli altri

succiare morta l'ape, non si **succia** più mele • palle e gruccia, beato chi le **succia**

sudare caval che **suda**, uomo che giura e donna piangente non gli creder niente • chi comanda non **suda** • se giugno non fa **sudare**, pane e vino fa scarseggiare

sudiciume prosopopea di pedanti e **sudiciume** di fanti, ne son pieni tutti i canti

sudore pane di **sudore** ha gran sapore

suffragare né pianto né bruno non **suffraga** nessuno

suocera dico a te, **suocera**, perché tu nuora intenda • fra **suocera** e nuora ci si sta in malora • **suocera** cieca, nuora avventurata • **suocera** e nuora, tempesta e gragnola

suonare (**sonare**) a San Miniato o tira vento o **suona** magistrato • assai ben balla a chi fortuna **suona** • casare, casare, **suona** bene e porta male • come mi **suoni**, commare, ti ballo • la febbre terzana non fè mai **suonar** campana • non si sente le campane piccole quando **suonano** le grandi • per San Nicola ogni mandra fa la prova, ogni ruscello **suona**, ogni gallina comincia a fare l'ova • i pifferi di montagna andarono per **suonare** e tornarono suonati • quando la campana ha **sonato**, è inutile dir di no • quando la cornamusa è piena, comincia a **suonare** • quando **suona** il campanone, tutto l'agnello è bozzone • i servitori sono come il tamburo, che **suona** ad altri, ed esso ha le battiture • vaso vuoto **suona** meglio

suonatore cambiano i **suonatori** ma la musica è sempre quella

suono al **suono** si conosce il campanello • l'amor comincia con **suoni** e con canti, e poi finisce con dolori e pianti • il campanello di camera è il peggio **suono** che si possa avere negli orecchi • carnevale: maschere, **suoni** e danze; il giorno dopo mezza pancia • la fame e il **suono** fan le cose maggiori di quel che sono • **suon** di campana non caccia cornacchia

superare San Magno **supera** San Giusto

superbia non è **superbia** alla superbia uguale d'uom basso e vil che in alto stato sale • quando la **superbia** galoppa, la vergogna siede in groppa • quando la va troppo ben, la **superbia** salta in piè • la **superbia** è figlia dell'ignoranza • **superbia** senza avere, mala via suol tenere • la **superbia** va a cavallo e torna a piedi • la troppa umiltà vien da **superbia**

superbo Milano la grande, Vinegia la ricca, Genova la **superba**, Bologna la grassa, Firenze la bella, Padova la dotta, Ravenna l'antica, Roma la santa • non sia **superbo** chi il suo albero vede fiorire

superfluo chi compra il **superfluo** venderà il necessario

supplizio chi serve al vizio attende al **supplizio**

susina se piove per la Pasqua, la **susina** s'imborsacchia

susinaio anno **susinaio**, poche fastella

susino chi vuole un pero ne ponga cento, e chi cento **susini** ne ponga un solo

suspiramus al mangiare gaudeamus, al pagare **suspiramus**

sussi chi è più vicino al **sussi**, fa sei

svanire ogni bello alfin **svanisce**, ma la fama mai perisce

svantaggioso meglio una transazione **svantaggiosa** che un litigare infelice

svegliare (**svegliarsi**) per San Paolo si **sveglian** le tarantole e ballan le ragazze tutte quante • tramontano non si **sveglia** se scirocco non lo desta

svelto chi è **svelto** a mangiare è svelto a lavorare

sventolone marzo sventolone

sventura l'oro s'affina al fuoco e l'amico nelle **sventure**

sventurato occhio maligno, alma **sventurata**

svernare dove la donna domina e governa, ivi sovente la pace non **sverna**

sviare non bisogna **sviare** i colombi dalla colombaia

svinare chi vendemmia troppo presto, o **svina** debol vino o tutto agresto

svogliato allo **svogliato** il mele pare amaro

svolare se nevica per la Candelora, sette volte la neve **svola**

t, T

tabacco Bacco, **tabacco** e Venere riducon l'uomo in cenere

tacca val più **tacche** tacche che Iddio vi aiuti

taccia chi troppo s'impaccia, non è senza **taccia**

tacere assai domanda, chi ben serve e **tace** • assai sa, chi non sa, se **tacer** sa • un bel **tacer** non fu mai scritto • chi non sa **tacere**, non sa godere • chi non sa **tacere**, non sa parlare • chi parla semina, chi **tace** raccoglie • chi sempre **tace**, brama la pace • chi **tace** acconsente • le donne **tacciono** quello che non sanno • dove l'oro parla, la lingua **tace** • per **tacere** si muore • si dura più fatica a **tacere** che a parlare • siedi e **taci**, e avrai pace • il **tacer** adorna l'uomo • il **tacer** è rispondere a chi parla senza ragione • trist'a quelle case, dove gallina canta e gallo **tace**

tagliacantone a Roma dottori, a Napoli ladroni, a Genova scavezzi, a Milan **tagliacantoni**, a Venezia forestieri, a Fiorenza scardassieri

tagliare (**tagliarsi**) albero che non fa frutto, **taglia** taglia • l'armi dei poltroni non **tagliano** né forano • chi si **taglia** il naso s'insanguina la bocca • la donna ha una lingua che **taglia** e cuce • il fieno folto si **taglia** meglio del chiaro • in luna calante ai Santi e in agosto si **taglia** la legna nel bosco • misura tre volte e **taglia** una • nel bosco **tagliato** non ci stanno assassini • non **tagliare** il fuoco col ferro • o verde o maturo a giugno si **taglia** il grano • per fare una cosa bene, bisogna esser **tagliati** a buona luna • per

Santa Maria Maddalena si **taglia** la vena • quando la radice è **tagliata**, le foglie se ne vanno • **taglia** la coda al cane; e' riman cane • **taglia** lungo, e cuci stretto • **taglia** quello, è bigio, taglia quest'altro, è bigio

tagliatella San Giuseppe vecchiarello vuole ceci e **tagliatelle**

tagliente a legno duro, accetta **tagliente**

tagliere poco e buono empie il **tagliere** • poco può dare al suo scudiere, chi lecca il suo **tagliere**

taglio più si sente un **taglio** di rasoio che dieci di spada • spada in bassa mano, non è senza **taglio**

tale non si deve dire: per **tal** via non passerò, né di tal acqua non berrò • qual cervello **tal** cappello • quale asino dà in parete **tal** riceve • quale il lavoro, tale la mercede • qual è il nodo, **tal** sia il conio • qual pane hai, **tal** zuppa avrai • qual principio, **tal** fine • qual proposta, **tal** risposta • **tal** bue crede andare a pascere, che poi ara • **tal** castiga la moglie che non l'ha, che quando l'ha, castigar non la sa • **tal** che gli duole il capo, si medica il calcagno • **tale** abate tali monaci • **tale** dà un consiglio altrui per uno scudo, che nol torrebbe per un quattrino • **tale** è il fiore, qual è il colore • **tale** il padre tale il figlio • **tal** grida palle palle, che farebbe dalle, dalle • **tal** guaina tal coltello • **tal** minaccia che vive con paura • **tal** padrone tal servitore • **tal** pare de' Carnesecchi, che poi è de' Bencistà • **tal** pensa salvarsi a Pasqua, che è preso a mezza quaresima • **tal** pera mangia il padre, ch'al figliuolo allega i denti • **tal** piglia leoni in assenza, che teme un topo in presenza • **tal** ti guarda la cappa, che non ti vede la borsa • **tal** ti ride in bocca, che dietro te l'accocca • **tal** vi sputa su, che ne mangerebbe • v'è chi bacia **tal** mano che vorrebbe veder mozza

talento cuor contento, gran **talento**

talpa chi si fa Argo dell'onore altrui, riesce **talpa** del suo • non nascon cieche solamente le **talpe** • un noce in una vigna, una **talpa** in un prato, un legista in una terra, un porco in un campo di biade, e un cattivo governatore in una città, sono assai per guastare il tutto

tamburo i servitori sono come il **tamburo**, che suona ad altri, ed esso ha le battiture

tana il bisogno ti fa uscire dalla **tana**

tanto la catena **tanto** lega il padrone quanto lo guarda • il cavallo **tanto** va, tanto vale • chi **tanto** e chi niente • durasse **tanto** la mala vicina, quanto dura la neve marzolina • il magnano **tanto** salta con le bolge quanto senza • non sono in Arno **tanti** pesciolini, quanti in Venezia gondole e camini • quanto lascivia più dissidio mesce, **tanto** la voglia più aumenta e cresce • quanto più alto il monte, **tanto** più profonda la valle • quanto più l'uccello è vecchio, **tanto** più malvolentieri lascia le piume • quanto più manca la roba, **tanto** più cresce lo strepito • **tanta** nebbia di marzo, tanti temporali d'estate • **tante** teste, tanti pareri • **tante** tramute, tante cadute • **tanti** cappelli tanti castelli • **tanti** ne nasce, tanti ne muore • **tanti** servitori tanti nemici • **tanto**, a servir chi non conosce, vale chi serve ben quanto chi serve male • **tanto** beve l'oca quanto il papero • **tanto** caca un bue quanto un uccellino • **tanto** cammina lo zoppo quanto lo sciancato • **tanto** cocchiume vuole una botte piccola, quanto una grande • **tanto** è dir pennecchio quanto ladro di Fucecchio • **tanto** è ficcare che mettere • **tanto** è il mal che non mi nuoce, quanto il ben che non mi giova • **tanto** è il troppo quanto il troppo poco • **tanto** è ladro chi ruba che chi tiene il sacco • **tanto** è l'amore quanto è l'utile • **tanto** è mercante quello che perde che quello che guadagna • **tanto** è morir di male, quanto d'amore • **tanto** il buco e tanta la toppa • **tanto** mangia il povero quanto il ricco • **tanto** muore chi ha da avere, che chi ha da dare • **tanto** ne va a chi tiene, quanto a chi scortica • **tanto** pane, tanto Sant'Antonio • **tanto** razzola la gallina, che scuopre il coltello che l'ammazza • **tanto** se ne sa a mangiare uno spicchio, quanto un capo d'aglio • **tanto** va la gatta al lardo che ci lascia lo zampino • **tanto** vale la messa piana, quanto la cantata • **tanto** vale l'uomo, quanto si stima • tra **tanti** muli ci può stare un asino

tappare ai Santi Simone e Giuda, si **tappano** e si stappano

tarantola per San Paolo si sveglian le **tarantole** e ballan le ragazze tutte quante

tardare chi **tarda** a dar quel che promette, del promesso si ripente • molto **tardare**, chi vuole assai acquistare • non sa donare chi **tarda** a dare • per Santa Maria è per la via, per San Lorenzo è a tempo, per San Rocco **tarda** troppo • sole d'inverno e amor di pagliarda, tardi viene e poco **tarda**

tardi a buona ora in pescheria, **tardi** in beccheria • allo stendardo **tardi** va il codardo • il bene non fu mai **tardi** • ben **tardi** venuto, per niente è tenuto • il buon giudice tosto intende, e **tardi** giudica • cavallo vecchio, **tardi** muta ambiatura • chi per altrui mano s'imbocca, **tardi** si satolla • chi semina alla buon'ora, qualche volta falla, e chi semina **tardi**, falla quasi sempre • chi **tardi** arriva, male alloggia • chi tosto crede, **tardi** si pente • donna adorna, **tardi** esce e tardi torna • il male non vien mai tanto **tardi**, che non sia troppo presto • meglio **tardi** che mai • non è mai **tardi** per imparare • per San Leonardo semina che è **tardi** • pota **tardi** e semina presto, se un anno fallirai, quattro ne assicurerai • presto a tavola, **tardi** in battaglia • presto per natura, e **tardi** per ventura • scarpa stretta fa bel piè, ma presto o **tardi** il callo c'è • sole d'inverno e amor di pagliarda, **tardi** viene e poco tarda • **tardi** s'avvede il ratto, quando si trova in bocca al gatto • **tardi** tornò Orlando

tardivo Pasqua bassa, primavera precoce; Pasqua alta, primavera **tardiva**

tardo **tarda** è la vendetta, guai a chi l'aspetta

tarma in panno fino sta la **tarma**

tasca chi ha da mangiare per San Michele, avrà quattrini in

tasca tutto l'anno • è meglio un dolor di **tasca** che di cuore • piscia chiaro, e abbi in **tasca** il medico • se fa freddo a giugno, in **tasca** non ne avrai mai nessuno • l'ultimo vestito ce lo fanno senza **tasche**

tassare giornata di mare non si può **tassare**

tasto al toccar de' **tasti** si conosce il buon organista

taverna in chiesa coi santi e in **taverna** coi ghiottoni

tavernaio d'inverno fornaio, d'estate **tavernaio** • una ne pensa il ghiotto, un'altra il **tavernaio**

tavola a cavallo, dinnanzi; ad archibuso, di dietro; a **tavola**, di mezzo; a quistione, lontano • a **tavola** non s'invecchia • chi canta a **tavola** e a letto, è matto perfetto • chi pratica co' gran maestri, l'ultimo a **tavola** e il primo a' capestri • le disgrazie sono come le **tavole** degli osti • Greco in mare, Greco in **tavola**, Greco non aver a far seco • meno siamo a **tavola**, e più si mangia • messa corta e lunga **tavola** • né in **tavola** né in letto si porta rispetto • non si rammentano i morti a **tavola** • il padre deve fare la **tavola** tonda • i poveri sono i primi alle forche, e gli ultimi a **tavola** • presto a **tavola**, tardi in battaglia • quando è poco pane in **tavola**, mettine assai nella scodella • quando è poco pane in **tavola**, tienti il tuo in mano • **tavola** e bicchiere, tradisce in più maniere • **tavola** senza sale, bocca senza saliva

Tedesco dove stanno de' **Tedeschi** non vi può stare Italiani • Francese furioso, Spagnolo assennato, **Tedesco** sospettoso • l'Italiano è saggio prima di fare una cosa, il **Tedesco** quando la fa, e il Francese quando è bell'e fatta • le nazioni smaltiscono diversamente il dolore: il **Tedesco** lo beve, il Francese lo mangia, lo spagnolo lo piange, e l'Italiano lo dorme • gli Spagnoli s'accordano a bravare, i Francesi a gridare, gli Inglesi a mangiare, i **Tedeschi** a sbevazzare e gli Italiani a pisciare • i **Tedeschi** hanno l'ingegno nella mano

tegola (**tegolo**) bisogna far come i **tegoli**, che si danno a bere l'un con l'altro • chi ha te-

goli di vetro non tiri sassi al vicino • il fuoco fa i **tegoli** duri

tela a **tela** ordita Dio manda il filo • brache, **tela** e meloni, di settembre non son più buoni • fila buona **tela** chi allatta il suo figliuolo • i mosconi rompon le **tele** dei ragni • né donna né **tela** a lume di candela • **tela** di giorno e donna di sera • uno ordisce la **tela**, e l'altro la tesse

temere buona incudine non **teme** martello • la catena non **teme** il fumo • chi ama, **teme** • chi non falla, non **teme** • chi non sale, non **teme** di cadere • chi non **teme** il sermone, non teme il bastone • chi non **teme** pericola • chi **teme** acqua e vento, non si metta in mare • chi **teme** di dire non è degno di fare • chi **teme**, è in pene • chi **teme** il cane, si assicura dal morso • chi **teme** la morte, non stima la fama • fa' il dovere, e non **temere** • guai a quel pescatore che **teme** dell'acqua fredda • mal delibera chi troppo **teme** • molti hanno insegnato a ingannare **temendo** d'essere ingannati • tal piglia leoni in assenza, che **teme** un topo in presenza • triste è quel gioco, dove si **teme** il fuoco

temperanza **temperanza** t'affreni, e prudenza ti meni

temperato aprile **temperato** non è mai ingrato

tempesta a chi è disgraziato, gli **tempesta** nel forno • l'altissimo di sopra ne manda la **tempesta**, l'altissimo di sotto ne mangia quel che resta, e in mezzo a due altissimi restiamo poverissimi • chi fece del seren troppo gran festa, avrà doglia maggior nella **tempesta** • chi presta, **tempesta**; e chi accatta fa la festa • chi semina vento raccoglie **tempesta** • in Italia troppe feste, troppe teste, troppe **tempeste** • in tempo di **tempesta** ogni buco è porto • pioggia in istrada **tempesta** in bottega • s'intende acqua, ma non **tempesta** • suocera e nuora, **tempesta** e gragnola • **tempesta** di maggio, secco d'agosto

tempo a chi lavora il **tempo** passa presto • a fare il vecchio si è sempre a **tempo** • a far le corbellerie siamo sempre a **tempo** • a lasciar si è sempre a **tempo** • al bambin che non ha denti, freddo fa di tutti i **tempi** • amico di buon **tempo** mutasi col vento • a pagare e a morire si è sempre in **tempo** • l'arcobaleno la sera buon **tempo** mena • a **tempo** di guerra con le bugie si governa • a **tempo** di guerra ogni cavallo ha soldo • l'avaro buono è l'avaro del **tempo** • l'avvocato d'ogni stagione miete e d'ogni **tempo** vendemmia • bel **tempo** a San Vincenzo promette gran fieno • il bel **tempo** non dura sempre • il bel **tempo** non viene mai a noia • buona è la neve che a suo **tempo** viene • il buon marinaro si conosce al cattivo **tempo** • buon **tempo** e mal tempo non dura tutto il tempo • il buon **tempo** fa scavezzare il collo • la burla non è bella, se la non è fatta a **tempo** • chi comincia a aver buon **tempo**, l'ha per tutta la vita • chi compra a **tempo**, vende nove per altri e un per sé • chi è savio, si conosce al mal **tempo** • chi ha **tempo** non aspetti tempo • chi mena l'orso a Modena, si perde il **tempo**, le parole e i passi • chi provvede a **tempo** la casa, fa una bottega • chi **tempo** ha e tempo aspetta, tempo perde • con il **tempo** e con la paglia maturano le nespole • la donna da casa non perda mai **tempo** • la donna è come l'appetito, va contentata a **tempo** • dopo la neve, buon **tempo** ne viene • è meglio pioggia e vento che non il mal **tempo** • faccia chi può, prima che il **tempo** mute; ché tutte le lasciate son perdute • fate del bene al lupo, che il **tempo** l'ha ingannato • il giorno di Sant'Antonio o la neve o il **tempo** buono • il gran freddo di gennaio, il mal **tempo** di febbraio, il vento di marzo, le dolci acque d'aprile, le guazze di maggio, il buon mieter di giugno, il buon batter di luglio, le tre acque d'agosto con la buona stagione, vaglion più che il tron di Salomone • in **tempo** di carestia pane di veccia • in **tempo** di guerra ogni spiedo è spada • in **tempo** di tempesta ogni buco è porto • metti la roba in un cantone, ché viene **tempo** ch'ella ha stagione • miseri quei **tempi** che hanno le leggi nelle mani • nebbia bassa buon **tempo** lascia • la nebbia lascia il **tempo** che trova • né di **tempo**, né di signoria non ti dar malinconia • nei pericoli con giudizio, al rimedio col **tempo** • niuno è savio d'ogni **tempo** • non è più il **tempo** che Berta filava • non è più il **tempo** di Bartolommeo da Bergamo • non manchi la volontà, che luogo e **tempo** non mancherà • non sa il **tempo** se non chi lo fece • ogni cosa si sa comportare, eccetto il buon **tempo** • ognuno dà la colpa al cattivo **tempo** • Pasqua e Natale ogni **tempo** può fare • passerà il folle colla sua follia, e passa il **tempo**, ma non tuttavia • pazienza, **tempo** e denari acconciano ogni cosa • il perder **tempo**, a chi più sa, più spiace • per Santa Maria è per la via, per San Lorenzo è a **tempo**, per San Rocco tarda troppo • la predica fa come la nebbia, lascia il **tempo** che trova • quando Dio vuole, a ogni **tempo** piove • quando è **tempo** è tempo • quando gira il calabrone, è il **tempo** dell'Ascensione • quando il **tempo** è in vela, ogni nuvolo porta sereno • quando il **tempo** è molle, il dente è più folle • quando il **tempo** è reale, tramontana la mattina, la sera maestrale • quando la rana canta, il **tempo** si cambia • quando la vacca tien su il muso, brutto **tempo** salta suso • quando tira vento, non si può dir buon **tempo** • quanti giorni cominciano col sole che finiscono col mal **tempo** • quel che alla donna ogni segreto fida, ne vien col **tempo** a far pubbliche grida • rosso di mattina, mal **tempo** si avvicina • rosso di sera, buon **tempo** si spera; rosso di mattina mal tempo s'avvicina • se a dicembre fioccherà, tanto **tempo** resterà • se per San Lorenzo il **tempo** è bello, farà brutto; se è brutto, farà bello • se piove per San Lorenzo, la viene a **tempo**; se piove per la Madonna, l'è ancor buona; se per San Bartolommè soffiale di drè • servi il nobile ancorché sia povero, perché verrà **tempo** che ti pagherà • il **tempo** è denaro • il **tempo** è galantuomo • il **tempo** è il miglior consigliere • **tempo** perduto mai non si riacquista • **tempo** rifatto di notte, se dura un giorno dura troppo • il **tempo** risana ogni piaga • il **tempo** scopre tutto • **tempo**, vento, signor, donna, fortuna, voltano e tornan come fa la luna • **tempo** verrà che il tristo varrà • il **tempo** viene per chi sa aspettare • terren che voglia **tempo**, e uomo che voglia modo non te ne impicciare • tre cose vuole il campo: buon lavoratore, buon seme e buon **tempo** • uomo lento, non ha mai **tempo** • la verità è figlia del **tempo**

temporale delizie **temporali** portano mille mali • di luglio il **temporale** dura poco e non fa male • tanta nebbia di marzo, tanti **temporali** d'estate • **temporal** di notte, molto fracasso e nulla di rotto • **temporal** vende merce

temprare **tempra** la lingua quando sei turbato, acciò che non ti ponga in malo stato

tenda al levar delle **tende** si conosce la festa

tendere l'arco sempre **teso** si spezza • la corda troppo **tesa** si spezza • chi fa una trappola, ne sa **tender** cento • è un di più **tender** bene, se la rete non tiene

tenere (**tenersi**) l'acqua e il popolo non si può **tenere** • all'impossibile nessuno è **tenuto** • al miser uom non giova andar lontano, che la sciagura sempre gli **tien** mano • a nullo luogo viene, chi ogni via che vede **tiene** • ben tardi venuto, per niente è **tenuto** • buona via non può **tenere**, quel che serve senza avere • carta para, **tienla** cara • chi è **tenuto** savio di giorno, non sarà mai pazzo di notte • chi fa il saputo, stolto è **tenuto** • chi fa una volta una pazzia, sempre è **tenuto** a matto • chi ha passato il guado, sa quant'acqua **tiene** • chi ha quattrini da buttar via **tenga** l'opre e non ci stia • chi ha un buon ciocco lo **tenga** per marzotto • chi non **tien** conto del poco, non acquista l'assai • chi piglia l'anguilla per la coda e la donna per la parola, può dire di non **tener** nulla • chi pon mele in vaso nuovo, provi se **tiene** acqua • chi si vuol bene, poco luogo **tiene** • chi **tiene** il cavallo e non ha strame, in capo all'anno si gratta il forame • chi **tiene** il piede in due staffe, spesso si trova fuora • chi tristo non è **tenuto**, se fa mal non è creduto • chi troppo in sé confida, pazienza non **tiene** • chi vuol ben dal popolo, lo **tenga** scusso • chi vuol la casa monda non **tenga** mai colomba • chi vuol l'amore celato lo **tenga** bestemmiato • compar di Puglia, l'un **tiene** e l'altro spoglia • cosa cara **tenuta**, è mezza venduta • di' all'amico il tuo segreto, e' ti **terrà** il piè sul collo • donna che per amor si piglia, si **tenga** in briglia • le donne sono una certa mercanzia da non le **tener** troppo in casa • dove ci son ragazze innamorate, è inutile **tener** porte serrate • è meglio **tenere** a terra che vendere a calcina • è meglio un **tieni** tieni, che cento piglia piglia • è un di più **tender** bene, se la rete non tiene • fazzoletti che si **tengono** a mostra non si vendono • gennaio e febbraio, **tienti** al pollaio; marzo e aprile, capretto gentile; maggio e giugno, erbette col grugno; luglio e agosto, piccioni arrosto, settembre e ottobre, buone lepri col savore; novembre e dicembre, buon vitel sempre • giudice e scrivano vuol **tenere** il piede in mano • loda il mare e **tienti** alla terra • loda il monte e **tienti** al piano • il male che non ha riparo, è bene **tenerlo** nascosto • meglio dare e pentire, che **tenere** e patire • non da chi **tiene**, ma da chi vuol bene • non si può **tenere** la lingua a nessuno • pane e feste **tengono** il popol quieto • parla come il comuno, ma **tieni** e odi com'uno • per parlare di giuoco, bisogna aver **tenute** le carte in mano • piedi, stomaco e testa, **tieni** il resto come una bestia • il primo grado di pazzia è **tenersi** savio, il secondo farne professione, il terzo sprezzare il consiglio • promessa ingiusta, **tener** non è giusto • quando a giugno è più asciutto che bagnato cava il bigoncio e **tienlo** preparato • quando canta il fringuello, buono o cattivo, **tienti** a quello • quando canta il pigozzo di gennaio, **tieni** a mano il pagliaio • quando è poco pane in tavola, **tienti** il tuo in mano • quando la barba fa bianchino, lascia la donna e **tienti** al vino • quando la vacca **tien** su il muso, brutto tempo salta suso • quello **tiene** gran prudenza, che alla morte pensa • la roba sta con chi la sa **tenere** • sacco rotto non **tien** miglio; pover'uom non va a consiglio • se il dì di San Martino il sole va in bisacca, vendi il pane e **tienti** la vacca • se ronza il calabrone di gennaio **tieni** di conto la paglia del pagliaio • la seta non **tiene** il nodo • superbia senza avere, mala via suol **tenere** • tanto è ladro chi ruba che chi **tiene** il sacco • **tenere** due amorosi è come tenere un sacco di pulci • tramontana torba e scirocco chiaro, **tienti** all'erta, marinaro

tenero a gatto vecchio, sorcio **tenerello** • nell'osso duro si crea la midolla **tenera**

tenore quando gli armellini sono in fiore, il dì e la notte son d'un **tenore**

tentare chi vive in libertà, non **tenti** il fato • il diavolo può **tentare**, ma non precipitare • non bisogna **tentar** Dio • quando facciam del male, il diavolo ci **tenta**, quando non facciamo niente, noi tentiamo lui • **tentar** non nuoce

tenuta chi è in **tenuta**, Iddio l'aiuta

terminare quando il cielo è stellato, il digiuno è **terminato** • San Silvestro: son **terminate** le feste; anno nuovo, cominciano di nuovo

termine non v'è **termine** più certo e meno inteso della morte

terno **terno**, il duol dell'inferno

terra al fare in mare, al tondo in **terra** • all'apparir degli uccelli non gettare seme in **terra** • a San Pietro si dà **terra** alle porche • bue fiacco stampa più forte il piè in **terra** • il bue non domo, in **terra** aliena si fa mansueto e domo • cattivo è quel palo che non può stare un anno in **terra** • chi ara la **terra** bagnata per tre anni l'ha dissipata • chi cambia **terra**, dee cambiare usanza • chi è in mare navica, chi è in **terra** radica • chi è segreto in ogni **terra**, mette la pace e leva la guerra • chi ha **terra**, ha guerra • chi lecca i piatti, deve leccare in **terra** • chi piglia la lancia per la punta, la spezza o non la leva di **terra** • di buona **terra** to' la vigna, di buona madre to' la figlia • è meglio tenere a **terra** che vendere a calcina • gli errori dei medici li ricopre la **terra**, quelli dei ricchi il denaro • febbraio ingravida la **terra** • il gelo è la macina della **terra** • guardati dalla peste e dalla guerra, e dai musi che guardan per **terra** • in **terra** di ciechi beato chi ha un occhio • in **terra** di ladri, la valigia dinanzi • loda il mare e tienti alla **terra** • mai sbandito fe' buona **terra** • marzo vuol trovar la **terra** nuda e la vuole lasciar vestita • molta **terra**, terra poca; poca terra, terra molta • la neve per otto dì è alla **terra** come mamma, da indi in là come matrigna • non giudicar la nave stando a **terra** • non ruinan le case fatte in carta, ma murate in **terra** sì • non si fa cosa in **terra** che prima non sia scritta in cielo • non si fa cosa sotto **terra**, che non si sappia sopra terra • novembre ammucchia aria e le foglie in **terra**, dicembre ammazza l'anno e lo sotterra • piuttosto un asino che porti, che un cavallo che butti in **terra** • quando crediamo d'essere a cavallo siamo per **terra** • quando il marito fa **terra**, la moglie fa carne • quando la **terra** vede la vena per sett'anni la terra trema • quattro cose sono a buon mercato, **terra**, parole, acqua e profferte • quel che val molto esce di sotto **terra** • rovo, in buona **terra** covo • San Matteo: butta in **terra** e spera in Dio • se il coltivatore non è più forte della su' **terra**, questa finisce col divorarlo • se non frutta il cielo, non frutta neppur la **terra** • se vuoi comprar **terra** a buon mercato, comprala da uno spiantato, o da figliuol ch'abbia ereditato • **terra** bianca, presto stanca • **terra** coltivata, raccolta sperata • **terra** innanzi e terra poi • **terra** magra fa buon frutto • **terra** nera buon grano mena • **terra** nera dà buon frutto, terra bianca guasta tutto • la **terra** non avvilisce l'oro • un noce in una vigna, una talpa in un prato, un legista in una **terra**, un porco in un campo di biade, e un cattivo governatore in una città, sono assai per guastare il tutto • uno fallisce a cavare la **terra**, un secondo a levar l'acqua, un terzo a render buono il terreno • vanga piatta poco attacca; vanga ritta, **terra** ricca; vanga sotto, ricca al doppio

terreno casa per suo abitare, vigna per suo lavorare, **terren** quanto si può guardare • insalata a cena e camera **terrena**, corta vita mena • ogni **terreno** nutrisce l'arte • **terren** che voglia tempo, e uomo che voglia modo non te ne impicciare • i **terreni** non diventan mai vecchi • uno fallisce a cavare la terra, un secondo a levar l'acqua, un terzo a render buono il **terreno** • vino nel sasso, e popone in **terren** grasso

terrore chi a molti dà **terrore**, di molti abbia timore

terzana la febbre **terzana** non fè mai suonar campana

terzo alla prima moglie ci si mette del suo, alla seconda si sta in capitale, alla **terza** si guadagna • chi si profferisce è peggio d'un **terzo** • di tre cose il diavolo si fa insalata, di lingua d'avvocati, di dita di notai, e la **terza** è riservata • dove due amici s'incontrano, Dio gli fa da **terzo** • legge di Verona, dura da **terza** a nona • i neutrali sono come chi sta al secondo piano, che ha il fumo del primo e il piscio del **terzo** • la prima è moglie, la seconda compagnia, la **terza** eresia • il prim'anno s'abbraccia, il secondo s'infascia, il **terzo** s'ha il mal anno e la mala pasqua • la prima oliva è oro, la seconda argento, la **terza** non val niente • il primo grado di pazzia è tenersi savio, il secondo farne professione, il **terzo** sprezzare il consiglio • quando non rischiara a **terza**, la giornata si può dir persa • la roba ha tre età: la prima l'acquista, la seconda la conserva, la **terza** la distrugge • **terzo** aprilante, quaranta dì durante • tra i due litiganti il **terzo** gode • uno fallisce a cavare la terra, un secondo a levar l'acqua, un **terzo** a render buono il terreno

tesa per Santa Teresa prepara la **tesa**

tesoriere a buon spenditore, Iddio è **tesoriere**

tesoro chi trova un amico, trova un **tesoro** • donna che regge all'oro, val più d'un gran **tesoro** • sapienza occulta, **tesoro** riposto

tessere parere, e non essere, è come filare, e non **tessere** • Pasqua Befana, non si **tesse** e non si fila, non si mette il filo nell'ago, non si mette il pettine in capo • uno ordisce la tela, e l'altro la **tesse** • l'uomo ordisce e la fortuna **tesse**

tessitore (**tessitora**) San Tommaso non è guardato né da pan né da bucato, né da **tessitora** di sul Prato; ma sarà ben digiunato

testa l'acqua rovina i ponti e il vino la **testa** • a nessun confortatore non dolse mai **testa** • a Santa Teresa la **testa** del porco appesa • a **testa** bianca spesso cervello manca • bella **testa** è spesso senza cervello • chi del suo si spodesta, un maglio gli sia dato sulla **testa** • chi fa di **testa** paga di borsa • chi non ha **testa** metta gambe • la coda di gennaio è la **testa** di febbraio: si spaventa il pecoraio • consiglio di vecchio non rompe mai la **testa** • due **teste** fanno un quadrello • grossa **testa** non fa buon cervello • in Italia troppe feste, troppe **teste**, troppe tempeste • meglio una sassata nella **testa**, che una ferita nell'onore • non bisogna fasciarsi la **testa** prima d'essersela rotta • il pesce puzza dalla **testa** • piedi, stomaco e **testa**, tieni il resto come una bestia • le secchie si mettono a combattere col pozzo, e ne portano la **testa** rotta • se ti vergogni a dir di sì, crolla la **testa** e fa' così • se vuoi che il tuo figlio cresca, lavagli i piè e rapagli la **testa** • tante **teste**, tanti pareri • **testa** calva, piazza di pidocchi • **testa** digiuna, barba pasciuta • **testa** di pazzo non incanutisce mai • tutto il cervello non è in una **testa** • uno sprone nella **testa** ne val due ne' calcagni

testamento il giocatore di carte non fa **testamento** • grassa cucina, magro **testamento**

testimone (**testimonio**) la coscienza vale per mille accusatori e per mille **testimoni** • dappertutto c'è un **testimonio** • val più un **testimonio** di vista, che mille di udita

testo la prova del **testo** è la torta

VOGLIO PIV̀ TOSTO VN ASINO, CHE MI PORTI, CHE VN CAVALLO, CHE MI GETTI IN TERRA.

Più d'Amico uolgar pote souente
Giouar la fede à solleuar le cure,
Che di gratia Real l'aura cadente.

testone è meglio esser padrone di un **testone**, che servo di un milione • quando la neve è alta un mattone, il grano torna a un **testone**

tetto chi mette prima il **tetto** e poi il fondo, gli sta poco in questo mondo • gallina vecchia senza **tetto**, non fu mai senza difetto • non ricever la rondine sotto il **tetto** • per ogni civetta che si senta cantare sul **tetto**, non sogna metter bruno • San Benedetto, la rondine sotto il **tetto** • se piovon macine, non servon **tetti** • l'ulivo benedetto porta pace sotto il **tetto** • l'uso serve di **tetto** ai molti abusi

Tevere **Tevere** non cresce, se Nera non mesce

tigna chi ha vigna ha **tigna** • cotal grado ha chi **tigna** pettina • dal capo vien la **tigna** • sotto la scuffia spesso è **tigna** ascosa • **tigna** di vergognoso, e malfrancese di goloso, non guarì mai • la **tigna** e il maldicente è peggio di tutta la gente

tignoso dall'invidioso guardati come dal **tignoso** • la roba fa stare il **tignoso** alla finestra • il **tignoso** non ama il pettine

timidezza (**timidità**) ogni **timidità** è servitù

timido la fortuna i forti aiuta e i **timidi** rifiuta

timone il vino non ha **timone**

timore chi a molti dà terrore, di molti abbia **timore** • l'oro presente cagiona **timore**, e assente dà dolore • la ricchezza non s'acquista senza fatica, non si possiede senza **timore**, non si gode senza peccato, non si lascia senza dolore

tingere a San Lorenzo l'uva si **tinge** • il carbone o scotta o **tinge** • cattiva è quella lana che non si può **tingere** • donna che ti stringe e le braccia al collo ti cinge, poco t'ama, e molto finge, e nel fine ti abbrucia e **tinge** • marzo **tinge**, april dipinge • la padella dice al paiuolo: fatti in là che mi **tingi** • il sole di maggio **tinge** il mostaccio

tino (**tina**) a marzo dal **tino** vola il vino • di novembre il mosto in **tino** gorgogliando divien vino • pane un tantino, e vino un **tino** • Santa Cristina vuota la **tina** • se di maggio piove sempre la mattina, la **tina** resta vuota di vino • se non arde luglio e agosto, nella **tina** poco mosto • se piove per San Donato, botte e **tino** preparate; se piove per San Rocco, preparate tino e botte • se tu vuoi empir le **tina**, zappa il miglio in orecchina • l'uva maggina non riempie né la botte né la **tina**

tinto quando l'aria è turbata e il cielo è **tinto**, è meglio camminar ch'essere spinto

tirannia amore fa amore e crudeltà fa **tirannia** • **tirannia**, tumulto e farina, delle città son la rovina

tiranno nuovo signore, nuovo **tiranno** • il popolo piange quando il **tiranno** ride

tirare ad agosto nessun vento **tira** giusto • a San Miniato o **tira** vento o suona magistrato • l'asino, benché tristo sia stimulato, alle volte **tira** qualche calcio • l'asino, quando ha mangiato la biada, **tira** calci al corbello • l'avaro non fa mai bene, se non quando **tira** le calze • chi ha da avere può **tirare** uno zero • chi ha tegoli di vetro non **tiri** sassi al vicino • chi mal **tira**, ben paga • chi mal **tira**, mal paga • chi **tira** e chi molla • dieci giornate di maggio e dieci d'agosto **tiran** fuori la castagna dal bosco • la giustizia è fatta come il naso, che dove tu lo **tiri** viene • mula che rigna e donna che sogghigna, quella ti **tira**, e questa ti sgraffigna • nel mese di gennar la vecchia sta in **tirar** • parlar senza pensare, è come **tirar** senza mirare • parola detta, e sasso **tirato**, non è più suo • per Santa Caterina: o neve o brina o **tira** fuori la fascina • il più **tira** il meno • quando piove e **tira** vento, serra l'uscio e statti dentro • quando **tira** vento, non si può dir buon tempo • la saetta gira gira, torna addosso a chi la **tira** • se **tira** il vento il dì di San Gregorio, per quaranta dì bisogna correre • i soldati fanno come i cavalli che annitriscono a chi li governa, e **tiran** calci al padrone • i travagli **tiran** giù l'anno • tutti i matti **tirano** a uno • una ciliegia **tira** l'altra • una cosa **tira** l'altra • una parola **tira** l'altra • un sonno **tira** l'altro

tizzone (**tizzo**) febbraio pazzerello, porta un **tizzo** sotto il mantello • gennaio col sole e maggio col **tizzone**

toccare alla Certosa è un cert'uso, chi vi va e non ha fretta, **tocca** un pane e una mezzetta • al **toccar** de' tasti si conosce il buon organista • chi barba non ha e barba **tocca**, si merita uno schiaffo nella bocca • chi disse piano, disse tanto piano, che non ne **toccò** a tutti • chi le **tocca** son sue • chi **tocca** con mano, va sano • il Cristo e i lanternoni **toccan** sempre ai più minchioni • gli estremi si **toccano** • finché l'uomo ha dente in bocca non sa mai quel che gli **tocca** • guai quando i giovani comanderanno e che le botteghe si **toccheranno** • non metter bocca dove non ti **tocca** • non **toccare** il grasso colle mani unte • quando il padre fa carnevale, ai figlioli **tocca** far quaresima • se lo strumento non è **tocco**, non si sa che voce abbia • tra maldocchio e l'acqua cotta, al padron non gliene **tocca** • una volta per uno **tocca** a tutti • vedere e non **toccare** è cosa da crepare • vedere e non **toccare** è cosa da imparare

togliere (**torre**) a chi non piace il vino, Dio gli **tolga** l'acqua • a chi ti può **tor** tutto, dagli quel che chiede • a chi vuol male, Dio gli **toglie** il senno • chi **toglie** moglie per la roba, la borsa va a marito • compagno non **toglie** parte • comprar cavalli e **tor** moglie; serra gli occhi, e raccomandati a Dio • il contento di bella moglie poco ti dà e molto ti **toglie** • il danno **toglie** anche il cervello • del bene e del mal **torre**, secondo quel che corre • denari di gioco, oggi te li do, domani te li **tolgo** • Dio perdona a chi offende, non a chi **toglie** e non rende • dove non n'è, non ne **toglie** neanche la piena • la fortuna come dà, così **toglie** • la fortuna non ci può **togliere** se non quello che ci ha dato • il freddo di marzo penetra il corno del bove, il sole di marzo **toglie** la ruggine del catenaccio • il gastigo può differirsi, ma non si **toglie** • marzo marzello, mi hai **tolto** la pecora e poi anche l'agnello • le mogli si **tolgono** a vita, non a prova • la nebbia di marzo non fa male, ma quella d'aprile **toglie** il pane e il vino • opinion non è sì stolta che da volgo non sia **tolta** • per San Martino **togli** l'acqua e bevi il vino • la prima acqua d'agosto **toglie** un sacco di pulci e l'altro di mosche • quello che aprile dà, il maggio **toglie** • scarpa larga e bicchier pien, **togli** il mondo come vien • se tu vuoi della vite trionfare non gli **torre** e non gli dare, e più di due volte non la legare • un signor che il tuo **ti** toglie, mal francese con le doglie, assassin che ti dispoglie, è men mal che l'aver moglie • tale dà un consiglio altrui per uno scudo, che nol **torrebbe** per un quattrino • tre cose simili; prete, avvocato e morte. Il prete **toglie** dal vivo e dal morto; l'avvocato vuol del diritto e del torto; e la morte vuole il debole e il forte

toma l'appetito con pane e **toma** è il meglio che ci sia a Roma

tonaca (**tonica**) chi ha portata la **tonaca** puzza sempre di frate • quando Natale viene in domenica, vendi la **tonica** per comprar la melica

tonare se giugno è **tonante**, il raccolto è abbondante

tondo al fare in mare, al **tondo** in terra • non c'è sabato santo al mondo, che la luna non sia al **tondo** • non sempre la luna sta in **tondo** • non viene Pasqua al mondo finché la luna di marzo non ha fatto il **tondo** • il padre deve fare la tavola **tonda** • quando la luna è **tonda**, essa spunta quando il sol tramonta • quando la luna è **tonda** i granchi son pieni

tonno tonno di maggio e porco di gennaio

topo casa senza abitanti nido di **topi** • chi non ha il gatto mantiene i **topi**, e chi l'ha mantiene i topi e il gatto • i figli dei gatti prendono i **topi** • gatta inguantata non prese mai **topo** • il leone ebbe bisogno del **topo** • quando non c'è il gatto i **topi** ballano • tal piglia leoni in assenza, che teme un **topo** in presenza • tristo a quel **topo** che ha un bucò solo

toppa chi corre col punto non corre colla **toppa** • tanto il buco e tanta la **toppa**

torba l'acqua piove chiara e va via **torba** • acqua **torba** non lava • tramontana **torba** e scirocco chiaro, tienti all'erta, marinaro

torbido (**torbo**) acqua **torbida** non fa specchio • a fiume **torbido**, guadagno di pescatore • calende **torbo**, mese chiaro • è meglio vin **torbo** che acqua chiara

torcere al sarto povero gli si **torce** l'ago

torcia val più un moccolo davanti che una **torcia** di dietro

tordo a Santa Teresa i **tordi** in discesa • chi ha pazienza, ha i **tordi** grassi a un quattrin l'uno • la favola del **tordo**: guardagli le mani • meglio fringuello in man che **tordo** in frasca • San Luca, il **tordo** trabuca • San Matteo: le rondini vanno, il **tordo** ritorna

tormenta Pasqua colla **tormenta** porta fame e guerra

tormento chi si marita con parenti, corta vita e lunghi **tormenti** • mille piacer non vagliono un **tormento** • molti parenti, molti **tormenti** • un'ora di contento sconta cent'anni di **tormento**

tornare alla guerra si va pieno di danari, e si **torna** pieno di vizi e di pidocchi • andare a Scarperia la non mi **torna**, son tutti sbirri e spie e limacorna • cattivo sparviero quello che non **torna** al logoro • chi cammina un miglio pazzo, non **torna** a casa savio • chi ha sbagliato la strada, **torni** addietro • chi sputa in cielo sul viso gli **torna** • chi sta troppo in sulle chiacchiere, **torna** a casa pieno di zacchere • chi va a caccia senza cani, **torna** a casa senza lepri • chi va e **torna**, fa buon viaggio • chi vuole che il suo conto gli **torni**, faccia prima quello del compagno • donna adorna, tardi esce e tardi **torna** • in capo a un anno e a un mese, ogni fiume **torna** al suo paese • in cent'anni e cento mesi **torna** l'acqua a' suoi paesi • i morti non **tornano** • ogni buon cotto a mezzo **torna** • l'ore non **tornano** indietro • i pifferi di montagna andarono per suonare e **tornarono** suonati • quando il pesce viene a riva, chi nol prende, e' **torna** via • quando la neve è alta un mattone, il grano **torna** a un testone • la rana avvezza nel pantano, se ell'è al monte **tor-**

na al piano • la roba del villano dura trent'anni e un mese e poi la **torna** al suo paese • la saetta gira gira, **torna** addosso a chi la tira • la superbia va a cavallo e **torna** a piedi • tardi **tornò** Orlando • tempo, vento, signor, donna, fortuna, voltano e **tornan** come fa la luna • un sacco di disegni verdi non **tornano** una libbra secchi • va' in piazza, vedi e odi: **torna** a casa, bevi e godi • venite piando, e **tornerete** cantando

torre San Geminiano dalle belle **torri** e dalle belle campane, gli uomini brutti, e le donne befane

torrente monte, porto, città, bosco o **torrente**, abbi se puoi per vicino o parente

torso un **torso** di pera cascata è la morte di mille mosche

torta chi mangia la **torta** del comune, paga lo scotto in piazza • la prova del testo è la **torta** • vari sono degli uomini i capricci; a chi piace la **torta**, a chi i pasticci • vista **torta**, mal animo mostra; vista all'ingiù, tristo e non più; vista all'insù, o pazzo o tanto savio che non si possa dir più

torto (1) all'assente e al morto non si deve far **torto** • alle volte col **torto** si fa l'uomo diritto • chi perde ha sempre **torto** • chi s'adira, ha il **torto** • con le leggi si fa **torto** alle leggi • due **torti** non fanno una ragione • non flagellare il morto, non litigare il **torto** • non si deve far **torto** al gioco • se tu hai **torto** fa' causa, se tu hai ragione, accordati • tre cose simili; prete, avvocato e morte. Il prete toglie dal vivo e dal morto; l'avvocato vuol del diritto e del **torto**; e la morte vuole il debole e il forte

torto (2) all'uomo ricco berretto **torto** • chi bada all'orto non va mai a letto col muso **torto** • ogni becco **torto** vive di preda • solco **torto**, sacco diritto

tortora la prima è asinella, la seconda **tortorella**

tosa beata quella sposa che fa prima la **tosa**

tosare a luna scema non salare, a luna crescente non **tosare**, se vuoi risparmiare • il buon pastore **tosa**, ma non iscortica

Toscana tramontana, pane e vino alla **Toscana**

toscano (**tosco**) chi ha a far con **Tosco**, non vuol esser losco • guardati da **toscan** rosso, da lombardo nero, da romagnuol d'ogni pelo • lingua **toscana** in bocca romana

tosse amore e **tosse** non si possono celare • anche le pulci hanno la **tosse** • se la **tosse** non si cava, la fossa si scava • **tosse** d'inverno vuol governo; tosse d'estate conduce al sagrato

tossico poco **tossico**, non attossica

trabucare San Luca, il tordo **trabuca**

tradimento **tradimento** piace assai, traditor non piacque mai

tradire tavola e bicchiere, **tradisce** in più maniere

traditore il consiglio del **traditore** è come la semplicità della volpe • Fiorentini ciechi, Senesi matti, Pisani **traditori**, Lucchesi signori • tradimento piace assai, **traditor** non piacque mai • traduttori, **traditori**

traduttore **traduttori**, traditori

trafficare chi **traffica**, raffica • non mancò giammai da fare a chi ben vuol **trafficare**

tralcio per San Valentino, pota il **tralcio** se vuoi fare il vino

tramare chi vuol lavor gentile, ordisca grosso e **trami** sottile

tramoggia quando il pidocchio casca nella **tramoggia**, si pensa d'essere il mugnaio • quando i mugnai gridano, corri alla **tramoggia**

tramontana (**tramontano**) il buon nocchiero muta vela, ma non **tramontana** • ponente, **tramontana** si risente • quando il tempo è reale, **tramontana** la mattina, la sera maestrale • quando lampeggia da **tramontana** è segno di caldana • **tramontana**, pane e vino alla Toscana • **tramontana** torba e scirocco chiaro, tienti all'erta, marinaro • **tramontanin** non buzzica, se il marin non lo stuzzica • **tramontano** non si sveglia se scirocco non lo desta

tramontare quando il sol **tramonta**, l'asino si ponta • quando la luna è tonda, essa spunta quando il sol **tramonta**

tramuta tante **tramute**, tante cadute

tramutare a mancanza di gennaio si **tramuta** il vino

tranquillo gennaio con neve, vento e brina: sta' **tranquillo** nella cascina

transazione meglio una **transazione** svantaggiosa che un litigare infelice

trapiantare albero spesso **trapiantato**, mai di frutti è caricato • non diventan porri se non quelli che si **trapiantano**

trappola chi fa una **trappola**, ne sa tender cento

trarre quel che acquista e non serba, dice il libro, va alla fonte, e **trae** acqua col cribro

trascinare le parole incitano, gli esempi **trascinano**

trascurare a lavoratore **trascurato** i sorci mangiano il seminato

traspirazione quando si è in **traspirazione**, scansa il vento e abbottona il pelliccione

trasportare all'orto se non porti non **trasporti**

trastullare trulli trulli, chi li ha fatti li **trastulli**

trattare quando il villano **tratta** ben, la pioggia secca il fien

tratto chi vuol lavor mal fatto, lo paghi innanzi **tratto** • dal detto al fatto c'è un gran **tratto** • un è nulla, due una frulla, tre un che, quattro è un fatto, e cinque un **tratto**

travagliare chi vuol riposare, convien **travagliare** • Roma **travagliata**, ché chi ha bella moglie vive d'entrata • se fortuna **travaglia** un nobil core, raro è che alfine non gli dia favore

travaglio i **travagli** tiran giù l'anno

travasare per San Martino si **travasa** il vino

trave mira la brusca d'altri e non vedi la tua **trave** • ogni bruscolo gli pare una **trave**

tre alle **tre** si cuoce il pane • al litigante ci voglion **tre** cose: aver ragione, saperla dire, e trovar chi la faccia • a Roma ci vogliono **tre** cose: pane, panni e pazienza • bando di Ciompi, durava **tre** dì • bruma oscura **tre** dì dura; se vien di trotto, dura più d'otto • la calunnia offende **tre**, chi la dice, a chi la si dice, e di chi la si dice • chi ara la terra bagnata per **tre** anni l'ha dissipata • chi fa da sé, fa per **tre** • chi fugge fatica, non fa la casa a **tre** solai • compagnia d'uno, compagnia di niuno; compagnia di due, compagnia di Dio; compagnia di **tre**, compagnia di re; compagnia di quattro, compagnia da matti • di **tre** cose il diavolo si fa insalata, di lingua d'avvocati, di dita di notai, e la terza è riservata • fattor nuovo, **tre** dì buono • il furfante in ogni luogo trova **tre** cose, osteria, prigione e spedale • il gallo prima di cantare, batte l'ali **tre** volte • il giudizio viene **tre** giorni dopo la morte • il gran freddo di gennaio, il mal tempo di febbraio, il vento di marzo, le dolci acque d'aprile, le guazze di maggio, il buon mieter di giugno, il buon batter di luglio, le **tre** acque d'agosto con la buona stagione, vaglion più che il tron di Salomone • la lite vuol **tre** cose, piè leggiero, poche parole e borsa aperta • luna nuova **tre** giorni in prova • misura **tre** volte e taglia una • nel febbraio la beccaccia fa il nido, nel marzo **tre** o quattro, nell'aprile pieno il covile, nel maggio tra le frasche, nel giugno come un pugno, nell'agosto non ucciderla al corso • nell'uva, son **tre** vinaccioli; uno di sanità, uno di letizia, e uno di ubriachezza • non c'è due senza **tre** • novembre, **tre** nebbie fanno una piova • le novità duran **tre** dì, e quando van di trotto, le non duran più d'otto • l'ospite è come il pesce: dopo **tre** giorni puzza • per arricchire ci voglion **tre** r, o redare, o rubare, o ridire • per proverbio dir si suole, che **tre** cose il re non ha: di mangiare il pan condito, come noi dall'appetito: di veder levare il sole: di sentir e di udir la verità • porco d'un mese, oca di **tre**, mangiar da re • prega Dio di **tre** cose: di nascere in buona parte, di non cominciar trist'arte, di non prender ria moglie • quando la mora è nera, un fuso per sera; quando l'è nera affatto, filane **tre** o quattro • quel che **tre** sanno tutti sanno • la roba ha **tre** età: la prima l'acquista, la seconda la conserva, la terza la distrugge •

scopa nuova spazza bene **tre** giorni • son **tre** cose che gabbano il villano: il piacer, la credenza e il piover piano • tra ogni **tre** c'è una spia • **tre** acque prelibate: San Giuseppe, la domenica delle Palme, l'Annunziata • **tre** animali feroci: l'Angelo, San Marco e la Croce • **tre** calighi fa una piova, tre piove una brentana, e tre festini una puttana • **tre** cose ci vogliono per vivere felici: dimenticare il passato, provvedere al presente e pensare all'avvenire • **tre** cose fan l'uomo accorto; lite, donna e porto • **tre** cose fanno l'uomo ricco, guadagnare e non ispendere, promettere e non attendere, accattare e non rendere • **tre** cose non cessano mai, il sole, il fuoco e il pensiero dell'uomo • **tre** cose simili; prete, avvocato e morte. Il prete toglie dal vivo e dal morto; l'avvocato vuol del diritto e del torto; e la morte vuole il debole e il forte • **tre** cose son cattive magre, oche, femmine e capre • **tre** cose son difficili a fare: cuocere un uovo, fare il letto ad un cane, ed insegnare a un Fiorentino • **tre** cose son facili a credere, uomo morto, donna gravida e nave rotta • **tre** cose vuole il campo: buon lavoratore, buon seme e buon tempo • **tre** donne fanno un mercato • **tre** D rovinan l'uomo, diavolo, danaro e donna • **tre** figlie e una madre, quattro diavoli per un padre • **tre** fili fanno uno spago • **tre** fratelli, tre castelli • **tre** ladri fanno una forca • **tre** molti rovinan l'uomo: molto parlare e poco sapere, molto spendere e poco avere, molto presumere e poco valere • una giovine in mano a un vecchio, un uccello in mano a un ragazzo, un cavallo in mano a un frate, son **tre** cose strapazzate • un è nulla, due una frulla, **tre** un che, quattro è un fatto, e cinque un tratto • un pezzo non fa fuoco, due ne fanno poco, **tre** un focherello, e quattro lo fanno bello • l'uomo si conosce in **tre** congiunture, alla collera, alla borsa ed al bicchiere • la vita dell'uomo dipende da **tre** ben: intender ben, voler ben, e far ben

treccia donna in **treccia**, cavallo in cavezza

treggea la treggea non è da porci

tregua tra pace e **tregua**, guai a chi rileva

tremare gennaio: chi ha fuoco si scalda, chi no **trema** e balla • quando la terra vede la vena per sett'anni la terra **trema**

trenta aprile n'ha **trenta**, se piove trentuno, non fa male a nessuno • bando bolognese, dura **trenta** giorni meno un mese • chi di venti non n'ha, di **trenta** non n'aspetti • chi ha fatto **trenta**, può fare trentuno • dal rubare al restituire si guadagna **trenta** per cento • la luna ai 29 non fa, e ai **30** non arriva • povero quell'uomo che di **trent**'anni non guarisce i suoi malanni • la roba del villano dura **trent**'anni e un mese e poi la torna al suo paese • **trenta** dì ha novembre, april, giugno e settembre; di ventotto ce n'è uno tutti gli altri n'han trentuno • **trenta** mugnai, trenta beccai, trenta sartori, fan cento e venti ladri

trentino le **Trentine** vengono giù pollastre e se ne vanno sù galline

trentuno aprile n'ha trenta, se piove **trentuno**, non fa male a nessuno • chi ha fatto trenta, può fare **trentuno** • trenta dì ha novembre, april, giugno e settembre; di ventotto ce n'è uno tutti gli altri n'han **trentuno** • tutti i mesi non son di **trentuno**

triaca **triaca** vecchia, confezione nuova

tribolare chi altri **tribola**, sé non posa • chi assai pone e non custode, assai **tribola** e poco gode • col poco si gode, e coll'assai si **tribola** • delle pene d'amore, si **tribola** e non si more

tribolato anno fungato, anno **tribolato** • chi coi poveri è sgarbato, sarà sempre **tribolato** • il **tribolato** va dietro al condannato

tribolo consiglio di volpi, **tribolo** di galline • gaudio di piazza, **tribolo** di casa

tribunale l'inferno e i **tribunali** son sempre aperti

trionfare quando Bacco **trionfa**, il pensier fugge • se tu vuoi della vite **trionfare** non gli torre e non gli dare, e più di due volte non la legare

trionfini chi gioca a' **trionfini**, perde la pazienza e i quattrini

trionfo non convien cantar **trionfo** prima della vittoria

triste chi ha la sentenza contro, e se n'appella, a casa porta due **triste** novelle • più vale una savia donna filando, che cento **triste** vegliando • **triste** è quel gioco, dove si teme il fuoco

tristo ad ogni **tristo** il dì suo tristo • all'uom dabbene avanza la metà del cervello, al **tristo** non sta tutto • l'asino, benché **tristo** sia stimulato, alle volte tira qualche calcio • il ben fare è guerra al **tristo** • buono è l'amico e buono il parente, ma **trista** la casa dove non si trova niente • chi disse ragion di Stato, disse un **tristo**; e chi disse ragion di confino, disse un assassino • chi **tristo** non è tenuto, se fa mal non è creduto • non è sì **trista** spazzatura che non s'adopri una volta l'anno, né sì cattivo paniere che non s'adopri alla vendemmia • non resta carne in beccheria per **trista** che la sia • ogni **tristo** cane abbaia da casa sua • per Sant'Urbano **tristo** quel contadino che ha l'agnello in mano • persona **trista**, nominata e vista • i più **tristi** fra gli uomini sono quelli che non vogliono perdonare • prega Dio di tre cose: di nascere in buona parte, di non cominciar **trist'**arte, di non prender ria moglie • se gennaio è cattivo e **tristo** d'ogni frutto empi il canestro • se lodi il buono diverrà migliore; biasima il **tristo**, e' diverrà peggiore • tempo verrà che il **tristo** varrà • tra parente e parente, **tristo** a chi non ha niente • **trista** a quella casa che ha bisogno di puntelli • **trista** a quella pecora che ritorna al branco • **trista** quella ca' che mangia quanto ha • **trist'**a quella musa che non sa trovar la scusa • **trist'**a quelle case, dove gallina canta e gallo tace • **trist'**e guai, chi crede troppo e chi non crede mai • **tristo** a colui che dà l'esempio altrui • **tristo** a colui che non si trova alle sue nozze • **tristo** a quel barbiere che ha un sol pettine • **tristo** a quel bifolco che si volta indietro a guardare il solco • **tristo** a quel cavallo che va contro allo sprone • **tristo** a quel dente che comincia a crollare • **tristo** a quell'avere che il suo signor non vede • **tristo** a quell'uccello che nasce in cattiva valle • **tristo** a quel quattrino che peggiora il fiorino • **tristo** a quel topo che ha un buco solo • **tristo** è quel consiglio che non ha sconsiglio • **tristo** è quel villano che dà il mangiare a' cani • **tristo** quel cane che si lascia prender la coda in mano • vista torta, mal animo mostra; vista all'ingiù, **tristo** e non più; vista all'insù, o pazzo o tanto savio che non si possa dir più

troia chi vuol fare onore all'amico, ciccia di **troia** e legna di fico

tronco tutti abbiamo un ramo nel **tronco** della pazzia

trono il gran freddo di gennaio, il mal tempo di febbraio, il vento di marzo, le dolci acque d'aprile, le guazze di maggio, il buon mieter di giugno, il buon batter di luglio, le tre acque d'agosto con la buona stagione, vaglion più che il **tron** di Salomone

troppo a chi **troppo** ride gli duole il cuore • l'assai basta e il **troppo** guasta • il bene non è mai **troppo** • chi a **troppi** parla, a pochi dà consiglio • chi fa la casa in piazza, o l'è **tropp**'alta o troppo bassa • chi fece del seren **troppo** gran festa, avrà doglia maggior nella tempesta • chi ha buon pane e buon vino, ha **troppo** un micolino • chi non è alle sue nozze, o che son crude o che son **troppo** cotte • chi sempre beve non ha mai **troppa** sete • chi sta **troppo** in sulle chiacchiere, torna a casa pieno di zacchere • chi **troppo** abbaia, s'empie il corpo di vento • chi **troppo** frena gli occhi, vuol dire che gli sono scappati • chi **troppo** in alto sal, cade sovente precipitevolissimevolmente • chi **troppo** in sé confida, pazienza non tiene • chi **troppo** pensa, nulla fa • chi **troppo** sa, poco sa • chi **troppo** scende, con fatica rimonta • chi **troppo** si fida, spesso grida • chi **troppo** s'impaccia, non è senza taccia • chi **troppo** si stima cade sovente in fondo dalla cima • chi **troppo** vuole nulla stringe • chi vendemmia **troppo** presto, o svina debol vino o tutto agresto • col perdonar **troppo** a chi falla, si fa ingiuria a chi non falla • la corda **troppo** tesa si spezza • cosa **troppo** vista, perde grazia e vista • le donne sono una certa mercanzia da non le tener **troppo** in casa • figlio **troppo** accarezzato non fu mai bene allevato • gente assai, fanno assai; ma mangian **troppo** • in Italia **troppe** feste, troppe teste, troppe tempeste • il letame quand'è **troppo** forte, alle piante dà la morte • mal delibera chi **troppo** teme • il male non vien mai tanto tardi, che non sia **troppo** presto • Massa, saluta e passa; chi **troppo** ci sta, la pelle ci lassa • non v'è maggior nemico della **troppa** prosperità • il pane degli altri è **troppo** salato • per Santa Maria è per la via, per San Lorenzo è a tempo, per San Rocco tarda **troppo** • poco vive chi **troppo** sparecchia • la prudenza non è mai **troppa** • quando la va **troppo** ben, la superbia salta in piè • quando maggio passa, la pioggia non è mai **troppa** • scherzo, riso e gioia, quando è **troppo** annoia • tanto è il **troppo** quanto il troppo poco • tempo rifatto di notte, se dura un giorno dura **troppo** • trist'e guai, chi crede **troppo** e chi non crede mai • **troppa** cera guasta la casa • la **troppa** coda ammazza la volpe • la **troppa** speranza ammazza l'uomo • la **troppa** umiltà vien da superbia • **troppi** cuochi guastano la cucina • **troppi** galli a cantar non fa mai giorno • **troppo** buono, troppo minchione • il **troppo** dolce stomaca • il **troppo** e il poco guasta il gioco • il **troppo** grasso fa l'occhio cieco • **troppo** grattar cuoce, e troppo parlar nuoce • **troppo** lungo non fu mai buono • **troppo** sta chi non fa bene • il **troppo** stroppia • **troppo** voltare fa cascare • il **troppo** zucchero guasta le vivande • un nemico è **troppo**, e cento amici non bastano • la verità non è mai **troppa**

trottare a buon cavallo non occorre dirgli «**Trotta**» • asino punto, convien che **trotti** • il bisogno fa **trottar** la vecchia • in mancanza di cavalli gli asini **trottano**

trotto bruma oscura tre dì dura; se vien di **trotto**, dura più d'otto • chi sa la strada può andar di **trotto** • dal fiore al coppo vi è un gran **trotto** • le novità duran tre dì, e quando van di **trotto**, le non duran più d'otto • perdere il **trotto** per l'ambiadura • riso di signore, sereno d'inverno, cappello di matto, e **trotto** di mula vecchia, fanno una primiera di pochi punti • **trotto** d'asino poco dura

trottola quando la ti dice buona al paleo, non giuocare alla **trottola**

trovare alla Madonna di marzo si scopano, e alla Madonna di settembre si **trovano** • al litigante ci voglion tre cose: aver ragione, saperla dire, e **trovar** chi la faccia • amici di profferta assai si **trova** • amore non si **trova** al mercato • beato si prova chi in pace si **trova** • le belle senza dote **trovano** più amanti che mariti • la buona mercanzia **trova** presto recapito • buon cane non **trova** buon orso • buono è l'amico e buono il parente, ma trista la casa dove non si **trova** niente • casa nuova, chi non ve ne porta non ve ne **trova** • chi cerca **trova** • chi è **trovato** una volta in frodo si presume che vi sia sempre • chi getta la sua roba al popolazzo, si **trova** vecchio poi, povero e pazzo • chi ha a rompere il collo, **trova** la strada al buio • chi la fa, chi la disfà, e chi la **trova** fatta • chi lascia il vicin per un mancamento, va più in là e ne **trova** cento • chi lascia la via vecchia per la nuova, sa quel che lascia e non sa quel che **trova** • chi non può dormire **trova** il letto mal rifatto • chi sa ben **trovar** meloni, trova buona moglie • chi tiene il piede in due staffe, spesso si **trova** fuora • chi **trova** una chiave, trova due quattrini, ma chi la perde, perde due carlini • chi **trova** un amico, trova un tesoro • chi **trovò** il consiglio, inventò la salute • chi vuol **trovar** la gallina, scompigli la vicinanza • consiglio scappato, consiglio **trovato** • età si prova per vista che **trova** • fatta la legge, **trovato** l'inganno • il furfante in ogni luogo **trova** tre cose, osteria, prigione e spedale • marzo se **trova** i fossi pieni li vuota, se li trova vuoti li riempie • marzo vuol **trovar** la terra nuda e la vuole lasciar vestita • la nebbia lascia il tempo che **trova** • non c'è cattiva causa che non **trovi** il suo avvocato • ogni mortaio **trova** il suo pestello • o gran **trovato**, o gran lasciato, o gran rubato • paese che vai, usanza che **trovi** • la palma benedetta vuole **trovare** la casa netta • la predica fa come la nebbia, lascia il tempo che **trova** • prete, medico e avvocato **trovasi** in ogni lato • preti, frati, monache e polli non si **trovan** mai satolli • la propria roba si può prendere dove si **trova** • roba **trovata** e non consegnata è mezza rubata • San Biagio se **trova** il ghiaccio lo disfà, e se non lo trova lo fa • sega l'erba a luna nuova e la vacca al bisogno **trova** • se il diavolo **trova** un vizioso, tosto gli dà da fare • se ti **trovi** dal bisogno stretto, prima che dagli altri vai dal poveretto • sotto piombo si **trovano** le vene d'oro • spesso l'uomo ingannato si **trova** che piglia donna a vista e non a prova • tardi s'avvede il ratto, quando si **trova** in bocca al gatto • tosto si **trova** il bastone per dare al cane • trist'a quella musa che non sa **trovar** la scusa • tristo a colui che non si **trova** alle sue nozze • l'ulivo benedetto, vuol **trovare** pulito e netto • un asino **trova** sempre un altr'asino che lo ammira

trulli trulli **trulli trulli**, chi li ha fatti li trastulli

tumulto tirannia, **tumulto** e farina, delle città son la rovina • **tumulto** presente, rigor pronto

tuonare al primo **tuon** di marzo escon fuori tutte le serpi • quando ha **tonato** e tonato, bisogna che piova • quando **tuona** a aprile, grano nel sacco e vino nel barile • quando **tuona** il dì di San Giuseppe, due inverni in quell'anno • se di novembre **tuona**, l'annata sarà buona • se giugno **tuona**, tutta l'estate rimbomba • tanto **tuonò** che piovve

tuono al primo **tuon** di marzo escon fuori tutte le serpi • che Santa Barbara ci protegga dal fuoco, dal **tuono** e dalla morte subitanea • chi non ha poveri o matti nel parentato, è nato o di lampo o di **tuono** • dopo il lampo viene il **tuono** • per San Luca, il **tuono** va nella zucca • San Pietro, Sant'Anna, San Lorenzo: **tuoni**, saette e pioggia a secchie • Sant'Antuono, lampi e **tuoni** • **tuono** d'aprile, verderame nel barile

turare un fiasco di vino, e tanto pane che **turi** un fiasco

turbato chi è fortificato, non è **turbato** • quando l'aria è **turbata** e il cielo è tinto, è meglio camminar ch'essere spinto • tempra la lingua quando sei **turbato**, acciò che non ti ponga in malo stato

tutolo a San Rocco la pannocchia fa il **tutolo**

u, U

ubbidire se tu vuoi **ubbidire**, non far più di quello che ti vien comandato

ubertoso maggio fresco e ventoso rende l'anno **ubertoso** • maggio piovoso anno **ubertoso**

ubriacare (**imbriacare**) chi non balla a carnevale e non si **ubriaca** a San Martino fa cattiva fine • il vino che si pasteggia non **imbriaca** • per San Martino si **ubriaca** il grande e il piccino

ubriachezza nell'uva, son tre vinaccioli; uno di sanità, uno di letizia, e uno di **ubriachezza**

ubriaco (**briaco**) non si può avere la botte piena e la moglie **ubriaca** • riguardati dai matti, dai **briachi**, dagli ipocriti e dai minchioni • sogno di **briaco** e gravità di pazzo, fanno un bel mazzo • i vecchi e i **briachi** sono due volte fanciulli

uccellare chi va per **uccellar** resta impaniato

uccellatore a San Mattè, l'**uccellator** salta in piè

uccello al canto l'**uccello**, al parlare il cervello • all'apparir degli **uccelli** non gettare seme in terra • a San Valentino ogni **uccello** ripiglia il cammino • bel colpo non ammazzò mai **uccello** • cattivo è quell'**uccello** che rivela il proprio nido • cattivo quell'**uccello** che sporca il suo nido • cavalli, cani, **uccelli** e servitori, guastan, mangian, ruinano i signori • chi non piglia **uccelli**, mangi la civetta • la domenica dell'ulivo ogni **uccello** fa il suo nido • febbraio, febbraiolo, tutti gli **uccelli** mettono l'uovo • Genova, aria senza **uccelli**, mare senza pesce, monti senza legna, uomini senza rispetti • il giorno di San Benedetto s'accoppiano gli **uccelli** • guai a quell'anno che l'**uccello** non fa danno • non tutti gli **uccelli** conoscono il grano • ogni **uccel** d'agosto è beccafico • ogni **uccello** conosce il grano • ogni **uccello** fa il suo verso • ogni **uccello** non canta • la pappa fa l'**uccello** ma la piuma lo fa bello • per la Candelora ogni **uccello** fa la cova • per l'Annunziata il grano fiorisce e gli **uccelli** fan la loro nidiata • per l'Ascensione neppure l'**uccello** va al nido • quanto più l'**uccello** è vecchio, tanto più malvolentieri lascia le piume • rete nuova non piglia **uccello** vecchio • se il cielo rovinasse, si piglierebbero di molti **uccelli** • se il porco volasse, non ci sarebbe **uccel** che lo passasse • se vuoi fottere gli **uccelli** passanti, semina fave e piselli per Tutti i Santi • tanto caca un bue quanto un **uccellino** • tristo a quell'**uccello** che nasce in cattiva valle • **uccellin** che mette coda, mangia ogn'ora ogn'ora • un **uccello** ammaliziato non dà retta alla civetta • **uccello** che non canta non dà augurio • **uccello** in gabbia non canta per amor, canta per rabbia • una giovine in mano a un vecchio, un **uccello** in mano a un ragazzo, un cavallo in mano a un frate, son tre cose strapazzate • uomo ammogliato, **uccello** in gabbia

uccidere l'acqua d'aprile, il bue ingrassa, il porco **uccide**, e la pecora se ne ride • benché l'aquila voli alto, il falco l'**uccide** • credenza è morta, il mal pagar l'**uccise** • la febbre quartana i vecchi **uccide** e i giovani risana • nel febbraio la beccaccia fa il nido, nel marzo tre o quattro, nell'aprile pieno il covile, nel maggio tra le frasche, nel giugno come un pugno, nell'agosto non **ucciderla** al corso • ne **uccide** più la gola che la spada • ne **uccide** più la lingua che la spada

udire buona cosa è la messa **udire**, ma meglio la casa custodire • chi affoga, grida ancor che non sia **udito** • chi domanda ciò che non dovrebbe, **ode** quel che non vorrebbe • chi non ascolta il padre in gio-

S'VN CIECO GVIDA L' ALTRO CIECO, AMBEDVE CASCANO NELLA FOSSA.

S'il Cieco al Cieco à i precipitij è guida,
Al'incauto, che d'uopo hà di consiglio,
Consigliero imprudente, è scorta infida.

vinezza, **udirà** il boia in vecchiezza • chi non parla, Dio non l'**ode** • chi **ode**, non disode • chi vuol **udir** novelle, al barbier si dicon belle • il gran signor non **ode**, se non adulazion, menzogna e frode • non far ciò che non puoi, non spendere ciò che non hai; non creder ciò che **odi**, non dir ciò che tu sai • **odi** l'altra parte, e credi poco • parla come il comuno, ma tieni e **odi** com'uno • per proverbio dir si suole, che tre cose il re non ha: di mangiare il pan condito, come noi dall'appetito: di veder levare il sole: di sentir e di **udir** la verità • quando **odi** altrui mancamenti, chiudi la lingua fra i denti • san chi l'**ode** e pazzo chi 'l crede • va' in piazza, vedi e **odi**: torna a casa, bevi e godi

udito (**udita**) chi parla per **udita**, aspetti la mentita • val più un testimonio di vista, che mille di **udita**

ufficiale (**ufiziale**) il buono **ufficiale** vuol aver due cose, mano larga e brachetta stretta • chi porta la cappa è degli **ufiziali**

ufficio (**ufizio**) a Firenze per avere **ufizii**, bisogna avere bel palazzo e stare a bottega • e' si danno gli **ufficii**, ma non la discrezione • quello è tuo nemico che è di tuo **ufficio**

uggioso se maggio è rugginoso, l'uomo è **uggioso**

uguale non è superbia alla superbia **uguale** d'uom basso e vil che in alto stato sale • San Vitale: per quaranta dì è **uguale**

uliveto chi ara l'**uliveto**, dimanda il frutto; chi lo letama l'ottiene; chi lo pota lo sforza

ulivo agli **ulivi**, un pazzo sopra e un savio sotto • chi vuole ingannare il suo vicino, ponga l'**ulivo** grosso e il fico piccolino • la domenica dell'**ulivo** ogni uccello fa il suo nido • quando piove la domenica degli **ulivi**, piove sette domeniche di fila • se non piove sull'**ulivo** piove sull'ova • l'**ulivo** benedetto porta pace sotto il tetto • l'**ulivo** benedetto, vuol trovare pulito e netto

ultimo all'**ultimo** si contano le pecore • beati gli **ultimi**, se i primi sono discreti • chi le porta è l'**ultimo** a saperle • chi pratica co' gran maestri, l'**ultimo** a tavola e il primo a' capestri • il core è il primo che vive e l'**ultimo** che muore • i mugnai sono gli **ultimi** a morir di fame • il palio si dà da **ultimo** • più vale l'**ultimo** che il primo viso • i poveri sono i primi alle forche, e gli **ultimi** a tavola • primo porco, **ultimo** cane • quando vedi la nespola e tu piangi, che l'è l'**ultima** frutta che tu mangi • ride bene chi ride **ultimo** • San Giorgio, San Marco e Santa Croce sono gli **ultimi** cavalieri del freddo • se il sole va a dormire pulito l'**ultimo** dì d'agosto fa un bell'autunno; se il sole va a dormire col cappello l'autunno non fa bello • il sonno è l'**ultima** conta • la speranza è l'**ultima** a morire • l'**ultimo** vestito ce lo fanno senza tasche

umano prosperità **umana**, sospetta e vana • sbagliare è **umano**, perseverare è diabolico • se ti vuoi mantener sano, caccia via il rispetto **umano**

umido quel che leva l'alido, l'**umido** lo rende; quel che leva l'umido, l'alido non lo rende • scorpione, **umido** è tutto ove si pone • se le calende di gennaio vengono di domenica, l'inverno è caldo, la primavera **umida**, l'autunno ventoso

umile l'agnello **umile** succhia le mammelle della propria madre e quelle degli altri • non mai s'intende l'uom saggio e perfetto, se non ha di se stesso **umil** concetto

umiltà la troppa **umiltà** vien da superbia

umore come marzo s'avvicina, tutti gli **umori** si risentono

ungere (**ugnere**) le buone parole **ungono**, e le cattive pungono • carità **unge**, e peccato punge • i chiavistelli s'**ungon** con l'oro • perché vada il carro, bisogna **unger** le ruote • quando la spiga punge, la rana **unge** • quando l'erba non punge, la passera non **unge** • quanto più ciondola, più **ugne** • **ungi** e frega, ogni male si dilegua • il vero punge e la bugia **unge** • il villano punge chi l'**unge** e unge chi lo punge

Ungheria i don di Spagna, i conti d'Alemagna, i monsieurs di Francia, i vescovi d'Italia, i cavalier di Napoli, i lordi di Scozia, i fidalghi di Portogallo, i minori fratelli d'Inghilterra e i nobili d'**Ungheria**, fanno una povera compagnia

unghia (**ugna**) né l'occhio né l'**ugna**, vuol niente che pugna • se febbraio s'ingrugna, ti fa cadere l'**ugna**; se febbraio s'incagna, ti fa cader le calcagna • **ugna** di leone e lingua di gatto, guariscon del matto

unione l'**unione** fa la forza

unire i frati si **uniscono** senza conoscersi, stanno uniti senza amarsi e muoiono senza piangersi • il male **unisce** gli uomini

universale l'allegria è d'ogni male il rimedio **universale**

unto battilano, o **unto**, o si muor di fame • bocca **unta** non disse mai male • bocca **unta** non può dir di no • il canapo è **unto** con l'argento • corpo **unto** e panni strappati • non toccare il grasso colle mani **unte** • per Sant'Assunta l'oliva è **unta**

uomo (**huomo**) l'abito fa l'**uomo** • alla prim'acqua d'agosto, pover'**uomo** ti conosco • alle volte col torto si fa l'**uomo** diritto • all'**uom** che è grato tutto va creduto • all'**uom** dabbene avanza la metà del cervello, al tristo non sta tutto • all'**uomo** grosso dagli del macco • all'**uomo** meschino gli basta un ronzino • all'**uomo** moglie, al putto verga • all'**uomo** ricco berretto torto • al miser **uom** non giova andar lontano, che la sciagura sempre gli tien mano • amicizia di grand'**uomo** e vin di fiasco, la mattina è buono e la sera è guasto • un asino di vent'anni è più vecchio d'**un** uomo di settanta • a **uomo** che va, uomo che viene • Bacco, tabacco e Venere riducon l'**uomo** in cenere • i bei partiti fanno andare gli **uomini** in galera • un bel naso fa un bell'**uomo** • la briglia regge il cavallo, e la prudenza l'**uomo** • carne di porco e **uomini** di guerra durano poco • caval che suda, **uomo** che giura e donna piangente non gli creder niente • chi dice a un povero **uom** dabbene, gli fa una grande ingiuria • chi disse **uomo**, disse malanno • chi non cura sua magione, non è **uo-**

mo di ragione • col sole di maggio l'**uomo** prende coraggio • il danaro fa l'**uomo** intero • d'aprile piove per gli **uomini** e di maggio per le bestie • da **uom** dabbene, non hai che bene • del mal d'altri l'**uomo** guarisce, e del proprio muore • Dio mi guardi da can incatenato e da **huomo** deliberato • Dio mi guardi da **huomo** segnato • disegno di pover **uomo**, mai non riesce • la donna guarda più sott'occhio che non fa l'**uomo** a diritto filo • la donna, il fuoco e il mare fanno l'**uom** pericolare • dove son **uomini** è mondo • due item fan l'**uomo** beato • e' non son tutti **uomini** quelli che pisciano al muro • l'erba che non vuoi ti spunta nell'orto e l'**uomo** che vuoi morto è sempre vivo • la febbre continua ammazza l'**uomo** • figliuoli matti, **uomini** savi • finché l'**uomo** ha dente in bocca non sa mai quel che gli tocca • gastiga il cane, gastiga il lupo, non gastigar l'**uomo** canuto • Genova, aria senza uccelli, mare senza pesce, monti senza legna, **uomini** senza rispetti • gran nemico all'**uomo** è il parer proprio • Iddio fa l'abbondanza e l'**uomo** la carestia • in ogni **uomo** c'è un porco che sonnecchia • il lavoro nobilita l'**uomo** • letto e fuoco fanno l'**uom** dappoco • il libro serrato non fa l'**uomo** letterato • il magistrato è paragon dell'**uomo** • il male unisce gli **uomini** • molte volte i nocumenti sono agli **uomini** documenti • le montagne stanno ferme, gli **uomini** camminano • muore più **uomini** pregni che donne gravide • la necessità fa l'**uomo** ladro • né malattia né prigionia non fece mai buon **uomo** • non dir le cose tue né ad **uom** senza barba, né a donna senza petto • non è superbia alla superbia uguale d'**uom** basso e vil che in alto stato sale • non mai s'intende l'**uom** saggio e perfetto, se non ha di se stesso umil concetto • l'occasione fa l'**uomo** ladro • ogni dieci anni un **uomo** ha bisogno dell'altro • ogni **uomo** è uomo, e ha cinque dita nelle mani • ogni **uomo** ha buona moglie e cattiva arte • l'oro si prova col fuoco e l'**uo**-

mo con l'oro • la peggio carne a conoscere è quella dell'**uomo** • perdonare è da **uomini**, scordarsene è da bestie • per l'anno nuovo bisogna incontrare un **uomo** • per più non potere, l'**uomo** si lascia cadere • la perversità fa l'**uomo** guercio • il peso degli anni è il maggior peso che l'**uomo** possa portare • i più tristi fra gli **uomini** sono quelli che non vogliono perdonare • povero quell'**uomo** che di trent'anni non guarisce i suoi malanni • povero quell'**uomo** che sa quanto sale vuole la pentola • il pover'**uomo** non fa mai ben: se muor la vacca, gli avanza il fien; se la vacca scampa, il fien gli manca • quando Dio vuol punire un **uomo**, spesso si serve dell'altr'uomo • quando fortuna dona all'**uom** rispetto, gli dà favore e aiuto a suo dispetto • quando l'**uomo** è incudine, gli bisogna soffrire; quand'è martello, percuotere • quando l'**uomo** n'ha cinquanta bisogna che salvi la midolla per la pianta • sacco rotto non tien miglio; pover'**uom** non va a consiglio • sai tu com'ella è? come l'**uomo** se l'arreca • saliva d'**uomo**, ogni serpe doma • San Geminiano dalle belle torri e dalle belle campane, gli **uomini** brutti, e le donne befane • sapienza di pover **uomo**, bellezza di p... e forza di facchino non valgono un quattrino • scienza, casa, virtù e mare, molto fan l'**uomo** avanzare • se fossi cappellaio gli **uomini** nascerebbero senza capo • se maggio è rugginoso, l'**uomo** è uggioso • senza moglie a lato l'**uom** non è beato • se vuoi condurre un **uomo** a imbarbogire, fallo ingelosire • se vuoi veder un **uom** quanto gli è brutto, un uom senza danar guardalo tutto • spesso l'**uomo** ingannato si trova che piglia donna a vista e non a prova • spesso sotto abito vile s'asconde **uom** gentile • il tacer adorna l'**uomo** • tanto vale l'**uomo**, quanto si stima • terren che voglia tempo, e **uomo** che voglia modo non te ne impicciare • tra carne e ugna, non sia **uom** che vi ponga • tre cose fan l'**uomo** accorto; lite, donna e porto • tre cose fanno l'**uomo** ricco, guadagnare e non ispendere, promettere e non attendere, accattare e non rendere • tre cose non cessano mai, il sole, il fuoco e il pensiero dell'**uomo** • tre cose son facili a credere, **uomo** morto, donna gravida e nave rotta • tre D rovinan l'**uomo**, diavolo, danaro e donna • tre molti rovinan l'**uomo**: molto parlare e poco sapere, molto spendere e poco avere, molto presumere e poco valere • la troppa speranza ammazza l'**uomo** • tutti gli **uomini** sanno ogni cosa, ma non uno solo • un quattrin di carta, una penna, e un danaro d'inchiostro, fanno apparire d'un **uomo** un mostro • un **uomo** di paglia vuole una donna d'oro • un **uomo** ne val cento, e cento non ne vagliono uno • un **uomo** nuoce a cento, e cento non giovano a uno • **uom** che ghigna, can che rigna, non te ne fidare • **uom** che ha invidia ha doglie • gli **uomini** fanno la roba, e le donne la conservano • gli **uomini** fanno la roba, non la roba gli uomini • gli **uomini** hanno gli anni che sentono, le donne quelli che dimostrano • gli **uomini** non si misurano a canne • **uomini**, sanità e fuori • gli **uomini** sfiduciati non furono mai buoni • gli **uomini** sono aprile quando fanno all'amore, dicembre quando hanno sposato • gli **uomini** vanno veduti in pianelle, e le donne in cuffia • **uomo** a cavallo, sepoltura aperta • **uomo** affrontato è mezzo morto • **uomo** ammogliato, uccello in gabbia • **uomo** asturiano, vino puro, e lancia nella mano • **uomo** avvisato, mezzo salvato • **uomo** carnale nulla vale • **uomo** che ha voce di donna, e donna che ha voce di uomo, guardatene • **uomo** condannato, mezzo decollato • **uomo** digiuno non canta • **uomo** di Spagna ti fa sempre qualche magagna • **uomo** di vino non vale un quattrino • **uomo** e donna in stretto loco, secca paglia appresso al foco • l'**uomo** è fuoco, e la donna è stoppa, vien poi il diavolo, e gliel'accocca • l'**uomo** fa il luogo, e il luogo l'uomo • **uomo** indebitato ogni anno lapidato • **uomo** lento, non ha mai tempo • **uomo** morto non fa guerra • **uomo** nasuto di rado cornuto • l'**uomo** ordisce e la fortuna tesse • **uomo** ozioso è il capezzale del diavolo • **uomo** peloso, o forca o lussurioso, o matto o avventuroso • **uomo** peloso, o pazzo o virtuoso • **uomo** peloso, uomo forzoso • l'**uomo** per la parola e il bue per le corna • **uomo** piccolo uomo ardito • **uomo** poltrone, uomo poverone • l'**uomo** propone e Dio dispone • **uomo** rosso e cane lanuto, più tosto morto che conosciuto • **uomo** rosso e donna barbuta, co' sassi la saluta • **uomo** senza moglie, è mosca senza capo • **uomo** senza quattrini è un morto che cammina • **uomo** senza roba è una pecora senza lana • l'**uomo** si conosce in tre congiunture, alla collera, alla borsa ed al bicchiere • l'**uomo** si giudica male alla cera • **uomo** sollecito, mezzo indovino • **uomo** zelante uomo amante • **uom** solitario, o bestia o angiolo • vari sono degli **uomini** i capricci; a chi piace la torta, a chi i pasticci • vento al visaggio rende l'**uomo** saggio • vino non è buono, che non rallegri l'**uomo** • vino spesso, pan caldo e legna verde, e non si lagni l'**uomo** se si perde • la vita dell'**uomo** dipende da tre ben: intender ben, voler ben, e far ben

uovo (**ovo**) alle volte si dà un **uovo** per un bue • chi vuol l'**uovo**, deve soffrire lo schiamazzo della gallina • d'un **uovo** bianco pulcin nero • febbraio, febbraiolo, tutti gli uccelli mettono l'**uovo** • le galline fanno le **uova** dal becco • il ladro dell'ago va all'**ovo**, dall'ovo al bue, dal bue alla forca • il mal corvo fa mal **uovo** • meglio un **uovo** oggi che una gallina domani • nessuno vuol gallina se non le fa due **ova** • non si satolla nessuno con l'**uova** bevute • non v'è gallina, né gallinaccia, che di gennaio **uovo** non faccia • non v'è **uovo** che non guazzi • olivo bagnato, **uovo** asciutto • ottobre cuoce l'**uovo** • per San Nicola ogni mandra fa la prova, ogni ruscello suona, ogni gallina comincia a fare l'**ova** • per Sant'Antonio ogni pollastra dà l'**uovo** • quando la gallina canta ha fatto l'**uovo** • quando si bagnano le Palme si bagnano anche l'**ova** • se non piove sull'ulivo piove sull'**ova** • tre cose son difficili a fare: cuocere un **uovo**, fare il letto ad un cane, ed insegnare a un Fiorentino • un **uovo** appena nato vale un ducato • un **uovo** vuol sale e fuoco • val più un buon giorno con un **uovo**, che un mal'anno con un bue

urlare mangiar molto e bever bene, e **urlar** quando la viene

usanza a **usanza** nuova non correre • le buone **usanze** vanno rispettate • le buone **usanze** van tutte a perdersi • chi cambia terra, dee cambiare **usanza** • chi fa bene per **usanza**, se non perde, poco avanza • è assai comune **usanza**, il credersi persona d'importanza • è meglio ammazzare uno che mettere una cattiva **usanza** • ogni gravidanza ha la sua **usanza** • paese che vai, **usanza** che trovi

usare chi ben non **usa** cortesia, la guasta • ciò che s'**usa** non fa scusa • coi gran signori bisogna **usar** poche parole • non è villano perché in villa stia, ma villano è chi **usa** villania • la pecunia, se la sai **usare**, è ancella; se no, è donna • ricchezza poco vale a quel che l'**usa** male • **usa** col buono e sta bene coi cattivi

usato se in luglio la formica porta più dell'**usato**, l'inverno sarà duro e anticipato

uscio cani e villani lascian sempre l'**uscio** aperto • chi ha buon catenaccio all'**uscio** non ha paura de' birri • chi non l'ha all'**uscio** l'ha alla finestra • chi ride del mal d'altrui, ha il suo dietro l'**uscio** • Dio serra un **uscio** e apre una finestra • guarda che tu non lasci la coda nell'**uscio** • meglio cascar dall'**uscio** che dalla finestra • il peggior passo è quello dell'**uscio** • quando l'oste è sull'**uscio**, l'osteria è vuota • quando piove e tira vento, serra l'**uscio** e statti dentro • se vuoi guardar la casa, fai un **uscio** solo • **uscio** aperto guarda casa

uscire al primo tuon di marzo **escon** fuori tutte le serpi • aprile: mai **uscire** senza ombrello • bisogna guardare non a quello che entra, ma a quello che **esce** • il bisogno ti fa **uscire** dalla tana • il buon soldato **esce** dal prato • chi di vecchio si veste, gode poco e presto n'**esce** • chi **esce** fuor dal suo mestiere, fa la zuppa nel paniere • chi è vivo a maggio **esce** • chi mal si marita non **esce** mai di fatica • chi muore, **esce** d'affanni • chi per altrui promette, entra per le larghe e **esce** per le strette • dal campo deve **uscir** la fossa • da nona alla campana **esce** fuora la... • donna adorna, tardi **esce** e tardi torna • i parenti **escon** fuori di casa • la prima acqua d'aprile, la lumaca **esce** dal suo covile • la pulce ch'**esce** di dietro l'orecchio col diavolo si consiglia • quando la viola **esce** di febbraio, prendi la rasura e mettila nel pagliaio • quanto più presto se n'**esce**, e meglio è • quel che val molto **esce** di sotto terra • se marzo entra come un leone **esce** come un agnello

uscita (**escita**) all'**escita**, brache e camicia; e all'entrata, la rocca è inconocchiata • Santa Liberata perché non ha l'**uscita** come l'entrata

uso alla Certosa è un cert'**uso**, chi vi va e non ha fretta, tocca un pane e una mezzetta • chi è **uso** alla zappa non pigli la lancia • chi è **uso** a mercanzia non sa che guerra sia • chi non è **uso** a portar le brache, le costure gli danno noia • l'**uso** diventa natura • **uso** fa legge • l'**uso** serve di tetto ai molti abusi • l'**uso** vince natura

utile ciò ch'è **utile**, non è vergogna • tanto è l'amore quanto è l'**utile** • l'**utile** fa pigliar parte

uva a San Lorenzo l'**uva** si tinge • a Santa Reparata l'**uva** bianca è maturata • bella vigna, poca **uva** • chi mangia l'**uva** d'agosto, non arriva a bere il mosto • nell'**uva**, son tre vinaccioli; uno di sanità, uno di letizia, e uno di ubriachezza • per San Barnabà, l'**uva** viene e il fiore va • poca **uva**, molto vino; poco grano, manco pane • quando piove il giorno di San Vito il prodotto dell'**uva** va sempre fallito • San Michele: l'**uva** diventa miele • se nascono i funghi al mese di luglio, matura l'**uva** • se piove per San Barnabà, l'**uva** bianca se ne va; se piove mattina e sera, se ne va la bianca e la nera • settembre, l'**uva** e il fico pende • **uva** di maggio, **uva** assai • l'**uva** maggina non riempie né la botte né la tina • la vigna pampinosa fa poca **uva**

v, V

vacca a cattiva vacca Dio dà corte corna • ara coi buoi e semina colle **vacche** • a San Marco le **vacche** passano il varco • a Santa Caterina le **vacche** vanno alla cascina • chi lavora colle **vacche** va al mulino colle somare • chi si lascia mettere in spalla la capra, indi a poco è sforzato a portar la **vacca** • da una sola **vacca** non si cava due pelli • d'estate ogni buco fa latte, d'inverno nemmen le buone **vacche** • la fortuna è una **vacca**, a chi mostra il davanti, a chi il di dietro • male in **vacche** e peggio in buoi • morta la **vacca**, disfatta la soccida • pecora cornuta, **vacca** panciuta, mai non la muta • il pover'uomo non fa mai ben: se muor la **vacca**, gli avanza il fien; se la **vacca** scampa, il fien gli manca • quando la **vacca** tien su il muso, brutto tempo salta suso • Sant'Andrea, si stallano le **vacche** e i buoi • sega l'erba a luna nuova e la **vacca** al bisogno trova • se il dì di San Martino il sole va in bisacca, vendi il pane e tienti la **vacca** • la **vacca** non s'empie la pancia se non è maggio

vagabondo paesi fecondi, rendon molti **vagabondi**

vaglio la donna girellona è acqua in un **vaglio**

vago la fortuna è **vaga** de' bei tiri

vaiolo (**vaiuolo**) la madre non può dire che sia suo il figliuolo finché non ha avuto il **vaiuolo**

valente l'asino porta il basto e non lo sente; se non lo sente, egli è assai **valente** • a volere fare un **valente**, convien fargli villania • se il grande fosse va-

lente e il piccolo paziente, e il rosso leale, ognun sarebbe eguale

Valenza il medico di **Valenza**, lunghe falde e poca scienza

valere a carnevale, ogni scherzo **vale** • a carnevale ogni scherzo **vale**, ma che sia uno scherzo che sa di sale • acqua sopra acqua, non **vale** aver né saio né cappa • a mal mortale né medico né medicina **vale** • a San Martino la castagna buona **vale** un quattrino • ben dire **val** molto, ben fare passa tutto • bene fatto per paura non **val** niente e poco dura • capo senza lingua, non **vale** una stringa • casa che ha il buon vicino, **val** più qualche fiorino • il cavallo tanto va, tanto **vale** • chi ha a morir di ghiandosa, non gli **vale** far casotti in campagna • chi si sputa addosso, non **vale** un grosso • contro la forza la ragion non **vale** • contro la morte non **vale** armatura • cosa per forza non **vale** scorza • la coscienza **vale** per mille accusatori e per mille testimoni • donna buona **vale** una corona • donna che regge all'oro, **val** più d'un gran tesoro • dono di consiglio più **vale** che d'oro • la fortuna, il fato, e il destino, non **vagliono** un quattrino • il gioco non **vale** la candela • il gran freddo di gennaio, il mal tempo di febbraio, il vento di marzo, le dolci acque d'aprile, le guazze di maggio, il buon mieter di giugno, il buon batter di luglio, le tre acque d'agosto con la buona stagione, **vaglion** più che il tron di Salomone • in anno pieno il grano è fieno, in anno malo la paglia **vale** quanto il grano • ira senza forza, nulla **vale** • la lancia **val** più delle carte • mille piacer non **vagliono** un tormento • molto **vale** e poco costa, a mal parlar buona risposta • Natale in venerdì, **vale** due poderi: se viene in domenica, vendi i bovi e compra la melica • non c'è avere che **vaglia** sapere • non **vale** levarsi a buon'ora, bisogna aver ventura • non **val** sapere, a chi fortuna ha contra • ogni scusa è buona, purché **vaglia** • onestà di bocca assai **vale** e poco costa • il pentirsi da sezzo poco **vale** • più **vale** il cuore che il sangue • più **vale** il fuoco di casa mia che il fuoco dell'altrui • più **vale** l'ultimo che il primo viso • più **vale** mestiero che sparviero • più **vale** una savia donna filando, che cento triste vegliando • più **vale** un padre che cento pedagoghi • più **vale** un pan con amore che un cappone con dolore • più **vale** un sol remo che sia indietro, che dieci che vanno avanti • poco **vale** il pensare se il male è intravvenuto • la prima acqua d'aprile, **vale** un carro d'oro con tutto l'assile • la prima oliva è oro, la seconda argento, la terza non **val** niente • la provvidenza **val** più delle rendite • quando la fame assale, la musica non **vale** • quando la neve s'inverna in piano, **val** più il sacco che non vale il grano • quel che **val** molto esce di sotto terra • ricchezza poco **vale** a quel che l'usa male • la roba va dove **vale** • sanità e libertà, **vaglion** più d'una città • sapienza di pover uomo, bellezza di p... e forza di facchino non **valgono** un quattrino • se le donne fossero d'oro, non **varrebbono** un quattrino • sol di parole amico, non **vale** un fico • tanto, a servir chi non conosce, **vale** chi serve ben quanto chi serve male • tanto **vale** la messa piana, quanto la cantata • tanto **vale** l'uomo, quanto si stima • tempo verrà che il tristo **varrà** • tre molti rovinan l'uomo: molto parlare e poco sapere, molto spendere e poco avere, molto presumere e poco **valere** • un buon giorno **vale** un cattivo mese • un buon naturale **val** più di quante lettere sono al mondo • un buon servitore **val** più d'un buon padrone • uno sprone nella testa ne **val** due ne' calcagni • un uomo ne **val** cento, e cento non ne vagliono uno • un uovo appena nato **vale** un ducato • uomo carnale nulla **vale** • uomo di vino non **vale** un quattrino • **vale** più un gusto che un casale • **vale** più uno a fare che cento a comandare • **val** più aver due soldi di minchione che di molti: bravo • **val** più avere amici in piazza, che danari nella cassa • **val** più la pratica che la grammatica • **val** più tacche tacche che Iddio vi aiuti • **val** più una berretta che cento cuffie • **val** più una buona faccia che un carro di complimenti • **val** più una cosa fatta che cento da fare • **val** più un'acqua fra aprile e maggio, che i buoi con il carro • **val** più una frustata che cento arri là • **val** più una messa in vita, che cento in morte • **val** più un amico che cento parenti • **val** più un'ape che cento mosche • **val** più un'arrabbiata che una bastonata • **val** più un buon giorno con un uovo, che un mal'anno con un bue • **val** più un colpo del maestro, che cento del manovale • **val** più un grano di pepe che uno stronzolo d'asino • **val** più un moccolo davanti che una torcia di dietro • **val** più un'oncia di reputazione che mille libbre d'oro • **val** più un'oncia di sorte che cento libbre di sapere • **val** più un pegno nella cassa che fidanza nella piazza • **val** più un piacere da farsi che cento di quelli fatti • **val** più un pugno di buona vita, che un sacco di sapienza • **val** più un testimonio di vista, che mille di udita • **val** più un vecchio in un canto, che un giovane in un campo • vecchio che non indovina, non **vale** una sardina • vin battezzato non **vale** un fiato

valigia in terra di ladri, la valigia dinanzi

valle da San Gallo ara il monte e semina la **valle** • il fumo va all'aria, e l'acqua alla **valle** • quanto più alto il monte, tanto più profonda la **valle** • tristo a quell'uccello che nasce in cattiva **valle**

valuta la salute non si paga con **valuta**

vanga chi **vanga** non l'inganna • quando i nuvoli vanno in su, to' una seggiola e siedivi su; quando i nuvoli vanno al mare, to' una **vanga** e va a vangare • **vanga** e zappa non vuol digiuno • la **vanga** ha la punta d'oro • **vanga** piatta poco attacca; vanga ritta, terra ricca; vanga sotto, ricca al doppio

vangare quando i nuvoli vanno in su, to' una seggiola e siedivi su; quando i nuvoli vanno al mare, to' una vanga e va a **vangare** • **vangami** nella polvere, incalzami nel fango, io ti darò buon vino

Vangelo col Vangelo si può diventare eretici • i proverbi vengono avanti il **Vangelo**

vanità l'orgoglio che pranza di **vanità** cena di disprezzo

vanitoso s'è grande, è oziosa; s'è piccola, è viziosa; s'è bella è **vanitosa**; s'è brutta, è fastidiosa

vano le cane son **vane**, e le rappe sono certane • dove Dio pon la mano, ogni pensiero è **vano** • dove non c'è rimedio il pianto è **vano** • prosperità umana, sospetta e **vana**

vantaggio chi dà **vantaggio**, perde • tra due poltroni il **vantaggio** è di chi prima conosce l'altro

vantare carta che venga, giocator si **vanti**

vantatore credi al **vantatore**, come al mentitore • gran **vantatore**, piccol facitore

vanto sospiro e pianto è nel **vanto**

varco a San Marco le vacche passano il **varco**

varia quando il ciel bello **varia**, convien dargli dell'aria • la vita è bella perché è **varia**

varietà la verità è senza **varietà**

vario il mondo è bello perché è **vario** • **vari** sono degli uomini i capricci; a chi piace la torta, a chi i pasticci

vasellaio tutti siam di creta, e Dio è il **vasellaio**

vaso chi pon mele in **vaso** nuovo, provi se tiene acqua • la goccia che fa traboccare il **vaso** • **vaso** vuoto suona meglio

vassallaggio amore non mira lignaggio né fede né **vassallaggio**

vassallo il peccato del signore fa piangere il **vassallo**

vecchiaia (**vecchiezza**) chi gode in gioventù spesso soffre in **vecchiaia** • chi non ascolta il padre in giovinezza, udirà il boia in **vecchiezza** • chi non fa pazzie in gioventù le fa in **vecchiaia** • chi ride in gioventù, piange in **vecchiaia** • ciò che la **vecchiezza** guasta, non c'è maestro che la raccomodi • conversazione in giovinezza, fraternità in **vecchiezza** • è gran saviezza risparmiar la **vecchiezza** • in gioventù bisogna acquistare, quel che in **vecchiezza** ti può giovare • nella **vecchiaia**, la vita pesa e la morte spaventa • quel ch'è permesso in gioventù, non è permesso in **vecchiaia** • salute e **vecchiezza** creano bellezza • tutto cala in **vecchiezza**, fuorché avarizia, prudenza e saviezza • la **vecchiaia** viene con tutti i malanni • la **vecchiezza** è da ognuno desiderata; quando s'acquista viene odiata • la **vecchiezza** è un male desiderato da tutti: la gioventù un bene non conosciuto da nessuno

vecchiarello San Giuseppe **vecchiarello** porta il fuoco sotto il mantello • San Giuseppe **vecchiarello** vuole ceci e tagliatelle

Vecchietta per la **Vecchietta**, un'oretta, per Sant'Antonio, due mezz'ore buone

vecchio a bue **vecchio**, campanaccio nuovo • a fare il **vecchio** si è sempre a tempo • a gatto **vecchio**, sorcio tenerello • allo specchio né brutta né **vecchia** • al **vecchio** non manca mai da raccontare, né al sole né al focolare • amore nuovo va e viene, ed il **vecchio** si mantiene • gli amori nuovi fanno dimenticare i **vecchi** • aprile cava la **vecchia** dal covile • un asino di vent'anni è più **vecchio** d'un uomo di settanta • a **vecchia** che mangia pollastrelli, gli vien voglia di carne salata • bandiera **vecchia** onor di capitano • beata chi di **vecchio** pazzo s'innamora • beata quella casa che di **vecchio** sa • le bestie **vecchie** muoiono nella stalla de' contadini minchioni • bisognerebbe essere prima **vecchi** e poi giovani • il bisogno fa trottar la **vecchia** • can **vecchio** non abbaia invano • cavallo **vecchio**, tardi muta ambiatura • chi da giovane non fa grippe, da **vecchio** para mano • chi di **vecchio** si veste, gode poco e presto n'esce • chi è **vecchio** e d'esser non lo crede al saltar della fossa e' se n'avvede • chi getta la sua roba al popolazzo, si trova **vecchio** poi, povero e pazzo • chi giovane si governa **vecchio** muore • chi lascia la via **vecchia** per la nuova, sa quel che lascia e non sa quel che trova • consiglio di **vecchio**, e aiuto di giovane • consiglio di **vecchio** non rompe mai la testa • de' giovani ne muor qualcuno, de'

vecchi non ne campa niuno • il diavolo è cattivo perché è **vecchio** • il diavolo quando è **vecchio** si fa romito • donna **vecchia**, donna proverbiosa • dura più una pentola **vecchia** che una nuova • duro a **vecchia** licenza, nuova legge • è difficile condurre il can **vecchio** a mano • fa' bene a' putti se lo dimenticano, fa' bene a' **vecchi** muoiono • la febbre quartana i **vecchi** uccide e i giovani risana • forca **vecchia**, spia nuova • freddo primaticcio e foglie serotine, ammazzano il **vecchio** • gallina **vecchia** fa buon brodo • gallina **vecchia** senza tetto, non fu mai senza difetto • gennaio forte, tutti i **vecchi** si auguran la morte • giovane ozioso, **vecchio** bisognoso • imparano dai buoi **vecchi** ad arare i giovani • lascia fare a Dio, ch'è Santo **vecchio** • maledetto il giovane di cento anni, e benedetto il **vecchio** di venti • marito **vecchio** e moglie giovane assai figliuoli • marito **vecchio**, meglio che nulla • medico **vecchio** e chirurgo giovane • il morire è il pane de' **vecchi** • la morte non guarda solamente al libro de' **vecchi** • muro **vecchio** e muro nuovo non si voller mai bene • nave **vecchia**, ricchezza del padrone • nella pace i giovani seppelliscono i **vecchi**, ma nella guerra i vecchi seppelliscono i giovani • nel mese di gennar la **vecchia** sta in tirar • nessun **vecchio** spaventa Dio • non c'è migliore specchio dell'amico **vecchio** • non c'è sabato senza sole, non c'è donna senza amore, né domenica senza sapore, né **vecchio** senza dolore • non ti rallegrar del mio duolo, ché quando il mio sarà **vecchio**, il tuo sarà nuovo • non v'è giovane che non sia bella, né **vecchia** che non sia brutta • i nostri **vecchi** istavan cent'anni col culo a la piova prima di fare un proverbio • panno **vecchio** presto schiantato • peccato **vecchio**, penitenza nuova • più che **vecchi** non si campa • il podestà nuovo caccia il **vecchio** • le poma ai putti, e il libro ai **vecchi** • povero dispettoso, **vecchio** lussurioso, e donna lisciata, dispiace alla brigata • quando il

CHI NON PVO' BATTER IL CAVALLO, BATTE LA SELLA.

Chi contrastar con l'offensor non pote,
Oue giunge il poter le furie auuenta
Quasi Mastin ne'l' auuentata cote.

pagliaio **vecchio** piglia fuoco, si spenge male • quando il **vecchio** non vuol bere, nell'altro mondo vallo a vedere • quando vien la sera, la **vecchia** si dispera • quanto più l'uccello è **vecchio**, tanto più malvolentieri lascia le piume • ragazza **vecchia** fortuna aspetta • le ragazze son d'oro, le sposate d'argento, le vedove di rame e le **vecchie** di latta • ragazzi savi e **vecchi** matti, non furon mai buoni a nulla • rete nuova non piglia uccello **vecchio** • riso di signore, sereno d'inverno, cappello di matto, e trotto di mula **vecchia**, fanno una primiera di pochi punti • San Nicola San Nicola, vi do la **vecchia** e mi date la nuova • i santi **vecchi** non fanno più miracoli • se il giovane sapesse, e se il **vecchio** potesse, e' non c'è cosa che non si facesse • se la **vecchia** non pesca, non c'è grano né esca • se non vuoi viver **vecchio** appiccati giovane • se vuoi viver sano e lesto, fatti **vecchio** un po' più presto • si muore giovani per disgrazia e **vecchi** per dovere • solo il bue **vecchio** muove le carra arrestate • sperando meglio, si divien **veglio** • i terreni non diventan mai **vecchi** • triaca **vecchia**, confezione nuova • una giovine in mano a un **vecchio**, un uccello in mano a un ragazzo, un cavallo in mano a un frate, son tre cose strapazzate • val più un **vecchio** in un canto, che un giovane in un campo • **vecchia** gallina ingrassa la cucina • la **vecchia** mal raddotta, sulla sera la piglia la rocca • i **vecchi** e i briachi sono due volte fanciulli • il **vecchio** che ha smarzato non muore più • **vecchio** che non indovina, non vale una sardina • il **vecchio** che si cura cent'anni dura • **vecchio** è chi muore • il **vecchio** ha l'almanacco in corpo • **vecchio** in amore, inverno in fiore • il **vecchio** pianta la vigna, e il giovine la vendemmia • il **vecchio** rimbambisce e il giovane impazzisce • i **vecchi** son lepri, dormono con gli occhi aperti • i **vecchi** vanno verso la morte e ai giovani la gli va incontro • il vino è il latte dei **vecchi** • vorrebbe il **vecchio** ringiovanire, ma ciò che gli riesce è il rimbambire

veccia in tempo di carestia pane di **veccia**

vedere l'acqua di maggio e d'aprile, all'aia te la **vedi** • ad agosto **vedrò** ciò che ho posto • allo sfrascar si **vede** quel che hanno fatto i bigatti • al quinto dì **vedrai** qual mese avrai • al ragliare si **vedrà** che non è un leone • amore è cieco, e **vede** da lontano • l'amore e la fede dall'opere si **vede** • ancor non è nata e **vediamola** maritata • a nullo luogo viene, chi ogni via che **vede** tiene • a **veder** la croce da lontano, il ladro si segna • la brava ragazza la **vedono** da sette mura • il buon giorno si **vede** dal mattino • chi campa tutto l'anno **vede** tutte le feste • chi non guarda non **vede** • chi non **vede** il fondo, non passi l'acqua • chi più guarda, meno **vede** • chi Roma non **vede**, nulla non crede • chi si scalda in aprile, non **vede** fava fiorire • chi sta a sportello ne **vede** mezza • chi sta a **vedere**, ha due terzi del gioco • chi ti dà un osso, non ti vorrebbe **veder** morto • chi vuol **vedere** il bel figliuolo, sia rinvolto nel cenciuolo • il contadino accorto si **vede** dall'orto • cosa troppo **vista**, perde grazia e vista • di giorno si **vedono** le macchie • Dio **vede** e provvede • il galantuomo ha piacere di **veder** chiudere • gatta piatta, chi non la **vede**, graffia • il gioco di bambara, chi più **vede** manco impara • in marzo si nasconde un gatto, in aprile lasciami dormire; in maggio vieni a **veder** che faccio e in giugno mettimi nel pugno • mira la brusca d'altri e non **vedi** la tua trave • nell'oscuro si **vede** meglio con uno che con due occhi • non c'è peggior cieco di chi non vuol **vedere** • non dir quanto sai, non giudicar quanto **vedi**, e in pace viverai • non fu mai **vista** capra morta di fame • non sia superbo chi il suo albero **vede** fiorire • non si può **vedere** Pasqua né dopo San Marco, né prima di San Benedetto • non sono tutti pazzi quelli che **vedi** andare in zucca • non tutte le volte che si **veggono** i denti, s'ha paura de' morsi • occhi che **veggono**

non invecchiano • occhio che non **vede**, cuore che non desidera • occhio non **vede**, cuore non duole • o cotto o crudo il fuoco l'ha **veduto** • ogni casa **vede** il sole • ognun **vede** il mantello, nessun vede il budello • paese che vai, come **vedi** fare, fai • per proverbio dir si suole, che tre cose il re non ha: di mangiare il pan condito, come noi dall'appetito: di **veder** levare il sole: di sentir e di udir la verità • pranzo di parata, **vedi** grandinata • quando il vecchio non vuol bere, nell'altro mondo vallo a **vedere** • quando la terra **vede** la vena per sett'anni la terra trema • quando rabbrusca verso levante, se non t'immolla **vedrai** avante • quando tu **vedi** il lupo, non ne cercar le pedate • quando tu **vedi** un ponte, fagli più onor che a un conte • quando **vedi** la nespola e tu piangi, che l'è l'ultima frutta che tu mangi • quel che l'occhio non **vede**, cuore non crede • quel che **vedi**, poco credi; quel che senti non creder niente • la ragazza è come la perla, men che si **vede** e più è bella • rivoltami, che mi **vedrai** • se la donna di gran beltade non ha angelica onestade, non gli far **veder** le strade • se tu **vedi** del formento per Natale, ammazza il cane; se non lo vedi dagli del pane • se vuoi **veder** un uom quanto gli è brutto, un uom senza danar guardalo tutto • siedi, e sgambetta, e **vedrai** tua vendetta • si **vede** il fine della nostra vita, ma non della nostra pazzia • tal ti guarda la cappa, che non ti **vede** la borsa • tristo a quell'avere che il suo signor non **vede** • tutti voglion **vedere** i matti in piazza, ma nessuno della sua razza • gli uomini vanno **veduti** in pianelle, e le donne in cuffia • va' in piazza, **vedi** e odi: torna a casa, bevi e godi • v'è chi bacia tal mano che vorrebbe **veder** mozza • **vedendo** uno, il conosci mezzo; e sentendolo parlare, il conosci tutto • **vedere** e non toccare è cosa da crepare • **vedere** e non toccare è cosa da imparare • **vedono** più quattr'occhi che due • Vinegia, chi non la **vede** non la pregia

vedova meglio è **vedova** sedere, ch'essere maritata e male avere • quando si maritan le **vedove**, il benedetto va tutto il giorno per casa • le ragazze son d'oro, le sposate d'argento, le **vedove** di rame e le vecchie di latta • sposare una **vedova** è fatica doppia

veglia a chi **veglia**, tutto si rivela • l'Annunziata rompe la **veglia** • Venere dorme, se Marte **veglia**; se Marte dorme, Venere veglia

vegliare più vale una savia donna filando, che cento triste **vegliando** • **vegliare** alla luna e dormire al sole, non fa né pro né onore • Venere dorme, se Marte **veglia**; se Marte dorme, Venere veglia

vela accerta il corso, e poi spiega la **vela** • il buon nocchiero muta **vela**, ma non tramontana • non si piglia il vento alla **vela** senza licenza del nocchiero • quando il tempo è in **vela**, ogni nuvolo porta sereno

veleno l'acqua che corre non porta **veleno** • latte sopra vino è **veleno** • morta la serpe, spento il **veleno** • nella coda sta il **veleno** • nutri la serpe in seno, ti renderà **veleno** • ogni serpe ha il suo **veleno** • le parole melate sono **veleno**

velluto di stoppa non si fa **velluto** • **velluto** ai servitori, e rascia ai gentiluomini

vena chi vuol di **vena** un granaio, lo semini di febbraio • per Santa Maria Maddalena si taglia la **vena** • quando la terra vede la **vena** per sett'anni la terra trema • sotto piombo si trovano le **vene** d'oro

vendemmia agosto matura e settembre **vendemmia** • a maggio non comprare e a **vendemmia** non ti sposare • a **vendemmia** bagnata la botte è tosto consolata • l'avvocato d'ogni stagione miete e d'ogni tempo **vendemmia** • chi nel marzo non pota la sua vigna, perde la **vendemmia** • chi **vendemmia** troppo presto, o svina debol vino o tutto agresto • non è sì trista spazzatura che non s'adopri una volta l'anno, né sì cattivo paniere che non s'adopri alla **vendemmia** • ramo corto **vendemmia** lunga • il vecchio pianta la vigna, e il giovine la **vendemmia**

vendemmiatore ottobre capo **vendemmiatore**

vendere a chi compra non bastano cent'occhi; a chi **vende** ne basta uno solo • al peso che si compra bisogna **vendere** • chi ben dona, caro **vende**, se villan non è chi prende • chi compra a tempo, **vende** nove per altri e un per sé • chi compra ciò che pagar non può, **vende** ciò che non vuole • chi compra il magistrato, **vende** la giustizia • chi compra il superfluo **venderà** il necessario • chi dell'altrui prende, la sua libertà **vende** • cosa cara tenuta, è mezza **venduta** • del giudizio ognun ne **vende** • della pazienza non ne **vendono** gli speziali • il diavolo non ha pecore e va **vendendo** lana • è buon comprare quando altri vuol **vendere** • è meglio tenere a terra che **vendere** a calcina • fazzoletti che si tengono a mostra non si **vendono** • la gatta caro **vende**, e il cavallo mezzo dona • le maschere si **vendono** solo di carnevale • meglio **vendere** che viver senza spendere • Natale in venerdì, vale due poderi: se viene in domenica, **vendi** i bovi e compra la melica • non creder lode a chi suo caval **vende**, né a chi dar moglie intende • non ogni bestia che va in fiera si **vende** • non **vendere** la pelle dell'orso prima di averlo preso • pelle che non la puoi **vendere** non la scorticare • pesa giusto, e **vendi** caro • poco vino **vende** vino, molto vino guarda vino • quando Natale viene in domenica, **vendi** la tonica per comprar la melica • se canta la cicala di settembre, non comprar grano da **vendere** • se il dì di San Martino il sole va in bisacca, **vendi** il pane e tienti la vacca • se maggio è ortolano, **vendi** i bovi e comprati il grano • temporal **vende** merce • **vendi** in casa, e compra in fiera • il villano **venderà** il podere, per mangiare cacio, pane e pere

vendetta chi vuol giusta **vendetta**, in Dio la metta • la miglior **vendetta** è il perdono • siedi, e sgambetta, e vedrai tua **vendetta** • tarda è la **vendetta**, guai a chi l'aspetta • **vendetta** di cent'anni ha ancora i lattaiuoli • la **vendetta** di Dio non piomba in fretta • la **vendetta**

è un piatto che va gustato freddo • la **vendetta** non sana piaga

venerdì chi ride di **venerdì**, piange di domenica • Natale in **venerdì**, vale due poderi: se viene in domenica, vendi i bovi e compra la melica • se piove il **venerdì** Santo, piove maggio tutto quanto • il **venerdì** ammazza il sabato

Venere Bacco, tabacco e **Venere** riducon l'uomo in cenere • né di **Venere** né di Marte, non si sposa né si parte • **Venere** dorme, se Marte veglia; se Marte dorme, Venere veglia

Venezia (**Vinegia**) a Roma dottori, a Napoli ladroni, a Genova scavezzi, a Milan tagliacantoni, a **Venezia** forestieri, a Fiorenza scardassieri • a **Vinegia**, chi vi nasce mal si pasce; chi vi viene per ben viene • il bianco e il nero han fatta ricca **Vinegia** • Milano la grande, **Vinegia** la ricca, Genova la superba, Bologna la grassa, Firenze la bella, Padova la dotta, Ravenna l'antica, Roma la santa • non sono in Arno tanti pesciolini, quanti in **Venezia** gondole e camini • quando **Venezia** comandava, si desinava e si cenava, coi Francesi, buona gente, si desinava solamente • Roma caput mundi, **Venezia** secundi • Sicilia dà i Covelli, Francolino i Graziani, Bergamo gli Zanni, **Venezia** i Pantaloni, e Mantova i buffoni • **Vinegia**, chi non la vede non la pregia

veneziano castroni pugliesi, mannarini pistolesi, gran siciliano, zucchero di Candia, cera **veneziana**, magli romaneschi, sproni viterbesi, cacio di Creta, raviggioli fiorentini • i Fiorentini son cattive doghe da botte, ed i **Veneziani** buone • i **veneziani** alla mattina una messetta, dopo desinare una bassetta, e la sera una donnetta

venire al cattivo cane tosto **vien** la coda • amore nuovo va e **viene**, ed il vecchio si mantiene • amor male impiegato **vien** mal rimunerato • a nullo luogo viene, chi ogni **via** che vede tiene • l'appetito **vien** mangiando • aprile è passato, maggio non **viene** più: sta sempre lì a cantare il povero cuccù • a primavera **vengon** fuori tutte le magagne •

l'asciutto **viene** sempre fra le Madonne • aspettare e non **venire** è una cosa da morire • a uomo che va, uomo che **viene** • a vecchia che mangia pollastrelli, gli **vien** voglia di carne salata • a veste logorata, poca fede **vien** prestata • a Vinegia, chi vi nasce mal si pasce; chi vi **viene** per ben viene • il bel tempo non **viene** mai a noia • ben tardi **venuto**, per niente è tenuto • il bianco e il rosso va e **vien**, ma il giallo si mantien; anzi il giallo è un color forte che dura anche dopo morte • bruma oscura tre dì dura; se **vien** di trotto, dura più d'otto • buona è la neve che a suo tempo **viene** • il cane in chiesa fu sempre il mal **venuto** • carestia prevista non **venne** mai • carnevale andato, quaresima **venuta**: cenare, e andare a dormire • carta che **venga**, giocator si vanti • chi bene e mal non può soffrire, a grande onor non può **venire** • chi dà del pane a' cani d'altri, spesso **viene** abbaiato da' suoi • chi ha ad aver bene, dormendo gli **viene** • chi va dietro a pesce e penne, in questo mondo mal ci **venne** • chi **vien** dalla fossa sa che cosa è morto • chi vuol vivere e star bene, prenda il mondo come **viene** • come la va, la **viene** • la contentezza **vien** dalle budella • dal capo **vien** la tigna • dalla prudenza **viene** la pace, e dalla pace viene l'abbondanza • dalle virtù la nobiltà **viene** • dal sapere **viene** l'avere • dietro il fumo **vien** la fiamma • le disgrazie non **vengon** mai sole • domani ancora ha da **venire** • dopo il lampo **viene** il tuono • dopo la neve, buon tempo ne **viene** • figliuole e frittelle; quante più se ne fa, più **vengon** belle • i figli **vengono** dal cuore e il marito dalla porta • Fiorentin mangia fagioli, e' volevan li Spagnoli; li Spagnoli son **venuti**, Fiorentin becchi cornuti • gelosia **viene** per impotenza, per opinione e per esperienza • il giudizio **viene** tre giorni dopo la morte • la giustizia è fatta come il naso, che dove tu lo tiri **viene** • gran fecondità non **viene** a maturità • il male non **vien** mai tanto tardi, che non sia troppo presto • la malizia **viene** avanti gli anni • mal si balla bene se dal cor non **viene** • mangiar molto e bever bene, e urlar quando la **viene** • marzo me ne **vengo**, aprile mi faccio sentire, maggio m'arrabbio e giugno me ne vado • marzo: «o vado o **vengo**, capo d'estate e coda d'inverno mi ritengo» • marzo, per la coda t'alzo: ma se **viene** di nuovo, il bove incapanna • masseria, masseria, **viene** il diavolo e portala via • metti la roba in un cantone, ché **viene** tempo ch'ella ha stagione • la miseria **viene** in barca • la moda va e **viene** • morte e padrone non domandare quando **viene** • la morte **viene** quando meno s'aspetta • Natale in venerdì, vale due poderi: se **viene** in domenica, vendi i bovi e compra la melica • Natale **viene** una volta l'anno • la neve che **vien** prima di Natale dura più dell'acciaio • non **viene** Pasqua al mondo finché la luna di marzo non ha fatto il tondo • ogni anno **vien** col suo affare • onde **viene** il peso del sale, colà ritorna • o prima o poi il dolco di Santa Caterina deve **venire** • pensa e ripensa, di giovedì **viene** l'Ascensa • per i Santi o io o i miei fanti, per San Martino sono vicina, per San Niccolò **verrò** se potrò, per Natale senza fallo • per San Barnabà, l'uva **viene** e il fiore va • piangi il poco e **vien** l'assai • più da noi è bramato quel che più ci **vien** negato • i proverbi **vengono** avanti il Vangelo • quando il cieco porta la bandiera, guai a chi **vien** dietro! • quando il pesce **viene** a riva, chi nol prende, e' torna via • quando la fame **vien** dentro la porta, l'amore se ne va dalla finestra • quando la festa viene, dimora; quando la va via, lavora • quando l'anno **vien** bisesto, non por bachi, e non far nesto • quando le noci **vengono** a mucchiarelli, la va bene pei ricchi e i poverelli • quando Natale **viene** in domenica, vendi la tonica per comprar la melica • quando San Giorgio **viene** in Pasqua, per il mondo c'è gran burrasca • quando **viene** agosto, prepara i caratelli per il mosto • quando **viene** febbraio merenda il pecoraio • quando **viene** la comare, di riffe o di raffe bisogna andare • quando **viene**, serragli le finestre in contro; quando parte, apriglile • quando **vien** la sera, il malvagio si dispera • quando **vien** la sera, la vecchia si dispera • quel che alla donna ogni segreto fida, ne **vien** col tempo a far pubbliche grida • quel che **vien** di penna e stola, tosto viene e tosto vola • quel che **vien** di ruffa in raffa, se ne va di buffa in baffa • quel che **vien** di salto, va via di balzo • risparmia la fame quando **viene** maggio • la roba va secondo che la **viene** • San Silvestro **viene** per tutti • Sant'Antonio abate **viene** col carro carico • scarpa larga e bicchier pien, togli il mondo come **vien** • se le calende di gennaio **vengono** di domenica, l'inverno è caldo, la primavera umida, l'autunno ventoso • se non piove di marzo, non **viene** né erba né altro; se non piove d'aprile, quello ch'è nato sta per morire • se piove il giorno di San Giovanni non **vengono** né il vino né il pane • se piove il mese di maggio **verrà** fieno assai • se piove per San Lorenzo, la **viene** a tempo; se piove per la Madonna, l'è ancor buona; se per San Bartolommè soffiale di drè • servi il nobile ancorché sia povero, perché **verrà** tempo che ti pagherà • se tu vuoi ubbidire, non far più di quello che ti **vien** comandato • se vuoi che l'amicizia si mantenga, una sporta vada e l'altra **venga** • sole d'inverno e amor di pagliarda, tardi **viene** e poco tarda • son meglio le fave che durano, che i capponi che **vengon** meno • tempo **verrà** che il tristo varrà • il tempo **viene** per chi sa aspettare • tosto **viene** quel che Dio manda • le Trentine **vengono** giù pollastre e se ne vanno sù galline • la troppa umiltà **vien** da superbia • tutte le cose **vengono** al palio • tutti i nodi **vengono** al pettine • l'uomo è fuoco, e la donna è stoppa, **vien** poi il diavolo, e gliel'accocca • la vecchiezza è da ognuno desiderata; quando s'acquista **viene** odiata • **venga** Pasqua quando si voglia, la vien con la frasca e con la foglia • **venite** piando, e tornerete cantando • la verità **viene** sempre a galla •

viene asin di monte, caccia caval di corte • **viene** da Dio che i frati s'annegano • **viene** Natale santo e giusto: chi si mangia la carne e chi sente l'odore di arrosto • **vien** più presto quel che non si spera • il villano **viene** sempre col disegno fatto

venti un asino di **vent**'anni è più vecchio d'un uomo di settanta • chi di **venti** non n'ha, di trenta non n'aspetti • maledetto il giovane di cento anni, e benedetto il vecchio di **venti** • i ragazzi e i pazzi credono che **vent**'anni e venti lire non debban mai finire • trenta mugnai, trenta beccai, trenta sartori, fan cento e **venti** ladri

ventinove la luna ai 29 non fa, e ai 30 non arriva

ventiquattro a cacciare un morto ce ne vuol quattro; a cacciare un vivo ce ne voglion **ventiquattro** • il **ventiquattro** maggio piacque il fuoco

vento ad agosto nessun **vento** tira giusto • amico di buon tempo mutasi col **vento** • a nave rotta ogni **vento** è contrario • a San Miniato o tira **vento** o suona magistrato • bisogna navigare secondo il **vento** • chi piscia contro **vento**, si bagna la camicia • chi semina **vento** raccoglie tempesta • chi sta col becco aperto, ha l'imbeccata di **vento** • chi teme acqua e **vento**, non si metta in mare • chi troppo abbaia, s'empie il corpo di **vento** • Dio ti guardi da furia di **vento**, da frate fuor di convento, da donna che parla latino, e da nobile poverino • è meglio pioggia e **vento** che non il mal tempo • gennaio con neve, **vento** e brina: sta' tranquillo nella cascina • il gran freddo di gennaio, il mal tempo di febbraio, il **vento** di marzo, le dolci acque d'aprile, le guazze di maggio, il buon mieter di giugno, il buon batter di luglio, le tre acque d'agosto con la buona stagione, vaglion più che il tron di Salomone • maggio tutto **vento**: più paglia che grano • la mala nuova la porta il **vento** • marzo di **vento**, aprile di serpenti • marzo marcente, primavera col **vento** • non fu mai **vento** senz'acqua; non fu pioggia senza vento • non si piglia il **vento** alla vela senza licenza del nocchiero • ogni **vento** non scuote il noce • ognuno sa navigare col buon **vento** • l'onore è come il **vento**, va fuori per tutti i buchi • parole da sera il **vento** se le mena • piccola acqua fa cessar gran **vento** • quando piove e tira **vento**, serra l'uscio e statti dentro • quando si è in traspirazione, scansa il **vento** e abbottona il pelliccione • quando tira **vento**, non si può dir buon tempo • se tira il **vento** il dì di San Gregorio, per quaranta dì bisogna correre • settembre col **vento**, annata da polenta • tempo, **vento**, signor, donna, fortuna, voltano e tornan come fa la luna • tutto è fumo e **vento**, fuorché l'oro e l'argento • **vento** al visaggio rende l'uomo saggio • **vento** di marzo, odor di primavera • **vento** fresco mare crespo • il **vento** non è buono che a mandar navi e mulini • **vento** senese, acqua per un mese

ventoso aprile piovoso, maggio **ventoso**, anno fruttuoso • febbraio **ventoso**, marzo fruttuoso • giugno **ventoso** porta il grano sull'aia • maggio fresco e **ventoso** rende l'anno ubertoso • marzo **ventoso** aprile piovoso • se le calende di gennaio vengono di domenica, l'inverno è caldo, la primavera umida, l'autunno **ventoso**

ventotto trenta dì ha novembre, april, giugno e settembre; di **ventotto** ce n'è uno tutti gli altri n'han trentuno

ventre figli d'un **ventre**, non tutti d'una mente • grasso **ventre**, grosso ingegno • maledetto il **ventre** che del pan che mangia non si ricorda niente • ragazzo crescente ha la lupa nel **ventre** • i servitori non sono altro che **ventre** • sette cose fa la zuppa, cava fame e sete attuta, empie il **ventre** e netta il dente, fa dormire, fa smaltire, e la guancia fa arrossire • **ventre** digiuno non bada a nessuno • il **ventre** insegna il tutto • **ventre** satollo non ricorda il digiuno

ventura bastardo buono, **ventura**; bastardo cattivo, sua natura • bocca baciata non perde **ventura** • la buona cura caccia la mala **ventura** • chi ha **ventura**, poco senno gli basta

• chi muta paese, muta **ventura** • non vale levarsi a buon'ora, bisogna aver **ventura** • presto per natura, e tardi per **ventura** • quando viene l'ora, né medico né **ventura** • ragazza che dura, non perde **ventura**

verace credesi il falso al **verace**, negasi il vero al mendace

verde amicizia e nimistà non sta ferma in **verde** età • castagne **verdi** per Natale sanno molto e poi vanno a male • chi di **verde** si veste, di sua beltà si fida • l'erba del vicino è sempre più **verde** • non ogni **verde** fa fiore, ma ogni fiore fa frutto • o **verde** o maturo a giugno si taglia il grano • perché il porro abbia il capo bianco, che la coda sia **verde** • per San Benedetto si distingue il **verde** dal secco • San Vito: o **verde** o secco, mietete • si può amar la salsa **verde**, senza mangiar le biade in erba • la speranza è sempre **verde** • un sacco di disegni **verdi** non tornano una libbra secchi • vino spesso, pan caldo e legna **verde**, e non si lagni l'uomo se si perde

verderame tuono d'aprile, **verderame** nel barile

verdura se nell'orto vuoi avere bella **verdura**, un'ora al giorno bisogna che gli dia cura

verga all'uomo moglie, al putto **verga**

vergogna amore onorato né **vergogna** né peccato • chi non ha coscienza, non ha **vergogna** né scienza • chi si **vergogna** di lavorare abbia vergogna di mangiare • ciò ch'è utile, non è **vergogna** • gambe mie, non è **vergogna** camminar quando bisogna • occhio, gomito, ginocchio fan **vergogna** al medico • povertà non fa **vergogna** • quando la superbia galoppa, la **vergogna** siede in groppa • sdegno e **vergogna** son pien d'ardire • la semente rada non fa **vergogna** all'aia • **vergogna** è a far male • **vergogna** fa perder piacere • la **vergogna** in un giovane è buon segno • il vizio è nemico della **vergogna**

vergognare (**vergognarsi**) niuno s'ha da **vergognare** della sua arte • se ti **vergogni** a dir di sì, crolla la testa e fa' così

vergognoso chi è vergognoso, vada straccioso • tigna di **vergognoso**, e malfrancese di goloso, non guarì mai

verità barba canuta non è creduta, s'egli è rapà e' dice la **verità** • chi disse la **verità** morì impiccato • con la **verità** si arriva dappertutto • mille probabilità non fanno una **verità** • o con **verità** o con bugia bisogna mantener la masseria • per proverbio dir si suole, che tre cose il re non ha: di mangiare il pan condito, come noi dall'appetito: di veder levare il sole: di sentir e di udir la **verità** • quattro madri buone fanno figliuoli cattivi: la **verità** l'odio, la prosperità il fasto, la sicurtà il pericolo, la familiarità il dispregio • se vuoi saper la **verità** chiedila al più piccino della casa • **verità** e bugie non vanno in compagnia • la **verità** è figlia del tempo • la **verità** è nel vino • la **verità** è senza varietà • la **verità** morì fanciulla • la **verità** non è mai troppa • la **verità** può languire, ma non perire • la **verità** si fa strada da sé • la **verità** sta in fondo a un pozzo • la **verità** viene sempre a galla

vermiglio chi pon suo naso a consiglio, l'un dice bianco e l'altro **vermiglio**

verminoso il medico pietoso fa la piaga **verminosa**

vernata chi lavora il campo innanzi la **vernata** avanza di ricolti la brigata

vero amicizia che cessa non fu mai **vera** • chi non sa mentire, crede che tutti dicano il **vero** • credesi il falso al verace, negasi il **vero** al mendace • le donne dicono sempre il **vero**; ma non lo dicono tutto intero • mente intera, virtù **vera** • non si può sapere il **vero**, dal naso alla bocca • non v'è peggior burla che la **vera** • ogni proverbio è **vero** • ogni **vero** non è ben detto • pallidezza nel nocchiero, di burrasca segno **vero** • la più stretta è la via del **vero** • rosso di pelo non dice il **vero** • San Giovanni dice il **vero** • San Michele dice il **vero** • un poco di **vero** fa credere tutta la bugia • **vera** felicità senza Dio non si dà • i **veri** amici son come le mosche bianche • il **vero**

punge e la bugia unge • la vivanda **vera** è l'animo e la cera

Verona a **Verona** bisogna andare a letto quando le galline • Brescia, può e non vuole; **Verona** vuole e non può; Vicenza può e vuole; Padova né può né vuole • legge di **Verona**, dura da terza a nona

verosimile il **verosimile**, è nemico del vero

versare acqua **versata**, non tutta radunata • chi non ne ha, non ne **versa** • contro sorte avversa ogni buon carrettier **versa** • è inutile piangere sul latte **versato** • San Pietro **versa** la bottiglia

versiera dove non può entrare il diavolo, c'entra la **versiera**

verso a tutti i poeti manca un **verso** • ogni cosa va presa per il suo **verso** • ogni uccello fa il suo **verso**

verza se è un bel pollo, è per carnevale; se è un bel piatto di **verze**, è per quaresima

vescovo i don di Spagna, i conti d'Alemagna, i monsieurs di Francia, i **vescovi** d'Italia, i cavalier di Napoli, i lordi di Scozia, i fidalghi di Portogallo, i minori fratelli d'Inghilterra e i nobili d'Ungheria, fanno una povera compagnia • i **vescovi** in Roma sono come i crocefissi in bottega del legnaiuolo

vespa il fuoco fa saltare le **vespe** fuori del vespaio

vespaio il fuoco fa saltare le vespe fuori del **vespaio**

Vespri Siciliani guardati da Mattutin di Parigi e da **Vespri Siciliani**

vespro tra **vespro** e nona, non è fuor persona buona

veste a **veste** logorata, poca fede vien prestata

vestire (**vestirsi**) agosto mandò lettere, settembre le leggeva: **vestitevi** buona gente che l'inverno è per la via • ai Santi si **veste** i fanti, a San Martino grandi e piccini • a San Martino si **veste** il grande e il piccino • chi dei panni altrui si **veste**, presto si spoglia • chi di vecchio si **veste**, gode poco e presto n'esce • chi di verde si **veste**, di sua beltà si fida • chi fa tutte le feste, povero si **veste** • chi se ne calza, non se ne **veste** • chi **veste** il domenicale, o bene bene, o male male • chi **veste** un zoccarello, e' pare un fanterello • dicembre piglia l'anno e lo sotterra, gennaio lo fa rinascere, aprile e maggio lo **vestono** • mangiare a modo suo, **vestire** a mo' degli altri • per le Palme e per i Fiori si **vestono** i signori, per Pasqua e per Natale si vestono i cafoni • quando il giuggiolo si **veste**, e tu ti spogli; e quando si spoglia, e tu ti vesti • **vesti** un ciocco, pare un fiocco

vestito a Natale un bel ceppone, a carnevale un bello spiedo, a Pasqua un bel **vestito** • un bel **vestito** rifà la persona • chi ha poco panno, porti il **vestito** corto • marzo vuol trovar la terra nuda e la vuole lasciar **vestita** • la scimmia è sempre scimmia, anco **vestita** di seta • l'ultimo **vestito** ce lo fanno senza tasche

vetro chi ha tegoli di **vetro** non tiri sassi al vicino • la fortuna ha i piedi di **vetro** • sole di **vetro** e aria di fessura, mandano in sepoltura

vetta quando il fuoco piglia in **vetta**, non ha fretta

vettura piccion grossi e cavalli a **vettura**, è bravo chi la dura

vezzo ama l'amico tuo col **vezzo** e col vizio suo

vezzoso chi fa la figliuola **vezzosa**, la sente avolterosa

via (1) agosto mandò lettere, settembre le leggeva: vestitevi buona gente che l'inverno è per la **via** • a nullo luogo viene, chi ogni **via** che vede tiene • a San Mattia la neve per la **via** • buona compagnia, mezza la **via** • buona **via** non può tenere, quel che serve senza avere • chi lascia la **via** piana, va poi per la sassosa • chi lascia la **via** vecchia per la nuova, sa quel che lascia e non sa quel che trova • dall'Immacolata a Santa Lucia c'è poca **via** • frenesia, gelosia, eresia, mai son sanate per alcuna **via** • non si deve dire: per tal **via** non passerò, né di tal acqua non berrò • per le **vie** s'acconcian le some • per Santa Maria è per la **via**, per San Lorenzo è a tempo, per San Rocco tarda troppo • per Santa Maria l'olio è per la **via** • la più stretta è la **via** del vero • santo per la **via**, diavolo in masseria • le **vie** della provvidenza sono infinite

via (2) l'acqua piove chiara e va **via** torba • a far bene non v'è inganno, a dar **via** non c'è guadagno • a marzo si buttan **via** gli stracci, ad aprile si vanno a raccogliere • amor che nasce in malattia, quando si guarisce se ne passa **via** • a San Giuseppe si butta **via** lo scaldaletto • il ben d'un anno va **via** in una bestemmia • la bertuccia se ne porta **via** l'acqua • buio **via** buio, fa buio • chi butta **via** oro con le mani, lo cerca co' piedi • chi dà retta al cervello degli altri butta **via** il suo • chi ha quattrini da buttar **via** tenga l'opre e non ci stia • di settembre o porta **via** i ponti o secca le fonti • l'entrata del prete vien cantando e va **via** zufolando • l'Epifania tutte le feste si porta **via** • il male viene a libbre e va **via** a once • masseria, masseria, viene il diavolo e portala **via** • mentre il cane si gratta, la lepre va **via** • nel mese di luglio il sole fa andar **via** ogni dolore • para **via** malinconia, quel ch'ha da essere convien che sia • quando il pesce viene a riva, chi nol prende, e' torna **via** • quando la festa viene, dimora; quando la va **via**, lavora • quel che vien di salto, va **via** di balzo • roba perfetta, mezzo buttata **via** • se è bello a San Mattia il freddo scappa **via** • se ti vuoi mantener sano, caccia **via** il rispetto umano • superbia senza avere, mala **via** suol tenere • zero **via** zero, fa zero

viaggiare i ladruncoli stanno in prigione, i grandi ladri **viaggiano** in carrozza

viaggio al sole di maggio la semente è in **viaggio** • chi va e torna, fa buon **viaggio** • in casa stringi, in **viaggio** spendi e in malattia spandi • s'imbarca adagio chi vuol far buon **viaggio** • il **viaggio** alla morte è più aspro che la morte

viandante quattro o cinque al **viandante**, cinque o sei al mercatante, sei o sette allo studente, sette o otto all'altra gente, otto o nove al signorone, nove o dieci al gran poltrone

vicentino i **vicentini** quando piscia uno piscian tutti

Vicenza Brescia, può e non vuole; Verona vuole e non può; **Vicenza** può e vuole; Padova né può né vuole

vicinanza chi vuol trovar la gallina, scompigli la **vicinanza** • la **vicinanza** è mezza parentela

vicinato quando brucia il **vicinato**, porta l'acqua a casa tua • la volpe in **vicinato** non fa mai danno

vicino (1) a grassa cucina è povertà **vicina** • a San Martino l'inverno è **vicino** • cerchio **vicino**, acqua lontana, cerchio lontano acqua vicina • chi desidera il male ad altri, il suo sta **vicino** • chi è più **vicino** al sussi, fa sei • è più **vicino** il dente che nessun parente • per i Santi o io o i miei fanti, per San Martino sono **vicina**, per San Niccolò verrò se potrò, per Natale senza fallo • per San Valentino, primavera sta **vicino** • quando il caso è disperato, la provvidenza è **vicina** • tutti non possono stare a messa **vicino** al prete • **vicino** alla chiesa, lontan da Dio • **vicino** alla serpe c'è il biacco

vicino (2) a' cattivi **vicini** non gli prestar quattrini • casa che ha il buon **vicino**, val più qualche fiorino • chi affitta il suo podere al **vicino**, aspetti danno o lite o mal mattino • chi ha tegoli di vetro non tiri sassi al **vicino** • chi lascia il **vicin** per un mancamento, va più in là e ne trova cento • chi vuole ingannare il suo **vicino**, ponga l'ulivo grosso e il fico piccolino • Dio ti salvi da un cattivo **vicino**, e da un principiante di violino • durasse tanto la mala **vicina**, quanto dura la neve marzolina • l'erba del **vicino** è sempre più verde • figlie, vigne, e giardini, guardale dai **vicini** • il Francese per amico, ma non per **vicino**, se tu puoi • la mala **vicina** dà l'ago senza il filo • meglio un prossimo **vicino** che un lontano cugino • moglie e ronzino, pigliali dal **vicino** • monte, porto, città, bosco o torrente, abbi se puoi per **vicino** o parente • né alla messa né al mulino non aspettare il tuo **vicino** • né mulo, né mulino, né fiume, né forno, né signore per **vicino** • t'annoia il tuo **vicino**? Prestagli uno zecchino

vietato anco Adamo mangiò del pomo **vietato** • non c'è cosa **vietata**, che non sia desiderata

vigilia chi non digiuna la **vigilia** di Natale, corpo di lupo e anima di cane • chi vuol godere la festa, digiuni la **vigilia** • da Natale a carnevale non c'è **vigilia** da osservare, se San Mattia non appare • guai a quelle feste che hanno la **vigilia** dopo • il promettere è la **vigilia** del non attendere • tra Pasqua e Pasqua non è **vigilia** fatta

vigna acqua di luglio, **vigna** in subbuglio • a Sant'Agostino per la **vigna** niente pena • bella **vigna**, poca uva • caro costa la **vigna** della costa • casa fatta e **vigna** posta, non si sa quel che la costa • casa per suo abitare, **vigna** per suo lavorare, terren quanto si può guardare • chi ha **vigna** ha tigna • chi nel marzo non pota la sua **vigna**, perde la vendemmia • chi vuole aver del mosto, zappi le **vigne** d'agosto • di buona terra to' la **vigna**, di buona madre to' la figlia • figlie, **vigne**, e giardini, guardale dai vicini • né casa in un canto, né **vigna** in un campo • la paura guarda la **vigna** • per mangiare gli agnolotti a carnevale, si va nella **vigna** a potare • quando il padre marita la figlia, egli ha casa e **vigna**; quando l'ha maritata, non ha né vigna né casa • un noce in una **vigna**, una talpa in un prato, un legista in una terra, un porco in un campo di biade, e un cattivo governatore in una città, sono assai per guastare il tutto • il vecchio pianta la **vigna**, e il giovine la vendemmia • **vigna** al nugolo fa debol vino • la **vigna** pampinosa fa poca uva

vigore il gallo e il servitore in un anno perdon **vigore** • quando le fave sono in fiore, ogni pazzo è in **vigore**

vile chi ha cara la gloria, il corpo ha **vile** • non è superbia alla superbia uguale d'uom basso e **vil** che in alto stato sale • spesso sotto abito **vile** s'asconde uom gentile

villa chi promette nel bosco, dee mantenere in **villa** • non è villano perché in **villa** stia, ma villano è chi usa villania • il padrone in **villa** è febbre al contadino, e sanità al podere • porta di **villa**, porta di vita • quando si ha una piccola **villa**, non patisce di fame la famiglia

villania a volere fare un valente, convien fargli **villania** • non è villano perché in villa stia, ma villano è chi usa **villania**

villano al **villano** la zappa in mano • a mal **villano** non gli dar bacchetta in mano • batti il **villano**, e saratti amico • la buona derrata cava l'occhio al **villano** • cani e **villani** lascian sempre l'uscio aperto • cappello di **villano**, ombra di mosche • carta canta e **villan** dorme • chi ben dona, caro vende, se **villan** non è chi prende • chi fa il servizio al **villano**, si sputa in mano • chi vuole misurare il grano in erba sarà ingannato come il **villano** • i consigli e il **villano** pigliali alla mano • di marzo, ogni **villan** va scalzo • Dio ti guardi da **villan** rifatto e da cittadin disfatto • è meglio esser cortese morto che **villan** vivo • è meglio la pace de' **villani** che la guerra de' cittadini • gioco di mano, gioco di **villano** • guardati dal **villano**, quando ha la camicia bianca • marzo asciutto e april bagnato, beato il **villan** che ha seminato • marzo secco, **villano** ricco • melensa è quella mano che non mangia a spese del **villano** • non è **villano** perché in villa stia, ma villano è chi usa villania • non fu mai **villano** senza malizia • prega il **villano**, il mercato è disfatto • quando il fico serba il fico, tu **villan** serba il panìco • quando il **villano** è a cavallo, non vorrebbe mai che si facesse sera • quando il **villano** è alla città, gli par d'essere il potestà • quando il **villano** tratta ben, la pioggia secca il fien • quando Monte Morello ha il cappello, **villan**, prendi il mantello • razza di cani, roba di **villani** e amor di cortigiani • la roba del **villano** dura trent'anni e un mese e poi la torna al suo paese • se il **villano** sapesse il sapore della gallina in gennaio, non ne lasceria nessuna nel pollaio • son tre cose che gabbano il **villano**: il piacer, la credenza e il piover piano • tristo è quel **villano** che dà il mangiare a' cani • **villano** affamato è mezzo arrabbiato • il **villano** nelle piume vi sta a disagio • il **villano** nobilitato non conosce suo parentato • il **villano** punge chi l'unge e unge chi lo punge • il **villano** si conosce sempre • il **villano** venderà il podere, per mangiare cacio, pane e pere • il **villano** viene sempre col disegno fatto

viltà povertà fa **viltà**

vinacciolo nell'uva, son tre **vinaccioli**; uno di sanità, uno di letizia, e uno di ubriachezza

vinaio gennaio zappatore, febbraio potatore, marzo amoroso, aprile carciofaio, maggio ciliegiaio, giugno fruttaio, luglio agrestaio, agosto pescaio, settembre ficaio, ottobre mostaio, novembre **vinaio**, dicembre favaio

vincere assai **vince** chi non gioca • che tu possa **vincere** un ambo al lotto! • chi la dura la **vince** • chi non soffre non **vince** • chi **vince** da prima, perde da sezzo • chi **vince** da sezzo empie il sacchetto • chi **vince** ha sempre ragione • chi **vince** la prima, perde il sacco e la farina • chi **vince** non dileggi, e chi perde non s'adiri • chi **vince** poi, perde il sacco e i buoi • colla pazienza si **vince** tutto • col male non si ripara il male né si **vince** • cuor forte **vince** cattiva sorte • la donna per piccola che sia, la **vince** il diavolo in furberia • l'importuno **vince** l'avaro • la maggior gloria del **vincere** è perdonare al vinto • nella guerra d'amor **vince** chi fugge • i pochi fanno buona prova, ma i più **vincono** • senno **vince** astuzia • l'uso **vince** natura • **vince** colui che soffre e dura

vino a boccon restio stimolo di **vino** • a chi non piace il **vino**, Dio gli tolga l'acqua • a chi piace il bere, parla sempre di **vino** • l'acqua rovina i ponti e il **vino** la testa • acqua settembrina rovina il **vino** • a mancanza di gennaio si tramuta il **vino** • a marzo dal tino vola il **vino** • amicizia di grand'uomo e **vin** di fiasco, la mattina è buono e la sera è guasto • a Natale, mezzo pane; a Pasqua, mezzo **vino** • a novembre bevi il **vino** e lascia l'acqua per il mulino • a ottobre bagna cauda e **vino** buono la fanno da padroni • aprile freddo, molto pane e poco **vino** • a San Giovanni il **vino** nel chicco • a San Martino ogni mosto è **vino** • a voler che il corpo mugoli, pan di legno e **vin** di nugoli • bevi il **vino**, e lascia andar l'acqua al mulino • biada di mugnaio, **vin** di prete e pan di fornaio, non fare a miccino • botte buona fa buon **vino** • la botte dà del **vino** che ha • la buona cantina fa buono il **vino** • buona frasca e cattivo **vino** • il buon **vino** fa buon sangue • il buon **vino** fa gromma e il cattivo muffa • il buon **vino** non ha bisogno di frasca • chi del **vino** è amico, di se stesso è nemico • chi ha buona cantina in casa non va pel **vino** all'osteria • chi ha buon pane e buon **vino**, ha troppo un micolino • chi ha buon **vino** in casa, ha sempre i fiaschi alla porta • chi nasce in settembre ama le donne e il **vino** • chi pota per San Martino ha tutto il grano e tutto il **vino** • chi vendemmia troppo presto, o svina debol **vino** o tutto agresto • chi vuol **vin** dolce non imbotti agresto • di novembre il mosto in tino gorgogliando divien **vino** • di settembre e d'agosto, bevi il **vino** e lascia stare il mosto • è meglio **vin** torbo che acqua chiara • femmine, **vino** e cavallo, mercanzia di fallo • fino a San Martino su acqua e giù **vino**; quando San Martino è passato su acqua e giù mischiato • grandine di maggio ruba **vino**, grano e formaggio • guardati da aceto di **vin** dolce • latte sopra **vino** è veleno • luglio asciutto, **vino** e prosciutto • mercante di **vino**, mercante poverino; mercante d'olio, mercante d'oro • mese settembrino: acqua, sole e buon **vino** • Milan può far, Milan può dir, ma non può far dell'acqua **vin** • la nebbia di marzo non fa male, ma quella d'aprile toglie il pane e il **vino** • né cavallo, né moglie, né **vino** non li lodare a nessuno • nelle botti piccine sta il **vino** buono • non domandare all'oste se il **vino** è buono • non si cava mai la sete, se non col proprio **vino** • non ti mettere in cammino, se la bocca non sa di **vino** • oche, castagne e **vino** son piatti di San Martino • olio dapprima, **vino** del mezzo, e miele di fondo • ottobre: il grano si spande e il **vino** si ripone • pan d'un giorno, **vin** d'un anno • pane alpestro e

È BVON DA DISFARLA, MÀ NON DA FARLA.

O quanto d'arte hà più quei, che la mano
Impiega, industre, in fabricar Colossi,
Di chi l'Opre di Fidia adegua al piano.

vin sorbitico, cibo de' banditi • pane finché dura, ma il **vino** a misura • pane un tantino, e **vino** un tino • il panno al colore, il **vino** al sapore • per far un amico basta un bicchier di vi**no**, per conservarlo è poca una botte • per San Martino buone le castagne e meglio il **vino** • per San Martino s'ammazza il porco e si beve il **vino** • per San Martino si fora la botte del **vino** • per San Martino si travasa il **vino** • per San Martino togli l'acqua e bevi il **vino** • per San Valentino, pota il tralcio se vuoi fare il **vino** • pioggia d'aprile, **vino** gentile • pioggia di maggio, **vino** assai • poca uva, molto **vino**; poco grano, manco pane • poco **vino** vende vino, molto vino guarda vino • prodigo e bevitor di **vino**, non fa né forno né mulino • putto in **vino** e donna in latino, non fece mai buon fine • quando la barba fa bianchino, lascia la donna e tienti al **vino** • quando tuona a aprile, grano nel sacco e **vino** nel barile • quel che con l'acqua mischia e guasta il **vino**, merta di bere il mare a capo chino • San Martino dalle nespole, e il buon vi**no** • San Martino nella botte bolle il **vino** • se d'aprile a potar vai, contadino, molt'acqua beverai e poco **vino** • se di febbraio corrono i viottoli, empie di **vino** e olio tutti i ciottoli • se di maggio piove sempre la mattina, la tina resta vuota di **vino** • se giugno non fa sudare, pane e **vino** fa scarseggiare • se per San Marco gocciola lo spino, abbondanza di pane e **vino** • se piove il giorno di San Giovanni non vengono né il **vino** né il pane • se piove il mese di gennaio, piove **vino** in cantina • tramontana, pane e **vino** alla Toscana • una carne fa l'altra, e il **vino** fa la forza • un fiasco di **vino**, e tanto pane che turi un fiasco • uomo asturiano, **vino** puro, e lancia nella mano • uomo di **vino** non vale un quattrino • vangami nella polvere, incalzami nel fango, io ti darò buon **vino** • la verità è nel **vino** • vigna al nugolo fa debol **vino** • **vin** battezzato non vale un fiato • **vin** che salti, pan che canti, formaggio che pianga • il **vino** che si pasteggia non imbriaca •

vino dentro, senno fuori • il **vino** è il latte dei vecchi • **vino** e sdegno fan palese ogni disegno • **vino** nel sasso, e popone in terren grasso • **vino** non è buono, che non rallegri l'uomo • il **vino** non ha timone • **vino** spesso, pan caldo e legna verde, e non si lagni l'uomo se si perde

vinto la maggior gloria del vincere è perdonare al **vinto** • nemico diviso, mezzo **vinto**

viola quando la **viola** esce di febbraio, prendi la rasura e mettila nel pagliaio

violino Dio ti salvi da un cattivo vicino, e da un principiante di **violino**

viottolo se di febbraio corrono i **viottoli**, empie di vino e olio tutti i ciottoli

vipera la **vipera** morde il ciarlatano

Viri Galilei a Viri Galilei mi spoglio i panni miei

virtù bisogna fare di necessità **virtù** • cader non può chi ha la **virtù** per guida • dalle **virtù** la nobiltà viene • mente intera, **virtù** vera • la pazienza è la **virtù** degli asini • la pazienza è la **virtù** dei forti • le radici della **virtù** sono amare, ma i frutti dolci • scienza, casa, **virtù** e mare, molto fan l'uomo avanzare • una **virtù** chiama l'altra • **virtù** e fortuna non sempre dormono insieme • la **virtù** sta di casa dove meno si crede • la **virtù** sta nel difficile • vizio non fu mai **virtù**

virtuoso donna oziosa, non può esser **virtuosa** • donna pelosa donna **virtuosa** • giovane invidiato, o **virtuoso** o innamorato • uomo peloso, o pazzo o **virtuoso**

visaccio chi non ha **visaccio**, non vada in Palazzo

visaggio vento al **visaggio** rende l'uomo saggio

visitare chi da Dio è amato, da lui è **visitato**

viso l'allegria fa bello il **viso** • all'invidioso gli si affila il **viso** e gli cresce l'occhio • una bella bocca fa da sé sola un bel **viso** • bisogna far buon **viso** a cattivo gioco • chi ha buon marito, lo porta in **viso** • chi sputa in cielo sul **viso** gli torna • per un brutto **viso**, si perde una buona compagnia • più vale l'ultimo che il primo **viso** • una mano lava l'altra e tutt'e due lavano il **viso**

vista alla **vista** si conosce il cuore • carta **vista** mal non acquista • età si prova per **vista** che trova • per San Marco evangelista, maggio alla **vista** • persona trista, nominata e **vista** • San Marco evangelista, maggio alla **vista** • Santa Lucia mantengati la **vista**, che d'appetito n'hai buona provvista • sole in **vista**, battaglia perduta • spesso l'uomo ingannato si trova che piglia donna a **vista** e non a prova • val più un testimonio di **vista**, che mille di udita • **vista** di creditore, botta al cuore • **vista** mesta è mal modesta • la **vista** non si cura con gli occhiali • **vista** torta, mal animo mostra; vista all'ingiù, tristo e non più; vista all'insù, o pazzo o tanto savio che non si possa dir più

vita anno nuovo **vita** nuova • un bel morir tutta la **vita** onora • un bel morir tutta la **vita** onora, un bel fuggir salva la vita ancora • la buona **vita** fa la faccia pulita • il caldo è la **vita**, il freddo è la morte • casa compita, nell'altra **vita** • casa mia, donna mia, pane e aglio **vita** mia • chi comincia a aver buon tempo, l'ha per tutta la **vita** • chi della roba non fa stima o cura, più della roba la sua **vita** dura • chi mangia cacio e pesce, la **vita** gli rincresce • chi si marita con parenti, corta **vita** e lunghi tormenti • cicisbei e ganzerini peggio **vita** che facchini • finché c'è **vita** c'è speranza • il gioco risica la **vita** e rosica la roba • insalata a cena e camera terrena, corta **vita** mena • le mogli si tolgono a **vita**, non a prova • la morte è lo specchio della **vita** • nell'altra **vita** si vive senza pericolo della vita • nella vecchiaia, la **vita** pesa e la morte spaventa • orecchia lunga, **vita** lunga • poca brigata, **vita** beata • porta di villa, porta di **vita** • la saggina ha la **vita** lunga • se la **vita** fosse intesa, nessuno l'accetterebbe • si vede il fine della nostra **vita**, ma non della nostra pazzia • val più una messa in **vita**, che cento in morte • val più un pugno di buona **vita**, che un sacco di sapienza • la **vita** cerca la morte • la **vita** dell'uomo dipende da tre ben:

intender ben, voler ben, e far ben • **vita** d'entrata, vita stentata • la **vita** è bella perché è varia • la **vita** e la morte sono in mano di Dio • **vita** quieta, mente lieta

vite non si può avere le **viti** legate colle salsicce • se tu vuoi della **vite** trionfare non gli torre e non gli dare, e più di due volte non la legare

vitello a chi ha fortuna, il bue gli fa un **vitello** • gennaio e febbraio, tienti al pollaio; marzo e aprile, capretto gentile; maggio e giugno, erbette col grugno; luglio e agosto, piccioni arrosto, settembre e ottobre, buone lepri col savore; novembre e dicembre, buon **vitel** sempre • **vitello**, pollastro e pesci crudi ingrassano i cimiteri

viterbese castroni pugliesi, mannarini pistolesi, gran siciliano, zucchero di Candia, cera veneziana, magli romaneschi, sproni **viterbesi**, cacio di Creta, raviggioli fiorentini

vittoria non convien cantar trionfo prima della **vittoria** • pace e **vittoria** son giudici in guerra

vituperio chi è povero di spie, è ricco di **vituperio**

vivanda dolce **vivanda** vuol salsa acerba • la fame condisce tutte le **vivande** • maggio con ghirlanda, gennaio con **vivanda** • il sale acconcia le **vivande**, e anco le guasta • la salsa di san Bernardo fa buona ogni **vivanda** • il troppo zucchero guasta le **vivande** • la **vivanda** vera è l'animo e la cera

vivere al gramo **vivere** la morte è beneficio • assai sa chi **viver** sa • chi bazzica co' preti e intorno ha il medico, **vive** sempre ammalato e muore eretico • chi ben **vive**, ben muore • chi ben **vive** ben predica • chi ben **vive** non muore mai • chi di speranza **vive** disperato muore • chi mal **vive**, poco vive • chi muore giace, chi **vive** si dà pace • chi non può **viver** dopo morte, non è vissuto • chi non sa soffrire, non sa **vivere** • chi pensa di **viver** sempre, vive male • chi per la patria muor, **vissuto** è assai • chi più **vive**, più muore • chi serve all'altare, **vive** d'altare • chi **vive** carnalmente non può viver lungamente • chi **vive**

contando, vive cantando • chi **vive** in libertà, non tenti il fato • chi **vive** ostinato muore disperato • chi vuol **vivere** e star bene, prenda il mondo come viene • chi vuol **vivere** e star sano, dai parenti stia lontano • chi vuol **viver** sano e lesto, mangi poco e ceni presto • con arte e con inganno, si **vive** mezzo l'anno; con inganno e con arte, si vive l'altra parte • il core è il primo che **vive** e l'ultimo che muore • meglio vendere che **viver** senza spendere • meglio **viver** da massai che da prodighi • meglio **vivere** un giorno da leone che cent'anni da pecora • moglie perfidiosa e marito pertinace, non **vivono** mai in pace • nell'altra vita si **vive** senza pericolo della vita • nel mondo c'è da **viver** per tutti • non dir quanto sai, non giudicar quanto vedi, e in pace **viverai** • ogni becco torto **vive** di preda • poco **vive** chi troppo sparecchia • Roma travagliata, ché chi ha bella moglie **vive** d'entrata • segui la formica se vuoi **viver** senza fatica • se il morire non si scusa, chi mal **vive**, ben s'abusa • se non vuoi **viver** vecchio appiccati giovane • se tu vuoi **viver** lieto, non ti guardare innanzi ma di dietro • se vuoi **viver** sano e lesto, fatti vecchio un po' più presto • si mangia per **vivere**, non si vive per mangiare • si **vive** bene all'ombra del campanile • tal minaccia che **vive** con paura • tre cose ci vogliono per **vivere** felici: dimenticare il passato, provvedere al presente e pensare all'avvenire • tutto basta per **vivere** • **vivano** le berrette, e muoiano le foggette • **viver** parcamente arricchisce la gente

vivo a cacciare un morto ce ne vuol quattro; a cacciare un **vivo** ce ne voglion ventiquattro • chi di libertà è privo, ha in odio d'esser **vivo** • chi è **vivo** a maggio esce • da **vivo** nessun profitto e da morto tutto • è meglio esser cortese morto che villan **vivo** • l'erba che non vuoi ti spunta nell'orto e l'uomo che vuoi morto è sempre **vivo** • meglio un asino **vivo** che un dottore morto • i morti aprono gli occhi ai **vivi** • tre cose simili; prete, avvocato e morte. Il prete toglie dal **vivo** e dal morto; l'avvocato vuol del diritto e del torto; e la morte vuole il debole e il forte

vizio alla guerra si va pieno di danari, e si torna pieno di **vizi** e di pidocchi • ama l'amico tuo col vezzo e col **vizio** suo • chi serve al **vizio** attende al supplizio • costa più un **viziolo** che un figliuolo • dei **vizi** è regina l'avarizia • l'indugio piglia **vizio** • il lupo perde il pelo ma non il **vizio** • non c'è **vizio** peggiore di quello che per bontà • ognuno si crede senza **vizio** perché non ha quelli degli altri • l'ozio è il padre dei **vizi** • quando si piglia un vizio, si stenta a perderlo • il **vizio** è nemico della vergogna • **vizio** non fu mai virtù • **vizio** non punito cresce in infinito • **vizio** per natura, fino alla fossa dura • **vizio** rinato, vizio peggiorato

vizioso s'è grande, è oziosa; s'è piccola, è **viziosa**; s'è bella è vanitosa; s'è brutta, è fastidiosa • se il diavolo trova un **vizioso**, tosto gli dà da fare • tutti gli estremi son **viziosi**

voce se lo strumento non è tocco, non si sa che **voce** abbia • uno ha le **voci**, e l'altro le noci • uomo che ha **voce** di donna, e donna che ha voce di uomo, guardatene • **voce** di popolo, voce di Dio • **voce** d'uno, voce di niuno

vogare tutti **vogano** alla galeotta

voglia a vecchia che mangia pollastrelli, gli vien **voglia** di carne salata • con la **voglia**, cresce la doglia • dove la **voglia** è pronta, le gambe son leggiere • dove più ricchezza abbonda, più di lei **voglia** s'affonda • quanto lascivia più dissidio mesce, tanto la **voglia** più aumenta e cresce • una **voglia** non fu mai cara • le **voglie** si pagano

volare a marzo dal tino **vola** il vino • benché l'aquila **voli** alto, il falco l'uccide • e' non si voglion pigliar tutte le mosche che **volan** per aria • non a tutti **vola** il gufo • non si può **volare** senz'ale • le parole **volano** e gli scritti restano • quel che vien di penna e stola, tosto viene e tosto **vola** • se il porco **volasse**, non ci sarebbe uccel che lo passasse • se **volasse** il castrone, sarebbe miglior del cappone

volere a **volere** fare un valente, convien fargli villania • chi dice quel che **vuole** sente quel che non vorrebbe • chi dorme quanto può, non dorme quanto **vuole** • chi gli ha da avere, li **vuole** • chi non fa quando può, non fa quando **vuole** • chi non mi **vuole** non mi merita • chi non può, sempre **vuole** • chi troppo **vuole** nulla stringe • chi **vuole** i santi, se li preghi • chi **vuole** vada e chi non vuole mandi • Dio fa buon soccorso a buon **volere** • l'erba **voglio** non cresce neanche nel giardino del re • quel che ci va, ci **vuole** • il re va dove può, non dove **vuole**

volgere formento, fava e fieno, non si **volsero** mai bene • le leggi si **volgono** dove i regi vogliono

volgo chi dona al **volgo**, inimicizia compra • opinion non è sì stolta che da **volgo** non sia tolta

volo acqua e sol, la campagna va di **vol** • pazzo chi perde il **volo** per lo sbalzo

volontà a buona **volontà** non manca facoltà • la cattiva **volontà** non disse mai bene • error di medico, **volontà** di Dio • non manchi la **volontà**, che luogo e tempo non mancherà • la **volontà** tutto fa

volpe a cane che invecchia la **volpe** gli piscia addosso • allo schiamazzo del gallo si desta la **volpe** • benché la **volpe** corra, i polli hanno l'ale • chi fugge il lupo, incontra il lupo e la **volpe** • con la **volpe** convien volpeggiare • il consiglio del traditore è come la semplicità della **volpe** • consiglio di **volpi**, tribolo di galline • quando la **volpe** predica, guardatevi galline • quando le **volpi** si consigliano, bisogna chiudere il pollaio • la troppa coda ammazza la **volpe** • tutte le **volpi** al fine si rivedono in pellicceria • **volpe** che dorme, ebreo che giura, donna che piange, malizia sopraffina colle frangie • la **volpe** in vicinato non fa mai danno • la **volpe** si conosce alla coda

volpeggiare con la volpe convien **volpeggiare**

voltare per andare avanti bisogna **voltarsi** addietro • tempo, vento, signor, donna, fortuna, **voltano** e tornan come fa la luna • troppo **voltare** fa cascare

volto volto di mele, cor di fiele

vuotare le buone derrate **vuotano** la borsa • i giardini belli **vuotano** i borselli • mangiare e **vuotare** non voglion fretta • le piccole spese son quelle che **vuotano** la borsa

vuoto ad aprile son **vuote** le bisacce • a granaio **vuoto** formica non frequenta • amore fa portar le calze **vuote** • Arno **vuoto** granaio pieno • a Sant'Agatina tutta **vuota** la cascina • gennaio e febbraio empie o **vuota** il granaio • marzo se trova i fossi pieni li **vuota**, se li trova vuoti li riempie • pancia **vuota** non sente ragioni • pignatta **vuota** e boccale asciutto, guasta il tutto • più **vuoto** che pieno, più caldo che freddo, più ritto che a sedere • quando l'oste è sull'uscio, l'osteria è **vuota** • sacco **vuoto** mal si giudica • sacco **vuoto** non sta in piedi • Santa Cristina **vuota** la tina • se di maggio piove sempre la mattina, la tina resta **vuota** di vino • sono le botti **vuote** quelle che cantano • vaso **vuoto** suona meglio

z, Z

zacchera chi sta troppo in sulle chiacchiere, torna a casa pieno di zacchere

zambra zambra serrata fa donna lodata

zampa tanto va la gatta al lardo che ci lascia lo **zampino**

zanna a carne di lupo **zanne** di cane

Zanni Sicilia dà i Covelli, Francolino i Graziani, Bergamo gli **Zanni**, Venezia i Pantaloni, e Mantova i buffoni

zappa a cattivo lavoratore ogni **zappa** dà dolore • al villano la **zappa** in mano • chi è uso alla **zappa** non pigli la lancia • chi pota di maggio e **zappa** d'agosto non raccoglie né pane né mosto • dove non va acqua ci vuol la **zappa** • per il Perdon si pone la **zappa** in un canton • se tu vuoi empir le tina, **zappa** il miglio in orecchina • se vuoi empir la cantina **zappa** e pota in gennaio; se vuoi empir la botticella **zappa** e pota in marzo • vanga e **zappa** non vuol digiuno

zappare chi vuole aver del mosto, **zappi** le vigne d'agosto • di carnevale il povero a **zappare** • io sto coi frati e **zappo** l'orto

Zappata come padre **Zappata**, che predicava bene e razzolava male

zappatore gennaio **zappatore**, febbraio potatore, marzo amoroso, aprile carciofaio, maggio ciliegiaio, giugno fruttaio, luglio agrestaio, agosto pescaio, settembre ficaio, ottobre mostaio, novembre vinaio, dicembre favaio

zecchino t'annoia il tuo vicino? Prestagli uno **zecchino**

zelante uomo **zelante** uomo amante

Zenone il giorno di San **Zenone** mancan diciotto dì al Ceppone

zero a voler star pari col contadino bisogna giocar di **zero** • chi ha da avere può tirare uno **zero** • la nobiltà è come lo **zero** • **zero** via zero, fa zero

zio colui è mio **zio** che vuole il ben mio

zitto chi vuol far bene i suoi fatti, stia **zitto** e non gracchi

zoccarello chi veste un **zoccarello**, e' pare un fanterello

zoccolo maggio caldo e agosto secco: castagne fin nello **zoccolo**

zolfanello è miglior mercato di specchi che di **zolfanelli**

zolla chi ha **zolle**, stia con le zolle • marzo molle, grano per le zolle

zoppicare chi va con lo zoppo impara a **zoppicare**

zoppo chi scorda il bastone non è del tutto **zoppo** • chi va con lo **zoppo** impara a zoppicare • la pena è **zoppa**, ma pure arriva • si conosce prima un bugiardo che uno **zoppo** • tanto cammina lo **zoppo** quanto lo sciancato • va la capra **zoppa**, se il lupo non la intoppa

zucca non sono tutti pazzi quelli che vedi andare in **zucca** • per San Luca, il tuono va nella **zucca**

zucchero castroni pugliesi, mannarini pistolesi, gran siciliano, **zucchero** di Candia, cera veneziana, magli romaneschi, sproni viterbesi, cacio di Creta, raviggioli fiorentini • il troppo **zucchero** guasta le vivande • **zucchero** e acqua rosa non guastò mai alcuna cosa

zufolare l'entrata del prete vien cantando e va via **zufolando**

zuppa chi esce fuor dal suo mestiere, fa la **zuppa** nel paniere • qual pane hai, tal **zuppa** avrai • se non è **zuppa** è pan bagnato • sette cose fa la **zuppa**, cava fame e sete attuta, empie il ventre e netta il dente, fa dormire, fa smaltire, e la guancia fa arrossire